马克思主义理论研究
和建设工程重点教材

西方教育思想史
（第二版）

《西方教育思想史》编写组

主　编　张斌贤

副主编　贺国庆

主要成员（以姓氏笔画为序）

王　晨　王保星　李子江　李立国　舒志定

本版修订组

主持人　张斌贤

修订组成员（以姓氏笔画为序）

王　晨　王保星　孙　益　李子江　李立国　陈露茜

贺国庆　涂诗万　舒志定　檀慧玲

高等教育出版社·北京

图书在版编目（CIP）数据

西方教育思想史 /《西方教育思想史》编写组编. -- 2 版. -- 北京：高等教育出版社，2025.7. --（马克思主义理论研究和建设工程重点教材）. --ISBN 978-7-04-063603-1

Ⅰ. G40-091

中国国家版本馆 CIP 数据核字第 20240EL215 号

西方教育思想史
XIFANG JIAOYU SIXIANGSHI

| 责任编辑 | 陈 容 | 封面设计 | 王 鹏 | 版式设计 | 童 丹 | 责任校对 | 马鑫蕊 |
| 责任印制 | 高 峰 | | | | | | |

出版发行	高等教育出版社	网 址	http://www.hep.edu.cn
社 址	北京市西城区德外大街 4 号		http://www.hep.com.cn
邮政编码	100120	网上订购	http://www.hepmall.com.cn
印 刷	固安县铭成印刷有限公司		http://www.hepmall.com
开 本	787 mm×1092 mm 1/16		http://www.hepmall.cn
印 张	28.75	版 次	2021 年 8 月第 1 版
字 数	480 千字		2025 年 7 月第 2 版
购书热线	010-58581118	印 次	2025 年 7 月第 1 次印刷
咨询电话	400-810-0598	定 价	57.00 元

本书如有缺页、倒页、脱页等质量问题，请到所购图书销售部门联系调换
版权所有　侵权必究
物 料 号　63603-00

目 录

绪 论 ·· 1
    一、西方教育思想史的演变历程 ··· 1
    二、学习西方教育思想史课程的指导思想 ······································ 4
    三、学习西方教育思想史课程的目的与意义 ·································· 8
    四、学习西方教育思想史课程的基本方法 ···································· 11

第一章 古希腊教育思想 ·· 14
  第一节 古希腊教育思想的社会基础与演变 ···································· 14
    一、古希腊教育思想的社会基础 ·· 14
    二、古希腊教育思想的演变 ·· 16
  第二节 智者的教育思想 ··· 20
    一、智者的产生 ··· 21
    二、智者的教育思想与教育实践 ·· 22
    三、智者教育思想的历史意义 ··· 24
  第三节 苏格拉底的教育思想 ·· 25
    一、苏格拉底的生平与教育活动 ·· 25
    二、美德即知识 ··· 28
    三、精神助产术 ··· 30
    四、苏格拉底教育思想的历史意义 ··· 31
  第四节 柏拉图的教育思想 ··· 32
    一、柏拉图的生平与教育活动 ··· 32
    二、柏拉图教育体系的设计 ·· 33
    三、哲学王的教育：实现灵魂转向 ··· 37
    四、灵魂不朽说与"学习就是回忆" ··· 39
    五、柏拉图教育思想的历史意义 ·· 41
  第五节 亚里士多德的教育思想 ··· 42
    一、亚里士多德的生平与教育活动 ··· 42

二、灵魂论与全面教育 …………………………………………… 44
　　三、年龄分期与教育阶段 ………………………………………… 47
　　四、自由教育思想 ………………………………………………… 49
　　五、亚里士多德教育思想的历史意义 …………………………… 52

第二章　古罗马教育思想 …………………………………………………… 56
　第一节　古罗马教育思想的社会基础与演变 …………………………… 56
　　一、古罗马教育思想的社会基础 ………………………………… 56
　　二、古罗马教育思想的演变 ……………………………………… 59
　第二节　西塞罗的教育思想 ……………………………………………… 63
　　一、西塞罗的生平、哲学和政治思想 …………………………… 63
　　二、演说术教育 …………………………………………………… 65
　第三节　昆体良的教育思想 ……………………………………………… 69
　　一、昆体良的生平与著作 ………………………………………… 69
　　二、论教育的目的 ………………………………………………… 70
　　三、演说家的教育阶段 …………………………………………… 71
　　四、教学理论 ……………………………………………………… 73
　　五、论教师的素养 ………………………………………………… 75

第三章　中世纪教育思想 …………………………………………………… 80
　第一节　西欧中世纪教育思想的社会基础与演变 ……………………… 80
　　一、中世纪的经济与社会 ………………………………………… 80
　　二、中世纪的思想与文化 ………………………………………… 81
　　三、中世纪教育思想的演变 ……………………………………… 85
　第二节　教父哲学家的教育思想 ………………………………………… 88
　　一、哲罗姆的教育思想 …………………………………………… 88
　　二、奥古斯丁的教育思想 ………………………………………… 91
　第三节　经院哲学家的教育思想 ………………………………………… 95
　　一、阿伯拉尔的教育思想 ………………………………………… 95
　　二、托马斯·阿奎那的教育思想 ………………………………… 98

第四章 文艺复兴时期教育思想 …… 108

第一节 文艺复兴时期教育思想的社会基础与演变 …… 108
一、文艺复兴时期欧洲的社会与文化 …… 108
二、文艺复兴时期教育思想的演变 …… 110

第二节 意大利人文主义教育思想 …… 114
一、弗吉里奥的教育思想 …… 115
二、维多里诺的教育思想 …… 119
三、格里诺的教育思想 …… 123

第三节 北欧人文主义教育思想 …… 125
一、伊拉斯谟的教育思想 …… 126
二、拉伯雷的教育思想 …… 130
三、蒙田的教育思想 …… 135

第五章 宗教改革时期教育思想 …… 145

第一节 宗教改革时期教育思想的社会基础与演变 …… 145
一、宗教改革运动 …… 145
二、宗教改革时期教育思想的演变 …… 148

第二节 马丁·路德的教育思想 …… 149
一、马丁·路德教育思想的观念基础 …… 149
二、马丁·路德教育思想的主要内容 …… 151
三、马丁·路德教育思想的影响与贡献 …… 159

第三节 加尔文的教育思想 …… 161
一、加尔文的生平与宗教改革活动 …… 161
二、加尔文教育思想的基础 …… 163
三、加尔文教育思想的主要内容 …… 165

第六章 17世纪教育思想 …… 171

第一节 17世纪教育思想的社会基础与演变 …… 171
一、17世纪欧洲社会的变迁 …… 171
二、17世纪的知识进步 …… 172
三、17世纪教育思想的演变 …… 174

第二节 科学教育思想的滥觞 ································· 176
一、近代科学的兴起与教育 ····························· 176
二、培根的教育思想 ··································· 177

第三节 早期自然主义教育思想 ····························· 182
一、拉特克的教育主张 ································· 182
二、夸美纽斯的教育思想 ······························· 183

第四节 经验主义教育思想 ································· 191
一、经验主义教育思想源流 ····························· 191
二、洛克的教育思想 ··································· 192

第七章 18 世纪教育思想 ································· 202

第一节 18 世纪教育思想的社会基础与演变 ··················· 202
一、18 世纪西方国家的经济与社会 ······················· 202
二、启蒙运动 ··· 205
三、18 世纪教育思想的演变 ····························· 207

第二节 国民教育思想 ····································· 211
一、英国的国民教育思想 ······························· 211
二、法国的国民教育思想 ······························· 218
三、德国的国民教育思想 ······························· 231
四、美国的公共教育思想 ······························· 243

第三节 自然主义教育思想 ································· 246
一、卢梭的教育思想 ··································· 246
二、裴斯泰洛齐的教育思想 ····························· 256

第八章 19 世纪教育思想 ································· 267

第一节 19 世纪教育思想的社会基础与演变 ··················· 267
一、19 世纪的西方社会基础 ····························· 268
二、19 世纪教育思想的演变 ····························· 271

第二节 新人文主义教育思想 ······························· 273
一、新人文主义教育思想概述 ··························· 273
二、洪堡的教育思想 ··································· 275

第三节 主知主义教育思想 ································· 281
- 一、主知主义教育思想的演变 ························· 281
- 二、赫尔巴特的教育思想 ····························· 283
- 三、赫尔巴特学派 ··································· 293

第四节 科学教育思想 ··································· 298
- 一、斯宾塞的教育思想 ······························· 299
- 二、赫胥黎的教育思想 ······························· 306
- 三、科学教育思想的历史意义 ························· 308

第五节 空想社会主义教育思想 ··························· 310
- 一、空想社会主义学说发展概况 ······················· 310
- 二、空想社会主义者的主要教育观点 ··················· 312
- 三、19世纪三大空想社会主义者的教育思想 ············· 315

第九章 20世纪前期教育思想 ····························· 336

第一节 20世纪前期教育思想的社会基础与演变 ············· 336
- 一、20世纪前期西方社会与文化 ······················· 336
- 二、20世纪前期教育思想的演变 ······················· 338

第二节 新教育运动 ····································· 340
- 一、新教育运动的沿革 ······························· 340
- 二、新教育运动中的教育改革实验 ····················· 342
- 三、新教育运动中的重要理论 ························· 346

第三节 进步教育运动 ··································· 355
- 一、进步教育运动的演变 ····························· 356
- 二、进步教育运动中的重要教育实验与教育思想 ········· 359

第四节 杜威的教育思想 ································· 368
- 一、教育的本质 ····································· 368
- 二、教育的目的 ····································· 371
- 三、课程与教学 ····································· 375
- 四、杜威教育思想的评价与影响 ······················· 380

第五节 要素主义教育思想 ······························· 381
- 一、巴格莱的教育思想 ······························· 382

二、科南特的教育思想 ··· 385

第六节　改造主义教育思想 ·· 388
　　一、拉格的教育思想 ··· 389
　　二、康茨的教育思想 ··· 393
　　三、布拉梅尔德的教育思想 ·· 394

第七节　永恒主义教育思想 ·· 397
　　一、赫钦斯的教育思想 ··· 397
　　二、阿德勒的教育思想 ··· 399

第十章　20世纪后期教育思想 ·· 404

第一节　20世纪后期教育思想的社会基础与演变 ·························· 404
　　一、20世纪后期西方国家的经济与社会 ································· 404
　　二、20世纪后期西方国家的思想与文化 ································· 405
　　三、20世纪后期西方教育思想的演变 ···································· 406

第二节　科学主义取向的教育思想 ·· 409
　　一、华生、斯金纳与行为主义 ·· 409
　　二、皮亚杰、布鲁纳与结构主义 ··· 416
　　三、舒尔茨与人力资本理论 ··· 423

第三节　人文主义取向的教育思想 ·· 425
　　一、存在主义教育思想 ··· 425
　　二、朗格朗与终身教育思想 ··· 429
　　三、马斯洛、罗杰斯与现代人文主义教育思想 ······················· 433

阅读文献 ·· 442

人名译名对照表 ··· 445

后　记 ·· 450

绪　论

本书以马克思主义为指导，以时间为经，以不同时期主要西方教育家的教育思想为纬，叙述与分析西方教育思想从古希腊、古罗马时期至20世纪末的演变历程，力求使学生在具体了解各个历史时期主要西方教育家的教育思想的基础上，把握西方教育思想史的基本线索，以便深入理解西方教育的基本特征。

一、西方教育思想史的演变历程

根据不同历史时期教育思想的基本特征，西方教育思想的历史进程可以划分为三个主要时期：古代西方教育思想（第1—3章）、近代西方教育思想（第4—8章）和现代西方教育思想（第9—10章）。

古代西方教育思想主要包括古希腊、古罗马和欧洲中世纪三个阶段的教育思想。在这个时期，先后出现了苏格拉底（前469—前399）、柏拉图（前427—前347）、亚里士多德（前384—前322）、西塞罗（前106—前43）、昆体良（约35—95）以及奥古斯丁（354—430）、托马斯·阿奎那（又译托马斯·阿奎纳，约1225—1274）等人的教育思想。

古代西方教育思想的主要特征在于，在这个历史时期，虽然先后出现了古希腊的文法学校、弦琴学校、体操学校，古罗马的文法学校、修辞学校，中世纪的修道院学校、主教学校等教育机构，但在广泛意义上，教育活动并不是一种专门的、制度化的社会活动，它贯穿、渗透或分散在人类的经济活动、政治活动、文化活动、社会活动乃至宗教祭祀活动之中。中世纪大学虽然是古代西方几乎唯一制度化的高等教育机构，但其制度的形成经历了一个长期的过程。待到今人所熟知的学院制度、学位制度，以及诸如校徽、印章之类的学术象征基本齐备之时，文艺复兴的钟声已经敲响。

在教育尚未成为一种专门的社会活动的年代，人们对教育活动的认识难以成为专门的思想活动，也就不可能出现专门讨论教育问题的著述。没有专门的教育著述，就意味着对教育的思考不可能是完整的，因而也就不可能有成体系的教育理论。事实上，从苏格拉底到托马斯·阿奎那，西方并没有出现专门的教育著述。虽然柏拉图的《理想国》被国内诸多教育史学者当作西方第一部系统讨论教育问题的著作，昆体良的《雄辩术原理》被当作西方第一部专门研究教学问题的著作，但严格地说，它们都不是主要讨论教育或教学问题的著作——《理想国》是在探讨国家、正义等政治问题时讨论教育问题，而《雄辩术原理》是在讨论雄辩术（演说术）的基本问题时论述雄辩家（演说家）的培养问题。

近代西方教育思想主要包括文艺复兴时期、宗教改革时期、17世纪、18世纪和19世纪五个阶段的教育思想。西方对教育问题的专门和系统的探讨是从这个时期开始的。文艺复兴时期的人文主义者弗吉里奥（1349—1420）的《论绅士风度与自由学科》、伊拉斯谟（1466—1536）的《论基督君主的教育》和《男童的自由教育》、比韦斯（1492—1540）的《女子教育的正确方法》和《基督教女子教育论》都是近代早期专门讨论教育问题的重要文献。这些教育文献的共同特点是讨论如何抚养和教育中上层家庭未成年子女的问题，基本不涉及社会整体的教育问题。也就是说，在近代早期，教育家基本上是把教育问题当作家庭事务或私人问题而非公共事务或社会问题。这或许就是这些教育文献常采取书信方式的原因之一。从历史的角度看，这是西方教育认识的一次重要转变，即开始将未成年人的教育当作一个专门的问题进行探讨。

在宗教改革时期，由于马丁·路德（1483—1546）和加尔文（1509—1564）等人主张将教育事务作为世俗政府的责任，并呼吁对全体儿童实施义务教育，教育问题开始逐渐从家庭事务转变成公共事务，从私人问题转变成社会问题。尤其是17—18世纪启蒙运动后，为国家培养良好的公民、建立世俗的和普遍的国民教育制度成为社会各界的共识。哲学家、政治家、科学家、经济学家等从各自的需要和目的出发，纷纷开展对教育问题的思考，从而形成了日益丰富的教育思想。

在近代，虽然仍不乏着重讨论精英教育问题的教育思想，但总体而言，西方教育思想探讨的主要问题是如何实施世俗的普及教育、建立公共教育制度，如何对广大人群进行知识传授、品格陶冶等。尤其是近代科学的兴起导致的科学革命带来了人类知识的空前增长以及科学与理性精神的发展，教育领域开始反对当时存在的古典主义、形式主义等种种不务实的教育弊端，形成了以培根（1561—1626）为代表的科学教育思想，以拉特克（1571—1635）、夸美纽斯（1592—1670）为代表的早期自然主义教育思想，以及以洛克（1632—1704）为代表的经验主义教育思想。

教育与科学的发展推动了知识的广泛传播和思想观念的革新，18世纪的西方国家逐步建立新兴的资本主义生产关系和民族国家政治体制，推动思想家去思考和关注教育如何为民族国家培养具有国民意识和掌握科学技术的合格国民，逐步形成了国民教育思想，主要有英国的国民教育思想、法国的国民教育思想、德国的国民教育思想和美国的公共教育思想。与此同时，出现了卢梭（1712—1778）倡导的以培养"自然人"为目标的自然主义教育思想，推动了儿童观的转变，这为20世纪新教育运动和进步教育运动的兴起提供了重要的历史基础。

到19世纪，教育思想的演变呈现多种趋势并存的特点。一方面，以裴斯泰洛齐（1746—1827）为代表的教育家致力于将启蒙运动的思想原则进一步落实到国民教育实践，对初等教育的课程和教学方法开展了大量探索。一方面，以赫尔巴特（1776—1841）为代表的教育家重新思考中等教育的目的、课程和教学组织，提出了一系列重要的教育教学原则和方法，促进了教育知识的体系化或学科化。再一方面，以斯宾塞（1820—1903）为代表的教育家推动了对传统教育价值观和知识价值观的全面反思，撼动了古典主义教育的统治地位。

现代西方教育思想主要包括20世纪不同时期先后出现的教育思想和教育思潮。如果说近代西方教育思想的重点是将教育作为公共事务加以研究，那么，现代西方教育思想则主要讨论在急剧变化的社会条件和教育机会不断增加的前提下，如何对制度化的教育进行革新。由于20世纪以来西方社会的剧烈变革，社会对教育的需要日益多样化，且始终处于不断变化的过程中，因此，教育变革便成为20世纪以来不同时期教育家所关注的重大问题。从20世纪初的新教育运动、进步教育运动，中经要素主义、改造主义、永恒主义，到20世纪后期的科学主义取向、人文主义取向等，尽管不同教育思想和教育思潮所面对的具体教育问题各异，但都是从特定的目的出发探讨现代教育制度改革的努力。

与近代西方教育思想相比，现代西方教育思想更具开放性。如果说近代西方教育思想主要借鉴了哲学和心理学的基本原理，那么，现代西方教育思想所依据的理论和方法基础则更为广泛、复杂，也因此形成了现代西方教育思想异彩纷呈、流派云集的局面。与此相关的是，与近代西方教育思想相比，现代西方教育思想似乎明显缺乏严密的体系。除了杜威（1859—1952）等少数教育家之外，20世纪很少有建构了完整教育思想体系的教育家。这一时期的大多数教育家往往就某个或某些教育的重大问题阐述自己的所思所想，而不拘泥于思想体系的完整。

现代西方教育思想的开放性还表现为思想来源的多样性。无论是在古代，还是在近代，那些具有重要影响的教育思想大多来自著名的哲学家、思想家、科学家和政治家等。20世纪以来，精英人物"垄断"教育思想的局面发生了显著的变化，政府组织、国际组织、民间社团、学术团体等成为影响某一时期教育变革的教育思想的重要来源。例如，美国教育协会中等教育改造委员会1918年发表的《中等教育的基本原则》、哈佛大学通识教育委员会1945年发表的《自由社会中的通识教育》、联合国教科文组织1972年发表的《学会生存——教育世界的今天和明天》等所阐述的思想，都对特定历史时期的教育改革产生了广泛而重要的影响。

西方教育思想的演变产生了众多教育思想家，积淀了丰厚的教育思想，形成了众多学术流派。我们学习西方教育思想、推动教育改革，必须坚持马克思主义教育思想指导，这是把握创新教育理论与教育实践历史主动的根本原则。只有这样，我们才能既认识西方教育思想在不同发展时期所呈现的不同特征，又意识到不同时期、不同教育思想之间客观存在的相互联系。

马克思、恩格斯指出："历史不外是各个世代的依次交替。每一代都利用以前各代遗留下来的材料、资金和生产力；由于这个缘故，每一代一方面在完全改变了的环境下继续从事所继承的活动，另一方面又通过完全改变了的活动来变更旧的环境。"[①] 不仅人类的生产实践是这样的，人类的认识同样如此。正如恩格斯所说："每一个时代的哲学作为分工的一个特定的领域，都具有由它的先驱传给它而它便由此出发的特定的思想材料作为前提。"[②] 西方教育思想史上也存在着相同的现象。每一个时代的教育家对教育问题的思考与认识，总是在前人的思想发现和认识成果的基础上进行的。前人的思想发现和认识成果，总会以不同方式、在不同程度上对后人的思想与认识产生种种影响，由此形成了不同时期、不同教育思想之间丰富和复杂的历史联系。对这些历史联系的理解、分析，是从整体上把握西方教育思想的关键所在。

二、学习西方教育思想史课程的指导思想

作为人类历史整体的组成部分，西方教育思想的演变虽然有其特殊性，但

---

① 《马克思恩格斯文集》第一卷，人民出版社2009年版，第540页。
② 《马克思恩格斯文集》第十卷，人民出版社2009年版，第599页。

在根本上受到人类社会发展的普遍规律的决定性影响，教育思想变迁的逻辑在本质上是社会发展规律在教育认识领域的具体反映。这就决定了对西方教育思想史的认识和理解必须基于对人类社会发展的普遍规律的科学认识。

马克思主义深刻揭示了人类社会发展的普遍规律。马克思主义既是世界观，也是认识世界的方法论。2016年5月17日习近平总书记在哲学社会科学工作座谈会上指出，马克思主义是"伟大的认识工具"①，是人们观察世界、分析问题的有力思想武器。党的二十大指出："继续推进实践基础上的理论创新，首先要把握好新时代中国特色社会主义思想的世界观和方法论，坚持好、运用好贯穿其中的立场观点方法。"② 这一原则同样适用于西方教育思想史的学习和研究。

第一，马克思主义为深入探索不同时期教育思想产生的基础提供了科学的指南。党的二十大指出要"开辟马克思主义中国化时代化新境界"③。马克思主义创造性地揭示了人类社会发展的普遍规律，是我们认识世界、改造世界的科学真理。学习西方教育思想，就要学会用马克思主义对人类教育活动规律的深刻把握和系统阐述，去辩证分析西方教育思想的合理内核，为我们坚定教育发展方向、明确教育发展道路提供思想基础。根据马克思主义基本原理，经济基础决定上层建筑，思想、意识等观念因素的生成都有现实的物质基础。"思想、观念、意识的生产最初是直接与人们的物质活动，与人们的物质交往，与现实生活的语言交织在一起的。人们的想象、思维、精神交往在这里还是人们物质行动的直接产物。表现在某一民族的政治、法律、道德、宗教、形而上学等的语言中的精神生产也是这样。"④ 尽管教育思想是思维活动的结果，但当教育家思考教育问题时，他们总是面对着特定历史背景下的教育，总是在现实的社会条件下开展思维活动。因此，在学习和研究每一位教育家的教育思想时，需要从教育家所处时代的经济、政治、文化、社会条件等去挖掘教育思想形成的根源，而不能仅仅停留在概念和思想层面。具体地说，在学习西方教育家的思想时，一定要深入分析不同时期教育家所面对的教育问题，分析这些教育问题与特定时代的经济、政治、文化、社会条件等的关系。只有这样，才有可能深入认识

---

① 习近平：《在哲学社会科学工作座谈会上的讲话》，人民出版社2016年版，第9页。
② 习近平：《高举中国特色社会主义伟大旗帜　为全面建设社会主义现代化国家而团结奋斗——在中国共产党第二十次全国代表大会上的报告》，人民出版社2022年版，第18—19页。
③ 习近平：《高举中国特色社会主义伟大旗帜　为全面建设社会主义现代化国家而团结奋斗——在中国共产党第二十次全国代表大会上的报告》，人民出版社2022年版，第16页。
④ 《马克思恩格斯文集》第一卷，人民出版社2009年版，第524页。

教育家的教育思想的基本原理及其对教育发展的历史贡献和历史局限性。

第二,马克思主义为正确认识教育思想演化的动力机制提供了科学的依据。学习西方教育思想发展史,要重视研究西方教育思想发展变化的特征、规律。在人类社会产生重要影响的教育思想,都蕴含着特定的世界观和方法论,体现着思想家提出思想理论的基本立场和价值追求。要学习、研究众多教育家的教育思想,前提是要掌握正确的世界观和方法论,才能对不同教育思想家蕴含在教育思想中的世界观和方法论作出合理辨析,这就需要坚持学习马克思主义,因为马克思主义确立了科学的世界观和方法论。习近平总书记指出:"马克思主义理论的科学性和革命性源于辩证唯物主义和历史唯物主义的科学世界观和方法论,为我们认识世界、改造世界提供了强大思想武器,为世界社会主义指明了正确前进方向。"[1]

因此,学习西方教育思想史,就要认真学习马克思主义世界观和方法论,自觉运用马克思主义世界观和方法论分析教育家的教育思想,完成对教育家教育思想的批判性继承和创造性发展。当然,青年大学生不仅要学习马克思主义经典作家的世界观和方法论,而且要重点学习当代中国马克思主义、二十一世纪马克思主义最新成果,这就是习近平新时代中国特色社会主义思想的世界观和方法论,我们"必须坚持人民至上、必须坚持自信自立、必须坚持守正创新、必须坚持问题导向、必须坚持系统观念、必须坚持胸怀天下"[2]。"六个必须坚持"是我们学习、批判、改造、发展西方教育思想史的基本立场和观点。

必须承认,西方思想家创造的教育思想丰富多样,对人类社会进步和发展产生深刻影响。"人类文明多样性是世界的基本特征,也是人类进步的源泉……不同民族和习俗,孕育了不同文明,使世界更加丰富多彩。文明没有高下、优劣之分,只有特色、地域之别。"[3]在西方教育思想史上,产生于不同国家和民族的不同思想之间的相互交流、借鉴与影响同样是推动教育思想不断演变的重要机制。习近平总书记对构建人类命运共同体的宗旨和原则,为我们学习西方教育思想史指明了方向和要求。我们要遵循习近平总书记关于尊重人类文明多样性的要求,坚持交流互鉴、胸怀天下、包容发展,通过对多元、丰富

---

[1] 习近平:《论党的宣传思想工作》,中央文献出版社2020年版,第307—308页。
[2] 习近平:《高举中国特色社会主义伟大旗帜 为全面建设社会主义现代化国家而团结奋斗——在中国共产党第二十次全国代表大会上的报告》,人民出版社2022年版,第19—21页。
[3] 《习近平著作选读》第一卷,人民出版社2023年版,第568页。

的教育思想的学习，寻求对教育发展规律和教育学知识体系建设的共识，使多元的教育思想成为推动人类教育事业进步的动力，服务"建设一个开放包容、互联互通、共同发展的世界，共同推动构建人类命运共同体"①。

第三，马克思主义为深入理解不同时期教育思想的本质奠定了科学的基础。不同的教育家所面对的教育问题不同，他们探讨教育问题的理论基础也存在差异，由此形成了丰富多样的教育思想。如果仅从现象看，教育思想的历史似乎就是不同教育家及其教育思想的陈列。但是，如果深入挖掘不同教育思想形成的历史基础，就会逐渐清晰地看到不同时期不同教育思想之间存在丰富和广泛的历史联系。正是这种前后相继的联系，构成了教育思想史的基本内涵。

恩格斯指出："历史方面的意识形态家（历史在这里应当是政治、法律、哲学、神学，总之，一切属于社会而不是单纯属于自然界的领域的简单概括）在每一科学领域中都有一定的材料，这些材料是从以前的各代人的思维中独立形成的，并且在这些世代相继的人们的头脑中经过了自己的独立的发展道路。"② 这就是说，每一时代对教育现象和运动规律的认识与理解，都首先是而且必然是在以前各时代所积累、流传下来的思想成果的基础上进行的。前人思想过程的现实成果成为后人进一步思想的材料。只有这样，人类对教育的认识才有可能不断深化、日益丰富。在这个意义上，任何时代的教育思想只有在本质上与此前一切时代的教育思想产生联系，才有可能发生和存在。人类对教育的认识正是通过这种各个时代之间的历史联系而不断发展、更新的。也正因如此，教育思想发展的历史才成为人类向着真理不断接近的过程。

第四，马克思主义为科学评价教育家的历史贡献确立了科学的指导思想。在学习西方教育思想史的过程中，一个难以回避的问题是如何客观、公允地评价不同教育家及其教育思想的历史贡献。马克思主义为科学评价历史人物提供了基本原则和方法论指导，即历史主义和阶级分析。③ 历史主义的原则强调，要将历史人物置于其生活的特定的历史环境中，从特定的历史条件出发分析历史人物的思想、行为及其在历史上的地位。阶级分析的原则强调，在阶级社会

---

① 习近平：《建设开放包容、互联互通、共同发展的世界——在第三届"一带一路"国际合作高峰论坛开幕式上的主旨演讲》，人民出版社 2023 年版，第 11—12 页。
② 《马克思恩格斯文集》第十卷，人民出版社 2009 年版，第 658 页。
③ 萧前、李秀林、汪永祥主编：《历史唯物主义原理》第三版，北京师范大学出版社 2012 年版，第 269 页。

中，历史人物总是在一定的阶级地位中生活，处于特定的阶级关系之中，因此受到阶级的局限。列宁指出："判断历史的功绩，不是根据历史活动家没有提供现代所要求的东西，而是根据他们比他们的前辈提供了新的东西。"① 这就要求在评价教育家及其教育思想的历史贡献时，应当努力避免各种主观因素的干扰，不能从现在的社会条件和眼光出发对历史上先后出现的教育家及其教育思想进行简单的评判，而应基于教育家所处时代的社会条件和教育发展水平，深入分析不同教育家是否提出了新的、不同于前人的、合理的思想主张，这些主张是否有助于丰富和深化对教育的认识，是否对教育的历史产生了一定的影响。只有这样，才有可能对历史人物形成符合历史唯物主义思想原则的认识和评价。

三、学习西方教育思想史课程的目的与意义

党的二十大指出，"尊重世界文明多样性，以文明交流超越文明隔阂、文明互鉴超越文明冲突、文明共存超越文明优越"②。学习研究西方教育思想史，有助于认识和理解西方教育思想发展的历程与特点，有助于正确看待西方教育思想的价值与意义，也有助于促进中西文明交流、文明互鉴、文明共存，促进对世界文明的多样性的尊重，弘扬和平、发展、公平、正义、民主、自由的全人类共同价值。万物并育而不相害，道并行而不相悖。具体而言，对于教育专业的同学来讲，学习西方教育思想史课程的目的主要包括以下几个方面：

第一，通过学习，能够较为广泛地阅读不同历史时期的西方教育名著，较为全面地了解主要教育家的贡献和精神，较为系统地把握主要教育家的教育思想。与此同时，由于任何一种教育思想在本质上都是对特定时代的经济、政治、文化、社会和教育实际状况的反映，因此，逐步了解不同时代主要教育家的思想及其产生的社会条件和时代背景的过程，事实上也是从一个侧面了解西方教育的历史变迁过程。

第二，通过学习，能够在具体了解特定教育思想的基础上，进一步分析不同教育思想之间的联系和区别，更好地把握不同历史时期教育思想之间的相互关系，深入理解教育思想历史演变的逻辑，从而形成一种历史主义的思维方式。

第三，通过学习，能够在把握西方主要教育家及其教育思想的演变的基本

---

① 《列宁全集》第二卷，人民出版社1984年版，第154页。
② 习近平：《高举中国特色社会主义伟大旗帜 为全面建设社会主义现代化国家而团结奋斗——在中国共产党第二十次全国代表大会上的报告》，人民出版社2022年版，第63页。

过程、基本线索的基础上，进一步拓宽视野，丰富认识，提高理论思维能力，深入理解教育活动的本质以及教育与人类发展、社会进步之间的密切关系，为更好地学习教育学科相关知识奠定坚实的基础。

第四，通过学习，能够更加坚持和巩固马克思主义教育思想在中国特色社会主义教育事业中的指导地位。学习西方教育思想，要做到古为今用，推陈出新，其目标是加快构建中国特色教育学学科体系、学术体系、话语体系。这就要求同学们学习西方教育思想史，要自觉运用马克思主义的基本立场和基本观点去辨析、阐释西方教育思想发展的规律及理论价值，从而更加突出马克思主义教育思想的真理性，更加坚持和巩固马克思主义在中国教育改革中的指导地位，为为党育人、为国育才奠定牢固的思想基础。

当前，全国上下正奋力推进以中国式现代化实现中华民族伟大复兴。"推进中国式现代化是一个系统工程"，"中国式现代化是分阶段、分领域推进的"。① 实现教育强国建设，是中国式现代化建设最具战略先导性的领域，这决定了教育强国建设的战略使命，"必须以党对教育事业的全面领导为根本保证，以立德树人为根本任务，以为党育人、为国育才为根本目标，以服务中华民族伟大复兴为重要使命，以教育理念、体系、制度、内容、方法、治理现代化为基本路径，以支撑引领中国式现代化为核心功能，最终是办好人民满意的教育"②。因此，推进教育强国建设，必须牢牢把握教育的政治属性，从中国式现代化建设的政治高度，研究教育强国的战略布局与实施路径。习近平总书记指出，实现中国式现代化各个阶段发展目标、落实各个领域发展战略需要顶层设计，要"提高政治站位，树立世界眼光，胸怀'国之大者'，把历史、现实、未来贯通起来，把中国和世界连接起来"③。这些论述，为推进教育强国建设提供了根本遵循，更加突出教育强国建设顶层设计的迫切性、重要性，在洞察世界发展大势中制定体现时代性、把握规律性、富于创造性的实施策略，以此增强教育强国建设的战略主动性、全局性。为此，有必要重视对西方教育思想史的学习与研究，既要把世界各国教育改革经验作为线索，探索教育现代化发展规律，为我们推进教育强国建设任务的实现提供参考，"在马克思主义指导下真正做到古为今用、洋为中用、辩证取舍、推陈出新，实现传统与现代的有机

---

① 习近平：《推进中国式现代化需要处理好若干重大关系》，《求是》2023年第19期，第4—8页。
② 习近平：《扎实推动教育强国建设》，《求是》2023年第18期，第4—9页。
③ 习近平：《推进中国式现代化需要处理好若干重大关系》，《求是》2023年第19期，第4—8页。

衔接"①，又要立足中国社会发展和教育改革实际，"守好中国式现代化的本和源、根和魂，毫不动摇坚持中国式现代化的中国特色、本质要求和重大原则"②，扎根中国大地，推动具有中国特色的社会主义教育实践的创新发展。要以此为根本遵循，立足中国大地，植根于中华优秀传统文化，借鉴吸收一切人类优秀文明成果，创造出更加符合中国教育发展的新经验、新思想，以教育强国建设支撑和引领中国式现代化。

深入学习西方教育思想史，无论是对未来从事教师职业的同学还是对从事其他职业的同学而言，都具有多重意义。首先，有助于增长教育知识。西方教育思想史课程涉及西方世界广大地区数千年教育思想的演变历程，其中包含大量的教育思想、教育理论、教育方法和教育实验，这些知识将有效地充实同学们的知识库，为形成合理的知识体系奠定重要的基础。其次，有助于拓宽视野。在历史的长河中，不同时期的教育家都曾对教育的目的、内容、方法、手段等进行了大量的探索与思考，形成了丰富的思想理论成果。前人的探索与思考为当代人的认识提供了广阔的背景，使当代人得以从丰富多样的视角观察和认识作为人类重要活动领域的教育活动的性质。再次，有助于深化思想认识。对于教育专业的同学来讲，形成较为完整和清晰的对教育本质等一系列基本问题的认识，是本科阶段学习的重要任务。对这些基本问题的认识可以通过多种途径获得，而历史认识无疑是其中的一条重要途径。这是因为，在其根本意义上，教育的历史过程就是教育本质生成与演化的过程。教育在不同历史时期的形态，不同时期人们对教育本质的思考，是当代人深入思考教育本质的思想基础。最后，有助于形成全球意识。通过学习西方教育思想史课程，同学们可以了解西方教育思想发展的基本过程，从一个侧面感受和认知他国的历史和文化，并了解不同民族和地区之间的文化与教育交流。当今时代，这种全球意识是受过良好教育的社会成员所必需的基本素养。

更为重要的是，在增长教育知识、拓宽视野、深化思想认识和形成全球意识的基础上，深入学习西方教育思想史有助于同学们更为自觉地、批判地借鉴和吸收人类文明的一切优秀成果，古为今用，洋为中用，有助于同学们深入理解党和国家的教育方针政策，立足中国教育实践，不断增强责任意识和使命

---

① 习近平：《在文化传承发展座谈会上的讲话》，人民出版社 2023 年版，第 11 页。
② 习近平：《推进中国式现代化需要处理好若干重大关系》，《求是》2023 年第 19 期，第 4—8 页。

感，努力为祖国教育事业的改革发展做出应有的贡献。

四、学习西方教育思想史课程的基本方法

西方教育思想史涵盖的内容非常多，涉及的时间周期长，教育家活动的空间跨度也相当大。因此，在学习西方教育思想史时，既要注意深入理解主要教育家的教育思想，又要从整体上把握西方教育思想的发展脉络、不同教育思想流派的特点及其对当前教育发展的价值。2018年5月2日习近平总书记在北京大学师生座谈会上的讲话中指出："知识是每个人成才的基石，在学习阶段一定要把基石打深、打牢。学习就必须求真学问，求真理、悟道理、明事理，不能满足于碎片化的信息、快餐化的知识。要通过学习知识，掌握事物发展规律，通晓天下道理，丰富学识，增长见识。"[①] 这一论述对于学习西方教育思想史课程具有重要的指导意义。

学习西方教育思想史课程虽然有"一定之规"，但也需要同学们根据自身认识，在任课教师的指导下，逐渐摸索出适合自己的学习方式和方法，从而取得更佳的学习效果。我们可以把对西方教育思想史的认识划分为三个层面。

第一个层面是对"点"的把握，即全面、准确地理解某一位教育家的生平活动和教育思想，分析该教育家的生平，特别是教育经历对其教育思想形成的影响，认识该教育家所具有的哲学、政治、文化、道德等方面的思想观念，尤其对那些同时是哲学家或思想家的教育家，这样的分析和认识更是不可或缺的。否则，只能知其然而不知其所以然。此外，如果必要，还应当历史地考察该教育家个人教育思想的演变历程，分析该教育家在其人生不同时期对教育认识的变化。这种方法对完整地理解那些长期思考教育问题、著述丰富的教育家的思想尤为有效，如夸美纽斯、裴斯泰洛齐、赫尔巴特、杜威等。

第二个层面是对"面"的认识。为了更全面和深入地理解某位教育家的思想，需要将视野拓宽到该教育家所处的时代，了解特定时代的经济、政治、文化、社会等方面的状况，借此把握该教育家所探讨的主要教育问题，以及这种探讨所要达到的目的和产生的实际影响。与此同时，也需要进一步了解该教育家的教育思想与同时代的其他教育家的教育思想之间的关系，分析这些教育思想之间的联系与区别以及形成原因。这样，才能更为清晰地认识该教育家的思

---

① 习近平:《在北京大学师生座谈会上的讲话》，人民出版社2018年版，第13页。

想在其所处时代的地位和影响。

第三个层面是对"线"的理解，即在更为广阔的历史背景下，从教育思想发展的过程中，对某位教育家的教育思想与前人的思想进行比较，并挖掘该教育家的教育思想的历史贡献，包括对后世的启发和影响、引发的争论等。

这三个层面的划分是相对而言的，并无高下之分。在实际的学习过程中，它们并不是截然分开的，而是有可能相互交织的。也就是说，在具体的学习过程中，同学们要逐渐学会将这三个层面进行合理的转化。只有这样，才有可能在了解具体史实的基础上，把握历史的内在联系，从而形成一种科学的历史意识。

要达到以上几个层面的认识，最基本的一点是要下功夫研读原著，特别是那些不同历史时期出现的著名教育家的著作。例如，柏拉图的《理想国》、亚里士多德的《政治学》、夸美纽斯的《大教学论》、洛克的《教育漫话》、卢梭的《爱弥儿：论教育》、赫尔巴特的《普通教育学》、斯宾塞的《教育论》、杜威的《民主主义与教育》等。这是因为，不论是教材还是教师的讲授，所反映的都是他人对不同教育家及其教育思想的理解，这些理解都无法替代同学们自己的理解。只有当同学们通过阅读原著，形成自己的认识和理解时，课程的学习才算得上取得了初步的成果，哪怕这些认识和理解开始时是非常粗浅和零碎的。

初次接触教育名著时，同学们往往会感到难以阅读：读了一些章节，却不知道作者说了些什么；或者读了后面的章节，却忘了前面的内容。遇到这些情况，有的同学可能会怀疑自己的理解能力，有的同学则干脆放弃。其实，出现这种情况非常正常。西方教育思想史上的教育名著是西方历史文化的产物，其表达方式和内容与今天有着很大的差异，确实不容易理解。所以，同学们首先要有耐心和恒心，不要轻易放弃，其次要掌握一定的阅读方法。建议同学们阅读时适当做些读书笔记，摘录作者的一些名言名句，对原著在不同章节或不同部分所表达的重要观点进行概括，从对局部的理解逐步扩大到对全书的理解。另外，诸如柏拉图的《理想国》等名著之所以被公认为是名著，是因为其中包含了非常丰富和深邃的思想，任何人对这些思想的理解都需要过程。对名著的研读既是一项艰苦的工作，也是一个长期的过程，需要反复阅读、不断深化自己的认识。正是在这个逐步深化的过程中，同学们才会真切地感受到自己的理解能力、把握知识的能力的提高，从而意识到自己的成长。

此外，同学们在学习西方教育思想史课程的过程中，除阅读教材之外，还应广泛涉猎西方哲学史、西方思想史、西方文化史、西方科学史等相关学科领域的一些重要著作，以便更全面和深入地理解不同时期重要教育家的教育思想形成的社会文化背景和理论基础。本书在阅读文献中列出了一些重要著作，供同学们参考。

小　结

西方教育思想史通过梳理与分析从古希腊、古罗马时期至20世纪末先后在西方世界出现的主要教育思想和教育思潮，展现西方世界对教育现象和教育活动认识的变化过程。西方教育思想史与西方哲学史、西方思想史、西方文化史、西方科学史等多个学科领域相关。与此同时，作为教育史学科的重要研究领域，西方教育思想史涉及教育学原理、课程与教学论、比较教育学等多个教育学分支学科，是学习相关课程的重要基础。学习西方教育思想史，对于教育专业的同学而言，既是严峻的"理智挑战"，也是进一步丰富知识、开阔眼界的良好机遇。学习西方教育思想史，必须坚持马克思主义的指导，努力从复杂的社会因素和历史的相互联系中探索教育思想生成的基础与发展的动力。

思考题

1. 如何根据历史唯物主义的基本原理理解西方教育思想史的基本线索？
2. 如何运用马克思主义的原理和方法学习西方教育思想史？
3. 结合对时代特征的认识，谈谈学习西方教育思想史的现实意义是什么？
4. 阅读下面的材料，结合已有知识，分析它所包含的主要含义。

　　人们自己创造自己的历史，但是他们并不是随心所欲地创造，并不是在他们自己选定的条件下创造，而是在直接碰到的、既定的、从过去承继下来的条件下创造。一切已死的先辈们的传统，像梦魇一样纠缠着活人的头脑。当人们好像刚好在忙于改造自己和周围的事物并创造前所未有的事物时，恰好在这种革命危机时代，他们战战兢兢地请出亡灵来为自己效劳，借用它们的名字、战斗口号和衣服，以便穿着这种久受崇敬的服装，用这种借来的语言，演出世界历史的新的一幕。①

---

① 《马克思恩格斯文集》第二卷，人民出版社2009年版，第470—471页。

第一章　古希腊教育思想

古希腊文明是西方文明的开端，古希腊教育是西方教育的源头。黑格尔（1770—1831）曾说过："一提到希腊这个名字，在有教养的欧洲人心中，尤其在我们德国人心中，自然会引起一种家园之感。"① 苏格拉底、柏拉图、亚里士多德等思想家在总结斯巴达和雅典等城邦教育实践的基础上提出了较为系统的教育思想，对西方教育思想的演变发展产生了深远的影响。

第一节　古希腊教育思想的社会基础与演变

古希腊并不限于当代希腊的版图，其地理范围包括希腊半岛、爱琴海诸岛、小亚细亚半岛、黑海沿岸、意大利南部和西西里岛等地区，海岸线曲折，港湾众多，交通便利。古希腊的地理环境是其成为欧洲文明发源地的重要原因之一。

一、古希腊教育思想的社会基础

古希腊的历史发展一般划分为五个时期：公元前 20 世纪—公元前 12 世纪的爱琴文明时代（或称"克里特-迈锡尼时代"），公元前 11 世纪—公元前 9 世纪的荷马时代，公元前 8 世纪—公元前 6 世纪的古风时代，公元前 5 世纪—公元前 4 世纪中期的古典时代，公元前 4 世纪晚期—公元前 1 世纪的希腊化时代。古希腊教育思想发端于古风时代，在古典时代达到鼎盛。

古希腊教育可以分为诗歌教育与哲学教育两个阶段：诗歌教育涵盖古风时代与古典时代，哲学教育自古典时代至希腊化时代。诗歌教育的代表人物包括荷马（约前 9 世纪—前 8 世纪）和赫西奥德（生活在公元前 8 世纪）等。诗歌教育寓教育于生活，寓教于乐，以经典文本为教材，集文字、旋律和舞蹈于一身，具有广泛的公共性。不同类型的诗歌是为不同的场合针对不同的教育目的而创作形成的，既有经典的史诗，如荷马的《伊利亚特》《奥德赛》，赫西奥德

---

① ［德］黑格尔：《哲学史讲演录》第一卷，贺麟、王太庆等译，商务印书馆 2021 年版，第 173 页。

的《工作与时日》《神谱》，也有各种抒情诗、挽歌，如为庆祝奥林匹亚运动会冠军而创作的颂歌，为庆祝酒神节而创作的酒神歌，为纪念阿波罗神而创作的赞美诗以及为葬礼而创作的挽歌等。从表演形式看，诗歌有合唱和独唱两种：合唱适合大型场合和庆典仪式，青少年为准备这些演出往往花费数月时间，这成为他们接受教育的有效途径；独唱只适合一些小的团体。诗歌教育的影响力在古典时代的悲剧和喜剧达到历史鼎盛时期。随着智者和苏格拉底等为代表的哲学教育走向历史舞台中心，诗歌教育的影响力减弱，其合理性遭到质疑，最著名的当属柏拉图在《理想国》中呼吁将诗人驱逐出城邦。

荷马时代是古希腊教育的开端。当时崇尚英雄主义，公民对城邦负有极大责任感和忠诚感，希腊神话中无论是阿喀琉斯、阿伽门农，还是赫克托耳，都鲜明体现了那个时代的英雄特点，体现了智慧和勇气，也体现了个人追求和自我价值的实现。

古希腊教育思想的演变和城邦制度有着密切的关系。城邦，即城市国家，是指一个以独立、自主、单独的城市为中心，包括其周围的村庄的国家。在古希腊历史上，曾先后出现多个城邦。其中，斯巴达和雅典是当时规模和影响力最大的两个城邦。斯巴达源于种族征服，形成了独特的政治制度、军事体制、生活方式和教育制度。城邦严格控制着公民的婚姻、家庭、生活和教育。斯巴达人从小就参加军事训练。斯巴达教育的目的是培养合格的、能够献身国家的公民，亦即军人。斯巴达人把军人的美德，如团结、服从、尚武、禁欲和牺牲精神等贯穿社会生活和教育的各个方面。斯巴达的教育制度在培养优秀军人、确保城邦安定方面取得了巨大成功。但是，这种成功是以牺牲个体的个性自由发展、社会进步和文化繁荣为代价的。斯巴达教育虽然培养了一代又一代勇武的士兵和军人，却没有造就哲学家、科学家、艺术家。古希腊在哲学思考、科学发现和艺术创造方面的辉煌成就与之无关。

雅典在古希腊城邦的历史中占有重要地位，它对古希腊的影响及其留给后世的遗产，都是其他城邦所无法比拟的。长达32年的伯里克利时代（前461—前429），是雅典历史上最为繁荣强盛的时期，也是雅典民主政治发展到顶峰的时期。民主的发展促进了公民参政能力的觉醒，学习修辞术、论辩术成为一种潮流。执政者伯里克利（约前495—前429）不仅采取各种措施让更多公民参与政治活动，发放观剧津贴，而且为外邦人来雅典办学和传播知识创造条件，充分发挥他们的才能，大力扶植学术和文化艺术的发展，将雅典变成"全希腊人的学校",雅典人的文化教育水平迅速提高。雅典在政治、经济、科学、文化各领域都成为古希腊世界的中心。

在古典时代,斯巴达和雅典的"好公民"标准完全不同。斯巴达仍旧保持传统观念,认为骁勇善战的人是最值得尊敬的。雅典却将拥有智慧和参加政治活动的能力作为衡量一个公民优劣的主要标准。要培养这样的优良公民,教育自然成为重要的事情。雅典民主政治迫切需要公民具有善辩、演说、修辞、诉讼等方面的能力,需要公民学习更多有关政治、社会伦理等方面的知识。正是这些需要造就了智者这批教师,以及苏格拉底、柏拉图、亚里士多德等一批哲学家从事教育工作,以培养人才为己任。表1列出了斯巴达教育与雅典教育的比较。

表1 斯巴达教育与雅典教育的比较

维度	斯巴达教育	雅典教育
教育目的	培养军人	培养公民
教育内容	体育锻炼、战争知识	论辩术、政治知识
教育形式	军事体育训练	学校教育、体育训练
教育特点	国家控制,强调服从,重视女子教育	私学发达,强调人的和谐发展,不重视女子教育

二、古希腊教育思想的演变

古希腊神话、《荷马史诗》和赫西奥德的诗歌中虽有关于教育现象的记载,但基本上是对教育经验的叙述,而未能从理论层面探讨教育问题,更没有提出教育的基本问题。这种现象的记载与经验的叙述,还不能称为教育思想。

(一)古希腊教育思想的萌芽时期

古希腊教育思想的起源与哲学的发展密切相关。在古希腊自然哲学学派,特别是毕达哥拉斯学派、埃利亚学派的哲学中,出现了古希腊教育思想的萌芽。早期自然哲学家以形象思维为主、以运用日常概念为主、以描述为主,缺少逻辑证明;以类比为主,用猜测和想象去建立普遍联系。他们的思想是以经验的直观、类比、想象、猜测为特征的非逻辑思维的产物。毕达哥拉斯(约前580至前570之间—约前500)及其学派在古希腊教育史上占有重要地位。他们极力推崇算术、几何、天文、音乐等知识并进行了大量研究,这些内容成为以后古希腊学校最为基本的教学科目，沿用了一千多年。埃利亚学派哲学家巴门尼德（约前515—约前445）的《论自然》从形式上看是散文诗，但其中存在大量的抽象概念以及连篇的假设、推理、证明，从假设存在的单一、不动的属性开始，推论出存在的各种特征，进而演绎出一系列结论，这是逻辑思维的成果，古希腊哲学由此迈进了理性王国的大门。

(二) 古希腊教育思想的确立时期

从公元前5世纪开始，古希腊，特别是雅典所发生的政治、社会、文化的巨大变迁，导致了古希腊哲学形态的变化，即由自然哲学发展到社会政治哲学，出现了智者派、苏格拉底等人的较为系统的教育思想。

苏格拉底之前的哲学家所探索的主要是宇宙的本原问题。从苏格拉底开始，哲学实现了整体变革：研究对象从自然界扩展到人和社会；哲学家争论的焦点从追问万物的本原转向追问万物存在依据的本质；哲学的研究范式从推测、类比与隐喻等转向以修辞学和论辩术为工具，在逻辑思辨中澄清概念、建立理论。苏格拉底时代所实现的哲学变革，在古希腊教育思想的发展进程中，具有极为重要的意义。这是因为，哲学家只有将目光从自然转向社会、人类生活以及人类自身，与人密切相关的教育问题才有可能得到关注，从而引起思考。在苏格拉底的思维逻辑中，政治问题、哲学问题和道德问题是相互联系的，正是这种联系，使教育问题真正进入哲学家的视野，并作为基本问题被提了出来。

总体看来，古希腊教育思想探讨的基本问题，涉及的基本范畴、命题，在智者派的教育思想中都已有涉及。这是古希腊教育思想的确立时期。

在这一时期，唯物主义思想家德谟克里特（约前460—约前370）提出了与智者派、苏格拉底等人不同的教育主张。他强调教育在人的发展中的作用，认为美德源于知识、智慧，罪恶则源于无知。他说，"从智慧中引申出这三种德性：很好地思想，很好地说话，很好地行动"[①]，通过教育可以获得知识，进而改变一个人的道德品质。德谟克里特将知识与美德有机地统一起来，这与苏格拉底所主张的"美德即知识"具有相似性。具有唯物主义思想的德谟克里特和唯心主义的苏格拉底，都承认美德与知识的联系，都认为德行可教，只不过

---

① 北京大学哲学系外国哲学史教研室编译：《古希腊罗马哲学》，商务印书馆2021年版，第111页。

德谟克里特更注重后天德行的塑造，而苏格拉底更坚持唤醒灵魂中先天的美德，持天赋道德观念。德谟克里特认为，本性和教育有某些方面相似——教育可以改变一个人，但这样"它就创造了一种第二本性"①。德谟克里特没有将道德与知识完全等同起来，在他看来，依照道德做事，还要落实到行动上，身体力行、知行合一，"应该热心地致力于照道德行事，而不要空谈道德"②，"一切都靠一张嘴来做而丝毫不实干的人，是虚伪和假仁假义的"③。在行的问题上，他将行为的动机与结果联系起来，不仅关注行为的结果，还关注行为的动机，认为行为的动机与结果是统一的：好的行为结果必然因为好的行为动机，坏的行为动机则会导致坏的行为结果。"认识好人和坏人，不仅是从他们的行为看，而且也要从他们的意愿看。"④ "可恶的不是做不义的事情的人，而是有意地做不义的事情的人。"⑤

伊壁鸠鲁（前341—前270年）于公元前323年前往雅典，在阿卡德米学园学习，后来曾学习并熟悉了德谟克里特的原子唯物论。他和他的忠实信徒在雅典创办了学校——"伊壁鸠鲁花园"。伊壁鸠鲁广收门徒，传播自己的学说，通过给各地的信徒写"使徒书"的方式教育他们。这种教育既不教玄虚之学，也不搞神秘教仪，而是教育学生明白人生道理后达到整个生命的大改变。伊壁鸠鲁认为，教育的目的在于获得健康的灵魂，而实现这一目的的途径就是学习和研究哲学。伊壁鸠鲁十分明确自己研究与传播哲学的目的："哲学家的逻各斯如果不治疗人的任何苦难，就毫无意义。因为正如医学如果不能驱逐身体的疾病就毫无益处一样，如果哲学不逐出心灵的苦难也就毫无益处。"⑥ 伊壁鸠鲁把哲学视为治疗心灵苦难的工具，鼓励人们学习哲学，认为只有通过学习哲学才能具备理性与明智，进而达到健康、愉快的生活，因为"使生活愉快的乃是清

---

① 北京大学哲学系外国哲学史教研室编译：《古希腊罗马哲学》，商务印书馆2021年版，第111页。
② 北京大学哲学系外国哲学史教研室编译：《古希腊罗马哲学》，商务印书馆2021年版，第112页。
③ 北京大学哲学系外国哲学史教研室编译：《古希腊罗马哲学》，商务印书馆2021年版，第114页。
④ 北京大学哲学系外国哲学史教研室编译：《古希腊罗马哲学》，商务印书馆2021年版，第113页。
⑤ 北京大学哲学系外国哲学史教研室编译：《古希腊罗马哲学》，商务印书馆2021年版，第114页。
⑥ 包利民：《生命与逻各斯——希腊伦理思想史论》，东方出版社1996年版，第314页。

醒的理性，理性找出了一切我们取舍的理由，清除了那些在灵魂中造成最大纷扰的空洞意见……这一切的开始以及最大的善，乃是明智。因此明智比哲学还要可贵，因为一切其他美德都是由它而出"①。他把快乐、幸福和感觉联系起来，主张在理智指导下的那种与感觉联系起来的快乐、幸福。他认为，如果不能理智地、光明正大地、正直地生活，就不能愉快生活，不能得到心安理得的快乐，而且只有通过哲学学习才能学会享受无尽的快乐。

(三) 古希腊教育思想的体系化时期

柏拉图建立了以培养哲学家为中心的教育体系，提出了教育的目的是灵魂转向，学习即回忆等系统化的教育认识。亚里士多德在批判性继承苏格拉底、柏拉图教育思想的基础上建立了集大成的教育思想。这是古希腊教育思想的体系化时期。

这一时期的伊索克拉底（前436—前338）是古典时代后期著名的修辞学家和教育家。他曾师从于高尔吉亚（约前483—约前375）和苏格拉底，有人曾认为他是普罗泰戈拉（约前490或前481—约前420或约前411）的学生，但查无实证。伊索克拉底把培养演说家作为教育的基本目的，但他所培养的演说家不是智者派所讲的有雄辩才能、能说会道的那种人，而是善于从事政治活动、在智慧和辩才方面都很杰出的经世之才。他曾评价梭伦（约前638—约前559）、克里斯提尼（生活在公元前6世纪）和伯里克利等人的成就，认为正是由于他们的智慧和辩才才使雅典变成伟大的城邦，给人民带来了幸福。在当时的雅典，人们尊重辩才，渴望掌握修辞学，伊索克拉底进而指出善于言谈是人成功的标志，古希腊人之所以优于其他民族，是因为他们具有思想和言谈方面的优势。他认为培养雄辩与演说能力不但能增进智慧，而且有益于培养人的道德品质。因为一个想要善于言辞并能说服别人的人，必然在品德上严于律己，珍惜自己的名声。苏格拉底和柏拉图认为美德即知识，伊索克拉底却认为修辞学是智慧和德行的基础，修辞学即美德。因此，伊索克拉底认为教育的目的就是通过修辞学培养能言善辩、有智慧、有德行的演说家和政治家。伊索克拉底认为，一个人要在某一行业超群出众，必须具备三个条件：天赋、勤学苦练和实践。伊索克拉底反对智者只教授修辞学而忽视哲学的倾向。但他所讲的哲学，显然不是柏拉图辩证法意义上的哲学，也不是亚里士多德形而上学意义上的哲学。在他看来，哲学不是一种思辨理

---

① 包利民：《生命与逻各斯——希腊伦理思想史论》，东方出版社1996年版，第320页。

论，而是一种通过钻研演讲而使自己变得更有价值的实践活动。语言及其运用是人类社会生活的基础，最有语言智慧的人是最有才智的人。伊索克拉底指出："我把能够运用推理能力而一般地达到最好的进程的人看做聪明人，而把专心钻研那些能使他最迅速地获得这种见识的学问的人看做哲学家。"①

公元前392年（另一说公元前390年），伊索克拉底在雅典的吕克昂附近创办了第一所修辞学校，由于教学切合社会和学生的实际需要，很受欢迎，古希腊各地乃至东方国家的青年纷纷前往就学。在他的指导下，许多学生成为演说家、政治家。在全古希腊的重大演讲比赛中，他的学生多次获胜。他的修辞学校成为当时古希腊最著名的教育机构，在希腊化时代及以后的年代里，仿照这所学校建立的许多修辞学校成为传播知识、培养人才的中心。公元前387年，柏拉图创办了一所以研究哲学为宗旨的阿卡德米学园。伊索克拉底的修辞学校注重社会政治的实际问题，柏拉图的阿卡德米学园则注重纯理论的哲学思考，从此开始了修辞学与哲学之间的争论，这种争论一直延续到古罗马帝国时代。

伊索克拉底创办修辞学校的教育实践和他的教育思想对希腊化时代和古罗马教育的发展产生了深远的影响。通过伊索克拉底，再通过修辞学校，智者的教育思想与实践活动影响了后世的欧洲。可以说，伊索克拉底的教育思想直接影响了古罗马的雄辩家的教育思想，并且在古罗马的文法学校、修辞学校的教学内容与组织上打上了它的烙印。②

第二节 智者的教育思想

所谓智者，希腊语为sophistes，在荷马时代，是指拥有某种能力和技巧的人。在《荷马史诗》中，造船工、战船驭手、航船舵手、占星术者、雕刻匠等，都被称作智者。后来，智者泛指有智、有才之士，如诗人、音乐家、医生、自然哲学家等。公元前5世纪，"智者"一词获得了特殊的含义，指以普罗泰戈拉等为代表的一批收费教授修辞学和辩论术的职业教师。智者的主要代表有普罗泰戈拉、高尔吉亚、普罗狄科、希庇阿斯、安提丰等。

---

① 华东师范大学教育系、浙江大学教育系选编：《西方古代教育论著选》，人民教育出版社2001年版，第90页。

② 曹孚等编：《外国古代教育史》，人民教育出版社1981年版，第65页。

一、智者的产生

智者产生于古希腊奴隶主民主政治制度的鼎盛时期，它深刻反映了时代的要求。随着古希腊奴隶主民主政治的发展，古希腊城邦的政治结构和社会组织日益复杂，原有的知识体系已经不能适应城邦政治发展的客观要求。在这种新形势下，发展一种新的政治知识以及与此相关的道德知识，便成为城邦政治的必然要求。在智者兴起之前，古希腊人获取知识的方式是听游吟诗人朗诵作品，或是观看戏剧演出，或是直接参加公民大会等活动，并没有一种较为专门的传授知识的方式，也不存在较为"专业化"地传授知识的教师。希波战争以后，随着民主制度的深入发展，话语在公民大会、法庭和议事会等公共场所占据了支配性力量，具有压倒其他一切权力手段的特殊优势，成为重要的政治工具、国家一切权力的关键、指挥和统治他人的方式①，也成为城邦政治生活的首要工具。参与政治、诉讼、演说的广泛社会需求，决定了智者兴盛成为历史的必然。

同时，古希腊哲学思想由关注自然转为关注人类本身，智者的产生与此密切相关，哲学讨论的中心转向政治和社会伦理等以人为中心的话题。从哲学上看，智者的兴盛标志着古希腊旧的自然哲学的终结，哲学从对外在的自然现象的研究转向对人本身的探索，开始着重探讨有关公民的现实生活的种种问题；哲学由此突破了以往学派的圈子，走向公众，成为公众的事务，成为与现实生活密切相关的思想活动。概括而言，一方面，哲学研究的对象与重心都从自然界扩展到人和社会，社会公正、国家本质、人生意义等主题进入哲学家的视野；另一方面，哲学家争论的焦点从追问万物的本原转向追问万物存在依据的本质。从方法论上看，早期自然哲学家的推测类比和隐喻方式被严密的逻辑推理取代，哲学家不再满足于基于观察的推测、类比，而是以修辞学和论辩术为基础建立理论体系。这就是智者思潮产生的基本原因。

在智者看来，一切知识、真理和道德都是相对的，都有赖于具体的感知者，没有客观真理，只有主观意见。普罗泰戈拉指出，"事物对于你就是它向你显现的那样，对于我就是它向我显现的那样"，由此，他提出："人是万物的尺度，是存在者存在的尺度，也是不存在者不存在的尺度。"②

---

① ［法］让-皮埃尔·韦尔南：《希腊思想的起源》，秦海鹰译，生活·读书·新知三联书店1996年版，第37页。
② 北京大学哲学系外国哲学史教研室编译：《西方哲学原著选读》上卷，商务印书馆1981年版，第55页。

普罗泰戈拉的这个命题带有明显的主观主义、感觉主义和相对主义，它将事物的存在及其性质看作个体主观感觉的产物，属于典型的主观唯心主义。但是他强调人是衡量存在的标准和尺度，人是主宰世界万物的力量，破除了古希腊早期神是世界的主宰和把人视为自然产物的自然哲学传统。人被当作判断一切真假、善恶、美丑的标准，人不仅成为世界的中心，而且成为认识、思维的中心，人的主体作用被提到了一个前所未有的高度。从这个意义上讲，智者的个人主义实际上是最早的人文主义，起到了思想启蒙的作用。

二、智者的教育思想与教育实践

普罗泰戈拉认为，人类不同于动物的根本特征是人类拥有技术与智慧，城邦既不是神创造的，也不是自然产生的，而是起源于人类自我保护的本能。对城邦的治理，每个人都可以发表建议，都有参与的权利，教育的目的就是教人学会参与城邦管理和从事政治活动的知识与本领。对于智者的这种以培养政治家为目的的教育，黑格尔进行了精辟的分析。他说，智者的教育，"既是哲学教育，也是演说教育，教人治理一个民族，或者通过观念以使一件事情办得通……此外他们还有着最普遍的实践目的，就是给予政治家一种预备教育，以便在希腊从事一般的职业性政治活动"①。这种教育的中心问题，是要使受教育者具有智慧，也就是说，要使人有政治知识与政治眼光，有适应城邦政治生活的能力。智者的这种思想在城邦时代是很重要的。既然城邦治理的才能和品德可以通过教育和训练获得，广大门第与身份不高的自由民就可以通过教育和训练获得政治技艺及相关才能以参与政治活动；反之，出身豪门的贵族如果没有经过教育和训练来获得政治技艺及相关才能，那么同样会被淘汰。与诗歌教育不同的是，智者把教育对象固定为成年人教育，而不是广泛民众和儿童，其目标是传授政治上卓越成功的"演说术"。

（一）教学科目：修辞学、文法和论辩术

根据上述教育观念，智者把修辞学、文法和论辩术作为他们的主要教学科目。

古希腊人所说的修辞学，不是现代人所理解的关于语法和用词的修辞理论，而是如何使用语言的技艺，包括如何在不同场合针对不同对象发表演说和

---

① [德]黑格尔：《哲学史讲演录》第二卷，贺麟、王太庆译，商务印书馆2021年版，第10页。

进行论辩的才能，与现代人所说的"口才""辩才"比较接近。为了适应社会对演讲、辩论的广泛需要，也为了使年轻一代具有政治技艺及相关才能，智者把修辞学作为一项基本的教学内容。修辞学的教育，是智者活动的重要内容。

在修辞学方面，颇有建树和影响的智者是高尔吉亚。高尔吉亚的修辞理论，目前已无任何资料，但他的两篇修辞学范文《为帕拉墨得斯辩护》《海伦颂》被保存了下来。这两篇文章对于人们了解古希腊修辞学的教学情况很有价值。在《海伦颂》中，高尔吉亚通过多方面的论证，运用语言、雄辩的力量为海伦的行为进行辩护，力图改变古希腊人对海伦的传统偏见。

智者在研究修辞学的同时，也开始重视用各种文法规则来规范自己的语言，他们研究了写作中的语法问题及正确使用名称的问题。为了在演讲、辩论中正确有效地使用语言，指出对方用词不当等错误，智者深入研究了正确使用名称的问题，即"正名"。"正名"是由普罗泰戈拉首创的，但成就最多、影响最大的是普罗狄科。普罗狄科的研究方法是：从两个或几个相近的词中找出它们的共同含义，同时找出它们的细微差别。苏格拉底和柏拉图等也常使用这种方法来讨论问题，这对后来希腊文的发展起了很大的促进作用。

智者所教的论辩术，就是对某些具体观点加以论证，提出正面理由和反面理由并通过辩论使弱的论证变为强有力的论证。在智者以前，古希腊哲学家通常只注意揭示认识对象中所包含的矛盾，而智者则进一步探索人的思维本身以及表达思维的语言中的矛盾。这对人的思维和语言的发展起了重要的推动作用。但这种以个人愿望、有用、有利为原则的论辩术，可以被人用来为任何不正当的行为辩护，可以为恶行找到理由。一切东西只要符合自己的愿望就是真的，这显然否认了真理的客观性。有无道理，不在于是否与事实相符合，也不在于是否经得起实践的检验，而在于雄辩的力量，在于语言和修辞的力量，这是后来智者成为诡辩者而遭人唾弃的主要原因，也是智者作为一种思潮衰落的根本原因。

(二) 教学形式

智者摆脱了早期哲学家只在狭小范围内传授本派哲学、批评别家思想的传统做法，他们既在本地施教，也将学生带到雅典等城邦求学，有的还四处讲学，招收学生。他们以雅典为教育活动的中心，活跃在古希腊各大城邦，特别是在奥林匹亚、德尔斐的大型聚会场所，发表有关社会和人、伦理和政治、真理和政治等问题的新见解与新知识，传授关于辩论、诉讼、演说、修辞的技巧和城邦治理的知识，采取多种形式以提高城邦公民的演说和辩论技巧，适应了当时希腊城邦政治生活的需要。

普罗泰戈拉曾往返于阿布德拉、雅典、西西里等地讲学和演说；高尔吉亚则从西西里到雅典，又到帖撒利、玻俄提亚等处活动。高尔吉亚和希庇阿斯等人还常在奥林匹亚赛会上穿上节日紫袍，发表自己的新著作并回答各种问题。他们对学生有时只做一次或几次讲座，有时则进行长期系统的教学；他们既有事先准备的书面发言，又有临时的即席讲话；他们的讲授方式很灵活，包括个别传授、集体讨论、随意提问等方式。

三、智者教育思想的历史意义

由于智者具有显著的相对主义、个人主义、感觉主义和怀疑主义的倾向，因此受到苏格拉底、柏拉图、亚里士多德等人的贬低和批判，在很长的历史时期内，人们一直把智者看作只起破坏作用的诡辩派，普罗泰戈拉则成为诡辩派的代表人物。一直到19世纪黑格尔恢复了智者的本来面目，其历史作用才重新得到肯定。

智者之所以给古希腊教育带来一种巨大的影响，是因为他们知道什么是古希腊社会最需要的。智者适应了奴隶主民主政治和社会生活的客观需要，以修辞学、文法和论辩术教导青年，培养他们的雄辩才能，教授他们政治知识，这对于城邦政治的发展发挥了重要作用。智者通过集会演讲、法庭辩论、问题解答等形式，给学生传授修辞学、文法和论辩术以提高他们论辩技巧和获胜能力，同时贯穿了批判迷信、抨击传统、藐视权威、高扬个性、崇尚感觉、鼓吹怀疑的思想内容。正是这些内容和风气的传播，客观上起到了社会启蒙的思想解放作用，所以，人们有时把智者与文艺复兴时期的人文主义相比，称他们是第一批人文主义者或启蒙思想家。

智者的教育活动既拓展了学术研究的领域，又扩大了教育内容的范围，智者对哲学、逻辑学、语法学、修辞学等学科的发展发挥了重要作用。智者云游讲学，推动了文化的传播。西方教育史上沿用千年之久的"七艺"中的前三艺（文法、修辞学和辩证法），就是由智者最先确定下来的。①

---

① "七艺"包括智者提出的前三艺（即文法、修辞学和辩证法）和柏拉图提出的后四艺（即算术、几何、音乐和天文学）。

智者是最早的职业教师，他们以收费而不以门第为标准授徒，因而扩大了教育对象的范围，促进了古希腊社会的人才流动。智者最关心的是道德问题和政治问题，并把较为系统的道德知识和政治知识作为主要的传授内容。这不仅丰富了教育内容，而且形成了一种新的教育——政治家或统治者的预备教育。智者的教育活动顺应了城邦政治的要求，并使这种预备教育得以确立。随着奴隶主民主政治的衰落，政治家或统治者的预备教育不但没有失去其存在的价值，反而日益成为人们关注的重大问题。

第三节 苏格拉底的教育思想

苏格拉底处于雅典民主政治由兴盛转向衰落的历史时期，他认为智者的相对主义的感觉论只能助长个人利己主义和享乐主义，是造成雅典危机的思想根源。苏格拉底强调普遍的知识与价值，提出以理性去探讨伦理观念和道德价值，确定普遍的绝对的知识，引导人们认识什么是真正的善，什么是真正的美德，什么是真正的知识，由此建立了理性主义主导的教育思想。

一、苏格拉底的生平与教育活动

苏格拉底是古希腊哲学家。他的父亲是雕刻匠，母亲是助产士。他出生和成长在雅典的鼎盛时期，受过良好的教育。苏格拉底参加过伯罗奔尼撒战争的三次战役。在作战中，他英勇果敢，冒着生命危险在战场上拯救落难战友，表现出为城邦不惜牺牲的爱国精神。

伯罗奔尼撒战争是古希腊社会历史的转折点，是雅典城邦由强盛走向衰落的关键。面对雅典日益深重的社会危机和道德危机，苏格拉底认为最重要的问题是如何通过教育使青年成为好公民。从30岁开始，苏格拉底的大部分时间都在从事教育工作，他把主要精力放在教育公众上，特别是对青年的教育上。苏格拉底一生虽然从未创办过有固定校舍的学校，但他是一名真正的、古希腊传统意义上的民众教师。

苏格拉底之前的哲学家所探索的主要是宇宙的本原问题。早年的研究经历使苏格拉底认识到，哲学不能单纯研究自然现象，更应该研究人和社会。他认为，那些研究宇宙本原问题的人的观点只能引起争论和混乱，得不到确定的结果,并且他们也不具备这种研究能力。苏格拉底把哲学当作一门实用的技艺,认为学习技艺的目的在于能够用其服务社会。他批评那些专心致志地研究自然的人毫无目的,并不能改变社会现实,并对自然哲学家的工作表示怀疑。

苏格拉底认为,哲学应该研究有用的现实的社会问题,如正义、勇敢、虔诚、节制等德性的定义,国家的治理,政治家的要求及统治者的品质等。"他认为凡精通这些问题的人就是有价值配受尊重的人,至于那些不懂这些问题的人,可以正当地把他们看为并不比奴隶强多少。"①

苏格拉底以培养和造就有德行、有智慧的治国人才为己任。他重视教育的作用,认为教育事业"对于人类有最大好处"②。在长期的教育工作过程中,苏格拉底的教学没有一定的对象,更没有固定的场所。这一点类似于我国古代教育家孔子的"有教无类"。苏格拉底和人谈话时,常常目光炯炯,似乎能穿透一切,使人感到一种超人的才智和内在的精神美。柏拉图在《会饮篇》中描述苏格拉底善豪饮,当众人喝得醺然酪酊时,他仍能清醒地侃侃而谈,但他在日常生活中极为节制,极少饮酒。他以自制、节俭、刻苦追求学问和诲人不倦为生活准则,鄙视智者以出售知识为生财之道。当时雅典贪婪敛财、奢侈靡逸之风日甚,苏格拉底却以其俭朴、刚健、正直、英勇的人格,在雅典公众面前树立了一种道德楷模,使他的教义更具感召力。苏格拉底和当时活跃在雅典的智者虽有表面上相似的地方,但与他们有很大的不同:智者教人要收取学费,苏格拉底却分文不取,把教育人视为自己应尽的义务。苏格拉底认为,智者追求的是所谓成功,而他追求的是美德和善,智者以收费授徒为主要方式,目的是贩卖知识和追求自身利益,教师与学生之间是一种商品的需求与销售的利益关系,一旦利益关系完成或破裂,双方就成了陌生人。即使学生被教坏了,智者也是一走了之。而苏格拉底不同,他视城邦为生命,认为对青年的教育是尽自己作为一个城邦公民的义务,把城邦的希望寄托在青年身上,希望他们受到良好的教育,成为有德行、有知识的人。苏格拉底热爱青年,并善于对青年的资质和品行进行鉴别。他通常通过青年学习事物的速度,对事物的记忆能力,以及对于一切有助于管理好家务、庄园、城邦和成功地处理人类事务的知识的渴

---

① [古希腊]色诺芬:《回忆苏格拉底》,吴永泉译,商务印书馆2017年版,第5页。
② [古希腊]色诺芬:《回忆苏格拉底》,吴永泉译,商务印书馆2017年版,第194页。

望程度来判断他们的才能与品质。色诺芬回忆说:"他认为,不取报酬的人是考虑到自己的自由,而称那些为讲学而索取报酬的人是迫使自己做奴隶,因为他们不得不和那些给予他报酬的人进行讨论。"① 对于受教育者,苏格拉底不仅不收取报酬,有时还愿意最大限度地奖励、资助受教的青年。他重视道德、智慧、治国才能的培养,目的在于教人"认识你自己"。

苏格拉底既反对斯巴达式的寡头制,也反对当时雅典式的极端民主制,他主张,把治理城邦的大权掌握在一部分有专业政治知识且品德高尚的人手中,而不是把权力分散在没有政治知识和辨别能力的普通公民手中。苏格拉底认为,政治知识是专门知识,政治家应该是智德兼备的专业人员。他批评雅典的领导人素质低劣,人人都可以通过抽签的方法获得职位,整个政府由擀毡工人、补鞋匠、铜匠、农民、批发商、在市场上斤斤计较贱买贵卖的人组成,他们既未考虑过也没有从事过管理事务。苏格拉底极力主张培养和鼓励那些真正有才干、熟悉政务的人去从事政治,坚信只有好的舵手才能把雅典这条迷失方向的船领出困境,逃离厄运。他认为政治家应该通过良好的教育与训练,刻苦学习本领,成为优秀的治国人才。

苏格拉底想用他的哲学塑造青年,在他们身上寄托他的理想。当智者安提丰问他为什么不从政时,苏格拉底这样剖明心迹:"是我独自一人参与政事,还是我专心致志培养出尽可能多的人来参与政事,使我能够对政治起更大的作用呢?"② 因此,不参政的苏格拉底实际上深深地介入了政治,他的活动产生了现实的政治影响,他将复兴雅典的理想寄托在青年身上。

苏格拉底对青年的影响日益增大,自然触犯了一些当权的政治权贵。公元前399年,他被控以"引进新神""败坏青年"的罪名。苏格拉底恪守自己的哲学使命和原则,在法庭上,他不畏惧、不求饶,侃侃而谈,申辩自己的所作所为是正当的。他不仅严正地为自己辩护,而且继续针砭时弊。被判处死刑后,他的朋友和学生劝说并试图帮助他越狱逃走,被他坚决拒绝,他用自己的生命和哲学实践捍卫了自己的使命与人格。

苏格拉底的思想和教育活动同雅典传统的政治、宗教、道德等社会观念是相冲突的。他用"认识你自己"代替神谕,提倡理性原则及人的自我意识,批

---

① [古希腊]色诺芬:《回忆苏格拉底》,吴永泉译,商务印书馆2017年版,第8页。
② [古希腊]色诺芬:《回忆苏格拉底》,吴永泉译,商务印书馆2017年版,第38—39页。

判雅典传统的社会道德和政治规则，这些都威胁到维系雅典城邦的政治、伦理和宗教原则。

二、美德即知识

在苏格拉底看来，"认识你自己"即认识灵魂的内在规则，亦即认识什么是美德，怎样获得美德。苏格拉底明确提出：美德即知识。它表明美德的本性是知识，人的理智本性和道德本性是同一的。

（一）什么是美德

在希腊语中，arete 不仅指人的优秀品质，也指任何事物的优点、长处和美好的本性，其含义相当广泛。苏格拉底将生活中人所表现出来的优秀品质，如正义、自制、智慧、勇敢、友爱、正直等都称为人的 arete，一般将其译为"美德"。

苏格拉底认为，"善"是自然万物的内因与目的，具体到人身上，就是"美德"。美德是人的本性，由神分配给每个人，因此人人都具有美德。但是这种拥有不是现实地拥有，而是潜在地拥有。人只有在理性的指导下认识自己的美德，才能将美德展现出来，成为现实的和真正的善。由此，他把美德与知识等同起来，提出了"美德即知识，无知即罪恶""无人有意作恶"等观点。

苏格拉底提出美德是统一的，反对智者把人的美德相分离的观点。普罗泰戈拉认为，美德就如同人脸上的鼻子、嘴那样，它们的功能是彼此不同的，所以有些人勇敢而不公正，有些人正义而不智慧。实际上，普罗泰戈拉陷入了相对主义，将美德相互割裂，认为对立的美德可以共存于一体，善是相对的，既可对人有益，又可对人有害，同样，道德也是相对的，没有普遍绝对的标准。苏格拉底针锋相对地提出了美德的有机整体性和道德价值的普遍确定性。苏格拉底对古希腊的几种主要美德——正义、勇敢、虔诚、节制等加以分析，认为它们有共同性，都和知识相联系。这种本质上的同一性使各种美德内在联结，不孤立存在，构成美德的整体性。

苏格拉底把美德与知识统一起来的观点，对西方理性主义影响很大。他所说的知识是纯粹的理性知识，而不包括感性的经验和个体认识。但是将美德与知识简单等同，也是失之偏颇的。亚里士多德曾这样分析道："他在把德性看作知识时，取消了灵魂的非理性部分，因而也取消了激情和性格。"[1] 在美德与知

---

① 吕青主编：《西方哲学简史》，陕西人民出版社 2016 年版，第 37 页。

识的关系上，苏格拉底认为，知识是美德的充分条件，而非必要条件。

（二）什么是知识

既然美德即知识，那么什么才是真正的知识？苏格拉底认为，知识就是普遍的、共同的本质。他把巴门尼德所提出的一般原则落实在一个个具体的问题上，这就是"是什么"的问题。苏格拉底认为，人通过理性灵魂所获得的知识，不同于感觉，不同于流行的意见，而是一种普遍的、必然的真理。只有通过理性，人才能够得到确定的、绝对的知识，这是苏格拉底思想的重要方面。从人类认识史的进程来看，早期希腊自然哲学家的知识主要是通过对自然界的直观认识得来的。与此相应，他们对人的认识比较粗浅，较多自发探讨人的感知能力及生理基础，对人的理性的自觉反思则较薄弱。只有巴门尼德将思想和感觉、真理和意见区别开来，开始将理性思维提到首要地位。在这方面，苏格拉底与柏拉图继承和发展了巴门尼德的传统，但是他们是在反对智者的感觉论的背景下继承和发展的。当时的智者以教授知识自诩，但是他们的相对主义感觉论不可能形成一种确定的知识，相反却造成了思想上的混乱。苏格拉底认为，智者的"人是万物的尺度"的理论混淆了是非、善恶的标准，是造成社会上各种罪恶的原因。他认为，智者虽然自称是教授和传播知识的，但是他们所授的知识根本不是知识。因此，苏格拉底提出了一个确定的"知识"概念来和智者相抗衡。

苏格拉底批评智者以个人感觉作为真理和正义的标准，因为每个人的感觉是不同的。建立在个人感觉之上的所谓真理，只是一种相对主义和主观主义的东西，结果必定是否定真理本身。"认识你自己"就是让人们知道自己是无知的。人们只有承认自己是无知的，才能放弃经验性的、感性的东西，去发现理性的知识，发现事物的概念，认识真理。只有达到了真理性的认识，人的行为才是正确的。一切错误的行为、罪恶的行为，都是无知的结果。同时，苏格拉底所说的"认识你自己"，也在强调共同的、普遍的善。

（三）美德可教

苏格拉底提出各种美德有共同本性——知识，美德是由知识支配的，而不是由情感支配的。他认为，道德应该有共同的、客观的、绝对的价值标准，美德出自人共有的理智本性，是一种知识，知识必然是可教的，是非、善恶只能由知识来判断，知识出于理性，理性乃人的天性，美德必然是普遍的、绝对的、可教的。

苏格拉底认为，美德和知识是人的天赋本性，人的美德以正确认识为基础，美德的形成有赖于后天的教育与培养。他承认人的天赋存在差异，但认为不论天赋高低，只要接受适当的教育，就都能成为有德行的、有智慧的人。亚里士多德继承了这一观点，认为道德虽出于人的天性但需要后天的教育与训练。

（四）"美德即知识"的意义

苏格拉底提出"美德即知识"，明确肯定了理性知识在人的道德行为中的决定性作用，建立了一种理性主义的道德哲学，赋予道德以客观性、确定性和普遍规范性价值，意在维护希腊民族在历史上已形成的传统美德。既然美德即知识，知识是可教的，那么美德也是可教的：知识的可教性蕴含着美德的可教性。

张济洲、黄书光：《美德是否可教——论苏格拉底的德性教化》

但苏格拉底"美德即知识"的观点，主张"真知必行"，把知与行等同起来，把从知到行的关系看作一种必然的决定性关系，是带有一定片面性的。亚里士多德后来对"美德即知识"这一命题进行了发展，他认为作为智慧的知识对于美德的形成固然是不可缺失的，但除了知识之外，还需要意志和激情。只有这样，才能促使人们按照美德行动。

三、精神助产术

用什么方法来使学生获取知识？苏格拉底提出了精神助产术。苏格拉底的方法本质上是一种归纳法，也是一种思维训练的方法，他以助产术来形象地比喻自己的教育方法："我的助产的艺术在许多方面像她们的，不同的是我注意的不是女人而是男人，我要照顾的是他们进行思考的灵魂而不是他们的身体。……人们常责备我问别人问题而我自己并没有才智来对讨论主题有所断定，这是很对的——神让我当一名助产婆，并没要我生孩子。"① 苏格拉底将自己的方法称为"精神助产术"，是因为它同助产术的确有关系。苏格拉底实施助产术的方式是问答法，即通过发问与回答的形式，运用启发、比喻等手段，使对方对所讨论问题的认识从具体到抽象，从特殊到普遍，逐步深入探讨问题，最后得出结论。这一学习过程犹如运用助产术将母体中的胎儿接生出来。这种方法一般分为四个环节：反讥、归纳、诱导和定义。

"反讥"是精神助产术的第一步，是指通过反问指出对方的矛盾或漏洞，

---

① 杨适：《古希腊哲学探本》，商务印书馆2003年版，第338页。

以消磨掉对方的傲气，使其承认自己是无知的，从而接受助产术。苏格拉底式的无知是真诚的态度，没有真诚的无知，便没有对知识的真诚探索，承认自己无知会使对话双方处于同等的地位。"归纳"是指通过否定回答者的具体意见，将其引向普遍的、真实的知识。"诱导"是精神助产术的重要步骤，是指通过启发、比喻等方式，帮助对方表达自己的思想，进而考察其真伪。苏格拉底式的对话不是教师的训导，更不是智者的炫耀，而是对话双方的共同探讨。这不是预先设定一个原则，然后自圆其说地为之辩护；也不是先提出一个答案，然后千方百计地把对方引向这个答案。"定义"是助产术要达到的目的，即通过问答、交谈或辩论的方法来得出对方认为是正确的答案，即普遍真理。亚里士多德曾经说："苏格拉底通过他的定义推进了理念论的产生。"①

由于苏格拉底以助产婆而不是传授者自居，因此，他经常与人讨论正义、勇敢、虔诚、节制等问题，但从未给出明确的定义。这不仅因为他把关注的重点放在了助产的过程中，而且预示着人类的这些问题是永恒存在的，思想永远在追问和思考的途中。苏格拉底认为："他们能做到这一点并不是因为从我这里学到了什么东西，而是因为他们在自身中发现了许多美好的东西并把它们产生出来。"② 引导的关键不在于你一句我一句的争论，也不在于前后观点的变化，而在于通过不断地对话、辩论与探讨、思考，论辩双方都能对事物本质形成更为深刻的认识。正如雅斯贝尔斯所言，以"助产术"式的对话方式来唤醒学生的潜在力，促使学生从内部产生一种自动的力量。③

苏格拉底的精神助产术虽然提出了使人获取知识的方法，但对人的知识究竟是从哪里来的问题并未给出答案。知识究竟是先验地存在于人的大脑，还是人通过后天实践活动获得的？教育的本质是内发，还是外获？教育的方法究竟是启发，还是灌输？对于这些问题，教育家争论了两千多年，直至今天，也没有得到圆满的答案。

四、苏格拉底教育思想的历史意义

如何培养政治家、美德即知识、精神助产术，这三个方面是相互联系、密

---

① 吕青主编：《西方哲学简史》，陕西人民出版社 2016 年版，第 39 页。
② 吕青主编：《西方哲学简史》，陕西人民出版社 2016 年版，第 39 页。
③ [德] 雅斯贝尔斯：《什么是教育》，邹进译，生活·读书·新知三联书店 1991 年版，第 8 页。

不可分的，构成了苏格拉底教育思想的主体，形成了古希腊最早的较为系统的教育思想，奠定了理性主义教育思想的基础，对柏拉图、亚里士多德产生了直接的重要影响。

在雅典从强盛到衰落的转折时期，古希腊社会所面临的基本问题就是如何保持社会的稳定。苏格拉底认识到，政治的稳定首先涉及领导人的品质，由此进一步引发如何培养政治家的问题。如果说前者主要与政治学有关，那么后者则主要与教育相联系。苏格拉底关于如何培养政治家的论述，深刻地揭示了教育与政治，亦即教育与城邦、教育与国家的关系，这不仅触及当时古希腊政治现实与教育实践的核心问题，而且对柏拉图等人的思想影响很大。柏拉图进一步发展了苏格拉底的思想，更为系统地论述了政治家培养的必要性。苏格拉底主张使政治知识化、专业化，柏拉图则进一步主张应该由哲学家统治国家。政治家掌握了知识，是否就有了统治的美德？针对这一问题，苏格拉底明确提出了美德即知识，无知即罪恶。从这一观点出发，他进一步推论：因为美德即知识，而知识是可以通过传授、学习获得的，因此，通过学习知识，就可获得美德。在这个意义上，美德是可教的，是后天获得的。在苏格拉底的时代，提出知德统一、美德可教的主张，是有很大意义的。因为古希腊在长期的贵族统治下形成了一种观念，认为贵族是"最好的人"，也就是最有道德的人。苏格拉底提出知德统一、美德可教，实际上否定了这种道德天赋的观念，否定了贵族阶级对道德的垄断，为民主政治的建立做了理论上的辩护。

第四节 柏拉图的教育思想

从毕达哥拉斯等人开始对教育问题进行初步探索到智者、苏格拉底教育思想的发展，古希腊人对教育问题的认识范围不断扩大，认识深度日益抽象化、系统化，古希腊教育思想已经到达一个相当的高度。但直到柏拉图写出《理想国》等著作，古希腊教育思想的系统化、体系化的趋势才真正成为现实。柏拉图教育思想的形成，标志着古希腊教育思想体系化时期的到来。

一、柏拉图的生平与教育活动

柏拉图是古希腊乃至整个西方伟大的思想家、哲学家和教育家。他出身于雅典的名门望族，在青少年时期受到良好的教育，热衷于文学创作，写过赞美酒神狄奥尼修的颂诗和其他抒情诗。他20岁左右成为苏格拉底的学生，放弃了对诗歌的追求，献身于哲学事业，并为此贡献了毕生精力。

在苏格拉底去世之后，柏拉图开始了他漫长的游历生涯。自公元前399年离开雅典到公元前387年返回雅典，他相继到麦加拉、埃及、居勒尼、南意大利和西西里岛等地游历，在游历中考察了各地的政治、法律、宗教等制度，研究了天文学、数学、音乐等理论以及各种哲学流派的学说。正是在这样广博的知识基础上，柏拉图形成了自己的学说。也正是这些游历经验推动他建立学园，传播他的哲学思想和政治见解，培养人才，以期实现他的理想。公元前387年，柏拉图返回雅典之后创办阿卡德米学园，这是西方最早的高等教育机构，后世的高等学术机构因此得名。

苏格拉底被处死让柏拉图终生难忘。柏拉图开始认识到，只有用哲学指导国家治理，只有哲学家成为统治者，国家统治才能真正走向正义。从此，他把哲学和政治联系起来，用哲学指导政治，期望在现实世界建立理想的城邦。这是他毕生追求的理想。柏拉图不仅设计了一幅改造现实的理想国家蓝图，而且三赴西西里岛，试图将这一蓝图变为现实，虽遭遇了失败，但他并没有放弃按照哲学来治理城邦的理想。在《理想国》中，他以斯巴达教育和雅典教育为蓝本，精心设计了一个完整的、以培养哲学王为最高目的的教育计划。柏拉图的教育思想体系就是围绕培养哲学王这个中心而提出的。柏拉图的《理想国》是唯心主义的臆想的制度设计，本意为"国家篇"，之所以普遍被译为"理想国"，是因为历史上人们普遍认为它是"乌托邦"，是不可能实现的和没有现实意义的国家制度。柏拉图的政治设计虽然有局限，其哲学理念和教育思想却是深刻的，对西方教育思想有着极大的影响。

二、柏拉图教育体系的设计

（一）正义论

柏拉图理想国家的理论基础是正义论。他认为，人的灵魂由理智、激情和欲望三部分组成。其中，理智起主导作用；激情服从理智，是它的助手；欲望是贪得无厌的，必须受到理智和激情的控制。如果灵魂中的这三部分和谐相处，各自发挥作用，理智起主导作用，激情和欲望服从而不违反它，那么灵魂能够主宰自己，这样的人便是正义之人。

柏拉图认为，个体是缩小的国家，城邦是放大的个体，理想的国家由统治者、军人和生产者组成。统治者是用金子铸成的，具有智慧的美德；军人是用银子铸成的，具有勇敢的美德；生产者是用铜和铁铸造的，具有节制的美德。在柏拉图的理想国里，第一等级的统治者管理国家，第二等级的军人保卫国家，第三等级的生产者供养国家：三者各司其职，各尽其责，互不越位，是为正义。

（二）理想的教育体系与规划

在柏拉图的理想国中，教育被列为国家的头等大事，教育在选拔和培养未来的统治者中起关键作用。理想国中的教育以培养哲学王为最高目的，为了达到这一目的，柏拉图设计了一个完整的教育体系。

柏拉图强调优生的重要性。他认为，优秀的男女婚配，他们生育的儿童越多越好，他们所生的儿童要妥善地抚养教育。柏拉图还对男女婚龄做了严格的规定：男子为25—55岁，女子为20—40岁。因为这两个年龄阶段分别是男女在精神上和体质上最旺盛的时期。他认为只有这样，才能确保国民的素质一代胜过一代。

在柏拉图的设计中，0—6岁为幼儿教育阶段，幼儿主要通过游戏和故事学习，并适当地接受宗教教育；6—18岁为学校教育阶段，儿童主要学习音乐以陶冶心灵，进行体育运动以锻炼身体。这两个阶段为城邦全体公民都要接受教育的阶段。在这之后，被选拔的一部分人继续接受教育，成为未来的哲学王或军人，而大部分人则不再接受教育，成为生产者。被选拔出来的这部分人在18—20岁的主要任务是军事训练，同时继续接受音乐教育，并学习初步的科学知识；20—30岁学习算术、平面几何、立体几何、天文学、谐音学等课程，为掌握辩证法和最终成为哲学王做好知识准备；30—35岁继续学习辩证法；35—50岁为知识的实践时期，掌握了辩证法的哲学王在国家的最高位置上为公众服务；50岁以后，通过长期学习和治理国家的实践，真正的哲学王就能真正认识到"善的相"，他们既可以从事哲学研究，也可以治理城邦。等培养出继承人后，他们便可以辞去一切职务安享晚年。

在晚年所写的《法律篇》里，柏拉图重申了教育的重要性。在讨论政府官员的任命时，他认为，最重要的是选举管理青年教育的官吏，这个职务在城邦官职中是最伟大的。教育的管理者和监督者，应是社会中最优秀、最杰出的人物。《法律篇》设想了学校的兴建：在城邦市区内的三个地方兴建向一切人开放的体育馆和学校,在郊外和农村地区建立练习骑术的学校,还要有三处空旷的地方作为练习射箭和掷标枪的场所。柏拉图还设想建一所由特别胜任的适当组织的专职教师任教的、为男孩和女孩的高等教育做准备的永久学校。《法律篇》对专职教师做了明确规定:专职教师必须为外邦人,国家给他们支付工资,在学校里兴建教师宿舍。

柏拉图在《法律篇》中提出了强迫教育,主张所有公民的孩子到一定年龄都必须接受学校教育,而不应听任他们父母的决定。这既适用于男孩,也适用于女孩。因为,柏拉图认为,女子和男子一样可以参加各种活动,在担负国家职务方面不分男女,同样可以成为候选人。他认为,女子的体质较弱,在战场上可从事辅助性的较轻的工作,但在军事教育方面,女子应与男子相同,要培养女子勇于作战的能力,要使她们和男子一样在体育场接受体育锻炼,她们甚至必须学会骑射。[1]

(三) 教育内容与教育方法

柏拉图认为,幼儿教育主要是对幼儿进行道德的熏陶,以使他们形成良好的道德品质。他认为,人皆有行善的天赋,弃恶从善是人的本性,而个人能否这样做,关键在于其能否识别善恶。一个人知善便能行善;一个人知恶便会避恶。成年公民应对幼儿进行教育和训练,把关于善的知识的种子播种在他们幼小的心灵中,使之成为道德高尚的人。

柏拉图主张,讲故事是对儿童进行教育的较好的形式。他认为要选择故事内容,把那些振奋精神、鼓舞斗志、积极向上的作品呈现给儿童,而剔除那些描绘神怪离奇、死难恐怖以及不合乎道德要求的故事,使儿童知道敬神、敬父母,并且相互友爱。

柏拉图十分重视游戏在幼儿教育中的作用。他认为,3—6岁儿童的本性是喜欢做游戏的。在柏拉图看来,游戏不只是玩耍和娱乐,还是对儿童进行道德教育的重要形式。游戏的内容和方法要符合法律的精神,"我们的孩子必须参加符合法律精神的正当游戏。因为,如果游戏是不符合法律的游戏,孩子们也会成为违反法律的孩子,他们就不可能成为品行端正的守法公民了"[2]。所以,柏拉图建议游戏要符合儿童的年龄特点,要有一定的规则与纪律,防止出现违

---

[1] [古希腊] 柏拉图:《法律篇》,张智仁、何勤华译,商务印书馆2016年版,第232页。
[2] [古希腊] 柏拉图:《理想国》,郭斌和、张竹明译,商务印书馆2017年版,第142页。

反规则与纪律的情况，从而培养儿童认真、严肃和守法的精神。

在6—18岁的学校教育阶段，教育的内容主要是音乐和体育，用音乐陶冶心灵，用体育运动锻炼身体。

柏拉图认为，音乐教育至关重要，其目的在于改造人性，培育美德，培养人有节制地、和谐地热爱美好、有秩序的事物。优秀的音乐，可以促使人形成完美的性格，养成良好的行为习惯。这不仅是城邦的管理者和保卫者所必须具备的素质，而且是全体公民应努力达到的要求。公元前4世纪，音乐在课程中占有相当大的比重。柏拉图赞赏斯巴达人的音乐教育，对他们的检审手段和恪守传统的做法颇感兴趣。在《法律篇》里，柏拉图提出了评审音乐作品的标准，即正确性、有用性和吸引力。他认为，不能脱离正确性去谈吸引力，"渴望能唱尽可能好的歌的那些人，并不是寻找甜蜜的音乐，而是寻找正确的音乐"①。

古希腊音乐教育的内容除了音乐外，还包括诗歌、文学等。但柏拉图一直怀疑诗人的教化功能，谴责诗人的伦理道德观念，主张把诗人驱逐出城邦。他认为，诗歌不是一种具有真实本体意义的创造，诗人制作的形象和幻影处于一个极低的认知层次上；诗人不具备主动的求知精神，不能正确认识自我，也不懂得什么是真正的知识。柏拉图认为，诗人扮演了和智者一样的角色，他们不懂装懂，自以为是，不仅贻害自己，而且误导他人；诗人歪曲了神明的形象，包括荷马、赫西奥德和悲剧诗人的作品，远离存在，内容无非是暗示祸福无常，诬蔑神和英雄，这些内容对把青年培养成为有正义、勇敢、虔诚等美德的公民，是非常不利的；诗和诗人只是满足人的低级感受，而不能观照人的灵魂；诗歌增大了欲念的强度，削弱了理性的力量，破坏了心理的平衡，开辟了不同于日常生活的艺术场景，使人们忘记了克制，抛弃了理智，让心中的激情放任自流。但柏拉图认识到，对儿童的教育离不开诗和诗人。对于如何处理二者之间的矛盾，他提出要运用国家机器的检审手段，严格挑选诗歌。

柏拉图认为，音乐教育要与体育相结合。音乐教育和体育服务于人的心灵和身体。体育可使人健美，但心灵是身体的主宰，所以，体育要服从以陶冶心灵为目的的音乐教育。体育和音乐教育是相互作用的，"音乐和体育协同作用将使理智和激情得到协调……它们用优雅的言辞和良好的教训培养来加强理

---

① ［古希腊］柏拉图：《法律篇》，张智仁、何勤华译，商务印书馆2016年版，第62页。

智，又用和谐和韵律使激情变得温和平稳而文明"①。柏拉图特别强调，体育既要强健体魄，也要注重培育精神，体育的目的不是使人粗暴野蛮，而是促使人的理智和激情达到和谐统一。

三、哲学王的教育：实现灵魂转向

（一）理念论

柏拉图继承和发展了苏格拉底的哲学思想，认为可见世界的各种具体事物虽然是可感知的，却是不真实的，在多变的、相对的、感性的事物的背后，是永恒的、绝对的存在，柏拉图将其命名为"理念"。柏拉图思想的核心是"理念"，其哲学思想被称为"理念论"。

柏拉图所谓的"理念"，实际上是指一类个别事物的共同本性。例如，他在《斐多篇》中说，任何具体的美的东西都是变动的、相对的，只有"美的理念"才是永恒不变的绝对的美，是决定一切美的事物的原因。那么，"理念"有何特征？它与具体事物的区别是什么？柏拉图认为，"理念"是永恒的，不朽的；而具体事物则是暂时的。如生活中具体存在着各式各样的床，但"理念的床"，即所谓的"床的存在"，却是始终存在、永恒不变的。"理念"是绝对的、纯粹的、完全的；具体事物则是不纯粹的、暂时的。在柏拉图看来，具体事物的美都是相对的、不纯粹的、不完全的，无论它们怎样美，总是有不够完美的地方，即有不美的成分存在；而"理念的美"则是绝对、纯粹、完全的美，它不能包含一点点丑。

柏拉图据此将世界划分为理念世界和现实世界：理念世界是绝对的、纯粹的，是超越于可感觉和可见的具体事物之上的真实的存在，即"理念的存在"；现实世界是可感觉和可见的具体事物的世界。认识理念世界的是知识而非感觉。

（二）教育的目的——实现灵魂转向

柏拉图认为，哲学王的培养，就是通过教育实现灵魂转向，即从以可见世界为对象的意见状态，转向或上升到以可知世界为对象的知识状态；也就是使受教育者的灵魂从最低等级的想象，逐步上升到信念、理智，最后达到最高等级的理性。这四种状态的对象也分为四个相应的阶段：影像、具体事物、数理

---

① ［古希腊］柏拉图：《理想国》，郭斌和、张竹明译，商务印书馆2017年版，第172页。

对象、"善的理念"。

柏拉图为了让读者明白他的思想，在《理想国》第七卷作了一个洞穴的比喻，以生动的实例说明存在和认识的四个阶段。①

一群人世代被囚禁在一个洞穴里，从出生起就被铁链锁在固定的地点，不能走动也不能转头。在这群人的身后，有一堆火，在火与他们之间有一堵矮墙，墙后不断有人举着木偶走过，火光就会将各种各样的木偶投影在他们面前的洞壁上，他们以为这些多样的、变动着的影像就是真实的事物，是真实的人、动物和植物等。但是，有一个人在偶然之间挣脱了锁链，来到洞口，生平第一次看到真正的阳光。由于世世代代居住在洞穴里面，他还不能适应外部耀眼的阳光，经过一段时间的适应，他终于能够分清影像和木偶的本质区别，认识到木偶比影像更真实，影像只不过是因火而产生的木偶的投影。他不顾阳光刺目的难受，走向洞口，第一次看到阳光下的真实世界，抬头看到天上的日月星辰，才明白太阳是岁月和季节的原因，主宰着世间万物。"我们一旦看见了它，就必定能得出下述结论：它的确就是一切事物中一切正确者和美者的原因，就是可见世界中创造光和光源者，在可理知世界中它本身就是真理和理性的决定性源泉；任何人凡能在私人生活或公共生活中行事合乎理性的，必定是看见了善的理念的。"②

在洞穴比喻中，可见世界相当于洞穴世界，可知世界相当于洞外世界，太阳相当于知识和真理，被囚禁的人就是等待接受教育的人，第一个敢于走出洞穴并见到太阳的人就是理想国的哲学王。这个比喻阐述了受过教育和没有接受教育的人的本质区别，揭示了教育的本质就是实现"灵魂转向"，即从可见世界走向可知世界，从洞穴的影像、木偶到真实的世界万物和太阳。第一阶段的影像，是想象的对象，相当于洞壁上木偶的影像；第二阶段的具体事物，是信念的对象，相当于洞穴中的木偶；第三阶段的数理对象，是理智的对象，相当于洞外世界的太阳等的影像；第四阶段的"善的理念"，是理性的对象，相当于洞外世界的太阳等的本身。获得知识的渐进过程相当于借助影像和具体事物基础上的数理对象和逐步上升的辩证法，最后认识到作为万物本原和最高原则的"善的理念"。柏拉图的"灵魂转向"带有神秘主义色彩，是一种直觉的、

---

① ［古希腊］柏拉图：《理想国》，郭斌和、张竹明译，商务印书馆2017年版，第275—279页。
② ［古希腊］柏拉图：《理想国》，郭斌和、张竹明译，商务印书馆2017年版，第276页。

感悟的狂迷，是一种顿悟。

柏拉图所说的灵魂转向就是使人从专注于现实世界的种种具体可变事物转而去认识真正的理念世界。为什么强调"灵魂转向"，而不是从低级到高级的发展过程呢？就如在洞穴比喻中所说的，被囚禁的人不可能通过洞壁上的影像认识身后的事物，除非转过身来；也不可能知道太阳是万物的主宰，除非来到洞外。转向是质变的结果。理念的认识也是灵魂的四种状态依次转向的结果。

这种灵魂转向并不是城邦中每一个人都能做到的，只有国家的统治者——哲学王才能认识"善的理念"，并按照这种价值观将国家安排得最好。柏拉图认为，这种灵魂转向只有通过教育才能实现，因此，按照灵魂转向的不同阶段，他设置了各阶段的课程，在音乐和体育这两门初等教育课程之上，还有五门课程：算术、平面几何、立体几何、天文学、谐音学。按照这个顺序将灵魂从可见世界上升到可知世界，最终掌握最高的知识——辩证法。

四、灵魂不朽说与"学习就是回忆"

(一) 灵魂不朽说

柏拉图认为，人可以分为肉体与灵魂两部分，其中，肉体是有生有灭的，而人的灵魂则是不朽的。柏拉图在《蒂迈欧篇》指出，天上的诸神是创造者造的，它们完全出于创造者的意志，所以是不朽的、永恒的，而人则是由创造者和诸神一起造的，在人之中有一部分属于理性，是创造者亲自播种的，是不朽的神圣统治力量。只是人的灵魂中理性的纯洁性不高，原因是外界的火、气、土、水等元素进入了灵魂，形成了欲望、情感，所以，人的灵魂中除了纯粹的理性外，还掺杂着感觉、情欲等。只有理性是不朽的，人的肉体是由诸神从外部世界借来的火、气、土、水组成的，并不是永恒的。柏拉图在《斐多篇》中提出：为什么哲学家乐于死亡，而一般人对此不能理解呢？他认为，活着的人的肉体与灵魂是一体的，而这种混合是不纯粹的，只有纯粹的理性才能获得真理。人只有在死后，肉体和灵魂才能实现彻底的分离，灵魂才能真正得到净化和自由，人才能认识真理。所以他提出，灵魂是不朽的，懂得真理的哲学家不会惧怕死亡。他认为，知识是不朽的灵魂先天所固有的，即知识是先验的而非后天的，人的学习不是把灵魂中没有的知识硬塞进去。因此，教育的本质是启发，而非灌输。

（二）"学习就是回忆"

在灵魂不朽说的基础上，柏拉图在《美诺篇》中提出了"学习就是回忆"的观点。他在《美诺篇》中借苏格拉底之口，解释了他的"学习就是回忆"。在对话中，苏格拉底通过运用精神助产术，促使美诺的一个童奴回忆起自己灵魂中固有的毕达哥拉斯定理（即勾股定理）的内容。这个童奴原来从未接受过包括几何学在内的任何数学教育，但是苏格拉底通过精神助产术，不断纠正童奴匆忙做出的种种错误回答，最后童奴终于回忆起自己灵魂中固有的高度抽象的毕达哥拉斯定理。苏格拉底说："如果有关实在的真理始终存在于我们的灵魂之中，灵魂必定是不朽的，正因如此，你才会始终充满自信地试图寻找和回忆你现在不知道的东西——这就是回忆……"① 这是柏拉图"学习就是回忆"观点中最为经典的案例。

柏拉图认为，记忆不同于回忆。记忆是肉体和灵魂结合在一起时感受到的经验；回忆则是肉体和灵魂分开而单独唤醒了记忆中的经验或学习到的知识。柏拉图强调，回忆不同于记忆，回忆是对头脑中已有东西的寻找，是人们对已有的或经历过的东西的恢复；而记忆是对外在世界的模仿和学习。

柏拉图的回忆说发展了苏格拉底的精神助产术。苏格拉底说他自己并没有知识，他只能用问答的方法帮助别人，将他们心中已经孕育的知识接生出来。但是，人心中的知识是从哪里来的？苏格拉底没有解决知识的来源问题。柏拉图提出，知识是人的灵魂中固有的而不是后天获得的。他认为，知识并不是从外部灌入灵魂的，人对外部世界的感觉经验只能起到推动灵魂回忆起知识的作用，但对外部世界的感觉经验并不是知识的真正来源。所以，教育的作用在于受启发后诱导出灵魂中固有的知识，而不是把外部世界的感觉经验与知识强行灌输到人的灵魂中。

柏拉图的"学习就是回忆"在西方教育史上有着广泛而深刻的影响。这一观点虽然在本质上属于唯心主义先验论，但也有其合理成分。"学习就是回忆"没有完全否定感觉在人类认识过程中的地位和作用。在柏拉图看来，学习的过程固然是一个回忆的过程，但对灵魂固有的生下来就忘掉了的绝对美、善的知识的回忆，并不是凭空完成的，它需要感觉经验的介入，人们凭借眼、耳等感官感觉到一种可感的东西后，就可以在灵魂中唤起另一种已经忘掉了却和这种

---

① 《柏拉图全集》上卷，王晓朝译，人民出版社2018年版，第481页。

可感的东西联系在一起的东西,即理念、理性认识。在柏拉图那里,认识理念的过程必须有感觉经验的参与,感觉经验起到了提醒和启示的作用,正是它促使灵魂回忆起那些先前已经认识而又忘记了的理念。这肯定了人的主体性在认识与学习中的作用。柏拉图认为一般、共相的知识是不朽的灵魂所固有的,但在投生为人时,由于受到惊吓和肉体的遮蔽,便将已有的知识忘掉了。现实中的人可以通过启发,逐步地回忆那些知识。这种回忆不是外求,而是内铄,是对自身的追求,重要的是要有内心灵魂的认识性的冲动,回忆是要"用力"的,仰望那最高的"善的理念",心中产生一种"理性的迷狂",这就是学习的自发性或自主性。

五、柏拉图教育思想的历史意义

《理想国》是柏拉图的代表作,也是一部探讨教育问题的著作。启蒙思想家卢梭曾宣称,《理想国》并不是一部关于政治学的著作,而是到那时为止最好的教育论文。① 现代西方有些学者十分重视柏拉图的教育思想。解释学大师伽达默尔(1900—2002)曾将柏拉图的理想国称为"柏拉图的教育城邦"。"关于城邦的实际结构或其制度的学说实际上并不是这部早期著作的核心。这里所关心的对象甚至不是城邦的公正法律,它所真正关心的是城邦的正确教育,有关公民的权利和义务的教育。而从根本上说,它就是哲学教育。"②柏拉图关于哲学王的教育过程和教育内容的价值也很大。灵魂转向说是从想象、信念向理智、理性上升的过程,也是一个发挥心灵潜在能力的过程。尽管柏拉图是一个客观唯心主义的先验论者,但在探讨教育过程时,他一再强调,这种认识上的灵魂转向不是自发的过程,需要高度发挥认识主体的能动性,要经过漫长和艰辛的学习、训练。灵魂转向说反对知识外来,但并不像回忆说那样主张灵魂中有先验的知识,而是认为灵魂本身具有一种认识能力,灵魂转向是灵魂固有的认识能力的提高。教育并不是将原本没有的知识灌输到灵魂中,而是引导固有的认识能力朝着固有的方向,从黑暗走向光明,从变化的世界走向真实的世界,最终认识"善的理念"。由此,柏拉图否认教育是知识的灌注,而主张教育的作用是启发。

---

① [法]卢梭:《爱弥儿:论教育》上卷,李平沤译,商务印书馆2017年版,第13页。
② [德] H.-G.伽达默尔:《伽达默尔论柏拉图》,余纪元译,光明日报出版社1992年版,第81页。

从古希腊教育思想的发展历程来看，在柏拉图之前，教育知识被包含在哲学、政治学的知识体系之中，无论是毕达哥拉斯，还是智者、苏格拉底，都只是在论述哲学、政治学等问题时才谈到了教育。柏拉图在他长期学习游历与学园教育实践的基础上，提出了以灵魂转向为目的的教育思想，制订了代表古希腊最高学术研究成就的课程体系。这样，柏拉图在西方第一个提出了初步的教育学知识体系，这是他对西方教育思想发展的贡献。柏拉图的教育思想虽吸收了当时古希腊城邦，特别是斯巴达、雅典的教育经验，但又不拘泥于这些经验，而是在他的理念论等哲学思想的指导下，对教育问题进行了认真、深刻的反思，提出了指向未来的教育体系。

第五节 亚里士多德的教育思想

在继承并批判柏拉图哲学思想和教育思想的基础上，亚里士多德提出了系统、完整、代表古希腊教育思想最高水平的教育思想体系，成为古希腊教育思想的集大成者。

一、亚里士多德的生平与教育活动

亚里士多德（前384—前322）出生于古希腊北部的马其顿。公元前367年，他进入阿卡德米学园学习。公元前347年，在柏拉图去世后，亚里士多德离开学园到外地游历学习。公元前343年，应马其顿王国国王腓力二世（前382—前336）之邀，亚里士多德担任年轻的王子亚历山大（前356—前323）的老师。

公元前335年，亚里士多德回到雅典，创办了吕克昂学园。吕克昂学园环境优美，与阿卡德米学园隔城相望。亚里士多德会边散步边讲课，因此后世称他和他的弟子为漫步学派或逍遥学派。

在吕克昂学园里，亚里士多德每天上午向学生传授高深的哲学知识，下午或晚上则面向公众开课，主要讲授修辞、论辩术或政治学等公众感兴趣的内容。亚里士多德认为教学方法应该因人而异，要从受教育者出发使用不同的教学方法，甚至对相同的受教育者讲不同的课程时也需要使用不同的教学方法。

亚里士多德制定了富有特色的教学管理制度，规定所有成员轮流管理，每人负责管理10天，提出讨论议题。吕克昂学园成立了任期30天的学生执行委员会以监督新生的礼仪工作，并负责照管缪斯神祭堂，举行祭祀活动等。亚里士多德大量征集各种资料。他的学生亚历山大对亚里士多德的研究提供了有力的支持。据说亚历山大曾命令数百人为亚里士多德收集材料，责令马其顿帝国的所有猎人、渔夫报告他们所看到的有科学价值的东西，下令搜集各城邦的法律和政治制度的资料，使亚里士多德收集到158个城邦的宪法并整理了雅典每年上演的悲剧和喜剧的演出记录。吕克昂学园的研究领域遍及哲学、诗学、伦理学、文法、修辞、逻辑学、天文、物理、生物、解剖、气象、心理等。亚里士多德是古代西方知识最为渊博的百科全书式的学者，他集古希腊学术成就之大成，在许多领域做出了重要贡献。

"吾爱吾师，吾尤爱真理"是亚里士多德的名言，他继承并发展了柏拉图的理论体系。亚里士多德认为，人类不同于其他动物的特征就在于他们的社会性。在人类发展史上，虽然经历了从家庭、村落到城邦（即国家）的漫长发展历程，但真正体现人类本性的只能是城邦。家庭和村落都以善为目的，而城邦的目的则是"至善"，是公民"优良的生活"。① 只有在城邦中，人才能实现自己的本性，成为真正意义上的人。个人的价值依赖城邦，离开了城邦，人就无法完善自身。城邦的目的是人的美好生活。"城邦应该是许多分子的集合，唯有教育才能使它成为团体而达成统一。"② 亚里士多德十分重视教育在国家政治生活中的作用，视其为城邦的首要任务。教育使公民有能力参与城邦政事。亚里士多德和柏拉图一样，都主张教育应由国家来统一管理。他反对把教育作为家庭事务或私人事务，国家的重要职责之一就是建立统一的教育制度，并使公民都接受这种教育。

亚里士多德非常重视教育事业，他的一生大多是在学习、研究与教学中度过的：在阿卡德米学园当学生、做教师20年；被聘到马其顿王国做亚历山大的教师6年；在吕克昂学园工作13年。罗素（1872—1970）这样评价亚里士多德："他是第一个像教授一样地著书立说的人：他的论著是有系统的，他的讨论也分门别类，他是一个职业的教师而不是一个凭灵感所鼓舞的先知。"③ 确实，

---

① [古希腊] 亚里士多德：《政治学》，吴寿彭译，商务印书馆2017年版，第7页。
② [古希腊] 亚里士多德：《政治学》，吴寿彭译，商务印书馆2017年版，第57页。
③ [英] 罗素：《西方哲学史及其与从古代到现代的政治、社会情况的联系》上卷，何兆武、李约瑟译，商务印书馆2020年版，第205—206页。

亚里士多德不仅是一位杰出的哲学家、科学家、思想家,还是一位伟大的教育家。

二、灵魂论与全面教育

亚里士多德认为,灵魂按照等级可依次分为三类:营养灵魂或植物灵魂、感觉灵魂或动物灵魂、理性灵魂或人类灵魂。营养灵魂具有吸收营养和繁殖的作用,是最低级的灵魂形式。感觉灵魂是动物所具有的灵魂形式,它具有感觉、欲望、运动三个方面的能力。理性灵魂是人类独有的灵魂形式,是最高级的灵魂形式。理性灵魂也具有营养灵魂和感觉灵魂的作用,因此,理性灵魂实现了营养灵魂、感觉灵魂和理性灵魂三者的统一。与其他灵魂相比,理性灵魂的作用是具有理性思维能力。由此,亚里士多德提出了一个著名的观点:人是有理性的动物。

通过对灵魂构成的分析,亚里士多德第一次把体育、德育、智育和美育确立为教育的基本内容,并强调要把四者紧密联系起来,使人的各部分灵魂都得到发展,确立了全面和谐发展的思想。四育的目的是培养理性的人,但离不开感性的作用,培养的过程是由感觉、感性再发展到理性。这与亚里士多德的灵魂论相一致,也体现了他与柏拉图单纯强调理性忽视感性的不同。

众所周知,在古希腊,和谐观念并不是亚里士多德首先提出的。早在毕达哥拉斯学派那里,"和谐"就已成为一个重要的哲学和教育准则。但他们所谓的"和谐",主要是指天体的和谐。在柏拉图那里,"和谐"就是"正义"。柏拉图认为,人分三个等级,大家各司其职、互不越位,社会便可实现安宁、和谐,这种"和谐"是社会的"和谐"。只有在亚里士多德这里,古希腊人才把外在和谐转向内在和谐,并对这种内在和谐进行了系统深入的研究,全面和谐发展的教育思想才有了自己坚实的理论基础。

(一)体育

亚里士多德认为,体育的目的与任务可以分为实用目的和理性训练两方面。体育的实用目的是指培养受过体育锻炼和军事训练的身体健壮的人,使其能够担负起社会职业分工范围内的各项具体任务。亚里士多德特别强调培养公民的崇武精神和坚强意志,使之具备作战能力。这种思想显然与当时雅典海上争夺霸权相联系,同时也与奴隶主阶级为了维护自己的统治,而采用暴力手段镇压奴隶反抗有关。

体育的理性训练是从表面的实用价值深入内在精神和理智享受的，体现了体育的内涵价值。为了实现这一目标，必须对儿童进行体育理性训练。这是因为，仅仅培养人们具有勇敢精神就如"驱策少年从事野蛮的活动，而不给予确属必要的教练，他们就一定趋于鄙陋"[1]。亚里士多德反对那种只重视儿童身体锻炼而不重视儿童内在理性发展的体育训练。他说："专门培养少年们的运动员习性和本领，完成这种训练实际上常常对他们身体的发育和姿态多有损害。"[2] 他也注意到了体育训练必须与儿童的年龄相适应："在发情年龄以前的儿童应教以轻便的体操（竞技）；凡有碍生理发育的剧烈运动和严格的饮食限制都不适宜。"[3] 他认为，儿童早期的过度锻炼会对儿童发展留下恶劣影响，"早期教练中的剧烈运动实际上损耗了儿童选手们的体魄……到了十八岁的青年才适宜于从事剧烈运动并接受严格的饮食规则"[4]。

（二）德育

亚里士多德把美德分为理智美德和行为美德两种：理智美德可以通过学习获得，包括智慧、实践和系统知识等；行为美德则要通过反复训练获得，包括节制和慷慨等。

关于美德的形成，亚里士多德提出了三个来源：天赋、习惯和理性。他所说的"天赋"，并不是柏拉图的先天的理念知识，而是自然秉性方面的素质。这些自然秉性方面的素质并不是先天具备的，而是后天在社会生活实践中形成的。也就是说，人生而具有的某种素质，随着社会生活的发展，朝夕熏染，或习于向善，或习于从恶，于是形成了某种类似自然造就的品性，所谓"习惯成自然"。正是在这个意义上，亚里士多德强调习惯是人的第二天性。在天赋和习惯两个方面，他强调后天的习惯，而不是"天性的惠赐"，认为人们成德达善的根本途径在于社会的教育和训练，特别是要养成为善的行为习惯。

亚里士多德强调要把理性和美德结合起来，这与苏格拉底、柏拉图的观点既有共同之处也有不同。亚里士多德肯定了知识和理性对于人的美德的重要性，但更强调在社会实践中经过训练养成习惯的重要性。他认为，道德的训练过程就像人们学习技艺一样，是经过多次重复练习而习得的。一个人要想成为

---

[1] ［古希腊］亚里士多德：《政治学》，吴寿彭译，商务印书馆2017年版，第421页。
[2] ［古希腊］亚里士多德：《政治学》，吴寿彭译，商务印书馆2017年版，第419—420页。
[3] ［古希腊］亚里士多德：《政治学》，吴寿彭译，商务印书馆2017年版，第421页。
[4] ［古希腊］亚里士多德：《政治学》，吴寿彭译，商务印书馆2017年版，第422页。

公正的人，就要做出公正的行为；要想成为勇敢的和节制的人，就要做出勇敢的和节制的行为。一个人由于和别人交往，而后变成公正的或不公正的人；由于身处危险之中感受恐惧和大胆，经过训练，而后成为勇敢的或怯懦的人。

（三）智育

亚里士多德认为，智育的目标是学习与掌握高深的理性知识。根据感性与理性的划分，他相应地提出了两种教育，即习惯教育和理性教育。亚里士多德所说的"习惯教育"并不是机械自动重复的训练。习惯教育包含三个概念：模仿、经验和记忆。所有的艺术都是建立在对自然进行模仿的基础上的，模仿也是课程和教育的一个根源。与柏拉图的"学习就是回忆"不同，在对待如何学习知识的问题上，亚里士多德强调感知与直观在认识中的作用。按照亚里士多德的看法，人要了解事物的本质，就要从感知开始，但他绝对没有忽视理性。

理性教育是习惯教育的发展和持续，以辩证归纳法和演示法为学习方法。亚里士多德的辩证归纳法作为一种施教形式，是从实例到理解原因的过程。亚里士多德认为，理论科学——数学、物理学和神学的讲授主要用演示法，换句话说，理论教学不是立足于实例的归纳而是从普遍原理的演绎出发。理论科学是最高级的理性教育，演示法则是这种教育的手段。因此，在亚里士多德看来，理性教育与科学方法或哲学推理很大程度上相一致。

（四）美育

古希腊的美育主要限于音乐教育。不过，亚里士多德所说的音乐包括文学作品和诗文的诵读、欣赏及诵唱，它的外延比现代音乐的范围更广，这些思想都来源于古希腊的教育实际。亚里士多德认为，音乐有三种功能：教育、陶冶性情和操修心灵。音乐教育应以陶冶性情和操修心灵为宗旨，如果只是娱乐，则尽可听之而无须自习弹奏。音乐课程以养成欣赏能力为主，儿童只需要欣赏音乐，判别雅俗，具有评判能力，不要求登台演出。也就是说，音乐教育不应是专业训练。

艺术不能，也不可能仅仅为了自身而存在，因为音乐、绘画、诗歌等必然与性格、品质、秉性等密切相关。文学和艺术可以反映人的思想风貌，表现人的道德情操。音乐可展示人的道德情操，绘画和诗歌也不例外。像音乐一样，绘画可以反映人的精神面貌，表现人的性格特征。诗歌的美好体现在它所描述的行为，在于它用艺术的手段集中、概括地展示了人们对美好生活的追求和对自身局限的挑战。亚里士多德认为，悲剧不宜描述十全十美的好人的行为，而应该表现人的生活，表现他们与命运的抗争。在他看来，死是痛苦的，对一个品格高尚、生活幸福的人来说，死亡意味着比常人失去更多值得留恋的东西；然而，他会勇敢地面对死亡，因为此举壮美，烈士死得其所。

三、年龄分期与教育阶段

在西方教育思想史上，年龄分期与教育阶段是历代教育思想家、实践者所普遍关注的问题。亚里士多德最早进行了年龄分期与教育阶段的划分，并提出了教育要顺应人本身的自然发展原则。

从灵魂论出发，亚里士多德描述了人的自然发展与教育的关系。在他看来，人的灵魂由非理性部分与理性部分构成。在人的发展过程中，"就创生的程序而言，躯体先于灵魂，灵魂的非理性部分先于理性部分。情欲的一切征象，例如愤怒、爱恶和欲望，人们从开始其生命的历程，便显见于孩提；而辩解和思想的机能则按照常例，必须等待其长成，岁月既增，然后日渐发展：这些可以证见身心发育的程序。于是，我们的结论就应该是：首先要注意儿童的身体，挨次而留心他们的情欲境界，然后才及于他们的灵魂。可是，恰如对于身体的维护，必须以有造于灵魂为目的，训导他们的情欲，也必须以有益于思想为目的"①。亚里士多德依据人的身心发展规律提出了循序渐进的教育程序：（1）幼儿以健康和天赋（本能）为主，重视体格教育；（2）儿童与青年以情欲和习惯为主，重视行为教育；（3）青年至成人以思辨和理性为主，重视哲学教育。

亚里士多德认为教育应根据儿童的自然发展阶段来确定教育年龄分期，并且要根据儿童的年龄特征和年龄分期对他们进行教育。他强调说："人类［除了天赋和习惯外］又有理性的生活；理性实为人类所独有。"②"教育的目的及其作用有如一般的艺术，原来就在效法自然，并对自然的任何缺漏加以殷勤的补缀而已。"③ 教师在教育教学中只有遵循这种特性，才能取得良好的教育效果。他把年轻一代从出生到21岁的生活、学习和锻炼划分为三个时期：出生到7岁为第一时期，7—14岁为第二时期，14—21岁为第三时期。

---

① ［古希腊］亚里士多德：《政治学》，吴寿彭译，商务印书馆2017年版，第401页。
② ［古希腊］亚里士多德：《政治学》，吴寿彭译，商务印书馆2017年版，第391页。
③ ［古希腊］亚里士多德：《政治学》，吴寿彭译，商务印书馆2017年版，第411页。

(一) 第一时期的教育

亚里士多德认为，人的第一时期的教育可以分为儿童出生前的胎教、出生到5岁的婴幼儿教育、5—7岁的儿童教育三个阶段。

从灵魂论出发，亚里士多德论证了胎教的重要性。他认为，每个人的灵魂都有非理性部分和理性部分，而非理性部分中的植物灵魂专管人的生理机能，负责身体的营养、发展和生长等方面的事项。身体的生理机能，在生命最初时期，就已经开始了。

亚里士多德对胎教提出了比较详尽的建议："孕妇要注意自己的身体；进行经常的操练，摄受富于滋养的饮食。"① "孕妇应避免劳神苦思，保持安静的情绪；因为胎婴在妊娠期间恰好像植物对于土壤那样，显然要从母体吸收其生长所需的物质的。"② 亚里士多德提出了类似优生优育、胎儿保健的见解是难能可贵的，当然也存在武断与不妥之处。例如，关于结婚年龄，他认为女子应为18岁，男子应为37岁。又如，关于智力旺盛的年龄，他认为男女均为50岁。这些显然是缺乏科学依据的。

亚里士多德认为，婴幼儿教育应以身体发育为主。他要求人们给婴幼儿提供良好的营养和适当的锻炼。他强调婴儿的食物以含乳成分越多的越好，而含酒精越少的则越好。婴幼儿的体育活动也很必要，成人可以协助婴幼儿做一些他们能掌握的动作。当然，婴幼儿的锻炼要适量，应该循序渐进，防止过度疲劳。

亚里士多德认为，对5—7岁儿童的教育应该以良好习惯的培养为主要任务。为达到这一要求，要防止不良习惯的产生。所以，"立法家的首要责任应当在全邦杜绝一切秽亵的语言"③。同时，还应该杜绝秽亵的图画展览和戏剧展演，务必使儿童"隔离于任何下流的事物，凡能引致邪慝和恶毒性情的各种表演都应加意慎防，勿令耳濡目染"④。良好习惯的形成就是在日常言行活动中，让儿童最先接触到美好的东西，经常接触好人好事，并让儿童身体力行，反复练习。久而久之，良好的道德品质就自然形成了。

(二) 第二时期的教育

亚里士多德认为，7—14岁属于儿童发展的第二时期，是学习、受教育的

---

① ［古希腊］亚里士多德：《政治学》，吴寿彭译，商务印书馆2017年版，第405页。
② ［古希腊］亚里士多德：《政治学》，吴寿彭译，商务印书馆2017年版，第405—406页。
③ ［古希腊］亚里士多德：《政治学》，吴寿彭译，商务印书馆2017年版，第409页。
④ ［古希腊］亚里士多德：《政治学》，吴寿彭译，商务印书馆2017年版，第410—411页。

关键时期，是奠定坚实基础的时期。为使儿童的动物灵魂得到发展，需要把情感道德教育放在第一位，同时使体、德、智、美诸方面得到和谐发展。

亚里士多德认为，对 7—14 岁儿童实施的教学任务是，让他们掌握读、写、算的实用知识与技能，并且要求他们接受体操训练与音乐教育。亚里士多德从其灵魂论出发，认为应最先注意儿童的身体发育，加强体育训练。他反对斯巴达以严酷训练培养公民勇猛精神的方法，倡导雅典式和谐发展的体育，并且认为体育训练必须与儿童的年龄相适应，过度的体育锻炼有害于儿童的身心健康。

在亚里士多德看来，7—14 岁儿童应该接受音乐教育。他认为，乐调和韵律可分为三类，即培养品德、鼓励行动和激发热忱；其效用也分为三点，即教育、陶冶性情和操修心灵。亚里士多德认为，音乐课程只需培养儿童的欣赏、评判能力，不是教儿童在职业性竞赛中演奏或表演，也不是让儿童尝试各种以炫耀为目的的表演。

（三）第三时期的教育

亚里士多德关于这个时期教育论述的著作均已失传，我们只能通过亚里士多德关于第一时期、第二时期的教育见解，把其教育思想连贯起来，进行较为合理的推测、判断。

依据亚里士多德灵魂论的观点，第三时期的教育要把理性灵魂的培养放到最重要的位置上。因此，这一时期教育的重点就是发展理性、发展智慧，一切教育措施都必须围绕这一中心实施。

四、自由教育思想

亚里士多德认为，自由教育的条件有两个：一个是闲暇与求知，另一个是自由。

只有拥有闲暇，人的身体与心灵才能保持自由，人才能成为自己的主人。这种自由是理性发展的基本要素，是接受自由教育不可或缺的条件。亚里士多德在《政治学》中这样说道："任何职业，工技或学课，凡可影响一个自由人的身体、灵魂或心理，使之降格而不复适合于善德的操修者，都属'卑陋'；所以那些有害于人们身体的工艺或技术，以及一切受人雇佣、赚取金钱、劳悴并堕坏意志的活计，我们就称为'卑陋的'行当。"[①] "事事必求实用是不合于

---

① ［古希腊］亚里士多德：《政治学》，吴寿彭译，商务印书馆 2017 年版，第 414—415 页。

豁达的胸襟和自由的精神的。"① 在这里,"'卑陋的'行当"不仅指一种职业,还指一种生活态度或生活方式,即以谋生、图利为根本目的的生活方式。亚里士多德指出,这样的生活方式将使我们的身体受到破坏,思想受到劳碌。"劳悴"一词直译即为"无闲暇的",指一种无自由的生活,只有在闲暇之中,我们的活动才可能真正摆脱物欲的束缚,成为自由的人。闲暇就是劳动的最终目的。由此,他说:"全部的人生也有不同的区分——勤劳与闲暇,战争与和平……战争必须只是导致和平的手段;勤劳只是获得闲暇的手段……我们这个城邦的公民们当然要有任劳和作战的能力,但他们必须更擅于闲暇与和平的生活。他们也的确能够完成必需而实用的事业;但他们必须更擅长于完成种种善业。这些就是在教育制度上所应树立的宗旨……"② 在他看来,战争是为了和平,勤劳是为了获得闲暇,和平与闲暇是城邦公民追求的目标。对闲暇的追求被亚里士多德确立为教育的宗旨所在。闲暇不是一种静态的环境氛围,而是自身的内心安宁;闲暇不是被动等待某一时刻突然来临,而是通过努力获得闲暇;闲暇不是无所事事,闲得无聊,而是内心的充实、宁静与沉稳。

求知是人的本性。亚里士多德认为,人们追求智慧是为了求知而不是出于实用目的。哲学产生于人的好奇。"一个人感到诧异,感到困惑,是觉得自己无知;所以在某种意义上,爱神话的人就是爱智慧的人,因为神话也是由奇异的事情构成的。"③ "凡愿解惑的人宜先好好地怀疑;由怀疑而发为思考,这引向问题的解答。"④ 人们追求知识是对自然世界和人类社会的探索与追问。这种探索与追问不是出于外在实用,而是出于人本身的求知与好奇心。

亚里士多德认为,接受自由教育、享受纯粹思辨,只有外在的闲暇与内在的求知还不够,还必须有自由——不仅具备身体上的自由,更为重要的是具备思想上的自由,即具有"灵魂",从而可以自由地思考问题。在他看来,自由人是为自己活着,不受社会的无端束缚,在体力上不再为伺候他人,在思想上也不再为接受别人的意志与意见。一般说来,身体若不自由,思想就不可能自由;仅有身体的自由而没有思想的自由,同样产生不了纯粹的学问。

---

① [古希腊] 亚里士多德:《政治学》,吴寿彭译,商务印书馆2017年版,第419页。
② [古希腊] 亚里士多德:《政治学》,吴寿彭译,商务印书馆2017年版,第395页。
③ 北京大学哲学系外国哲学史教研室编译:《西方哲学原著选读》上卷,商务印书馆1981年版,第119页。
④ [古希腊] 亚里士多德:《形而上学》,吴寿彭译,商务印书馆2021年版,第42页。

自由教育以纯粹认识为对象。在《形而上学》第一卷中，亚里士多德就把整个认识过程划分为感觉、表象、经验、技术、科学和智慧六个阶段，前三个阶段属于感性认识，后三个阶段属于理性认识。苏格拉底、柏拉图都认为爱智慧是一种最美好的生活方式，而不是一种生活目的。它之所以是一种美好的生活方式，是因为它彻底地摆脱了名利地位的诱惑，把全部时间和精力用在对智慧的思考上。亚里士多德说："求知是人类的本性。"① "他们为求知而从事学术，并无任何实用的目的。"② 智慧不同于明智，明智在经济生活中表现为精明，在政治生活中表现为练达，在社会生活中表现为世故，在军事战争中表现为谋略，在工程建设中表现为机巧；这些只不过是实践智慧，并不是智慧。在亚里士多德看来，智慧有以下四个特征：第一，通晓一切；第二，知道最困难的东西；第三，能够明确阐明原因；第四，把求知、爱智看作目的。因而，关于智慧的知识就是哲学。从而，哲学在亚里士多德那里不只是一门学科，它在根本上是认识的最高级，是对世界本原的思考。

自由教育以自由学科为主要内容。亚里士多德认为，知识有两种，一种是具有实用目的的知识，另一种是超越实用目的的知识。在所有自由学科中，亚里士多德最推崇的是哲学，其次是音乐。亚里士多德以自由人作比喻，让人们认识到哲学是一门自由的学问。他说："这样，显然，我们不为任何其它利益而找寻智慧；只因人本自由，为自己的生存而生存，不为别人的生存而生存，所以我们认取哲学为唯一的自由学术而深加探索，这正是为学术自身而成立的唯一学术。"③ 在《政治学》中，亚里士多德用了大量的篇幅讨论音乐课程及其价值。他认为，音乐教育是一种性属自由、内含美德的教育。他指出，音乐绝不是一种必需品，它不同于其他实用的科目，例如读写。读写可应用到赚钱、管家、研究学术以及政治业务等方面，而音乐的价值是人们在闲暇时的理性活动。

自由是自由教育所产生的最大效用。接受自由教育并不是为了追求某种实用目的，而是为了自身的兴趣与满足。这样看来，纯粹认识在本质上是一种实践，思想对于生命而言不是什么外在的东西，而是生命本己的一种表现形式。当我们陷入沉思时，我们的生命并没有停止，反而更加旺盛地活动着，只不过是采取了一种有别于衣食住行的活动形式而已。

---

① ［古希腊］亚里士多德：《形而上学》，吴寿彭译，商务印书馆2021年版，第1页。
② ［古希腊］亚里士多德：《形而上学》，吴寿彭译，商务印书馆2021年版，第6页。
③ ［古希腊］亚里士多德：《形而上学》，吴寿彭译，商务印书馆2021年版，第6页。

自由教育是达到人生幸福境界的最佳途径。亚里士多德指出，存在着三种生活形式能够把我们导向幸福，即享乐生活、政治生活和思辨生活。享乐生活是对肉体快乐的追求，显然这是一种本己的快乐。政治生活指公民在城邦中的公共生活，它遵循道德习俗和法律，追求名誉和成功。思辨生活是一种静观默想的生活，是对最大知识的求索，它的最高表现形式就是哲学思辨。亚里士多德认为，幸福是人生的终极目标，而思辨是最大的幸福。思辨生活使人自身得到满足，获得幸福，与理智的、思辨的、哲学的活动相一致。总之，自由教育就是以培养人的理性能力为目标，以哲学探索为主要内容。故自由教育与人生幸福是紧密联系的，是达到人生幸福境界的最佳途径。

五、亚里士多德教育思想的历史意义

亚里士多德所提出的体育、德育、智育、美育全面和谐发展的教育思想，对西方教育理论和教育实践的发展产生了影响。全面和谐发展是古代希腊教育的根本特点。在西方教育思想史上，古希腊人在他们的教育实践中最先探寻到这一重要的教育规律。在如何培养人的问题上，亚里士多德提出灵魂论，并将教育的阶段与教育的内容建立在灵魂论的基础上，这是自然主义教育思想的开山之祖。文艺复兴时期的人文主义者继承并发展了亚里士多德的和谐教育思想。继人文主义教育家之后的许多著名教育家、思想家，如夸美纽斯、洛克、卢梭、裴斯泰洛齐、赫尔巴特、第斯多惠（1790—1866）、欧文（1771—1858）、乌申斯基（1824—1870）、斯宾塞等都很重视全面和谐发展的教育思想，并对此进行了较深入的探讨和研究，使这一思想有了较大发展。从近代开始，西方教育实践也普遍重视全面和谐发展教育的实施。

在西方教育发展的各个时期，虽然历代教育思想家对教育适应自然的认识、理解和阐释的角度并不一致，但总体而言，都继承了亚里士多德的思想，并依据生理学、心理学的成果加以发展，形成了近代自然主义教育的两种类型：客观自然主义教育和主观自然主义教育。客观自然主义教育以拉特克和夸美纽斯为代表，主张以客观存在的自然为基础，适应自然的发展顺序和规律而实施教育。主观自然主义教育以卢梭、巴泽多（1724—1790）、裴斯泰洛齐、福禄培尔（1782—1852）为代表，主张发展受教育者主观中的自然本能。特别是卢梭，他高扬人性，主张教育要顺应儿童的天性，反对压制和束缚儿童。到了19世纪末20世纪初，进步教育思想家和新教育思想家继承了卢梭的思想，反对赫尔巴特的主智主义。现代的人文主义教育思潮可以说是现代社会所谱写的自然主义教育思想的新篇章,它注重人性的自由发展,反对轻视人的存在和价值的偏向,这些都与自然主义教育思想相通。可以说,亚里士多德的教育适应自然思想的提出,标志着西方教育的一个重要思想传统的形成。

亚里士多德认为,人所追求的最高境界是幸福。幸福的人不是野蛮的人,也不是自然形态的人,而是受教育的人。幸福之人是优秀之人,也是有德行的人,德行恰恰要通过教育才能养成。伦理道德和教育相互融合,教育目的与人生目的完全一致,这是亚里士多德教育思想的核心。亚里士多德又认为,人生的幸福在于悠闲自得,那么,教育的根本目的就是获得闲暇。作为教育目的的闲暇,就是个体有致力于重要事务的自由。自由存在于摆脱了一切物质束缚的思维活动中,是一种投入恬静的沉思和冥想的生活,这是真正的幸福。教育应引导人实现其人生的终极目标,即基于思辨的理性生活。亚里士多德的自由教育思想的提出,标志着西方教育思想的发展进入了一个更高阶段,确立了教育中的"形而上"问题:教育的终极目标是什么?在他之后的每一位大教育家都不断对此进行探讨。亚里士多德的自由教育思想经过文艺复兴时期的人文主义、19世纪的新人文主义以及20世纪的要素主义、永恒主义及现代人文主义,一直延续至今,成为西方教育思想的一个基本方面。

小　结

古希腊教育的中心议题是如何培养政治家。苏格拉底敏锐地觉察到伯罗奔尼撒战争已造成古希腊城邦社会及其精神生活的解体,他反对那种雅典式极端民主制,要求把城邦事务的管理大权交给确有真正政治才能的政治家,这样才能建立一个理想国家。柏拉图坚信,只有通过教育,才能培养出合格的哲学王;只有依赖哲学家的教化和治理,才能实现社会正义,建立理想国家。亚里士多德认为城邦是最高和最广泛的社会团体,城邦的目的是"至善",最好的政体应以"中庸"为原则,多数人的智慧优于个别或少数贤良和专家。因此,亚里士多德提出了与柏拉图不同的城邦制度设想,也据此提出了不同的教育主张。

如何培养治国人才?苏格拉底、柏拉图、亚里士多德等认为教育的价值就是使人们能够通过现象看到事物本质,掌握一般的、普遍的、本质的知识,从而促进人的理智发展，使人从愚昧无知的束缚中解放出来。人通过理性灵魂所获得的知识，不同于感觉，不同于流行的意见，而是一种普遍的、必然的真理。只有通过理性，人才能得到确定不移的绝对的知识。苏格拉底强调教育重在理性的发展和美德的养成，最根本的是"认识你自己"，只有自己有了知识，才能成为自己的主人，也才能真正认识自己。柏拉图提出通过灵魂转向来实现哲学王的培养，即使受教育者的灵魂状态从最低等级的想象，逐步上升到信念、理智，最后达到最高等级的理性。亚里士多德认为，人是理性的动物，只有运用和发展理性，才能实现真正的自我。教育应当以充分发展人的理性为目的，使人超越肉体的存在，通过理性走向神圣、不朽。所以，从古希腊的自然哲学家毕达哥拉斯到苏格拉底、柏拉图，一直把发展人的理性当作教育的基本任务，而亚里士多德更是明确提出了自由教育的主张，由此建立起了理性主义主导的教育理论。这是古希腊教育思想发展的必然选择，反映了古希腊教育的本质所在。

古希腊思想家认为人的知识不是从外部灌输的，而是从灵魂中通过反思等方式获得的，培养人才的具体方式方法是启发诱导。苏格拉底式的对话教导人们如何去认识真理，但并不教给人们什么是真理，正如助产婆的任务是帮助产妇生育，但她自己并不生育一样。柏拉图提出"学习就是回忆"，认为学习只不过是回忆人的灵魂中已有的知识，回忆不同于记忆，记忆是通过感知把外部的事物内化为知识，而回忆是把灵魂中固有的知识通过外部途径启发出来。亚里士多德认为，只有思辨的生活才是真正的有价值的幸福生活。他们强调知识获得的途径是内求而不是外发，教学方式是启发诱导而不是灌输，学习方法是思考而不是记忆。

古希腊教育理想可分为以苏格拉底、柏拉图和亚里士多德为代表的培养哲学家的教育思想和以智者、伊索克拉底等为代表的培养演说家的教育思想。他们都认为教育的中心议题是如何培养政治家，亦即统治者。在他们看来，城邦的统治者不仅应有天赋，也应具备非凡的才学、智慧和完善的品德，而这些应通过完备的教育与训练获得。培养哲学家的教育思想高扬理性的旗帜，主张"德即知""欲即恶"，推崇哲学的地位与作用，贬低文学和宗教的价值，认为教育的目的就是发展人的理性，使人过上沉思型的理性生活是最大的幸福所在。培养演说家的教育思想反对"理性至上"，反对知德统一。智者主张智德并不统一，认为道德是不可教的，坚持相对主义。希腊化时期的一些哲学流派更是主张享乐生活，他们普遍认为"公正"就是强者的利益，将道德归结为弱者自我保护的骗局式工具。可以说，苏格拉底、柏拉图等主张知德合一，认为人的德行是教育的结果，肯定了教育的作用；而智者则认为知识与道德是相分离的，知识本身是独立的，教育的目的是传授实用知识而非提高人的德行。

思考题

1. 智者的教育思想的主要特点与历史贡献是什么？
2. 如何理解苏格拉底的"美德即知识"？
3. 如何理解柏拉图的洞穴比喻、灵魂转向在教育中的意义与价值？
4. 如何理解亚里士多德的灵魂论与全面和谐发展教育的关系？分析体育、德育、智育和美育的内在联系。
5. 阐述闲暇、自由与内在求知在亚里士多德的自由教育思想中的作用。
6. 分析柏拉图《理想国》中以下文字所包含的教育思想。

　　哲学家生在别的国家中有理由拒不参加辛苦的政治工作，因为他们完全是自发地产生的，不是政府有意识地培养造就的；一切自力更生不是被培养而产生的人才不欠任何人的情，因而没有热切要报答培育之恩的心情，那是正当的。但是我们已经培养了你们——既为你们自己也为城邦的其他公民——做蜂房中的蜂王和领袖；你们受到了比别人更好更完全的教育，有更大的能力参加两种生活（即哲学生活和政治生活——译者注）。因此你们每个人在轮值时必须下去和其他人同住，习惯于观看模糊影像。须知，一经习惯，你就会比他们看得清楚不知多少倍，就能辨别各种不同的影子，并且知道影子所反映的东西，因为你已经看见过美者、正义者和善者的真实。因此我们的国家将被我们和你们清醒地管理着，而不是像如今的大多数国家那样被昏昏然地管理着，被那些为影子而互相殴斗，为权力——被当作最大的善者——而相互争吵的人统治着。事实是：在凡是被定为统治者的人最不热心权力的城邦里必定有最善最稳定的管理，凡有与此相反的统治者的城邦里其管理必定是最恶的。①

---

① ［古希腊］柏拉图:《理想国》，郭斌和、张竹明译，商务印书馆2017年版，第283页。略有修改。

第二章 古罗马教育思想

古罗马的文化、教育是在古希腊的深刻影响下发展起来的。在教育思想上，古罗马继承了古希腊的历史遗产，在吸收与融合古希腊教育思想的同时，形成了适应自身需要的、富有特色的教育理念、教育目的和教育方法，对西方后世教育思想的发展产生了重要影响。

第一节 古罗马教育思想的社会基础与演变

古罗马的历史起源于公元前753年左右建成的罗马城。学术界通常将古罗马的历史划分为三个时代：王政时代（前753—前509）、共和时代（前509—前27）、帝国时代（前27—476）。

相传，王政时代经历了7个王的统治，这个时代的特征是古罗马从原始公社制度向奴隶制度过渡，氏族部落组织尚完整存在，统治阶层包括王（或军事首长）、元老院、库里亚大会①，后来又出现了贵族与平民之分。平民与贵族之间因为政治权利、土地和债务问题，矛盾不断激化，导致王权于公元前509年被推翻，古罗马进入共和时代。这一时期，平民与贵族都是公民，但政权掌握在贵族手里。共和时代以公元前3世纪为界，分为早期和后期。这两个时期古罗马的经济、政治、文化、社会等方面的发展程度并不相同，古罗马的教育发展也呈现出不同的特征。公元前27年，罗马统治者屋大维（前63—14）建立元首政治，罗马从此进入帝国时代。帝国的建立，不仅改变了罗马的政治生活，也对经济、文化和教育事业产生了重要影响。395年，罗马帝国分裂为东罗马帝国（即拜占庭帝国）、西罗马帝国。476年，西罗马帝国灭亡。由于王政时代缺乏可靠的历史资料作为依据，因此对古罗马教育和教育思想的考察通常从共和时代开始。

一、古罗马教育思想的社会基础

与古希腊教育思想一样，古罗马教育思想的变迁也是经济、政治、文化、

---

① 库里亚大会后被百人团大会取代。古罗马称胞族为库里亚，每10个氏族组成一个胞族。

社会等各种因素共同作用的结果。在古罗马教育思想发展的不同阶段，不同社会因素所发挥的作用不尽相同。

古罗马的中心地区位于亚平宁半岛中部的台伯河谷，由于岛屿很少，海岸线非常短，少有良港，因此古罗马没有发展商业和航海的必要条件。但是，亚平宁半岛肥沃的土壤、发达的水系和丰富的水利资源，为农业的发展创造了有利的条件。此外，古罗马具有丰富的矿藏和森林资源，所以有利于手工业的发展。总的来说，古罗马早期以农业生产为基础，是典型的农业社会。这对古罗马文化、教育（尤其是教育思想）的发展，都产生了深刻影响。

在古罗马共和时代，贵族不但占有土地和奴隶，而且掌握着政治上的统治权力；平民既没有足够的土地，也没有政治权力。贵族与平民不断对土地展开争夺，平民不但要求重新分配土地，还要求取消债务奴役，这种境况使贵族和平民之间的矛盾更加激化。在共和时代早期，农业生产是古罗马社会经济的主要来源。当时古罗马需要对外扩张，但是没有靠国家供养的专门的国家军队，平民就是国家军队的组成力量。平民既要作为农民从事农业耕种，又要作为军人参加对外战争。

古罗马共和时代早期的教育就是建立在这种社会需求的基础之上的，教育的目的和社会需要紧密联系在一起。这个时期的教育也成为培养农民和军人的教育。与古希腊教育相比，古罗马教育更注重实用、实效，更注重家庭教育的作用。家庭既是基本的生活单位，也是基本的经济和生产的单位。儿童在7岁之前由母亲负责养育。男童从7岁起脱离母亲的监管，由父亲负责，在家中与父亲建立亲密关系，形影不离，跟随父亲在农业耕作、军事训练、宗教祭祀和参加公民大会等社会实践中接受教育。农业方面，父亲会带着儿子在田间进行实地农事耕作，栽培庄稼，并在劳动过程中亲身示范有关农业生产的知识和经验，以及相关技能。军事方面，父亲会带着儿子在河里游泳或者在外野营。军事教育的内容还包括投掷长矛、骑马、击剑、游泳、披甲作战等，目的不是体育运动或"保持健康"，而是培养男童的战斗力，使其可以像其他罗马军人一样能征善战。男童从小就被教导要跟随父亲的步伐，要为日后成为农民和军人做准备。女童在7岁后仍由母亲教导，学习家事。这完全是一种非制度化的家庭教育形式。16岁是古罗马家庭教育结束的年龄，男童要穿上成年袍，学习"公共生活"，此后的教育不再由父亲负责，而是由家族里经验丰富的政治人物来接管。① 这种农民—军人的教育模式在社会中得到广泛的推崇,主张培养爱国、勇敢、虔敬和服从的品质,代表了古罗马的文化特征。古罗马共和时代早期推崇俭朴、端庄的行为。古罗马人虽然培养农民和军人,但这并非一种职业化的教育。古罗马人还重视法律教育,《十二表法》(旧译《十二铜表法》)的制定使得法律在古罗马社会生活中具有重要的地位。

共和时代后期,伴随着古罗马对古希腊的征服,特别是对雅典的征服,古希腊文化犹如潮水一般涌入古罗马,古罗马吸收了古希腊的文化,但是也顽固地保存着古罗马特有的文化。在这个时期,古罗马文化和古希腊文化的冲突与融合贯穿始终。古罗马人模仿古希腊的学校建立起学校教育体系:初级学校、文法学校和修辞学校。这些学校的教师初期大都是古希腊人,从教学内容到教学方法完全仿效古希腊模式。但是随着古希腊对古罗马教育影响的深入,它逐渐以双重的形式表现出来:一方面,古罗马贵族以古希腊的教育方式,或者说以文明希腊人的教育方式教养自己的孩子;另一方面,古罗马人按照希腊语学校的模式,平行建立了使用拉丁语的学校体系,也涵盖了初级学校、文法学校和修辞学校(演说术学校)。

随着古罗马人不断发动对外战争,到公元前1世纪,古罗马已成为横跨欧洲、亚洲、非洲的庞大军事帝国。对外扩张不仅对政治、经济和军事等方面产生了影响,而且对社会、文化和教育方面产生了影响,尤其是对古希腊的征服,从根本上改变了古罗马文化的形态,也引发了教育的相应变化。共和时代的古罗马并没有正式制定过真正的教育政策。到了帝国时代,古罗马才真正赶上了古希腊的教学标准。罗马帝国对学校进行了积极的政策干预,对教师团体给予了税务上的优待,并且在一定程度上承担了教师的薪酬,这两项政策都是皇帝韦斯巴芗(9—79)开始实行的。韦斯巴芗第一个在罗马设立了拉丁语和希腊语修辞教师的正式职位,并用皇家税收给他们支付年薪。② 当时,个人社会地位的提高并不取决于他的能力,而是取决于皇帝的宠幸。依靠雄辩术(演说术)来提高个人地位的现象不复存在,这个时候培养的雄辩家(演说家)的职业主要是律师。这个时期的文法、修辞越来越形式化,教育的方法和形式也

---

① [法]亨利-伊雷内·马鲁:《古典教育史·罗马卷》,王晓侠、龚觅、孟玉秋译,华东师范大学出版社2017年版,第10—11页。

② [法]亨利-伊雷内·马鲁:《古典教育史·罗马卷》,王晓侠、龚觅、孟玉秋译,华东师范大学出版社2017年版,第160—161页。

越来越程序化。

二、古罗马教育思想的演变

古罗马社会的变迁促进了其教育思想的演变。古罗马教育思想的发展进程有两个主要的阶段。

（一）第一个阶段

第一个阶段是从公元前3世纪后期到公元前1世纪中叶，代表人物有大加图（前234—前149）、瓦罗（前116—前27）、维吉尔（前70—前19）、卢克莱修（约前99—约前55）等人。在这一阶段，古罗马人对教育现象的认识尚处于直观的、描述的和片段的水平。

古罗马人中较早关注教育问题的人是大加图。昆体良认为，大加图是第一个尝试写教育著作的古罗马人。[①] 他对自己儿子的教育集中反映了古罗马教育在受到古希腊教育巨大影响之前的状况和当时古罗马人的教育价值观。据普鲁塔克（约46—约120）在《希腊罗马名人传》中的记载，大加图不但是他自己儿子的启蒙老师，还是儿子的体育教练。他不仅教儿子投铁饼、披甲戴盔去骑马，还教他打拳，经受寒暑锻炼，在台伯河追波逐浪尽情泳渡。大加图亲手用正体字写了《罗马史》，这样，他的儿子不必出门就能熟悉本国古代的传统。从这些记载可以看出，大加图所在时代的教育基本上还是传统的古罗马教育，强调爱国主义、公民责任、道德品质和军事技能等方面的教育，并且采取参加实际活动的教育方法。大加图对教育的安排非常具体、详细，但基本上是古罗马教育传统和惯例的延续与具体化，其中虽然包含了对教育问题的见解，但仍停留在对教育现象的直接把握上。

大加图之后，作家瓦罗在其著作中也涉及了教育的内容。他写作的《学科九卷》在很长时间内一直是古罗马文法学校的重要教材，并且影响了以后许多古罗马作家的创作，引起了人们对教学内容的普遍关注。从《学科九卷》一书的基本内容来看，瓦罗所关注的主要是教学内容。尽管在教育中，教学内容占有重要的地位，并和其他一系列主题直接相关，但它毕竟只是教育的一个方面，是教育现象中的一个片段。与大加图不同，虽然瓦罗对教学内容的阐释与编排并非单纯依据传统的结果，其中多少包含了一定的教育见解，但这种见解

---

① James Bowen, *A History of Western Education*, New York: Routledge, 2003, pp.170-171, vol. I.

只是针对具体、局部问题的,并不是对教育现象的普遍抽象。

此后,诗人维吉尔在其作品中对古罗马的教育问题进行了描述。他在史诗《埃涅阿斯纪》中写道:"我们种族天生就强悍,孩子们一生下来,我们就把他们抱到河边,放到彻骨冰冷的河水里,让他们坚强;少年时期,他们日夜打猎,他们的游戏就是跨马搭弓;到了青年时期,他们能吃苦耐劳,拿着锄头去地里干活,一旦有战争,他们就披挂上阵。不管年纪大小,我们身上都有铁器造成的伤痕,赶牛也是用倒持的长矛;即使到了老年,动作变慢,但我们还是头脑清晰,精力充沛……"① 这种描述当然主要是直观的、感性的,但不能完全排除其中所包含的赞颂、称道的价值判断的因素。这种价值判断本身多少带有对现实的某种反省,即对古希腊影响下的古罗马教育现状的隐含的批评。

卢克莱修对教育的阐述则具有哲学意味,他以诗的形式来表达自己的见解。在《物性论》这部古罗马时期流传下来的唯一完整而系统的哲学长诗中,卢克莱修在好几个地方都论及了教育的问题。他有关教育问题的诗句,尽管运用的是形象思维的方式,却反映了对教育现象中一般性问题的明确认识。他的诗句既不是对具体教育现象的直观描述,也不是对个别教育问题的片段认识,而是对普遍的教育问题一般的、理性的把握。卢克莱修认识到了教育在驱除无知和罪恶、改善人性方面的重要作用,强调教育应促使人们去追求至善,以达到生活的目的。他意识到通过教育,可以使人改变天性,从而"去过一种配得上神灵的生活"②。尽管人的天性中存在着与动物本能相同的因素,但是教育可以通过发展理性,使人真正成为人。他还看到了人的认识的巨大潜力和教育的无穷作用,认为教育可以使人认识万物及其规律。因此,《物性论》虽然不是教育专著,却在古罗马教育思想史上占有重要的地位。它标志着古罗马人对教育从直观、具体、片段的感知向普遍认识和理性把握的转变。

(二) 第二个阶段

第二个阶段从公元前1世纪中叶开始,以西塞罗和不久以后出现的塞涅卡(约前4—65)、昆体良、普鲁塔克等人为标志,古罗马教育思想从此进入了一个新的时期。这个阶段的突出特点是,古罗马人对教育现象的认识已逐步过渡到理性把握和反思的水平,从而产生了真正的古罗马教育思想。这种发展最先

---

① [古罗马] 维吉尔:《埃涅阿斯纪》,田孟鑫、李真译,北京理工大学出版社2014年版,第213页。

② [古罗马] 卢克莱修:《物性论》,方书春译,商务印书馆2017年版,第161页。

表现在西塞罗的教育主张中。

在古罗马教育思想的发展史上，西塞罗的教育思想占有重要的地位。从他的教育主张中可以看到古罗马教育传统的巨变，即从农民—军人的教育转向演说家的教育。一方面，西塞罗的教育思想不仅真切地反映了这种巨变，而且从理论上进一步分析了这种变化的合理性，论证了这种变化的意义、方向和实现途径。另一方面，通过对教育现象中具有普遍意义的基本问题较为完整的论证与分析，西塞罗促成了古罗马教育思想的真正确立和进一步发展。

塞涅卡是古罗马重要的哲学家、政治家、戏剧家，是晚期斯多亚学派的重要代表人物。他在丰富的著作中，不仅全面阐述了关于道德、人生的见解，而且广泛涉及了许多教育问题。与西塞罗一样，塞涅卡的思想也受到古希腊文化的深刻影响。他反对以实用的态度看待和学习知识，特别是"七艺"，这一点与古罗马的传统教育思想形成了鲜明的对照。他认为，包括"七艺"在内的知识，就其本身而言，并不具有某种具体实用的价值；知识的真正价值在于训练思想，为获得美德做准备，而所谓"自由艺术"（即"七艺"）的意义也就在于使人通过对智慧的追求而获得自由。

塞涅卡特别重视哲学的学习。他认为，人生的目的是获得幸福与美德，而要实现这个目的，人就必须不断地追求智慧，因为"唯有完美的智慧才能创造幸福的生活"[①]。基于这个原因，教育的直接目的或重要工作在于发展智慧。在这方面，哲学学科的教学与学习可以发挥巨大作用。"哲学的唯一使命在于发现有关神界与凡界的真理。宗教意识、责任感、正义感以及其它一切密切相关、相互依存的'美德之伴'，都是离不开哲学的。"[②] 塞涅卡虽然与古希腊思想家一样强调哲学的教学，但与他们关注哲学的智慧价值不同的是，塞涅卡更关注哲学的道德价值。这也是古罗马与古希腊在教育思想上的一个重要差别。

塞涅卡强调，教育不仅应当教人知识和技能，还应当教人如何生活。他认为，知识的作用如果仅仅局限于具体的技能和专门领域，那么，即使学得很好，也是无济于事的。如果学习者不懂得如何生活，那么，知识和技能有什么作用呢？因此，塞涅卡主张，教育应教给人最本质的东西，而不应只注重传授

---

① ［古罗马］塞涅卡：《幸福而短促的人生——塞涅卡道德书简》，赵又春、张建军译，生活·读书·新知三联书店上海分店 1989 年版，第 47 页。
② ［古罗马］塞涅卡：《幸福而短促的人生——塞涅卡道德书简》，赵又春、张建军译，生活·读书·新知三联书店上海分店 1989 年版，第 196 页。

浮夸的知识和技能。

除此之外,塞涅卡还论述了演说术教育、教育方法、学习方法、阅读等方面的问题。塞涅卡的教育主张所涉及的范围较为广泛,可以说包括了当时古罗马教育的所有重要问题。塞涅卡采用了书信这一表述方式,因而他的教育思想并没有什么系统性可言,但其思想却包含了对古罗马教育的反思和探索,具有明显的理性色彩。

昆体良是古罗马教育史上声誉最高、影响最为深远的教育理论家和教育实践家。他将古罗马学校教育的实践经验在理论上进行了系统总结,提出了较为完整的教育思想。他认为,教育的基本目的是培养善良且精于演说的演说家。昆体良全面论述了演说家教育的内容、过程等问题。他认为早期教育对人一生的发展都具有深刻的影响,应从婴幼儿时期就开始对儿童进行道德教育、知识教育和语言能力培养。昆体良主张,当儿童成长到一定年龄时,就应将其送入公立学校接受教育。为此,他论证了学校教育的优越性,认为学校教育可以避免家庭教育所带来的局限性,对儿童各方面的发展有重要的推动作用。

昆体良教育思想中最有价值、影响最大的是关于教学的理论。他在长期的教学实践基础上,结合对儿童心理的深入了解,提出了一系列关于教学问题的见解。他较早提出了分班教学的设想,同时提出了一系列关于教学方法和教学原则的重要见解。在西方教育史上,昆体良是第一位教学理论家和教学法专家,他使教学论成为一个相对独立的研究领域,对近代教学论的发展产生了深刻的影响。

普鲁塔克是继昆体良之后又一位重要的古罗马教育思想家。他的著作涉及的主题广泛而丰富,《论儿童教育》一文集中体现了他关于教育的主张。普鲁塔克最负盛名的著作《希腊罗马名人传》,收录了50篇古希腊、古罗马著名的政治家、军事家、立法者和演说家的传记。作为一位道德学家,普鲁塔克创作名人传记的目的不仅是再现历史,更主要的是通过那些伟大历史人物的生平事迹,宣扬自己的伦理思想,教育后代。普鲁塔克认为,人生应以道德为准绳,严以律己,宽以待人,恬淡寡欲,忠于职守,造福人类,尤其应该重视道德实践。这些主张对他的教育思想有重要的影响。

普鲁塔克高度重视儿童早期教育的重要性,强调及早开始对儿童进行教育和引导。他主张父母应当运用正确的教育方法承担起教育子女的职责,反对采用强制手段。普鲁塔克曾将教育工作与农业生产相比较,认为教育就如同耕种土地，首先是土壤必须肥沃，其次是农夫重视技术，再次是种子没有缺陷；要是拿来比较，那么本质如同土壤，教师如同农夫，劝导和规范如同种子。普鲁塔克反对强制儿童学习，更反对不顾儿童实际加大儿童的学习压力。他也反对体罚儿童，主张用表扬和适当的批评促进儿童的成长。普鲁塔克高度强调教育在改善人性、促进人的发展方面的重要作用。他主张对平民子弟进行包括道德、知识、智慧和身体在内的各方面的教育。他尤其注重道德教育，强调教育的根本目的是使人日趋善良。在普鲁塔克的教育思想中，古希腊文化因素的影响要大于古罗马传统因素，这是他不同于西塞罗、昆体良等人的一个特点。但由于都受到斯多亚学派的影响，他们的思想又有很多相同之处。

在普鲁塔克之后的一些教育主张，基本上是重复前人已经提出的见解，并无多少新意。因此，可以说，到普鲁塔克为止，古罗马教育思想的发展历程基本上已经结束。

第二节 西塞罗的教育思想

古罗马共和时代，演说术教育成为古罗马教育的重要内容和最终目标，以西塞罗为代表的演说术教育思想在古罗马教育思想发展史上占有重要的地位。在借鉴古希腊演说术教育理念和方法的基础上，西塞罗结合古罗马社会的实际需要，发展了比较系统的古罗马演说术教育的思想与方法，他的演说术教育思想代表了古罗马共和时代教育思想发展的最高水平，反映出古罗马教育思想的独特之处。

一、西塞罗的生平、哲学和政治思想

马库斯·图利乌斯·西塞罗（前106—前43）是古罗马共和时代著名的政治家、演说家、哲学家。他出生于古罗马东南部古老的山区小城阿尔皮努姆。这座偏僻小城民风淳朴，坚守着古罗马的文化传统。故乡人民吃苦耐劳、精力充沛、不图享乐的优秀品质影响了西塞罗的性格，对他日后社会政治理想的形成与政治生活产生了重要的影响。西塞罗在故乡所受到的拉丁文化的教育是十分充分而严格的。根据普鲁塔克的记载，少年时期的西塞罗是个天赋异禀的学生，在拉丁文法学校学习的时候就曾经因为成绩优异而在周围学生与家长中小

有名气。后来他又跟随当时有名的修辞学家、法学家学习，这些经历奠定了他扎实的拉丁文化功底。

在西塞罗生活的时代，古希腊文化源源不断地传入古罗马。西塞罗的父亲让他在学习古罗马传统文化的同时，也接触和了解了古希腊文化。古希腊文化作为一种外来的文化，曾经遭到保守的古罗马传统势力的顽强抵制，但一批开明之士对古希腊文化的传入抱有开放的态度。他们既接受和学习古希腊文化，同时也坚持古罗马自己的文化传统，希望促进两种文化的相互融合，并在这两种文化中找到一种平衡。西塞罗在这方面堪称最为优秀的代表人物，他不仅深入学习古希腊文化，而且孜孜不倦地对古希腊文化进行诠释，将其介绍给古罗马人。

拓展阅读
西塞罗的《论演说家》

西塞罗一生著作颇丰而且涉猎广泛，集中体现了共和时代晚期古罗马元老知识界的文学、政治和知识兴趣，其著作文体通俗流畅，被誉为拉丁文著作的典范。哲学方面的代表作有《论善与恶之定义》《论神之本性》等；政治方面的代表作有《论国家》《论法律》等；教育方面的代表作有《论演说家》《布鲁图》《演说家》。《论演说家》一书以对话的形式，阐述了演说术的理论基础，是西塞罗论述演说术教育的主要著作；《布鲁图》是关于演说术发展的历史叙述；而《演说家》则是西塞罗对于演说术和演说家理想的描绘。这三部作品是他关于演说术的经典著作，对古罗马演说术的理论、实践及其发展历史进行了详尽阐述，也从一个侧面反映了当时古罗马修辞学校的教育目的、教育内容和教育方法，是研究古罗马演说术甚至整个古罗马教育问题的重要资料。

在哲学上，西塞罗受到了古希腊哲学中毕达哥拉斯学派、柏拉图学派、斯多亚学派和怀疑派等各个学派的影响。其中斯多亚学派的哲学思想对他的影响最大，斯多亚学派的自然法思想、独立的个人、世界主义、平等的观念都被西塞罗继承和发展。西塞罗在改造古希腊哲学的基础上创立了具有一定独立地位的拉丁哲学。他把许多哲学术语翻译为拉丁文，将古希腊哲学思想通俗化，使其更通俗易懂，此后，这些拉丁文的哲学术语在西欧被广泛使用。他以丰富的知识、理性的研究、大量的写作和运用拉丁文的高超技艺，把古希腊哲学当作一种有用和有益的东西呈现给古罗马世界，由此指明了一条古罗马人诠释古希腊传统的道路。他的贡献不是以一种特殊的理论丰富古希腊哲学，而是把古希腊哲学拉丁化，并引向政治、法律、伦理等实践领域，使其满足民众的需要。

在政治上，西塞罗沿袭了亚里士多德的思想，把国家分为君主制、贵族制、民主制。这三种政体都是单一政体。西塞罗还提出了第四种政体形式：混合政体。混合政体体现了西塞罗政体理论的原创性，也是古罗马的政治实践的反映。他认为，混合政体既能克服前面三种政体的缺陷，又能融合它们的长处，因此是最为理想的政体。西塞罗在西方政治思想史上具有很高的地位，是沟通古希腊与欧洲中世纪乃至近代的桥梁，也是从古希腊到中世纪初期唯一具有代表性的政治思想家。

西塞罗还把源于古希腊的自然法思想引入罗马法，极大地推动了罗马法的发展。他认为，实在法的好坏、善恶、优劣、正义与否不能靠其自身来判定，只能依自然法来评判，自然法是实在法评判的依据。在西塞罗的心目中，除了自然的规则，即自然法外，没有其他的规则能分辨善良或邪恶；自然法的本质是正确理性，正义隶属于理性，自然法是正义和法律的基础。

二、演说术教育

演说术起源于古希腊。古罗马共和时代晚期，演说术随着古希腊文化一起传入古罗马，对古罗马教育产生了广泛的影响。在第二次马其顿战争（前200—前196）后，古希腊文化开始大规模传入古罗马，大批古希腊人来到古罗马，其中不乏优秀的演说家。他们的到来不仅刺激了古罗马人对古希腊文化的热情，也使古罗马人开始了解古希腊的演说术。古罗马人逐渐意识到精心准备的演说能够产生震撼人心的力量，而准备的过程就是一种艺术创作过程，必须经过专门的训练，这样就产生了演说术教育，也引起了古罗马传统教育的转变。

（一）演说术教育的目的

早期古罗马的教育目的是培养勤劳的农民和忠诚的士兵。演说术出现以后，培养演说家成为古罗马教育的目的，成为一名出色的演说家是许多古罗马年轻人的理想。修辞学校成为培养演说家的学校，是古罗马高等教育的主要形态。西塞罗关于培养演说家的思想，代表了古罗马共和时代晚期教育思想的转变，也代表了当时古罗马有教养的人士的普遍观点。

西塞罗认为，只有优秀的演说家才能成为真正的政治家，所以演说家的教育实际上就是政治家的教育。演说术是古罗马共和时代社会政治生活的必备技能。在古罗马共和时代，有志于政治活动的人都很讲究修辞学和演说术。西塞罗终身致力于发展演说术的方法和技巧，成为古罗马历史上最著名的演说家之一。他知识渊博，演说时妙语连珠，用词得当，能够抓住听众的情绪任意发挥。他留存至今的演说词有50多篇，都是古罗马演说词的精品。他也凭借杰出的演说才能成为古罗马共和国的执政官。

西塞罗要培养的演说家既不完全是古罗马传统培养出来的实干政治家，也不完全是柏拉图要培养的"哲学王"，而是接受了全面的教育，精通演说术和哲学，并且具有实际工作能力的政治家，是古罗马教育传统与古希腊教育共同造就的全面发展的人才。

（二）演说家的素养及其教育内容

西塞罗在其著作中明确地对演说家做出了这样的界定："演说家乃是对任何需要用语言说明的问题都能充满智慧地、富有条理地、词语优美地、令人难忘地、以一定的尊严举止讲演的人。"① 他详细论述了演说家应该具备的优良素质，而要具备这些优良的素质，就必须接受良好的教育和严格的训练。

第一，天赋是演说家培养的基础。天资对于演说具有最重要的意义，"那些确实同人本身一起出生的特质，例如语言的流利，嗓音的宏亮，肺量，筋力，整个面部和身体的结构和形态等"，"都是自然的赠礼"。② 如果缺乏这些自然的天赋，一个人很难成为真正的演说家。但是只有天赋是不够的，想要成为一名真正的演说家还必须依靠后天的培养。教育的作用就是通过严格的训练，使这些天赋真正发挥作用。

第二，演说家需要拥有广博的知识。西塞罗认为，这是由演说术本身的特点决定的。演说术是由许多门科学和无数的研究综合而成的，如果不对所有重要的科学和技艺进行研究，那么任何人都不可能成为备受称赞的演说家。"演说辞的华美和丰富应该以对事物的认识为基础；如果演说辞不含有演说家深刻领悟和掌握的知识，那么词语必定是空泛的，甚至是孩童式的。"③ 因此，西塞罗主张演说家应该接受通才教育，所学课程应该既包括演说术，也包括文法、修辞、逻辑、几何、天文、音乐、物理、历史、法律和哲学，演说家还应该了解政治、经济、科学和社会习俗等知识。

---

① ［古罗马］西塞罗：《论演说家》，王焕生译，中国政法大学出版社2003年版，第49页。
② ［古罗马］西塞罗：《论演说家》，王焕生译，中国政法大学出版社2003年版，第79、81页。
③ ［古罗马］西塞罗：《论演说家》，王焕生译，中国政法大学出版社2003年版，第15页。

第三，演说家应该具备良好的道德品质。一名真正的演说家除了掌握上面所有课程和知识以外，还必须具备良好的道德品质。他应该成为他所处时代最杰出的人，忠诚地、出于公正地为公民服务，毫无私心杂念。所以，必须重视演说家道德品质的培养，要一出生就开始进行教育和训练，使他们逐步学会以同情、仁爱、礼让等规范处理人与人之间的关系，并且形成明确的、公正的道德感和社会责任感。演说术"这种技艺的力量愈大，我们便愈应该把它与正直和高度的智慧结合起来。如果我们把丰富的语言表达手段给予了不具备这些美德的人，那么我们将不是把他们培养成演说家，而是把一些武器交给了狂徒"①。

第四，演说家应该经过修辞学方面的特殊训练。西塞罗认为，如果仅仅具有广博的知识，而无表达知识的能力，那么，知识便是无用之物。演说家与一般博学之士的不同之处就在于，他们不仅具有知识，而且具有使知识充分、生动地表达出来的能力。因此，一个合格的演说家必须具有修辞学方面的良好素质，牢记演说术的一切规则，能够通俗易懂、优美生动并且完整准确地表达自己的思想。

第五，演说家应具有优雅的举止和风度。西塞罗认为，真正的演说家是有教养的人。演说时身体的姿态、手势、面部表情和抑扬的声调都会对演说的效果产生巨大的影响。演说词"需要深入研究事物本性赋予人类的各种心灵活动，因为演说的全部威力和作用就在于或者平和，或者激动听众的心灵。为此还应该补充幽默、诙谐、与自由人身份相称的教养、回答和攻击时应具有的优美而高雅的敏捷和简洁"②。要做到这一点，就要付出巨大的努力，只有经过大量的练习才可能做到。

(三) 培养演说家的方法

西塞罗在他的著作《论演说家》中，论述了培养演说家的具体方法。

首先，要尽可能多地写作。"笔是出色地讲演最好的、最优秀的创造者和导师。"③ 演说的水平和效果取决于演说词的安排与搭配，一篇好的演说词要结构合理，布局匀称，并且富有韵律。这就需要演说家在演说之前认真撰写演说词，寻找最富有表现力的词语。因此，要成为一个优秀的演说家，就必须经过

---

① [古罗马] 西塞罗：《论演说家》，王焕生译，中国政法大学出版社2003年版，第541页。
② [古罗马] 西塞罗：《论演说家》，王焕生译，中国政法大学出版社2003年版，第13页。
③ [古罗马] 西塞罗：《论演说家》，王焕生译，中国政法大学出版社2003年版，第99页。

长久的、反复的写作训练，养成写作的习惯。

其次，要大量阅读和背诵。阅读的内容包括著名演说家的演说词，这些演说词里有很多语言是值得借鉴使用的，也可以通过阅读优秀的作品创作出更好的词语来。"我从阅读这些作品中获得这样的好处：当我把用希腊文阅读的作品改用拉丁文转述时，我不仅应该从常用的词语中采用最好的，而且要通过对原作的模仿，创造出一些对于我们来说是新的词语。"① 他提倡广泛阅读，除了阅读著名演说家的演说词，还要阅读诗歌和历史，以便了解和熟悉社会、法律、政治等各方面的情况。"对所有高尚技艺的教科书和其他著作不仅要阅读，而且还要反复阅读，练习着进行称赞、解释、修正、抨击、否定。"② 西塞罗认为，仅仅阅读还不够，遇到精品还要背诵下来。"还应该通过逐字逐句地熟背尽可能多的作品，不仅是我们作家的作品，还有其他作家的作品，用来练习记忆。"③

最后，要通过实践练习来提高演说技巧。西塞罗认为，经验是最好的老师，每个人自己的实践经验比任何大师的箴言都更有用。在进行演说术实践的过程中，教师应该要求学生在声音的运用、呼吸的处理、肢体动作的设计等方面进行专门的练习。除了针对某些特定的主题进行演讲练习之外，学生还可以去法庭观摩。法庭是获得演说术知识和技巧的最佳场所，学生在法庭上既可以看到演说家的演讲姿态，又可以学到演说术的详细技巧。西塞罗强调，法庭上的战斗是最艰苦的，伟大的演说家是在战场上历练出来的。

西塞罗一生留下了大量演说词、书信以及对话作品，这些作品大都因语言的流畅、文字的优美而成为拉丁文学的范本，也成为古罗马各级学校的教材，特别是成为修辞学校进行演说术教育和训练的素材。他创造的文体被西方人称为"西塞罗文体"，成为历代演说家模仿的范本。西塞罗的演说词和书信在古罗马帝国时代被人们编成各种集子，当作范文来诵读。对于古罗马人而言，西塞罗的出现让他们终于拥有了一位可以和古希腊教师相媲美，甚至超越古希腊教师的巨匠。他的作品既促进了拉丁文学的发展，也促进了古罗马教育的发展。

西塞罗一生活跃在古罗马政坛上，将演说术与自己的政治生活密切联系在

---

① ［古罗马］西塞罗：《论演说家》，王焕生译，中国政法大学出版社2003年版，第103页。
② ［古罗马］西塞罗：《论演说家》，王焕生译，中国政法大学出版社2003年版，第105页。
③ ［古罗马］西塞罗：《论演说家》，王焕生译，中国政法大学出版社2003年版，第105页。

一起,通过自己的演说实践,将作为文学形式的演说词和作为政治媒介的演说术完美地结合在一起,使演说术在艺术技巧和实用功能上达到了完美的统一。西塞罗在继承古希腊演说术理论和总结自己丰富的演说实践的基础上,形成了独特的演说术理论,为后世留下了系统的演说术理论著作,这些著作成为研究古罗马教育和演说术发展历史的重要典籍。创作于公元前55年的《论演说家》是西塞罗中年时期的重要作品,被称为古罗马的"伟大教育理论著作",系统地论述了演说术教育的思想、理论与方法,在西方教育史上产生了深远的影响。西塞罗培养演说家的教育思想直接影响了古罗马帝国时代的教育家昆体良,昆体良在他的著作《雄辩术原理》一书中继承和发展了西塞罗关于演说家教育的理论与方法。在文艺复兴时期,西塞罗的演说术教育被人文主义教育家复兴,维多里诺(1378—1446)、伊拉斯谟等人的教育主张都受到了西塞罗教育思想的启发,从而对近代西方人文主义教育思想产生了直接的影响。

第三节　昆体良的教育思想

在古罗马共和时代,以培养演说家为目的的教育制度已经建立起来,初级学校、文法学校和修辞学校是古罗马主要的三级学校体系。到了古罗马帝国时代早期,随着政治的发展和法律的成熟,演说术的政治功能趋向衰落,但法律上的需求却进一步加强,法庭成为展示演说术的重要舞台,古罗马的演说术变得更具有实用性和针对性。昆体良正是在这样的背景下探讨了演说家培养的整套体系。

一、昆体良的生平与著作

马库斯·法比尤斯·昆体良(约35—95)是古罗马帝国时代早期影响最大、最负有盛名的演说家和教育家。他出身于西班牙卡拉古里斯的一个小镇的富裕家庭。他的父亲是演说术教师,在古罗马教授演说术,在他很小的时候父亲就将他带到罗马的文法学校去接受教育。昆体良的老师包括著名的文法教师帕利门。15岁时,昆体良跟随罗马著名律师、演说家阿弗尔学习,并成为他的助手。阿弗尔去世以后,昆体良离开罗马回到西班牙从事律师工作,同时也教授一些学生演说术。昆体良后来在罗马复杂而激烈的政治斗争中生存下来,并且得到了皇帝韦斯巴芗的赏识。韦斯巴芗对教育进行了重大改革，在罗马历史上第一次开办了由国库支付薪水的国立演说术学校，包括一所希腊语演说术学校和一所拉丁语演说术学校。主持拉丁语演说术学校的就是昆体良。可以说，昆体良是教育史上第一位由政府资助的公职教师。昆体良在这个岗位上工作了20年左右直到退休，因为办学有功而被授予执政官的荣誉称号。昆体良在教育事业上取得了重大的成就，成为古罗马最著名的教师，而他兼职的律师工作，也使得他的演说术理论和实践得以紧密结合。昆体良一生桃李满天下，小普林尼（61或62—约113）和塔西佗（约55—约120）都是他的学生。

昆体良退休以后，在朋友们的请求下，花了两年的时间撰写了12卷本的巨著《雄辩术原理》（又译为《演说术原理》）。《雄辩术原理》是昆体良在总结自己20多年教育实践的基础上，对古希腊、古罗马教育思想及其成就的系统阐述和总结，也是西方教育史上第一部专门研究教育理论的著作。在这本书中，昆体良不但反映了公元前后约200年间古罗马学校教育的实际情况，也系统阐述了关于培养演说家的方法。

二、论教育的目的

昆体良继承了西塞罗关于演说家教育的主张，认为教育的目的就是培养品德高尚的演说家，强调只有德才兼备的人才能成为合格的演说家。与西塞罗注重演说家广博的知识一样，昆体良也认为演说家既要擅长演说，又要通晓各种有价值的知识并具有较高的才能。但与西塞罗注重演说家的天赋不同，昆体良极力强调演说家应当具有崇高的思想、高尚的情操并成为善良的人。昆体良写道："我的目标是完美的雄辩家的教育。这样一种雄辩家的首要因素是他应当是一个善良的人，因此，我要求他不仅具有非凡的演说天才，而且同时要具有一切优良的品格。"[①] 在他看来，对于演说家，才能与德行是相互联系、缺一不可的，德行在一定意义上比才能更为重要。这是因为，演说术是一门高尚的学问，它的主要任务是宣扬正义和德行，指导人们趋善避恶，演说术应当是为真理、为正义而战的战士手中的武器，而不应成为强盗手中的工具。演说家如果不为正义辩护而为邪恶辩护，演说术本身就会成为有害的东西，演说术的教育也就失去意义了。真正的演说家应当是坚持真理、伸张正义的人，要做到这一

---

① 《昆体良教育论著选》，任钟印选译，人民教育出版社1989年版，第7页。

点，他们应当是有道德的、善良的人。

从古罗马共和时代开始，演说家就是一种受人尊重和令人向往的职业，是富贵子弟在政治生活中取胜的法宝，也是平民后代提升地位的捷径，这些也是演说术得以在古罗马流传几百年的重要原因。在古罗马帝国时代，皇帝在各地兴建演说术学校。但是昆体良认为这些学校沦为了教人牟利和炫耀的机构，不再关注道德品质的高下，不再过问政治制度的好坏。因此，他在著作中提出了要培养完美演说家，这种演说家是"一个真正名副其实的公民并能履行其公私职责的人，一个能够用自己的意见指导国家、用他的立法给国家奠定稳固基础、用他以法官身份的判决消除邪恶的人"①。理想的演说家应该具有品格上的美德，也就是具有勇敢、正义、节制和智慧这四种古老的美德。

拓展阅读

"好人"与理想演说家

昆体良充分肯定了教育在塑造人的灵魂、培养人的能力过程中的作用。他认为，大多数人都具有可塑性，天赋是差不多的；这种天赋只是为个人多方面的发展提供了一种可能性，天赋的发展有赖于后天的教育。如果一个天资聪慧的儿童在成年以后不能有所作为，就证明他不是缺乏天赋，而是缺乏良好的教育。与西塞罗不同的是，昆体良认为，好的演说家并不是由天赋塑造的，而是后天教育培养的结果。他特别强调教育在形成良好的道德修养过程中的重要作用。他指出："高尚道德虽然来自某种天性的冲动，它仍需教育使之完善。雄辩家的学习首要的是培养德行，他必须了解一切关于正义的、值得尊敬的事项……"②

三、演说家的教育阶段

昆体良不仅提出了培养演说家的目的，而且提出了实现这种目的的完整方案。他提出了一个培养演说家的教育过程，论述了家庭教育的重要性，强调了学校教育的优越性，阐述了文法学校和演说术学校的教育。

（一）家庭教育的重要性

昆体良认为，好的演说家应该从儿童时期就开始培养。昆体良高度重视早

---

① 《昆体良教育论著选》，任钟印选译，人民教育出版社1989年版，第7页。
② 《昆体良教育论著选》，任钟印选译，人民教育出版社1989年版，第165页。

期教育，认为早期教育对人一生的发展都具有深刻的影响。早期教育的主要形式是家庭教育，主要的教育者是父母、教仆和保姆。他认为，儿童年幼无知，容易接受周围各种人的影响，因此，不仅儿童的父母和教仆应当博学多识、品行端正，保姆也必须是品质好、言谈合礼、受过教育、谈吐清楚的人。为此，应当谨慎地选择教仆和保姆。

昆体良认为，家庭教育的主要内容是道德教育和知识教育。对儿童的道德教育，主要不是依靠道德规范的讲授，而是通过父母、教仆和保姆的积极影响来进行的。昆体良反对当时流行的认为 7 岁以前儿童不宜学习知识的观点，认为儿童开始学习说话的时间，就是知识教育开始的时间，认为早期知识教育的内容主要包括希腊语、拉丁语、书写、阅读等。他尤为强调儿童语言能力的培养。

昆体良虽然高度重视早期教育，但他同样强调应充分考虑儿童的年龄特点和接受能力，反对揠苗助长。他主张早期教育应当使儿童感到快乐并养成对知识的热爱和兴趣，从而使早期教育真正成为学校教育的良好基础。"要使最初的教育成为一种娱乐，要向学生提出问题，对他们的回答予以赞扬，决不要让他以不知道为快乐。"[1] 他还强调要保护儿童学习的兴趣，不能让他们很小就产生厌学情绪，"最要紧的是要特别当心不要让儿童在还不能热爱学习的时候就厌恶学习，以至在儿童时代过去以后，还对初次尝试过的苦艾心有余悸"[2]。

(二) 学校教育的优越性

在昆体良所处的时代，罗马贵族阶层流行聘请家庭教师教育子女，而不是把孩子送到学校学习。针对这种情况，昆体良坚决主张儿童成长到一定的年龄，必须进入学校学习。他详尽论证了学校教育的优越性，认为学校不会溺爱、娇惯学生，受过学校教育的学生不会养成孤傲、离群索居的习性，学校教育有助于激励学生学习和思考，有助于培养和发展儿童之间的友谊，有助于养成儿童参加社会生活的习惯和能力。在昆体良看来，学校教育不但对儿童的学习和成长有好处，也对教师的教学有好处。相比只教一个学生，在学校里，教师面对的是一群学生，更有利于受到鼓舞而发挥才智。

(三) 文法学校的教育

学生在学会了阅读和写字以后，就可以进入文法学校学习了。文法学校非

---

[1] 《昆体良教育论著选》，任钟印选译，人民教育出版社 1989 年版，第 15 页。
[2] 《昆体良教育论著选》，任钟印选译，人民教育出版社 1989 年版，第 15 页。

常重要，是未来演说家教育的基础。"如果不通过文法的学习为未来的雄辩家打下牢固的基础，你筑起的任何上层建筑物都会倒塌的。文法这门知识是青年所必需，老年所喜爱，又是燕居时的良伴，在各种学问之中，只有这门学问有用甚于炫耀。"① 文法学校开设的课程大多与演说术直接相关，如文法、音乐、几何、天文、哲学以及希腊语、拉丁语等等。其中文法是最主要的课程，它包括两个部分，即正确说话的艺术和解释诗人的作品，这二者又以广泛的阅读为基础。阅读的内容包括古希腊和古罗马的文学、道德和哲学著作。昆体良尤其强调让学生阅读英雄史诗，以便用英雄的崇高精神激励学生。他同样强调音乐教学的重要性，认为音乐既可以陶冶情操，有助于养成高尚的品德，又可以使演说家更好、更有效地表达思想，影响听众。

（四）演说术学校的教育

演说术学校是直接培养演说家的机构。因此，演说术理所当然地成为演说术学校的核心课程。同时，为了更好地掌握演说术，学生还应当学习与演说术相关的知识，其中主要包括辩证法（逻辑学）、伦理学（道德哲学）、物理学（自然哲学）。学习辩证法，是为了掌握词语的确切含义，懂得如何下定义、如何进行推理，这些对于演说家都是不可缺少的。学习伦理学，有助于明辨是非、分清善恶，从而使演说家真正能够主持公道、匡扶正义。学习物理学，是为了了解自然变化的客观规律，以洞察万事万物的本性和必然性。与演说家的教育目的相联系，演说术学校还把道德教育作为重要内容，以使学生逐步养成各种美德。

四、教学理论

昆体良教育思想中对后世影响最大的是关于教学的理论。在长期的教学实践基础上，昆体良结合对儿童心理的深入了解，提出了一系列关于教学问题的见解。

（一）分班教学与因材施教

昆体良借鉴了他的老师帕利门的办学形式，提倡学校教育优于家庭教育，并在学校教育中提倡实施分班教学。"我想起了我的老师们所采用的一种有益的教学方法。他们将我们分成班级，按照各人的能力轮流发表演讲，能力强的

---

① 《昆体良教育论著选》，任钟印选译，人民教育出版社1989年版，第30页。

就先演讲。"① 昆体良认为班级教学有个别教学无法比拟的优点，同一时间许多人听同一个人讲解，不仅可能，而且必要。教师在班级教学中可以一次教许多学生，在很大程度上节省了教师的时间和精力，而学生在一个班级中既可以互相学习，互相竞争，又可以从教师对别的学生的批评和表扬中受到警醒与鼓励，从而调整自己的行为。这些优越性都是个别教学无法比拟的。昆体良认为："在家里，他只能学到教给他自己的东西；在学校，教给别人的东西他也能学到。"②

昆体良在强调班级教学的同时，也注意到了因材施教的问题。他认为教师在面向班级进行教学的时候，要了解不同学生的能力、天赋素质和心理，根据学生的具体情况，扬长避短，长善救失。"有些学生是懒惰的，除非你加紧督促；有的学生不能忍受管束；恐吓能约束一些学生，却使另一些学生失去生气；有的学生需要长期的用功才能塑造成人，而另些学生通过短期的努力却能取得更大进步。"③

（二）教学方法

昆体良非常重视教学方法的使用，他认为："在教学中，方法是最重要的，最有学识的人也懂得最好的教学方法。"④

第一，昆体良坚决反对滥用体罚。在古代的教育中，体罚是常用的教学手段，而昆体良则主张废除体罚，认为体罚是对儿童的凌辱，会使儿童心情压抑、沮丧和消沉，对儿童的成长产生非常消极的后果。他说："至于说到对学生的体罚……我是无论如何不赞成的；首先因为这是一种不光彩的惩罚，它只适用于对奴隶的惩罚，事实上它无疑是一种凌辱……其次，如果孩子的倾向卑劣到不能以申斥矫正，他就如同最坏的奴隶，对鞭笞习以为常；最后，如果有人经常跟在他身边监督他勤奋学习，这样的惩罚就完全没有必要。"⑤ 与此相联系，他强调运用奖励，认为对儿童（尤其是那些脆弱或缺乏自信心的儿童）加以赞扬、给予荣誉，能够起到激励的作用，促进儿童的发展。

第二，昆体良指出教学应当适度。他认为，优秀的教师要在深入观察、了

---

① 《昆体良教育论著选》，任钟印选译，人民教育出版社1989年版，第23—24页。
② 《昆体良教育论著选》，任钟印选译，人民教育出版社1989年版，第23页。
③ 《昆体良教育论著选》，任钟印选译，人民教育出版社1989年版，第26页。
④ 《昆体良教育论著选》，任钟印选译，人民教育出版社1989年版，第71页。
⑤ 《昆体良教育论著选》，任钟印选译，人民教育出版社1989年版，第27—28页。

解学生的能力、天赋素质和心理的基础上，节制自己的力量，俯就学生的能力，既避免要求学生做力不能及的事，又不可让学生放弃力所能及的课业。教师所传授的知识内容的分量应当与学生的接受能力相适应，以防止学生的负担过重。这个原则可视为近代教学量力性原则的萌芽。为防止学生因学习负担过重而造成疲劳，昆体良主张学习与休息相间，使学生的精力得以恢复，更愉快地进行学习。为此，在学习间隙，可让学生进行有节制的游戏活动。防止学生疲劳的另一种方法是让不同课程的学习交替进行。

第三，昆体良主张教学应当简明易懂。他认为，在教学过程中，教师绝不能故弄玄虚、装腔作势以抬高自己，而应当简洁、明了地讲授知识。只有这样，学生才易于接受知识并牢记不忘。

第四，昆体良强调启发学生思考的作用。他主张，教师在教学过程中应当经常向学生提出问题，促使学生积极思考，从而提高教学的效果。他认为，在必要的时候让学生自己动脑筋、想办法，解决学习中遇到的一些问题，可以培养他们的独立性，防止形成事事依赖别人的坏习惯。在他看来，只有这样才能逐步培养学生的创造性。也就是说，昆体良认为，教学不仅要传授各种知识，还要培养学生独立的判断力、创造力以及其他各种能力。

五、论教师的素养

关于教师的论述，也是古罗马教育思想中颇具特色的内容之一。古希腊教育家虽然论及了大量的教育问题，但对于教师的论述很少；而在古罗马教育思想中，教师却一直受到关注。昆体良的见解充分反映了古罗马教育家对教师的一般主张。他高度重视教师的作用，认为要做好教育、教学工作，要培养完美的演说家，教师是至关重要的。因此，他强调教师应当具有全面的素质。

第一，教师应当是德才兼备、言出必行的人。昆体良认为，教师的道德风貌对学生的影响很大，教师自身所具有的高尚品德能防止学生的行为流于放荡，相反，教师的行为失检可能会对学生产生有害的影响。因此，一位优秀的教师，必须是品德高尚、行为端正的人。不仅如此，教师还应当具有广博的知识，应当是公认的有学识的人。只有这样的教师，才能真正履行教师的职责，培养出完美的演说家。

第二，教师应当热爱学生，能够像父亲一样对待学生。昆体良认为，父亲把孩子托付给教师，教师就处于代行父亲职责的地位。① 教师应该像父亲对待孩子一样，使用权威而又充满慈爱，既不让学生感到压抑，又不溺爱和娇惯学生。教师对待学生的态度，应当既是和蔼的，又是严厉的。但和蔼不等于放纵，严厉并不意味着冷酷。教师应耐心工作，既不对学生发脾气，又不纵容学生。他要求教师不能仅仅满足于完成教学任务，还要对教育事业充满热情，对学生充满热爱。只有这样，教师才会产生教好学生的动力。昆体良认为，师生之间建立亲密友谊是十分必要的。教师不能为了赚钱谋生而招收过多的学生，也不能为了多收费而延长课时。

第三，教师应当既熟悉所教学科的内容，又能熟练地运用教学方法。教师只有深刻理解所教的内容，才可能有效地教学。但是，仅仅熟悉所教的内容，还不足以成为良好的教师。教师应当深入了解学生的能力、天赋素质和心理，更有针对性地组织教学。为此，教师应当经常深入地观察学生的言语、行为和活动。昆体良认为，教师应该培养学生的求知欲和创造性，而不应一味地灌输知识，从而束缚他们的头脑。教学的主要任务不仅在于传授知识，更在于教给学生有效的学习方法，使之养成独立思考、自主学习的习惯。他特别看重课堂提问与讨论，认为这些做法能够激发学生的主观能动性，并最终使学生学会独立思考。

第四，教师应善于寓教于乐，劳逸结合。昆体良认识到，孩子的天性是活泼好动、热衷于游戏的。对此，教师不应反对，而应因势利导、寓教于乐。他说："我不会因为学生爱好游戏而感到不高兴，那是天性活泼的标志；那种总是迟钝麻木、没精打采的，甚至对那个年龄所应有的激动也漠然无动于衷的学生，我是不指望他能热心学习的。"② 他认为，教师不仅要重视对学生思想品德和知识才能的培养，而且要关心他们的健康，让他们适当休息，不能让他们在学习的过程中过于疲劳，从而对学习产生厌恶。昆体良主张教师应合理安排一天的时间，不能一整天都教授同一个科目，而要使多种科目交叉进行，不同的课业相互交替，以最大限度地满足发展学生多种心智的需要。

昆体良的 12 卷本巨著《雄辩术原理》绘制了古罗马社会理想的教育蓝图，描述了一个人从出生到成为演说家所应该接受的教育，是古罗马教育理论和教

---

① 《昆体良教育论著选》，任钟印选译，人民教育出版社 1989 年版，第 67 页。
② 《昆体良教育论著选》，任钟印选译，人民教育出版社 1989 年版，第 27 页。

育方法集大成的作品。昆体良之后，古罗马再也没有出现过能够与之比肩的演说大师和教育家。

由于战争等原因，西罗马帝国灭亡之后，《雄辩术原理》一度被认为失传了，直到1416年才被意大利学者波齐奥·布拉秋利尼重新发现。经过人文主义学者的注释与宣传，《雄辩术原理》在欧洲各国引起了极大的反响，得到了普遍的高度评价。昆体良的教育学说因而成为文艺复兴时期人文主义教育的重要思想来源，对当时几乎每一位人文主义教育家都产生了深刻的影响。马丁·路德、夸美纽斯甚至洛克等人的教育理论，同样受到来自昆体良教育思想的有益启示。直到19世纪，《雄辩术原理》仍受到广泛的赞誉，英国思想家约翰·穆勒（1806—1873）称之为"整个文化教育领域中古代思想的百科全书"[①]。

在西方教育史上，昆体良是第一位系统的教学理论家和教学法专家。他使教学论成为一个相对独立的研究领域，对近代教学论的发展产生了深刻影响。应当指出的是，昆体良生活在奴隶制时代，他的教育主张不可避免地带有一定的阶级局限性和时代局限性。

小　结

古罗马人在汲取古希腊教育精华的基础上，进一步发展和创新，既形成了独特的适合古罗马国家需求的教育实践，也产生了具有古罗马社会文化特色的教育思想，不仅对古代世界而且对后世西方世界的教育发展产生了重要而深远的历史影响。

与古希腊的教育思想相比，古罗马教育思想的哲学色彩没有那么浓厚。古罗马没有产生过苏格拉底、柏拉图和亚里士多德这样的哲学家，也从来没有出现过系统和完整的哲学理论。与古希腊人为西方社会贡献了哲学、科学和艺术相比，古罗马人更注重实用和实际，为西方社会贡献的是医学、建筑、工程和管理这些实用的技术，这是古罗马社会文化的一个重要特征。体现在教育思想上，古罗马人并没有提出哲学化的教育思想，其教育思想并不注重对抽象的纯理论性问题的探索，而更注重对相对具体的教育问题的研究。古希腊教育思想

[①]《昆体良教育论著选》，任钟印选译，人民教育出版社1989年版，"译序"第16页。

家很少探讨教学中的具体原则和方法、对教师的具体要求等实践性较强的问题，即使是具体的教育问题，古希腊教育思想家也会把它们抽象到哲学的高度去探讨。因此，古希腊教育思想中没有具体的、技术性的问题。古罗马教育家恰恰相反，在具体的教育问题上提出了一系列富于创建性的主张。在抽象的教育理论问题上，古罗马教育家更多是继承古希腊人的思想，或者是将古希腊人的哲学思想以通俗的形式进行重新表达，那些本来理论性很强的抽象问题，到古罗马思想家的笔下都具体化了。

与古希腊人注重从哲学本体论考察教育问题不同，古罗马教育家更重视从实践哲学出发去探讨教育问题。古希腊教育家探讨教育与政治、教育与道德的关系，更多是考虑它们之间的本体论意义，探讨背后的根源所在；而古罗马教育家只注重教育与政治、教育与道德之间表面的关联，他们对人的理解更多地侧重于道德范畴。因此，与古希腊教育家强调人的天性的多方面发展不同，古罗马教育家更注重人的道德。古罗马教育家强调道德远比知识更重要，认为道德既是知识的目的，又是获取正确知识的必要条件。这使得古罗马教育家都一致重视道德教育，这也是古罗马教育传统固有的特征在教育思想上的反映。

古罗马教育思想受到了古希腊教育思想的影响，古罗马人在广泛吸收古希腊教育思想的同时，根据本民族的教育理想和教育实际需要，对古希腊的教育思想进行了修改、补充和创造，从而形成了具有特色的古罗马教育思想体系，推动了古罗马民族文化、教育的发展。西塞罗所培养的演说家，既是具备古希腊教育特点的理性得到充分发展的有教养的人，又是符合古罗马教育要求的实干型的政治人才。昆体良的教育思想则进一步将古希腊、古罗马的教育理论和实践经验融合在一起，形成了西方教育的古典传统。

古希腊教育思想主要是理论思考的产物，相比之下，古罗马教育思想与教育实践之间的联系更加密切，既是教育家教育实践经验的总结，又是对当时古罗马社会教育实际状况的反思与探索。这一点在昆体良身上表现得尤其明显，他的《雄辩术原理》就是他20多年教育实践经验的全面总结。

古代世界的教育理念和教育思想并没有随着罗马帝国的衰亡而消失，虽然中世纪时期经历了一段时间的沉寂，但文艺复兴时期古罗马教育思想得到了复兴。文艺复兴时期人文主义教育家维多里诺、伊拉斯谟等人的教育主张直接受到了西塞罗教育思想的启发。在15、16世纪，西塞罗的作品成为当时文法教学的主要教材，他所创立的文体被人们刻意模仿，形成了西塞罗主义，甚至那个时代也被称为"西塞罗时代"。昆体良的教育思想不仅推动了罗马教育的发展，也影响了文艺复兴到近代的诸多教育家，为后世教育提供了宝贵的理论借鉴和实践经验。

思考题

1. 古罗马教育思想与古希腊教育思想有何联系与区别？
2. 西塞罗培养演说家的方法有哪些？
3. 昆体良在教学论上的主要贡献有哪些？
4. 下述材料选自《昆体良教育论著选》，试分析作者认为学校教育的优越性体现在哪些方面。

　　我已经批驳了反对学校教育的主张，下面谈谈我自己的看法。

　　最重要的是，一个未来的雄辩家，一个必须生活于广大公众之中并谙悉公共事务的人，应当从童年时代起就习惯于见了人不致羞涩腼腆，也不应过着颓唐孤僻有如隐士的生活。头脑需要不断得到激励和鼓舞，而在这种离群索居的生活中，它不是凋残下去，成为湮没无闻的陈迹，就是走向另一极端，变得夜郎自大。因为不与别人比较，人们总是对自己的力量估计过高。

　　此外，当他的学习成果要在公众的面前表现出来的时候，他会被阳光照得眼花缭乱，对任何事物都感到新奇，因为他是在离群索居的生活中学习如何在公共生活中行动的。

　　……

　　况且，在家里，他只能学到教给他自己的东西；在学校，教给别人的东西他也能学到。在学校里，每天能听到有许多事受到赞扬，有许多事得到纠正；怠惰的同学受到责备，也是对自己的一种警惕；对勤奋学生的赞扬，也是对自己的一种刺激。①

---

① 《昆体良教育论著选》，任钟印选译，人民教育出版社1989年版，第23页。有改动。

第三章 中世纪教育思想

在西方教育思想史上，中世纪是一个特殊时期。这种特殊性一方面表现在无论是与此前的古希腊、古罗马时期相比，还是与此后的文艺复兴和宗教改革时期相比，中世纪都是一个教育思想相对贫乏的时期；另一方面则表现在中世纪教育思想具有突出的宗教、神学特征。恩格斯曾指出："中世纪的历史只知道一种形式的意识形态，即宗教和神学。"① 因此，理解中世纪教育思想的基本前提就是把握基督教及其在中世纪特有的地位和作用。

第一节 西欧中世纪教育思想的社会基础与演变

西欧中世纪教育思想的形成与演变无疑与中世纪社会变迁相联系，尤其是与当时封建制度等社会经济背景的形成和变化以及基督教的思想文化的影响密切相关。正是在封建制度、基督教观念、古希腊与古罗马思想文化、日耳曼文化的共同影响下，中世纪教育思想从教父哲学中所包含的教育思想逐步发展成为经院哲学中所包含的教育思想，并经历了早、中、晚三个时期，出现了不同的代表人物，展现了不同的思想特征。

一、中世纪的经济与社会

中世纪是封建生产方式和封建制度逐渐形成与发展的时期。封建生产方式和封建制度的基础是封建土地所有制，即封建社会的主要生产资料——土地归封建主个人或封建主阶级的国家所有，土地大部分通过份地的形式由个体农民长期租用。土地的封建主所有制与独立的小农经济结合，农民对封建主的依附关系和封建主对农民的超经济强制手段成为封建经济制度的典型特征。在此基础上，随着教会制度的确立，社会结构主要分为封建主（僧侣封建主和世俗封建主）和农奴两个阶层，形成了庄园制和农奴制。封建主为了巩固其统治，大力推行封建教育。

---

① 《马克思恩格斯文集》第四卷，人民出版社 2009 年版，第 289 页。

封建主阶级内部因为采取土地分封制度，即采邑制，从而在大小封建主之间形成了军事效忠和经济臣服的等级严明、权利与义务对应的主从附庸关系，确立了贵族等级。一般而言，国王、皇帝为最高领主，其他大贵族则以向其宣誓效忠来换取封地，从而成为最高领主的附庸，这些附庸可以各自拥有从属于自己的附庸，直到拥有少量土地或无地的骑士，如此便构成了西欧完整的封建等级体系。

骑士有义务为国王、领主或教会作战，以此获取封号或者封地。骑士制度是中世纪封建制度的重要组成部分，骑士是当时社会的一个独立阶层，形成了独特的行为方式、荣誉观和道德准则。围绕贵族和骑士制度，中世纪发展出了独特的骑士教育体系，即世俗封建主对其子弟所施行的一种特殊的家庭教育，训练骑士的目的是培养其节制、勇敢、智慧、正义等自然的美德和信仰、希望、博爱等神学的美德。

随着中世纪中后期技术和经济的不断进步以及瘟疫导致的劳动力短缺，与经济基础不相适应的庄园制和农奴制等封建社会的上层建筑被迫进行调整以适应经济基础的变化。一些具有新特征的经济因素推动了新经济阶层的出现，尤其是商业、手工业和城市的发展促进了这一过程。因此，在中世纪晚期，封建制度逐渐解体，新兴的市民阶层逐渐获得了社会权力。各种适应市民资产阶级需要的新型学校先后出现并得到长足的发展，为近代教育思想的形成奠定了重要基础。

尤其值得一提的是中世纪大学的创办。中世纪大学是教师和学生组成的学者行会，具有学院、同乡会、教授会等特定的组织形式，拥有某些特殊的与学习和教学有关的自由与特权。学生在按照要求经过一段时间的学习后被授予学士、硕士和博士学位或资格证书。博洛尼亚大学、巴黎大学、萨莱诺大学等被认为是欧洲最早创办的一批大学，是其他大学仿效的"母大学"。大学的产生对西方文明的发展具有重要的作用：大学尊重和相信理性，形成了一个可识别的学术精英群体，发现和传递科学和学术的知识、规范、方法与精神，强调学术自治和学术自由，不断革新、积累知识，以满足社会发展的需求。在大学不断发展和发挥社会作用的过程中，各种思想不断涌现，极大地影响了中世纪乃至后世的教育进程。

二、中世纪的思想与文化

基督教是中世纪占统治地位的意识形态，它决定着中世纪教育思想的取向与基本特征。

在马克思看来，宗教是建立在一定经济基础之上的上层建筑之一，是一种社会意识形态。这种社会意识形态一方面受制于自然力量和经济基础，另一方面则受到其他社会力量和上层建筑的影响，并发挥着一定的能动作用，成为统治阶级麻痹、毒害人民和维护自身统治地位的手段。马克思因此提出了宗教是"一种颠倒的世界意识"，是"人的本质在幻想中的实现"，是"人民的鸦片"等诸多重要论断。[1]

正因为如此，马克思、恩格斯将对宗教的批判看作社会革命的重要组成部分和先导。马克思说："废除作为人民的虚幻幸福的宗教，就是要求人民的现实幸福。要求抛弃关于人民处境的幻觉，就是要求抛弃那需要幻觉的处境。因此，对宗教的批判就是对苦难尘世——宗教是它的神圣光环——的批判的胚芽。"[2] 恩格斯也提出，（中世纪）一切针对封建制度发出的全面攻击必然首先就是对教会的攻击，而一切革命的、社会和政治的理论大体上必然同时就是神学异端。为了有可能触犯当时的社会关系，就必须抹掉笼罩在这些关系上的灵光圈。[3]

在早期的斗争阶段，往往会在宗教内部产生前进的力量，不断地推动着宗教的批判，推动着社会革命的发生和发展。恩格斯在《路德维希·费尔巴哈和德国古典哲学的终结》中说道："中世纪把意识形态的其他一切形式——哲学、政治、法学，都合并到神学中，使它们成为神学中的科目。因此，当时任何社会运动和政治运动都不得不采取神学的形式；对于完全由宗教培育起来的群众感情说来，要掀起巨大的风暴，就必须让群众的切身利益披上宗教的外衣出现。"[4]

因此，我们对基督教性质及其发展的认识，应该紧紧围绕着上述观点进行历史唯物主义的辩证分析，既注意到宗教的弊端和能动的革新作用，也注意到宗教内部的力量，为理解宗教与社会和教育发展的关系奠定马克思主义的理论基础。

（一）基督教的兴起与演变

基督教于1世纪出现，起初只是犹太教的宗派之一。该派教徒相信耶稣是

---

[1] 《马克思恩格斯文集》第一卷，人民出版社2009年版，第3—4页。
[2] 《马克思恩格斯文集》第一卷，人民出版社2009年版，第4页。
[3] 《马克思恩格斯文集》第二卷，人民出版社2009年版，第235—236页。
[4] 《马克思恩格斯文集》第四卷，人民出版社2009年版，第310页。

上帝之子，是基督，即希伯来语所说的救世主（弥赛亚），并信仰耶稣所提出的主张。在耶稣受刑之后，耶稣的弟子们继续传教，其社团也随之壮大，逐渐形成自己的教义、组织制度和礼仪等。到2世纪中叶，基督教社团发展成在思想上和组织上都具有独立形态的基督教会。

随着基督教势力的不断扩大，罗马帝国统治者逐步开始扶植和利用基督教来维护其统治。313年，君士坦丁大帝与其共治者李锡尼在意大利米兰达成协议，同年6月在拜占庭帝国发布《米兰敕令》，宣布所有宗教同享自由、不受歧视，基督教从此成为合法宗教。392年，古罗马皇帝狄奥多西一世定基督教为国教。基督教终于取得了精神权力的统治地位。

476年，西罗马帝国为日耳曼人所灭。日耳曼人对基督教起初持敌视态度，但双方为了各自利益采取了结盟的策略。罗马教会因而在另一种新环境下继续存在和发展，成为世俗政权之外一股强大的宗教和政治势力，其组织日趋严密，形成了与封建等级制度相一致的教阶体制；其思想理论逐步系统化，出现了以哲罗姆（约342—420）、奥古斯丁为代表的教父哲学。恩格斯分析了早期基督教在古罗马的发展过程后指出："正是在这经济、政治、智力和道德的总解体时期，出现了基督教。"① 这一论断总结了当时经济社会状态和其他思想观念对基督教这一意识形态发展所发挥的作用。

11世纪至14世纪上半叶，是教会势力最强大的时期。经济上，教会成为势力最大的封建主，占有西欧三分之一的耕地；政治上，教会的权力至高无上，拥有自己的法庭、监狱和武装力量；思想上，基督教神学是居统治地位的意识形态，具有无上的权威。但到15世纪时，教皇权力开始衰落，16世纪宗教改革运动爆发，从天主教中分裂出新教，确立了基督教三大教派：天主教、东正教和新教。

（二）中世纪基督教文化的基础

1. 古希腊、古罗马文化的影响

基督教在罗马帝国时代乃至中世纪，都曾与古希腊、古罗马文化发生过冲突，基督教会视古希腊、古罗马文化为异教文化加以排斥，但事实上它们之间存在着不可分割的内在联系。恩格斯就曾提出，基督教起源于通俗化了的斯多亚—斐洛派学说，是在希腊庸俗哲学演化而来的一神论和灵魂不死说基础上发

---

① 《马克思恩格斯文集》第三卷，人民出版社2009年版，第598页。

展而成的,它因此与发展为无神论的唯物主义的希腊古代哲学的最终形式,尤其是伊壁鸠鲁学派是相对立的。①

在中世纪,以信仰为核心的基督教文化取代了以理性为主导精神的古希腊、古罗马文化,但它并没有完全否定和消灭哲学与理性,哲学与理性反而成为维护基督教发展的重要手段。中世纪早期的奥古斯丁受到柏拉图主义哲学的影响,而晚期的托马斯·阿奎那则受到亚里士多德主义哲学的影响。但是哲学及世俗学科为了适应基督教启示的需要,以一种扭曲的方式继续存在。

2. 希伯来文化的影响

基督教思想延续了希伯来人所创立的犹太教文化中平等的观念倾向,强调所有灵魂在上帝面前都是平等的,摒弃了狭隘的排他主义倾向,以此精神同情和帮助弱者,展现了爱与奉献。这种宗教化的平等思想在古代世界是一个重要的变化。尽管这种平等思想并没有在中世纪生活的各个方面都得到体现,但它对中世纪教育和教育思想的影响是非常明显的。

基督教虽然主张人人平等,但并没有因此肯定人的价值和能力。在基督教神学中,人相对于神的地位是绝对渺小和卑微的,神是至高无上的,人只是神的创造物。因此,中世纪教育的归宿就是教人爱上帝、信仰上帝,求得灵魂的永生,这直接影响并制约着中世纪教育的发展方向及其特性。

基督教主张爱上帝、爱人如己的观念引发了注重自身内心道德转变的思想和行为,认为人若要获得救赎、获得永生,就必须不断进行内心的修炼、祈祷。在这一点上,基督教超越了犹太教的传统律法信仰,而展现了一种不断追求自身道德完善、注重个人责任的倾向。基督教虽然认为人只有依靠信仰、期待、热爱基督,才能蒙救称义,但同时也赋予了人在救赎中的责任。

在对犹太教的继承和改造中,基督教还进一步强化了出世的思想观念,认为现实世界中的一切,不但毫无关心的必要,反而是实现人生目的的障碍。中世纪修道生活方式的普遍盛行,正反映了这种思想观念。这种观念对中世纪文化、教育的发展产生了一定的阻碍作用。费尔巴哈(1804—1872)在分析中世纪自然科学研究落后的原因时说:"一个……全神寄托于与世界本质相脱离的上帝的基督教徒,怎么会有观察自然和研究自然的兴趣呢!"②

---

① 《马克思恩格斯文集》第三卷,人民出版社 2009 年版,第 593—594 页。
② 《费尔巴哈哲学史著作选》第一卷,涂纪亮译,商务印书馆 1978 年版,第 8 页。

在吸收不同文化元素的基础上，基督教形成了独特的文化思想特征，对中世纪教育产生了全面和决定性的影响。首先，在中世纪很长一段时间内，整个社会受到蛮族冲击，使得文化逐渐集中掌握在僧侣手中，因此教师也基本由他们充任。其次，在中世纪，教堂和修道院是文化的主要汇集场所，只有教会机关才能成为教育机构。最后，在整个中世纪，基督教是精神活动中占支配地位的内容，自然成为规范教育运行的主要因素。由于上述种种原因，中世纪西欧教育和教育思想具有基督教神学与宗教特征。

恩格斯在《德国农民战争》中曾对中世纪的社会状况和思想上的神学特性做了精辟的分析，他指出："中世纪完全是从野蛮状态发展而来的。它把古代文明、古代哲学、政治和法学一扫而光，以便一切都从头做起。它从没落的古代世界接受的唯一事物就是基督教和一些残破不全而且丧失文明的城市。其结果正如一切原始发展阶段的情形一样，僧侣获得了知识教育的垄断地位，因而教育本身也渗透了神学的性质。在僧侣手中，政治和法学同其他一切科学一样，不过是神学的分支，一切都按照神学中适用的原则来处理。教会的教条同时就是政治信条，圣经词句在各个法庭都具有法律效力。甚至在法学家已经形成一个等级的时候，法学还久久处于神学控制之下。"[①] 从上述情况中，他深刻地认识到："神学在知识活动的整个领域的这种至高无上的权威，同时也是教会在当时封建统治下万流归宗的地位的必然结果。"[②] 这些分析对于我们理解中世纪的特征有着重要的指导意义。

三、中世纪教育思想的演变

中世纪教育思想的演变是建立在基督教思想的变迁基础之上的，与基督教思想和神学的发展阶段相对应，大致可以分为教父哲学时期和经院哲学时期。

（一）教父哲学时期

在基督教发展早期，教会出现了一批或多或少具有哲学修养的信徒，他们借用古希腊哲学，尤其是新柏拉图主义和斯多亚学派的哲学，在理论上论证和捍卫基督教信仰。他们被教会尊为"教父"，他们的思想被称为"教父哲学"，这也是基督教哲学的第一个历史形态。

---

① 《马克思恩格斯文集》第二卷，人民出版社2009年版，第235页。
② 《马克思恩格斯文集》第二卷，人民出版社2009年版，第235页。

哲学源于知识和理性，宗教源于情感和信仰，因此基督教哲学从一开始就遭遇理性与信仰的关系问题。在教父哲学时期，理性与信仰之争主要表现为"理性的权威"和"信仰的权威"之争，涉及的主要教育问题是"如何对待世俗或异教的学问和知识"。在回答这个问题的过程中，教父哲学家逐渐融合了古希腊哲学。从教育思想的角度看，教父哲学的集大成者奥古斯丁关于教育的目的、内容、方法的系统阐述成为西欧中世纪教会学校的指导思想。

在这一时期还兴起了修道主义，各种各样的修道院开始在各地出现。其中，在6世纪早期建立的本尼狄克修道院制度成为西方修道制度的标准，使各地的修道院有了进一步发展的基础，为保存古老的学问传统和探讨教育思想找到了庇护所。

（二）经院哲学时期

"经院哲学"一词原意为"学院中人的思想"，其确切含义是指在基督教会的学院（经院）里传授的、以神学为背景的哲学。它作为基督教哲学的第二个历史形态，承袭了教父哲学护教的精神，但总体上已经不再以创立教义、制订神学内容为己任，而是通过吸收亚里士多德哲学及其辩证法（论辩推理），从理论上论证、阐释教义，化解《圣经》或教父哲学中所包含的一些不协调因素，使神学进一步系统化、理论化。

当时的经院学者一般都依附于教育机构，学校与经院学者之间相互推动，经院哲学家个人的学术威望成为学校发展的主要推动力。所以说，经院哲学家也是教育事业的推进者。经院哲学是基督教为维护教会正统教义的一种努力，但经院学者追求在信仰基础上用理性解释教义，因此经院哲学又是一种教育，其目的是提供一种辩学上和知识上的娴熟训练，使学生能够明敏而博学地去辨析各时代的知识。

依据经院哲学发展的早、中、晚三个时期，经院哲学教育也可以划分为早、中、晚三个时期。

早期经院哲学出现于8—11世纪。在法兰克王国国王查理大帝的推动下，西欧在8世纪晚期至9世纪出现了一次重要的文艺复兴，即所谓加洛林王朝的"文艺复兴"。这一复兴在英国著名学者阿尔琴（约735—804）的帮助下，改变了西欧的文化匮乏状态，知识、教育和理性主义开始缓慢地复苏，经院哲学也借此发展起来。早期经院哲学的基础延续的是奥古斯丁的教义理论，主要代表人物有极端实在论者安瑟伦（1033—1109）和极端唯名论者洛色林（约1050—约1112）。

中期经院哲学出现于12—13世纪，这一时期是中世纪的盛期，教皇发动的十字军东征客观上推动了东西方文化的交流，西欧人从东方获得了早已失落的古希腊、古罗马作品，阿拉伯人和拜占庭帝国的学者关于哲学、数学、天文、医学和建筑等科学知识也陆续传入西欧。在此基础上，经院哲学繁荣起来，涌现出一批优秀的经院哲学家，尤其是经院哲学的集大成者、温和实在论者托马斯·阿奎那。他运用亚里士多德哲学融合柏拉图哲学论证基督教信仰，试图用理性来保证信仰。亚里士多德也逐渐成为基督教哲学中的最高权威。这个改变对当时的学校，尤其是高等教育产生了深刻的影响。亚里士多德的著作渐渐成为中世纪晚期西欧学校，尤其是大学的重要教学内容。①在唯名论、实在论两派论争最激烈的时期，他们往往都把学校作为传播思想的主要战场和阵地。由于注重论辩，辩证法成为学校的主课。辩证法不被早期教父和早期教会神学家重视，因为他们认为信仰是不需要证明的。但12世纪以后，由于经院学者阿伯拉尔（1079—1142）和托马斯·阿奎那在神学问题讨论中对辩证法的高超使用，此后的时期成为逻辑和辩证法的时期。欧洲受教育阶层也因此在文艺复兴前的数个世纪里，在逻辑思维方面受到严格而精确的辩证法训练。

晚期经院哲学出现于14—15世纪。这一时期被视为极端唯名论盛行的时期，出现了邓斯·司各脱（约1265—1308）、奥卡姆（约1285—约1349）等学者，他们主张分离理性和信仰，把理性从宗教中排除出去，其结果是在恢复了宗教纯洁性的同时也削弱了宗教信仰，最终导致哲学和神学同盟的崩溃。经院哲学式的理性主义从此一蹶不振，经院哲学教育此时也陷入烦琐、荒谬的无聊争论中。正是在经院哲学的衰落中，人文主义思潮得以兴起。

从上述发展历程可以发现，中世纪教育思想和基督教哲学发展基本一致，并充分展现了其特性。在教父哲学时期，基督教急于站稳脚跟，提出"信仰的权威"大于"理性的权威"原则，排斥理性、逻辑、科学等异端文化，教育思想相应具有神秘性和超越性。到经院哲学时期，基督教地位

---

① ［美］E. P. 克伯雷选编：《外国教育史料》，任宝祥、任钟印主译，华中师范大学出版社1991年版，第152—154页。其中有对13世纪牛津大学和巴黎大学接受亚里士多德著作的经过的记录。

稳固，经院学者所要做的只是使教义更加完善、系统，他们开始把逻辑、辩证法等引入神学，试图用理性来证明神学，教育思想已蕴含着近代教育强调理性、尊重自然以及科学的成分。这些无疑促进了中世纪大学的产生和近代教育思想的发展。

第二节 教父哲学家的教育思想

在中世纪早期，基督教会出现了一批著名的教父哲学家。他们站在基督教的立场上，对古希腊、古罗马文化进行了深入的思考，形成了独特的宗教观念和哲学观念，产生了教父哲学家的教育思想。其中的代表人物有哲罗姆和奥古斯丁。

一、哲罗姆的教育思想

哲罗姆因为西方教会译定《圣经》的拉丁文通俗译本而闻名于世。他是一个虔诚的基督徒，可是内心又无比珍爱古希腊、古罗马文化，他一生都生活在这种忠诚上帝和热衷文学的困扰之中。在教育上，他主要对女子教育和儿童教育进行了论述。

（一）生平与宗教活动

约342年，哲罗姆生于罗马帝国斯特利同城（现位于斯洛文尼亚）的一个基督教家庭，幼时在当地接受了良好的教育，后赴罗马受教于杰出的文法学家多纳图斯，修习演说术。他信仰上帝，但也热爱世俗经典作家，尤其是西塞罗的作品。在他之前的教父奥利金（约185—约254）和德尔图良（约160—约225）都提到过如何对待古典文化的问题：基督徒是否应该接受异教的文化和教育？奥利金认为古典世俗知识是深入理解基督教信仰的基础。德尔图良则与之相反，坚决否定世俗文化，认为对上帝真理的认识是不能靠科学和哲学的探讨取得的，唯一的途径是对"教会权威"的信仰。这个理性与信仰的冲突问题在4世纪变得更加重要，哲罗姆从他个人的命运中就感受到这种强烈的冲突，他所选择的解决方式是决心摆脱对异教古籍的钻研，发誓不再拥有世俗的书籍，如果再阅读，就是自我弃绝。

此后，哲罗姆到伯利恒隐居苦修，创立修道院，学习希伯来文，专心研究

《圣经》。在基督教的教父中，哲罗姆是隐修生活最强烈的推动者，他是第一个不仅呼吁而且身体力行地实行隐修生活的有学问的教父，他的隐修方式吸引了众多追随者。

当时西方教会使用的《圣经》为古拉丁文译本。哲罗姆呕心沥血为西方教会译定了言辞准确、文风优雅的《圣经》拉丁文通俗译本。16世纪中叶，特兰托会议确定该译本为天主教唯一权威的拉丁文《圣经》译本，直到今日，此译本仍为罗马教会所用。

(二) 教育思想

哲罗姆的教育思想散见在他现存的154封书信中，其中最重要的就是《致莉塔的信——论女子教育》和《致戈登修斯书》。前者写于403年，当时哲罗姆正在伯利恒隐居，罗马贵妇莉塔写信给他，征求他对教育她的小女儿的意见。作为答复，哲罗姆写了此信。这封信是早期基督教关于女子教育的一份重要文献。后者则是答复戈登修斯如何培养其女的回信，写于413年。在这两封信中，哲罗姆较为全面地论述了关于教育，特别是女子教育和儿童教育的主张。他的教育思想为中世纪西欧教育，特别是女子教育和儿童教育的发展，奠定了重要的理论基础。

1. 教育目的与内容

哲罗姆接受拉丁教父德尔图良的基本思想，认为灵魂的核心是对神的敬畏，为了使灵魂真正从属于上帝，它必须得到良好的修炼。这也就是说，为了得到上帝的拯救，人必须得到充分的教育。作为基督教神学家，哲罗姆还明确指出，全部教育所要达到的最终目的，就在于使上帝所赋予人的神性得到发展，使人的善性得到发扬，从而净化人的灵魂，使灵魂得到拯救，得以信奉上帝。

哲罗姆认为，教育包括两个方面，一是知识教育，二是道德教育。在论述知识教育时，哲罗姆基本上是以当时罗马帝国学校教育的惯例为出发点的。他认为，知识教育应从教育儿童学习字母开始，随后是拼写、文法和句法。为了使儿童更好地掌握拼写，哲罗姆主张以《圣经》中的各种先知书的作者、使徒和早期主教的名字为工具，使儿童通过牢记这些人名，来掌握拼写的方法和规则。在儿童熟练掌握拼写之后，就应当对他们进行语言和阅读教学。哲罗姆对语言教学的重要性给予了高度的评价。在他看来，语言教学应当从希腊语开始，然后再教授拉丁语。

哲罗姆认为，相比于知识教育，道德教育更为重要。在关于道德教育的见解中，哲罗姆受东方修行制度的影响很大，主张以培养谦卑、朴素等品质作为道德教育的重心。这些品质的培养，可以使人克服人类的妄自尊大、高傲的恶劣习性，从而为进一步培养对神的虔敬打下良好的基础。

2. 儿童教育方法

在教育方法上，哲罗姆主张多运用奖励和竞争的方式。"字写得好要奖励，并用同龄儿童喜爱的礼品鼓励她进步。"① "她在学习中要有同伴，以激发她的进取心。当她见别人受称赞时就会受到刺激。你不要因学习迟钝而叱责她，要以称赞来激发她的智能，这样，她就会因超过别人而高兴，因落后而自悔。"② 他认为奖励和竞争可激发儿童学习的兴趣，使其喜爱学习并感到快乐，这在儿童教育中相当重要，因为如果儿童对学习产生厌恶感，那么这种习惯将伴随其成年。在这一点上，他明显呼应了古罗马教育家昆体良关于奖励和竞争的主张。从哲罗姆身上，我们可以看到基督教教育家对古代西方教育思想的继承性。

哲罗姆也非常重视榜样的教育作用。他认为榜样比说教更重要，因此要慎重选择儿童的教师、保姆等。首先，要为儿童物色有适当阅历和学识的教师，并让教师成为儿童的伙伴、随从和护卫。因为"哪怕是最简单的入门知识，从有教养的人和没有教养的人的口里说出来是大有区别的"③。其次，儿童的保姆一定不能放纵、懒散和多嘴，因为"人总容易学坏，过失也最容易在美德不能达到的地方被效仿"④。总之，儿童身边的人，包括父母，都要注意自身的言行，因为身教重于言教，而且"早期印象是很难从脑子中磨掉的"⑤，他们对儿童行为举止、人品谈吐的影响很大。

---

① [美] E. P. 克伯雷选编：《外国教育史料》，任宝祥、任钟印主译，华中师范大学出版社1991年版，第67—68页。
② [美] E. P. 克伯雷选编：《外国教育史料》，任宝祥、任钟印主译，华中师范大学出版社1991年版，第68页。
③ [美] E. P. 克伯雷选编：《外国教育史料》，任宝祥、任钟印主译，华中师范大学出版社1991年版，第68页。
④ [美] E. P. 克伯雷选编：《外国教育史料》，任宝祥、任钟印主译，华中师范大学出版社1991年版，第68页。
⑤ [美] E. P. 克伯雷选编：《外国教育史料》，任宝祥、任钟印主译，华中师范大学出版社1991年版，第68页。

3. 女子教育

基督教是实践两性同时接受教育的先锋①,它从一开始就公然反对古希腊、古罗马排斥女性受学校教育的传统,教会学校为了便于布道和阅读祈祷词,一视同仁地吸收男女儿童入学。虽然教会没有完全克服偏爱男性的古代文化弊端,但承担女子教育已成为许多世纪以来基督教的一个特征。这一态度也充分地反映在哲罗姆的思想中。

哲罗姆所提出的女子教育主要是为其宗教目的服务的,因此,教育内容主要包括《圣经》、贞洁品行和道德教育。他认为,应当教育所有的年轻女子忠诚地献身于基督教理想,压制其自我表现,控制乃至消除其身体的各种欲望。哲罗姆尤其强调女子的贞洁品行,认为她们应穿戴朴素、行为庄重、生活简朴、饮食简单,不使用化妆品、饰品和奢侈衣物。

哲罗姆的教育思想源于其隐修主义,我们可以看到其中充满了禁欲精神,这种禁欲也是当时东部修道院所流行的。因为"基督教徒们对肉欲深感恐惧,极力加以抵制,以至于过分严格地限制了教会的妇女们"②。这些内容是对妇女的教育,但在很大程度上也是对妇女的禁锢。

二、奥古斯丁的教育思想

奥古斯丁是教父哲学思想的集大成者。奥古斯丁所生活的年代,一方面,基督教成为罗马帝国国教;另一方面,面对帝国内忧外患的政治和社会动荡,基督教信仰也备受冲击。奥古斯丁对神学的思考,帮助教会渡过了各种难关,进行了多次转变;他拟订的神学研究框架,为基督教在中世纪开创了神学路向;他的思想是欧洲中世纪基督教教育的理论基础。

(一) 生平、思想演变和著作

奥古斯丁354年生于罗马帝国北非的塔加斯特(现位于阿尔及利亚),父亲是一位信奉异教的官吏,母亲是一位虔敬的基督徒。

18岁,奥古斯丁被父亲送到迦太基学习修辞和哲学,开始了对智慧的严肃追求。19岁,由于探索恶的来源问题,他皈依了摩尼教,但是随后逐渐对摩尼

---

① [美] 阿尔文·施密特:《基督教对文明的影响》,汪晓丹、赵巍译,北京大学出版社2004年版,第154页。
② [美] S.E. 佛罗斯特:《西方教育的历史和哲学基础》,吴元训等译,华夏出版社1987年版,第126页。

教的善恶二元论感到失望。他从修辞学校毕业后，曾先后在迦太基、罗马、米兰等地教授修辞和演讲术。在米兰，他遇到一位基督教事业的杰出倡导者——安布罗斯大主教，从而对基督教有了新的更为深刻的认识，他因此正式脱离了摩尼教，并试图将新柏拉图主义和基督教思想相结合，解决恶的来源问题。387年，他在米兰接受了洗礼，从世俗生活与享乐放纵中脱离，转变为一个充满弃绝和禁欲精神的基督徒。

奥古斯丁是教父思想的集大成者，他最有影响的两部著作是《忏悔录》和《上帝之城》。《忏悔录》是奥古斯丁的心灵自传，在该书中，他结合自己的成长经历，阐发了对教育的一系列看法。《上帝之城》的写作背景是因410年罗马陷落，异教徒指责基督教国家化导致了帝国衰亡，该书针对这种指责为基督教进行了辩护，并为当时的人们提供了忠于《圣经》的宗教人生观与世界观，给中世纪文化奠定了新的根基。

（二）宗教哲学思想与教育思想

1. 原罪说与教育目的

原罪说是奥古斯丁宗教哲学思想和教育思想最重要的理论依据之一。奥古斯丁认为，上帝是至善的，作为上帝创造物的人类起初是善的；但人类的始祖亚当和夏娃滥用自由意志，偷吃禁果犯了罪，这种罪传给他们的后裔，于是所有人都是带着原罪来到人世的，没有人是纯洁无瑕的；人是无法进行自我拯救的，必须通过信仰上帝才能得到救赎，也就是说，除非得到上帝的恩宠，否则人们是无法改变他们的原罪状态的。

原罪说通过强调：人生而有罪，不可能自己解救自己来贬低人的地位，提高神的地位，以使人信奉上帝、服从上帝、等待上帝恩典；人生在世的最高目的是不断地赎罪修行、克制欲望、摒除身上的恶，永远向上帝接近，教育是使人皈依上帝最直接的工具。奥古斯丁在其著作《忏悔录》中明确提出，教育要为教会和神学服务。奥古斯丁的教育目的已经抛弃了古希腊、古罗马教育的宗旨，既不是要发展人的智力和理性，也不是要培养国家的公民，而是要培养对上帝充满信仰、虔诚的基督徒。

奥古斯丁在其晚年的著作《上帝之城》中，根据善、恶两个概念提出"上帝之城""地上之城"理论，认为唯有接受基督教会的指引，"地上之城"才能最终归到"上帝之城"。这种教权至上的二元论无疑是一种神学政治论，旨在加强教会在世俗政权中的超然地位，教会就此增强了对政治、社会乃至教育的控制力量，但因其将精神权力和政治权力分立，在客观上对君主专制有一定程度的制约作用，所以有助于当时西方社会政治的均衡发展。

2. 认识论与教育内容

奥古斯丁在认识论上和柏拉图一样持先验论观点，主张人生来就有根植于心灵之上的真理。但他不同意柏拉图关于知识、真理的终极来源问题的叙述。柏拉图设想我们的灵魂在降落到肉身之前是独立存在于理念世界的，因而具有各种关于理念的知识，即真理。所以柏拉图认为学习就是回忆我们前生知道的东西。奥古斯丁则认为人对自己的前生是不可知的。在他看来，人玄想灵魂和身体何时及如何结合在一起是轻率的。那么，我们是如何得到真理的呢？奥古斯丁把柏拉图的理念论进行了修改，提出"光照论"，认为一切真理都在上帝那里，并以光的形式照耀出来，光照是人类获得真理的途径，真理就是上帝之光在人心镌刻的痕迹。

奥古斯丁认为：信仰高于理性，宗教虔诚高于知识；上帝的存在是谁也无法否认的，上帝即真理，真理即上帝；消除人生不幸的唯一方式就是信奉上帝；而要达到这一点，人甚至无须任何文化教养，因为信仰不是通过深刻的推理获得的。在他看来，世俗知识也许能带来荣耀和掌声，但并不能带来幸福和平安，更不能带来生命的意义，知识的目的始终是通过与上帝更紧密的结合来获得幸福，他因此重视信仰而轻视世俗知识。

在对文学诗歌的态度上，奥古斯丁完全接受了柏拉图对史诗、诗歌、悲喜剧的观点。他在《忏悔录》中写道，自己早年阅读完古罗马作家维吉尔的史诗《埃涅阿斯纪》后，曾为诗中迦太基女王狄多的殉情而流泪，对此，他无比忏悔地认为自己当时是在"背弃上帝而趋向邪途"，因为这只是"虚构"和"荒诞不经的文字"，爱它是一种罪过，应该受到谴责。他反对把此类作品当作教材，认为让儿童学习它们，无疑是在把儿童"投入到地狱的河流"。

不过，奥古斯丁并不是一概排斥世俗的学术和文化，他认为世俗知识与基督教信仰之间并不是截然对立的。世俗知识中也有一些有用的东西，经过精心的选择与安排后将有助于信仰的培养。因此，他确信圣经学者有必要了解一些历史、地理、数学、逻辑和修辞等，进行更广泛的研究。但他坚持，所有的东西都必须经过一番改造，才能被基督教利用。奥古斯丁强调，古典文化是为神学和教会服务的，它们的真正作用就是传播福音。他认为，在知识的学习中，学习《圣经》最为重要，因为它不但包括全部的知识范围，而且是最正确的知识源泉；学习必须以《圣经》为主课，要尊重《圣经》，对《圣经》内容只能坚信不能质疑。他的这种观点成为中世纪教育的思想根据，成为教学中不可动摇的原则。

3. 儿童观与教育方法

在奥古斯丁之前，基督教虽然讲原罪，但对儿童的看法相对比较宽容，认为儿童的可塑性强，如果从儿童出生起就开始教育他们，可使他们成为高尚的人。但奥古斯丁深受摩尼教灵欲二分的观念影响，认定肉体和情欲是邪恶的。因此，即使一个刚刚出世的婴儿，也难逃原罪，他从出生起就已是堕落人群中的一员。

在奥古斯丁看来，由于儿童本性是罪恶的，因此要想控制儿童邪恶的本性就必须惩罚他们。他在《忏悔录》中这样写道："我年龄虽小，但已罪大恶极，确应受惩罚。"① 他感谢幼年时代所接受的教师的鞭策和惩罚，因为这医治了他那种"有害的快乐"，"根据这一理由，鞭策也成为教育工作中值得向往的一部分"②。他的这番论证使得欧洲中世纪教育中体罚盛行。

不过，奥古斯丁认为，从试图制服儿童、涤除其罪恶来说，戒尺、皮鞭、棍棒是必需的物品，但这种惩罚并不见得对知识教学本身有帮助。如果从有助于知识教学的角度来说，他主张教学要引起学生的兴趣和好奇心，学习应是愉快和自由的。他回忆自己幼年时学习语言的经历，学习希腊文时非常艰苦，这门外语与日常生活没有联系，人们又用威吓责罚的方式来督促他学习，对他而言，"甜蜜的希腊神话故事上面好像撒上了一层苦胆"，他由此对希腊文充满憎恨。但学习拉丁文时，他却感到轻松，"在乳母们哄逗中，在共同笑语之中，在共同游戏之时，留心学会了"。他由此认为："识字出于自由的好奇心，比之因被迫而勉强遵行的更有效果。"③

奥古斯丁认为家庭和教会对于儿童的教育有着重要的作用。他认为家庭是教育过程的核心部分，对于儿童来说至关重要。他花了相当多的时间教育自己的儿子，他的《论教师》就是为了纪念他的儿子阿德奥达多斯而写的。正是在

---

① [古罗马]奥古斯丁：《忏悔录》，周士良译，商务印书馆2017年版，第14页。
② [英]罗素：《西方哲学史及其与从古代到现代的政治、社会情况的联系》上卷，何兆武、李约瑟译，商务印书馆2020年版，第441页。
③ [古罗马]奥古斯丁：《忏悔录》，周士良译，商务印书馆2017年版，第17页。

与儿子的交谈过程中，奥古斯丁形成了一些教育观念。奥古斯丁认为教会是儿童潜在的教师，但因为当时的主教缺乏批判性探究和教育的能力，教会并没有很好地发挥应有的教育作用。当然，在奥古斯丁看来，儿童最为重要的教师还是上帝，因为除了上帝，没有任何教师能够教给人以知识，而人们言语的目的正是实施上帝的教导。

奥古斯丁的教育思想对中世纪西欧教育产生了极为深刻的影响。这种影响具有双重性。从消极方面来看，中世纪学校所盛行的蒙昧主义、禁欲主义、体罚、机械训练，以及对古希腊、古罗马学术的敌视态度等，都在一定程度上受到奥古斯丁的影响。中世纪教会对学校教育的垄断，教育成为教会的工具，成为使人们信仰基督教的手段，都与奥古斯丁的思想具有一定的联系。奥古斯丁对后世的影响也具有一定的积极因素。他关于世俗知识可以为基督教信仰所用的见解，对中世纪早期教会致力于保存古典作品，以及修道院学校安排教育活动，具有一定的影响。他对于基督教教育一系列基本问题的主张，为整个中世纪教会教育，以及教会教育政策的制定提供了理论依据。

第三节　经院哲学家的教育思想

在中世纪中后期，随着基督教哲学的体系化，经院哲学逐步形成，产生了一批经院哲学家。在讨论哲学和神学问题的过程中，他们在不同程度上涉及了教育问题，并提出了一些教育思想。阿伯拉尔和托马斯·阿奎那是这批经院哲学家的主要代表。

一、阿伯拉尔的教育思想

阿伯拉尔是法国著名经院哲学家和神学家，早期唯名论最重要的代表之一，以知识渊博和善用辩证法而著称。虽然阿伯拉尔不是巴黎大学的直接创建者，可是他的演说、辩论和教育活动不仅对巴黎大学的形成和发展产生了巨大的推动作用，而且对整个欧洲的大学、教学风格和理论都产生了深远影响。

（一）生平与著作

阿伯拉尔出身于法国的一个贵族家庭，自小受过良好教育。他是极端唯名论者洛色林的学生,也曾受业于当时著名的实在论者香浦的威廉(约 1070—1121)。作为一个思想激进、具有反叛精神的人,阿伯拉尔提出了自己的"概念论"思想,既肯定个别事物的实在性、共相非实在性,又不同意洛色林将共相贬低为单纯的记号和声音,而认为共相具有一定意义,包含一定内容。他的概念论并没有摆脱唯名论的局限,因此可称为温和的唯名论。阿伯拉尔的主要著作有《我的苦难史》《是与否》《自知》《辩证法》。

(二)教育思想与实践

1. 论辩证法

通过西塞罗等人的著作,阿伯拉尔了解到亚里士多德关于辩证推理和证明推理的区别,认为辩证推理是发现论据的学问,它在进行逻辑证明之前需要先寻找论据,并探索论据是否确实,在此基础上再进行证明推理。所以,阿伯拉尔认为,辩证法的首要任务不是解释、证明,而是探索、批判。他把辩证法看成全部哲学中最重要的部分,主张把辩证法运用于神学研究,厘清真伪以便获得关于信仰确定无疑的真理。安瑟伦和阿伯拉尔的主要贡献都是把哲学引进神学,①他们的不同在于:安瑟伦先接受教理体系,然后才运用理性加以讨论;阿伯拉尔却要运用理性证明教理体系,以谋求全盘的理解。针对安瑟伦"信仰了才能理解"的观点,阿伯拉尔针锋相对地提出"如果智性不能理解文字,那么文字也毫无用处;只有先理解,才能相信,任何人如果教授的内容不能为自己或者学生们理解,就是荒谬的"②。他还提出,受过教育的人无须别的指导,只需借助作品本身及其注释就应该能够独立学习《圣经》。因此他极为重视学习、理解和领悟的作用,并对当时的教会和修道院不鼓励理解《圣经》的含义,而只培养人们吟唱他们并不理解的词语的做法提出了批评。他遵循先圣的观点,认同读书却不能理解是妄读,而虔诚地学习不懂的东西并认真地传授所理解的内容是理所应当的。③由此可见,阿伯拉尔一直致力于把理性和信仰结合起来,努力地调和理性和信仰、哲学和神学的关系,并坚持把理性原则运用于一切思想领域。

在阿伯拉尔看来,一名有学者风度的神学家应循着这种程序追求真理:从

---

① [德]黑格尔:《哲学史讲演录》第三卷,贺麟、王太庆译,商务印书馆 2021 年版,第 324 页。
② [法]阿伯拉尔:《劫余录》,孙亮译,商务印书馆 2017 年版,第 79 页。
③ [法]阿伯拉尔:《劫余录》,孙亮译,商务印书馆 2017 年版,第 280—286 页。

怀疑到验证，由验证到真理。他在作品《是与否》一书中列举了150多个神学问题，对每一个问题都列举出使徒和教父的肯定与否定两种意见，这些意见在教会内都是权威，却相互矛盾。阿伯拉尔试图使人看到，单靠熟读经书、谨守教会传统并不能解决问题，最好的解决之道是经常怀疑，怀疑是获得真理的手段。虽然这个观点实质上是对宗教权威的大胆怀疑，但阿伯拉尔事实上并不怀疑信仰的真理性，他只是试图用辩证法作为研究工具使看起来相互矛盾的权威意见保持一致，由此确立权威意见的可靠性。他认为运用辩证法所得到的结论是不会与信仰相反的。虽然阿伯拉尔并没有摆脱相信权威的中世纪的思想方式，但与安瑟伦相比，他却代表了对辩证法更为积极与自由的理解。他的这种思想既为后来的托马斯·阿奎那所继承，又开创了后来以笛卡儿（1596—1650）等人为代表的近代法国怀疑论的先河。

使阿伯拉尔久负盛名，并使他的教学在巴黎乃至整个欧洲的教育生活中产生永久影响的，正是他对神学进行论述的方法——辩证法。12世纪前，学校流行的教学方式是解读式：教师讲授一段经文，首先逐句朗读，然后分析讲解语法，最后引述相关评注探究文字背后的含义。这种方式模式化，强调记忆，很难激活学生的思维。阿伯拉尔的教学与众不同，他运用了一种新的论辩教学方式，并在《是与否》中呈现了这一过程：首先，以问题形式呈现论题，如"上帝是否万能？"；接着，尽量摆出关于此论题的所有肯定与否定的观点，却不给出任何结论，目的是刺激思考，引起学生的好奇以及探究的兴趣；最后，带着怀疑的态度通过论辩对各种观点权衡优劣利弊并解决问题。

辩证法强调逻辑和理性，但如果运用不当，就可能造成表面上使人信服，实际上给人一种美而不信、空洞无物之感。对此，阿伯拉尔强调辩证法需要一种实在，这种实在不仅来自语词，而且来自思想。作为一名唯名论者，他认为，语词的存在是为了表明意义，但语词必须以真实作为基础，它们要跟它们意指的事实相符。阿伯拉尔相信语词的本体价值，他致力于描述清晰，而不是滔滔不绝的辞藻堆砌；他注重语词的意义，而不是修辞的华丽。由此可见，阿伯拉尔抛弃了12世纪束缚众人的咬文嚼字，他的教学方法成为神学研究更为客观的基石。

12世纪初，辩证法逐渐被推广到神学领域，但神学家只允许辩证法学者以谦恭的态度对传统的权威意见做出解释与辩护，不能容忍怀疑和批判权威。阿伯拉尔强调带着怀疑进行研究，这种方式在基督教教育中无人敢为，而他却践行于教学和研究中。阿伯拉尔显然是当时思想自由、最有批判精神的辩证法学者，他采用的方法和他的雄辩在当时西欧学术中心——法国巴黎风靡一时，他的著作《是与否》成为人所共知的演讲风格的蓝本。辩证方法成为以后经院哲学的主要论证方法，也成为12世纪以后学校的主要教学和学习方法。

2. 推动巴黎大学的创建

在阿伯拉尔的时代，法国境内出现了许多独立的学院，因为当时政府并不管理教育，所以每一所学院都是一个自治的讲学团体，附属于主教座堂或修道院。每所学院都想聘请知名教授，吸引学生就学。1108—1139年，阿伯拉尔曾多次在巴黎的学院执教，并在这里与实在论者进行长期论战。他学识过人，雄辩多才，享有崇高威望，大批学生从法国各地乃至其他国家纷至沓来，成为他的狂热追随者。有人统计，当时有一位教皇、十九位主教长、五十余位主教及大主教同时居阿伯拉尔门人之列。[①] 阿伯拉尔的名望使巴黎成为法国最受欢迎的学术中心。正是由于有阿伯拉尔及其他著名人士的讲学和教育活动，阿伯拉尔在巴黎城外的圣热内维埃夫建立的学校逐渐成为学术中心，并最终为巴黎大学的成立奠定了基础。毫无疑问，阿伯拉尔的学术影响和教学工作极大地促进了高等教育的普及。由于他的存在，巴黎成为高等教育方面令世人瞩目的中心点。巴黎大学的创建在很大程度上得益于他，其他欧洲大学的发展也直接或间接地受益于他。他的实际影响已经远远超出了他所处的时代。此外，阿伯拉尔还应抚安堂女修道院院长爱洛伊丝的请求，基于礼法教规，构想论述了适合修女的女修道院相关管理规定，这是对以本尼狄克修道院制度为代表的修道院制度的深化和完善，是中世纪关于女性教育的重要论述之一。其观念在宗教特性之外也展现了理性和关爱女性的特征。

二、托马斯·阿奎那的教育思想

托马斯·阿奎那是中世纪基督教神学家和哲学家，经院哲学的集大成者。他所构建的托马斯主义是经院哲学的最高成就，也是中世纪基督教神学与哲学最全面的体系。托马斯·阿奎那是一名优秀的教育工作者、杰出的大学教授，他的哲学和神学思想中所蕴含的经院主义教育思想及其理性与道德因素，对当时乃至近代西方教育的发展都产生了重要的影响。

---

① ［美］格莱夫斯：《中世教育史》，吴康译，华东师范大学出版社2005年版，第80页。

(一) 生平与著作

约 1225 年，托马斯·阿奎那生于意大利罗卡塞卡的一个贵族家庭，5 岁时被父母送到著名的蒙特卡西诺修道院，接受正统的神学教育。1239 年，他进入那不勒斯大学，阅读亚里士多德等人的拉丁语版本著作，花费大量时间学习逻辑学、自然科学和数学。

在接受自由艺术和哲学教育的过程中，托马斯·阿奎那开始对多明我会（又译为多米尼克派）产生兴趣，并于 1244 年加入其中。正如英格利斯所言，"作为一个将知识和宗教紧密联系在一起的团体的一员，阿奎那将被培养成一名为大众服务的知识分子，一名与特定时代紧密相连的多明我会会员，而不仅仅是一名生活在观念世界之象牙塔里的知识分子"①。多明我会坚持纯朴与贫穷生活，注重道德因素的特征，在很大程度上影响和塑造了阿奎那的学术和教育的路向。

1245—1248 年和 1248—1252 年，受多明我会的委派，托马斯·阿奎那先后在巴黎大学与科隆大学进行基督教神学和哲学的学习与研究，主要师从大阿尔伯特（约 1200—1280）。大阿尔伯特是当时多明我会的著名学者，他博学多才，以研究亚里士多德学派和新柏拉图主义而久负盛誉。在大阿尔伯特的精心教导之下，托马斯·阿奎那很快成为哲学和神学专家，他在多明我会的声望也与日俱增。1256 年，他获得硕士学位，并于 1256—1265 年在巴黎大学讲授《箴言书》，正式开启了公开宣讲与辩护基督教神学和哲学的生涯。1274 年，他因病去世。

托马斯·阿奎那一生著作卷帙浩繁，除了大量注疏亚里士多德的著作以外，其巨作《反异教大全》和《神学大全》堪称中世纪经院哲学最重要的神学和哲学著作。其中《神学大全》是托马斯·阿奎那教学成果的结晶，被誉为基督教第一部百科全书。它既是一部系统性专著，也是神学教学的入门教科书。该书仿照了阿伯拉尔的著作《是与否》的写作手法，有"论题"（包括正反两方面意见）和"论辩"两种形式。全书分为三部分，另加补编部分：第一部分主题是哲学和神学；第二部分主题是伦理学；第三部分主题是教理神学；补编部分是其早期作品的集成。其中第二部分内容为基督教思想重要的理论基础。该著作最终没有完成，据说，人们认为阿奎那凭借神秘的体验，对学术知识的价值产生了怀疑，他声称"所有我撰写的内容与神启示给我的内容相比较，不

---

① [美] 约翰·英格利斯：《阿奎那》，刘中民译，中华书局 2002 年版，第 5 页。

过是稻草而已",并因此终止了《神学大全》的写作。①

托马斯·阿奎那年轻时身躯庞大、沉默寡言,被人戏称为"西西里哑牛",大阿尔伯特却预言他的吼声将震惊世界。大阿尔伯特所言不虚,托马斯·阿奎那改变了奥古斯丁主义神学传统,用亚里士多德主义哲学取代柏拉图主义哲学,最终将亚里士多德主义哲学与基督教神学相结合,奠定了他在中世纪经院哲学中的权威地位。

(二)哲学与教育思想

1. 信仰与理性

托马斯·阿奎那和他的前辈一样,坚持信仰至上的原则,但针对当时一些神学家把哲学和神学相混淆,使哲学成为神学的附庸等现象,他对哲学和神学的关系赋予了新的解释。他在更大程度上对知识和理性给予了肯定,认为哲学有其独立于神学的自身存在,一般包括物理、数学和形而上学。他划分了哲学与神学的界限,认为哲学是理性的运作,神学则依赖上帝的启示,前者时而有错,后者则绝对正确。他认为,哲学和神学是达到同一真理的两条不同的知识途径,真理只有一个,那就是上帝;神学与哲学是一种互相补充、相辅相成的关系。在他看来,信仰可以帮助理性开拓视野,补充和完善哲学真理,理性可以维护、解释和证明信仰。二者不是等值的,神学高于哲学,神学是把哲学和其他学科当作下级、奴仆来使用的,但哲学有其独立地位,这在一定的范围内给理性提供了自由活动空间。在长期排斥理性的中世纪,托马斯·阿奎那承认理性的存在与合理性,在教育内容中吸取世俗科学知识,并把理性的发展作为教育的重要职能,在当时无疑是一个巨大的进步。这对于中世纪后期文化、教育事业的发展以及文艺复兴时期人文主义教育的兴起,具有积极的作用。

2. 人性论

正是在信仰与理性关系的基础上,托尼斯·阿奎那重视人的作用,并认真细致地探讨分析了人的灵魂与肉体及其关系,人的理智能力、意志和美德等内容。奥古斯丁主义主张人是由一个完满的实体(灵魂)和一个偶然的实体(肉体)组合而成的,而托马斯·阿奎那认为,人是由灵魂(精神)与肉体(物质)组成的一个统一的完满实体。受柏拉图理论影响,奥古斯丁一直强调"人是使用肉体的灵魂",将人的本质完全归结于理性灵魂,把灵魂和

---

① [美]约翰·英格利斯:《阿奎那》,刘中民译,中华书局2002年版,第20页。

肉体看成两个独立的实体。托马斯·阿奎那受亚里士多德理论影响，认为灵魂之于肉体犹如形式之于质料，人不是一个组合体而是一个统一体。他指出，人和其他动物都是自然、感性的实体，有一些行动是灵魂和肉体共有的，感觉和感情是灵魂和肉体的同步功能，它们同时发生，并非互别的存在。肉体是参与人的本质的，否则无法解释身心活动如何协调一致。托马斯·阿奎那相信灵魂和肉体（即精神与物质）的统一性，相信人的本质是由灵魂和肉体共同组成的。

可是，托马斯·阿奎那认为形式是事物主动的和现实的因素，质料则是事物被动的和潜在的因素；"现实"意味着确定、完满、完成，"潜在"则意味着确定、完美、完成的欠缺。所以他认为灵魂是凌驾于肉体之上的，精神是第一性的。另外，他对亚里士多德形式和质料的学说进行了宗教唯心主义的发展，认为既然事物（包括人）都是由质料和形式结合而成的，那么事物是复合的，本身是不纯粹的；上帝则是绝对单纯的，不存在质料和形式结合的问题，他是没有质料的纯形式，他本身是完满无缺的，所以他是一切事物的形式和最终对象。

在对灵魂的探讨中，阿奎那在指出上帝乃世界万物之源的基础上，对人类灵魂深处的理智与欲望，也即美德所需的力量进行了分析，这说明他是在宗教目的的指引下，从道德目的的角度来看待人类灵魂的。

托马斯·阿奎那的学说同奥古斯丁主义相比，在承认灵魂的重要性上是相同的，但托马斯·阿奎那又提出并肯定了肉体的作用，可以说他对基督教传统做了一次大胆革新。因为13世纪时，物质世界越来越为人们所认识和把握，一味排斥物质是不可取的。但是托马斯·阿奎那在承认客观现实的同时，最终也没有放弃他的宗教信仰，没有忘记上帝，一直坚持认为人类是把上帝作为楷模来模仿的，人类在理智、自由意志和自我运动等方面效仿了上帝。他试图走一条折中之路的想法，体现了温和实在论的思想。

托马斯·阿奎那的人性论是其教育思想的基石。由此出发，他强调应当重视人的自然本性，要求教育顺应自然的要求、注意学生的健康，这与早期基督教的禁欲主义已有所不同。虽然在教育目的方面，托马斯·阿奎那的思想和前人没有多少区别，主张教育要引导人发展理性，皈依神性，向完满无缺的上帝靠近，但因为尊重人的灵魂和肉体、理智和意志的作用，他在教育上的观点与奥古斯丁及柏拉图均有不同。奥古斯丁认为，人无法教导其他人，上帝是唯一的教师。柏拉图认为，人类在追求知识的过程中，会受到肉体感官的阻碍，因此，教育的作用是通过苏格拉底法来让受教育者意识到他们已经知道的事物。托马斯·阿奎那则承认人在教育他人过程中的重要作用。他认为，一名教师需要考虑知识的内在和外在两个方面，以帮助信徒获得知识，即运用人类生活体验中的基于个别事物的生动例证来讨论和帮助理解普遍的观念与原则，一名良师应该有信手拈来的许多生动例证，以扩展信徒的想象能力和理解能力。一旦理解了原则，例证就会被用来指导学生如何运用原则来论证具体的问题。因此，在各种情况下，教师都在教育中发挥了积极的作用。①

3. 认识论

托马斯·阿奎那没有教条地追随奥古斯丁等教父运用柏拉图主义、宣扬光照论、主张先验论，而是采纳了亚里士多德的学说，承认人的认识是以感性经验为基础的，肯定了知识的经验性。他指出，"只有当感觉健全、精确时，心灵才能自由驰骋"②。托马斯·阿奎那意识到感觉对于客观事物的经验是不可或缺的，感觉经验是知识的发端，因此他抛弃了基督教传统的先验论，承认亚里士多德的观点，就当时的认识水平来说，是一种明显的进步和革新。他的上述感性经验的原则也被人们概括为：理智之中没有不被先行感觉的东西。这显然为教育上的直观教学和活动教学方法提供了认识论基础。

不过，托马斯·阿奎那的知识论是二元的。他承认知识始于感觉，感觉是知识的一个来源，但他认为感觉不是知识的唯一来源，人的灵魂的理智活动同样也是知识的一个来源。借助感觉，理智可以从个别的、具体的、特殊的事物之中，获得普遍的、无形的概念，使"殊相"变成"共相"。他认为，普遍概念是对个体中事物普遍本质的抽象。他提出，人的认识归根到底在于探究事物的本质或本性，而事物的本质渊源于上帝，所以人的"最终认识"必然同上帝联系起来，以上帝为"最后对象"。③ 这又一次体现了他作为一个实在论者的立场。根据对上帝内在过程和外在过程进行划分的分析图式，托马斯·阿奎那将知识区分为内在方面和外在方面：内在方面是掌握各种科学原则的积极的理智的活动；外在方面是一个人将学到的原则用于其生活体验中的个别事

---

① ［美］约翰·英格利斯：《阿奎那》，刘中民译，中华书局2002年版，第110—111页。
② 赵敦华：《基督教哲学1500年》，人民出版社1994年版，第394页。
③ 傅乐安：《托马斯·阿奎那基督教哲学》，上海人民出版社1990年版，第114页。

物的能力。①

从此认识论出发，虽然托马斯·阿奎那认为直观教学有助于促进学生对知识的理解，但由于文字是一种符号，文字本身也是抽象而来的，它代表了共相，他据此认为抽象语言文字的教学价值高于对个别实物的认识，主张通过学习抽象的科目来发展学生的理解能力。他十分重视学校的教科书编写工作。在多年的教学生涯中，他先后编写了大量的大学教科书。对他来说，具体实物的教学虽然重要，但那只是认知的底层，学习者应该往上提升，抽象的概念是学习"上帝"等共相所不可或缺的。他认为《圣经》毫无疑问是至高无上的教学权威。

4. 德性论

托马斯·阿奎那对德性问题极为关注，在《神学大全》中用了很大篇幅讨论这一问题。在信仰与理性关系的设定框架之下，他将德性分为尘世德性（包括理智德性与道德德性）和神学德性，其中神学德性包括信仰、希望、仁爱等美德，而道德德性则包括审慎、正义、勇敢和节制等美德。

在托马斯·阿奎那的观念中，神学德性是上帝灌输的，而道德德性则是后天获得的，神学德性作为上帝灌输的德性具有基础性和引领性，它既为人们提供必要的美德，以帮助人们实现救赎回归上帝的终极目的，也用于塑造和指引后天获得的道德德性。真正的善行需要将上帝灌输的神学德性和后天获得的道德德性结合起来。如果人类要实现真正的幸福，就需要神学德性。显然，托马斯·阿奎那不仅关心柏拉图、亚里士多德等哲学家所关注的与政治秩序、社会秩序相关的理性德性和伦理德性，也关心神学德性。他说："很显然，只有上帝灌输的美德是完美的、堪称纯粹的美德，因为它们指导人类通向终极的目标。其他美德即后天获得的美德是有限的美德，而不是纯粹的美德，因为它们仅仅在一些特定的行为方面，为人类提供下一个目标，但不是纯粹的终极目标。"② 因此，托马斯·阿奎那在阐发基于亚里士多德观点的传统道德德性时，加入了许多宗教概念和宗教道德，如上帝的神圣律法、殉道、虔敬、祈祷、崇拜、献祭等，并要求模仿和顺从上帝。这些基本观点都无比清晰地体现了其德性论的宗教特性。

---

① ［美］约翰·英格利斯：《阿奎那》，刘中民译，中华书局2002年版，第110页。
② ［美］约翰·英格利斯：《阿奎那》，刘中民译，中华书局2002年版，第124页。

在对后天获得的道德德性的培养上，托马斯·阿奎那注重理性和行为习惯在其中发挥的作用。他认为，只要人们在时间的推移中养成善的行为倾向，就可以获得审慎、正义、勇敢和节制等美德。在他看来，人类作为独有的拥有理性的创造物，无疑能够通过理性来获得善。因此，这就为理性及教育在道德德性的培养中发挥至关重要的作用留出了空间。

5. 论教育方法

在托马斯·阿奎那的教育思想中，关于教育方法的论述占有重要地位，其中有两点需要重点关注：一是他对习惯这一培养美德的方法的探讨，二是他对经院哲学方法的阐释。后者是他通过理性的辩论阐明神秘的教义，用哲学解释神学的基本方法。

托马斯·阿奎那基于亚里士多德的观点，阐述了他对习惯这一教育方法的认识。他提出，人类的行为应被视为对习惯进行学习的产物，人类行为在多数情况下都具有习惯性，即在相同的背景下，人类对一种行为或另一种行为的选择具有倾向性。当我们对某一种特定的行为方式具有倾向性以后，选择另一种行为方式就变得非常困难。在这种情况下，个体的行为会形成一定的模式。

托马斯·阿奎那在教学实践中普遍运用了用哲学解释神学的方法。1256—1259年、1268—1272年，托马斯·阿奎那两度在巴黎大学执教。在第一次执教时，他主持了对253个论题的正式辩论，这些辩论被记录在《论真原》中。这些辩论涉及哲学和神学的许多不同方面，分为12大部分，论述了上帝、天使和人的真理及对真理的认识，天命和预定，恩典和辩护等大问题。具体的教学形式和教育方法大致如下：

第一步，提出问题，呈现论题，引发学生思考，比如"什么是真理"。

第二步，给出正反两方面的多个具体论证。

第三步，对论题进行分析并对辩论做出裁决。

第四步，重新回到正反两方面的论证上，对每个论证逐一考察，指出对在哪里、错在哪里，在连续不断的逻辑推理中对整个论题进行研究。

我们可以看到，托马斯·阿奎那继承和发展了阿伯拉尔的辩证法，这种教学和研究方法对于训练学生理性思维与思想的逻辑性、严密性的确很有帮助。这种方法在大学中的广泛运用，不仅促进了大学教学水平的提高，而且直接推动了中世纪大学的发展。但是这种方法有时过于烦琐、细碎，特别是当它被滥用并成为一种固定不变的形式时，又在一定程度上抵消了辩证法本身所带来的活力，而逐渐成为一种僵化的东西。

小　结

　　与古希腊、古罗马教育思想相比，中世纪教育思想最为显著且最为重要的特征是它的宗教化、神学化。

　　中世纪教育思想的宗教化、神学化表现在基督教思想家所阐发的教育主张通常是其宗教哲学和神学理论的一个组成部分。他们的教育思想在表现方式上与宗教哲学和神学联系在一起，在内容上也没有从宗教哲学和神学中区分出来。在一定意义上可以说，他们的教育思想是其哲学、神学思想的派生物。

　　中世纪教育思想的宗教化、神学化也表现在基督教思想家所阐发的教育思想是直接为其宗教哲学和神学主张服务的。在他们的教育思想中，神学和教会的目的成了教育的目的，神学的原则成为教育的准则，教义的内容成了教育的内容。简言之，在基督教思想家的观念中，教育是实现神性的工具。

　　但是从另一个角度来看，中世纪教育的宗教性质在一定程度上促进了教育平等，超越了古希腊、古罗马思想家所探讨的统治者的教育。中世纪教育作为传播教义、培养信仰的一种工具，也不容许对教育对象进行严格的限制。中世纪基督教思想家所探讨的正是这种比古希腊、古罗马教育具有更大开放性、普遍性和平等性的教育。

　　因此，对中世纪教育思想的评价需要从两个方面进行。一方面，中世纪教育源于基督教教义和教会统治的信仰主义、超自然主义、神秘主义，限制了理性的健全发展和理智的正当运用，阻碍了人们对教育现象的客观认识，使教育思想的发展丧失了必要的前提，阻碍了教育实践的发展，这是中世纪教育思想应该受到批判的一面。另一方面，中世纪某些思想家重视感觉的作用，强调道德教育的重要性，尤其是强调道德内化的观念，客观上起到了进一步丰富道德教育思想的作用。此外，中世纪思想家，尤其是阿伯拉尔、托马斯·阿奎那所推崇的经院哲学的方法，虽然具有形式主义、空洞、烦琐等种种弊端，但同时也具有积极的意义，起到训练思维的作用。这在近代早期哲学、自然科学的发展中得到了体现。更为重要的是，经院哲学在力图调和信仰和理性的矛盾的同时，也为理性的发展和运用打通了道路。

这些积极的因素为教育思想发展到尊重人性的文艺复兴时期起到了铺石垫路的作用。因此，从更长的历史时段来看，在西方教育思想史上，拥有宗教特性的中世纪显然并不是古希腊、古罗马与文艺复兴之间的历史断裂期，而是一个具有特殊形式的历史联系时期，具有独特的作用和一定的历史地位。

思考题

1. 根据历史唯物主义的基本原理，试归纳分析西方中世纪教育思想的特征并思考其形成原因。
2. 试论述奥古斯丁教育思想的主要内容并分析其对中世纪教育的影响。
3. 为什么说阿伯拉尔对中世纪教育思想做出了重要贡献？
4. 请至少从三个方面深入分析托马斯·阿奎那教育思想的历史地位和意义。
5. 中世纪教育思想与古希腊、古罗马教育思想的主要异同是什么？
6. 阅读托马斯·阿奎那在论述"问题 117　论人的作用问题"时的部分内容，分析他所持有的教育观念。

    第 1 条　一个人能否教导另一个人？
    ……

    因此，我们必须对上述问题作出不同的回答，即指出，教师在学生中产生知识的方式是使后者由潜在转变为现实……为了弄清这一点，我们必须注意到，在一个外在原则所产生的结果中，有些是由这个外在原则单独产生的……但是，其他的结果却有时候根源于一个外在原则，有时候却又根源于一个内在原则……

    然而，人所获得的知识不仅来自内在的原则，如一个人通过他自己的研究获得了知识，而且还来自外在的原则，如一个学习者（通过教导）获得了知识。因为在每个人身上，都有一种知识的原则，即能动理智之光，而且正是通过这种光，所有学科的普遍原则一旦呈现给了理智，就会自然而然地得到理解。然而，当任何一个人把这些普遍原则运用于一些特殊的事物时，他通过感觉所获得的记忆和经验就会被他自己的研究从已知领域推向未知领域，从而使他获得以前所不知道的知识。正因为如此，哲学家①在《分析后

---

① 指亚里士多德，后同。——编者注。

篇》第 1 卷第 1 章中才说："所有的教导和学习都源于以前的知识。"

然而，教师引导学生通过已知的东西来认识未知的东西的途径有两种。第一，通过向学生提供某些引导性的帮助或方法，以便使他的理智能够利用它们来掌握知识。例如，他可以向学生提供一些普遍性较低的命题，以便使学生的理智能够通过以前的知识来判断它们；他也可以向学生提供一些与他所要学习的东西相似或相反的感性事例，以便把他的理智引向他以前所不知道的真理。第二，通过加强学生的理智。这不是说，教师可以像天使那样通过高于其他人的活动能力来启迪他们（问题 106 第 1 条；问题 111 第 1 条），因为所有的人的理智在自然秩序中都属于同一个级别，但是，在这么做的时候，他会把前提对结论的规定性展示给学生，因为后者没有能力从前提中得出结论。因此，哲学家在《分析后篇》第 1 卷第 2 章中才说："一个论证就是一个产生知识的三段论。"在这种意义上，一个推证者是可以使他的听众获得知识的。①

---

① ［意］托马斯·阿奎那，《神学大全》第 7 卷，段德智、徐弢译，商务印书馆 2013 年版，第 204—208 页。略有修改。

第四章　文艺复兴时期教育思想

恩格斯指出，文艺复兴"是人类以往从来没有经历过的一次最伟大的、进步的变革"①。随着文艺复兴运动的兴起和发展，欧洲涌现了许多人文主义思想家和教育家，如弗吉里奥、维多里诺、伊拉斯谟、拉伯雷（约1494—1553）等人。他们吸取了古希腊、古罗马教育思想中的人文主义因素，对经院教育进行了深刻的批判，并在探索教育革新的实践中，提出了具有鲜明时代特色的教育主张，推动了教育的革新，为西方近代教育奠定了坚实的基础。文艺复兴时期一般被认为是西方近代教育的肇端。

第一节　文艺复兴时期教育思想的社会基础与演变

教育思想的产生与时代的社会发展和变革是难以分开的，文艺复兴时期教育思想是文艺复兴运动和人文主义思想的重要组成部分，其产生和发展体现了新兴资产阶级对教育发展和变革的要求。

一、文艺复兴时期欧洲的社会与文化

拓展阅读
西方人文主义传统溯源

14—16世纪，欧洲社会中资本主义的萌芽为文艺复兴运动的发生提供了可能。富足的城市经济改变了人们的生活方式和文化趣味，为文艺复兴运动的发生提供了深厚的物质基础和适宜的社会环境。此外，丰富的古希腊、古罗马的文化遗存以及意大利佛罗伦萨等城市聚集的对宗教专制不满的知识分子与博学之士，为文艺复兴运动的发生提供了必要的思想文化基础与人力资源。

文艺复兴运动是14—16世纪发生在欧洲的旨在复兴古希腊、古罗马文化的新文化运动和思想解放运动。"文艺复兴"是指古希腊、古罗马文化的复活或复兴，其产生和发展与发掘和研究古希腊、古罗马文化遗产的热潮紧密相关。

---

① 《马克思恩格斯文集》第九卷，人民出版社2009年版，第409页。

对古典文稿、书籍、铭文的搜集、校勘和整理是文艺复兴运动发端最重要的内容和标志。① 通过复兴古希腊、古罗马文化，人们追求生活自由、思想解放，重新发现人性的尊严和伟大，恢复人之为人的地位，中世纪压抑、消极、禁欲主义的阴霾一扫而空。文艺复兴运动实质上是新兴资产阶级在文化和意识形态领域所进行的一场伟大的思想文化运动。在这场以思想解放为主旋律的新文化运动中，新崛起的资产阶级在古典文化的启迪下，用以人文主义为核心的崭新的意识形态反对以神为核心的陈腐的意识形态；用资产阶级的新文化取代了以天主教神学为主导的封建主义旧文化；用对主客观世界及其关系的直接体验和深层次思考，打破了蒙昧主义对人的理性的桎梏。②

人文主义者就是讲授人文学科的人，而人文学科是一组学科，由语法、修辞学、诗学、历史和道德哲学组成。③ 人文主义所推崇的人文学科具有强烈的世俗人文精神。人文主义强调以人自身为世界的中心，把人作为认识世界的出发点，早在注重个体体验的古希腊思想中就有所体现，经过中世纪"神本"压制后到文艺复兴时期又得以重现。人文主义者反对中世纪神学对人的精神和肉体的禁锢，通过提倡古典文化的非宗教性来强调人的中心地位。这是人文主义者最根本的立场，其核心是对人的肯定、信任、赞赏与强调：集焦点于人来看待人和宇宙，以人的经验作为人对自己、对上帝、对自然了解的出发点④；尊重人、赞美人，重视人的价值，认为人是有能力的，是不断发展的；肯定人是现实生活的创造者和乐趣的享受者，倡导积极的人生，提倡人对现世生活的追求；反对中世纪的蒙昧主义，推崇人的经验和理性；提倡人认识自然、征服自然，以造福人类。

人文主义者批判经院哲学，要求致力于对人的问题的研究，其目标并不是"用另外一种哲学思想体系来替代经院哲学"，而是"把经院哲学（不是古典哲学）所忽略了的一个作用复活起来"⑤。他们批判经院哲学家的抽象推理完全脱离了人们的实际生活，要求哲学成为人生的学校，致力于解决人类的共同问

---

① 刘明翰、陈明莉：《欧洲文艺复兴史·教育卷》，人民出版社2008年版，第33页。
② 冯英：《人文主义：近代西欧社会转型的文化支撑》，《求索》2005年第5期，第118—120页。
③ [美] 保罗·奥斯卡·克利斯特勒：《意大利文艺复兴时期八个哲学家》，姚鹏、陶建平译，上海译文出版社1987年版，第3—4页。
④ [英] 阿伦·布洛克：《西方人文主义传统》，董乐山译，生活·读书·新知三联书店1997年版，第12页。
⑤ [英] 阿伦·布洛克：《西方人文主义传统》，董乐山译，生活·读书·新知三联书店1997年版，第14—15页。

题。意大利诗人、人文主义先驱之一彼特拉克（1304—1374）指责经院哲学总是告诉人们那些对于丰富生活"没有任何贡献的东西"，而对"人的本性，我们生命的目的，以及我们走向哪里去"这样至关重要的问题却不加理会。①

在研究古典文化的过程中，人文主义者逐渐发展起来一种语言学的和历史学的考证方法——人文主义方法。这是人文主义最重要的成就之一。随着大量古典文稿的再现，人文主义者发现不少古典著作在中世纪由于抄写错误和人为篡改等原因已经面目全非，于是他们尽力搜求原始资料，通过对语言文字进行考证和比较，矫正被歪曲的古典著作，力求从语言文字上重现古典著作的本来面目。同时，人文主义者也要求用历史主义的客观态度去把握历史，按照过去的本来面目去理解人类的历史，从古代作者所处的社会条件出发，历史地、批判地理解和把握古代作者的思想。学习的复兴促进了教育的复兴，二者相辅相成，在探寻古典著作及其思想的过程中，逐渐孕育出人文主义新教育的理想。

文艺复兴时期，基督教会的统治势力仍很强大，很多具有革新精神和意识的人并不敢公然反对教会和否定上帝。因此，人文主义虽然大力揭露和批判教会的黑暗，但它并不反对宗教，反而从基督教的宗教题材和宗教虔诚中寻找可资利用的资源。许多人文主义者都是虔诚的基督徒，如维多里诺既主张尊重人过美好生活的权利，反对禁欲主义，倡自由、宣仁爱，又主张进行宗教教育。另外，许多教会人士也是人文主义文化的积极爱好者和拥护者，大力支持其发展。例如，尼古拉五世便是一位出色的人文主义学者，他创办了梵蒂冈图书馆，后成为第一个文艺复兴教皇；庇护二世（即西尔维乌斯）也是一位很有造诣的人文主义者，享有"人文主义教皇的完美典型"之美誉。② 美国教会史学家威利斯顿·沃尔克甚至认为，"他以后直到宗教改革运动兴起前的历任教皇，都是文学、艺术和大建筑的保护人"③。

二、文艺复兴时期教育思想的演变

文艺复兴运动和教育革新有着紧密的联系。首先，随着文艺复兴运动的兴

---

① ［英］阿伦·布洛克：《西方人文主义传统》，董乐山译，生活·读书·新知三联书店1997年版，第14页。
② ［英］G. R. 波特编：《新编剑桥世界近代史》第1卷，中国社会科学院世界历史研究所组译，中国社会科学出版社2018年版，第82—83页。
③ ［美］威利斯顿·沃尔克：《基督教会史》，孙善玲、段琦、朱代强译，中国社会科学出版社1991年版，第359页。

起和发展,以及人文主义思想的形成和兴盛,许多人文主义思想家和教育家在人文主义精神的指引与激励下,吸取了古希腊、古罗马教育思想中的人文主义因素,对中世纪的教育传统提出了尖锐的批评,并在探求教育革新的实践中,提出了各种具有时代特色的教育主张,形成和发展了一种不同于中世纪的人文主义教育思想和理论。其次,文艺复兴时期涌现的各种新观点和新理想,是通过教育才逐渐得到传播和实现的。正如丹尼斯·哈伊所言,文艺复兴"这个词在习惯上首先是指文化方面的情况,如果愿意,还可以加上对人的教育和教育方式(方法)"①。在人文主义者和人文主义教育思想的影响下,欧洲的教育逐渐颠覆了中世纪的经院哲学和逻辑学,引发了教育思想的转变。

在文艺复兴的第一个时期,人文主义的重心在意大利。15世纪末到16世纪初,意大利文艺复兴的火焰蔓延到阿尔卑斯山脉以北地区,与当时的新文化萌芽结合起来,形成了北欧的文艺复兴运动,并进一步引发了整个欧洲的宗教改革和反宗教改革运动。② 随着人文主义思想向阿尔卑斯山脉以北欧洲国家的扩展,文艺复兴进入第二个时期。这一时期的教育史研究通常使用自然地理名词意义上的"北欧",泛指欧洲北部,包括阿尔卑斯山脉以北整个欧洲地区,如法国、德国、荷兰等国家。

(一)意大利文艺复兴时期教育思想

意大利文艺复兴将人从中世纪宗教的种种束缚和禁忌中解放出来,开辟了教育的新天地。意大利人文主义者关于人的价值与作用、教育的目的与手段等一系列教育主张和理想构成了意大利文艺复兴时期教育思想的主要内容。

第一,肯定人的积极性与能动性,重视教育对人的发展作用。与中世纪教会把人视为生而有罪、卑微、消极的存在形成鲜明对比的是,意大利人文主义者重视人的能力,相信人是积极的,相信人能够发展完善自身,重视教育对人的发展作用。"教育是一种后天的、人为的力量,对教育的重视也是对人的力量的自信,即人有能力造就完美的人。"③ 他们认为中世纪教育受神学束缚,主张破除迷信,努力从教会的教义、教规和其他教条的束缚中解放思想,提倡通过教育使人成为有能力、有才华、身心全面发展的人。

第二,重视古典文化对人的教育的重要价值。意大利人文主义者认为,

---

① 李明德:《西方教育思想史:人文主义教育之演进》,人民教育出版社2008年版,第72页。
② 马克垚主编:《世界历史(中古部分)》,北京大学出版社1989年版,第414—415页。
③ 褚宏启、吴国珍主编:《外国教育思想通史》第四卷,湖南教育出版社2002年版,第15页。

"真正的人"的精神世界的构建必须借助古典文化。他们所推崇的教育是以古典文化为基础的古典人文教育。在他们看来,古典文化是打开人们心灵的钥匙,不仅可以使人知识渊博,还可以唤醒沉睡的精神,使人性变得更加丰富。例如,萨卢塔蒂(1331—1406)认为,古典人文教育的实质是引导人们透过语言的外在形式去探讨语言的精神内涵和汲取内在的精神力量,"修辞学的任务就是重新点燃人们心灵中的火焰"①。因此,意大利人文主义者宣传复兴古典文化,倡导学习古典人文学科知识。

第三,主张教育要促进人的身心全面发展。文艺复兴的精神内核是对人性全面发展的关注,反映在教育理念上亦是如此。意大利人文主义者认为,中世纪教育是职业性的、狭隘的,不能使人的各种潜能得到充分的、全面的发展。他们主张通过教育来培养具有多种造诣的全面发展的人,并将传授古典学问,让学生接受广泛的人文学科教育作为培养"完人"的手段。弗吉里奥提倡的自由教育,或者说是博雅教育、通才教育、全面教育,包括德育、智育、体育、军事教育、休闲教育等,目的是挖掘人之为人的本质特性并使之得到全面、均衡的发展。他的教育思想被维多里诺等人文主义者付诸实践,以培养身心全面发展的人为目的的"快乐之家"被认为是"完美地体现了文艺复兴教育理想的学校"②。庇护二世认为,人由精神和身体两部分构成,人的精神和身体应一并得到发展。③ 为了培养身心俱健的人,他要求通过体育、军事训练和合理饮食来强健身体,通过文学、哲学和文艺学习来丰富精神。阿尔伯蒂(1404—1472)则提出了"完人"的教育理想,追求人的个性得到充分、和谐的发展。

第四,主张教育要为国家和社会培养人才。基于对人的世俗价值的关注,意大利人文主义者更加重视教育的现实目的和现实意义,倡导教育要培养头脑发达、能写善辩、风度优雅、体魄强健的身心全面发展的人,以适应丰富多彩的社会生活的需要。在共和政治背景下,以帕尔梅利(1406—1475)为代表的城市人文主义者认为,教育的目的是培养完美公民,即15世纪意大利城市生

---

① [意]加林:《意大利人文主义》,李玉成译,生活·读书·新知三联书店1998年版,第32页。
② [英]博伊德、金:《西方教育史》,任宝祥、吴元训主译,人民教育出版社1985年版,第165页。
③ William Harrison Woodward, *Vittorino da Feltre and Other Humanist Educators*, Toronto: University of Toronto Press, 1996, p.136.

活所需要的有知识、有教养、能处理社会事务的人。进入16世纪，随着君主时代的来临，人文主义教育开始关注君主和朝臣。卡斯底格朗（1478—1529）主张教育要培养能够辅佐君主的完美朝臣，并描绘了理想的朝臣形象，对整个西方教育都产生了深刻影响。"通过'用文字来塑造这种朝臣'，他提出了一种不受时间和空间限制的新理想，这一新理想后来成为欧洲教育共同遗产中的一部分。"①

（二）北欧文艺复兴时期教育思想

在吸收借鉴意大利文艺复兴教育思想的基础上，北欧人文主义者进一步发展了人文主义教育思想。

第一，更加重视教育对人的培养作用。北欧人文主义精神虽然与意大利人文主义精神有所差异，但要求"人的解放"是它们的共同点。北欧人文主义者肯定人的智慧、价值和作用，注重尘世生活，反对禁欲主义，强调人性解放。伊拉斯谟指出，人不是生就的而是后天造就的，并论证了教育的可能性和必要性："人的精神是倾向于接受调教训练的"，"人要具有真正的智慧，必须要以受到坚实的教育为前提条件"。② 拉伯雷等人也肯定了教育和环境对人的成长具有决定性作用，认为应提倡人的全面和谐发展，德育、智育、体育、劳动教育和美育并重。

第二，主张教育要培养完美的入世的人。北欧人文主义具有宗教性，同时也具有明显的世俗倾向。北欧人文主义者视宗教为一种道德追求，并重视尘世的价值，认为教育要培养既虔信上帝（实际上是一种对德行的强调），又积极入世、文武兼具的统治者。其中，绅士教育思想更好地体现出当时北欧人文主义者追求全面发展的、积极入世的完人这一教育理想。从埃利奥特（1490—1546）到马尔卡斯特（约1530—1611）再到克莱兰等，为了培养新型资产阶级贵族，他们都主张教育要促进人的身心全面发展，强调绅士应效命王室和为国家服务。

第三，主张教育应尊重儿童的天性。人文主义的精神实质是尊重人的天性，反映到教育上就是要尊重儿童的天性。伊拉斯谟认为，教育不要违逆儿童

---

① ［英］博伊德、金：《西方教育史》，任宝祥、吴元训主译，人民教育出版社1985年版，第211页。
② 褚宏启、吴国珍主编：《外国教育思想通史》第四卷，湖南教育出版社2002年版，第303—304页。

的天性，而要顺其自然，尊重他们的不成熟状态，并根据儿童的个性差异进行因材施教，使其长处得以发扬。维夫斯（1492—1540）要求教师应研究、了解并尊重教育对象，将教育活动建立在心理学研究的基础上。他认为，教育主要是一个由学习者的本性所决定的学习过程，①"在决定怎样对每一个人进行教学的时候，应该考虑他们的性情"②。他认为学生的各种认知能力、情感和品德都存在差异，要依学生年龄安排教学内容，根据学生个别差异实施教育和教学。马尔卡斯特、蒙田（1533—1592）等也要求教师应了解并尊重儿童的天性，因材施教。马尔卡斯特认为，尽管有一些孩子需要鞭子的刺激才能学习，但惩罚仍是一件"比愚蠢更坏的事"③，应该用称赞和肯定激励学生，由和蔼可亲的教师和良好的榜样来引导，寓教学于游戏与练习之中。

第四，重视教师在教育中的作用。北欧人文主义者非常关注教师的选择和教师的素质问题。维夫斯高度赞扬教师职业，认为教师是以自己的光点亮别人的心灵之灯，如同耶稣基督般神圣。伊拉斯谟认为，在教育活动中，教师的责任非常重大，应为学生选择好的教师。针对教师的素质，伊拉斯谟提出好教师应当年长，有高尚的品德，有渊博的知识，有丰富的教育经验，懂得教育艺术等。除了对教师的学问、教学技巧和才能、品格等基本素质的重视，维夫斯还强调构建良好师生关系的重要性。克莱兰等人反对让"学究"做教师，要求教师积极改进教学方法，"用容易掌握的方法去解决困难的问题，用简捷的方法去处理复杂的事情"④。

第二节　意大利人文主义教育思想

14世纪，由于经济、政治和文化等方面的特殊条件与基础，文艺复兴运动最先在意大利发生。随着文艺复兴运动在意大利的发展，作为一种教育思潮的

---

① ［英］博伊德、金：《西方教育史》，任宝祥、吴元训主译，人民教育出版社1985年版，第180页。
② 吴元训编：《中世纪教育文选》，人民教育出版社1989年版，第276页。
③ ［美］S. E. 佛罗斯特：《西方教育的历史和哲学基础》，吴元训等译，华夏出版社1987年版，第231页。
④ ［英］威廉·哈里森·伍德沃德：《文艺复兴时期教育研究》，赵卫平、赵花兰译，山东教育出版社2013年版，第320页。

人文主义教育思想也在意大利兴起。

一、弗吉里奥的教育思想

弗吉里奥是文艺复兴初期意大利著名的人文主义者，常被认为是最早论述人文主义教育思想的学者。有人认为，弗吉里奥是"第一个表达文艺复兴教育思想的人"①，也有人称他为"新教育的真正奠基者"②。在《论绅士风度与自由学科》中，弗吉里奥较为全面地概述了人文主义教育的理想、目的和方法，分析了博雅教育的新教育理想。

（一）论自由教育

弗吉里奥倡导自由教育（即博雅教育），主张通过自由教育培养具有世俗精神的身心俱健的人。自由教育通过人文学科或自由学科而达成。"我们称那些对自由人有价值的学科为自由学科，通过这些学科我们能获得美德和智慧，并成为美德和智慧的躬行者。博雅教育唤起、训练和发展那些蕴含于人身心之中的最高才能，正是这些才能使人变得高贵。"③

弗吉里奥认为，自由教育的意义在于可以使人获得博学、高雅、美德和智慧。自由教育包括德育、智育、体育、军事教育、休闲教育等，其目的不是培养某种职业者或武士，也并非训练人的某种特殊技能，而是发掘人自身的本质特性和潜能，并使这些本质特性和潜能得到全面的、均衡的发展。弗吉里奥强调，不论儿童的天赋优劣高下，教育都应及早、认真进行。他指出："一个人在儿童时期获得良好教育就可能改变他将来的命运，会拥有一个美好的前程，如果早年失去受教育的机会是非常难以补救的。"④ 在儿童的可塑性较强时，教育可以充分发挥儿童的内在潜能，使他们从小就养成努力学习、吃苦耐劳的习惯，培养他们成为身心全面发展的人。

弗吉里奥十分重视道德教育，认为在一个自由人所应具有的最高才能中，道德品质是最根本的，因此，在自由教育中，道德教育应占据首要的地位。在

---

① ［英］博伊德、金：《西方教育史》，任宝祥、吴元训主译，人民教育出版社1985年版，第162页。
② ［英］威廉·哈里森·伍德沃德：《文艺复兴时期教育研究》，赵卫平、赵花兰译，山东教育出版社2013年版，第56页。
③ William Harrison Woodward, *Vittorino da Feltre and Other Humanist Educators*, Toronto: University of Toronto Press, 1996, p. 102.
④ 刘明翰、陈明莉：《欧洲文艺复兴史·教育卷》，人民出版社2008年版，第55页。

《论绅士风度与自由学科》一文中，弗吉里奥讨论了道德教育问题——"美德更甚于学问"，认为道德的培养重于知识的传授，知识应从属于道德。

在探讨道德的教育和训练问题时，弗吉里奥将儿童的品德同其所在的年龄阶段联系起来，认为在不同的年龄阶段，儿童的品德会有不同的误区和危险。其中部分是因为儿童的天性，另一部分是因为儿童受到错误的训练或者缺乏生活经验。他针对儿童身上易出现的一些问题，如浪费、自大和轻信等，进一步加以分析与说明：慷慨大度是一种优秀品质，远胜于吝啬小气，但是儿童不重视金钱的价值而不假思索地乱花钱，却绝非好习惯；骄傲自大久而久之会使儿童形成自吹自擂的恶习，进而会歪曲事实，养成虚伪的不良品行；儿童由于涉世不深，社会经验不足，容易轻信别人而上当受骗。教师对儿童的这些问题要加以注意，并适当纠偏和指导。

弗吉里奥认为，儿童品德的发展受许多因素的影响，包括朋友、家庭环境和社会环境等。品行不良的朋友对儿童的品德会起腐蚀和败坏作用，而诤友可以促进儿童良好品德的发展。豪奢、安逸的家庭环境对儿童的成长易产生不利影响，很难培养奋发上进的毅力。享乐的诱惑、寄生生活易对儿童产生不利影响，让其毫无节制地放纵自我，丧失理性和刚正。为此，弗吉里奥建议不要让儿童在豪华的家中受教育，而是离开家到亲友的家中、到本城另外的地方、到国外接受教育。弗吉里奥的这一教育思想后来在维多里诺建立的"快乐之家"中得以实践。

弗吉里奥还特别重视竞争和服从对儿童发展的意义。他将竞争精神列为受教育者应具有的第一种品德。但是竞争不是不择手段，而是不含恶意的对抗。他认为，受教育者应具有的第二种品德是服从。乐于和敏于服从，听取教导，是儿童在未来取得进步的重要保证。在品德发展中，弗吉里奥要求重视机智、勤奋等品德，要求对儿童身上表现出来的能体现这些良好品德的迹象予以鼓励和赞扬。

(二) 论教育内容

为了培养受教育者成为身心和谐发展的人，弗吉里奥主张除体育之外，还要学习人文知识。在他看来，对于有德行的人来说，有知远胜于无知。知识和学问既有功利价值、内在价值，更有明显的社会价值，无论是在公共事务中还是在个人事务中，一个知识渊博、谈吐高雅、文笔娴熟的人都会受益匪浅。知识和学问也能使人明智地休闲，使休闲充满乐趣而不是百无聊赖、无所事事。

但同时，弗吉里奥认识到知识是一把双刃剑，知识在善人手中会助善人行善，在恶人手中会助恶人作恶。恶人的知识越多、智慧越高，对社会的危害越大。因此，弗吉里奥将道德教育置于知识教育之前，认为前者比后者更重要。

弗吉里奥把教学内容所设的科目统称为"自由学科"，包括历史、伦理学（道德哲学）、雄辩术、文学、体育、音乐等。他认为，为了实施自由教育，达到全面教育的目的，教学的基本手段和途径是传授自由学科，因为只有自由学科的教学，才能培养一个自由人所应具备的德行和智慧。他将历史、伦理学和雄辩术视为自由教育的基础，其中历史最为重要，伦理学次之。伦理学的目的是教人以真正自由的秘密，历史给伦理学所谆谆告诫的道德箴言提供了具体例证；伦理学阐明了人应如何行为，而历史饱含人类的智慧，记载了人在过去的言行以及我们为了今日之生活可从中获取什么有益的经验和教训。雄辩术的重要性位居第三。通过雄辩，真理可被表达得更系统，更有条理，更富感染力。弗吉里奥将文学细分为语法、作文规则、逻辑学、修辞学和诗歌。他认为，每一个学科都有其特定的教育作用：文学是一切学科的基础，语法和作文规则是学好文学的基本功，逻辑学和修辞学是提高雄辩能力的重要保证，诗歌为消遣而生。在他看来，体育可以强身健体，身体训练与知识学习同等重要，两者并进才能使身心和谐发展，这为中世纪教育所不齿的体育获得了重新定位。他进一步讨论了音乐的魅力所在，却认为绘画主要是一种谋生的技艺，与医学、法学和神学一样，是职业性学科，与自由教育的目的不一致。① 弗吉里奥认为，学习古典著作可以与古人进行精神对话，使人的心灵认识更广阔、人性更丰富，使人学会尊重他人，古典著作以高尚的方式教育人们如何在人的社会中生活。

文艺复兴时代的人文主义者反对"神本位"，主要关注人自身的完善和治人之学，对自然科学不够重视。在文艺复兴初期，有的人文主义者甚至明显地漠视自然科学。难能可贵的是，弗吉里奥并不反对自然科学知识教育，相反，他认为，"自然知识内容丰富，包括天地万物的法则和性质，以及它们的起因、变化和结果等，这是最令青年人高兴，同时又是最有益于青年的一门学科"②。

（三）论教育方法

在仔细研读古代教学理论，特别是昆体良教学思想的基础上，弗吉里奥提

---

① 刘明翰、陈明莉：《欧洲文艺复兴史·教育卷》，人民出版社2008年版，第57—58页。
② 李明德：《西方教育思想史：人文主义教育之演进》，人民教育出版社2008年版，第126页。

出了一系列重要见解，继承并创造性地发展了昆体良的教学方法，至今看来仍具有一定的现实意义。

弗吉里奥主张教学应当循序渐进，专心致志，讲求学习效率，教师应当系统地组织教学内容，经常让学生进行讨论。他反对任何严厉的要求，主张按照人的天性，安排不同的课程教材，采用不同的教学方法。① 他也反对培养学究，认为学生的智力和兴趣各异、天性有别，应让他们选择适合自己的科目。弗吉里奥十分重视教师的作用，并对教师在教学中的作用提出了新的看法，认为教师在学生和知识之间的作用，是人文主义新教育的基本特征之一。② 在此基础上，他提醒师生在教与学的过程中都必须及时纠正两个错误：一是贪多，二是用心不专。弗吉里奥还提出了四种具体的学习方法：一是复习，夜晚应回顾日间的所做、所见，温故而知新，复习所学知识有助于理解和加强记忆；二是讨论，研讨有助于互通信息和彼此取长补短，可以训练对知识的掌握能力和表述技巧；三是教授，即把所学知识融会贯通地教给他人，寓教于学是对知识掌握程度最好的检验；四是练习，有助于加深认识和巩固知识，使学生更加勤勉和细心。

弗吉里奥十分重视榜样的作用，认为向榜样学习比自我反省效果更佳。在他看来，活着的榜样对儿童的影响胜于已经不在人世的榜样，因为活榜样离儿童更近，儿童能闻其声、听其言、观其行，易于模仿学习。

此外，学会如何休闲也是弗吉里奥的教育方法的重要组成部分。他认为，适当的休息是为了更好地学习和工作，反对夜以继日地学习，因为人的体能和精力是有一定限度的，超过人体极限只会适得其反。弗吉里奥强调明智的休闲，主张运动是最好的休闲方式，反对百无聊赖、无所事事。他认为，自然调节、张弛有度能使人有旺盛的精力和昂扬的斗志，达到真正意义上的身心和谐发展的教育目的。

通过对古代教学理论的重新阐释和传播，弗吉里奥唤起、激发了文艺复兴时期意大利人对古代教学理论的普遍热情，从而推动了人们对教学法的进一步研究。弗吉里奥的教育理想由他最出色的学生之一维多里诺进行了卓有

---

① William Harrison Woodward, *Vittorino da Feltre and Other Humanist Educators*, Toronto: University of Toronto Press, 1996, p.109.
② James Bowen, *A History of Western Education*, London: Methuen & Co. Ltd., 1975, p.218, vol. II.

成效的实践。

二、维多里诺的教育思想

维多里诺是文艺复兴时期意大利伟大的教育实践家,他创办的"快乐之家"是人文主义学校的典范,成为人文主义教育的中心。他以卓越的教育实践活动,完整地体现了文艺复兴时期人文主义教育思想的丰富内涵。

(一)论教育对象

1423年,正在威尼斯忙于办学的维多里诺接到曼图亚侯爵的邀请,担任其子女的家庭教师。最初,维多里诺拒绝了邀请,但侯爵没有放弃,不断发出邀请,给予他十分优厚的办学条件,包括另辟校舍、自定酬金、招收贫困学生等,让他拥有充分的办学自主权。1423年年底,维多里诺最终来到曼图亚,创办了被后世学者誉为"完美地体现了文艺复兴教育理想的学校"——"快乐之家"。自此,他满怀热情、专心致志于他热爱的教育事业,直至辞世。

难能可贵的是,维多里诺并无当时一些人文主义者所持有的等级观念,他认为贫寒家庭同样可以培养出才智优秀的学生。尽管"快乐之家"因被欧洲贵族公认为人文主义学校的发源地而名声大振,但维多里诺不以为意,他认为一所贵族气太过于强烈的学校绝不是好学校,坚持招收贫民孩子进学校学习,从不以门第及财富作为招收学生的标准,而是注重学生的才能与兴趣。为了救济贫寒学生,维多里诺根据学生父母的社会地位与经济条件收取学费,对家庭贫穷的学生免收学费。"快乐之家"最初的学生包括侯爵的4个儿子和1个女儿(3—9岁)。1年后"快乐之家"扩大了招生对象,学生达六七十人。维多里诺对学生一视同仁,毫无偏袒,和学生的关系十分融洽,深受学生爱戴和尊重。他和学生共同生活、学习,起居饮食都很简单。因为办学经费有限,所以他将自己的全部收入几乎都用于"快乐之家"。

(二)论教育目的与教育内容

同他的老师弗吉里奥一样,维多里诺的教育目的是培养身心和谐发展的人。维多里诺认为身心和谐的基本要素包括:健康的体魄和坚强的意志;丰富的学识和实际的能力;高尚的品德和充实的心灵。为实现这一目的,维多里诺在"快乐之家"实施德、智、体全面发展的教育。

道德教育在"快乐之家"是与对上帝的爱联系在一起的。维多里诺是一个虔诚的基督徒。他从伦理学的观点来看宗教,将道德教育等同于宗教,把两者视为人文主义教育不可缺少的部分。他认为没有宗教的教育不能称为真正的教育，当然他也不主张以人文主义教育来取代基督教育。

在"快乐之家"，自然学科、人文学科和宗教的学习齐头并进。在各个领域，维多里诺都全力宣讲人文主义的生活观念。同时，他为学生列出了《圣经》、教会法规以及奥古斯丁的著作等书目。在他看来，古典文化与基督教精神并不冲突。他恪守基督教戒律，并给学生灌输强烈的宗教意识，希望学生具有基督徒的德性、敏锐的思考力及美学素养。他以运动及苦役增强学生的体魄，以宗教及纪律陶冶学生的品性，以绘画及音乐培养学生的嗜好，以数学、拉丁文、希腊文及古希腊或古罗马文学增进学生的心智。

维多里诺认为身体是心灵的皈依，强健体魄是塑造灵魂的保证。为此，他在学校开设了骑马、射箭、游泳、击剑、角斗、踢球、跑步、跳跃等运动项目。他认为，身体训练的目的不仅在于强身健体，还在于锻炼学生吃苦耐劳和坚强不屈的意志品质。"快乐之家"遵循四季变化规律，编排不同形式的体育训练活动，学生每日需按规定时间严格进行，风雨无阻。维多里诺还特别强调在集体活动中培养学生的友爱精神、责任意识、团结互助精神和集体荣誉感，塑造学生完美的人格。可见，维多里诺已经用身心和谐发展的自由教育改造了片面的、狭隘的宗教教育。

维多里诺为学生开设了广博的人文主义课程，包括语言学、文学、演说、历史、哲学、"七艺"等。无论是从课程体系还是学科范围来看，都体现了知识的全面、丰富和实用价值。

维多里诺认为，拉丁语和希腊语是打开古典文化宝库的钥匙，因此学生首先应该学习它们。他要求学生熟练掌握语法规则和发音技巧，拥有丰富的词汇量并通过阅读原著来加以巩固。他亲自向学生讲授拉丁语，并设法聘请当时最著名的希腊语语言学家。维多里诺认为，学习语言最重要的是应用，不仅要准确地阅读、理解原文，还要写作、交谈。

维多里诺坚持把语言的学习与古典著作的研读（文学）结合在一起。他为学生指定了西塞罗、维吉尔、奥维德（前43—约17）、贺拉斯（前65—前8）、塞涅卡、普鲁塔克等古罗马作家的作品，以及荷马、柏拉图、亚里士多德、伊索克拉底等古希腊作家的作品。他要求学生精读这些作品，包括对每个词的含义、用法，作者的风格以及作品的内涵都要一丝不苟地学习领会；对作品中优雅的文字、精彩的描述以及重要内容要反复背诵，牢记在心。

维多里诺认为，演说是检验一个人知识掌握程度最好的方式，因为只有真正掌握了才能清楚、有序地表述出来。演说的技巧是全方位的，必须经过综合素质的训练。除了掌握丰富的知识和自如地运用这些知识之外，其他如吐字的轻重缓急、口型开合的大小、呼吸的间隔长短等都要进行必要的训练才能做到口齿清楚，抑扬顿挫。修辞学是提高演说能力的重要学科，加强练习可以使演讲词更具有影响性和感染力。演说者还应注重仪表，以便与所讲内容协调，并表现出优雅的风度和自信得体的举止。

历史和哲学是"快乐之家"重要的教学内容。历史主要是指古希腊和古罗马的历史，维多里诺尤其强调古罗马历史，因为它意味着意大利民族的英雄时代。他引导学生从中汲取道德准则和养分，滋养个人奋斗和建功立业的人生信条。他从伦理学的意义来理解哲学，认为哲学的作用在于为人生提供有益的指导，因此他并不看重哲学的思辨特性，也由此认为，哲学的学习内容主要是柏拉图和亚里士多德的著作。对于年轻一点的学生，由于他们的抽象能力还有限，维多里诺要求他们学习西塞罗的著作。他认为，西塞罗充分吸收了古希腊哲学和伦理学中最有价值的东西并将之运用于实际生活，其著作适合年轻学生学习。

在维多里诺看来，"七艺"也是重要的教学内容，但已大大去除了中世纪教育笼罩于其上的浓厚的神学色彩，而具有较强的世俗性。文法教学既包括拉丁文法也包括希腊文法。修辞学教学是与写作教学一起进行的，旨在使学生能用拉丁语和希腊语写出优美的文字。他认为，逻辑学有助于人们更精确地思考问题，找到事物间的联系与差异。他反对经院哲学家借助逻辑学进行无意义的、烦琐的论辩。算术、几何学、音乐和天文学也是"快乐之家"的教学内容。维多里诺擅长数学，在数学教学方面享有盛誉。在学生学习算术的初级阶段，他通过游戏教学生关于数的知识，将几何学教学与绘图、测量等结合起来进行。他赞同弗吉里奥关于"音乐是真正的自由艺术"的观点，认为音乐对人有巨大的感染力和影响力，但有的音乐是不健康的，对学生毫无益处，因此要选择那些健康、向上的音乐陶冶学生的性情。在天文学教学中，他还兼讲自然史。

（三）论教育方法

许多学者认为维多里诺是将弗吉里奥的教育理想"付诸实践"的人，其实他所享有的盛誉主要是由于其高超的教育艺术，以至于当时著名的人文主义者如波齐奥（1380—1459）、费利尔福（1398—1481）等，甚至同为著名教育家并开办了学校的格里诺（1374—1460），都把自己的孩子送到他的门下求学，他也由此成为意大利著名教育家及最值得信赖和最有能力的人文学教师。

首先，维多里诺注重环境对学生的陶冶作用，力求使学生生活的环境清新、朴素、自然。他认为，身处大自然的怀抱中，时时感受着自然美的熏陶，是从事理想教育的首要条件。"快乐之家"位于一座小山坡的山脊，俯瞰城市东北角的米娜西欧山谷。① 维多里诺把教室改建得十分宽敞，保证足够的空气流通、阳光照耀和适度的光亮。宽阔的运动操场，绿树成荫的沿湖小径，各色野花点缀的片片青草地。自然、质朴、静谧，而不失生机盎然，处处充满活力。维多里诺摘除了建筑物上的王室贵族标志，重新购置了简单、大方、适用的教学设备。他专门挑选了一些色泽绚丽、五彩缤纷的儿童游戏壁画装饰墙面。壁画中的嬉戏情景形态逼真、活泼可爱，营造了轻松、欢乐的氛围。

其次，维多里诺要求教师观察和了解学生。维多里诺的教育方法中的一个关键是"对学生的尊重和了解"。他认为学生天生就有学习的兴趣和能力，而教师需要做的仅仅是观察学生、了解学生，根据不同学生在兴趣和能力等方面的差异因材施教。他将集中教学和个别教学融为一体，上午和下午为集体教学，而早晨和晚上则根据学生的兴趣和能力进行个别教学。他对学生充满仁爱之心，掌握每一个学生的特点，关心每一个学生的进步。维多里诺的教育方法体现了典型的人文主义特征，对后世影响深远。

最后，维多里诺反对死记硬背和强迫学习。以语法教学为例，维多里诺认为，学习语法是学习语言的基础，学生在阅读古典著作和写作前应透彻掌握语法知识，语法教学除可使学生掌握语法规则外，还是一种有价值的精神训练，对学生的精神发展有益。语法教学不应只注重记忆，还应注重应用。在语法教学中，他首先通过口授向学生提供足量的单词，指导学生做词形、词尾变化练习，然后从古典文学、历史、伦理学等著作中选出一些浅显的段落让学生做词法和句法练习，以及初步的写作练习。有时，他还引导学生就某一主题展开讨

---

① ［英］威廉·哈里森·伍德沃德：《文艺复兴时期教育研究》，赵卫平、赵花兰译，山东教育出版社2013年版，第384页。

论。这种学习语法的方法灵活多变，效果好于死记硬背。

三、格里诺的教育思想

格里诺是文艺复兴时期意大利著名的教育家，被认为是当时创办新型学校的第一人。他虽终身献身于教育，但并没有专门的教育著述。庆幸的是，格里诺的儿子巴蒂斯塔·格里诺于1459年写了一篇题为《论教学和阅读古典作家著作的方法》的论文，从中我们可以一探格里诺的教育思想。

（一）论教育方法

格里诺认识到教学过程是一个特殊的认识过程，教材的逻辑顺序和儿童的心理顺序不是一回事。他在编写教科书时，"把学生的心理需要与知识的逻辑性有机地结合起来，打破了过去教材编写偏重知识本身的逻辑性、系统性，忽视学生实际需要和能力水平的局限性"[1]。他重视教学日程的安排，认为学习是一个循序渐进的过程，不应贪多求快，要求教师列出授课计划、课时安排表，从而对在什么时候完成什么内容的教学，某一科目需要多少时间讲授等问题一目了然。他尊重学生的主体地位，主张用积极的方法鼓励学生学习，倡导对学生的引导和激发，反对强制和体罚；主张教师要善待学生，与学生建立如同父子般的关系。

格里诺非常强调教师的作用，认为教师的选择是影响教育教学效果的一个重要因素。除此之外，他在教学中还采取了口语和书面练习、复习记忆、翻译实践、做笔记和摘录、以教促学、培养学生自学能力等方法。

（二）阶段教学理论

格里诺提出了完整的阶段教学理论，将教学分成三个阶段。

第一阶段是基础教学阶段，主要学习拉丁语和希腊语。格里诺十分重视拉丁文化同希腊文化的渊源，认为没有希腊知识，拉丁学术就不可能存在，学习希腊语与学习拉丁语同样重要。格里诺本人是意大利最杰出的拉丁语和希腊语学者之一。他总结了自身的教学和学习经验，指出这两种语言的教学应该基本同步进行，并对语音的教学提出了独到的见解，认为高声朗读是学习语言的捷径。他特别指出："读书时语言不要含混不清，应将每一个词的语音都清晰地读

---

[1] 褚宏启、吴国珍主编：《外国教育思想通史》第四卷，湖南教育出版社2002年版，第123页。

出来。这样不仅有利于生理上食物的消化吸收,也有助于加深对所读内容的记忆。"①

第二阶段是语法教学阶段。格里诺将语法作为学习古典文化的基础,其中基础知识(即语法知识)教学最受关注。语法教学包括两部分:第一部分包括不同词、句的用法规则;第二部分是研读有代表性的诗人、散文家、历史学家的古典著作。词法主要讲词性、词形及词尾变化,句法涉及短语、习惯用语、动词造句、句子结构等规范性知识。格里诺非常注重古典著作的学习价值,认为阅读古典著作一方面可使学生学习文学之美,另一方面可使学生在品德和知识两方面都得到发展。学习古典人文学科,不仅要从古典文化中汲取有益于个人发展的教育因素,使人性变得更加丰富,还要深刻地了解古典文化本身。格里诺把学习古典著作的语法、修辞和文学置于重要地位。他的这种教育观点和教学实践,对当时一些人文主义者把学习古典文学、语法、修辞作为重要的人文主义教育内容产生了很大影响。为了使学生学有所依,他把中世纪晚期使用的以及克里索罗拉斯(约1355—1415)教学所使用的一些教学材料作为教科书,并亲自编写了《格里诺语法规则》,供学生学习参照。与大多数人强调受教育者的品质、把道德置于知识之上不同,格里诺十分强调学习严肃的古典文化的重要性。

第三阶段是修辞学教学阶段。该阶段的学习内容主要包括雄辩术和一些逻辑学,"有关罗马法原则的知识将有助于充分理解拉丁语作家"②,也应包含在内。西塞罗的《修辞学》和昆体良的《雄辩术原理》是基本教材。格里诺把西塞罗的演讲词、书信等作品视为完美拉丁文的典范而倍加赞赏和推崇,要求学生认真研读,学习西塞罗简洁、优雅的文风和高贵的道德风范。逻辑学主要选用亚里士多德的《伦理学》和柏拉图的《对话录》为范本。③

(三)格里诺教育思想与教育实践的独特之处

在格里诺长达几十年的教学生涯中,他的教育思想与教育实践具有明显不同于过去及同时代其他教育者的独特之处。

---

① William Harrison Woodward, *Studies in Education During the Age of the Renaissance*, Cambridge: Cambridge University Press, 1906, p. 38.
② [英]威廉·哈里森·伍德沃德:《文艺复兴时期教育研究》,赵卫平、赵花兰译,山东教育出版社2013年版,第508页。
③ 刘明翰、陈明莉:《欧洲文艺复兴史·教育卷》,人民出版社2008年版,第64页。

一是教育目的的变化。与同时代其他人文主义学者强调自由教育不同，格里诺提倡更加务实和贴近学生生活实际的教育，强调教育要为谋生、为职业做准备。他将教育与学生的未来前途相结合，使教育成为一种重要的人生手段。格里诺的学生大多来自中下阶层，只有极少数来自上层社会。对于大多数学生来说，他们希望通过受教育获得一些必要的知识、技能，从而谋得职位，或任教职，或在政府部门找一个低级的职位。因此，格里诺在教育教学中特别重视并积极了解学生的就职意向，通过实际生活的教育来帮助这些学生实现愿望。

二是教育形式的变化。教育的对象扩大了，从过去的以家庭教育为重心转移为以学校教育为重心。学校逐渐成为一个具有公共性质的机构，其地位和作用日益彰显。格里诺在费拉拉办的学校后来被称为 studio pubblico 或 studium generale，其中 pubblico 和 generale 意味着教育的公共性和开放性，体现了时代的进步。这种变化也带来了学校管理上的变化，如学生的住宿、管理、学费等方面。格里诺个人办学属于"私学"，但他的学校面向社会招生，具有"公学"的性质，由于其办学成效显著，许多人慕名前来受教。因为学生较多，格里诺一人无力承担全部教学工作，所以他效仿巴齐札（1370—1431）的做法，雇佣一批助理教师对初学者实施教学。

三是文学价值的变化。与强调教育目的的务实性相适应，格里诺不再像一些人文主义者那样极力强调文学的价值，他认为，文学不再占有重要的位置，阅读文学作品只是休闲时的一种消遣。在他看来，较之以赌博、玩球、看戏等休闲活动来讲，读书是一种更好的休闲方式。读书生活是一种"真正的、国王般的生活"，读书的乐趣远高于其他乐趣。[①]

第三节　北欧人文主义教育思想

人文主义浪潮在席卷了意大利以后，很快便于 15 世纪下半叶跨越阿尔卑斯山来到北欧。在人文主义思想的推动下，以英国、法国、德国等为代表的北欧国家也发生了一场轰轰烈烈的文化革命，引发了宗教、政治、教育等方面的

---

① 褚宏启、吴国珍主编：《外国教育思想通史》第四卷，湖南教育出版社2002年版，第116页。

重大变革。由于与意大利的社会环境等不同,北欧人文主义表现出宗教性较强、强调虔诚与道德的价值等特征,并影响了教育思想的形成与发展。

一、伊拉斯谟的教育思想

伊拉斯谟是北欧地区文艺复兴时期人文主义最主要的代表人物,是 16 世纪早期尼德兰(今荷兰)著名的学者,也是最杰出的教育理论家之一。他被人们誉为"西方的明灯""人文主义的泰斗""学者的学者""教育家的教育家"等,他的教育思想对欧洲教育的发展产生了深远影响。

(一)论教育功能

在《基督教战士手册》《愚人颂》《论正确的教学方法》《一个基督教王子的教育》等一系列反映伊拉斯谟教育思想的著作中,他认为道德问题是社会问题的核心,而教育是社会改革的关键和前提。

伊拉斯谟高度肯定教育的功能,认为教育是社会和每个人都同样关心的问题,教育对国家的稳定和发展、对个人的成长都是至关重要的。他认为教育的目的和功能十分明显,教育与改善社会、启迪人们的智慧、促进人类的进步、净化人们的灵魂、巩固社会的和平与安定休戚相关;教育不仅可以使人获得知识,而且能增进智慧,使人的理智得到加强、性格和品德臻于完善。"一个国家的主要希望,在于它对青年的适当教育……若有了这样的制度,就不需要很多法律或惩罚,因为人民将自愿地遵循正义的道路。"[①] 对于个人而言,"人如果不通过哲学的理性教育和对语言的学习,将是一种比牲畜还要低下的造物……没有一种野兽比一个被他的野心或欲望,愤怒或妒忌,或者没有法律的约束而驱使其忽此忽彼的人更野蛮、更有害"[②]。因此,他主张人要具有真正的智慧,就必须以受到良好的教育为前提条件。任何人都必须通过接受教育发展智慧、完善德性,只有这样才能消除对社会、人类的危害,才能消除与社会的纠纷,同他人在社会上和睦相处。

伊拉斯谟尤其重视教育的政治功能和改造、推动社会发展的功能,强调对理想君主的培养和教育。他认为,如果君主品德高尚、智慧超人、能力卓越,是贤明之人,则社会必然摆脱愚昧而逐渐趋于完善。伊拉斯谟反对君主用暴力

---

① 吴元训编:《中世纪教育文选》,人民教育出版社 1989 年版,第 179 页。
② 任钟印、李文奎编:《外国教育家评传》第一卷,上海教育出版社 1992 年版,第 249 页。

治国，强调伦理与政治相联系，认为对君主加强道德教育十分重要。他说："国家的权力非常自然地应该付托给在帝王所必需的品质，如智慧、公平、节制、远见和热心公共福利等方面都胜过一切人的人。"① 君主若要治理有方，必须先依靠教育培养智慧和良好的品德。针对君主的职责和任务，伊拉斯谟认为："基督教神学把三个主要的特质归之于上帝——最高的权力、最大的智慧、最大的仁慈。你应该尽可能使你自己具备这三个特质。有权力而没有仁慈，就是十足的残暴；没有智慧，就会带来混乱，而不是领土。因此，要是运气给你权力，首先应该把尽可能获得丰富的知识作为你的职责，使你能够清楚地看到奋斗的目标和应该避免的路向。其次，应尽量满足每一个人的需要，因为这是仁慈的范围，使你的权力为这个目的服务……"②

伊拉斯谟对君主素质和君主教育提出了明确的要求。他认为君主应当具有基督教的美德，这种美德不仅有利于统治，而且是培养民众公共道德最有效和最快的方法。君主若上行，臣民则下效。他主张高贵有三类：第一类，来自美德和美好的行为；第二类，来自良好的教养；第三类，来自家族或财产。这三类中最重要的是第一类。君主的美德从何而来呢？必须来自良好教育。伊拉斯谟强调，根据确定的思想原则对君主进行教育应放在万事之首。他形象地指出："虽然每一种伟大的艺术都是非常困难的，但是没有一种艺术比善于统治的艺术更加精巧，更加困难。为什么独有对这一件事情我们感到无需训练，认为生来就能胜任呢？若他们在童年时期尽是扮演暴君，在成年时期除了献身暴虐以外，还能有什么别的目的呢？"③ 他认为国家的命运取决于君主，而未来君主的教师的责任更重大。君主的素质取决于君主的教师和接受的教育。

伊拉斯谟提出，人不是生就的，而是造就的。他不仅主张社会的改善和进步需要教育，好君主要靠好的教育培养，而且主张任何人都需要通过教育决定他的成长。他认为个人发展必须依赖三个因素：一是个人的自然条件，即本性和能力；二是对人的教育培养和训练；三是实践。在他看来，三者缺一不可、相辅相成：本性和能力没有科学的教育培养和训练必然是不完善的；而实践缺乏教育培养和训练必然会导致毫无希望的失败；受教育，即得到什么样的培养和训练，是人在发展过程中最为关键的。伊拉斯谟强调，人与动物不同的是人

---

① 吴元训编：《中世纪教育文选》，人民教育出版社1989年版，第128页。
② 吴元训编：《中世纪教育文选》，人民教育出版社1989年版，第144页。
③ 吴元训编：《中世纪教育文选》，人民教育出版社1989年版，第131页。

有理性，理性的存在使教育培养和训练大有作为。

（二）论教育目的

伊拉斯谟所理解的教育具有广泛的目的：第一，要用一定的方法使柔弱的生命力接受虔诚的宗教洗礼；第二，要学习和熟悉高贵的知识；第三，要学会从事公务活动；第四，从一开始就要学习初步的政治知识，具有良好的品行。

伊拉斯谟从他的教育目的观出发，提出了对教育内容的基本要求：一是培养人的基督教精神。他反对培养狭隘的、狂热的宗教观，反对教会推行的蒙昧主义，嘲讽教会对教育的垄断，并辛辣地批判经院哲学家。二是传播基督教知识。他以《圣经》和早期基督教作家的著作为主要教材，主张《圣经》中的《福音书》《传道书》是对学生进行教育的重要内容。三是通过古希腊、古罗马时代的古典著作，培养学生的虔诚和道德。伊拉斯谟认为，柏拉图的著述、亚里士多德的《政治学》、普鲁塔克的《格言》和《道德论丛》、西塞罗的《论义务》和塞涅卡的著作都很有益处。四是倡导博雅教育。引导人们研究人类文化，把人们引向知识、忠实和独立判断，实现智慧和道德的自主。与意大利人文主义教育家不同的是，伊拉斯谟把基督教精神和古典文化摆在同等重要的位置。他主张通过学习古典文化，强化基督教精神，即以智慧来理解宗教信仰，用道德支持和发扬基督教精神，推行基督教人文主义的教育。他称自己的教育理论和见解是"自己走过的道路的描述和总结"[①]。

对于伊拉斯谟来说，教育就是为了使人今后能在教会、国家、城市和家庭中提供社会服务而对其进行训练。然而，单纯的专业学习对学生来说没有吸引力。通过学习一种伟大的文明而实现个人的能力发展和学识进步，是在各种工作中取得成效的真正方法。

（三）论教育内容

伊拉斯谟认为，语言是一切学习的基础。要学习、了解古典文化，只学习拉丁语是不够的，还必须学习希腊语。为此，他编写了《格言集》和《对话集》，并将它们作为学生学习拉丁语和希腊语的教材。作为一个世界主义者，伊拉斯谟主张把拉丁语变为欧洲通用的语言，并以拉丁语为基础在全欧洲形成共同的拉丁文化，不仅在课堂上，在人们的交流中，甚至在家庭内也用拉丁语交谈。他不提倡学习和使用民族语言，认为民族语言不便于国家间交流，容易

[①] 刘明翰、陈明莉：《欧洲文艺复兴史·教育卷》，人民出版社2008年版，第351页。

导致隔阂和分歧。

伊拉斯谟非常重视古典人文著作的学习。他指出，古典人文教育可以促使人们增加智慧，对基督教更加虔诚，更具有基督教道德，有助于改革教育，实现基督教人文主义的教育目的。他认为，一个男孩如能有幸学习古代伟人的思想，他就可以很快地学会如何使自己外部的行为举止适应社会，学会如何在自己的整个个性中表现出思想内在的文明，而这种文明是良好学习的产物。伊拉斯谟所说的古典人文教育包括以下内容：拉丁语、希腊语、基督教典籍、修辞学、逻辑学、伦理学、政治学、历史学、地理学，以及植物学、动物学、数学、音乐、天文学等。他十分重视拉丁语、希腊语、基督教典籍、政治学、历史学和伦理学等学科。他坚持认为，作为道德教育的一个主要部分，历史的学习对于一个人的教育是必要的。对于自然科学方面的学习，伊拉斯谟同其他人文主义者一样，一方面，他的确期望学生在地理学等学科中获得广泛的信息，但是他所推荐的学习材料的来源是"可靠的作家"；另一方面，他认为略知一二即可。他对数学、音乐和天文学的态度也是如此。事实上，对于不直接涉及人类生存的学科，伊拉斯谟都没有太多兴趣。

伊拉斯谟是一名和平主义者，他反对战争，崇尚和平，是倡导和平教育与和平文化的先驱。但他并不重视体育训练，在他的教育内容里，军事训练和身体训练均无地位。他强调培养学生有礼貌、有教养以及待人接物的社交礼仪等，并提出了一系列适应新社会的新行为规则，对于促进欧洲人的教养和礼貌教育具有一定贡献。

（四）论教育方法

在《论正确的教学方法》《格言集》《对话集》等著作中，伊拉斯谟对教育方法进行了深入、实用的阐述。长期以来，喧闹声震坏了学生的耳朵，学生在烦躁、焦急和劳累中消磨时间，一些教师用拳头、竹板等体罚学生。伊拉斯谟对此深恶痛绝，他主张教师必须改变教育方法，了解学生的天性和兴趣，重视学生的年龄特征和个性差异，因材施教，培养学生的主动精神；提出了教育中应注意的原则和方法，要求教师关心学生的身心发展，尊重学生的个性，采取宽严结合的"中庸之道"。

当时，不少教师在语法教学中投入大量精力和时间，力图使学生记住每一条语法规则的适用情形，伊拉斯谟认为这是非常不对的。他指出，学校工作的开始阶段主要由拉丁语而非拉丁语的语法构成。伊拉斯谟对语法的定位对于新的教育发展趋势具有重要意义。他说:"我必须阐明我的信念,即词法、句法规则知识虽然对每个学生都是非常必要的,但还应当尽可能少些、简明些,并精心加以组织。我不能容忍一般语法教师的愚蠢行为,他们浪费了数年宝贵的时间,把规则硬灌给儿童。因为我们的语言能力不是靠学习规则,而是靠同习惯于用准确精炼语言表达思想的那些人的日常交往,靠大量阅读优秀作家的作品来获得。关于后者,我们应选择不仅文体正确、典型,而且题材也富有教益的作品。"① 伊拉斯谟认为不应该忽视语法,但他反对孤立地学习语法,主张使语法学习和实际需要相称,不应该只追求逻辑上的完整性。他的这些主张对于克服当时语法教学中的形式主义具有积极而重要的作用。

伊拉斯谟强调教育要有科学方法。他非常喜欢谈话式教学方法,主张深入浅出、引人入胜,使学生在学习中感到欢乐、满足,甚至享受。他主张在阅读古典著作前,教师应先讲作者的生平,把作者放在一定的历史背景和社会环境当中,引起学生的兴趣和联想,加深学生对著作的理解。他也主张利用箴言作为教育手段,把箴言雕刻在戒指上、画在图画中、挂在花环上等,借助实物,扩大直观效果,并根据学生不同的年龄特点采用不同的教育方式。

伊拉斯谟指出,督促学生练习写作和练习演讲是教学方法的重要一环。他把写作视为提高语言能力的重要条件。他主张在练习写作时,一道题目可同时用拉丁文和希腊文去写,完成后互相对照加以比较。在练习演讲时,学生应学会用纯正的拉丁语演讲,做到主题明确、用词简练,能用尽量少的词语概括事物的实质而无遗漏。演讲人倘若无选择地把空洞的语言、过多的词语堆砌在一起,只能使演讲主题含混不清,给听众增加负担。

二、拉伯雷的教育思想

随着文艺复兴运动和人文主义在北欧的传播与发展,到 16 世纪上半叶,教育领域兴起了一股实在倾向的人文主义教育思潮,其中尤以法国著名思想家拉伯雷和蒙田先后提出的具有实在论色彩的教育思想更为突出和激进,影响也更大。

拉伯雷是法国文艺复兴运动的杰出代表,同但丁(1265—1321)、薄伽丘

---

① [英]博伊德、金:《西方教育史》,任宝祥、吴元训主译,人民教育出版社 1985 年版,第 175 页。

(1313—1375)一样，都是具有世界影响的著名作家。他历时20年完成的五卷本名著《巨人传》深刻揭露与批判了封建统治阶级的黑暗和愚昧，讴歌了人文主义理想，集中反映了他的教育观和具体主张。

(一) 批判经院主义教育思想

拉伯雷的《巨人传》是虚构的小说，传递了一种新的教育思想。在《巨人传》中，拉伯雷用诙谐幽默、辛辣讽刺的语言深刻揭露了经院主义教育的烦琐、空洞、违反人性和误人子弟。通过这个故事，拉伯雷揭示出经院主义教育思想摧残和压抑少年的个性、贯彻禁欲主义的本性，指出经院主义教育方法机械呆板、教条僵化。这种教育的结果是毁坏了人的天资，耗费了青少年的宝贵光阴。拉伯雷还尖锐地指出，教会、神学家的经院主义教育思想，只能让学生反复学习枯燥的字母、烦琐的文法、无聊的修辞以及空洞的祈祷文，导致青少年毫无生气、知识极度贫乏，贻害无穷。

拉伯雷极为欣赏伊拉斯谟提出的"人性尊严"及其在个体教育中所发挥的作用。他主张教育的目的是培养体魄健壮、博学多识、具有广泛的实际才能、掌握多种语言、文理兼通、通晓自然界和自然科学、符合社会需要的"巨人"。在《巨人传》中，人文主义的或者伊拉斯谟式的教育原则在主人公高康大所接受的教育中体现得淋漓尽致。高康大在接受人文主义新教育后终于成长为一个身强力壮、头脑发达、英勇能干、品德高尚的人，反映了新兴资产阶级面对现实世界的要求。

(二) 论教育内容

在《巨人传》中，从高康大后来为他的儿子庞大固埃拟定的一份教育大纲和课程门类中，可以看出拉伯雷人文主义教育思想所包括的内容和要求。

1. 重视智育

在文字语法和语言方面，首先应该按昆体良要求的那样，学好希腊文；然后学习拉丁文，模仿西塞罗；接着学习希伯来文，以便直接阅读《圣经》；最后学习加尔底亚（古代巴比伦西南地区）文和阿拉伯文。更重要的是，拉伯雷认为不仅要学习古代语言，还要学习现代语言。在《巨人传》中，庞大固埃遇到了一位可以流利地讲13种语言（包括法语）的"奇人"——巴汝奇。

在文艺方面，应从小学习"七艺"中的算术、几何学、音乐等，其余的也要学好。例如天文，应当学习各种天文规则，但不必占卦、占星术和炼金术。

在法律方面，应熟读法律条文，并加以比较和分析。

在自然科学方面，要细心学习。应做到：认识河海、湖川里的各种鱼类，天空中的各种飞禽，森林或果园中的各种灌木和乔木，生长在地面上的各种花草，埋藏在地下的各种矿产以及世界各地的宝石等。

此外，必须仔细阅读古希腊、古罗马和阿拉伯各地医学家的著作，不可轻视犹太法典的学者的学说，还应学习解剖学，以便获得对人的充分认识。每天要用几个钟头先读《圣经》，读希腊文的《新约》和教徒的书信，然后再读希伯来文的《旧约》。①

2. 强调道德教育

拉伯雷强调要加强道德教育，培养灵魂高尚、有智慧、有学识的"巨人"。在《巨人传》中，高康大在给他的儿子庞大固埃拟定的教育大纲中写道："先知所罗门说过，恶人灵魂里是没有智慧的，没有经过理解的学问等于灵魂的废物。"② 同所有人文主义者一样，拉伯雷痛恨教会和僧侣的腐化堕落，主张改良教会，但并不反对教会制度本身，也绝不反对宗教，仍坚持崇敬和信仰上帝。

在道德教育中，拉伯雷所推崇的德行是仁爱、勤劳、勇敢、正义。仁爱即爱人、爱人民。勤劳是指爱工作，勤奋努力，这是每个人必须具备的品质。勇敢是指不畏强暴，敢于抵抗一切恶势力，保卫人民利益。正义指的是爱憎分明，对于是非、黑白、善恶分辨清晰，有严格的界限。

3. 提倡体育和美育

在《巨人传》中，高康大根据包诺克拉特的教导，每天坚持运动，把骑术、箭术、击剑等体育活动和军事训练结合起来。同时，高康大每天都坚持唱歌和弹奏乐器。

（三）论教育方法

拉伯雷提倡教育方法要生动活泼，尊重人的天性，体现个性自由解放。

首先，拉伯雷认为教育教学要循序渐进。在《巨人传》中，包诺克拉特是一位熟谙教育教学艺术的人文主义学者。在任高康大的老师之初，包诺克拉特就认识到改变不良习性不能一蹴而就，需要逐渐扭转。所以一开始，包诺克拉特并未强行禁止高康大以前的坏习惯，而是采取了放任和适当引导的方式，使

---

① ［法］拉伯雷：《巨人传》，成钰亭译，上海译文出版社2013年版，第245页。
② ［法］拉伯雷：《巨人传》，成钰亭译，上海译文出版社2013年版，第246页。

高康大逐渐习惯新的生活方式。他让高康大吃了一种治疗神经系统疾病的药，把他脑中的"全部疾病和恶习"通通泻掉，抛弃过去那些无用且有害的东西，为新教育扫清道路。

其次，拉伯雷十分注重生活教育。他提倡的人文主义教育是一种鲜活的生活教育，注重将知识与日常生活中的事物相联系，通过日常生活来激发、感染受教育者的学习兴趣和热情。在《巨人传》中，高康大在包诺克拉特的指导下，每天清晨4：00起床，朗诵《圣经》，观察天象，复习前一天的功课，学习三小时的新课，然后师徒一起锻炼身体。等到身上出汗或是疲劳了就回去吃午饭，用餐时谈论饭桌上食物的品种、类别、性能、功用，以及烹调方法。这样，就很容易学会某些饮食、卫生及药物方面的知识。午饭后，再复习一下上午学过的内容，并拿出纸牌，学习从数学里变化出来的各式各样的小技巧及新的计算方法。[①] 他们还利用一些图画、图形学习几何学。师徒经常一起出门进行体育活动和军事训练，学习骑马、游泳、剑术、标枪、长矛等，有时会练习单双杠或爬绳等。拉伯雷提倡的人文主义教育力图使每个人都生动、活泼、愉快，这是人文主义教育与经院主义教育的根本区别。

最后，拉伯雷推崇的人文主义教育重视生产实践，主张理论联系实际。在《巨人传》中，包诺克拉特常带高康大到牧场或一些多草木的地方去旅游、散步，考察各类植物，进一步研究植物的种子、根、茎、叶和果实。师徒每月都要远足一次，挑选晴朗天气，凌晨便离开城市到郊外欣赏大自然，在那里和亲朋好友们尽情玩耍，做游戏、跳舞、唱歌、讲笑话、吟诗等。每当雨天不能到郊外或田野中活动时，则在家中进行一些体力劳动，如劈柴、锯木、捆草、在仓库中脱粒打粮等，他们还参观和访问纺织厂、钟表厂、制琴厂、制镜厂和印刷厂等，研究各种产品是如何制造出来的，初步了解一些手工的技术。有时也去参加、旁听一些文人的集会，预测天气的变化。他们每天的活动很有规律，一般是晚饭后聊天、唱歌、演奏乐器、讲笑话，临睡前，高康大要向包诺克拉特扼要地总结一天的见闻和收获。

（四）论社会教育

文艺复兴不只是文化和教育的复兴，更是一场思想的复兴和变革。这一时期的"巨人"所要做的，就是用自己的理想构建未来社会生活的美好图景，而

---

① ［法］拉伯雷：《巨人传》，成钰亭译，上海译文出版社2013年版，第82—85页。

这种美好图景都是一种没有压迫和欺诈、充满自由平等和个性解放思想的"乌托邦"。莫尔（1478—1535）的《乌托邦》便是这一思想的典型反映，而拉伯雷同样用《巨人传》向读者展示了他关于社会教育的理想典型——《巨人传》中的特来美（也译德廉美）修道院。

与莫尔和康帕内拉（1568—1639）不同，拉伯雷没有把他的"理想国"建立在公有制的基础上，而是建立在私有制的基础上。特来美修道院的主要成员为修士和修女，修道院的建筑费和修道士的日常费用是国王和贵族赠予的。修道士并不从事生产劳动，他们都是一些有知识、有教养的人，特来美修道院也仅是知识阶层的理想王国。拉伯雷没有仔细探讨过这里的经济制度、组织机构等，他所着重阐明的是"什么才是幸福生活"。

拉伯雷用大量的笔墨描绘了特来美修道院建筑及装潢的精美、功能的齐全、物质的丰富、文化氛围的浓厚等。特来美修道院不仅在物质方面应有尽有，在精神生活方面也同样丰富。这里有各种藏书，高大精致的书架上摆满了各种文体（有希腊文、拉丁文、希伯来文、法文、西班牙文等）的图书。这种文明状况无疑为人们自由自在的生活提供了坚实的基础，也反映了拉伯雷的社会教育理想对环境的高度重视。

个性解放是拉伯雷所追求的目标之一，也是特来美修道院的灵魂。在这里，个性解放和自由平等得到充分发挥。在修道院中男女一律平等，完全打破了禁止男女在一起的封建礼节。入特来美修道院后是否终身当修士、修女，任其自便。任何人都可以当修士、修女，也可以随时还俗，离开修道院。更重要的是，特来美修道院抛弃了旧式修道院所奉行的三条誓言"贞洁不淫，贫穷自安，遵守教规"，代之以"可以光明正大地结婚，可以自由地发财，可以有自己的生活方式"。① 这里尊重个人的性格和意志，没有约束个人自由的法规和任何条文，反对压抑和束缚。吃、喝、玩、乐、睡、行以及游戏、运动等，一切都听其自便。这里的行动方针是"随心所欲，各行其是"②。在特来美修道院中的人绝不会成为乖僻、放荡、邪恶的人，因为这些自由的人先天健壮，受过良好的教育，而且具有趋善避恶的本性，他们都是智、仁、勇兼备的君子。拉伯雷在《巨人传》中突出强调了教育和环境，认为这两个条件是人成为巨人的关

---

① ［法］拉伯雷：《巨人传》，成钰亭译，上海译文出版社 2013 年版，第 173 页。
② ［法］拉伯雷：《巨人传》，成钰亭译，上海译文出版社 2013 年版，第 185 页。

键。特来美修道院是一个充满自由、平等和个性解放,既没有欺诈、恶行和压迫,又能让人充分享受优美环境和幸福生活的"乌托邦"社会。

总的来讲,拉伯雷的教育思想与主张有其主观和过于简单化的一些缺陷、弱点,有其历史的和阶级的局限性,但这并不能抹杀拉伯雷教育思想的重大价值和历史意义。拉伯雷的许多创见,尤其是个性解放的口号,是16世纪的时代呼声,是新兴资产阶级反抗封建压迫在意识形态上的反映。他的思想对于资本主义文化的兴起、创造和发展,以及科技的进步都有巨大意义。他的先进的教育思想超越了时代,是冲破中世纪经院主义教育的一道闪电,照耀了欧洲文艺复兴的道路。①

三、蒙田的教育思想

蒙田是文艺复兴后期法国杰出的人文主义哲学家、散文家和教育思想家。他的教育思想集中反映在《散文集》中。在该书中,他对教育问题进行了深入和广泛的思考,毫不留情地鞭挞了旧教育,充满热情地描绘了新教育的轮廓和主旨。

(一) 论教育目的

蒙田主张,教育要培养"新型绅士"。这些绅士既是有资产阶级事业的精明能干的实业家,又是具有健康的心灵、良好的道德品质、强健的体魄,身心合一、人格健全,兼有贵族风度和品位的"新型"人。他提出的新型绅士教育论是后来英国新教育思想的先驱理论,对洛克、卢梭等的教育思想产生了重要影响。

首先,新型绅士是事业型的实干家。蒙田主张多读书,但他反对培养学究。他指斥当时以艰涩冷僻的文字为尚、舞文弄墨、咬文嚼字的风气,认为与其花费几年工夫学习这些高深莫测的学问,不如去做生意。蒙田主张的新型绅士不是空虚的学者,而是事业型的实干家,他们不把学问看作知识的虚饰,而是生活的法律。新型绅士不是一个卖弄学问的文法学家或逻辑学家,他们必须通晓社会,了解世界,了解形形色色的人物、事件,通达人情世故,必须是"多见世面的人"。因此,他们必须向社会、向世界、向实践学习。

其次,新型绅士是身心和谐发展的、完整的人。蒙田与拉伯雷一样,批

---

① 刘明翰、陈明莉:《欧洲文艺复兴史·教育卷》,人民出版社2008年版,第142页。

判当时的教育只注重死记硬背而忽视了心智的培养。心智的培养,就是使人在知识上较为聪明,在品德上较为良善,不是只知道一堆死的知识。他认为,与其告诉儿童品德的定义、分类与区别,不如使他们之间更加亲密,更具友谊。他说:"我希望在塑造他的心灵的同时,也培养他的举止、怎样待人处世与体魄。这不是在锻炼一个心灵、一个身体,而是在造就一个人;不应该把这两者分离。如柏拉图说的,不应该在训练中顾此失彼有所偏重,而是同样训练……"①

(二)论教育原则

为了使教育达到预期效果,蒙田认为,教育工作应遵守几项基本原则。

第一,顺应自然原则。教育的最高原则就是依顺自然。蒙田要求人们在日常生活中和思考问题时遵循自然的教导。他说,自然给我们画好了美满的道路,自然是我们伟大的母亲。他主张把这个原则运用在教育当中,教育必须符合社会的需要,不要违背自然。

第二,可接受性原则。教育应当贯彻可接受性原则。蒙田主张要因材施教,倡导教育应该尊重个体发展,认为教师不能用同样的内容和同样的教学方法去教具有不同智力水平和不同素质的学生,主张教师应仔细地观察学生,了解学生的才能,根据学生的能力加以引导。蒙田比喻说,教师应把学生看作幼马,让幼马跑在自己的前面,这样教师就能更好地了解学生的状态,断定他们到底能走多远,从而知道如何教才能适合学生的能力。他反对把学生当作被动接受知识的容器,主张应把学生视为主动接受知识的生机盎然的人。他认为,教师如果不发挥学生的主动性,反而压抑学生的主动性,剥夺学生独立工作的自由,将使学生变得更加奴性和怯懦。他提倡根据学生的能力进行教学,使学生的能力得以充分表现,使学生对所学的内容能够独立地做出辨别和选择。因此,他不希望教学仅是教师的"一言堂",主张教学要多为学生提供发表看法和意见的机会。为了贯彻教育的可接受性原则,教师要针对学生不同的特点,根据教学内容和不同学习阶段的要求,选择合适的教学方法。

第三,理解性原则。蒙田反对死记硬背,主张培养学生的理解力和判断力。中世纪学校教学中的普遍现象是灌输式的死记硬背,教师关心的主要是学

---

① 《蒙田随笔全集》上,马振骋译,人民文学出版社2021年版,第176页。

生是否记住了所学的内容，并不重视学生是否理解了所学的东西。蒙田指出，教师把书本当作神谕一样，灌进学生的记忆里，其结果就是学生把词句和字母当成了事物的本质，但学生的学习，重要的不是记住文字，而是掌握事物的本质。

理解力和判断力之所以重要，是因为学生只有理解才能把所学的内容变成自己思想中的一部分，才能对现象、事物与观念、理论进行分析和判断。学生如果不能对周围的事物和自己学习过的内容做出正确的判断，他们的知识就是无用的。蒙田甚至把培养学生的理解力和判断力作为教育最重要的目的。他把学习比作蜜蜂采花酿蜜：蜜来自花，但一旦酿成，就不再属于花了，而为蜜蜂所独有。他认为，学习古典作家的作品，要像蜜蜂采花酿蜜一样。学生经过理解、分析后的观点，便不再是作家的观点，而是属于学生自己的了。学生倘若死记硬背，不动脑筋，则什么真知也找不到，什么道理也发现不了。因此，教育的目的应当是培养学生不满足于只记住教师的话。

蒙田指出，要培养理解力和判断力，就须打破对权威的迷信。对于作家，包括权威作家，必须吸收他们的知识，但不能采纳他们的教条。在分析学生的收获时，不是用他们的记忆来证明，而是用他们的判断来证明。蒙田要求学生把自己新近所学的东西用多种不同的方式表达出来，并能将其运用在不同的学科中，从而了解自己是否理解了所学的东西，并使其成为自己的一部分。

第四，科学知识与能力相结合原则。学习广博的知识是所有人文主义者的理想，对于未来的实干家是不可或缺的。蒙田认为，科学确实是一项非常有益的大事业，轻视科学的人只能说明自己的愚蠢。

（三）论教育内容

1. 关于选择教育内容的原则

蒙田提出了选择教育内容应遵循的三项原则。

第一，实用性原则。教育要选择那些最有用的内容来传递。蒙田说："如果我们懂得把人生的方方面面都限制在适当与自然的范围内，就会发现目前沿用的大部分学科都是用不上的。即使在有用的学科中，过于广泛和深入的东西也是很不实际，我们不妨也摒弃，按苏格拉底的教育观，在我们的学习中限制缺乏实用性的学科传播。"[①] "我一般要求的是用学问作为内容的书籍，不是用学

---

① 《蒙田随笔全集》上，马振骋译，人民文学出版社2021年版，第169页。

问作为点缀的书籍。"①

第二，必要性原则。教育要选择那些最必不可少的内容来传递。"我们的孩子更为紧迫，他只是在人生的最初十五六年期间求学，其余的岁月投身于行动。"②

第三，生活性原则。教育内容与生活是彼此联结的，教育内容不应受学科界限的限制。"一切时间、任何地方都是可以用来学习的。"③ 蒙田认为经院主义教育充斥着荒谬、迷信，提倡学习现实事物，把自然、社会、整个客观世界作为教学和研究的内容。

2. 关于教学科目

在上述原则的基础上，蒙田主张要博学各种学科。关于语言学科，他反对当时学校在拉丁语教学上花费过长的时间（十四五年），主张用较短的时间使学生掌握这门语言。同时他认为语言环境非常重要，要学会一门外国语，最好及早送到外国去。此外，蒙田认为，不同语言的学习顺序十分重要，应该先学习本国语和当代的外国语，然后再学拉丁语。

历史是蒙田特别重视的一个学科。他认为，学习历史可以熟悉许多全盛时代最可尊敬的人；历史是价值无穷的学问，可以培养心灵，也可以指导生活，历史对人的最重要的意义在于它可以培养人的判断力。关于历史的学习，蒙田提醒人们不要把注意力放在死记硬背史实上。"我的导师必须记住自己的职责所在，不要让学生死记硬背迦太基覆灭的日期，而要了解汉尼拔和西庇阿的性格；不要他知道马塞卢斯何地丧命，而要明白因为他没有尽责才死在了那里。""老师不要他学那么多的历史故事，而要他去判断。"④

蒙田认为，哲学应该成为教育最基础的学科，成为人类行为的试金石，成为使行为正直的规则。蒙田主张把一些有用的哲学论文作为学习的范例。他十分赞同柏拉图的哲学论述，主张对青年提出问题，教他们判断人以及人的行为，培养判断力，进而锻炼青年的理解力，并认为恒心、信心、信念和诚挚是真正的哲学。学生在接受哲学教育后，在其他学科的学习上可以达到事半功倍的效果。

---

① 《蒙田随笔全集》中，马振骋译，人民文学出版社2021年版，第91页。
② 《蒙田随笔全集》上，马振骋译，人民文学出版社2021年版，第174页。
③ 《蒙田随笔全集》上，马振骋译，人民文学出版社2021年版，第175页。
④ 《蒙田随笔全集》上，马振骋译，人民文学出版社2021年版，第166页。

3. 关于德育与体育

除知识教学之外，蒙田认为，教育内容中的德育与体育也是非常重要的。他的德育思想以其伦理学为基础。他批判当时的教育"只是在让我们的头脑灌满知识。至于判断力和品德则很少关注"①。他提倡道德哲学，认为这是一门使人愉快、给人以极大享受的科学，它能教育人具有正确的判断、良好的习惯和健康活泼的性情，使人过上一种知足、宁静和健美的生活，又教人具有智慧、活泼、勇敢、坚毅的品德。这种教育便是道德哲学的教育，亦即德育。他主张德育应该成为教育的核心内容，学习一般知识必须以学习道德知识为基础和前提，"一个人不学善良做人的知识，其他一切知识对他都是有害的"②。道德哲学仅靠读书是不能得到的，还必须通过生活实践。生活中到处都有教材和课堂，任何时间或任何地方都可以进行道德哲学的教育。

蒙田也非常重视体育。他主张游戏和活动也是学习的重要内容，如跑步、格斗、跳舞、打猎、驭马、操练武器等。他还强调要培养坚忍不拔、吃苦耐劳的品性和习惯。

（四）论教育方法

在教育方法上，蒙田提出了许多卓有见识的主张。

第一，反对父母娇生惯养、溺爱孩子，主张让孩子学会吃苦耐劳。他指出，父母看到孩子因学习而流汗或吃苦就感到心疼和忧虑是错误的。

第二，反对死记硬背，主张启发性和探索性。蒙田一再反对死记硬背，主张不要让孩子多背诵功课，而是要孩子行动，孩子应该在行动中复习功课。他建议教师"改正这种做法，一开始，根据他所教的人的智力，因势利导，教他体会事物，自己选择与辨别；有时给他们指出道路，有时让他自己开拓道路。我不要老师独自选题，独自讲解，我要他反过来听学生说话。"③。他非常强调练习的重要性，如果学生想学习跳舞，就不能只是站在旁边看，而应当自己去练习。

第三，反对只重书本和文字的教育方法，强调教育要具有实用性和生活性。蒙田认为："思想中塞了一大堆五花八门的东西，就没有办法清理，这副担子压得他萎靡消沉。"④ 他主张人们接触大自然和日常生活，提高独立鉴别和

---

① 《蒙田随笔全集》上，马振骋译，人民文学出版社2021年版，第144页。
② 《蒙田随笔全集》上，马振骋译，人民文学出版社2021年版，第150页。
③ 《蒙田随笔全集》上，马振骋译，人民文学出版社2021年版，第159页。
④ 《蒙田随笔全集》上，马振骋译，人民文学出版社2021年版，第141—142页。

判断能力。他说:"广泛接触世界,有助于对人性的判断,可以做到洞若观火。"① "这大千世界,有人还把它看作恒河一沙,又或是一面镜子,我们必须对镜自照,从正确的角度认识自己。总之我希望把世界作为我的学生的教科书。形形色色的特性、宗派、判断、看法、法律和习俗,教会我们正确判断我们的这些东西,提高我们的判断去认识其不足和先天缺陷:这可不是轻松的学习。"② 蒙田提倡旅行和交往,认为从旅行和交往中受到的启发与教育比纯粹的学校教育更深刻。他主张到国外去观察和研究异国的风俗、人们的性情等。

蒙田还对古希腊雅典和斯巴达的教育进行了比较。他分析道:"可以到希腊其他城市去找修辞学家、画家和音乐家;但是应该到斯巴达去找立法官、法官和军事将领。在雅典学好演说,在这里学好办事;在那里要洞悉诡辩的论点,不受巧言令色的蒙骗;在这里要抛开欲望的诱惑,以大勇消除命运与死亡的威胁;那里的人忙着演讲,这里的人忙着干事。这里不停地操练舌头,那里不停地锤炼心灵。"③ 从蒙田对雅典和斯巴达的教育特点的比较中可以看到,他重视的是教育的实用性,要求教育要有固定的目标,教育应培养有实际才能的人。赞许斯巴达的教育而排斥雅典的教育,这在当时众多的人文主义学者当中是十分与众不同的,在整个西方教育史上也是较为独特的,充分体现了蒙田教育思想注重实用性和生活性的特点。

(五) 论教师

蒙田十分重视教师的素质和水平。他认为,儿童的教育和成长,最为关键的就是物色和选择好的教师。

第一,教师要了解儿童。"名师高瞻远瞩,其高明处就是俯视少年的步伐,指导他前进。"④ 在引导过程中,教师要"依顺自然",尊重儿童身心发展的自然秩序,不能违背自然,更不能破坏自然。

第二,教师要有判断力和道德。蒙田认为,教师不仅要有学问,而且要有高尚的道德;若二者不能兼顾,则宁求道德高尚、判断力强的人,也不要选一个光有学问的人。

---

① 《蒙田随笔全集》上,马振骋译,人民文学出版社 2021 年版,第 166 页。
② 《蒙田随笔全集》上,马振骋译,人民文学出版社 2021 年版,第 167 页。
③ 《蒙田随笔全集》上,马振骋译,人民文学出版社 2021 年版,第 152 页。
④ 《蒙田随笔全集》上,马振骋译,人民文学出版社 2021 年版,第 159 页。

第三，教师要有高于父母的权威。蒙田本人出身贵族，家境优渥，他关于教育的论述主要是针对贵族子弟而言的。他认为，对于贵族子弟的教育来说，教师如果没有高于父母的权威，就很难管理学生。教师要对孩子严格要求，不能姑息。

第四，教师要因材施教。蒙田认为以往千篇一律的课程和教法是教育工作失败的主要原因。按照这种方法培养出来的孩子，只能是笨头笨脑的。

第五，教师要有好的性情。蒙田认为性格多变或过于孤僻、阴郁的人都不适合做教师，他强调不能姑息迁就那些把孩子当作囚犯一样看管的教师以及那些对孩子不管不顾的教师，教师这样的行为最终会使孩子对社交生活等不感兴趣。

第六，教师不可体罚学生。旧式学校的教师用威逼或武力方式让孩子就范，这种方式容易使孩子善良的心变得愚蠢又败坏。

由于时代和阶级的制约，蒙田的教育思想有其局限性。蒙田是新兴资产阶级的代表人物，他的教育思想主要为资产阶级培养身心和谐发展的新型绅士，几乎没有涉及下层劳动人民。但同时，我们也必须充分肯定蒙田教育思想的历史意义和价值。蒙田以其深刻的哲学思考，使他的教育思想明显区别于文艺复兴后期其他的人文主义者，体现出独有的特点并对后世产生了深远的影响：夸美纽斯在名著《大教学论》中多次引述了他的观点；他的绅士教育目的论被弥尔顿（1608—1674）、洛克等人吸收与发展并进一步系统化；他的教育要遵循自然的原则对卢梭的自然主义教育思想也产生了直接而积极的影响。他关于教育的许多主张以及他的著作《散文集》中随处闪烁的卓越的人生智慧，是留给后世的巨大宝藏。

小　结

文艺复兴发生在欧洲从中世纪向近代转型的过渡时期，是欧洲在意识形态层面开启的与封建文明决裂，在知识、科技、人文和社会诸领域中展开的一场新思想和精英文化的运动。① 它既是西方思想文化发展进程中一次重大的新文化运动和思想解放运动，也标志着一个新的伟大历史时代的开始。新兴资产阶

---

① 刘明翰、陈明莉：《欧洲文艺复兴史·教育卷》，人民出版社2008年版，总序第1页。

级在这场新文化运动中高举"世俗文学"和"现世艺术"两面大旗,喊着"人文主义"口号,以崭新的姿态登上历史舞台。在文艺复兴思想的召唤下,欧洲经济、政治、文化等方面发生了全面且深刻的变革,不同领域的学科以全新的面貌蓬勃兴起,教育也不可避免地打上了深深的人文主义烙印,形成以人文主义为核心内容的人文主义教育思想,为西方近代教育思想体系打下了初步基础。作为资产阶级教育的开端,人文主义教育思想具有四个方面的特征。

第一,人本主义。人文主义的核心是"以人为本",把人看作一切事物的前提、最终的本质和根源,反对神性和以神为中心,提倡人性,主张以人为中心。① 人文主义者从肯定人的力量、人的价值出发,要求热爱儿童,相信儿童,尊重儿童的天性,坚信教育可以重塑个人、改造社会和自然。他们希望把儿童培育成为体魄健康、知识广博、多才多艺、富有进取精神、善于处理公私事务的人,即培养积极从事经济、政治、文化等各方面事业的活动家、开拓者。这一培养目标与造就僧侣、训练骑士的封建教育相比,发生了重大变革,反映了时代要求,具有巨大的进步意义。

第二,古典主义。人文主义者主张恢复古希腊的体育、德育、智育、美育等多方面教育,培养和谐发展的人。首先,恢复体育。中世纪教会学校从"肉体是灵魂的监狱"的思想出发,废除了体育。人文主义者则认为肉体是灵魂存在和获得幸福生活的条件,非常重视发展人的身体力量,主张通过各项体育活动,使人具有健康、协调、敏捷的身体。其次,转变道德教育观。人文主义扭转了以宗教思想为中心的道德教育观,强调以资产阶级的人性美塑造新的道德观,讲究个人勇敢、开拓、坚强、乐观主义和积极进取,要求用人道主义、自由、平等、享受、幸福的道德观进行教育。这是新兴资产阶级现实主义、功利主义的道德教育,与中世纪的宗教教育相比,是巨大的进步。再次,倡导智育。人文主义者大大拓宽了课程范围,除拉丁语、希腊语、希伯来语、"七艺"、神学外,增设了人文学科和自然科学方面的课程,到文艺复兴后期已发展到近20个学科,包括文法、文学、历史、修辞学、伦理学、算术、代数学、三角法、几何学、地理学、植物学、动物学、物理学、机械学、化学、音乐等。人文主义者希望青年一代掌握这些科学知识发展的新成果,更深刻地去认识世界。这个时期的智育不仅重视传授知识,而且重视智力的发展,要求在教

---

① 刘明翰、陈明莉:《欧洲文艺复兴史·教育卷》,人民出版社2008年版,总序第2页。

学过程中激发求知欲望、培养思考能力。最后，大力发展美育，这一时期美术、文学等的空前繁荣，促进了人文主义教育重视审美能力的培养。学校中设置音乐、图画等科目，加强了美育的实施。总之，为了适应资本主义经济的发展和社会生活日益复杂的需要，人文主义者要求通过多方面的教育，发展人的身心的各种能力，使之成为身心协调发展的完人。

第三，自然主义。针对中世纪教会学校扭曲人性的教育，人文主义者从关心人的自然天性出发，提倡教育要遵循自然、顺应自然，主张自然、快乐的教育。他们反对经院主义教育的灌输式教学、死记硬背以及体罚管教，主张尊重儿童的身心发展特点，着重培养儿童的学习兴趣，积极调动儿童的主观能动性，引导儿童健康发展个性。人文主义者十分注重观察，提倡直观，重视参观、访问，要求尊重学生的人格，反对体罚，提倡实行学生自治，提出用本民族语言进行教学。这些新的方法逐步在实践中推广，后世的夸美纽斯在此基础上进行总结提炼、丰富完善和提升，创造性地撰写出划时代的教育学巨著《大教学论》，提出了一套系统完整的教育理论体系，成为近代教育理论的先驱。

第四，宗教性和贵族性。文艺复兴时期的教育思想仍具有强烈的宗教性和浓厚的神学色彩，几乎所有的人文主义者都信仰上帝，《圣经》和神学教义仍是其必要的教育内容，他们所要做的是，希冀以世俗和人文精神改造中世纪宗教的陈腐专横。同时，这一时期的教育思想也体现出鲜明的贵族性。人文主义教育的对象主要是上层子弟，教育的形式多为宫廷教育和家庭教育而非大众教育，教育的目的主要是培养上层人物，如君主、绅士等。

当然，意大利和北欧地区的人文主义教育思想也有一些不同之处：一是意大利人文主义教育具有较强的世俗性，而北欧人文主义教育十分强调虔诚与道德的价值。二是因政治背景不同，教育的功能和旨趣也迥异。意大利在文艺复兴前期实行城市共和制，共和政体要求培养富于自由、平等精神的公民；而北欧人文主义者崇尚君主制，把治理国家的希望寄托在君主和朝臣身上，因此，他们关注的是对那些将来有希望成为君主和朝臣的人施以什么样的教育。

拓展阅读

檀慧玲：《人文主义与中世纪大学的博弈及其对后者现代化转向的影响》

文艺复兴的实质是资产阶级的思想解放运动，文艺复兴时期是冲破中世纪重重封建藩篱向资本主义时期过渡的一个时代。作为文艺复兴在教育领域的体现，人文主义教育思想具有鲜明的两重性，进步与落后并存。特别是在文艺复

兴后期，人文主义教育过分强调个人的价值和意义，导致物质欲望的过度膨胀，贪图享乐，浮夸奢靡，乃至泛滥堕落。对此，我们必须要坚持辩证唯物史观的指导，客观全面地看待。但总的来讲，文艺复兴时期的人文主义教育家在理论和实践上的探索扫荡了中世纪教育的垄断，展露出新时代教育的灿烂曙光，成为16、17世纪资产阶级民主主义教育思想的重要来源，开创了欧洲近代教育的先河。

思考题

1. 论述文艺复兴时期教育思想转变的主要特征。
2. 浅议维多里诺对弗吉里奥教育思想的继承与发展。
3. 评述格里诺教育思想及教育实践的独特之处，分析其对当代教育的借鉴与启示。
4. 试评伊拉斯谟与蒙田教育思想的异同。
5. 根据历史唯物主义的基本原理，分析文艺复兴时期人文主义教育思想的特征及影响。
6. 根据以下文字，分析拉伯雷的教育思想。

　　……现在全世界都有有学问的人，知识渊博的教师，藏书丰富的图书室。我以为柏拉图的时代也好，西塞罗、巴比尼昂的时代也好，哪个时代也没有现在求学这样容易。今后如果不在密涅瓦庙堂里学成后才出来，谁也没法再在社会上立足，也没有人肯和他交往。我看现在的强盗、屠夫、士兵、马夫也比我那时候的博士和讲经者高明得多。我还能说什么呢？连妇人和女孩子都希望得到这个荣誉，得到美好的精神食粮。语言在今天变得这样需要，甚至到了我现在的年纪，还不得不学习希腊文字……

　　为此，我的孩子，我劝你把青春好好地用在学业和品德上。①

---

① ［法］拉伯雷：《巨人传》，成钰亭译，上海译文出版社2013年版，第244页。

第五章 宗教改革时期教育思想

宗教改革时期是西方国民教育思想诞生的重要历史时期。从"因信称义"等新教神学观和君权独立的政治观出发,马丁·路德与加尔文等新教教育家提出了以实行强迫义务教育、建立国民教育制度为核心的教育主张,并在德国、瑞士、英国等国家进行了最初的实践。为应对新教带来的冲击,天主教内部也产生了改革的要求,耶稣会等天主教团体和罗耀拉(1491—1556)等天主教思想家吸收人文主义的思想,提出了自己的教育观念,推动了教育的发展。

宗教改革运动对教育的意义在于,它不仅进一步推动了西方教育思想从古代向近代的转变,强化了文艺复兴时期开启的教育世俗化趋势,而且直接导致了近代西方普及义务教育和国民教育制度的兴起。

第一节 宗教改革时期教育思想的社会基础与演变

宗教改革时期教育思想形成和发展最直接、最重要的推动力来自16世纪先后在德国、瑞士、英国等国家爆发的宗教改革运动。宗教改革运动所导致的天主教会内部的分裂革新和新教的产生,为新教教育思想的形成创造了必不可少的社会条件和思想前提。

一、宗教改革运动

宗教改革运动波澜壮阔,涉及的阶层、地区和国家、议题都较为广泛,对整个欧洲思想观念、社会结构、社会发展动力等方面均有较大的影响。

(一)宗教改革运动的背景与影响因素

宗教改革运动的爆发既有历史的渊源,又有现实的原因。从历史渊源来看,文艺复兴运动和14、15世纪的早期宗教革新活动是促成宗教改革运动爆发的重要原因。一些历史学家甚至认为,宗教改革运动是文艺复兴运动在宗教领域中的继续。没有文艺复兴,便没有宗教改革,宗教改革与文艺复兴的这种联系,也反映在新教教育思想中。

宗教改革运动的另一个历史背景是以英国的威克里夫(约1330—1384)和

捷克的胡斯（约 1369—1415）等人为代表的早期宗教革新活动。威克里夫公开抨击罗马教皇和罗马教廷，坚决反对教皇对世俗事务的干涉。他认为，《圣经》的权威高于教皇，教徒应当直接从《圣经》中认识自己在上帝面前的责任。他主张用民族语言做礼拜，并亲自将《圣经》译成英文。威克里夫的思想对马丁·路德等宗教改革家有很大的影响，他因此被称为"宗教改革运动的晨星"。

胡斯接受并发展了威克里夫等人的思想，进一步抨击教会的腐败，主张在上帝面前人人平等，教会土地应被收归国有，他还把《圣经》译成捷克文。胡斯的思想和活动对马丁·路德有很大影响。马丁·路德曾公开要求为胡斯平反，并认为自己是胡斯事业的继承者。

宗教改革运动是 14、15 世纪宗教革新活动的继续和发展，最早发生在德国。这是由当时德国社会、经济和政治等方面的条件所决定的。15 世纪末 16 世纪初，德国在工业、农业、商业方面发展很快，有些方面达到甚至超过当时西欧先进国家的水平。德国的富庶和繁荣使它成为罗马教廷敲诈勒索的主要对象，德国因而被称为"教皇的奶牛"。罗马教廷的横征暴敛不但激起了德国中下层人民的愤怒，也引起了各邦诸侯、贵族以及新兴资产阶级的不满。德国当时处于分裂状态，大小统治者并不关心德国的统一，但在保护自己利益方面没有轻易让步。而且，由于自身力量的逐渐强大，德国统治者也日益反感罗马教廷的干涉。早在 1356 年，神圣罗马帝国皇帝查理四世就颁布《黄金诏书》，排除教廷对德国政治事务的干涉。到 15 世纪末 16 世纪初，反对教廷干预世俗事务的呼声进一步高涨。整个德国就像堆满了干柴，只需要一点火星就会熊熊燃烧。

（二）宗教改革运动过程

1517 年，教皇利奥十世以修建罗马圣彼得教堂为名，派特使到德国出售赎罪券，同年 10 月 31 日，维登堡大学神学教授马丁·路德在维登堡教堂大门上贴出《关于赎罪券效能的辩论》（即《九十五条论纲》），宗教改革运动就此拉开序幕。在《关于赎罪券效能的辩论》中，马丁·路德否认教皇拥有赦免任何罪恶的权力，认为："任何基督徒，只要他能真诚忏悔，将获得完全解除罪孽，无须乎赦罪券。"①《关于赎罪券效能的辩论》在当时引起了巨大反响，很快传遍整个德国和西欧，成为反抗罗马教廷的进军号角。

---

① 《世界中世纪史原始资料选辑》，耿淡如、黄瑞章译注，天津人民出版社 1959 年版，第 159 页。

1519年6月，马丁·路德与当时著名的神学家艾克（1486—1543）在莱比锡进行了论战。在辩论中，马丁·路德公开指出，教皇不是上帝的代表，宗教会议的决议也可能错误，从而否定了教皇和宗教会议的无上权威。从这时起，马丁·路德真正走上了与罗马教皇决裂的道路。

1520年6月，教皇发出开除马丁·路德教籍的通谕，宣布他为"异端分子"，并下令焚毁他的著作。通谕的公布反而促使马丁·路德进一步有意识地与教皇决裂。同年，马丁·路德先后发表了被称为宗教改革三大论著的《致德意志基督教贵族书》《教会的巴比伦之囚》《论基督徒的自由》，猛烈抨击罗马教皇和教廷的统治，全面阐发了他的宗教—政治学说和改革计划，提出完全废除高居国家权力之上的教皇权力，建立德意志的民族教会。1520年12月10日，马丁·路德当众焚烧了教皇通谕，意味着与教廷公开彻底的决裂。

德国宗教改革运动爆发后不久，瑞士等国家也先后开展了宗教改革运动。1536年，加尔文发表《基督教要义》，系统阐述了关于改革教义、教仪和教会的激进主张。1541年，加尔文成为瑞士日内瓦的政治、宗教领袖。在他的领导下，日内瓦逐渐成为以加尔文教义为指导思想的政教合一的共和国。

从1529年起，英国开始自上而下地进行宗教改革，并于1533年与罗马教皇决裂，禁止英国教会向罗马教廷缴纳岁贡。1534年，英国国会通过《至尊法案》，宣布国王为英国教会最高首脑，拥有任命教职和决定教义的权力；宗教法庭改为国王法庭；未经国王同意，教会无权召集宗教会议，不得制定新的教规。改革后的宗教称为安立甘宗或英国国教。

在宗教改革运动中，新教和天主教势力之间进行了长期斗争，并于1555年和1648年分别签订了《奥格斯堡宗教和约》《威斯特伐利亚和约》，确立了教随君定的原则，路德宗、加尔文宗等新教宗派获得了合法地位。

马克思和恩格斯在一定程度上肯定了宗教改革运动的积极性与历史意义。马克思论述道："德国的革命的过去就是理论性的，这就是宗教改革。正像当时的革命是从僧侣的头脑开始一样，现在的革命则从哲学家的头脑开始。"① 正是在这个层面上，马克思将宗教改革与现代社会革命联系在了一起，并指出："真理的彼岸世界消逝以后，历史的任务就是确立此岸世界的真理。……于是，对天国的批判变成对尘世的批判，对宗教的批判变成对法的批判，对神学的批

---

① 《马克思恩格斯文集》第一卷，人民出版社2009年版，第12页。

判变成对政治的批判。"① 从而论证了正是对宗教的批判引出了对现实的批判，确定了宗教改革的价值。

恩格斯肯定了马丁·路德在宗教改革运动早期的革命性，认为他在早期有"火一般的革命热情"，但批评他革命存在不彻底性，认为他在后来"毫不踌躇地抛弃了运动中的下层人民，倒向了市民、贵族和诸侯一边"，"吹起了和平发展和消极抵抗的调子"，"开始了那一场施展权术、妥协变通、玩弄阴谋和握手成交的丑恶把戏"②，反对农民与平民进一步的要求和革命起义，在宗教的名义下要求双方让步和解，并最终与市民、贵族和诸侯联合起来用暴力来反对农民。

拓 展 阅 读

恩格斯：《德国农民战争》（节选）

因此，我们在理解宗教改革家和新教教育家的历史地位时，一方面应该认识到他们的革命性和对社会革命的推动作用，另一方面则应该看到他们的不彻底性和妥协性，并以此来辩证地分析他们的教育思想。

二、宗教改革时期教育思想的演变

宗教改革运动的直接结果是天主教内部分裂出了新教，产生了新教教义。但是宗教改革运动绝不只是宗教和教会内部的革新，事实上它是一场社会变革运动，也引起了16世纪中后期新教国家教育领域的巨大变革。新教教育思想正是在这种变革中形成并直接推动教育变革的。

宗教改革时期教育思想的演进主要与路德宗、加尔文宗等新教宗派及其主要人物的宗教观念和教育设想有关。首先，在人文主义教育思想影响和诸侯邦国政治权力的推动下，马丁·路德提出了基于其宗教改革思想的教育观念，强调教育在宗教信仰中的重要性，并积极推动国民教育的开展。随后，路德宗进行了诸多教育实践，推动了近代教育制度的建立。其次，在瑞士、英国等地出现了基于宗教改革新思想的教育新思潮，尤其是加尔文在日内瓦将其新教教育思想运用于现实，这是新教教育的又一次重要实践。在此基础上，加尔文新教运动在瑞士、法国、荷兰、苏格兰等国家广泛开展，加尔文的教育设想也在日内瓦之外的城市得以逐步实行。最后，为抵抗新教教育实践，天主教在反宗教

---

① 《马克思恩格斯文集》第一卷，人民出版社2009年版，第4页。
② 《马克思恩格斯文集》第二卷，人民出版社2009年版，第241页。

改革的基础上，通过耶稣会等宗教组织，结合人文主义教育和新教教育的某些优点，提出了符合天主教教义的教育观点和思想，强化了天主教教育的护教价值，维护教皇和天主教会的利益，以图复兴天主教。耶稣会的教育活动和实践也因此成为宗教改革时期教育的一个重要组成部分。

第二节　马丁·路德的教育思想

作为宗教改革的领袖人物，马丁·路德基于其宗教和政治观念，提出了强调世俗政权参与的国民教育观念，对近代教育的发展起到了重要作用。此后，路德派的信徒——梅兰希顿（1497—1560）、斯图谟（1507—1589）、布根哈根（1485—1558）等人在马丁·路德教育思想的基础上，积极进行教育革新，进一步推动了教育的发展。

一、马丁·路德教育思想的观念基础

马丁·路德幼年就接受了严格的宗教教育，先后进入拉丁文学校以及共同生活兄弟会开办的学校学习。1501年，他进入德国爱尔福特大学学习，广泛阅读古罗马作家的著作，并接触到西塞罗与昆体良的教育著作。1505年，马丁·路德进入圣奥古斯丁修道院，开始了他的宗教生涯。1517年，他因反对教皇在德国兜售赎罪券而公开贴出《关于赎罪券效能的辩论》，从此走向与罗马教皇决裂的道路。

从严格意义上说，马丁·路德并没有建立起自己严密的教育思想体系，除了《为基督教学校致德国市长和市政官员书》，没有专门论述教育问题的著作。马丁·路德的历史使命在于为宗教改革运动提供理论支持，教育主张只是实现其神学信仰、扩大新教影响的手段。尽管如此，马丁·路德关于教育问题的见解

拓展阅读

《为基督教学校致德国市长和市政官员书》简介

和主张，尤其是一些具有开拓性的教育见解，不仅直接促进了西方教育思想从古代和中世纪向近代转变，而且对后来西方国民教育制度的建设和近代教育思想体系产生了深远影响。

（一）马丁·路德的"因信称义"说

马丁·路德教育思想的一个重要基础是其"因信称义"的神学理论。在

"因信称义"的神学理论中,信仰是人的内在活动,信徒与上帝是直接相通的,无须任何外在权威的中介作用,信徒对上帝的信仰是在独立阅读、理解和解释《圣经》的基础上产生的,《圣经》(而不是教皇)是唯一的权威。

由于马丁·路德主张对《圣经》的解释应完全以个人的理解为基础,因此,在中世纪长达千年的沉重压抑之后,人类理性开始重新赢得自己应有的地位。与"因信称义"说直接相联系的是马丁·路德所提出的"人人皆僧侣"的原则。马丁·路德认为,人只要有信仰,在上帝面前就享有平等的权利和义务,不存在一部分教徒必须借助另一部分教徒才能解放个人灵魂的情况。马丁·路德进一步认为,任何基督徒,经过大家同意,都可以成为僧侣。这种平等观彻底否定了教阶制度和教士的各种特权。从事僧侣工作的前提在于有能力阅读《圣经》,这就向个人提出了掌握基础文化知识的要求,也在事实上成为新教领袖推行普及教育与义务教育的主要动机。此外,马丁·路德还提出,在众信徒应尽的种种义务中,有三种是最重要的,其中之一就是有义务关心在教的儿童,特别是那些穷苦、可怜和被遗弃的儿童,应该对他们进行适当的教育并把他们培养成为国家的有用人才。①

(二)马丁·路德的天职观念

马丁·路德教育思想的另一个重要基础是其天职观念。这是一个与罗马天主教所持有的"善功"相对立的神学概念。所谓"善功",按照罗马天主教会的解释,主要是指信徒在教会神职人员的引导下,参加教堂祈祷、斋戒、唱赞美诗、领圣餐等一系列宗教活动。善功积累的结果是"称义",即"善功称义",而在马丁·路德看来,"善功"既非教堂祈祷与斋戒,更非烦琐的宗教礼仪和严厉的宗教规条,而是个人凭借信仰所从事的各种社会职业和日常工作。成功履行自己的职业责任、家庭义务与社会责任既是个人的"天职",又是个人获得上帝救赎所必须完成的"善功",是上帝所唯一认可的个人生活方式。马丁·路德对于"善功""天职"的新理解,把原来仅仅局限于教会信仰领域内的个人信仰扩大到世俗领域,同个人的职业责任、家庭义务与社会责任建立联系,把履行职业责任、家庭义务与社会责任看作一个人的道德行动所能达到的最高境界。一方面,这一新的理解不仅打破了教会对信徒日常信仰生活的形

---

① [英]托马斯·马丁·林赛:《宗教改革史》上卷,孔祥民等译,商务印书馆2017年版,第397—398页。

式控制和经济控制,而且为西方的职业教育训练以及各种实用性教育思想的发端提供了基础,进一步丰富了教育的内容,成为新教教育思想的核心理论基础。另一方面,马丁·路德的神学观点没有脱离宗教的本质。马克思曾经深刻揭示了马丁·路德教义的实质。他指出:"的确,路德战胜了虔信造成的奴役制,是因为他用信念造成的奴役制代替了它。他破除了对权威的信仰,是因为他恢复了信仰的权威。他把僧侣变成了世俗人,是因为他把世俗人变成了僧侣。他把人从外在的宗教笃诚解放出来,是因为他把宗教笃诚变成了人的内在世界。他把肉体从锁链中解放出来,是因为他给人的心灵套上了锁链。"①

二、马丁·路德教育思想的主要内容

马丁·路德的教育主张所涉及的范围相当广泛,其中既包括对罗马天主教廷控制下的旧教育的抨击,也包括对以新教教义为依据建立的新教教育的整体设想。

(一) 对旧教育的抨击

由于中世纪教育与教会的特殊联系,因此马丁·路德批判整个教会时,其批判的矛头必然会指向教会控制下的学校。对罗马教会控制下的旧教育的猛烈抨击,是马丁·路德对罗马教会全部批判与声讨的一个组成部分,同时也是其教育思想的重要出发点。他尖锐地指出,由于旧学校盛行体罚、机械训练和枯燥的教学方法,学校成了恐怖的场所,成了监狱、地狱,学生则成了"殉难者";在这样的学校中,学生"绝对学不到什么东西"②。他特别指出,在旧学校中充当教师的僧侣根本不适合从事教育和管理工作,因为"他们一无所知,教不出什么有用的东西来。甚至连正确的学习和教学方法都不懂"③。在马丁·路德看来,旧学校所教授的内容空洞无用,使得过去受过大学和修道院教育的人只能成为蠢人和笨蛋,他们花费 20 年、40 年的时间学习,却连一点拉丁文和德文都不懂。④ 马丁·路德还认为,旧学校的腐败和恶劣风气败坏了青年人

---

① 《马克思恩格斯文集》第一卷,人民出版社 2009 年版,第 12 页。
② Percival R. Cole, *A History of Educational Thought*, London: Oxford University Press, 1931, p.191.
③ 华东师范大学教育系、浙江大学教育系选编:《西方古代教育论著选》,人民教育出版社 2001 年版,第 198 页。
④ 华东师范大学教育系、浙江大学教育系选编:《西方古代教育论著选》,人民教育出版社 2001 年版,第 180 页。

的道德。他甚至宣称:"我宁愿我们的青年无知和愚笨,也不愿让这样的大学和修道院成为他们唯一受教育的场所。我的热切祈祷和希望就是把撒旦的这些学校毁灭掉。"①

在马丁·路德对旧学校的激烈批判中,他的某些指责是正确和切中时弊的,但从他的全部思想看,他的指责也存在消极的一面,尤其是后期对当时大学的批评,在很大程度上源于他的宗教偏见。

虽然马丁·路德猛烈甚至粗暴地抨击当时的教育机构,但是出于现实的考虑,他还是反对一些人提出的拆毁旧学校的激烈主张。他再三强调对旧学校要进行改革,把它们变成真正的基督徒学校。为此,他提出了一系列基本的原理和具体的设想。

(二) 论教育目的

马丁·路德全部思想的核心是灵魂得救,无论是他的"因信称义"说,还是他的天职观念以及"君权独立"说,最终的目的都与灵魂得救直接联系。在这一点上,马丁·路德与中世纪正统神学的区别在于解决问题的途径。在教育方面也是如此。马丁·路德教育思想的根本出发点就在于:通过教育,培养对神的虔诚信仰,从而使灵魂获得拯救。他认为,对儿童的良好培养是通向天堂最直接、最容易的路径。这就是说,在马丁·路德的观念中,灵魂得救既是一切教育的起点,也是所要达到的最终目的,而其他具体的目标,如公民训练、职业技能训练、教士和政府官吏的培养等,都是实现最终目的的必要途径。在这方面,马丁·路德的教育思想与中世纪正统的教育理念基本上是一致的。正是在这一点上,他的教育学说虽然启发和影响了近代许多教育家的思想与活动,但也鲜明地表现出它们之间的根本差异。

与中世纪正统的教育理念具有很大不同的是,马丁·路德在注重教育的宗教化目的的同时,也高度强调教育的世俗化目的,甚至把二者放到同等的地位。他认为:"即令没有灵魂,即令学校和语言不是为圣经和上帝的缘故所必需的,仅是以下的一个理由,就应当使我们普设学校,教育男女儿童。这理由即是:世界为维持本身起见,必须有贤能的男子和妇女,以便男人可以管理国家和人民,妇女可以理家训练子女及仆人。这样的男子是从男孩子里面产生的,

---

① 华东师范大学教育系、浙江大学教育系选编:《西方古代教育论著选》,人民教育出版社 2001 年版,第 180 页。

这样的妇女是从女孩子里面产生的。所以我们应该以适当的方法，教育我们的男女孩童。"① 他进一步指出，"要想使国家兴旺，学校与教师都是不可少的"②。这是因为，"城市的最大幸福、安全和权力乃在于有才能、有学问、聪明、正直和有文化的公民，他们能维护、保全并利用各种财富与优势"③。马丁·路德的这种思想与其政治学说一样，深刻反映了近代民族国家兴起的客观需要，从而成为其教育思想中具有鲜明近代色彩的因素。

在马丁·路德教育思想中，宗教化与世俗化的目的并行不悖，共同构成其教育思想的出发点。这种此岸与彼岸、今生与来世、人间与天堂奇妙结合的思想方式和结果，不仅决定了马丁·路德全部教育思想的内容、原则和基本精神，而且造成了其思想不可克服的矛盾。这种矛盾几乎表现在马丁·路德教育思想中每一个重要的论点和原则上，也表现在它们对后世的影响上。

（三）论强迫义务教育

在马丁·路德的教育思想中，关于强迫义务教育的主张最具独创性和进步意义。

马丁·路德主张，人只要有信仰，在上帝面前就都享有平等的权利和义务，也就在事实上提出了一种平等的思想观念。这种宗教的平等观反映在教育方面，便成为人们在教育权利上的平等。正是以这样的观念为基础，马丁·路德认为，应当使每一个儿童，不分性别和阶级都受教育，尤其是女孩，应该同男孩一样，也受到教育。

马丁·路德基于宗教的平等观念所提出的普及教育的主张，与中世纪和文艺复兴时期的观念相比，显然更为"近代化"，更能适应历史发展的要求。在中世纪，无论是在宗教方面，还是在政治观念方面，普通的个人都是无足轻重的，教会所注重的只是教会领袖与神职人员的训练。在文艺复兴时期，人文主义者的教育兴趣逐渐摆脱了中世纪教育思想的桎梏，从培养僧侣转移到训练世俗人士上，但是，事实上，他们所关注的只是上层社会子弟和少数社会"精英"的教育。马丁·路德则把受教育的权利扩大到更为广泛的社会阶层，扩大

---

① 《路德选集》，徐庆誉、汤清等译，宗教文化出版社2010年版，第335页。
② 华东师范大学教育系、浙江大学教育系选编：《西方古代教育论著选》，人民教育出版社2001年版，第184页。
③ 华东师范大学教育系、浙江大学教育系选编：《西方古代教育论著选》，人民教育出版社2001年版，第184页。

到每一名儿童,从而拉开了西方近代教育民主化进程的历史序幕。

更为重要的是,马丁·路德不仅提出了这种普及教育的设想,而且全面阐述了使这种设想得以实现的一系列具体主张。宗教改革运动爆发后,在教育方面,马丁·路德面临着两个非常现实的问题。首先,在罗马天主教会的统治下,平民子弟可以通过接受教育成为神职人员,从而享受教士的特权,而马丁·路德主张"人人皆僧侣",这样,神职人员就失去了以往的特殊地位,学校教育也失去了往日具有的培养教士的作用。用马丁·路德的话说,就是"自私的父母们看到他们已不能再指望他们的子女从教堂和寺院得到好处,就拒绝让他们的子女接受教育"①。其次,马丁·路德把《圣经》翻译成通俗易懂的德文,使普通人能够阅读,这样,仅就培养信仰而言,学校也不再具有往日的吸引力。

正是在这种情况下,马丁·路德提出了强迫入学的主张,作为其普及教育设想的补充。他认为,对于父母来说,使自己的孩子受到良好的教育,是一种神圣的义务和责任。他依据《圣经》指出:"我相信在一切外表的罪恶中,上帝看为最大的罪和最值得严厉处分的罪,就是不使儿童受适当的教育。"② 在他看来,使儿童受到教育,是父母对国家和社会的义务。而对行政当局来说,使年轻一代受到教育,也是不可推卸的责任。马丁·路德主张,行政当局应当像强制臣民服兵役一样,强迫父母把自己的孩子送到学校接受教育,对拒不承担这种义务的父母,应予以必要的处罚。

(四) 论教育的管理

在马丁·路德看来,世俗政权是根据神的旨意建立的,它对臣民的精神事务同样负有责任。教育关系到国家的安危、兴衰,"所以参议员和首长的责任,即是要对儿童的教育,予以最大的关切。全城的生命、财产和荣誉,既都是付托给他们去妥为保护,假如他们不日夜尽力促进城市的幸福和进步,他们对神对人就是放弃了职责"③。"如果我们为了使我们的城市获得暂时和平与安逸,情愿每年花费大量金钱购置枪炮,修筑公路、桥梁、堤坝,那么我们为什么不能花同样多的钱来拯救我们可怜而被忽视的青年,使我们可以有几个熟练精干

---

① 华东师范大学教育系、浙江大学教育系选编:《西方古代教育论著选》,人民教育出版社 2001 年版,第 178 页。
② 《路德选集》,徐庆誉、汤清等译,宗教文化出版社 2010 年版,第 327—328 页。
③ 《路德选集》,徐庆誉、汤清等译,宗教文化出版社 2010 年版,第 328—329 页。

的教师呢?"①

基于上述原因,马丁·路德认为,应当由国家和行政当局负责建立学校并加以管理。他特别重视那些自由城市的学校教育,因为:(1)几个世纪以来,这些城市一直独立于罗马教会之外行使开办学校的权力;(2)这些城市更少受到罗马教会的影响;(3)这些城市的市民更支持与罗马教会的决裂;(4)这些城市有力量开办和维持学校。

此外,马丁·路德还提出应该不吝惜劳力和经费设立图书馆,收藏各种语言的《圣经》、诗人与演说家的著作、法律和医药的著作、历史著作以及其他各种学术著作。

在西方教育史上,由国家管理文化教育事务、实施强迫义务教育,无论是在理论上还是在实践上,都并非始于马丁·路德和宗教改革运动。在理论上,早在1516年,莫尔在其《乌托邦》中就曾提出创建公共普及教育的设想。伊拉斯谟曾提出,养育子女是父母对社会的义务,政治家和社会人士也有相应的义务和责任,以提供足够数量的合格教师来促进教育事业。在实践上,在马丁·路德之前,尼德兰、摩拉维亚等地已实行了比马丁·路德思想更为广泛、开放的公共普及教育制度。但马丁·路德教育思想的深刻意义在于,它不仅更为全面、系统地阐述了关于建立公共教育制度、实施普及义务教育的主张,而且凭借着宗教改革和他本人宗教—政治学说的广泛影响,把这种思想传播到了更为广阔的地域,并在近代早期在许多城市和国家进行了初步的实施。

(五)关于教育体制的构想

为了实现二元化的教育目的,同时也为了实施强迫义务教育,马丁·路德提出了关于建立新教教育体系的设想,包括家庭教育、初等教育、拉丁学校、大学四个教育阶段。

1. 家庭教育

马丁·路德主张,儿童在进入国立初等学校之前,应由父母负责对其进行教育。家庭教育的主要内容是宗教和道德。1529年,马丁·路德在写作《大教义问答集》时,有感于普通人对基督教义一无所知以及牧师毫无传授技巧,他

---

① 华东师范大学教育系、浙江大学教育系选编:《西方古代教育论著选》,人民教育出版社2001年版,第179页。

主张，父亲应每周至少1次就《大教义问答集》考问他们的子女和仆人，使之受到良好的宗教教育。马丁·路德由此而成为新教家庭宗教教育的先驱。①

在家庭道德教育方面，马丁·路德做出了重要的贡献。在中世纪，教会把道德归于信仰，归于神学，而马丁·路德把它们区分开来，使道德具有独立的含义。这不仅扩大了家庭教育的内容范围，而且使家庭教育与世俗国家的权益相互联系起来。道德教育的基本材料首先是《圣经》，其次是《伊索寓言》。马丁·路德赋予家庭教育以非常重要的意义。他认为，家庭是教育的基础力量，良好的家庭训练与和睦的家庭生活是良好政府和社会福利的基础。

2. 初等教育

马丁·路德认为，家庭教育具有无可替代的重要性，同时坚持认为，儿童成长到一定年龄后，父母应当把他们送到国立初等学校学习。在马丁·路德看来，父母没有能力或时间使儿童受到彻底的教育和训练，必须把儿童送到学校。即使父母能够让子女受到良好的教育，也应该让他们接受学校教育，否则就是浪费时间。

马丁·路德主张，初等教育应以宗教教育为主，教学的材料是《圣经》。其他的教学内容有语言、艺术、历史、音乐及体育等。马丁·路德非常重视语言教学，在《为基督教学校致德国市长和市政官员书》中反复强调学习语言的意义。他指出，各种语言及其他自由艺术不仅无害，而且具有很大的实际利益和荣耀，对理解《圣经》和维持文职政府都有好处。

关于历史教学，马丁·路德认为，历史在反对罗马教廷统治的斗争中具有巨大的意义，同时，它也是理解人性和道德的手段。通过历史教学，学生可以"认识到每一个城市、国家、君主及男女个人的经历，并能在短时期内以全世界有史以来各种成败得失为鉴。根据所获得的知识，以敬畏上帝的心情调整自己的观点，制定他们一生进程的规划，他们就能变得聪明起来，懂得在世俗生活中应当如何辨明是非，趋吉避凶，并且能够劝告并指导别人"②。据此，马丁·路德认为，历史学家是最有用的人，也是最好的教师。③

---

① Paul Monroe, *Cyclopedia of Education*, New York: The Macmillan Company, 1918, p. 94, vol. 4.
② 华东师范大学教育系、浙江大学教育系选编：《西方古代教育论著选》，人民教育出版社2001年版，第193页。
③ F. Eby and C. F. Arrowood, *The Development of Modern Education in Theory, Organization and Practice*, New York: Prentice-Hall Inc., 1936, p. 95.

马丁·路德高度评价音乐在学校课程中的意义。他认为,音乐能造就优秀、聪慧的人,是一门最好的艺术。他指出:"假如我有小孩而可能做到的话,除叫他们学习语言和历史外,我还要叫他们学习声乐、器乐和数学。"① 尽管马丁·路德注重音乐的最终目的在于宗教教育(为此他写了大量的赞美诗,并要求他的朋友们也这么做,在他的指导下,1524年第一部德文赞美诗集出版了),但不可否认的是,正是由于他的指导,音乐教育才成为德国学校的一种主要兴趣和优良传统。在西方教育史上,自柏拉图以来,没有一个教育家像马丁·路德那样把一种崇高的教育价值归于音乐。②

马丁·路德认为,男童每天应在学校学习1~2小时,其余时间则在家庭中学习手工或其他喜爱的工作,使学习和工作结合起来。女童每天至少在校读书1小时,其余时间可以在家做事。③

在马丁·路德的全部教育思想中,关于初等教育的见解影响较为深远,也正是这方面最为具体、深刻地反映了他的思想与立场的明显变化和矛盾。

在早期,马丁·路德主张"任何时候基督徒都应该把圣经当做惟一书本来认真学习,彻底熟悉圣经"④。而当农民战争爆发后,他逐渐意识到,《圣经》在人民中的自由传播是一件危险的事情,于是宣称,人民不能只凭《圣经》之光达到真理,而必须通过教义问答来理解《圣经》。1528—1529年,他写了两部教义问答集,认为《教义问答集》是俗人真正的圣经,其中包含了每一个基督徒所必须了解的全部基督教教义。因而,他把学校宗教教育的教材限定为《教义问答集》,要求照着它一字一句地教就可以了。⑤ 这样,马丁·路德实际上又回归到了中世纪正统的教育理念上。

在早期,马丁·路德非常强调国语(德语)教学,并把它当作初等学校的教学用语,主张运用国语学习拉丁语、希腊语和希伯来语。但到后期,他日益趋向于反对国语的教学,要求限制国语在家庭和学校中的运用。1528

---

① 《路德选集》,徐庆誉、汤清等译,宗教文化出版社2010年版,第336页。
② F. Eby and C. F. Arrowood, *The Development of Modern Education in Theory, Organization and Practice*, New York:Prentice-Hall Inc., 1936, p. 95.
③ 《路德选集》,徐庆誉、汤清等译,宗教文化出版社2010年版,第336页。
④ 华东师范大学教育系、浙江大学教育系选编:《西方古代教育论著选》,人民教育出版社2001年版,第190页。
⑤ F. Eby and C. F. Arrowood, *The Development of Modern Education in Theory, Organization and Practice*, New York:Prentice-Hall Inc., 1936, p. 88.

年,在马丁·路德的支持下,梅兰希顿为萨克森邦起草了《萨克森学制计划》,这一计划更强调拉丁文课程,要求教师要谨慎地只教儿童拉丁文,而不是德文、希腊文、希伯来文都教。在 1530 年写成的《论送子女入学的责任》中,马丁·路德指责父母把孩子送到国语学校而不是古典学校,认为他们这样做的动机是低级的、功利主义的。① 为此,他要求强迫一切儿童进入拉丁学校。

马丁·路德对改革初等教育的教学方法提出了一些非常合理的见解。首先,他认为,儿童具有追求知识与活动的"自然的爱好"②,这种爱好不应受到阻止,而应通过设立学校等各种途径去加以满足。其次,马丁·路德主张运用直观的方法进行教学。在早期论及国语教学时,他强调运用各种生动的对话形式。在宗教教育方面,他一面主张用宗教、音乐激发儿童的情感和信仰,一面在他的《教义问答集》《圣经》译本中安排了许多插图,他因而被誉为"圣书的直观教授之父"③。有感于旧学校的严酷纪律和机械训练,他强调在对儿童的教育和教学中应当态度温和,并反对体罚和无意义的学习。

3. 拉丁学校

拉丁学校是中等教育机构。马丁·路德主张,让那些有前途的可能成为有才华的教师、传道士的最聪明的学生,在接受完初等教育之后继续深造。因此,拉丁学校不是普及的,而是具有比较严格的入学资格限制的。

4. 大学

在当时,大学主要培养教会和国家的未来领袖。它的学生主要来源于拉丁学校的优秀学生。关于拉丁学校和大学的教学内容,马丁·路德基本上沿用了人文主义者的课程,包括语言学、修辞学、文法等古典人文学科。在他的课程设置中,有历史、数学、自然科学、音乐和体操等。应当指出,虽然马丁·路德因袭了人文主义学校的某些课程,却出于完全不同的目的:人文主义者推崇古典文化和学术,是为了个人的修养,为发扬普通的人性;马丁·路德则是以宗教为目的,为了更好地理解《圣经》和其他基督教经典。在这方面,马丁·

---

① F. Eby and C. F. Arrowood, *The Development of Modern Education in Theory, Organization and Practice*, New York: Prentice-Hall Inc., 1936, p. 89.
② 华东师范大学教育系、杭州大学教育系合编:《西方古代教育论著选》,人民教育出版社 2001 年版,第 194 页。
③ 蒋径三编:《西洋教育思想史》上册,福建教育出版社 2011 年版,第 75 页。

路德与中世纪的教育实践是一致的。

马丁·路德所设想的教育体制,在德国新教各邦和西方其他信奉新教的地区得到广泛实践,在16世纪以后较长一段时间里,成为这些国家和地区学校教育的基本模式。

(六) 教师观

无论是强迫义务教育的实施,还是每个教育阶段教育任务的完成,都有赖于合格师资的创造性劳动。因此,马丁·路德视教育工作为世界上最高尚的工作,视教师职业为世界上最有用、最伟大和最美好的职业。就教师在社会上的地位而言,马丁·路德将其视为仅次于教士的第二项值得从事的职业。他认为,教师高超教学能力和深厚教学素养的获得有赖于接受充分、系统的训练,而从接受完拉丁学校教育的学生中选拔出优秀者进入大学学习,则是建立稳定的教师选拔和训练机制的基本内容,要把有前途的可能成为有才华教师的青年挑选出来进行专门培养。马丁·路德提出,教师的训练如此重要,"迫切需要把这桩事立即紧紧地抓起来"①。

三、马丁·路德教育思想的影响与贡献

在马丁·路德生前,他的教育思想就在西方一些国家和地区得到广泛传播,产生了不同程度的影响。

在16世纪的德国,马丁·路德的教育思想主要由他的信徒付诸实践,并且得到了一些信奉新教诸侯的支持。在高等教育方面,梅兰希顿按照马丁·路德的主张改造了原有的几所大学,如海德堡大学、维登堡大学,使它们(尤其是维登堡大学)成为新教思想的重要阵地,并以各种方式积极参与了马尔堡大学(1527年)、哥尼斯堡大学(1544年)、耶拿大学(1558年)等大学的创建工作。这些大学到18、19世纪时成为德国著名的学术中心。与此同时,梅兰希顿先后为大学编写了文法(希腊文和拉丁文)、修辞学、逻辑学、伦理学、神学、物理学等科目的教科书。这些教科书被德国大学广泛使用。另外,梅兰希顿还为新教中等教育的创立做出了巨大的努力,他曾分别为艾斯勒本和纽伦堡开办的最早的新教中学制定规章制度和课程计划,他在《萨克森学制计划》中

---

① 华东师范大学教育系、浙江大学教育系选编:《西方古代教育论著选》,人民教育出版社2001年版,第195页。

提出了拉丁文法学校体制的具体设想。这个设想后来为大部分德国新教地区所采纳，由此形成的中等学校体制一直沿用到19世纪初。

在创建和完善新教中学方面，斯图谟在新教教育家中影响最大。从1537年起，他担任斯特拉斯堡文科中学校长，长达40多年之久。在这所中学，斯图谟根据马丁·路德的思想，提出了以培养虔信为核心的教育目的，并以宗教为主要课程，学习马丁·路德的教义问答。在教育实践上，斯图谟首创了分级教学形式和固定课程。由于他的努力，斯特拉斯堡文科中学成为被广泛效法的榜样，为决定斯图谟时代及以后3个多世纪文科中学的共同类型，做出了比其他学校更多的贡献。

德国初等教育的实际创建始于布根哈根。1528年，布根哈根为不伦瑞克城制定了学校和教会章程，提出为所有儿童开办良好的学校，以便进行宗教教育。以后，他致力于创办这种初级学校，但直到1559年，这类学校才得到官方认可。同年，符腾堡公国在学校法令中，正式规定在乡村建立"德语学校"，教授读、写、音乐、宗教和算术等。到17世纪初，魏玛等各邦先后仿效。

就这样，马丁·路德关于实施强迫义务教育、由国家管理教育的基本主张，以及建立学校教育体制的设想，在16、17世纪的德国新教各邦得到了初步的实践，并得以具体化。

17世纪时，马丁·路德的教育思想不仅继续影响着德国的教育实践，而且进一步作用于教育理论研究。拉特克关于改革教学方法的主张，明显受到了马丁·路德的影响。夸美纽斯的教育思想尤其是普及教育思想，受马丁·路德的影响则更为直接明显。在《大教学论》中，夸美纽斯高度评价马丁·路德的普及教育主张，认为"这真是一种卓越的意见，配得上这样一个人物"①。

在德国之外，受马丁·路德教育思想影响最大的是美国。17世纪时，随着信奉路德宗的德国移民来到新大陆，马丁·路德教义及其教育思想也传播到美国，从而在美国出现了具有德国特点的教育制度，尤其是美国的密苏里州、威斯康星州、俄亥俄州和艾奥瓦州等。

对德国近代教育的发展来说，马丁·路德教育思想最为深刻的意义在于两个方面。

---

① ［捷］夸美纽斯：《大教学论》第2版，傅任敢译，教育科学出版社2014年版，第42页。

首先，它把文化教育当作国家的职责。教育问题在德国得到空前的重视，从而成为一项学术事业。出于这个原因，近代德国产生了为数众多的教育理论家、教育实践家，如巴泽多、赫尔巴特、福禄培尔等，他们的学说对人类教育做出了重大贡献。

其次，由于各个时代社会条件的变化，尤其是受启蒙运动和法国资产阶级革命的影响，马丁·路德思想中所包含的具有积极意义的因素逐步现实化。他的个人主义、思想自由、独立思考和推崇理性的原则，不仅成为近代思想解放和科学研究的依据与动力，而且促进了教育理论的发展。在德国近代教育史上，各种教育理论交替产生，呈现出前所未有的活跃局面，这固然有各方面的原因，但不可否认，由马丁·路德倡导的宗教改革运动的思想影响是其中的一个重要因素。

由上可见，在西方教育思想史上，马丁·路德较早地全面和系统阐述了男女平等的普及义务教育的思想，对16—18世纪德国新教各邦以及美国等西方国家初等教育的发展，产生了极为深远的影响。他也是近代西方国民教育运动和普及义务教育运动最早的理论先驱。

第三节　加尔文的教育思想

加尔文是宗教改革时期的另一位重要领导者，基督教新教加尔文宗的创始人。他以"预定论""选民"为核心的理论对新教的发展发挥了巨大的理论支持作用。从其神学、政治理论出发，加尔文不仅系统阐述了其教育主张，而且开展了教育实践。

一、加尔文的生平与宗教改革活动

作为16世纪欧洲著名的新教神学家，加尔文是继马丁·路德后新教理论体系的主要阐释者。加尔文的新教理论以及加尔文对教育问题的直接关注，不仅确保了宗教改革顺利而富有成效地开展，而且进一步丰富了这一时期新教教育思想体系。

加尔文14岁时曾到巴黎学习人文学科，表现出对人文主义的浓厚兴趣，但后来遵循其父的意愿前往奥尔良学习法律。在青年时期，加尔文开始接受马丁·路德思想的影响，立志按照古代基督教的面貌改革教会，于1534年正式成为新教徒。由于法国政府和天主教会的迫害，1534年10月，他被迫逃亡到瑞士的巴塞尔城，在那里继续研究马丁·路德及其教派的教义和《圣经》。1536年3月，他最重要的著作《基督教要义》出版。在书中，加尔文系统地阐述了关于改革教义、教仪和教会的激进主张。他的宗教改革思想适应了瑞士日内瓦激进市民对改革教会的迫切要求。在他们的邀请下，1536年，加尔文赴日内瓦，成为该城的牧师。1537年，在向日内瓦市政当局提交的改革教会的方案中，加尔文初次阐明了他对教育，特别是宗教教育的见解。

1538年，加尔文邀请法国学者科迪埃（1479—1564）来日内瓦参加与领导教育改革的工作。他们共同起草了《日内瓦初级学校计划书》，主张对儿童实行普及义务初等教育，使所有儿童不论阶级、贫富，都享有同等的受教育权。初等教育的教学内容以宗教、读、写、算为主。初等学校的教学用语为本族语。《日内瓦初级学校计划书》虽然强调宗教教育，并把它作为教育的首要目的，但同时也主张兼顾世俗教育，认为宗教教育与世俗教育不是相互对立的，人文学科的学习不只是为了巩固教会的统治，也是为了治理世俗国家和保持人类的博爱。这一思想显然与马丁·路德的思想是一致的。

《日内瓦初级学校计划书》完成后不久，日内瓦保守派市民在政治权力斗争中获胜，加尔文因而被驱逐出日内瓦。1538—1541年，加尔文先后游历了瑞士和法国的一些城市，并在德国斯特拉斯堡城宣传新教教义、组织教会。与此同时，他在斯图谟创办的斯特拉斯堡文科中学为高年级学生讲授神学课程。在与斯图谟的交往中，加尔文吸取了很多办学的经验，这对他以后领导日内瓦的教育改革，具有非常重要的影响作用。

1541年9月，加尔文重返日内瓦，成为该城的政治、宗教领袖。在他的领导下，日内瓦逐渐成为以加尔文教义为指导思想的政教合一的共和国。在致力于政权、教会建设的同时，加尔文对教育改革同样予以关注。1541年，他起草了《基督教教规》，其中对大学的任务、课程、教师和学校的管理等，都做出了严格的规定。同年，他又根据在斯特拉斯堡文科中学获得的实际经验，重新修订了1537年写成的《教义问答》，以使它更适合儿童的接受能力，更适合学校教学。为了进一步探索教育改革的途径，1556年，加尔文再赴斯特拉斯堡，对斯图谟的文科中学进行考察。1559年，加尔文创办日内瓦学院（日内瓦大学的前身），以培养教士、神学家和教师为办学目的。由于该校办学有方，吸引了来自瑞士其他城市和欧洲其他一些国家的许多学生。在该院开办的第一年，就有约 900 名来自各国的学生入学。日内瓦学院因而成为培养加尔文宗教士和教师的摇篮，后来成为荷兰的莱顿大学、英国的剑桥大学、苏格兰的爱丁堡大学、美国的哈佛大学等学校的样板。1559 年，根据斯特拉斯堡文科中学的模式，加尔文在日内瓦创办了一系列教育机构，其中包括法律学校、文科中学等。同年，他还专门制定了《日内瓦法律学校条例》。在他的领导下，日内瓦的教育事业取得了明显的发展。在他去世前，日内瓦的私立学校约有 1 200 名学生，公立学校约有 300 名学生。

在西方历史上，加尔文的贡献主要在于他进一步推动了宗教改革运动，创建了新教加尔文宗，因而对近代早期西方政治、社会等方面的发展产生了巨大而深刻的影响。加尔文并不是专门的教育理论家和教育实践家，但他根据其宗教教义提出的教育思想以及他在日内瓦进行的教育实践活动，随着其教义的传播而扩散到法国、德国、荷兰、苏格兰以及北美等地，对近代西方教育的发展产生了许多教育家无法比拟的深远影响，所以在西方教育思想史上占有非常重要的地位。

二、加尔文教育思想的基础

加尔文在许多方面进一步发展了马丁·路德的学说。他努力调和信仰与知识的矛盾。一方面，他坚持信仰主义的观点，明确提出"称义"唯在"信仰"，信仰是个人得救的必要条件。在论及信仰的性质时，加尔文认为，"信仰"是一种确信上帝向人类普施恩典的知识。他认为上帝的圣灵是真理的唯一源泉，信仰借助圣灵启迪信徒的心灵，对上帝的认识只能求助《圣经》。因此，对上帝的认识就是最高的智慧，而《圣经》是判断一切的标准。也就是说，信仰高于一切。另一方面，加尔文认为人的认识和知识对其生活具有重要作用。他指出，信仰和知识是不同的：凡是人所不能理解的东西都应归于信仰，凡是人所能理解的东西都应归于人的认识。信仰和知识有各自的地位和作用，都是人类生活所不可缺少的。

加尔文进一步认为，人的信仰并不是与生俱来的、天赋的，而是后天逐步形成的。信仰的基础在于相信神的真实性，而这种预先相信来自神的启示，来自上帝的道，来自确信基督。由于否认信仰是天赋的能力，加尔文提出信仰是相对的，疑问和探索是人的自然要求。这就为人对知识的追求提供了合理性。

正是在这个意义上，加尔文认为，信仰不排斥认识或知识，恰恰相反，信仰与知识是必然联系在一起的，信仰所排斥的是无知与轻信。因此，他坚决反对罗马天主教会所提出的"真理是在错误中，光明是在黑暗中，真知识是在愚昧中"的谬论，认为那种把教会的任何指令都奉为神谕，连其最大的错误也要接受的"盲信"，终将走向毁灭。加尔文所谓的知识，虽然是指对上帝的认识，但他同时也指出，人生在世，不可能充分认识一切事物，由于这种"无知"，人就应该谦虚，应该努力学习，不断提高自己的认识。这种见解不仅对反对宗教蒙昧主义具有启蒙意义，而且为人的教育和训练提出了理论依据。

为了进一步阐述其教育理论，加尔文就人的认识能力这个同时属于认识论和心理学范畴的问题进行了具体的探讨。他认为，人的认识发生于感官对物体表象所引起的感觉。感官所获得的材料经过想象的加工，再由理性加以区别、判断，此后又由心对理性所考虑的事物进行冷静的反思。从人的认识过程出发，加尔文把人的认识能力（即"灵魂的智能"）划分为三类——心、理性、想象。这三类能力又可概括为两种功能——理解力和意志。根据他的解释，理解力的任务就是辨别事物，看哪一种值得采纳，哪一种应当舍弃；意志的任务就是采纳理解力所认为好的，舍弃理解力所认为不好的。从这些见解中可以看到，在认识能力方面，加尔文更加强调的是理性，这一点对其教育思想有直接的影响。加尔文改造了马丁·路德提出的"因信得救，不靠事功"（即"因信称义"），进一步提出了"预定论"。

加尔文"预定论"的提出，主要目的在于完全否定罗马天主教会宣传的个人"善功"是进入天国得享永生的条件的说法，这就封堵了教会及神职人员以上帝的名义引领信徒的可能。

在将接受上帝安排的命运作为唯一生活可能境遇的同时，加尔文又借助"选民"外在标志的确定，进而赋予个人生活的主动性。他认为，信仰是"选民"的主要标志之一，只有通过上帝的拣选而成为上帝的"选民"，得享永生的个人才拥有对上帝的真诚信仰。个人所拥有的关于上帝的信仰可以导致两种结果——"称义""重生"：前者是指个人的自由与解放，后者是指追求并享有圣洁生活。个人只要拥有信仰，并在现实生活中享有圣洁生活，便可以判断自己即为上帝的"选民"。这样，加尔文的"预定论"在把个人命运交付上帝神秘的"选民拣选"计划的同时，又把个人的命运交还给个人。勤奋工作，在现实职业生活中取得成功，追求一种洁白无瑕的现实生活，成为拥有新教信仰的人的现实生活信条。从这些观点出发，加尔文坚决反对教皇、教阶制度的存在和权威，而这些认识也为现实普及教育的发展和教育应关注社会实际需要的思想提供了必要的元素。

正是在上述"因信称义""预定论""选民论"的基础上，加尔文结合自己在日内瓦的教育实践，形成了其教育思想。

三、加尔文教育思想的主要内容

（一）二元论的教育目的

与马丁·路德一样，加尔文也提出了二元论的教育目的，主张把教育视作推动宗教改革和社会改革与发展的有力武器。加尔文认为，从个人的角度来看，教育的目的既在于实现以宗教信仰为基础的道德教化，培养真诚信仰上帝的"选民"，养成善良的德行，也在于学习世俗学科，养成日常生活中所需的技能，掌握各门实用知识，成为能够积极参与世俗生活与生产的职业人才和良好的国家公民。从教会和国家的角度来看，对教徒和公民的教育，既是为了促进信仰，也是为了促进世俗国家的发展。加尔文认为，天国与人世、永生与今生、教会与国家是相互促进的。因此，在他的观念中，教育目的的二重性不仅是并行不悖的，而且是可以相互促进的。但从他的思想的主导倾向来看，他主张的教育目的的重心仍落在信仰、来世、教会上。在这一点上，他的思想比马丁·路德的见解更具保守性。

为实现教育的宗教目的，加尔文专门为儿童编写了宗教教育教材《教义问答》。按照《教义问答》的要求，儿童每天去学校唱一小时的圣歌，在家中要接受父母的基督教教义教育，要定期接受牧师的考问，礼拜日则需到附近指定的教堂接受宗教教育。在儿童的宗教教育问题上，家长应该发挥监督作用。根据加尔文的"选民论"，作为上帝的"选民"应崇尚理性和科学，个人在哲学、法律、修辞、医学和数学领域中的发现与创造都标志着对上帝认识的深入和全面。

（二）论强迫义务教育

加尔文接受并进一步阐发了马丁·路德关于强迫义务教育的主张。他认为，一方面，人因其祖先遗传下来的"原罪"，在本性上是全然败坏的，生而具有人性深处的罪。如果听任人的本性发展，人就会迅速走向腐败、堕落。因此，人必须受到不断的教育和训练，以抑制为恶的本能冲动，逐步养成为善的倾向，并从事善的活动。另一方面，由于人对上帝的信仰并不是天赋的而是后天养成的，因此，为着上帝的喜爱，为着实现上帝的愿望，也为着人的现世生活，人必须接受教育，以获得直接阅读《圣经》所必不可少的知识和技能，从而为获得信仰做准备。由于人的认识能力的局限性，又由于知识在人的生活中具有重要作用，因此，人应当不断地追求知识、探索真理。要做到这一点，人就需要接受教育，以得到获取知识所必需的基本技能。在他看来，真正的基督教徒所应具有的勤奋、俭朴等品质，在对上帝有贡献的职业上所具有的高效率以及他们的政治意识和责任感，都需要经过良好的教育和精心的训练，所有这些都决定了教育工作的必要性和重要性。

从上述思想出发，加尔文要求教会、国家和家庭都应当高度重视教育，把教育年轻一代的工作当作一项非常重要的事业。他甚至认为，不仅学校是教育的机构，而且教会、国家和家庭都应当成为按照上帝的意志训练、培养和教育儿童的机构。他主张，在家庭中，每一位长辈都有责任向家中所有孩子讲授《教义问答》和基督教教义。教区的行政管理部门或宗教法庭负责对家庭教育进行监督，以确保家庭教育能够真正合乎基督教的要求。教堂有责任在礼拜等各种宗教仪式中，对儿童乃至全体教徒进行宗教教育。

加尔文更为明确地提出了由国家负责对全体公民实施教育的主张。在他看来，国家、政府的首要责任是推进宗教信仰，君主和掌握政权的人都应看顾和保护教会。出于这个原因，政府应当重视教育，努力使全体公民都受到良好的教育。为此，他提出了普及教育与免费教育主张，认为所有儿童不分性别与贵贱贫富，都应当接受教育，以学习基督教教义和日常生活所必需的知识、技能。对国家来说，为了保障公民的这种权利，应当开办公立学校，实行免费教育，使所有儿童都能进入学校接受教育。他还认为，实施普及教育与免费教育，不仅是为了促进宗教信仰，而且是为了世俗国家的利益。这是因为，对公民的教育有利于国家法律和法令的执行，有利于社会秩序的稳定，也有利于道德的进步。

加尔文等新教教育家所提出的关于强迫义务教育的主张，对近代西方各国国民教育运动的发展产生了巨大的影响，为西方近代民族主义（或国家主义）教育思潮提供了直接的历史基础。

（三）论教育体制

为了实现自己所提出的教育目的，加尔文根据日内瓦当时的教育状况并借鉴德国新教各邦的教育制度，以及斯特拉斯堡文科中学的教育实践经验，借助《日内瓦初级学校计划书》《基督教教规》《日内瓦法律学校条例》等著作的讨论，提出了一个较为完整的教育体制。

1. 初等学校

初等学校教育的主要任务在于面向所有儿童提供普及和免费的初等教育，这是实现国家有效治理、保证教会秩序和人类博爱的基本保证。初等教育必须实现宗教与世俗的双重目的，既要借助一般知识和技能的学习与训练把公民培养成为对上帝拥有虔诚信仰的教士和信徒，又要为世俗政府培养合格的公民。初等学校的主要学习内容为：传授加尔文宗教义的宗教课、民族语言、算术、修辞学、文法以及《圣经》。

2. 中学

中学是进行中等教育的场所，它的主要形式是文科中学，由市政当局管理，教师由政府任命。文科中学实行收费制，主要招收初等学校的优秀毕业生。中学的主要任务是为高等教育做准备。根据斯特拉斯堡文科中学的样式，加尔文把文科中学划分为七个年级，其中七年级为最低年级，一年级为最高年级。根据他的设想，七年级的主要学习科目是法语、拉丁语的基础知识；六年级学习法语、拉丁语的词的分类及变化；五年级开始学习法语、拉丁语的写作，学习罗马诗人维吉尔的诗歌作品；四年级学习法语、拉丁语文法、希腊语的基础知识以及西塞罗等人的作品；三年级系统学习希腊语的文法；二年级学习逻辑学以及荷马、色诺芬等人的作品；一年级通过西塞罗、荷马等人的作品，学习雄辩术、修辞学。宗教教育是中学的主要学习内容，学生每天需参加固定的宗教活动。

加尔文还为教学确立了一项基本原则——因材施教，即教学要依照学生的理解能力、知识水平灵活实施。在教学过程中，教师要注意使用形象生动的语言，努力把复杂的现象和道理以通俗易懂的语言表述出来，要注意运用丰富的事实材料充实教学。教师既要尊重学生，又要严格要求他们。他认为，一个有智慧的教师应该按照那些受教学生的理解力来调适自己，要让理解力弱的或者无知的人能够跟得上，并要使自己的教导一点一滴地渗透进去，而不是流溢出来。这种教学方法在实现其宗教意图和目标的同时，也体现了他对所有学生的教育平等与人文关切。加尔文正是希望通过此种教学方法适应学生，感化听众，激发人学习和向善的热情与意志。

3. 学院

学院是高等教育的主要机构。学院的主要目标是培养教士、神学家和教师，培养教会和国家的领导人。"大学为教会和社会之共同福利而不可缺少，在大学里孩子们可以学习'语言和世俗科学'，为担任牧师和公职作准备。"① 学院的教学内容主要包括人文学科和宗教科目两大类。人文学科包括古典文学、伦理学、修辞学、辩证法、哲学、数学和自然科学等，学院还强调学生对亚里士多德、柏拉图等人和一些基督教作家的著作的研读。加尔文认为，领导学院的必须是学问渊博、富有经验的人，学院的教师同时也是教会的官员，与教士一样受基督教教规的约束。

加尔文根据其教育思想在日内瓦进行的教育改革，直接促进了日内瓦以及瑞士其他一些城市教育的发展。"法国的胡格诺教派、荷兰的改革会派、英格兰的清教徒、苏格兰的长老会教派，都以不同的方式仿效这个瑞士小城市的学校制度和大学制度，并取得了不同程度的成功。"② 加尔文的普及教育与免费教育主张连同他在日内瓦的实践，也对荷兰、苏格兰、美国等国家和地区近代普及教育运动的发展产生了极为重要的影响。

小　结

新教教育思想是从古代和中世纪向近代转变的过渡时期的产物，它同时受这两个时代特征的影响。如果说教育的世俗化目的、人文知识、强迫义务教育、国家对教育实行管理、职业训练等思想是新教教育思想中较具"近代"特色的内容，那么，教育的宗教化目的、以宗教为核心的教育内容、以培养教会领袖为目标之一的教育体制等主张，则是新教教育思想中延续中世纪教育传统的方面。而且，这"新""旧"两个方面的思想内容，在新教教育家的观念中同等重要。

从宗教改革时期教育思想所发挥的作用来看，新教教育思想同时具有消极

---

① [英]博伊德、金:《西方教育史》，任宝祥、吴元训主译，人民教育出版社1985年版，第197页。
② [英]博伊德、金:《西方教育史》，任宝祥、吴元训主译，人民教育出版社1985年版，第198页。

意义和积极意义。消极意义表现在，新教教育思想把宗教化的目的当作教育所要实现的基本理想，因而在客观上阻碍了文艺复兴时期出现的教育世俗化进程，宗教力量在长时间内依然继续支配着欧美新教国家的教育。此外，尽管新教教育家对中世纪经院教育的形式主义和文艺复兴人文主义教育中的形式主义进行了不同程度的抨击，但由于马丁·路德教义和加尔文教义逐步合法化、权威化，新教教育不但没能消除旧的形式主义，反而逐渐产生了新的形式主义，当17世纪的教育家批判旧教育时，他们的矛头也是针对这种新教的形式主义教育的。

积极意义则表现在，新教教育思想对新教国家教育发展起推动作用。新教教育家在抨击天主教教育的基础上，对于教育目的、教育与国家的关系、义务教育观念、学校体系的思想探索，无不表现出鲜明的"近代化"色彩，促进了国民教育和普及义务教育。继人文主义教育家对新教育实施理论原则及观念的探索之后，新教改革家着重就教育的组织和管理问题贡献出自己的理论思考成果，促使教育调查、学校督导、教师检定、师资培养等在建立教育体系的基础上得以萌芽。这些都影响了后期西方各国的学校教育的发展和成熟。

思考题

1. 请分析马丁·路德教育观念的宗教—政治学说的来源，并探讨其内在因果联系。
2. 为什么马丁·路德会提出他的教育主张？他的教育主张针对的是当时何种社会形势？其意义何在？
3. 论述加尔文教育主张的主要观点，并分析揭示其根源。
4. 请至少从五个方面说明宗教改革运动对西方思想和教育发展的作用与影响。
5. 请根据下述材料，分析马丁·路德对教育与政府关系的认识。

　　一个城市既然应该而且必须有人才，而到处又都缺乏人才，都为不能觅得人才诉苦，我们就不能等待人才自己长成，也不能从石头和木块中雕刻人才出来；上帝既然赐给了人们一些才干，使他们能以解决问题，他就不要行什么神迹，所以我们自己要尽自己的力量，不要吝惜劳力和经费，作育人才。政府当局一向让青年像森林中的幼树一样，自己长大，没有想到要教导并训练他们，以致现在各城市都缺少人才，这不是政府当局之咎，是谁之咎呢？结果青年不能成为良材，供建筑之用，而只能当柴烧。

政府是必须继续存在的。当我们能得着较良好的人时，我们难道要让一班愚人和笨伯来治理吗？让愚人治理，真是最野蛮和最愚蠢的政策。我们倒不如让一群猪和豺狼来统治那些不愿想到培植良好政治人才的人。如果有人只是想着："我们现在施行治理，至于在我们以后的人怎样生活，那与我们有什么相干呢？"这乃是又残忍又邪恶的想法。凡在政治中只求自己的利益和荣誉的人，只配管理猪狗，不配治理人民。即令我们用了最大的苦心，培养了才学兼具的首长，但若要使政治昌明，还得特别努力。若没有人肯埋头苦干，又怎能够使政治昌明呢？①

---

① 《路德选集》，徐庆誉、汤清等译，宗教文化出版社2010年版，第329页。

第六章　17 世纪教育思想

17 世纪是欧洲封建社会向资本主义社会转变的时期，也是西方教育思想史上承前启后的过渡阶段。17 世纪欧洲社会在经济、政治、科学文化、宗教等方面迎来了历史巨变，近代科学的兴起所导致的科学革命带来了人类知识的空前增长以及科学与理性精神的发展。为适应 17 世纪的社会现实和社会生活的需要，教育领域开始反对当时存在的古典主义、形式主义等种种不务实的教育弊端，形成了以培根为代表的科学教育思想，以拉特克、夸美纽斯为代表的早期自然主义教育思想，以及以洛克为代表的经验主义教育思想。

第一节　17 世纪教育思想的社会基础与演变

17 世纪欧洲社会的重大变革是英国资产阶级革命的胜利和资本主义制度的逐步确立。新兴的资本主义制度为欧洲社会的思想解放和科学发展提供了土壤，成为促进教育思想变革的重要动因。同时，早期启蒙思想家对封建社会落后保守的教育传统的批判和反思成为 17 世纪教育思想和实践的重要思想来源。

一、17 世纪欧洲社会的变迁

17 世纪欧洲处于从封建制度向资本主义制度过渡的阶段，欧洲社会的经济、政治、科学文化、宗教等领域发生了巨大变化。文艺复兴和宗教改革运动打破了宗教神学的精神和道德枷锁，加速了欧洲封建社会衰亡的进程。15、16 世纪世界范围的航海探险打破了中世纪以来欧洲经济社会的封闭性，欧洲的商品贸易中心从地中海沿岸转移至大西洋沿岸，商业生产交换活动日益繁荣，以商品生产、消费、分配、交换（流通）为主要特征的资本主义生产体系逐步成熟，从而形成全球性的商品市场。16 世纪尼德兰的毛织业和麻织业得到广泛发展，英国的圈地运动促进大规模手工工场的发展，最终带来资本主义经济的迅速发展。欧洲资本主义经济的发展引起了社会阶级关系的深刻变化，新兴资产阶级以及农民和手工业者同封建阶级之间的矛盾与斗争日益尖锐。1640—1688 年，英国进行了资产阶级革命，拉开了资本主义制度取代封建制度的序幕。英国资产阶级革命的胜利鼓舞了欧洲其他国家的资本主义发展。资产阶级革命的胜利推动了民主政治的发展，为资本主义经济的发展清除了障碍。新的经济、政治条件为思想的解放与科学的发展提供了土壤，成为新的教育思潮出现的动因。

17世纪欧洲社会经济、政治的发展变化对教育思想和教育实践产生了重要影响，为新的教育制度的产生奠定了物质基础并提出了新的要求。资本主义经济的迅速发展与商业贸易的海外扩张，使得一些先行发展的资本主义国家在争夺海外市场、发展国际贸易的过程中越来越明确地认识到培养通晓商业知识、掌握外语以及具有冒险开拓精神的新型人才的重要性。它们普遍重视与资本主义生产及商业革命的海外拓展直接相关的实用知识。然而，当时的学校教育明显不能适应时代和社会发展的需要，难以满足培养新型人才的需要。

二、17世纪的知识进步

17世纪的哲学取得了长足的发展。笛卡儿、斯宾诺莎（1632—1677）、霍布斯（1588—1679）和洛克的哲学思想成为启蒙运动的重要思想来源。笛卡儿是理性主义者，他认为，理性是人们获得正确认识的前提，相对于理性认识来说，感性认识是不可靠的；天赋观念的获得与感觉无关，它是来自上帝的不证自明的真理。他的哲学观表现出二元论特征，把人的精神和肉体截然分为两个彼此独立的实体，相应地，整个宇宙也被分成两个部分，即精神世界和物质世界。他认为，唯有精神世界可以认识和把握物质世界，而不是相反，二者最终统一于上帝这一绝对实体，因此只有依靠理性才能真正认识世界。斯宾诺莎反对笛卡儿的二元论哲学，认为精神与物质并不是绝对分开的，而是宇宙实体的不同属性统一于和自然本身相等同的唯一的上帝。霍布斯反对笛卡儿的天赋观念论，也反对斯宾诺莎的泛神论，认为一切知识都来自感觉。洛克在批判笛卡儿天赋观念论和二元论哲学的基础上，继承了培根、霍布斯的唯物主义哲学观，提出并论证了"认识源于感觉"的经验论原则，高度肯定了感觉在认识过程中的重要地位和作用。同时，洛克又肯定了理性的作用，认为感觉和理性是认识不可缺少的两个方面。17世纪感觉论的确立肯定了个人认识世界的可能性，开辟了通过感觉和观察获取知识的重要渠道，为科学研究和知识探索指明了正确方向，同时也对教育思想和教育实践产生了重要影响。强调教育教学与实际生活的联系、传授实用知识、反对古典文化学习中的形式主义以及单纯追求教育的装饰性成为17世纪教育思想的一条主线。

在社会政治方面,弥尔顿最早提出"天赋人权",但没有进行理论证明。霍布斯、洛克都把社会契约论作为自己政治主张的根本理论基础。霍布斯以社会契约论反对君权神授的封建主义国家观,主张实行君主制。他将自我保存视为个人最基本的权利,但推崇国家权力,认为个人为了保护自己,应该把自然权利转让出来组成政府。洛克同样是社会契约论的积极提倡者,他认为在自然状态下所有人都是平等而独立的,主张国家保护个人的自由平等权利及劳动成果——私有财产。他在前人基础上明确提出并系统证明了人的自然权利使自然法理论成为完整的资产阶级理论。这些早期启蒙运动思想家的政治哲学思想成为17世纪教育思想和实践的重要思想来源。

17世纪的自然科学也取得了十分显著的进步。随着资本主义生产的发展,新兴资产阶级强烈要求摆脱教会和宗教神学的束缚,去探索、开拓新的知识领域,开创新世界,自然科学开始冲破宗教神学的羁绊而得到了较快的发展。资本主义生产的发展,许多工业生产部门中出现的新的技术发明和改进,以及新大陆的发现和新航路的开辟,都促进了自然科学的发展。17世纪自然科学最主要的进步发生在与地理学和航海术有着密切联系的天文学领域。16世纪以前,托勒密(约90—168)的"地心说"一直是欧洲基督教会信奉的"真理"。直到1543年哥白尼(1473—1543)在《天体运行论》中提出"日心说",才推翻了统治欧洲达千年之久的"地心说"。在哥白尼的"日心说"取代托勒密的"地心说"之后,天文学获得较快的发展。1609年,伽利略(1564—1642)成功制造出天文望远镜,发现了一系列重要的天文现象。他根据自己长期的天文观测,撰写了《关于托勒密和哥白尼两大世界体系的对话》,进一步论证了哥白尼学说的科学性,从根本上动摇了天主教会的神权统治,推动了天文学和唯物论的发展,开启了天文学的革命。伽利略还对近代力学的发展做出了巨大贡献。他提出了自由落体定律,纠正了亚里士多德关于落体速度随其重量而变的错误观点。17世纪英国科学家牛顿(1643—1727)把近代科学的发展推向了顶峰,他在伽利略和开普勒(1571—1630)的研究基础上,确定了牛顿运动定律和万有引力定律,建立了经典力学理论。科学的进步促进了人们对认识方法研究的重视,推动了哲学认识论的发展,奠定了教学认识论的哲学基础,同时也直接对学校课程产生了重要影响。

17世纪的知识进步和科学发展激发了人们探究自然奥秘、揭示自然规律的兴趣，致力于自然现象研究的各种教育探索成为这个时期教育家关注的焦点。16—17世纪，知识进步与自然科学的勃兴对教育理论和实践产生了巨大的推动作用。教育家受到自然科学发现的客观规律和秩序的启发，开始探索教育中的客观规律和秩序，促使教育工作更加科学化和理性化。自然科学的发展也推动了学校课程内容的更新和改造，促进了学校教学方法的革新。经院哲学和古典主义课程再也不能在学校课程体系中占据排斥一切的地位，教育与实际生活的联系得到加强，数学、物理、地理、天文学、生物学等自然科学课程在学校课程中开始受到重视，产生了直观教学、观察、实验、实习等新的教学方法。培根的所罗门宫、弥尔顿的学园、莫尔的乌托邦、夸美纽斯的"泛智"计划，都不同程度地涉及对自然科学知识的研究和学习。科学的进步在很大程度上改变了经院哲学和中世纪神学的陈腐知识观。注重直观教学、观察、实验、实习等方法的运用，强调感觉经验和理性知识的结合，成为17世纪教育发展的显著特点。

三、17世纪教育思想的演变

17世纪欧洲并没有完全摆脱宗教教育与古典教育的传统，教育的宗教性和古典性仍然比较突出。英国资产阶级革命后的初等教育仍然由教会掌管，面向平民阶层子弟提供读、写、算等基本知识教育的各类学校还十分强调灌输英国国教教义、教规以及宗教道德教育内容，教义问答是必不可少的学习内容。中等教育在保留宗教科目的同时，注重古典语言和文学教学，并不重视自然科学。英国的公学在保留浓厚宗教气息的同时，以希腊文、拉丁文和人文学科为主要学习内容，重在培养学生的"绅士风度"；文法学校多为教会兴办，教学内容主要是古典语和文学。高等教育则在很大程度上保留了中世纪大学的特征，教学科目主要为宗教神学和古典学科。17世纪的法国，各教派兴办初等教育的根本目的不是向儿童传授实用知识，而是实施宗教教育。无论是天主教派还是新教教派，都把学校视为传播本教派教义、扩大本教派影响的工具。法国中等教育的教学内容以拉丁语和"七艺"为主，教学实践中表现出浓厚的经院主义气息；高等教育仍然受天主教会的控制，对于新教徒的排斥和进步思想的抵制成为法国大学教育生活的基本特点。17世纪德国的情况也大致如此。此外，17世纪古典教育中的形式主义倾向十分突出，古典文学教育本身被视为教育的目的，而不只是人全面发展的一种手段。古典教育对教学形式的重视超过了对教学内容的关注，主张学习特定的学科而不论其内容如何，学校教育已经蜕变为一种极其狭隘的古典语言、文法教育，在很大程度上脱离了现实社会需要。其间，尽管欧洲一些国家进行了一些改革，反对单纯学习古典语，要求适当增加现代语和自然科学等现代学科教育内容，但难以改变当时教育实践中普遍存在的古典主义特征。

17世纪初，培根创立了近代唯物主义经验论，确立了一切正确的科学知识必须起源于经验的原则，强调感觉与经验的作用，主张通过对自然界的观察获得自然科学知识，倡导科学归纳法，提倡自然科学知识教育。培根因此成为17世纪近代实验科学和近代科学教育思想的著名先驱。拉特克、夸美纽斯继承了培根的经验论哲学，提出了早期自然主义教育思想。拉特克首先提出了有关教育和教学的原则，其中包括教育应顺从自然的顺序而渐进。夸美纽斯在继承文艺复兴时期自然主义教育思想及拉特克的教育思想的基础上，明确提出教育适应自然原则及遵循自然界及其秩序的教育思想，这标志着早期自然主义教育思想的形成。

弥尔顿继承和发展了16世纪以来伊拉斯谟、拉伯雷、蒙田等人的古典人文主义思想，是使教育中的古典教条主义发展到现实主义的过渡性人物[①]，对17世纪教育思想的发展，尤其是洛克教育思想的形成产生了重要影响。弥尔顿出身于清教徒家庭，毕业于剑桥大学，在政治、文学、教育等方面都取得了丰硕的成就，是英国的文学家、教育家和启蒙思想家。他的教育思想在英国教育思想史的演进中占有重要地位。

弥尔顿批判古典人文主义教育的形式化倾向，主张古典主义教育和现实主义教育有机结合，培养受教育者正直、明敏、高尚、慷慨的品质，使其具备成功处理公共事务和个人事务的能力，以及履行守卫疆土、保卫国家安全的责任感；教育的目的是培养资产阶级"高贵和文雅的青年绅士"，使其成为具有真才实学、能够参与资产阶级革命并发挥各种作用的实用人才；教育的真正目的是入世的、功利性的现实主义目的，认识现实社会及万事万物是学习和教育所追求的目的。弥尔顿的教育思想是从社会现实的角度对古典主义的人文教育进行观照产生的积极成果，展示了英国教育思想从古典人文主义向功利主义过渡的转变过程，立足现实思考教育问题成为以后教育家解决教育与社会关系问题

[①] 杨汉麟、周采主编：《外国教育思想通史》第五卷，湖南教育出版社2002年版，第90页。

的主题，对洛克等人的教育思想产生了重要的影响。

17世纪，英国还产生了以洛克为代表的绅士教育思想。绅士教育思想提出了功利性的教育目的观，注重追求实用知识和解决实际问题的方法与手段，培养能够解决社会及人生实际问题的能力。它的理论依据来源于唯物主义经验论和资产阶级功利主义伦理观，是在批判封建传统教育思想基础上确立起来的一种资产阶级的现实主义教育思想。绅士教育思想主张教育的一切出发点应该是现实社会生活的需求，要培养体魄强健、品德高尚、掌握广博的实用知识和技能的精明能干的资产阶级实业家。绅士教育思想的产生，标志着从封建宗教教育向资产阶级世俗教育的转变，在近代西方教育思想形成和发展中占有重要地位。

第二节 科学教育思想的滥觞

早期科学教育思想产生于16世纪末17世纪初的英国，主要代表人物是培根。早期科学教育思想具有以下几方面的特点：一是崇尚人的理性，强调人的力量和科学知识的作用，提倡百科全书式的知识；二是以经验论为基础，倡导科学归纳法；三是批判崇尚书本、迷信权威、脱离实际和经验的经院哲学，提倡自然科学知识教育。

一、近代科学的兴起与教育

17世纪是欧洲近代科学兴起的时代，经过文艺复兴和宗教改革运动的洗礼，自然科学领域发生了革命性剧变，欧洲迎来了科学革命的春天。科学革命极大地改变了欧洲人对整个宇宙的认识和理解，给整个欧洲思想界带来了巨大的变化。科学革命带来的新知识、新观念和新方法，对欧洲的教育发展提出了新的要求，改变了欧洲教育发展的方向。

从16世纪中叶到17世纪，欧洲在航海、天文学、地理、气象、医学、力学、数学等领域取得了史无前例的革命性成就，自然科学获得了空前的飞速发展。人们从探索自然事物转向研究自然事物，新的发明和创造带来了自然科学知识的繁荣，人类以日新月异的速度扩展认识和掌握自然科学知识的范围。科学研究领域的不断深入，促使科研方法得到改进，建立在培根的科学归纳法基础上的新的科学研究方法的应用，打破了少数知识精英对于科学探索活动的垄断，为科学知识的普及和推广提供了可能性。近代科学革命不仅产生了新知识和获得新知识的方法，更为重要的是，科学的发展破除了迷信权威的思想传统，树立了科学的理性精神。

近代科学的发展使人们逐渐认识到科学知识的价值。一些有远见卓识的科学家敏锐地洞察到科学的实用价值及其教育意义，并积极倡导科学知识的传播和推广。许多专门的科学社团开始出现，致力于推动科学知识的传播和教育，进而催生了近代科学教育。1645年，英国的一些科学爱好者在伦敦成立了哲学学会，开展科学探究活动。1662年，英国国王查理二世批准成立了英国皇家学会，吸纳来自社会各界的科学爱好者，开展实验科学的探索和科学知识的交流与传播。1675年，英国皇家出资建立了科研机构——格林尼治天文台，供科学实验之用。1666年，法国建立了法兰西科学院，由国王提供研究经费和研究场地，科学院负有科学研究和科学教育的双重职责，开展实用项目的科学研究，组织科学家开展海外科学考察活动，收集整理各国科学研究动态，定期安排科学家开展科学实验演示和科学研究讲座。17世纪，德国科学家莱布尼茨（1646—1716）积极倡议建立专门的科学研究机构来推动科学研究和科学教育，筹划成立"德国技术和科学促进学院或学会"，设想开展包括科学、技术、商业、档案、艺术和教育在内的广泛研究，促进国家间的学术交流，推动科学知识的广泛传播。1700年，德国柏林科学院获准建立，莱布尼茨出任首任院长。柏林科学院不仅研究数学、物理，还研究德语和文学，形成了自然科学与人文科学相映成趣的学术传统。

二、培根的教育思想

弗兰西斯·培根出身于英国新贵族家庭，自幼聪明好学，表现出非凡的智力。他12岁进入剑桥大学学习，毕业后历任英国驻法国使馆官员、国会议员、掌玺大臣和大法官等。虽然他一生的大部分时间都在从事政治活动，但他从未停止对科学的探索与思考，不断致力于自然科学和哲学的研究。他撰写了《学术的进展》《新工具》《新大西岛》等著作，提出了科学知识观和科学归纳法，大声疾呼"知识就是力量"，成为近代科学教育的倡导者，被马克思和恩格斯誉为"英国唯物主义和整个现代实验科学的真正始祖"①。

（一）科学知识观

文艺复兴和宗教改革运动以来，人文主义思想的广泛传播沉重打击了封建教会的统治和宗教迷信，为近代自然科学的发展和早期科学教育思想的产生创造了条件。17世纪初，随着资本主义生产的发展和新兴资产阶级的出现，近代自然科学开始得到较快的发展。然而，作为教会思想武器的经院哲学还禁锢着人们的思想，人们易于迷信盲从、脱离实际，新的知识和思想以及新的发明创造经常被扼杀，人们对于自然界的认识仍然落后于生产力的发展水平。只有大力提倡科学和科学教育，才能把近代自然科学从宗教神学和经院哲学的束缚下解放出来，社会的发展需要一种新的知识观，培根的科学知识观就是在此背景下提出来的。

培根系统考察了人类知识形成、发展的历史，高度评价了中国历史上的印刷术、火药和指南针这三大发明给人类带来的巨大而持久的影响。他认为，科学知识是人类支配自然的力量源泉和扩展人类权力的有效手段，也是人类社会前进的动力所在。科学知识的效用不仅表现为它是人类改造自然和支配自然的强大力量，而且表现为它是改造社会的重要力量，是批判宗教神学和经院哲学的锐利武器。人们一旦掌握了科学知识，就能发现从来没有发现过或想过的东西。② 在此基础上，培根提出了"知识就是力量"的精辟论断，他所说的知识主要是指自然科学知识。培根将建立在观察与实验基础上的物理、化学等自然科学视为真正的科学，是一种作为"力量"存在的科学知识。这种科学知识可以加深人们对自然的认识，增强人们认识世界和改造世界的能力，激发人们探索自然的奥秘。培根的科学知识观把自然科学视为知识的最主要内容，注重研究各种实际事物。关注知识实际效果的知识价值论，已脱离了一些人文主义者凭经验编织或凭臆想虚构的朴素阶段，引起了近代学术和教育向系统全面的现代科学殿堂迈进的根本性转变，即从中世纪脱离实际的抽象理论思辨转向近代注重应用技术的实验科学，从圣贤经典的诵记转向科学事实的探索。

（二）科学分类原则

培根在充分肯定科学知识价值的前提下，阐述了科学知识的客观基础。他

---

① 《马克思恩格斯文集》第一卷，人民出版社2009年版，第331页。
② 单中惠主编：《西方教育思想史》，教育科学出版社2007年版，第99—100页。

认为，感觉是一切知识的源泉，科学知识是对客观事实进行研究而获得的一般规律性认识，是各种事物和现象中存在的普遍规律。他在对人类已有的科学知识进行重新研究的基础上，提出了科学知识的分类，建构了一个百科全书式的科学知识体系。培根的科学分类原则和科学知识体系对近代科学分类起了先导作用，在科学史、哲学史和教育史上都占有重要地位，对后世产生了重大影响，他也被认为是科学诞生后提出科学分类的第一人。

培根认为，对人类已有的知识遗产进行分类不仅有助于为国家发展科学事业提供指导，而且可以为学者研究提供方向。他提出了科学分类的原则和指导思想：一是统一性原则，强调把知识的连续性和完整性永久保存下来；二是可以根据事物的本质、功能或人类的理性能力进行分类；三是科学分类的原则不是绝对的、唯一的，分类的目的不同，分类的原则也会随之变化。

培根根据知识的具体门类不同，把科学分成三大领域：一是关于人以外的自然界的知识，包括天文学、气象学、地理学以及植物学、动物学等；二是关于人本身的知识，包括解剖学、生理学等；三是关于人对自然界的活动以及人的学术、技艺和科学等，包括医药、化学、绘画、雕刻、音乐、印刷、建筑、运输、农业、航海、军事、军械等。培根的科学分类试图使科学知识摆脱宗教神学和经院哲学的束缚，反映出人类认识的巨大进步，对后来的夸美纽斯和法国的百科全书派产生了重要影响。

（三）唯物主义经验论

要建立科学研究的新方法，就必须破除人类认识道路上一些"假象"的阻碍，培根为此揭示了人类认识过程中产生谬误的主体心理障碍。培根认为，人类认识过程中存在"族类的假象""洞穴的假象""市场的假象""剧场的假象"等四类假象。[①]"族类的假象"源于人类在认识事物的时候倾向于把自身的本性混杂到对事物本性的认识中，使人类的意志、情感影响到对事物的正确认识和准确判断。"洞穴的假象"源于个体天性差异以及后天不同的教育和成长环境导致的个体差异，因此每个人对世界的感知、认识和观察都不可避免地受到自身视野的限制，从而影响对事物的全面认识。"市场的假象"是指人们在交流过程中由于用词不当或词语本身具有的惰性，从而影响思想的传播和交流，阻碍正确认识的形成和真理的获得。"剧场的假象"是指各种错误的哲学

---

① ［英］培根：《新工具》，许宝骙译，商务印书馆2017年版，第19页。

体系和不准确的论证规则所导致的人们对事物的错误认识。培根从认识论的角度批判了这四类假象,明确反对盲目迷信权威和脱离实际的空谈诡辩,揭露和批判了经院哲学的各种弊端,解放了人们的思想,推动了科学的发展。

培根在批判阻碍科学发展的经院哲学和四类假象的过程中,总结当时科学发展的成果,从唯物主义立场出发,提出一切知识都源于感觉经验,检验认识成果的真伪仍须以经验事实为依据,并提出新的科学研究活动的认识方法——科学归纳法,正确解决了人的认识对象、认识来源和认识过程问题,创立了近代唯物主义经验论。培根认为,近代科学是以实验为基础的,科学知识正是建立在实验基础上的感性认识和理性认识相结合的产物,使感性认识和理性认识之间"永远建立一个真正合法的婚姻"。① 培根形象地把单纯的经验主义者比作蚂蚁,把先验的理想主义者比作蜘蛛,而把真正的科学家比作蜜蜂:"实验家像蚂蚁,只会采集和使用;推论家像蜘蛛,只凭自己的材料来织成丝纲。而蜜蜂却是采取中道的,它在庭园里和田野里从花朵中采集材料,而用自己的能力加以变化和消化。"②

(四)科学研究方法

培根认为,真正有力量的新兴的自然科学知识的获得,必须对已有的科学研究的方向和方法进行全面改造,使科学研究的方向回归到自然和经验的道路,回归到实证和实验的道路,同时科学研究方法也必须实现从亚里士多德的演绎法、简单枚举式的归纳法向科学归纳法的转变。

培根认为,科学归纳法就是探讨如何对由实验和观察所获得的感性材料进行归纳,完成从个别经验向一般认识的过渡,并获得对观察、感觉对象的规律性认识的方法。在具体实施上,科学归纳法分以下几个步骤:(1)通过观察和实验搜集事实;(2)通过例证比较,对感性材料进行整理;(3)进行分析概括,排除非本质的性质;(4)对观察现象做出解释,得出科学的结论。

科学归纳法为近代科学教育的兴起提供了方法论基础,知识源于感觉,科学知识的获得要依据科学的归纳法,这种观念是人类认识道路上的里程碑。培根对科学知识的提倡、对新的认识方法的宣扬引起了教育方法的根本变革。拉特克、夸美纽斯把培根的思想理论运用于学校教育,开辟了教育理论发展的新

---

① Edwin A. Burtt, *The English Philosophers from Bacon to Mill*, New York: The Modern Library, 1939, p.12.
② [英]培根:《新工具》,许宝骙译,商务印书馆2017年版,第82—83页。

时代。

(五) 科学教育理想

培根认为,在经院哲学控制下的学校教育体系中,学校教育不但未能促成自然科学知识教育的发展,反而充当了限制科学发展的可耻角色,根本无法进行科学人才的培养。"在学校中、学园中、大学中,以及类似的为集中学人和培植学术而设的各种团体中,一切习惯、制度都是与科学的进步背道而驰的。在那里,讲演和实习都排定得如此严整,致使任何人都难在这常经以外去思想或揣想什么事物。"① 为此,培根坚决要求改革经院主义教育,摒弃经院主义的课程内容和教学方法。在批判经院主义教育的基础上,培根设想了全面改造人类知识的理想计划和科学教育方案。他在《新大西岛》中,根据自己提出的百科全书式的知识体系,大胆提出了一种从事科学研究和教育的乌托邦方案,论述了科学技术在社会发展中的伟大作用和促进科学技术发展的种种构想,展示了科学治国的美好图景。在培根的理想国中,由各个领域的科学家担任统治者,专门为科学研究建立一个"所罗门宫",这是一个规模庞大的包括各种科学实验馆、动物园、植物园等机构和实验设施的科学教育机构。在这里,人们自由地进行各种类型的化学、光学、机械发明、动物学、植物学和天文学研究,以实践的方法研究科学,主要的工作是实验,基本的方法是归纳法,目的在于探讨事物的本质及其运行的奥秘,并扩大人类的知识领域。青年不断地受到教育和训练,成为科学研究的新生力量,源源不断地补充和接替科研人员的职务。在这个科学主宰一切的社会里,科学和学术研究有极大的自由,人们热心从事科学实验,学习一切知识,最大限度地尊重和利用科学知识。

培根是17世纪近代实验科学的先驱,在推动近代科学的发展和科学教育的兴起方面做出了巨大贡献。他最早提出"知识就是力量"的现实主义科学观,讴歌科学知识,提倡发展自然科学,提出科学归纳法,引起了科学观的一次革命。他创立的近代唯物主义经验论和一切正确的科学知识必须起源于经验的原则,成为17世纪新教育理论的哲学依据。他对旧教育的批判、对知识功用及其研究方法的探究,使其成为17世纪教育改革运动的先驱。

---

① [英] 培根:《新工具》,许宝骙译,商务印书馆2017年版,第78页。

第三节 早期自然主义教育思想

17世纪早期自然主义教育思想的主要代表人物是拉特克和夸美纽斯。拉特克率先提出了教育和教学必须依据自然法则等相关原则。夸美纽斯继承和发展了拉特克的教育思想,在总结前人教育成果及当时教育改革实践经验的基础上,明确提出了教育适应自然原则,并将之作为指导一切教育教学活动的指导思想,要求以客观存在的自然为基础,适应自然的发展顺序和规律而实施教育,这标志着早期自然主义教育思想理论的真正形成。夸美纽斯在其代表作《大教学论》中,全面系统地论述了关于教育目的和作用、教学理论、学校教育制度、教学原则和方法等方面的教育思想,对创建独立的、系统的教育学科体系做出了重要贡献,奠定了近代教育学理论体系的基础。

一、拉特克的教育主张

拉特克1571年出生于德国的荷尔斯泰因,从汉堡的文科中学肄业,先在罗斯托克大学学习,后到英国游学,深受培根经验哲学的影响。1612年,拉特克向德国政府提交改革教育的意见书,提出改良教授法的建议:一是开办学校,教授各种文艺与科学知识以促进学问发展;二是统一全国语,使用统一的教学语言;三是教学应遵循自然的秩序与途径,先学习国语①,再学习希腊文、希伯来文,而后学习拉丁文。拉特克的建议未被采纳。1613年,他再次提出学校改革计划的补充说明,批判教育存在的问题,再三申述国语的重要性,力主用国语统编教科书。这次建议虽仍未被采纳,但已引起世人关注。此后,拉特克毕生致力于宣传推广被其称为"教学论"的新的教育艺术,将自己的教授法运用于大学的语言学、自然科学和数学的教学实践,积累了实践经验。

1617年,拉特克的《新学校的方法》出版。他在书中提出了自己的教学法原则,包括:所有人,无论男女都应接受国民教育;一切教学必须依据自然法则,遵循由简单到复杂、由已知到未知的规律;全部教科书应该遵循统一的教学计划;提倡理解记忆,反对强迫死记;教学过程要激发学习兴趣,反对强制惩罚;主张实物教学,先通过举例让学生感知事物的各个部分,然后再讲解一般的概念和原理;普遍采用归纳法和实验法开展教学,发挥学生个人的思考能

---

① 这里指德语,本部分后同。

力，反对迷信权威和书本；语言学习应先学习本国语，然后再学习外国语和古典语；重视儿童的个体经验，先学习熟悉的东西再学习生疏的东西；教学应该根据儿童的天赋差异因材施教，教学内容难易交替；教师应该博学多识，精于教法，讲解清楚明了。①

1617年，拉特克在克滕开办了一所六学级学校，尝试按照自己的新方法进行教学。学生在低年级学习国语，在中高年级学习希腊语、拉丁语。虽然拉特克的教学改革实践未获成功，但是他所倡导的教学理念开创了自然主义教育思想的先河，对夸美纽斯自然主义教育思想的形成产生了重要影响。正如教育史学家蒋径三（1899—1936）所说："客观的自然主义的教育学者，最著名的，不待说是夸美纽斯，有人说夸美纽斯以培根所造的匙，开得教育的仓库，其实他的学说还是根据拉特克而来，拉特克实为夸美纽斯之源。故自然主义的教育思潮第一个要说的，是拉特克。"②

二、夸美纽斯的教育思想

夸美纽斯是17世纪捷克的教育改革家和教育理论家。1592年，夸美纽斯出生在摩拉维亚的一个捷克兄弟会新教家庭，十余岁时父母相继去世。他16岁时成为一名牧师候选人，在捷克兄弟会资助下前往普热罗夫的文法学校学习，后又进入德国大学学习。因为超常的智力、优秀的学业成绩和独特的人格魅力，夸美纽斯毕业后回国担任兄弟会一所拉丁文法学校校长，后被推选为兄弟会牧师。1618年，捷克爆发了天主教反对新教的"三十年战争"，夸美纽斯被迫流亡国外，避难于波兰的黎撒十余年，其间继续从事教育活动和社会活动，著有《语言和科学入门》《母育学校》《大教学论》《世界图解》等教育理论著

《世界图解》简介

作和教科书，为西方近代独立的教育学理论体系奠定了重要基础。

（一）论教育目的与教育作用

夸美纽斯生活于16世纪末至17世纪中叶新旧社会交替转型的时代，新兴的资产阶级同天主教会展开了激烈的斗争，宗教改革运动和近代自然科学的发

---

① 雷通群：《西洋教育通史》，东方出版社2007年版，第182—183页。
② 蒋径三编：《西洋教育思想史》上册，福建教育出版社2011年版，第87—88页。

展对封建制度与宗教神学的世界观提出了挑战，但是封建统治者与天主教会仍然在欧洲占据统治地位，宗教神学的世界观和经院主义习气仍然束缚着人们的思想。在夸美纽斯的教育思想中体现了新旧思想的冲突和矛盾。夸美纽斯痛恨天主教会和世俗封建主的统治，谴责封建社会中贫富悬殊的不合理制度，对劳动人民深表同情，反对大国欺侮小国的行为，要求各民族和大小国家一律平等，具有强烈的民主主义精神和人道主义情感。他坚持唯物主义的感觉论，认为感觉是认识的起点和基础，在人的感觉中不存在的东西，在意识中也不可能存在。他反对天主教会的原罪说，赞美人是造物中最崇高、最完善、最美好的，肯定人的智慧和创造力，重视人的幸福和现世生活。但是由于深受捷克兄弟会新教宗教信仰的影响，他的思想不可能完全摆脱基督教世界观的影响，体现出时代和阶级的局限性。

在夸美纽斯的教育目的中，宗教性和世俗性是并存的，夸美纽斯高度重视教育对人的现世和来世生活的作用。一方面，他认为人生的最终目标是超越现实的人生，与上帝共享永恒的幸福，因此教育的终极目的是使人为来世生活做好准备；另一方面，他认为教育的世俗性目的是熟悉万物，包括一切事物、艺术和语文知识，认识研究世界，发展能力和信仰，成为博学的理性动物，成为能够主宰万物的有学问、德行和虔信品质的人。

夸美纽斯十分重视教育对国家、社会的作用，把教育看作改造社会、建设国家的手段，主张教育改良，主张通过教育拯救国家。另外，夸美纽斯高度重视教育对人的发展的作用，认为人生来就具有学问、德行和虔信的种子，它们自然存在，但是它们不能自发地生长，需要借助教育的力量。他认为，对于每个人而言，教育都是必需的；人的天赋发展得如何，关键在于教育；只要接受合理的教育，任何人的智力都能够得到发展。

(二) 论普及教育

夸美纽斯在《大教学论》扉页上写道："它阐明把一切事物教给一切人们的全部艺术。"① 这说明普及教育思想是夸美纽斯教育思想的主题。夸美纽斯提出了普及教育的响亮口号，他主张社会上各阶层的人都有权享受教育，一切城镇乡村的男女儿童，不论富贵贫贱，都应该进学校。②

---

① [捷] 夸美纽斯：《大教学论》第 2 版，傅任敢译，教育科学出版社 2014 年版。
② [捷] 夸美纽斯：《大教学论·教学法解析》，任钟印译，人民教育出版社 2006 年版，第 65 页。

1. 普及教育的可能性

夸美纽斯反对当时天主教会拒绝教育儿童的各种谬见，认为人人都可以受教育。他从儿童的身心特点出发论证普及教育的可能性。他把人的心灵比作"镜子""木板"："要找到一面如此模糊竟不能反映某种印象的镜子，或找到一块表面如此粗糙竟刻不上任何东西的木板，那几乎是不可能的……如果教师不畏麻烦，人就会变得光亮，最后，一切人都能理解一切事物。"① 他充分肯定和高度评价了人的认识能力：人的认识能力是无限的，人类的感觉与理性能够认识整个宇宙中的任何事物；人的这种能力不是个别人特有的，而是普遍的；一切人类的心性虽各不相同，但是具有同样的感觉与理性的器官，都具备接受普及教育的心理素质。

夸美纽斯认为，只要教师能够因材施教、耐心帮助，各种不同性格的人都能受教育。他反对当时流行的轻视女子教育的现象，认为完全没有任何充分的理由不让女性追求知识、接受教育，女性具有与男性同等敏锐的悟性和求知的能力。但是他又认为女子的教育应该不同于男子的教育，女子接受教育的主要目的是成为贤妻良母。在当时的社会条件下，性别的差异决定了男女在社会、家庭中扮演不同角色的思想观念比较普遍，夸美纽斯深受男女教育内容应有所区别的思想观念的影响也是不可避免的，但是他在当时的情况下能充分肯定女子的能力，积极倡导女子教育，是难能可贵的。

2. 泛智论

为了实现把一切事物教给一切人的"泛智论"教育理想，夸美纽斯主张在基督教王国的一切教区、城镇和村落都建立学校，使男女青年都能接受普及教育。夸美纽斯主张普及教育要通过学校教育进行。他不仅提出要通过国语学校实行普及初等教育，而且建议把每一个家庭办成母育学校，使之成为真正锻炼人的地方。但是，当时学校的现状令人担忧：一是在较小的村庄和村落中，没有设立学校；二是设立了学校的地方，学校的数量不够，学校也不是为整个社会设立的，而是为富人设立的，因为穷人没有钱，不能进学校；三是即使在这些学校，学校也是"才智的屠场""恐怖的场所"。② 为此，夸美纽斯提出应该广泛地设立全面而智慧的学校，即泛智学校，认为"在那里，人们都能彻底学

---

① ［捷］夸美纽斯：《大教学论·教学法解析》，任钟印译，人民教育出版社2006年版，第83页。
② ［捷］夸美纽斯：《大教学论·教学法解析》，任钟印译，人民教育出版社2006年版，第76页。

会一切事情"①。

16世纪早期，英国空想社会主义者莫尔在《乌托邦》中就已经提出男女儿童都要接受教育的普及教育思想。宗教改革时期，马丁·路德十分重视普及教育，主张不论贫富，男女都应入学。加尔文也提倡对儿童实施普及和免费的义务初等教育。在夸美纽斯之前，有的地方开始实行普及教育，如尼德兰在城市中进行普及义务小学教育，威丁堡在农村实行初等教育制度，由政府强制父母送子女入学。这些普及教育理论和实践对夸美纽斯教育思想的形成都有不同程度的影响。但是，夸美纽斯在此基础上更进了一步，他的普及教育思想不只是一种主张或设想，而且有比较完整的理论体系，有比较明确的实施内容、措施。他对儿童的身心特点进行了分析，他的普及教育思想就是建立在对儿童身心发展特点的认识基础上的。他在民主主义、人文主义、爱国主义基础上论证普及教育问题，对贫民给予更多的关心和同情，这与宗教改革时期人们大多为了争夺信徒而倡导普及教育相比，是个进步。他倡导的普及教育内容比较丰富，包括以前所没有的自然科学知识，与只讲读、写、算、宗教知识或古典学科等相比，更适应时代发展的需要。但是，由于时代及其本人认识上的局限，夸美纽斯的普及教育思想充满了矛盾：一方面，他的普及教育思想具有明显的宗教色彩；另一方面，其教育内容中不乏科学思想，在他的论证方法中也体现了科学精神。

（三）论"教育适应自然"原则

夸美纽斯明确地提出了"教育适应自然"原则，并将其作为整个教育体系的根本指导性原则。他所说的"自然"实际上有两方面的含义：一方面是指自然界及其普遍法则；另一方面是指人与生俱来的天性。首先，教育应该以自然界及其普遍法则为依据，步自然的后尘，找出教育的普遍规律。夸美纽斯强调："改革学校的基础必须是万物的确切规则。"② 他认为，世界上的一切都是有秩序的，教育也不例外，教育就像一座组合得很巧妙的钟一样，有自己的秩序。夸美纽斯举例说，人模仿鱼在水里游的方式而学会游泳和造船，模仿动物的发声器官而学会制造笛子、哨子及其他管乐器，等等。③ 因此，教育也可以模仿和借鉴自然的秩序。其次，教育要适应人的自然本性及其认识发展

---

① ［捷］夸美纽斯：《大教学论》第2版，傅任敢译，教育科学出版社2014年版，第41页。
② ［捷］夸美纽斯：《大教学论·教学法解析》，任钟印译，人民教育出版社2006年版，第89页。
③ ［捷］夸美纽斯：《大教学论·教学法解析》，任钟印译，人民教育出版社2006年版，第93页。

规律，适合儿童的年龄特征，使每个人的智力都能得到充分发展。夸美纽斯指出，每个人的性情和天赋是千差万别的，因此教育要按照儿童的个性差异和年龄特征区别对待。

（四）论学校教育制度

夸美纽斯是学校教育制度的积极拥护者。他肯定学校教育的必要性和优越性，但又严厉批评当时学校普遍存在教学管理不合理、效率差等弊病，指责在此之前"没有过完善的学校"[①]。为了改革旧学校，使学校真正发挥积极的效能，夸美纽斯对学校教育制度提出了系统的设想。

1. 论学制系统

为了管理全国的学校，夸美纽斯主张按照儿童身心发展的自然规律，建立全国统一的学制系统。夸美纽斯在《大教学论》中把人的发展从出生到成人分为四个阶段：婴幼儿期（0—6岁）、儿童期（6—12岁）、少年期（12—18岁）和青年期（18—24岁）。与之相应，全国建立母育学校、国语学校、拉丁语学校和大学四级学制系统。与婴幼儿期对应的是母育学校，教育任务是为儿童奠定体力、智慧和道德发展的基础，主要进行体育、自然与思维的研究、活动与表现、语言的用法、道德训练等方面的学习，为进入国语学校的学习打好基础。与儿童期对应的是在城乡普遍设立的国语学校，招收所有年满6岁的儿童进行初等教育。国语学校的教育任务是把对人终身有用的事物教给所有儿童，教学内容着重本国语的学习和读、写、算的基本知识，课程设置包括国语、计算、测量、经济和政治常识、道德教育、历史、地理、唱歌等方面。与少年期对应的是拉丁语学校，儿童从国语学校毕业后，则可进入设在每一座城市的拉丁语学校，接受中等教育。拉丁语学校的学生学习德语、拉丁语、希腊语、希伯来语四种语言，学习"七艺"以及物理、地理、历史、伦理学、神学等课程，接受百科全书式的知识教育，为将来接受高深教育做好准备。与青年期对应的是大学，每个王国及省级机构可设立一所大学或专门学院，只有极少数才智过人且具有良好德性的青年，才可在大学教育中获益。大学提供哲学、医学、法学、神学的完全训练，培养未来的教师和学者。

夸美纽斯认为，每一个发展阶段及相应的教育机构都有专门的教育任务，同时，它们之间又存在联系：前一阶段为后一阶段打基础，后一阶段是前一阶

---

① ［捷］夸美纽斯：《大教学论·教学法解析》，任钟印译，人民教育出版社2006年版，第75页。

段合乎逻辑的发展。四个阶段的学校教育，可以使人涉猎全部人类知识，培养具有真实学问、德行和虔信品质的人才，最终实现教育所要达到的最高目标。

2. 论课程

夸美纽斯为了实现把一切有用的知识教给一切人的泛智教育理想，根据实用、广博、少而精的原则，对当时的学校教育内容和课程提出了一些意见，如：（1）改革语言教学。根据儿童的特点和实际效果，改变当时学校学习拉丁文、背诵文法的陋习，提出小学阶段应强调学习本族语及用本族语进行教育。（2）扩大各级学校的教学内容，对学生进行百科全书式的教育。他认为，当时学校教学内容陈旧、烦琐、无用，应当删减不必要的、不合适的教学内容，革新旧教材，加强新兴的自然科学知识的教育。在国语学校增加自然、历史、地理常识；在拉丁语学校增设物理、地理、历史等学科。尽管夸美纽斯的课程体系中仍保留了宗教神学，但他引进了大量的新兴实用学科，改变了长期以来宗教神学占据课程主导地位的局面，反映了当时新兴资产阶级要求发展近代科学文化、促进工商业发展的需要。（3）编写教科书。为了改革教育内容，夸美纽斯亲自动手编写了许多教科书，《语言和科学入门》《物理学概论》《世界图解》都是有影响的代表作，对近代学校教科书的发展起到了先驱作用。此外，夸美纽斯认为，合适的教材对普及教育的实施是至关重要的，他总结了编写教材的经验和原则，其中许多思想至今仍有指导意义。

3. 论学年制与班级授课制

17世纪欧洲各国大多数学校仍普遍沿用个别施教的教学形式，缺乏统一的教学组织形式和教学计划，学校组织管理处于混乱无序的状态。上课不分班级，学生学习程度参差不齐，许多不同年龄和知识水平的学生同时在一起上学，学生在一年中的不同时间都可入学，毕业时间也不统一。这既不利于集体教学，又不利于普及教育顺利、有效地开展。为了使普及教育有组织、有计划地进行，夸美纽斯主张实行学年制，把每个学年分成四个学季，每年招生一次，秋季开学，各年级应在同一时间开学和放假，保证全体学生学习进度一致；每学年结束举行年终考试，考查学生的学业情况；平时加强对学生的考查和纪律约束，同时规定了学习、休息、娱乐的时间。

为了克服当时学校教育存在的家庭教育式个别教学的弊端，夸美纽斯主张把学生按年龄和成绩分成班组，即现在学校通称的"班"，可以更容易地带领学习内容相同、对学习同样勤勉的学生奔向同一目标。① 他从自然的类比中说明了班级授课制的必要性和可能性。他说，太阳并不单独对付任何单个的事物、动物或树木，而是同时把光亮和温暖给予整个世界。他还从当时机械生产的角度论证班级教学问题，认为班级教学与个别教学之别犹如用印刷机印书和用笔抄书的区别，孰优孰劣是显而易见的。班级教学的显著特征是多、快、好、省，它能适应普及教育的需要。尤其是在教师不足的情况下，其优越性更是个别教学无法比拟的。夸美纽斯进而提出了对班级授课制的设想：根据儿童年龄及知识水平分成不同班级，教师面对全班学生授课，制订统一的教学计划，编写统一的教材，规定统一的作息时间，制定统一的考查和考试制度，对学生的学习任务进行考查和考试，检验各项教学和学习任务完成情况。

（五）论教学原则

夸美纽斯非常重视教学理论研究和探讨，他指出，教学论是指教学的艺术。他在《大教学论》中详细论述了教与学的原则以及科学、艺术、语文、道德、宗教等学科的具体教学法，提出了一些有利于教学工作开展的教学原则，如直观性教学原则、循序渐进原则、主动性原则等。

1. 直观性教学原则

夸美纽斯从感觉论出发，对直观教学进行了理论论证。他认为，知识源于感觉，一切知识都是从感官开始的，通过感官获得的直接经验更真实可信，从悟性获得的间接经验的真实性和准确性需要例证加以确认。"科学愈是依靠感性知觉，就愈是确定可靠。所以，如果我们想要把真实的、确切的有关事物的知识传授给我们的学生，我们就必须特别注意要利用实际观察和感性知觉学习每一项事物。"② 感官是牢固记忆和准确掌握知识的重要手段和保障。

夸美纽斯对如何运用直观性教学原则做了具体说明：在直观教学中，教师要尽可能用实物；在呈现直观教具时要放在学生的眼前，放在合理的观察范围之内，一切看得见的东西都应该放在眼前，一切听得见的东西都应该放在耳边；如果不能进行直接观察，可用图片、模型代替；要让学生先看到实物或模型的整体，然后再分辨各个部分。他提出，直观性教学原则的运用还需注意先吸引学生的注意力，学生只有在充分调动注意力的心理状态下，才能将自己的

---

① 《夸美纽斯教育论著选》，任钟印选编，任宝祥等译，人民教育出版社2005年版，第251页。
② ［捷］夸美纽斯：《大教学论·教学法解析》，任钟印译，人民教育出版社2006年版，第169页。

精力集中到对事物的感觉和学习活动中去。他还提出，在运用直观性教学原则进行科学知识传授时，必须遵循一些基本要求：教学应该教那些真正有价值的知识，不要在无价值的学科上浪费时间；教学要考虑知识的整体性；教学要遵循知识的顺序，一切后教的都应当以先教的为依据，一切先学的都应当成为后学的基础。

可见，夸美纽斯的直观性教学原则是建立在唯物主义感觉论基础上的。不过，他夸大了直观的意义和作用，没有认识到感性认识是认识的初级阶段，只有从感性上升到理性，人才能认识事物的本质。

2. 循序渐进原则

夸美纽斯认为秩序是世界的灵魂，秩序维持自然的各部分，大自然的万事万物都遵循一定的秩序和自身的规律。教育的正当秩序就是以自然为根据的。他根据"自然并不跃进，它只一步一步地前进"的法则以及动物成长（如幼鸟学飞）的规律，引出教学的循序渐进原则。他主张教师教学、学生学习要严格遵守教学顺序，遵循由简到繁、由易到难、由未知到已知等规则，不能"省略或颠倒"，先学的必须成为后学的基础。

3. 主动性原则

夸美纽斯提出教学应废除强制灌输的方法。为了调动学生学习的自觉性、积极性，夸美纽斯认为，必须启发学生热爱学习的愿望，"应当用一切可能的方法激发起孩子想知道、想学习的意愿"[①]。在他看来，学生学习的主动性与教师的主导作用有关，教师只有采用正确的教育方法，循循善诱，才能充分调动学生学习的主动性。教师所教的科目应适合学生的年龄，对学生有吸引力，使快乐与有用合二为一。学校本身应该是一个快乐的场所，富有吸引力，能够让学生一进校就看到、听到新鲜的事物。

此外，夸美纽斯还提出了以下原则：量力性原则，要求教学适合学生的年龄特征，考虑学生的接受能力，不可使学生负担过重；因材施教原则，要求教师根据学生的不同特点采取不同的教育、教学方式和方法；巩固性原则，要求教学应使学生理解领会知识，只有理解了的知识才能被记住，经常练习和复习是巩固知识的重要方法。夸美纽斯提出的这些教学原则构成了相互联系、相互渗透的教学理论体系，是他在教学理论上的重大贡献。

---

① ［捷］夸美纽斯：《大教学论·教学法解析》，任钟印译，人民教育出版社2006年版，第121页。

夸美纽斯是17世纪欧洲封建社会向资本主义社会过渡时期的杰出教育家，是教育史上教育理论的集大成者，奠定了近代教育理论体系的基础。他在继承前人经验的基础上，提出了系统的教育思想：论述了教育的目的和作用；主张普及教育；主张教育适应自然原则；详细阐述了学制系统、学年制和班级授课制；系统阐述了一些教学原则等。尤其是在近代教学理论方面，他做出了比较全面的贡献。他的教学理论包含了大量宝贵的教学经验，在一定程度上反映了教学工作的客观规律性，具有普遍的指导意义。他还编写了一些有影响的教科书。可以说，夸美纽斯在教育工作的各个重要领域都留下了开拓者的足迹以及辛勤耕耘的丰硕成果。当然，夸美纽斯的教育思想也存在着明显的宗教性等局限性。

第四节　经验主义教育思想

英国的洛克是经验主义教育思想的主要代表人物，他继承了培根的唯物主义经验论，提出了知识归根到底都是源于经验的"白板说"。在教育上，洛克反对空疏无用的形式主义教育，主张教育为现实生活服务，提出了一个包括体育、德育、智育在内的绅士教育思想，旨在满足科学技术进步和资本主义发展对实务型人才的需要。

一、经验主义教育思想源流

经验主义最早可以追溯到古希腊的亚里士多德。亚里士多德不同意柏拉图强调理性否定感性的"灵魂回忆说"，提出了"灵魂白板说"，他把人的灵魂分成植物灵魂（或营养灵魂）、动物灵魂（或感觉灵魂）、人类灵魂（或理性灵魂）三部分，认为人的灵魂如同一块空无所有的白板，所有知识起源于感觉，经由感觉而进入人的意识。16世纪以来一直存在经验主义与理性主义的争论。17世纪，培根提出一切知识都源于感觉经验，并依据实验科学，强调感性经验在认识中的作用，同时也承认理性认识的必要性，提出只有把感性和理性结合起来，运用科学实验和客观分析，才能克服认识上的混乱，推动知识的进步。培根的实验科学思想和唯物主义经验论开辟了人类认识的新时代，人类逐渐从经院哲学的思维方式和定式转向以实验科学、经验为基础的新知识方法论上。

霍布斯继承了培根的经验主义哲学思想,并将其系统化。他站在唯物主义的立场上肯定感觉经验是知识的唯一源泉,反对观念先于物质而存在的唯心主义观念,提出只有客观存在的物质才是真实的,观念及概念只是它们在人们头脑中的反映。继培根、霍布斯之后,洛克竭力肯定经验主义的原则,驳斥了天赋观念的唯心主义思想,认为思想观念并不是天赋的,而是后天获得的。他把儿童比作一张白纸,认为知识完全是经验的产物。洛克在他的《人类理解论》中指出:"我们的一切知识都是建立在经验上的,而且最后是导源于经验的。"① 洛克作为经验主义的集大成者,完成了经验主义认识论的体系。但是,洛克把经验分为外在的经验和内在的经验,并把这两种经验都看作认识的来源,又陷入了认识论中的二元论。

二、洛克的教育思想

约翰·洛克是17世纪英国资产阶级政治家、哲学家、教育家,出身于英格兰萨莫塞特的乡村律师家庭,从小受到严格的教育。他1646年进入伦敦威斯敏斯特公学接受古典教育,1652年进入牛津大学基督教会学院学习,毕业后留校任教,担任希腊语、修辞学和道德哲学教师。从中学到大学乃至工作后,洛克所接触的都是与现实社会生活相距甚远的神学和古典人文学科,这使他感到厌倦,从而转向对培根新哲学及科学的追求,并在36岁时成为英国皇家学会的会员。1665年,洛克离开牛津大学出使德国。1666年,他在归国途中结识了沙夫兹伯利伯爵。在追随沙夫兹伯利伯爵参与资产阶级革命活动期间,他担任了沙夫兹伯利伯爵的家庭医生与家庭教师。1683年,洛克受政治牵连被迫逃亡荷兰。流亡期间,他担任了友人葛拉克的家庭教师。两次任教活动使洛克积累了一定的教育实践经验,他注意将自己的哲学、政治、宗教等观点应用于教育领域,从而形成了具有自己独特风格的教育思想体系。洛克的教育思想主要反映在他的代表作《教育漫话》一书中,其核心是探讨资产阶级和新贵族子弟的教育问题。1704年,洛克因病去世。

(一)洛克教育思想的政治与哲学基础

洛克教育思想的产生有着深刻的历史背景。17世纪以来,随着资本主义经济的发展,同时受到文艺复兴和宗教改革运动的影响,英国的教育有很大的发

---

① [英]洛克:《人类理解论》上册,关文运译,商务印书馆2017年版,第74页。

展与变化。

16世纪末至17世纪末，英国的教育革新力量分为激进派与保守派两个不同的派别。激进派受德国宗教改革的启示，主张由国家开办教育，普及初等国民教育。尽管激进派曾制订了一系列教育改革方案，并在一定范围内付诸实施，但是，因为缺乏产业革命的刺激和稳定的政治局势，该派的改革计划皆以流产而告终。保守派受英国宗教自由主义思想的影响，认为教育是私人的事务，主张教育独立。由于保守派的观点不仅反映了新兴资产阶级和新贵族的现实利益，而且保留了英国政府不过问教育的历史传统，因此得到了社会的普遍赞赏。

在此期间，欧洲后期人文主义思想传入英国，后期人文主义者所向往的教育已"逐渐从学术成就转到绅士风度的培养上来"，这与当时资产阶级和新贵族对教育的需求是不谋而合的。因此，无论是英国王室贵族家庭传统教育的复兴，还是现代学校与公立文法学校的产生，都围绕着绅士的培养而开展教育活动。洛克的《教育漫话》一书就是绅士教育思想的代表作。绅士教育思想的产生标志着从封建教会教育向资产阶级世俗教育的转变，在近代西方教育理论的形成与发展中占有重要地位。

英国在1640年发生了资产阶级革命，1688年以资产阶级、新贵族与部分封建主妥协的形式建立了君主立宪制，从而确立了资本主义制度。就政治立场来说，洛克代表当时英国资产阶级和新贵族的利益。他的政治观点有明显的妥协性，他既反对君主专制，又反对民主主义者主张的共和政体，竭力维护资产阶级与新贵族联合专政的君主立宪制。从他的教育观来看，他要培养的英国绅士是贵族化的资产阶级。

洛克的教育思想不仅与他的政治思想相联系，而且与他的哲学观点不可分割。洛克继承了培根的唯物主义经验论，根据培根关于人的知识来源于人对客观事物的经验的唯物观点，对天赋观念论进行了批判。洛克明确指出，天赋观念论阻塞了人类认识真理的道路。他提出了著名的"白板说"，即人的心灵犹如一张白纸，上面没有任何记号，没有任何观念。他认为，观念不是天赋的，而是后天获得的。据此，洛克说明了后天学习的重要性，从而肯定了教育的重要作用。

（二）论绅士教育

1. 论教育的作用

洛克充分肯定教育对个人发展和社会发展具有重要作用。他说："我们日常所见到的人中，他们是行为端庄或品质邪恶，是有用或无能，十分之九都由他们的教育所决定。人与人之所以千差万别，均仰仗教育之功。"① 在指出教育的重要作用的同时，洛克对当时英国的学校教育提出了猛烈的批评。针对封建的旧学校纪律严酷、体罚盛行的现象，洛克指出：教师依靠"教鞭"来折磨儿童的肉体是与人类的本性相违背的，因为人总是尽力寻求快乐而避免痛苦的。鞭打儿童这种奴隶式的管教，只能养成儿童"奴隶似的性格"，这与英国绅士的教育目的背道而驰。他说："我们若想使儿童变成明智、贤良、机灵的人，将鞭挞及其他奴隶性的、肉体的惩罚运用于他们的教育中，不是合适的方法。"② 因为依靠棍子使儿童屈服，只能使他们养成执拗和怯懦的性格。这种做法是十分错误的，他认为"只有在万不得已的场合与极端的情形之下，才能偶尔使用"③。

洛克早在中学、大学学习时就对古典主义的教育深感厌恶。他认为，当时欧洲一般学校时兴的学问和教育上的照例文章，对一个绅士来说，大部分都是不必要的。他批评当时学校的学习，不是为了生活，而是为了辩论。因此，洛克提出，绅士应该学习"世上最需用、最常用"的知识，因为绅士需要的是"事业家"的知识。

洛克对封建教育的内容和方法都进行了批判，其目的在于为创建新的资产阶级教育扫清障碍。然而，当时英国的学校仍然操纵在教会手中。所以，洛克对当时英国学校持否定的态度。他坚决主张，绅士的培养要通过家庭教育来进行，因为家庭环境有利于个别教导，父母、导师以及家族交际圈中的上流社会人士都是儿童良好的陪伴者。在他看来，尽管家庭教育也有一定的缺点，但比学校教育还是好得多，家庭教师更有利于儿童的教育和培养。总之，他认为，采用家庭教育"不失为达到教育上的重大及主要目标的最佳、最安全的方法"④。

2. 论绅士教育的目的

洛克在《教育漫话》中明确提出：教育的最高目的在于培养绅士，绅士应该是有德行、有用、能干的人才。具体来说，绅士应具有德行、智慧、礼仪和

---

① [英] 约翰·洛克:《教育漫话》，杨汉麟译，人民教育出版社2006年版，第7页。
② [英] 约翰·洛克:《教育漫话》，杨汉麟译，人民教育出版社2006年版，第41页。
③ [英] 约翰·洛克:《教育漫话》，杨汉麟译，人民教育出版社2006年版，第41页。
④ [英] 约翰·洛克:《教育漫话》，杨汉麟译，人民教育出版社2006年版，第61页。

学问四种精神品质，以及健康的身体素质。对一个人而言，德行即自制力，指用理性克制各种欲望，使自己的言行符合社会的道德规范；智慧即为人处世的能力，指有才干和远见，有处理相关事务的能力；礼仪指礼貌、礼节和风度；学问指各种实用知识以及相应的技能、技巧。在洛克的心目中，理想的绅士是高贵的人，这种人富于理智和才干，有高雅的风度，举止得体，能在上流社会周旋，身体健康，能成为新兴资产阶级的"事业家""国家要人"。他说的绅士显然是指新兴资产阶级和新贵族子弟。这种绅士与以往死守经文的封建教士和饱读诗书的古典文人存在着明显的区别。可见，洛克主张培养的绅士应该熟悉英国上流社会的礼仪和交往风尚，拥有资本主义经济发展和海外商品市场开拓的全面能力，机敏而自信，掌握多个学科领域尤其是实用学科领域的渊博知识，并且具有乐观、合作、文雅、时尚等品性。

3. 论体育

洛克论述了身体与精神的关系。他认为，身体与精神是相互联系、缺一不可的。他说："健康的精神寓于健康的身体。凡是二者都具备之人就不必再有其他的奢望了；然而一个人的身体与精神中若有一方面存在缺陷，即使功成名就，也绝无幸福可言。"[①] 在心理健康对身体健康的依赖性上，他认为，只有身体健康，才能服从并且执行精神的命令。在他的心目中，绅士应该是身心健康的资产阶级实业家、冒险家。对追求个人利益的资产阶级来说，身心缺陷一方面会影响个人的幸福，另一方面不利于创业和发展经济的需要。洛克重视体育反映出当时英国资产阶级从事经商和殖民活动的客观需要。

洛克认为，体育是绅士教育的基础，体育实质上是指健康教育，体育的最高目标是强健身体，而强健身体的主要标准是能忍耐劳苦，即身体要能适应各种生活条件、生活方式、气候、水土变化。在洛克看来，要拥有健康的体质，必须从三方面入手：一是身体锻炼要从小进行，养成习惯。二是身体锻炼要从建立良好的生活制度与生活习惯开始。良好的体质要从衣、食、住、行、睡、保健等方面加以注意。三是身体锻炼要顺应自然，应该让儿童多呼吸新鲜空气、多运动，加强锻炼、增强体质。

洛克关于健康教育的理论在实践上具有历史进步意义。从英国的传统教育来看，洛克的体育观点是对封建教会教育反对体育锻炼的思想最有力的批判。

---

① ［英］约翰·洛克：《教育漫话》，杨汉麟译，人民教育出版社2006年版，第7页。

他所制订的儿童保健制度,对英国资产阶级儿童的健康教育具有指导作用,对西方体育理论的形成和发展有重大的贡献。

在理论上,洛克的论述至今仍然有其合理之处。我们知道,人首先是生物体,然后才是社会体。一切心理的产生都不可能脱离其生理基础。正因如此,"健康之精神寓于健康之身体"被作为格言流传。当然,人的心理也会对生理产生影响,心理活动有时可以通过生理活动表现出来。所以,身体和精神的关系是双向的,仅仅看到精神对身体的依赖,忽视精神对身体的作用,未免失之偏颇。

4. 论德育

洛克否定了天赋道德的原则,指出社会道德及其规则不是"天赋"的,人们所具有的善恶观念,不是人生来就固有的,而是儿童从小接受教育与感化的结果。他要求以功利主义的原则来说明人的道德行为,认为人们之所以普遍赞同德行,不是因为它是天赋的,而是因为它是有利的。这种观点对唯心主义的道德天赋论是一个有力的打击,同时也宣传了功利主义思想。

洛克把德育置于绅士教育的首位。他说:"在一个人或者一个绅士应具备的各种品性之中,我将德行放在首位,视之为最必需的品性;他要有存在价值,受到敬爱,被他人接受或容忍,德行乃是绝对不可缺少的。缺少德行,无论是在阳世还是在阴间,我认为他都毫无幸福可言。"① 那么,英国绅士应该具有什么样的品德呢?在《教育漫话》中,洛克列举了理智、礼仪、智慧、勇敢、节制等美德。其中,他把培养儿童克制自己的欲望,使自己的行为遵从理性的指导作为教育的指导原则和基础。洛克指出,必须培养儿童不把别人的东西据为己有的思想,并且要使他们具有"乐于赠予别人"的美德。

洛克极端重视绅士的礼仪,即绅士待人接物的礼貌、礼节和风度,特别是要使人觉得青年绅士体格强健、双眼炯炯有神、举止文雅、颇有风度。他认为,礼仪能使青年绅士所具有的理智、智慧等美德闪烁出光辉。对于一个绅士来说,美德是精神上的一种宝藏,令其生出光彩的是良好的礼仪。

洛克在德育的原则和方法上提出了许多宝贵的意见。他重视早期教育,强调通过练习及早培养儿童的自制力。他提出,在对儿童的道德要求上,要避免两种不良倾向:一种是父母对儿童的要求出于个人的好恶,而不是理智;另一种是父

---

① [英] 约翰·洛克:《教育漫话》,杨汉麟译,人民教育出版社2006年版,第128页。

母不能坚持要求。为此，他认为父母应做到以下几点：一是对儿童的要求应该是合理的，凡是合理的要求就应该坚持。二是对儿童的要求要宽严适时。儿童年少无知时，管教要严，切忌放纵亲狎；儿童长大知理后，管束可渐渐放宽。三是反复练习，养成习惯。德育最重要的在于多做。儿童通过自己反复练习，养成道德习惯，使自己的道德行为像呼吸空气一样自然。四是榜样示范。父母与导师的榜样是一种教育的力量，最简明、最容易而又最有效的办法是把儿童应该做或是应该避免的事情的榜样放在他们的眼前，父母与导师应言行一致，以身作则。五是奖惩合宜。洛克十分重视合理地运用奖励和惩罚。在奖励和惩罚的关系上，他主张多用奖励，少用惩罚，更应慎用体罚。

洛克还提出了奖惩的一些策略：（1）儿童应被尊重或被批评时，父母应让其感受到愉悦或羞耻；（2）父母因为儿童犯错误而对其持有冷淡态度的时候，周围的人应具有同样冷淡的态度，即教育态度要一致；（3）父母实施惩罚后，要等儿童改正错误后才可改变脸色，即教育态度应连贯；（4）为了维护儿童的名誉，不要当众指出儿童的过失，而儿童应受赞扬的时候则应该当着他人的面赞扬。[①]

洛克的德育思想集中地反映了英国资产阶级和新贵族的利益，对培养青年绅士应具备的品德和礼仪做出了比较明晰的说明，在当时的英国产生了重大影响。从教育思想史的角度来看，洛克的德育思想为西方近代资产阶级德育论的形成奠定了基础。他所宣扬的资产阶级功利主义的教育观被后来的资产阶级教育家继承。

5. 论智育

洛克认为，智育是绅士教育的辅助部分。智育的目标有二：一是传授基本知识和技能，二是发展学生的智力。两者相比，后者更为重要。为了实现智育的目标，洛克从功利主义的角度出发，强调绅士所需要的只是一切知识中最有用处、最有结果和最基本的那一部分，主张学习有用的、能够在获取个人幸福方面发挥作用的知识和学科，而不是将重点放在古典学科的学习上。

洛克为绅士教育选择学习科目的主要标准是其功用，他主张学科的设置要把实用科目与古典科目结合起来。洛克认为绅士要掌握的学问分为三个部分：一是实用型知识，包括读、写、算，以及速记、地理、历史、伦理、法律、天

[①] ［英］约翰·洛克：《教育漫话》，杨汉麟译，人民教育出版社2006年版，第44—47页。

文、物理、数学、化学、解剖学等；二是修养型知识，包括希腊文、拉丁文、修辞、逻辑、音乐、绘画等；三是娱乐型技能技巧，包括跳舞、骑马、击剑、园艺、细木工、金工等。洛克广泛选择这些学习科目的根本价值是其在实际生活中的作用。读、写、算和速记是从事商业活动的基本能力；学习拉丁文法知识可以使语言表达更为流利得体，更加符合绅士的身份；学习地理、历史知识可以了解本国的历史变迁、风土人情和自然风貌，培养爱国情感；学习伦理、法律知识可以通晓人类的自然权力和社会起源，培养讨论、参与文明国家事务的能力。洛克极为重视英语在绅士培养中的地位，他认为拉丁语的学习尽管可以让人显得优雅得体而博得大家的称赞，但英语的学习则更有实用价值，能用自己的本国语言表达自己的思想，并能流畅地与人交流才是最重要的。相对于外国语言的学习，本国语言的学习不应该受到忽视，更应该天天练习。①

在教学方法上，洛克主张从儿童的具体心理状况出发，灵活地选用教学方法，应当采用最容易、最简捷的方法去学习。第一，反对强迫儿童学习，不要把学习当作一项强加的任务或工作，而要使儿童把学习当成一件光荣的、快乐的和消遣的事情，或是把它当成一件做了别的事情以后的奖励。第二，循序渐进，无论教什么东西，都不可一次教得太多。第三，教学要保持新异，鼓励并尽量满足儿童的好奇心，用新奇的事情去打动他们。第四，要寓教于乐，激发儿童的学习积极性，使他们自己向往学习，把学习当成一种游戏或娱乐去追求。如儿童喜欢游戏，教学可以把学习和游戏结合起来，使儿童学中有玩、玩中有学。

洛克以唯物主义经验论、功利主义的绅士教育目的论确立了自己在西方教育思想史上的崇高地位。他从唯物主义经验论出发，重视教育和环境的重要作用，把知识学习和智力发展结合起来，注重发展人的理解力、判断力和思考力，是近代教育思想的先驱。他站在17世纪的历史起点上，摆脱了早期人文主义教育的复古倾向，立足于现实社会生活，将古典人文主义教育思想与英国社会生活需求结合起来，提出了最具近代资产阶级特色的绅士教育思想，对后世产生了广泛而深远的影响。他根据自然主义人性论和唯物主义经验论，提出将教育的方法建立在心理学的基础上，继承和发展了人文主义教育关于教育适应自然的唯物主义思想。洛克的教育思想不仅为当时英国资产阶级和新贵族改造

---

① ［英］约翰·洛克：《教育漫话》，杨汉麟译，人民教育出版社2006年版，第180—181页。

传统旧教育、创办新教育指明了方向,而且对欧洲乃至西方的教育实践产生了重要的影响。他的教育思想是 17 世纪自然科学和社会科学发展的体现,反映了资本主义经济发展和个人社会生活需要对教育提出的新的知识要求。从西方教育思想发展历史来看,洛克的绅士教育思想是 18 世纪法国唯物主义教育思想、自然主义教育思想以及德国理性主义教育思想的重要源泉之一。[①] 他的教育思想在人类思想史与教育史上占有重要地位,其影响远远超出了他的时代和国界。

小　　结

17 世纪是欧洲古典教育思想向现代教育思想转变和过渡的时代。经过文艺复兴和宗教改革两大思想解放运动洗礼,进入近代社会的欧洲国家经济、政治和科学文化获得了较大的发展,引起了欧洲社会的历史巨变,初步确立了符合资产阶级利益的文化价值观和宗教观。这不仅为资本主义经济的发展扫除了障碍,也为思想解放和科学发展提供了条件。17 世纪欧洲自然科学和社会科学也获得了较大的发展,以欧洲资本主义社会的迅速发展与近代自然科学兴起为标志的科学革命引起了教育领域的深刻变革。

17 世纪的教育领域,在批判继承文艺复兴时期和宗教改革时期新教人文主义教育思想的基础上形成了以重视实用知识,强调个性尊严、生存价值、合理需要为主要特征的教育思想体系。英国哲学家培根是早期科学教育的奠基人,他提倡自然科学,疾呼"知识就是力量",提出科学归纳法,从而在知识论和方法论上为近代科学教育的发展做出了开创性贡献。捷克教育家夸美纽斯在继承和发展德国教育家拉特克的教育思想的基础上,提出了早期自然主义教育思想,建立了以自然主义教育为基础的"泛智论"教育思想体系。他第一次提出了系统的学校教育制度和普及初等教育的民主思想;建立了广泛的课程体系,编写了优秀的教科书;制订了一套完善的学校管理制度,特别是实施集体教学的班级授课制度;全面阐述了教学的原则体系,并试图建立分科教学的方法;等等。夸美纽斯的教育思想代表作《大教学论》的问世成为教育学独立

---

① 单中惠主编:《西方教育思想史》,教育科学出版社 2007 年版,第 138 页。

学科体系产生的标志。英国的洛克在汲取弥尔顿教育思想的基础上，提出了建立在唯物主义经验论基础上的现实主义教育思想——绅士教育思想。这不仅反映了17世纪的时代精神，而且影响了18世纪的启蒙教育思想，为西方教育实践由封建教会教育转变为资产阶级世俗教育迈出了重要的一步。

尽管具体的教育思想各有侧重，如培根的科学教育更强调自然科学知识及其方法，夸美纽斯的自然主义教育更注重自然秩序和法则，洛克的绅士教育更为关注实际经验及其社会效用，但是17世纪的教育思想仍具有一些共同特点：在教育目的上，不仅强调实用知识的传授，而且强调要培养适应社会生产发展和科学技术改进需要的实用人才；在教育内容上，主张向学生传授实用学科知识，加强教育与社会发展、个人生活之间的联系，反对单纯强调古典语言和脱离社会生活实际的古典主义教育与宗教神学教育；在教学方法上，重视实物教学和直观教学，反对无视学生个性与心理特点的机械记忆和背诵。17世纪的教育思想在西方教育思想史的演变过程中发挥了承前启后的历史作用。18世纪和19世纪西方的自然主义教育思想、教育心理学化主张、科学教育思想等都可在其中找到精神根源，自然主义教育思想对儿童的重视，教育心理学化主张对教育规律的探索，科学教育思想对教育内容的革新，都可以看作现实主义这一根本方法论在不同时期对不同问题的具体回应。

思考题

1. 试析近代科学的兴起对教育的影响。
2. 简述弥尔顿教育思想的主要内容及其意义。
3. 试析培根科学教育思想的主要内容及其历史地位。
4. 论述夸美纽斯普及教育思想的内容及其历史意义。
5. 试析洛克绅士教育思想中体育、智育和德育的地位、作用及相互关系。
6. 根据以下文字，分析夸美纽斯在其中所阐述的教育思想。

我坚持认为，一个教师同时教几百个学生不仅是可能的，而且也是很重要的，因为对教师和学生两方面它是更有利得多的制度。教师看到在他面前的学生愈多，对自己进行的工作就愈有兴趣（正如一个采矿者发现丰富的矿脉时激动得双手发颤一样）。教师本人愈是热心，他的学生表现出来的热情也就愈大。同样，对学生来说，大量同伴在场不仅能产生更大效果，而且也是一种享受（因为有同伴一起辛勤做功课会给他们带来愉快），因为他们可以互相鼓励，互相帮助……

……

如果按如下方式安排工作，一个教师可以容易地对付大量学生，即是说：

（1）如果他将全体学生分成班级，例如十人小组，每组轮流由一个学生管理，这个学生又受一个更高级别的学生管理，等等。

（2）如果他决不进行个别教学，无论是校内的个别教学或校内的公开教学，而是同时教所有的学生，那么，他不应当走近某一个学生或允许任何一个学生单独走近他，而应当待在他的位置上，在那里他可以看到、听到所有的学生，正如太阳的光辉普照万物。①

7. 根据以下文字，分析洛克在其中所阐述的教育思想。

你也许会觉得奇怪，为何我将学问放在最后，假若我告诉你，我认为学问最不重要，你是更会觉得难解了。……人们谈到教育时，所想到的几乎也只有学问一件事，所以我的上述说法就更显得是一种反论了……

……

……读书、写字和学问，我也认为是必需的，但却不应成为主要的工作。我想，如果有人竟然不知道将一个德者或智者看得远比一个大学者更为可贵，你也会觉得他是一个愚不可及之人。我并不否认，对于心智健全的人来说，学问对于辅佐德行与智慧都极有帮助，然而同时我们也得承认，对心智不是那么健全的人来说，学问就徒然使他们更加愚蠢，乃至沦落。……学问固然不可少，但应居于第二位，只能作为辅助更重要的品质之用。②

---

① ［捷］夸美纽斯：《大教学论·教学法解析》，任钟印译，人民教育出版社2006年版，第152—153页。略有改动。
② ［英］约翰·洛克：《教育漫话》，杨汉麟译，人民教育出版社2006年版，第141—142页。

第七章 18世纪教育思想

在工业革命、科学革命和民族国家政治革命的直接推动与全面影响下，18世纪西方国家逐步确立了新兴资本主义生产关系和民族国家的政治体制。在适应和满足18世纪社会发展对新型人才需要的过程中，在继承和发展文艺复兴以来相继出现的教育思想与教育观念的基础上，较为成熟的国民教育思想和自然主义教育思想逐步形成。国民教育思想主要探讨如何为民族国家培养具有国民意识和掌握科学技术的合格国民。基于西方各国历史文化传统、现实社会政治经济制度和教育发展实践的差异，在体现民族主义教育核心思想的基础上，西方各国形成了各具特色的国民教育思想体系，其中包括英国的国民教育思想、法国的国民教育思想、德国的国民教育思想和美国的公共教育思想。自然主义教育思想强调教育归于自然，主张关注和尊重儿童的天性，提出教育心理学化主张，标志着人类教育认识水平的不断提高。

第一节 18世纪教育思想的社会基础与演变

18世纪，在西方主要国家，新兴资本主义生产关系和生产方式逐步取代了旧式封建主义生产关系和生产方式，并由此引发社会结构的深刻变化。人类科学技术飞速发展，科学思维和理性意识日益成熟，为这一时期教育思想的发展提供了物质基础和思维工具。18世纪，启蒙运动所倡导的理性、进步、自然、自由等观念在为英国、法国、德国和美国的国民教育思想提供理论支持的同时，也为自然主义教育思想的成型与发展奠定了基础，这在卢梭、裴斯泰洛齐等人的教育思想中均有明确体现。

一、18世纪西方国家的经济与社会

在西方历史上，18世纪被冠以"理性时代""启蒙时代""批判时代""哲学世纪"等多种称号。18世纪，"人类获得的知识被传播到了空前广阔的范围

内，而且还应用到了每一个可能的方面，以期改善人类的生活"①。

就生产方式变革与经济发展而言，18世纪的工业革命以工业生产技术和生产体制的变革为目的，以蒸汽为动力的机械被普遍应用于各工业部门，最终实现了人类社会生产从工场手工生产向以工厂制度和标准化生产为核心的现代大工业生产的转变。伴随着工业革命的开展，新的资本主义经济秩序逐步确立，工厂制度日益成熟，并对社会制度变革和社会事业的发展产生了深远影响。"所谓大工业，首先必须将其理解为一种组织、一种生产制度。但是，它的作用却影响到整个经济制度，从而也影响到社会制度，而社会制度则是由财富的增值条件和分配条件所统治的。"②工业革命在西方主要国家的推进产生了全面而直接的后果——人口增加，尤其是工业城市人口的增加，成为工业革命推进的主要标志。"在产业革命所引起的人口增加之后，必须描写它所创造的社会各阶级，而这些阶级的需要、趋向和冲突正充满着现代世界的历史。"③资产阶级和工人阶级的诞生，成为工业革命社会意义的集中体现。自此，资本家与工人之间的矛盾和斗争贯穿于资本主义社会发展的全部历史之中。

从多层面概括工业革命的基本特征，或许更有助于认识工业革命对18世纪西方社会进步的意义。就技术层面而言，工业革命重在发明并使用那些提高生产效率和增加产量的新工具、新机器与新方法，而运用自身的聪明才智、工作习惯和劳动经验致力于发明并使用新工具、新机器与新方法的能工巧匠在其中发挥了关键作用。就经济层面而言，工业革命表现为资本集中和大企业形成，工厂制度和标准化生产成为工业生产的普遍形式。就社会层面而言，工业革命产生了深远的社会影响。"即使产业革命不像政治革命那样改变了社会的法律形式，但在社会的物质本身上把社会革新了。它已使一些社会阶级诞生了，而这些阶级的发展和对抗正占满着我们时代的历史。"④正如罗伯特·欧文所宣称的，大工业的历史不再是英国的历史，它已经成为欧洲的历史，后来又

---

① ［英］亚·沃尔夫：《十八世纪科学、技术和哲学史》上册，周昌忠、苗以顺、毛荣运译，商务印书馆2017年版，第3页。
② ［法］保尔·芒图：《十八世纪产业革命——英国近代大工业初期的概况》，杨人楩、陈希秦、吴绪译，商务印书馆2017年版，第9—10页。
③ ［法］保尔·芒图：《十八世纪产业革命——英国近代大工业初期的概况》，杨人楩、陈希秦、吴绪译，商务印书馆2017年版，第329页。
④ ［法］保尔·芒图：《十八世纪产业革命——英国近代大工业初期的概况》，杨人楩、陈希秦、吴绪译，商务印书馆2017年版，第434页。

发展成为全世界的历史。就政治变革与社会阶级冲突而言，伴随着新兴资本主义生产关系的确立，以封建主为代表的旧的封建势力与以资本家为代表的新兴资本主义势力之间的矛盾、资产阶级与工人阶级之间的矛盾不断激化，将18世纪的西方主要国家带入"革命时代"。在工业革命所引发的新兴资本主义生产关系与生产方式变革的推动下，英国的社会政治生活与资本主义生产关系日趋复杂，并对这一时期英国的科学文化与教育发展产生了直接影响。

18世纪，法国国王路易十四（1638—1715）和路易十五（1710—1774）实施的政治经济改革将法国初步建设成为一个政治、司法及财政统一的封建专制国家，传统封建贵族成为中央政权的附庸，而在实施重商主义经济发展政策的过程中，资产阶级的力量日益壮大起来，并发展为能够抗衡原特权阶层的一种政治力量。为缓和路易十五执政期间（1715—1774）连年对外战争失败与严重的国内财政困难所催生的国内阶级矛盾，1789年5月5日，法国召开三级会议，提出了一系列限制王权的建议，招致国王路易十六（1754—1793）的断然否决，最终导致7月14日法国大革命爆发。

18世纪，德国的政治局势依旧表现为封建割据势力盛行，大小邦国林立，孱弱的新兴资产阶级难以撼动强大的封建贵族势力。不过，随着德意志民族意识的觉醒，以及受普法战争所导致的对民族命运全民性关注的影响，德意志国民教育思想逐步成熟。

而在北美大陆，通过独立战争，美国脱离了宗主国英国的统治，开启了包括构建公共教育体系在内的国家建设历程，公共教育成为塑造美国国民、实现外来移民融入与原住民"归化"的国家工具。

就科学技术进步与哲学发展而言，作为"理性时代"的18世纪，在继承17世纪科学文化成果的基础上，在追求科学与理性的启蒙运动的推动下，科学、技术和哲学均取得了显著成就。在数学领域，代数学得以扩展和系统化，三角学成为数学分析的一个分支。在天文学方面，在牛顿力学体系的基础上，构建了一个庞大的动力学体系，主要成果汇聚于拉普拉斯（1749—1827）的《天体力学》之中。物理学则几乎在一切分支中都取得了可观进步，光学、声学、热力学、电学研究成果丰硕。在气象学方面，改进了气压计与温度计的设计和应用，发明了新式湿度计和风速计。在生物科学领域，改进完善了生物分类和命名方法。技术则几乎在每一个领域都取得了巨大进展，打谷机和切草机等新农具广泛应用于农业生产，纺织辊、水力纺纱机、织物漂染新方法在纺织业得到推广，改良后的固定式蒸汽机广泛应用于矿山和水厂，火车、轮船、蒸汽车、气球和降落伞相继面世。① 机床的出现则极大地改进了工业生产和设备制造。同时，哲学也取得了进步。作为一种世界性的文化现象，德国古典哲学经康德（1724—1804）、费希特（1762—1814）、谢林（1775—1854）和黑格尔等哲学大师不断强化对"人"的关注而成型。心理学成为当时最流行的学问。伴随着科学、技术与哲学的进步，科学思维和理性精神逐步成熟起来，进而为人们摆脱宗教神学的束缚、实现个人的自我完善和自我价值提供了工具。

二、启蒙运动

作为一场主要发生在18世纪的近代资产阶级反对封建势力及其意识形态的思想文化运动，启蒙运动的主要目的在于"通过批判地反省人类的全部知识来将人类从谬误和迷信中解放出来，并通过社会和政治改革解除对人们自由的不必要限制"②。

启蒙运动的发生是多种因素综合作用的结果。首先，社会状况的变化促使人们认识到采取新的方式解决欧洲社会问题的迫切性，改革与进步成为人们的共识。其次，传统的宇宙观和人性论遭到了质疑。自然科学的新发现对许多传统的自然观念构成了强有力的挑战，感觉论和经验论获得了越来越多的社会认可。最后，社会民众知识水平的普遍提高、欧洲国家社会中产阶层的成长及其不断积累的财富，为艺术、音乐、文学、历史、科学和哲学的大众化提供了可能。

从哲学渊源上来说，启蒙运动直接继承了文艺复兴以来欧洲各国进步的哲学思想，其中16世纪法国哲学家蒙田的怀疑论、欧洲各国流行的以抽象人性论为基础的人本主义历史观和道德学说、英国的自然神论、法国笛卡儿的唯理论等，均为启蒙运动的开展提供了有益的理论基础。从核心观念形成的社会基础来看，启蒙运动所高举的"科学"与"理性"大旗还直接得益于18世纪欧洲自然科学的发展。18世纪牛顿力学体系的传播与普及为启蒙运动自然神论的提出提供了直接启示。作为一场波澜壮阔的思想解放和文化批判运动，启蒙运

---

① ［英］亚·沃尔夫：《十八世纪科学、技术和哲学史》上册，周昌忠、苗以顺、毛荣运译，商务印书馆2017年版，第7—10页。
② ［美］罗宾·W.温克、托马斯·E.凯泽：《牛津欧洲史》第二卷，赵闯译，吉林出版集团有限责任公司2009年版，第147页。

动为世界文化的发展提供了完整的唯物主义体系、战斗的无神论学说和以社会现实中的人为基础的人本主义历史观。

尽管启蒙运动一直未能形成被所有启蒙思想家共同接受的系统的理论或思想体系,但有几项最为基本的观念却为启蒙思想家所普遍认可。

一是"理性"观念。受洛克感觉论的影响,启蒙思想家强调所有的思想都来自个体的外部感觉,理性则对所获得的感觉进行加工整理,以提高个体认识的准确性,注重发挥理性在个体认识过程中的作用。不仅如此,理性还被作为批判传统宗教和自然观的有力工具。

二是"进步"观念。在18世纪,启蒙思想家围绕当时的文化与古代文化的优劣开展了一场持久的争论。科学的发展使得绝大部分启蒙思想家对当时的文化表现出充分的自信和乐观,认为科学和文化的发展正在为民众创造一个更加和平、人道和美好的世界,世界和人类生活正在"进步"的轨道上步入辉煌。

三是"自然"观念。启蒙思想家赋予"自然"以新的内涵。"自然不是野蛮和暴乱的,而是一种理性、有序和优雅的安排,牛顿的太阳系模型及其可预知的行星轨道就是范例。"①一些启蒙思想家,如卢梭,将政府和社会制度被创造出来之前的一段时期称为"自然状态",卢梭甚至将人类的历史理解为从自然无罪状态逐渐走向道德堕落状态的过程。

四是"自由"观念。启蒙思想家主张,自由并非掌权者赋予某些社会阶层人员的权利,而是所有人拥有的一项"自然权利"。自由与"自然权利"具有内在联系,自由权、生命权和财产权是个人所拥有的绝不会失去或放弃的权利。为保障个人的自由权利,启蒙思想家主张:没有人生来就握有管理别人的权力,政治权威最终源于民众的同意;个人行使自由权利的限度和能力,与个人的理性水平直接相关。"当由'理性'指导的时候,个人会表现得具有社会责任性,因为他们会把自我利益放在整体的社会善中来认识。如果没有'理性',个人将不能做出负责任的选择,必须受到其他人的监督。"②

启蒙运动最早发生于17世纪的英国,英国哲学家洛克为启蒙运动做出了

---

① [美]罗宾·W.温克、托马斯·E.凯泽:《牛津欧洲史》第二卷,赵闯译,吉林出版集团有限责任公司2009年版,第156页。
② [美]罗宾·W.温克、托马斯·E.凯泽:《牛津欧洲史》第二卷,赵闯译,吉林出版集团有限责任公司2009年版,第157页。

重要的理论建树。① 洛克所开创的启蒙事业为休谟（1711—1776）、普里斯特利（1733—1804）、伊拉斯谟·达尔文（1731—1802）等人所继承。

在英国启蒙思想家的影响下，法国启蒙运动历经以孟德斯鸠（1689—1755）、伏尔泰（1694—1778）、爱尔维修（1715—1771）、狄德罗（1713—1784）为代表的思想家的倡导与推动，以资产阶级的自由、平等、民主、法制、科学、理性反对封建王权，以遵循自然、符合人性、基于经验与理性的世界观和方法论反对封建迷信。18世纪法国资产阶级的成熟以及法国启蒙思想家的不懈努力，使法国逐步发展成为启蒙运动的中心。法国启蒙运动"高举理性的旗帜，彻底否定了宗教信仰，把宗教神学从哲学、政治、伦理、教育、文艺、科学等一切领域排除出去，用自然、人性、经验和理性解释一切自然现象与社会现象，并在此基础上建立起包括哲学、政治、伦理、教育、文艺等在内的系统的资产阶级思想体系，推动了资产阶级反封建的革命和资本主义制度的确立"②。

英国与法国的启蒙思想传至德国，对德国哲学、文学和教育思想发展产生了直接影响，具体体现在启蒙哲学家托马修斯（1655—1728）、莱布尼茨、沃尔夫（1679—1754），启蒙文学家莱辛（1729—1781）和启蒙教育家巴泽多等人的相关著作与理论中。

启蒙运动在美国的传播与影响主要体现在：托马斯·潘恩（1737—1809）等启蒙思想家将启蒙思想引入北美殖民地，自由、平等与天赋人权等观念在新大陆得到全面传播，美国独立战争则以社会实践的形式证明了启蒙思想的指导价值。

三、18世纪教育思想的演变

18世纪西方国家的社会经济基础与科学文化发展状况，尤其是在启蒙运动影响下所形成的民族主义与自然主义等精神，为18世纪西方教育思想的演变提供了理论基础，同时为18世纪西方教育思想关键概念的提出与基本特征的形成提供了理论要素。

---

① ［美］罗宾·W. 温克、托马斯·E. 凯泽：《牛津欧洲史》第二卷，赵闯译，吉林出版集团有限责任公司2009年版，第148页。
② 刘延勃等主编：《哲学辞典》，吉林人民出版社1983年版，第357页。

（一）民族主义教育思想的演变

民族主义的基本含义是个人对民族国家的忠诚，将国家利益置于个人利益或团体利益之上，强调通过政治、经济以及文化方面的独立与自立运动，切实捍卫民族国家的利益和民族的尊严。作为一种集体性的民众立场、意愿和精神，"一种为某一群体争取和维护自治、统一和认同的意识形态运动"①，民族主义伴随着近代工业革命开展和民族国家建设而逐步形成，并在18世纪后半叶和19世纪初期借助法国大革命与拿破仑战争扩散开来。

随着民族意识的觉醒和民族国家的先后建立，西方国家相继形成了国民教育思潮。虽然在不同国家，国民教育思潮所针对的教育现象和教育问题有所不同，但总体而言，都要求摆脱教会对学校的控制，由国家管理教育，实现教育的世俗化，造就忠诚于国家事业和捍卫民族利益的合格国民。

作为较早爆发资产阶级革命和开展工业革命的国家，英国思想家与教育家较早开始思考和讨论政府的教育责任、国民教育的理想与现实、公民的受教育权、中央政府与地方政府的教育管理权限划分等问题。经过长期的思考和讨论，英国的国民教育观念逐渐成熟，并在英国国民教育实践的检验与推动下不断发展和完善。

早在17世纪中期，英国的一些思想家就国民教育的社会价值、民族语言在学校教育中的地位、国民教育的主体内容等问题提出了较为系统的主张。1647年，塞缪尔·哈特利布（1599—1670）发表《论英国教会和国家改革的可喜成就》，主张英国政府在各地设立学校，并承担经费拨付和学校管理责任。1650年，他进一步提出，国民教育的成功实施将直接有助于实现社会秩序的稳定和民众的幸福生活，使贫苦家庭的儿童有权接受教育，有权通过教育改善自身的生活水平和生存状况。赫齐卡亚·伍德沃德（1590—1675）一方面主张英语学习在教育和社会事务中居于重要地位；另一方面则强调国民教育教学手段与教学方法的直观化，注重发挥感觉在知识学习中的作用，提升教育内容的专业性和实用性，要以儿童未来生活和就业的关联程度作为确定学习内容的主要原则，主张向儿童传授与其未来生活和就业密切相关的知识。此后，弥尔顿、洛克和著名经济学家威廉·配第（1623—1687）等人曾先后就国民教育事务提

---

① ［英］安东尼·史密斯：《民族主义：理论、意识形态、历史（第二版）》，叶江译，上海人民出版社2021年版，第9页。

出了自己的主张。

到18世纪，英国国民教育的理论进一步丰富。围绕政府干预教育、国民教育的开展原则、国民教育的课程设置与教学内容等问题，亚当·斯密（1723—1790）、马尔萨斯（1766—1834）、葛德文（1756—1836）等人在各自的著述中提出了自己的主张，形成了18世纪较为完整的国民教育思想体系。

相对于英国而言，强大的封建势力和天主教会势力使得法国新兴资产阶级长期处于不利的发展环境中，法国教育表现出强烈的封建专制色彩和浓厚的宗教色彩。法国资产阶级、城市平民和农民组成的"第三等级"围绕受教育权开展了不懈的斗争，一些希望推进法国社会发展的思想家和教育家就法国的国民教育进行了持续的探索。

长期以来，法国教育一直为教会所垄断，胡格诺派、詹森派、基督教学校兄弟会和耶稣基督圣乐会等宗教教派与教会组织掌控着法国的初等教育与中等教育。因此，如何摆脱天主教会势力的控制而实现教育的世俗化与国家化，成为孟德斯鸠、伏尔泰、爱尔维修、狄德罗等18世纪法国启蒙思想家孜孜探求的重要问题。

18世纪后半期，拉夏洛泰（1705—1785）、罗兰（1734—1793）、米拉波（1749—1791）、塔列兰（1754—1838）、爱尔维修、狄德罗等人纷纷通过撰写教育著作和提出教育规划的方式，宣扬国民教育观，提倡国家办学。他们的思想在法国大革命时期得到了初步的实践，并对德国和美国等国家的国民教育实践产生了广泛的影响。

在德国，国民教育拥有较为悠久的传统。早在17世纪初，魏玛公国即通过法令，实施6—12岁儿童强迫入学制度。18世纪初，普鲁士国王弗里德里希·威廉一世（旧译腓特烈·威廉一世，1688—1740）自1713年执政起连续颁行多部教育法令，就政府设立学校、教育经费、课程设置、教师聘任等教育事务做出规定，极大地推动了普鲁士国民教育事业的发展。这些政策在弗里德里希二世（旧译腓特烈二世，1712—1786）执政时期得以延续。到18世纪末，普鲁士王国政府颁布法令，规定小学、中学和大学均由政府开办。在17世纪以来德国国民教育实践发展的过程中，马丁·路德、弗兰克（1663—1727）、托马修斯、莱布尼茨、沃尔夫、康德、莱辛和费希特都曾提供了必要的理论支持。

德国国民教育思想的形成，还直接得益于法国启蒙观念的熏陶和启迪。到18世纪中后期，德国国民教育思想中的启蒙观念主要反映在康德、莱辛、歌德

（1749—1832）、席勒（1759—1805）等人的相关著作中。康德的《论教育》、莱辛的《论人类的教育》、歌德的《威廉·迈斯特的学习时代》《威廉·迈斯特的漫游时代》、席勒的《审美教育书简》等，集中展示了德国思想家关于国民教育发展的理论思考成果。

就历史渊源而言，美国公共教育思想始于殖民地时期的"义务教育观"。1643年，马萨诸塞殖民地立法机构颁布美国首部义务教育法，1647年11月颁布第二部义务教育法，规定所有儿童必须接受教育，家长、店主及行业师傅必须履行让子女、学徒接受知识教育和手工技能教育的义务，未履行相关义务者将受到处罚。

美国独立后，受英法启蒙思想家的影响，美国启蒙思想家、政治家以及教育革新人士以自由、平等、博爱作为公共教育的基本原则，主张建立世俗、免费和普及性的公共教育体系，切实满足新生的美利坚合众国培养国民的需要，并就美利坚民族形成、民族文化建设、移民教育及教育制度建设等问题提出各自的计划和方案。其中，杰弗逊（又译杰斐逊，1743—1826）和韦伯斯特（1758—1843）等人的教育思想为19世纪公立学校运动的开展提供了重要的理论指导，产生了深远的历史影响。

（二）自然主义教育思想的演变

18世纪英、法等国资产阶级启蒙运动的兴起迎来了欧洲社会理性时代的到来。许多启蒙思想家倡导人权，高扬理性，以人的自然本性作为反对封建制度、论证资产阶级国家合理性的依据，推动了资产阶级思想在包括教育领域在内的社会各领域的迅速传播和发展。正是在这样的社会背景和条件下，自然主义教育思想在法国启蒙思想家、教育家卢梭的努力下形成了完整的体系，并被巴泽多和裴斯泰洛齐等教育家发展成为这一时期重要的教育思想体系。

卢梭主张实施自然教育，强调把儿童作为教育的出发点，教育要适应儿童的年龄特征，教育要顺应儿童的本性。他在对儿童发展进行年龄分期的基础上，对各年龄段儿童的教育进行了详细说明。此外，他还进一步主张，教育要从发展儿童最自然的关系入手，即从父母与儿童的关系入手，要求父母亲自养育儿童，特别是母亲要亲自哺育幼儿。

不同于夸美纽斯把实施自然主义教育的重点放在模仿自然方面，卢梭把人的发展与教育、政治及社会变革联系起来，把影响人的发展的多种因素组织起来，避免了夸美纽斯机械类比自然给教育发展带来的负面影响，主张教育直接依据人的年龄特征进行,为更深入地揭示教育本质和规律创造了有利条件。卢梭的自然主义教育思想对学习者的身心特征和年龄特征的认知与尊重,使其成为检验教育科学化水平的一把标尺,并就此开启了由裴斯泰洛齐和赫尔巴特相继推进的教育心理学化事业,进一步提升了人类教育活动的科学化水平。

在卢梭自然主义教育思想的影响下,裴斯泰洛齐也形成了自己的自然主义教育思想。他认为,在每一个儿童身上,都拥有自然所赋予的潜在的力量和才能,这些力量和才能都具有渴求发展的倾向,教育的目的就在于全面地、和谐地发展人的一切天赋力量和才能,而最有助于发展儿童天赋力量和才能的教育便是自然主义教育。关于自然主义教育,裴斯泰洛齐主要提出了三个方面的主张:教育应适应儿童的心理,使儿童各方面能力实现均衡发展;教育应从发展儿童最初的自然关系开始,协调一致地促进儿童身心健康发展;教学要依据儿童的心理发展顺序进行。

第二节 国民教育思想

18世纪,西方国家的一些教育家和哲学家就国民教育体制构建、政府教育责任承担、民众教育权利享有、国民教育目标设定等问题进行了思考,形成了不同的教育思想体系。

一、英国的国民教育思想

18世纪初期,英国因袭教会办学传统,教育主要是宗教和社会慈善事业,国民教育问题未受到较多关注。18世纪中后期,英国开展了以蒸汽机的普遍推广和应用为主要标志的工业革命,对社会各系统和各领域的发展提出了新要求,并产生了深远影响。工业革命的持续推进对教育发展提出的新要求是:提高工人的文化水平和劳动技能,以适应现代工厂生产的文化与技术要求。为满足这一新要求,亚当·斯密、马尔萨斯、葛德文等英国经济学家,政治家以及其他关注英国未来发展命运的社会人士在欧洲大陆国家主义思想的影响下,围绕国民教育性质、民众受教育权利以及国家是否应该承担发展国民教育的责任等问题进行了相关思考,提出了各自的教育主张,体现了18世纪英国国民教育思想的主要脉络。

(一) 亚当·斯密的国民教育思想

1. 论君主或国家的义务与国民教育的必要性

作为一位古典经济学家，亚当·斯密认为社会财富总量的增长，不单单取决于参与生产的劳动量，更取决于劳动生产率。从发展资本主义经济的立场出发，亚当·斯密对君主或国家的职能进行了讨论：首先，"保护本国社会的安全，使之不受其他独立社会的暴行与侵略"；其次，"保护人民不使社会中任何人受其他人的欺侮或压迫，换言之，就是设立一个严正的司法行政机构"；最后，"建立并维持某些公共机关和公共工程"①，这类公共机关和公共工程往往给社会带来利益，但其性质又决定了它们难以由个人或少数人来完成。

在确定国家职能的基础上，亚当·斯密从开展普遍的国民教育以减轻基于社会分工所导致的国民智力荒废的角度，论述了实施国民教育的必要性。他认为，无论是工场手工业内部的分工，还是社会各企业和各部门之间劳动者的生产分工，在提高社会生产率的同时，都通过将生产者束缚于固定的生产岗位与简单的操作活动上，剥夺生产者实现多方面发展的可能性，使生产者的智力发展长期处于停滞状态。为此，有必要实施以发展国民普遍的智力为目的的国民教育。

2. 论普通人民的教育

亚当·斯密提出："在文明的商业社会，普通人民的教育，恐怕比有身份有财产者的教育，更需要国家的注意。"②有身份、有财产者，一般到十八九岁后才开始从事特定的职业，此前他们拥有足够的时间获得知识，他们的父母也有能力为其提供接受教育的费用。而且，他们即便在从事职业后也并不终日忙碌，有很多空闲时间可以进一步学习所需要的知识。普通人民则几乎没有接受教育的时间。出身于普通家庭的人，在幼年时期难以得到父母的教育费用支持，待成年参加工作后，也只能从事简单的职业，且无暇进一步学习。因而，普通人民的教育需要得到国家更多的支持与帮助。

就教育内容而言，亚当·斯密认为，普通人民需接受的基本教育包括诵读、书写及算术等。国家只要以极少的费用，就几乎能够便利全体人民，鼓励

---

① ［英］亚当·斯密：《国民财富的性质和原因的研究》下卷，郭大力、王亚南译，商务印书馆 2017 年版，第 263、280、293 页。
② ［英］亚当·斯密：《国民财富的性质和原因的研究》下卷，郭大力、王亚南译，商务印书馆 2017 年版，第 349 页。

全体人民，强制全体人民获得最基本的教育。①

就学校设立而言，亚当·斯密主张国家在全国各教区、各地方设立小学，招收学校所在教区和地方的适龄儿童入学，并向其收取一定的费用。学费收取标准的确定以普通劳动者能够承担为原则。关于学习内容，亚当·斯密提出，儿童读物要更实用、更有教育意义，要减少拉丁语等与民众生活距离太远的古典语言的学习，增加几何学和机械学初步知识的学习。为激发贫困家庭子弟接受教育的积极性，他还建议国家向那些学业优良的普通民众子弟发放小奖赏或小荣誉奖章。

为督促全体国民接受基本教育，掌握从事社会生产所必需的知识和技能，亚当·斯密认为，国家有权强制全体人民接受最基本的教育。他提出，接受并通过国家的有关考试或检定，是个人加入某种职业团体或获得某种职业资格的基本要求，是国家推行国民教育的条件和保障。

3. 论国民教育的费用

在国民教育的费用来源及开支问题上，亚当·斯密确定的基本原则是："一国的教育设施及宗教设施，分明是对社会有利益的，其费用由社会的一般收入开支并无不当。可是，这费用如由那直接受到教育利益宗教利益的人支付，或者由自以为有受教育利益或宗教利益的必要的人自发地出资开支，恐怕是同样妥当，说不定还带有若干利益。"②

在有关国家教育职能及国家教育职责问题上，亚当·斯密提出了与拉夏洛泰相同的主张。在民众教育及国民教育的费用支出等问题上，亚当·斯密表现出更多的关注，在一定程度上体现了近代国民教育的基本要义，即将民众的教育事业上升到事关国家利益与社会进步的高度加以认识，并采取切实措施予以发展。

(二) 马尔萨斯的国民人口教育思想

马尔萨斯是18世纪末19世纪初英国著名经济学家和人口学家。在1798年匿名出版、1803年再版并署名的《人口原理》一书中，马尔萨斯提出，人类社会发展遵循两条公理：第一，食物为人类生存所必需；第二，两性间的情欲是

---

① ［英］亚当·斯密：《国民财富的性质和原因的研究》下卷，郭大力、王亚南译，商务印书馆2017年版，第350—351页。
② ［英］亚当·斯密：《国民财富的性质和原因的研究》下卷，郭大力、王亚南译，商务印书馆2017年版，第384页。

必然的，且几乎会保持现状。在认可这两条公理的基础上，马尔萨斯认为人类所面临的严峻现实是："人口的增殖力无限大于土地为人类生产生活资料的能力。人口若不受到抑制，便会以几何比率增加，而生活资料却仅仅以算术比率增加。"① 马尔萨斯认为，在人类社会发展中，阻碍人类社会实现自我完善的一项不可克服的巨大困难，在于人口增殖力和土地生产力天然地不相等。不加限制的人口增长将使本就贫困的人群陷入更加贫困的境地，富裕家庭的生活方式和生活水平也将受到冲击。

为解决人口持续增长导致社会贫困状况加剧、民众生活水平下降的问题，马尔萨斯提出两种抑制人口增长过快的手段：预防性的抑制和积极的抑制。所谓预防性的抑制，是指人们对养家糊口的忧虑；所谓积极的抑制，是指一些下层阶级实际所处的困难境地，使他们不能给予子女以应有的食物和照料。② 具体来说，积极的抑制指包括有助于缩短个人寿命（即提高死亡率）的一切因素；预防性的抑制又称道德抑制，是指通过禁欲（不婚）、晚婚、不育等手段降低人口的出生率。马尔萨斯认为，道德约束与利益约束相结合是控制人口增长的可行办法。

为配合国家抑制人口增长过快政策的实施，从根本上提高全体民众的生活水平，马尔萨斯主张政府承担发展国民教育的责任，全面推行国民教育计划，开展"普通人的教育"。他认为，如果政府不能负责任地承担国民教育的职责，全体国民便不得不承担自身的幸福或痛苦，那么政府便不能从根本上实现改变社会的目标。马尔萨斯建议，政府应在调查了解全国人口资源状况的基础上，制订实施相应的国民教育计划；在国民教育实践中，应向国民传授日常生活所需要的知识，使其养成必要的生活习惯，具备享受政治自由的能力；面向贫困人口推行专项教育计划，使其能够认识到自身陷于贫困的真正原因，同时向其传授能够改善生活状况和提高社会地位的知识与技能。

国民教育的实施也需要与民众日常生活习惯的养成联系起来，这是因为在有助于鼓励民众养成谨慎习惯（精打细算、长期规划、谨慎生活的习惯）的因素中，最主要的莫过于公民的自由。"如果一国人民对于自己辛勤的、公正的、

---

① ［英］马尔萨斯：《人口原理：附：人口原理概观》，朱泱、胡企林、朱和中译，商务印书馆2017年版，第7页。
② ［英］马尔萨斯：《人口原理：附：人口原理概观》，朱泱、胡企林、朱和中译，商务印书馆2017年版，第25页。

受人尊敬的努力是否有自由发挥的机会毫无把握，对于自己所拥有的或可能会获得的财产是否会得到现有法律公正实施的保护毫无把握，那他们是不会习惯于为未来制订计划的。"①自然，对于人口抑制，一般民众也就丧失了参与的积极性。

旨在推行普及教育和改善民众生活的国民教育，是政府营造社会性的公民自由和政治自由氛围的得力手段，因为"教育非常有助于人们从公民的自由和政治自由获得一切好处。没有教育，确实不能把公民的自由和政治自由看成是完美无缺的"②。

(三) 葛德文的国民教育思想

葛德文是18世纪英国知名作家、社会思想家。他早年曾接受系统的宗教教育和神学训练，后受启蒙思想家的影响而成长为一名无神论者。葛德文的研究领域涉及政治、历史及文学，代表作为《论政治正义及其对世人道德和幸福的影响》（简称《政治正义论》），该书较为集中地反映了他的国民教育思想。

1. 政体类型及其教育状况

在社会政治观上，葛德文将政体理解为一种基于法定正规权力实施治理的强权机构，倾向于侵犯个人的独立见解和自由权利。他具体说明了不同类型政体中的教育状况。

(1) 君主政体。此类政体的实质在于，全体国民将个人追求幸福与发展的所有事务委托给君主管理。葛德文认为，君主成长的过程往往脱离社会现实，其周围的人也往往以阿谀奉承之辞谄媚他。久之，君主所了解的社会现实只能局限于其愿意了解的社会现实。这就注定了君主不可能成为一个称职的管理者和统治者。因而，全体国民将国家治理权委托给君主一人，便是将自己的命运投入一场注定失败的战争。在君主政体中，教育的主要目的在于造就驯服无知的"顺民"和"良民"。教育手段主要是提供一种虚假的教育，欺骗民众接受社会现实。个人接受教育的主要途径为阅读书籍，或与他人交流，或直接观察事物。

(2) 贵族政体。贵族政体的主要特点表现为特权和财富的严重垄断。"特

---

① [英] 马尔萨斯：《人口原理：附：人口原理概观》，朱泱、胡企林、朱和中译，商务印书馆2017年版，第182页。
② [英] 马尔萨斯：《人口原理：附：人口原理概观》，朱泱、胡企林、朱和中译，商务印书馆2017年版，第182页。

权是一种限制,它使少数人,而且只是这些少数人,由于他们出生的偶然性而能够取得某种地位。它用一种显然无法逾越的障碍来扼杀其他人的一切雄心壮志。"① 财富的高度垄断导致社会正义的普遍陷落,影响到全社会的道德辨识力和人格力量的发挥。贵族政体运行的秘诀,无外乎操弄权术和欺诈,动用国家宣传机器,陷民众于愚昧和无知的境地。民众被隔绝于学校教育之外,无缘享有人类文明成果,致使对学术有所贡献者皆为贵族、骑士阶层或其直系亲属。

（3）民主政体。相对于君主政体、贵族政体而言,民主政体尽管存在一些缺陷,但可以作为一项现实的社会选择。民主政体超越君主政体与贵族政体之处,在于它使个人获得信心、勇气和动力。社会对个人发展提出的要求,个人适应社会发展的自觉努力,对个人借助文化知识的学习和个人技能的训练提出了要求,民众的教育事业也就能获得政府更多的关注和民众的积极参与。

2. 论国民教育

葛德文详细列举出了支持国民教育的论点,并逐一分析了实施统一的国民教育制度的危害,表明了其有关国民教育制度的立场。葛德文提出,支持英国政府实施国民教育的主要论点包括：旨在为民众谋取福利的政府官员没有理由将幼儿发展交付给命运任意安排；培养公民养成热爱国家和人民的性格,开展道德教育,是政府的分内责任；将青年人的教育完全交给其父母,或委托给私人办理,最终只能导致一部分人具有美德,一部分人染上恶习,还有一部分人完全遭到忽视。

葛德文认为,是否需要实施国民教育制度的关键,在于实施国民教育制度的结果是否有利于社会公共利益,能否经得起长期的检验。按照葛德文的认识,实施统一的国民教育制度至少具有三个方面的危害。

第一,一切公共教育机构自身具有保守性。"一切公共教育机构本身都包含有永久不变的观念。它们可能努力巩固和传播它们所知道的对于社会有利的一切,但是它们忘记了还有更多东西有待于它们去认识。"② 公共教育机构在实践中忽略了对新知识的探索与传播,倾向于将民众的思想束缚于陈旧的观念和错误的信仰之上。葛德文指出："我们经常看到在大学以及广泛的教育机构里所

---

① [英]威廉·葛德文:《政治正义论》第二、三卷,何慕李译,商务印书馆2017年版,第375页。
② [英]威廉·葛德文:《政治正义论》第二、三卷,何慕李译,商务印书馆2017年版,第505页。

讲授的知识比同一个政治社会里的不受拘束、没有偏见的成员所具有的知识落后一个世纪。"① 因而,实施统一的国民教育有碍于人民智力进步这一发展目标的实现,公共教育机构成为灌输错误与偏见的组织。葛德文的结论是:"没有任何现在被认为正确的命题是如此地有价值,以至于应该设立一个机构来把它向人类谆谆教导。让人们去读书、去交谈、去思考……"②

第二,国民教育的实施容易忽略人类的天性。"国民教育的观念是以忽视人类天性为基础的。"③ 葛德文认为,如果每一个人都能按照自己的天性和意愿做事,则一定做得很好;而由国家或别人替他做事,则一定做得不好。"因为想要学习才去学习的人会听从他所受到的教诲并且理解这些教诲的意义。想要教学才去教学的人会带着热情和干劲去从事他的业务。"④ 此外,他认为致力于国民教育事业的教育管理者和教学人员通常对他们的工作漠不关心,得过且过;接受国民教育的学生因不能准确地衡量自己所学知识的价值而学习动力不足,难以以自己掌握的知识为基础去追求更大的进步。

第三,国民教育与国家权力的结合导致国家可能忽略甚至伤害个体的全面发展。国民教育制度的建立者和国民教育计划的实施者,其教育主张同其政治主张保持着内在的、必然的联系。葛德文认为:"作为一种教育制度的建立者,他们的观点,不会跟他们以政治身份抱有的观点有什么不同;给他们作为政治家的行为做辩护的那些论据,会成为他们对别人教导的基础。"⑤ 这一判断适用于实施任何一种政体的国家,"就是在自由占主要优势的国家里,我们也有理由认为那里存在着一些严重的缺点,而国民教育的一种最直接的趋势就是把那些缺点固定下来并且按照一个模子来塑造人类的思想"⑥。

总之,对于国民教育制度,葛德文的态度和立场是鲜明而激进的。他说:

---

① [英]威廉·葛德文:《政治正义论》第二、三卷,何慕李译,商务印书馆2017年版,第506页。
② [英]威廉·葛德文:《政治正义论》第二、三卷,何慕李译,商务印书馆2017年版,第507页。
③ [英]威廉·葛德文:《政治正义论》第二、三卷,何慕李译,商务印书馆2017年版,第507页。
④ [英]威廉·葛德文:《政治正义论》第二、三卷,何慕李译,商务印书馆2017年版,第508页。
⑤ [英]威廉·葛德文:《政治正义论》第二、三卷,何慕李译,商务印书馆2017年版,第509页。
⑥ [英]威廉·葛德文:《政治正义论》第二、三卷,何慕李译,商务印书馆2017年版,第509页。

"有崇高和豪迈精神的人一定会大声疾呼：你要是愿意的话就杀了我们吧；别想用国民教育来消灭我们明辨是非的能力。如果政权和法律从未打算武断地把无罪变成有罪，这种国民教育的想法，乃至认为必须有一套成文法的想法原是永远不会产生的。"①

应该说，葛德文有关国民教育的认识，与其对统一的强权治理方式的警惕和敏感是相关的。实践证明，葛德文的国民教育思想对于当时西方国家国民教育实践的发展并未产生较为显著的影响。但值得注意的是，关于如何在保证国民教育制度服务于国家利益和民生福祉的基础上，充分考虑学生个性的发展和需要的满足，葛德文的国民教育思想是有一定理论价值的。

二、法国的国民教育思想

在为法国的国民教育事业提供理论支持的国民教育思想家中，拉夏洛泰、孟德斯鸠、伏尔泰、爱尔维修、狄德罗等启蒙思想家做出了各自的贡献。同时，一些关注法国教育事业发展的社会人士，如杜尔哥（1727—1781）、塔列兰、雷佩尔提（1760—1793）等，也分别就如何建立完整的国民教育体系，如何将教育事业改造成为国家事业，如何确立法兰西民族国家的国民教育目标等提出了各自的主张。

（一）拉夏洛泰的国民教育思想

拉夏洛泰是18世纪中期法国驱逐耶稣会运动的主要倡导人、著名法官，曾任布列塔尼高等法院代理检察长及总检察长职务。1763年，拉夏洛泰在《论国民教育》中系统论述了他的国民教育思想，对法国乃至其他国家的世俗公共教育制度的建立产生了不同程度的影响。

1. 对耶稣会教育的批判

基于对法国教育被宗教势力把持这一现实的强烈不满，拉夏洛泰对以耶稣会教育为代表的教会教育的垄断性和毒害性进行了批判。

拉夏洛泰认为，就法国教育现实而言，全民族的教育事业仍被教会势力控制，完全沦为服务于教会利益的工具，奉行教皇至上的原则，这与法国的国家利益背道而驰。

---

① ［英］威廉·葛德文：《政治正义论》第二、三卷，何慕李译，商务印书馆2017年版，第510页。

对于耶稣会教育的垄断性和毒害性，拉夏洛泰有着深刻而具体的认识。在受教育权利上，耶稣会所开展的教育局限于耶稣会学校，且仅面向那些将牧师作为未来职业的人开放和实施。在教育内容与课程设置上，耶稣会学校的教学脱离社会现实：作为民族语言的法语的学习未受到与其价值相对应的重视；哲学学习陷入对亚里士多德经典著作的烦琐注解和永无休止的争论；物理学教学疏于对自然现象与自然规律的观察和归纳，反而对虚幻的因果论津津乐道；忽视青少年的道德教育问题，最终培养出不具备基本道德准则和道德判断能力的人。其结果只能是，耶稣会教育既不能确保学习者准确理解基督教原理，也不能保障学习者掌握基本的阅读与写作技能；既难以使个人掌握作为合格公民所需要的道德准则，也不能向个人传授确保自身生存的职业知识。

2. 论法国国民教育目的

在《论国民教育》中，拉夏洛泰提出，教育最先应该考虑的是国家。教育最终要实现使人民心智完善、道德高尚、身体健康的目标。他结合法国社会职业的实际需求和自己对不同职业品格的认识，较为详细地探讨了法国国民教育目的。

拉夏洛泰明确提出，法国国民教育的根本目的在于培养合格的法国国民，要为法国社会造就一大批合格的贵族、军人、商人、法官和牧师，使其具备从事不同职业所需要的职业品格。合格的贵族意味着身体强健，善于经营，能够将继承而来的祖先基业进一步扩大，能够意识到自己的社会责任，能够为社会其他阶层提供表率。合格的军人应该既具有勇敢、忠诚等品质，能够捍卫国家利益、保卫人民生命安全，又具有较强的阅读能力，能够从历史名将的传记和回忆录中体验英雄气概，获得军事经验和战争智慧。合格的商人应该熟悉社会劳动生产及产品分配的实际状况，合法经营，获取利润。合格的法官必须领悟法律精神和实质，维护社会正义和公序良俗，捍卫法律的尊严与神圣。合格的牧师应承担起传播基督教文明的重任。

总体而言，拉夏洛泰认为，凡一个人能够遵循自己的愿望，自主选择自己的职业，并且具备胜任自己所从事职业的道德品质、文化知识和职业技能，那么他就是一位合格的法国国民。

3. 论法国国民教育制度

拉夏洛泰在《论国民教育》中就发展法国国民教育事业提出了系统设想。

这一设想可概括为以下三点：

第一，发展国民教育是法国政府的职责。耶稣会教育空疏陈旧，难以适应时代发展的需要，难以培养出合格的法国公民，更不能实现法兰西民族的文明与富庶。因此，法国政府应承担起发展国民教育的职责，为国家各项事业和社会发展培养出品行高尚、心智完善且身体健康的高素质公民。

第二，法国政府应采取切实有效的措施发展国民教育。法国政府须为国民教育事业发展提供必要的法律保障，并注重改变整个民族的风俗习惯，为国民教育事业发展指明方向和提出目标；法国政府应组建专门机构和专门委员会负责管理并监督国民教育教学用书选择、教学内容选定、教学人员遴选等国民教育事务。

第三，法国国民教育必须服务于法国人民，必须以国家利益为重，遵守国家相关法律法规。国民教育必须在国家政治制度和法律法规的框架下运行，注重为国家强盛提供强有力的知识服务和智力支撑，注重致力于健康社会风尚的营造和高尚人文精神的培育。

拉夏洛泰还提出，一个国家的社会生产、经济结构和文化发展状况，直接决定着贵族、军人、商人、法官和牧师等不同社会职业人员的数量，并最终决定着国民学校的数量和在校生人数。只有保持国民教育规模与国家经济水平、社会需要之间的相对平衡，国民教育的功能才能得到最大限度的发挥。

拉夏洛泰在《论国民教育》中就法国国民教育发展所做出的规划和设想，尤其是他所提出的发展国民教育是法国政府的职责，法国政府应采取切实有效措施发展国民教育，法国国民教育最终服务于法国人民的整体利益等一系列主张，为日后的法国教育事业，尤其是国民教育事业的发展指明了方向，直接指导了法国大革命之后国民教育实践活动的开展。

（二）孟德斯鸠的国民教育思想

孟德斯鸠是法国启蒙运动的开创者之一，也是法学家和自然神论者。他出身于贵族家庭，青年时期学习法律，1716年出任波尔多法院院长，1726年辞去院长职务，专事学术研究。孟德斯鸠的主要著作有《波斯人信札》《罗马盛衰原因论》《论法的精神》。

孟德斯鸠的国民教育思想可以概括为"政体教育思想"，具体体现为他对政体与教育关系思考的结果。孟德斯鸠主张，不同的政体意味着不同的教育法律，意味着不同的国民教育目的，也意味着不同的国民教育制度。

1. 孟德斯鸠国民教育思想的理论基础

在社会政治观念上，孟德斯鸠主张君主立宪制，反对君主专制。君主立宪制是一种君主按照确定的法律实施统治的政治体制。在君主立宪制下，政治自由与遵纪守法是联系在一起的，自由就是做一切法律所许可的事情的权利。为确保国民享有按法律行事的政治自由权利，孟德斯鸠主张三权分立学说，以实现权力的互相制衡和彼此制约，避免权力被滥用。

在哲学观念上，孟德斯鸠信奉自然神论，承认上帝的存在，同时承认按其自身规律运转的物质世界的存在，认为物质世界的规律源于上帝的意志，并体现上帝的意志。孟德斯鸠提出，"法"就是源于万物本性派生出来的必然关系。一切存在的实体皆依"法"存在，依"法"运转。为确保社会正常有序运转、保障个人的权利和处理个人之间的矛盾关系，孟德斯鸠提出需要研究支配人类社会的基本法则，需要研究法与事物之间的种种关系，即需要探讨"法的精神"。

孟德斯鸠对政体的认识为其政体教育思想提供了直接的理论基础。他在继承亚里士多德《政治学》有关政体划分标准和类型的基础上，结合旧制时代的法国社会现实，把政体分为共和政体、君主政体和专制政体三类。这三类政体的本质区别在于：共和政体是全体人民或一部分人民掌握着最高权力；君主政体是君主个人掌握着最高权力，不过其对最高权力的行使是以遵循既定的法律为前提的；专制政体是指单独一个人掌握着最高权力，并依据其意志和性情治理国家。

依据对三类政体性质的确定，孟德斯鸠进而推衍出三类政体的原则，即使政体行动的东西：共和政体的原则是美德，君主政体的原则是荣誉，专制政体的原则是恐惧。作为社会成员最先接受的法律，教育的法律必须与政体的原则相适应。"政体不同，教育法也应存在差别。君主政体中教育法的目标是荣誉，共和政体中教育法的目标是美德，专制政体中教育法的目标是恐惧。"①

2. 孟德斯鸠的政体教育思想

孟德斯鸠有关国民教育的论述集中揭示了国家政体与国民教育的关系，不同的政体需要不同的教育为其提供服务和培养人民。

孟德斯鸠认为，为与共和政体的原则——美德相适应，共和政体的教育也

---

① ［法］孟德斯鸠：《论法的精神》，欧启明译，译林出版社2016年版，第27页。

就成为一种美德教育。适应共和政体的美德教育，就是培养人们热爱法律、热爱国家的美德，就是培养人们把公共利益置于个人利益之上的美德。共和政体的教育目的是在共和国里激发人们对法律与国家的热爱。

孟德斯鸠主张，在实施君主政体的社会中，社会（而非公共学校）是人们接受教育的主要场所；当人们步入社会时，教育才真正开始；社会才是进行荣誉教育的学校。在君主政体中，社会行为、规范和法律均体现着对荣誉的颂扬与追求，普遍实施荣誉教育，将荣誉作为教育的核心内容，以激发个人的荣誉感，将荣誉贯穿于人们各式各样的想法和感觉中，体现在指导人们行为的各项原则中。

君主政体的荣誉教育包含三个方面的内容：品德教育、处世教育和举止教育。荣誉教育的基本目标和要求是：品德，应该高尚些；处世，应该坦率些；举止，应该礼貌些。品德教育也是一种义务教育，务使人们明了对人对己所需承担的义务。在品德教育实践中，个人拥有哪些品德才是适当的，要以是否有损荣誉为标准。在处世教育中，君主政体的教育要求个人在处世方面表现坦率，谈话真诚。在举止教育中，君主政体的教育要求人们举止文雅得体。这些全都是教育的内容，目的在于培养出能满足君主政体所有品质需求的君子。①

孟德斯鸠在剖析专制政体的原则——恐怖的基础上，对于专制政体的教育进行了批判，认为专制政体的教育只能败坏民众的心志和麻木民众的精神。适应专制政体恐怖原则的教育只能是一种奴性教育。专制政体的所谓教育，"被简化得非常狭隘，变成了培养人内心的恐惧，让人掌握再简单不过的宗教原则常识。在那儿，知识与竞争都会造成威胁"②。这种教育甚至难以称得上是一种教育。"所以从某种程度上说，教育在专制政体中是不存在的。它首先把一切都拿走随后再返还少许：要培养出奴隶，就要先培养卑劣的臣民。"③

孟德斯鸠对共和政体、君主政体和专制政体的性质和原则的解析，在完善西方政治理论的同时，也为日后政府或国家承担相应的国民教育职责提供了理论启示，在一定程度上预示了近代教育发展的一项基本特征：教育应该成为国家或民族的重要事业。

---

① ［法］孟德斯鸠：《论法的精神》，欧启明译，译林出版社2016年版，第28页。
② ［法］孟德斯鸠：《论法的精神》，欧启明译，译林出版社2016年版，第30页。
③ ［法］孟德斯鸠：《论法的精神》，欧启明译，译林出版社2016年版，第30页。

(三) 伏尔泰的国民教育思想

伏尔泰为 18 世纪法国著名启蒙思想家，一生致力于为新兴资产阶级的利益追求提供理论支持。他激烈抨击法国封建专制与割据状态，反对贵族和僧侣的封建与神学特权，颂扬英国的君主立宪制度，倡导法治，提倡私有财产、言论自由和出版自由，宣扬平等观念。

1. 论国民教育的任务

伏尔泰基于对 18 世纪前半期法国教育现状的把握，主张国民教育的任务在于摆脱教会势力的束缚。作为一位自然神论者，伏尔泰在承认上帝存在的前提下，对法国社会中僧侣篡改曲解教义、封建贵族贪婪欺诈的行为进行了不遗余力的批判，认为将人们从愚昧和偏见中解放出来的途径在于终结经院主义教育，改为实施一种向人们提供反映自然界和社会现实的真实知识的教育。在认识论层面，伏尔泰主张，一切观念皆源于感觉，都是通过感官而得来的，关于神的观念的获得也是如此，没有一个人生来就拥有关于神的知识。因而，在知识学习过程中，伏尔泰注重发挥感觉在个人学习生活中的作用，注重对各类自然科学知识的学习和真实社会问题的把握，唯有如此方可造就能够积极参与社会实践、有效促进社会进步的高素质国民。

2. 论国民教育的特点

在伏尔泰看来，国民教育注重通过科学知识教育，培养个人具备理性能力，具备明辨是非、认识复杂的社会现象和把握自身未来发展命运的能力；神学教育、经院主义教育则教人服从权威，服从神学信条，以权威的观点和神学信条代替个人的思考与选择。这是它们之间最大的区别。伏尔泰认为，对个人而言，理性能力增加一分，宗教狂热和迷信偏见就减少一分。对人类而言，人类发展的历史就是人类运用自己的理性能力和迷信偏见作斗争的历史。关于理性能力的培养，伏尔泰认为，学史使人明智，鉴古方可知今，主张历史教学有助于提高个人的理性能力，有助于个人更清楚地认识法国社会封建专制与天主教会的历史根源，并进而认清其本质。他认为，天文学向学习者揭示了宇宙奥秘，使学习者认识天文现象和天体运行规律，有助于把他们从宗教神学观念中解放出来。

3. 论国民教育的原则

伏尔泰认为，国民教育的原则在于确立自由和平等的观念。在个人自由观念上，他与其他早期启蒙思想家持有相同的立场，认为自由是个人所拥有的自然权利。他认为,对于生活在社会现实中的个人而言,自由就是只服从基于民众公意而制定的、代表民众共同利益的法律法规;自由就是试着去做绝对一致、绝对必然要求的事情的权利,是个人所拥有的神圣不可侵犯、不可剥夺的天赋权利;自由包括人身、言论、出版、信仰以及拥有财产等多种类型。在个人平等观念上,伏尔泰根据自然法则,提出人天然平等,人生而平等,现实社会中的不平等往往源于暴力和不平等的社会秩序等观点。不过,伏尔泰的这种自由和平等权利,是就资产阶级新人而言的,下层民众不在此列。

4. 论国家与教会的关系

伏尔泰在厘清国家与教会关系的基础上,间接确定了国家对教育事业毋庸置疑的管理权。关于国家与教会的关系,伏尔泰在1764年出版的《哲学辞典》中明确指出:所有教会都隶属于国家,教会在任何方面都应接受政府的管辖。他通过引用一位法学家的笔记指出:"任何教会法未经政府明文认可,便没有效力……一切圣职人员在任何情况下都要服从政府,因为他们都是一国的国民……官员、农夫、教士都同样要负担国家的开支,因为他们全都同样是国家的人。"① 伏尔泰的这些主张在一定程度上为政府接管原属于教会的教育事务提供了理论支持,显示出他主张教育事务属于国家事务的立场。

(四)爱尔维修的启蒙教育思想

爱尔维修是法国近代杰出的唯物主义哲学家、启蒙思想家和无神论者,其教育思想主要体现在《精神论》《论人及其智力和教育》中。

1. 论智力平等

在哲学观和认识论上,爱尔维修继承了洛克的经验主义学说,坚持唯物主义认识论,认为知识源于肉体感觉,将肉体感受性作为全部精神活动的基础。爱尔维修主张,一切构造得同样完善的人都拥有同等的智力,即每个人的智力天生平等,都有获取知识的能力,相应地,每个人都有接受教育的权利。

2. 论人是环境和教育的产物

爱尔维修把人的成长归因于环境和教育,认为人是环境和教育的产物。他主张,现实社会生活中人与人之间智力的差异及不同的发展结果均源于环境和教育的差异,"一切构造得同样完善的人,都拥有获得最高观念的体力;我们

---

① [法]伏尔泰:《哲学辞典》下册,王燕生译,商务印书馆2017年版,第630—631页。

在人与人之间所见到的精神上的差异,是由于他们所处的不同的环境,由于他们所受的不同的教育所致。这个结论说明了教育的全部重要性"①。

爱尔维修将环境主要理解为个人所生活的社会环境,具体包括政治法律制度、人际交往、生活方式、学校和社会的教育以及所阅读的书籍等,其中起决定作用的是政治法律制度。爱尔维修认为,每个人都有追求幸福和使自己强大的武器,那就是接受教育,人的一生就是一场长期的教育。爱尔维修的教育思想为通过改变社会制度发展教育、培养人才提供了启示,表现出重要的革命意义。

3. 论政体与立法制度的教育功能

既然个人的差异在很大程度上源于政治法律制度,即政体和立法制度,那么政体与立法制度与教育之间具有什么内在关联呢?爱尔维修区分了好的政体和坏的政体。好的政体能够确保民众拥有支配自身必要的生活、自由和财产的权利;坏的政体则会通过一切可能的方式,为统治者侵吞被统治者的财富服务。不同的政体对民众发挥着不同的潜移默化的教育功能:人们若长期生活在自由的政体之下,则往往表现出坦率、忠诚、勤奋和人道等品质;人们若长期生活在专制的政体之下,则易于形成卑鄙、欺诈、怯懦等恶习。

在构成政体的诸要素中,立法制度与法律体系居于重要地位。爱尔维修主张,法律决定着一个民族的风俗和习惯,法律造就一切。理想的立法制度意味着公正、幸福、财产安全和自由;理想的立法制度引导人们走上诚实、人道和自主之路;理想的立法制度还会在遵循公民追求幸福的自然倾向的基础上,将其引导到"公共幸福"上。直接决定着法律是良法还是恶法的因素在于立法者的品性好坏,而最终的决定因素在于社会成员理性水平的高低。法律体系的完善或不完善取决于立法者的英明或愚蠢,法律的进步或落后取决于人的理性能力强弱。教育则是提高人的理性水平、增强人的理性能力的主要手段。因而,立法制度与法律体系在对个人发挥教育功能的同时,也对教育提出了要求,凸显了教育在社会生活中的重要作用。

4. 论政体教育与民族性格的形成

在民族问题上,爱尔维修通过对民族兴衰存亡的历史考察,认为民众拥有

---

① 北京大学哲学系外国哲学史教研室编译:《十八世纪法国哲学》,商务印书馆1963年版,第467—468页。

知识、智慧和才能是决定一个民族长期生存的关键因素。相对于艺术和工业而言，愚昧才是导致民族毁灭的决定因素。一个民族的性格，即一个民族在长期的历史发展过程中所形成的道德品质、价值观念、文化艺术等，决定于政体性质及其所开展的政体教育。一个良好的政体应致力于提供合理的环境，培养善良的民众，实行必要的政治法律改革，解决民众的生活问题，增进全社会的"公共幸福"和大多数民众的"共同幸福"，引导社会民众将个人利益与民族利益结合起来。这就是一个政体能够对民众产生深远影响的教育行为。为此，爱尔维修要求彻底改造旧学校，认为教会对学校事业的垄断是"民族的灾害"，主张由国家创办发展世俗教育，实现世俗的学校教育和政体教育的一致与互助，共同造就良好的政体和优秀的国民。

爱尔维修在有关政体、民族与教育的论述中，着重强调的是人人天生拥有平等的智力，个人在现实社会中的差异源于环境和教育的差异，主张改进政体、完善法律体系以改变个人生存与发展的社会环境，逐步提高个人的理性水平和理性能力，最终实现社会和谐、民族兴旺和个人幸福的发展目标。

（五）狄德罗的启蒙教育思想

狄德罗是18世纪法国杰出的唯物主义哲学家，彻底的无神论者。狄德罗幼年曾在一所耶稣会学校接受教育，学习希腊文、拉丁文和数学。他在青年时代系统学习了修辞学、伦理学、逻辑学、物理学、数学和形而上学等课程。1746年，狄德罗投身于《百科全书》的组织、编辑与出版事业。其教育思想集中体现在《对爱尔维修〈论人〉一书的反驳》《俄罗斯大学计划》等著述中。

1. 对传统教育的批判

狄德罗对法国旧的封建专制国家制度、基督教教会制度剥夺民众权利、奴化国民精神信仰进行了深入批判，同时对传统教育进行了猛烈抨击。他认为，传统教育是一种等级森严的教育，广大民众被排除在教育的大门之外，无数潜在的天才被埋没；传统教育是一种空疏无用、死气沉沉的教育，主要围绕古典语言教育展开，距离社会现实需要太远，不能为社会造就实用人才。狄德罗提出，应剥夺教会的教育管理权，将教会人员驱离学校，把教育交由国家管理，推行义务教育。为增强教育的实用化和实科化特征，狄德罗要求初等学校开设读、写、算及公民道德等课程，中等学校开设数学、物理、化学、自然、天文学、机械学、历史、地理、音乐、体育和美术等课程，全面加强学生的现代科学教育，提高学生的科学理性能力。

2. 教育作用论

狄德罗认为，教育在个人与民族发展中发挥着重要作用。不同于爱尔维修有关个人智力平等的认识，狄德罗认为，在大脑和感官结构上，人与人之间存在着事实上的某种差异，导致了智力发展水平上的差异，教育作用的发挥不能无视这种差异。因此，教育作用的发挥是有条件的，教育不是万能的。对个人而言，良好的教育有助于提升个人理性水平，帮助其摆脱愚昧，并追求一种富有尊严的生活方式。良好的教育有助于提高个人生产和生活的能力，帮助个人最大限度地摆脱或者减少对外部环境的依赖，帮助个人实现自己的生活理想和人生价值。接受适当的教育对个人发展意味着：自身优良的自然素质得以发展，不良的自然素质或倾向得以压制，理性意识和理性能力得到培养，能够更加明晰准确地判断社会中的是非、美丑和善恶现象。

教育在民族演进、存续与发展中也扮演着重要角色。在《俄罗斯大学计划》中，狄德罗就教育与民族的关系做出了明确判断："教育一个民族，就是使这个民族实现文明化。"① 人类社会实践的历史证明，凡是重视学习新知识，重视通过发展教育来传播、推广新知识的民族，便会最终走上文明和富庶的发展道路。希腊与意大利即是凭借教育步入文明发达国家行列的例证。反之，一个不重视教育发展、不重视文明教化事业的民族，即便暂时强大，最终也难以摆脱落后和衰败的命运。

3. 大学教育论

狄德罗旅俄期间，叶卡捷琳娜二世（1729—1796）为发展俄罗斯教育事业，实现俄罗斯的国家强盛和提高俄罗斯国民的文化水平，邀其制订了《俄罗斯大学计划》。狄德罗确定了大学的具体培养目标："大学应当为君王提供忠心而可靠的仆人；为帝国提供有用的公民；为社会提供有知识、诚实，甚至友好的个体；为家庭提供合格的丈夫和父亲；为文坛提供才华出色、出类拔萃的作家；为宗教提供启迪灵魂的平和的牧师。"②他认为，俄罗斯民众已经完全摆脱了幼稚状态，已经深刻认识到经院主义教育的空疏无用，已经自觉抑制了对宗

---

① Francois de la Fontainerie, ed, *French Liberalism and Education in the Eighteenth Century: The Writings of La Chalotais, Turgot, Diderot and Condorcet on National Education*, New York: McGraw-Hill Book Company, Inc., 1932, p. 199.
② 朱旭东：《欧美国民教育理论探源——教育制度意识形态论》，北京师范大学出版社1997年版，第105页。

教制度的狂热，所有这些均为俄罗斯大学实现自己的培养目标奠定了基础。

为了更好地履行自身职责，大学必须注重提升自身教育的普及性。狄德罗提出，大学的大门应该面向所有民族的青年开放，所有社会阶层的儿童拥有同等的受教育权，农家子弟和贵胄子弟应享有同等的接受教育的机会与权利。

狄德罗指出，大学在实际教学中还要遵循教学内容的适应性原则和教学过程的整体性原则。教学内容的适应性原则要求：学科教学内容的安排和组织实施应充分考虑学生的知识基础、学习能力和学习兴趣，体现从简至繁、从易到难的基本要求。教学过程的整体性原则要求：体现普通知识和专业知识的内在联系，二者应被纳入一个整体的学习过程，先学习普通知识，再修习专业知识。普通知识教育由大学所设文学院面向每位学生提供，专业知识教育则由大学所设神学院、法学院、医学院等专业学院面向已完成普通知识学习任务的学生提供，注重培养学生掌握从事特定职业所需的专业知识和技能。

4. 大学管理论

大学教育教学工作的有序开展和大学教育使命的完成，有赖于大学教育管理体制的构建及大学整体管理、学院管理、教师管理、学生管理等活动的有效开展。狄德罗在《俄罗斯大学计划》中提出，大学应构建包括大学总监、专门学院的院长、学生级长、财务长、牧师在内的管理体制。大学总监拥有大学全部教育教学事务的管理权和裁断权，一般由学术造诣深厚、道德品质高尚的政治家担任。专门学院的管理事务则由院长全权负责，其职责涉及教师聘任、监督及学院教育事务冲突的处理。专门学院的学生级长、财务长和牧师则协助院长处理学生课外事务、学院财务及学生的宗教教育等专项事务。

教师素质直接影响教育质量和教育职能。狄德罗认为，一个国家的教师承担着为国家当前建设和未来发展培养人才的重任，因而，教师培养应该成为政府重视的一项教育事务，教师的辛勤工作也应该得到全社会的肯定和尊重。关于教师的任职资格和职业规范，狄德罗在《俄罗斯大学计划》中也进行了相关阐述：在教师培养实践中，应注重养成未来教师拥有扎实的专业学科知识基础、崇高的道德品质、敏锐的洞察力和领悟力等教师职业素质。在教师聘任和教师管理中，注重结合教师职业素质加以考核和管理，对于不能有效履行职业责任的教师，要有针对性地实施必要的惩戒和改进措施。

为确保教育的有效性和一致性，狄德罗主张，学生管理应具有全程性，具体体现在：教师承担学生的课堂管理；学生级长负责学生课外行为和活动管理；牧师在宗教节日和周日指导学生祈祷，宣讲宗教教义，激发学生的宗教热情，使学生养成必要的道德品质。

（六）杜尔哥的国民教育观

杜尔哥是 18 世纪法国经济学家，重农学派的主要代表人物之一。他在向法国国王路易十六呈递的《回忆录》中提出了有关国民教育的主张。

在《回忆录》中，杜尔哥指出，民众接受教育机会不平等、宗教教育盛行且各教派之间纷争不断是法国教育存在的最为严重的问题。为彻底解决法国国民教育存在的问题，将法国国民教育发展引向正确的发展轨道，真正发挥国民教育在未来公民培养过程中的价值，杜尔哥主张，国民教育发展应遵循国家利益高于一切的原则，提议设立法国国民教育的专门管理机构——国民教育委员会，拒绝和抵制任何个人及社会团体所提出的一切损害国家利益、染指国民教育的主张和要求。

关于设立国民教育委员会的必要性与紧迫性，杜尔哥提出，在国家所有机构中，最重要、最首要、最刻不容缓、最有益于长治久安，并对整个王国发挥最大作用的机构，便是"国民教育委员会"。① 杜尔哥将国民教育委员会的工作职责界定为：负责国民教育的改革与发展工作，负责全国所有大学、学院、学园以及初等学校的教学与管理工作，全面领导与管理法国的国民教育事业。

国民教育委员会的具体工作任务包括：制订周密科学的国民教育计划并督促实施，充分整合、利用一切可以利用的文化和教育资源，积极推进国民教育事业，切实提高国民教育质量和教学效益，确立国民教育发展方向，构建完善的国民教育体系。这种新的国民教育体系将着眼于造就具有美德和有所作为的人，培养在精神上和心灵上纯洁、热情、忠心耿耿的公民。这些合格的公民将在未来的社会工作中时刻铭记国家利益高于一切的信条，摆脱尘世杂务的束缚与限制，富有理性地思考、确定自己人生努力的方向。

为保证国民教育事业的有效发展，杜尔哥提出，教育管理人员的安排和学习材料、学习内容的选择是影响国民教育成效的两项因素。因而，在国民教育的实践中，要在每一个教区设一位校长，专门履行本教区儿童国民教育管理责

---

① Francois de la Fontainerie, ed, *French Liberalism and Education in the Eighteenth Century: The Writings of La Chalotais, Turgot, Diderot and Condorcet on National Education*, New York: McGraw-Hill Book Company, Inc., 1932, p. 179.

任,组织并督促本教区的学校和教师向儿童传授计算、测量、机械原理等知识。关于学习材料与学习内容的选择,杜尔哥力主切实贯彻教育一致性原则,确保课程内容的选择与传授服务于国民爱国主义信念的形成。在国民教育的实施对象上,杜尔哥主张面向所有阶层的儿童实施必要的国民教育,包括公民的道德行为教育和社会义务教育,向全体儿童提供阅读、写作、计算、测量和机械原理内容的教育。至于更为高等专门的知识教育,则需要考虑受教育者的身份、地位和未来的职业选择的不同而有所区别,实施差别化教育。①

（七）塔列兰的国民教育观

关于国民教育,法国政治活动家塔列兰结合法国教育实践开展的需要,于1791年提交《塔列兰法案》。该法案展示了塔列兰的国民教育观。

第一,发展国民教育,培养合格的法国国民是法国政府所承担的一项不可推卸的责任。法国政府有责任通过颁布实施相关政策、设立教育行政管理机构和学校教育机构等适当措施,积极发展国民教育事业,教导国民认识到自身作为国家公民的权利和义务,最终造就掌握参与社会建设和发展所需知识与技能的合格国民。

第二,国民教育具有促进个人发展与社会发展的双重功能。对个人而言,适宜的国民教育能够强化公民的自由意识与权利意识,提升个人的文化水平与知识水平,发挥和利用自身无穷的潜能与创造性,积极履行对其他家庭成员的家庭责任和对其他社会成员的社会责任。对社会而言,有效的国民教育有助于在全社会形成统一的社会责任意识,能够确保国家的宏观政策和发展计划在全体国民中得到有效的贯彻与实施。

第三,国民教育功能的发挥有赖于完整的国民教育体系的建设。塔列兰提出,完整的国民教育体系包括:(1)初等教育体系,在每县设县立初等学校,招收六七岁儿童入校学习,学习内容主要包括法语、算术、宪法常识、道德观念和道德行为以及基本的宗教知识。(2)中等教育体系,在每区设中等学校,向入学者提供写作、希腊语、拉丁语、宗教、历史的教育。(3)高等教育体系,设省立高等学校,向入学者提供法学、神学、医学、军事等专业教育,以培养社会所需要的律师、神职人员、医生、军人等专门人才。

---

① Francois de la Fontainerie, ed, *French Liberalism and Education in the Eighteenth Century: The Writings of La Chalotais, Turgot, Diderot and Condorcet on National Education*, New York: McGraw-Hill Book Company, Inc., 1932, pp. 181–182.

塔列兰的国民教育观反映了法国大革命时期信奉自由、平等、博爱理念的法国民众追求新型教育的愿望,在一定程度上为此后法国国民教育的发展指明了方向。

(八)雷佩尔提的国民教育观

法国政治活动家雷佩尔提的国民教育观主要体现在他所拟订的一份关于创建国民教育体系的计划中。

雷佩尔提认为,儿童教育关乎国家利益,而不仅仅是家庭私事或家长个人事务。他提出,为发展国民教育,政府须创办"国民教育之家",专门招收5—12岁的男孩和5—11岁的女孩,学生的学习费用由政府承担,教育经费主要源于政府征收的税金。同时,组织在"国民教育之家"学习的儿童参加劳动,以劳动收入作为教育经费的补充。家长负有将适龄儿童送入"国民教育之家"接受教育的义务。

作为专门实施国民教育的教育机构,"国民教育之家"的教育目的是培养掌握文化知识和劳动技能、体魄强健、遵纪守法的公民与爱国者。为实现此目的,"国民教育之家"需向儿童提供一种全面教育:在智育方面,"国民教育之家"主要向儿童提供基本的阅读、写作及计算教育。在德育方面,"国民教育之家"可通过教唱国歌、讲述法国历史重大事件和英雄人物事迹、讲解宪法原理等方式,培育儿童高尚的爱国情感和自由、平等、博爱等道德品质。在体育方面,雷佩尔提认为,重视儿童体育、开展促进儿童身体健康成长的体育活动、确保儿童身心健康成长,是培养合格公民的基础事务和重要事务。在劳动教育方面,雷佩尔提主张组织儿童参与家务劳动和较轻的农业劳动,培养热爱劳动的习惯和珍惜劳动成果的品质。

三、德国的国民教育思想

18世纪德国国民教育思想领域的主要成果较为集中地体现在康德、莱辛、歌德、席勒、费希特、黑格尔等人的教育思想中。

(一)康德的教育思想

康德是18世纪德国著名的哲学家。在接受卢梭自然主义教育理论、巴泽多泛爱主义教育思想影响的基础上,康德结合自己长期的教育实践,对教育问题进行了深入思考。自1776年开始,康德在哥尼斯堡大学四次开设教育学讲座。1803年,康德的学生林克将康德主讲教育学的授课笔记整理后,以《论教育学》为名出版。

1. 论教育作用

康德高度肯定了教育对于个人发展所发挥的重要作用。他认为，人是唯一必须受教育的被造物①，人所接受的教育包括"保育（养育、维系）、规训（训诫）以及连同塑造在内的教导"②，个人只有通过接受教育才能发展自然禀赋，进而成为真正的人。"人只有通过教育才能成为人。除了教育从他身上所造就出的东西外，他什么也不是。需要注意的是，人只有通过人，通过同样是受过教育的人，才能被教育。"③ 此外，他还认为，教育应着眼于人类美好的未来，以实现至善的大同世界为目的。

2. 论教育目的

在康德看来，教育与政治是对人类而言最难的两件事。他认为，教育并非自然赐予人的本能行为，而是人类传承自身所创造的文化的行为，是一种人为的极富创造性的活动，也是一种具有明确的计划和目的的行为；教育的目的在于改进人性，实现个人和人类由自然向文化的转变，实现个人知识、情感和意志等各类自然禀赋的和谐发展，最终成为真、善、美和谐统一的人。康德对教育目的进行了具体的描述和区分：

（1）对心灵各种能力的一般培养。此类培养与技能有关，并不是教给学生什么具体的东西，而是要塑造和培养其心灵的各种能力。学生心灵各种能力的一般培养包括自然性和道德性两个层面：前者基于练习和规则，后者基于准则。

（2）对心灵各种能力的个别培养。既包括对认识能力、感觉能力、想象力、记忆力、注意力以及机智等的培养，也包括对知性、判断力和理性能力等的培养。康德强调，理性能力的培养必须以苏格拉底的方式进行。

3. 论教育内容

康德认为，教育学，或者关于教育的学说，无外乎两类：自然性的教育或实践性的教育。"自然性的教育是关于人和动物共同方面的教育，即养育。实践性的教育或道德性的教育则是指那种把人塑造成生活中的自由行动者的教育。（'实践性的'指教育中所有关于自由的东西。）这是一种导向人格性的教

---

① ［德］伊曼努尔·康德：《论教育学》，赵鹏、何兆武译，上海人民出版社2005年版，第3页。
② ［德］伊曼努尔·康德：《论教育学》，赵鹏、何兆武译，上海人民出版社2005年版，第3页。
③ ［德］伊曼努尔·康德：《论教育学》，赵鹏、何兆武译，上海人民出版社2005年版，第5页。

育，是自由行动者的教育，这样的自由行动者能够自立，并构成社会的一个有机组成部分，而又意识到其自身的内在价值。"①

基于对教育组成部分的划分，康德系统阐述了儿童的保育、体育、心理训育和道德陶冶问题。

（1）保育。保育对于儿童是极其必要的，适当的保育可以保证儿童身体健康，并促使其形成良好的品格。康德的儿童保育思想受到卢梭自然主义教育思想的影响，强调一切人工的办法都是有害的，自然不会做无益的事情。具体来说，在喂养方面，康德主张母乳是新生婴儿最好的营养品，母亲是新生婴儿最好的抚养人；婴儿身体软弱，不宜进食刺激性食物，也不宜强制婴儿一次性吃过多食物。在生活习惯养成方面，康德提出，婴儿耐寒习惯的养成有益于婴儿的身体健康，穿衣不宜过多，床铺以硬板床为佳，尽可能不使用摇篮，婴儿练习走路要遵循自然顺序，先爬后走，等等。

（2）体育。作为一种造就完整的人的必要手段，体育的目的在于借助身体器官的运用和锻炼，保障身体机能的健康发展和身体潜能的发挥，培养儿童的力量、技艺、敏捷、自信以及冒险精神，培养儿童的独立意识和自助能力。"在自然性的教育，即身体方面的教育中应该注意的是，它要么是与有意识的运动相关，要么是与感觉器官相关。在前一方面，关键是要使孩子能够自助。"②为实现体育目的，康德主张，要锻炼儿童在狭窄的小桥、陡峭的高处（面对深渊）或摇晃的底座上稳健地行走的能力；跑步、跳远、举重、负重、投掷、摔跤、赛跑等都是极为有益的身体锻炼方式，有助于儿童养成健康的体魄和顽强的毅力。康德十分重视引导儿童在参与游戏的过程中进行身体锻炼，认为游戏有助于实现技艺的进步和感官练习的结合，可以增进儿童的体力，并养成积极进取的精神。在体操训练方面，康德提出，儿童体操锻炼的目的不是去驾驭自然，也不是让儿童刻意地掌握一种娴熟的技艺，而是对儿童进行一种遵循规则的训练，是规训，而非知识传授。

（3）心理训育。在心理训育方面，康德着重论述了儿童心理素质和智力素质的提升问题，主要体现在记忆力、想象力、理解力、判断力和思维力的提高上。在记忆力训练方面，康德列举了较为适宜的具体训练方法和训练内容：记

---

① ［德］伊曼努尔·康德：《论教育学》，赵鹏、何兆武译，上海人民出版社2005年版，第15页。
② ［德］伊曼努尔·康德：《论教育学》，赵鹏、何兆武译，上海人民出版社2005年版，第24页。

住故事中人物的名字，诵读书写，学习语言。想象力的训练则可通过引导儿童查看地图、翻看动植物图片等方式进行。在理解力训练方面，要避免死记硬背，以免损害儿童的理解能力，正确的方式是进行归纳和演绎的双重训练：既要通过例证展示基本原则，又要通过基本原则发现个例。在判断力培养方面，要教会儿童在掌握文化知识和一般规律的基础上，分析解决实际问题，在实践中验证自己判断的正确性。在思维力培养方面，重点是培养儿童把握共性与个性、一般与特殊、抽象和具象之间的转化关系。自由辩论、启发引导均是较为有效的培养思维力的方法。

（4）道德陶冶。相对于心理训育而言，道德陶冶更为重要。道德陶冶的最终目的在于实现"自然人"向"道德人"的转变。在康德看来，童年并非如世人所认为的那样，是一生中最为美好的时光，而是一段最为艰难的岁月。因为这时候的儿童始终处于被训诫的状态之下，很少有真正的朋友，也缺乏真正的自由。儿童被训诫的主要内容即体现在道德陶冶方面。

在儿童道德陶冶方面，康德提出首要的任务在于养成儿童的准则意识。"道德培养必须以准则而非规训为基础。""儿童应该学会依照准则行动，并认识到这些行动本身的正当性。"①为此，需要让儿童尽早地接触"好"与"坏"的概念。他认为，道德是极其崇高和神圣的东西，不能被降格到依靠惩罚和规训才可实现的地步。"道德教育的第一要务是确立一种品格，即按照准则来行动的能力——开始时是学校的准则，然后是人性的准则。"②

在道德陶冶的内容上，康德特别注重服从、诚实、合群和坦荡等品格的养成。服从是儿童的首要品格，服从的含义是双重的：对领导者绝对意志的服从，对领导者那种被认可为理性和善意意志的服从。服从表现为源于信赖的自愿服从和源于权威的强制服从，其中强制服从也是必要的，它有利于儿童为将来遵守公民法则做好准备。诚实是儿童道德陶冶中努力形成的最为重要的品格之一，是品格的根本特征和本质，撒谎成性的人毫无品格可言。合群是儿童道德陶冶努力形成的第三种品格，儿童必须能与别人保持友谊，而不是只顾自己。儿童还应该养成坦荡的品格，这样他们的目光就会像阳光一样明亮。康德认为，道德陶冶应包括必要的宗教教育，并描述了具体实施顺序。

---

① ［德］伊曼努尔·康德：《论教育学》，赵鹏、何兆武译，上海人民出版社2005年版，第35页。
② ［德］伊曼努尔·康德：《论教育学》，赵鹏、何兆武译，上海人民出版社2005年版，第36页。

康德强调，只有实现了道德陶冶的培养目标，才能实现造就理想王国的道德成员，即具有服从、诚实、合群、坦荡等品格的社会成员的目的。

在接受卢梭自然主义教育思想影响的基础上，康德对教育与人的形成与完善、教育培养造就"道德人"以及完整的教育内容的基本结构等问题进行了深入而具体的思考，直接影响了此后赫尔巴特教育思想的形成。

（二）莱辛、歌德与席勒的教育思想

莱辛是德国启蒙运动时期著名思想家、文艺理论家和剧作家，享有"德国第一位不朽戏剧家"的美誉。他将文艺创作当作启蒙教育的工具，呼吁弘扬德意志民族精神，倡导德国作家应创作出洋溢着德意志民族情感的作品。莱辛创作的《年轻的学者》《明娜·冯·巴尔赫姆》《智者纳旦》等作品，为建设德意志民族的现实主义文学体系、揭露德国封建君主的腐化与堕落、抨击天主教的偏狭和对民众的愚昧教化、推进德意志民族文化教育的发展做出了自己的贡献。

在国民教育方面，莱辛高度评价了戏剧创作的教育价值，认为剧院正在代替礼拜堂的教育功能。1780年，在自己的最后一部著作《论人类的教育》中，莱辛将个人的教育与人类的启示相比拟，认为"在单个的人那里是教育的东西，在整个人类那里便是启示"①。教育就是传授给个人的启示，启示则是人类所能接受的最好教育。教育能够给予个人的，并非个人凭自己的努力不可能获得的东西，而是让个人能够更快地获得这些东西。教育的实施应该考虑，以什么样的顺序进行才能保证个人能够更快地获得这些东西。

歌德是德国著名文学家、思想家和教育家，除创作了《少年维特之烦恼》《浮士德》以及其他许多脍炙人口的抒情诗作品外，歌德还给世人贡献了体现其教育见解的教育小说《威廉·迈斯特的学习时代》《威廉·迈斯特的漫游时代》。

歌德深受卢梭自然主义教育思想的影响，主张教育旨在依照人文主义教育理想，发现并发展个人所拥有的各种天赋才能，培养其养成和谐个性，实现个人天性的和谐发展，最终造就"完整的人"。在教育过程中，歌德强调尊重受教育者的爱好与愿望，遵循儿童的天性，但同时也要认识到儿童的天性并不完

---

① ［德］莱辛：《论人类的教育——莱辛政治哲学文选》，刘小枫选编，朱雁冰译，华夏出版社2008年版，第102页。

美,不可任由儿童的天性不受任何约束地发展,而应该与遵守规则结合起来。歌德十分强调活动在教育过程中的意义,将活动置于教育过程的核心地位,认为活动不仅为个体认识自己提供了机会,而且是个体掌握知识、巩固知识不可缺少的要素。他指出,即便是道德教育也不可停留于沉思冥想,而应在道德实践活动中培养儿童高尚的道德情感和坚定的道德意志。歌德强调社会和大自然是人类接受教育的广阔舞台,认为个人只有积极投身于社会实践活动,投身于认识自然和改造自然的活动中,才能在实践中将自己锻造成为全面发展的人、和谐发展的人。

席勒是德国剧作家、诗人,德国狂飙运动时期的主要人物之一,其教育思想集中体现在《审美教育书简》一书中。

在《审美教育书简》中,席勒将审美教育置于恢复提升人性的高度加以认识,提出通过审美教育培养"自然的、完美无缺的公民",并最终建立自由而理想的王国。席勒认为,近代人类表现出粗野和懒散两大缺陷的根源,在于天性中感性与理性的分裂。一方面,人过度追求对自身物质性、生理性需要的满足,导致对理性的忽视甚至抛弃;另一方面,人对理性的追求引导人超越一切感性限制,实现自由,在复杂的社会活动与各类诱惑中坚守人格底线。人的和谐与心理的安宁来源于物质性、生理性追求与理性追求的平衡与统一,而审美教育恰恰就是实现人性完整发展、克服感性冲动与理性力量矛盾的有效手段。相对于其他教育类型,只有审美教育致力于把人的心绪引向不受任何限制的境界,使人在心绪处于审美状态时超越物质和道德的双重限制。在现实社会中,审美教育能够解决的问题还包括:从根本上修复人的天性中感性与理性的分裂,从根本上修复社会分工、学科专门化及日趋森严的社会等级对人性和谐状态的破坏,使人的心境重获自由与和谐。

席勒主张,个人审美能力的提高是受教育的过程,是教育者有目的地提高个人感受美、理解美、鉴赏美和创造美的能力的过程。审美教育的目的既不同于仅仅追求感官享受和心情愉悦的艺术欣赏,也不同于仅仅追求道德教育目的所实施的道德训诫和理想教化,而是追求艺术作品审美认知的拥有、审美能力的提升和审美结果的获得的统一。其最终目的在于实现个人的天性自由,实现感性限制和理性追求的平衡。在审美教育实践中,席勒主张发挥艺术作品的形式所具有的普遍的审美教育功能。

(三) 费希特的教育思想

费希特是德国唯心主义哲学家。在德国哲学史上，他处于承前启后的地位。费希特的教育思想以大力宣扬国民教育而著称。

1. 费希特国民教育思想的理论基础——民族理论

为唤醒德意志民族意识，将德意志民众从1806年普法战争失败的阴影中解放出来，承担起建设"伦理世界秩序"的特殊的历史使命，1807—1808年，费希特在柏林科学院大厅进行了14次讲演，详细阐释了自己的民族理论。1808年4月，费希特的相关演讲词结集出版。

费希特认为，德意志民族是一个由共同的语言和共同的哲学思维方式构成的联合体，其民族特性包括：作为条顿族、日耳曼族的一个分支，德意志民族居住在祖先开垦的土地上，维持和发展了祖先的原始语言，即使吸收了一些外来语，仍继续保留和使用着本民族的本原性语言；德意志民族将精神修养和现实生活结合起来，德意志民众重视教育，将教育视为发挥民众聪明才智的重要手段；德意志民族是为世界文明演进做出突出贡献的民族，以马丁·路德的宗教改革为代表与体现，德意志人发现了民族的宗教；德意志民族在将文化发展到一个完善的高度的过程中，形成了忠诚、正直、节操、廉耻、道义、诚实、朴素等道德品质，还养成了很高的知识修养。①

关于德意志民族个人与德意志民族整体的关系，费希特主张，德意志民族个人对现实社会所产生的影响的连续性，是建立在其所属的德意志民族整体具有永恒性和连续性的基础之上的。个人的信仰、努力和对社会生活的理解，需要与本民族的信仰、努力和社会价值观念融合在一起，所以个人需要对本民族怀有崇敬、信任和无限爱戴的情感。不过，费希特也主张，个人对本民族的崇敬、信任和无限爱戴并非要以牺牲个人的利益为代价，个人首先要自爱，然后在自爱的基础上产生他爱，最终形成热爱民族、国家和全人类的品质。

关于德意志民族当时的生存状况以及日后的发展方向，费希特指出，德意志人必须思考并面对的问题包括：第一，具有特殊的民族品质的德意志民族将继续存在，但处于危机之中。第二，无论遇到什么灾难，德意志人都要维护德

---

① 朱旭东：《欧美国民教育理论探源——教育制度意识形态论》，北京师范大学出版社1997年版，第263—265页。

意志民族。第三，维护德意志民族可靠而完善的手段和途径是什么？教育在实现德意志民族复兴的大业中可以发挥怎样的作用？他认为，保持德意志民族语言的纯洁性，运用自己的德意志民族语言创造德意志文学，是实现德意志民族再生并走向繁荣强大的重要手段和途径。

2. 费希特国民教育思想的主要内容

在裴斯泰洛齐教育思想和康德哲学思想的熏陶与启迪下，费希特逐渐形成了自己的国民教育思想。普鲁士在与法国的战争中战败的事实，促使费希特更加重视以国民教育为手段来唤醒和激发德意志民族的精神、信心与热情。费希特提出，国民教育是实现德意志民族复兴的重要手段和工具，需要通过教育事业的发展，把包括下层民众在内的全体德意志人，全部融入实现德意志民族国家统一和国民精神力量勃兴的事业中。费希特指出："大多数公民必须受到这种爱国主义思想的教育，而且为了确保这大多数人，必须在全体公民中设法进行这种教育。这样，就同时直截了当地和清楚地作出了一个同样在先前预示过的证明，这就是：能够拯救德意志的独立性的，绝对仅仅是教育，而不是其他可能拥有的手段……"①

第一，国民教育是培养个人具备一种崇高的民族情感的教育。费希特提出，德意志的国民教育是一种全新的教育，其任务在于维护和延续德意志民族的道德品质，培养个人对德意志民族形成一种基于爱戴、信任和勇气的民族情感。要通过教育，培养德意志民族的每个成员都养成一种民族之爱、祖国之爱的崇高情感。这种情感是对德意志悠久文化传统的继承和光明未来的憧憬，是一个民族从苦难中实现复兴和腾飞的精神动力，是保障德意志民族繁衍发展的精神支持，是发挥德意志民族智慧、凝聚德意志民族意识和彰显德意志民族尊严的心理基础。

第二，国民教育是面向每一位国民的教育。为改变德意志教育与社会现实脱节、仅面向极少数富家子弟实施的状况，费希特提出国民教育应面向全体民族成员，要毫无例外地为所有德意志民族成员提供接受国民教育的机会，要使教育不再成为某一阶层的有限教育，而成为整个民族的教育。他还呼吁，有教养的人应发挥自身的影响力，积极推进教育改革，提高教育成效。

---

① ［德］费希特：《对德意志民族的演讲》，梁志学、沈真、李理译，商务印书馆 2017 年版，第 141 页。

第三，国民教育是由国家或政府提供与实施的教育。费希特认为，为实现国民教育所承担的使命，国家或政府需要全力开展与实施国民教育。教育不应该隶属于任何教会团体，而须归属于世俗的国家或政府。国民教育只能由国家或政府创办，教会不得染指事关国家命运与民众幸福的国民教育；国家或政府应为国民教育的发展提供充足的经费和宽敞的校舍；国民教育的发展必须遵循一定的原则，要具有明确的目标，即要把学生培养成心智聪慧、品德高尚的"全人"。

关于国民教育的实施，费希特主张将国民学校作为实施国民教育的适宜机构。国民学校在向学生提供一般的阅读、写作和计算教育的同时，还需要为学生未来的职业活动和职业生活奠定基础。"在教育中将学习和劳动结合在一起，教育机构至少在学子们看来是自己维持自己的，每一个人都会意识到，要尽自己的全部力量，为这一目的做出贡献。"① 只有这样，才能使学生了解一般性职业活动的技能要求，培养学生自立、自信、吃苦、耐劳的品质，使学生最终成为合格的劳动者和爱国公民。费希特还强调要为教育事业发展提供合格师资，主张按照裴斯泰洛齐的教学方法培养师资。

3. 论学者的使命、教育任务与社会职责

关于学者的使命，1794 年，费希特在耶拿大学所作的一场题为《论学者的使命》的演讲中提出，作为一个社会特殊阶层，学者的使命在于"高度注视人类一般的实际发展进程，并经常促进这种发展进程"②。人类文明与进步的实现，有赖于人类认识自然、改造自然和适应自然能力的逐步提高，有赖于人类知识的进步及不断应用于社会生产实践。人类知识的进步在改善和提高人类物质生活水平的同时，还引导并助推人类道德境界的提升和人类社会正义与公平意识的增强。凡此种种，均与将知识的探索与传播作为自身职业的学者阶层密切相关。一个追求自身价值实现和社会责任担当的学者，应时刻提醒自己：自己的知识探索与传播与一桩伟大而壮丽的人类事业联系在一起，自己的进步决定着人类发展的其他一切领域的进步，自己应该永远走在其他领域的前头，以便为人类的发展开辟道路。③ 因此，"就学者的使命来说，学者就是人类的教

---

① ［德］费希特：《对德意志民族的演讲》，梁志学、沈真、李理译，商务印书馆 2017 年版，第 164 页。
② ［德］费希特：《论学者的使命》，梁志学、沈真译，商务印书馆 2021 年版，第 39 页。
③ ［德］费希特：《论学者的使命》，梁志学、沈真译，商务印书馆 2021 年版，第 40 页。

师"①。

关于学者的教育任务，费希特强调要借助知识的传授，把个人培养成为富有理性的人，培养成为在追求"自在的人"的基础上适应社会生活的"现实的人"。费希特分析了"自在的人"的使命："所谓自在的人就是这样一种人，这种人仅仅被想象为是人，是仅仅按照一般人的概念加以想象的；这种人是孤立的，没有任何结合，在他的概念里必然不包含任何结合。"②"自在的人"的使命在于不断地追求和接近"至善"的境界。"现实的人"是指一种将社会意向作为个人意向的人，是一种基于知识的掌握而充满理性的人，是按照理性的法则规范自己的行为和生活的人。对于社会现实生活中的人，费希特特别强调人与人之间的平等和友善，反对一类理性生物（个人）把另外的理性生物（个人）作为实现目的的手段，反对伦理上的功利主义法则。

关于学者的社会职责，费希特认为有两个方面：一是学者作为人类的教师，要在尽可能全面掌握知识的基础上，以实际行动传播、扩充这些知识，启发他人接近真理、发展完满的人格；二是学者作为人类的领袖，承担着把人类社会从现存状态引向理想状态的职责。

（四）黑格尔的教育思想

黑格尔是德国哲学家，他的教育思想表现出鲜明的国家主义色彩。他认为，自在的个人在追求个人利益的过程中，可能因不择手段而侵害他人利益，因而，有必要以"普遍的方式"规范个人行为。制度化的教育就是实现个人行为规范化、培养一个自在的个人成为合格的国家公民的必要手段。

1. 论教育目的

黑格尔认为，教育的最终目的在于培养有良好教养的、合格的国家公民。这种教育的实施需要在伦理性的实体之中，不能脱离人的日常生活。这是因为，"伦理性的实体包含着同自己概念合一的自为地存在的自我意识，它是家庭和民族的现实精神"③。伦理性的实体包括三种类型：作为直接的或自然的伦理实体的家庭，作为独立的单个人的联合的市民社会，作为最高的伦理实体的国家。

2. 论教育类型

与伦理性的实体相对应，黑格尔把教育分为三种类型。

---

① ［德］费希特：《论学者的使命》，梁志学、沈真译，商务印书馆2021年版，第42页。
② ［德］费希特：《论学者的使命》，梁志学、沈真译，商务印书馆2021年版，第3页。
③ ［德］黑格尔：《法哲学原理》，范扬、张企泰译，商务印书馆2017年版，第197页。

（1）家庭教育。黑格尔认为，作为家庭的子女，享有"被抚养和受教育的权利"，抚养和教育的费用由家庭共同财产来承担；在子女教育的问题上，仅仅靠父母的本能是远远不够的，必须具有明确的目的性。"因此，所要求于子女的服务，只能具有教育的目的，并与教育有关。"① 在由家庭所实施的教育中，必须重视纪律教育。

（2）市民社会教育。市民社会处于家庭和国家之间。黑格尔认为，处于市民社会之中的以自身为目的的个人，需要与他人发生某种联系以满足自身的全部需要。市民社会所实施的教育通过促成个人实现自己的理性目的，最终使个人具备与他人发生联系以满足自身各种需要的资格与条件。市民社会应尽可能实施公共教育，履行其教育义务。"市民社会在它是普遍家庭这种性质中，具有监督和影响教育的义务与权利，以防止父母的任性和偶然性，因为教育与儿童之成为社会成员的能力有关，尤其教育不是由父母本人而是由别人来完成时是如此。"② 教育所要实现的个人的理性目的，既非自然的质朴风俗，也非在特殊性发展过程中通过教养得到的享受本身，而在于去除自然的质朴性，获得一种普遍性的形式或理智性。在这方面，黑格尔提出："教育的绝对规定就是解放以及达到更高解放的工作。这就是说，教育是推移到伦理的无限主观的实体性的绝对交叉点，这种伦理的实体性不再是直接的、自然的，而是精神的、同时也是提高到普遍性的形态的。"③

（3）国家教育。作为绝对自在自为的存在和伦理的最高实体，国家是实体性意志的伦理精神。"这个实体性的统一是绝对的不受推动的自身目的，在这个自身目的中自由达到它的最高权利，正如这个最终目的对单个人具有最高权利一样，成为国家成员是单个人的最高义务。"④ 黑格尔认为，为实现国家目的，将个人培养成为国家成员，国家需要开展直接的伦理教育和思想教育，通过法律教育和制度教育培养遵纪守法与勤政无私的政府官员，造就具有爱国心的、遵守良好法律的合格公民。

3. 论教育内容

黑格尔认为，教育内容应包括四个方面。

---

① ［德］黑格尔：《法哲学原理》，范扬、张企泰译，商务印书馆2017年版，第213—214页。
② ［德］黑格尔：《法哲学原理》，范扬、张企泰译，商务印书馆2017年版，第275页。
③ ［德］黑格尔：《法哲学原理》，范扬、张企泰译，商务印书馆2017年版，第230页。
④ ［德］黑格尔：《法哲学原理》，范扬、张企泰译，商务印书馆2017年版，第288—289页。

（1）纪律教育。纪律教育的含义在于破除个体的自我意志，清除纯粹感性的和本性的东西。作为一种伦理性实体，家庭承担着纪律教育的责任，父母要在向子女传递爱、信任的同时，向其灌输伦理原则，使其养成服从的习惯。"从家庭关系说，对他们所施教育的肯定的目的在于，灌输伦理原则，而这些原则是采取直接的、还没有对立面的感觉的那种形式的，这样，他们的心情就有了伦理生活的基础，而在爱、信任和服从中度过它的生活的第一个阶段。"① 同时，纪律教育也帮助子女超越原来的自然直接性，获得独立和自由的人格。在市民社会中，纪律教育主要体现为教育个人成为具有伦理精神的人，具有适应于社会的权利观和义务观，能够正确认识并处理自身所享有的权利和所承担的义务之间的关系。在国家中，纪律教育的形式和内容均要服务并服从于培养有良好教养的、合格的国家公民这一教育目的。

（2）理论教育。理论教育不仅在于让个人获得各种观念和各类知识，还在于发展个人思维的灵活性和敏捷性，在于实现观念之间的过渡，最终培养个人把握复杂的普遍关系的能力。理论教育的实施形式主要为包括语文教育在内的文化知识教育，逐步实现个人的思维活动符合精神本性和理性之目的。鉴于理论和实践之间所存在的辩证关系，且"理论的东西本质上包含于实践的东西之中"②，因而理论教育有待于走向实践教育，理论教育所涉及的观念过渡可以借助劳动的实践教育来完成，在实现观念内化于个人内心的过程中，个人逐步适应物质的性质，并形成相应的技能和习惯。

（3）实践教育。人类社会的产生及维系离不开劳动，"劳动通过各色各样的过程，加工于自然界所直接提供的物资，使合乎这些殊多的目的"③。劳动技能和劳动习惯需要通过实践教育来形成。总体来说，通过劳动的实践教育可以追求并实现三个层面的目的：自然地产生做事的需要和一般的勤劳习惯；通过限制人的活动使其适应物质的性质，同时适应他人的个性；培养个人具备客观活动的习惯和普遍有效的技能的习惯。"实践教育就在于养成做事的习惯和需要。笨拙的人总是做出不是他本来所想的东西，因为他对自己的活儿作不了主。只有够得上称为熟练的工人，才能制造应被制造出的物件来，而且在他的

---

① ［德］黑格尔：《法哲学原理》，范扬、张企泰译，商务印书馆2017年版，第214页。
② ［德］黑格尔：《法哲学原理》，范扬、张企泰译，商务印书馆2017年版，第15页。
③ ［德］黑格尔：《法哲学原理》，范扬、张企泰译，商务印书馆2017年版，第238页。

主观活动中找不到任何违反目的的地方。"①

（4）宗教教育。黑格尔将宗教视为教育的实施手段之一，认为宗教自为目的，是目的和手段的统一。"宗教如同认识和科学一样，以具有不同于国家的独特形式为其原则，因此，它们出现在国家中，一方面，是作为教育和思想的手段，另一方面，由于它们本质上是自身目的，从这方面说来，它们是具有外部定在的。"② 他认为，宗教教育的实施以国家形式为原则，要服务于国家利益，致力于国家秩序稳定，有助于引导民众形成高尚的宗教情绪。"宗教以绝对真理为其内容，所以最高尚的情绪就是宗教情绪。"③ 他提出，在宗教教育中需要警惕不当的宗教教育以及宗教狂热情绪对国家事务造成损害，要反对一切以宗教的名义对抗国家的认识和行为。在他看来，与政治狂热一样，宗教狂热排斥一切国家设施，排斥私有制、婚姻、市民社会中的关系和劳动等。

黑格尔的教育思想是18世纪德国国民教育思想体系的重要组成部分，同时他有关个人本质的社会性与教育的关系等观点，对费尔巴哈的个人本质观产生了一定影响，并为后来西方国家制度化教育观念成型与实践推进提供了必要的启示。

四、美国的公共教育思想

在吸收欧洲民族主义教育思想观点的基础上，杰弗逊和韦伯斯特等人就教育如何适应美国社会文化与宗教的多样性，如何培养合格的美利坚合众国国民，如何培育一致的民族精神和国家观念等问题进行了深入思考，形成了各自的公共教育思想。他们的教育思想构成了18世纪末美国公共教育思想的主体内容。

（一）杰弗逊的公共教育思想

杰弗逊是美国第三任总统，同时也是美国《独立宣言》的主要起草人和弗吉尼亚大学的创办人。

杰弗逊的公共教育思想集中体现在1779年的《关于进一步普及知识的法案》和1781年的《弗吉尼亚纪事》中，主要包括以下四个方面：

---

① ［德］黑格尔:《法哲学原理》，范扬、张企泰译，商务印书馆2017年版，第239页。
② ［德］黑格尔:《法哲学原理》，范扬、张企泰译，商务印书馆2017年版，第308页。
③ ［德］黑格尔:《法哲学原理》，范扬、张企泰译，商务印书馆2017年版，第307页。

首先，公共教育是一种造就天然贵族（以德行和才能为依据，相对于以财产和门第为依据的"人为贵族"而言）、杜绝社会暴政的教育。杰弗逊将公共教育视为杜绝社会暴政的根本手段和造就天然贵族的基本途径。为实现公共教育这一目的，他精心设计了美国包括小学、普通中学、大学三个等级的公共教育体系，强调"教育是国家的事务"，应该通过立法开办教育。他撰写了《关于进一步普及知识的法案》，为公共教育制度的法制化提供了理论依据，被誉为"美国公共教育的第一个宪章"①。

其次，公共教育是一种免费教育，应由国家承担教育经费。为解决贫困家庭子女受教育问题，他提出向儿童提供三年的免费教育。为保证公共教育经费的稳定，他提出了三条筹措经费的途径：第一，确立教育税收制度；第二，从公共财产中拨款资助教育事业，通过立法规定各地区把一部分收入作为教育经费；第三，设立各种基金支持教育事业的发展。

再次，公共教育是一种平等教育。杰弗逊主张不论贫富、性别、阶层，全体公民一律享有平等地接受公共教育的机会。公共教育的宗旨在于：提升公民的道德和学识水准，帮助个人了解自身所肩负的社会责任；教育公民了解自己承担的义务和享有的权利，具备投身国家建设的知识和能力；向公民传授有关国家体制和运转机制的知识，引导其积极参与社会公共事务，能够选举自己信任的人进入代表机构。

最后，公共教育是一种世俗教育。杰弗逊认为，公立学校不应该开设宗教神学课程。教会和神职人员不得参与学校管理事务，国家拨款不得用于支持教会学校，不得资助牧师的传教活动。

（二）韦伯斯特的公共教育思想

诺亚·韦伯斯特是美国著名的辞典编纂者，美式英语拼写改革倡导者和政治家，被誉为"美国文法和辞典之父"。

1. 论语言教育

韦伯斯特非常重视统一的语言教育在美国社会建设和统一事业中的作用，认为统一的语言是形成统一的民族意识、唤起国民民族自尊、增进民族成员之间理解和沟通的重要工具，是国家成为统一整体的强有力纽带。

---

① 朱旭东、王保星主编：《外国教育思想通史》第六卷，北京师范大学出版社2017年版，第486页。

韦伯斯特认为，语言的统一不仅是一个语言问题，还关乎美国的政治统一和社会和谐。褊狭的方言可能令人不快，粗俗的语调可能让人反感，甚至造成不同州的居民之间的一种反社会情绪。为实现来自欧洲各地的移民用语及表达习惯的统一，除了建立学校和使用统一的课本之外，别无他途。

为实现美国语言统一的目标，1783年韦伯斯特编撰《美国拼写读本》，并在1828年出版《美国英语词典》，力图通过创建一种美利坚合众国的语言，在美国社会创生一种统一的国家精神，为美国社会造就善良、爱国的公民。韦伯斯特将语言文化的独立视为政治独立的长远保障，认为语言是国家文化的核心内容，国民使用统一的语言是国家和公民成为团结整体的文化纽带。

2. 论公共教育

韦伯斯特认为，对美利坚合众国而言，建立公共教育制度、发展公共教育事业将直接有助于造就美国国民性格。他主张，为适应美国建国后强化政治权威的需要，以及更好地适应来自不同国家、具有不同宗教信仰和文化传统的移民融合的美国现实社会需要，必须实施以谋求国民精神的统一和团结为目的的民族教育，要向全国各阶层的人传授知识，培养国民适应美国独立政治的思想性格，认清建国初期的美国不同于已趋腐朽没落的旧大陆，实现政治独立之后的文化独立与民族精神独立。为更好地通过公共教育塑造美国国民性格，韦伯斯特于1790年发表了题为《论美国青年人的教育》的论文，明确提出了塑造国民性格应成为公共教育的主要目标，要通过传播科学知识，完善个人品行，养成自由观念，以公平、民主思想激励国民的方式完成国民性格塑造的任务。韦伯斯特强调，公共教育的实施有助于增强多种族之间的凝聚力，有助于将不同移民统一到美国这一"大熔炉"之中，有助于提高美国政府与社会的完善程度。

关于美国公共教育的开展与实施，韦伯斯特主张课程设置与教学内容的实用化，强调英语作为美国人日常交流和学术交流工具的重要性，提倡为妇女提供更实用的教育，反对美国人赴欧洲接受教育，将实施公共教育与降低社会犯罪结合起来。韦伯斯特建议在美国每一个小的行政区都开办一所公共学校，一年至少保障适龄儿童四个月的学习时间，选拔本地区道德高尚和学识渊博的人管理学校。儿童在学校学习各门学科的基础知识，养成遵纪守法、忠诚服从的道德品质，了解本国的历史和事务，熟悉政府运转的法则和遵循的原则。

3. 论女子教育

韦伯斯特将女子教育作为公共教育的重要组成部分加以论述。在他看来，向广大妇女提供有关自由、美德和爱国主义的教育,不仅有助于她们更好地履行公民职责,更有助于通过她们向其子女传授关于自由和政府的原则。具体来说,妇女如果接受必要的公共教育,就能更好地在子女幼小的心灵中植入与自由和政府的原则相一致的美德、礼仪、尊严等观念;避免偏见和无知的侵蚀,保证子女的举止得体、言行雅正。女子教育的具体内容涵盖必要的算术、地理知识、诗歌、戏曲、绘画、音乐和舞蹈。韦伯斯特强调,女子教育的实施既要与政府的总体原则相适应,又要与女子的社会角色相一致。

第三节 自然主义教育思想

18世纪的自然主义教育思想在卢梭和裴斯泰洛齐的教育思想中有着集中而明确的体现。卢梭的自然主义教育思想建立在其天性论和感觉论的基础上,主张教育遵循儿童的天性,即儿童的个性差异与年龄特征,强调教育要归于自然,实施自然教育,以实现"自然人"的培养目标。裴斯泰洛齐认为教育目的在于全面、和谐地发展人的一切天赋力量和才能,认为儿童的天赋力量和才能有其自然发展的规律,教育者必须遵循自然法则,深入研究儿童自然发展的顺序和特征,使教育与儿童的自然发展的顺序保持一致,主张教育心理学化和实施要素教育。

一、卢梭的教育思想

卢梭是18世纪法国杰出的启蒙思想家、哲学家、文学家和教育家。在接受洛克等人"自然状态""社会契约"主张的基础上,卢梭提出私有制是社会不平等的起源,提倡"天赋人权",宣扬"自然神论",认为"人性善"而"社会恶"。在教育上,卢梭主张教育的目的在于培养"自然人",倡导自然主义教育,强调教育要遵循儿童的天性。卢梭的自然主义教育思想对西方近现代教育实践产生了深远影响,被誉为新旧教育的"分水岭"。

(一)生平与著作

1712年6月28日,卢梭出生在瑞士日内瓦的一个新教家庭。母亲早逝,父亲是一位钟表匠,喜爱阅读,对卢梭影响很大。卢梭自幼嗜读,这为其以后的成长奠定了文化知识基础。1722年,卢梭的父亲与一位军官发生冲突而被诬犯伤害罪,被迫逃往里昂,卢梭只能寄居在舅父家中,后入校接受了两年的拉丁文、绘画和数学等教育，这是他一生中唯一接受的正规教育。两年后，卢梭被迫中断学业，先后从事学徒、仆役、家庭教师和私人秘书等职业。其间，卢梭利用一切机会开展自学，努力读书。自身艰难的生活经历、对基层民众的长期接触和深入了解，使卢梭深刻地体验到社会阶层的差异、底层民众生活的艰辛和严重的社会不平等。

1742 年，卢梭来到巴黎，先后结识伏尔泰、狄德罗、霍尔巴赫（1723—1789）和爱尔维修等启蒙思想家，并应邀参加了《百科全书》部分条目的撰写工作。1749 年，卢梭应第戎学院有奖征文所撰写的《论科学和艺术的复兴是否有助于敦化风俗》一文，以深刻的思想、高昂的激情和优美的文笔征服了评委，获得首奖。他在论文中提出，人类科学和艺术的进步非但未能将人类带入幸福的境地，反而使社会道德更加堕落，人的良心更加泯灭。此后，卢梭又相继完成了一系列重要著作：《论人类不平等的起源和基础》《新爱洛伊丝》《社会契约论》《爱弥儿：论教育》。他在这些论著中抨击了法国封建专制制度的腐朽、天主教会的贪婪和教育的空疏，结果招致著作被焚毁，其本人也被通缉。

《爱弥儿：论教育》是集中反映卢梭自然主义教育思想的代表作，被认为是继柏拉图《理想国》之后西方最完整、最系统的教育论著。《爱弥儿：论教育》全书共五卷，以主人公爱弥儿的成长经历为线索，采用夹叙夹议的小说表述手法，突出呈现了以"归于自然"和"发展天性"为主题的教育理念。《爱弥儿：论教育》第一卷至第四卷以爱弥儿为例，揭露了男子教育的无效和荒谬，提出自然主义教育的改革方案；第五卷以苏菲为例，提出女子教育的实施方案。卢梭晚年写成自传体小说《忏悔录》，生前未能出版。1778 年 7 月 2 日，卢梭在贫困与孤独中病逝于巴黎附近的埃尔默农维尔庄园。

（二）天性论与感觉论

1. 天性论

社会本质邪恶、个人天性善良是卢梭关于社会与人性的基本判断，也是卢梭政治学和自然主义教育思想的逻辑起点。

卢梭认为，就社会形态演进而言，原始社会是人类生活的黄金时代，民风淳朴，人性温良。文明和私有制的出现催生了社会的不平等，改变了人的生存和生活状态，激起了人自私自利的欲望，造就了人的腐败、堕落和欺诈等后天生成的邪恶品质。

卢梭认为，在人的天性中存在着两种源于天赋的最基本的自然感情：自爱之心和怜悯之心。前者先于其他自然愿望而存在，如顺其自然发展，最终将成为高尚的道德；后者则在扩充发展自爱之心的基础上，让个人从自爱转向他爱，即从爱自己到爱他人、爱人类，乃至爱自然万物，养成仁慈、宽容与博爱情怀。

卢梭强调良心在使人向善、为善中的重要作用，认为良心源于天赋，它在遵循自然法则和自然秩序的基础上，教人明辨是非、判断善恶、实现自爱之心与怜悯之心的协调和平衡。

卢梭认为，科学技术和文化艺术的发展将人类从自然秩序带入社会状态，污浊、充满偏见的社会泯灭了人的善良天性，恶劣的教育向儿童灌输世俗的偏见和人为的法则，使其良心遭受污染，天性中的美德成分日渐稀薄，人类日渐堕落。"在自然秩序中，所有的人都是平等的，他们共同的天职，是取得人品；不管是谁，只要在这方面受了很好的教育，就不至于欠缺同他相称的品格。"① 与自然秩序形成对照的是，在社会状态下，"我们的种种智慧都是奴隶的偏见，我们的一切习惯都在奴役、折磨和遏制我们。文明人在奴隶状态中生，在奴隶状态中活，在奴隶状态中死"②。于是，革新教育，引导儿童远离罪恶的城市，到乡村中接受大自然的教育，成为教育发展的当务之急。

2. 感觉论

在接受洛克唯物主义感觉论思想的基础上，卢梭认为，观念产生和知识形成的基础在于感觉。感觉是个人感觉器官在接触外部客观事物的过程中所获得的关于客观事物的印象，是形成有关世界认识的基础和人类知识的来源。"我们生来是有感觉的，而且我们一出生就通过各种方式受到我们周围的事物的影响。可以说，当我们一意识到我们的感觉，我们便希望去追求或者逃避产生这些感觉的事物，我们首先要看这些事物使我们感到愉快还是不愉快，其次要看它们对我们是不是方便适宜，最后则看它们是不是符合理性赋予我们的幸福和美满的观念。"③ 为获得对事物尽可能正确、全面的认识，卢梭主张把各种感觉器官综合起来加以运用。在强调感觉的同时，卢梭也注意到理性认识问题，重视实现从"感性的理解"发展到"理智的理解"的价值，强调理智的理解才是关于客观事物的全面正确的认识。不过，理智的理解的形成又与感觉器官的成熟状况密切相关，教育的任务就是在训练学生感觉器官的基础上，开展关于理

---

① ［法］卢梭：《爱弥儿：论教育》上卷，李平沤译，商务印书馆2017年版，第15页。
② ［法］卢梭：《爱弥儿：论教育》上卷，李平沤译，商务印书馆2017年版，第17页。
③ ［法］卢梭：《爱弥儿：论教育》上卷，李平沤译，商务印书馆2017年版，第10页。

智的理解的教育。

(三) 自然主义教育思想的内容

1. 自然主义教育的含义与培养目标

卢梭自然主义教育的基本含义在于实现教育的"归于自然",要求教育顺应并遵循儿童天性和自然要求,反对成人按照传统与偏见强制儿童接受违背其天性和自然要求的教育。卢梭强调:"大自然希望儿童在成人以前就要像儿童的样子……儿童是有他特有的看法、想法和感情的;如果想用我们的看法、想法和感情去代替他们的看法、想法和感情,那简直是最愚蠢的事情……"①

拓展阅读

王保星:《自然与自由的追求:卢梭自然教育思想的现代性诠释》

自然主义教育是重视并保障儿童自由的教育。自然主义教育的要义在于尊重并顺应儿童的天赋权利。在儿童所有的天赋权利中,自由是他们所拥有的最为重要的权利,因而自然主义教育也就相应成为一种为儿童行使自由权利提供条件和能力的教育。在教育实施过程中,抛弃传统的封建教育,反对压制性的、惩罚性的教育方式与手段,为儿童提供充分自由的、鼓励性的成长空间,成为自然主义教育保障儿童自由权利的基本要求。

自然主义教育是尊重儿童的个性差异与年龄特征的教育。卢梭指出:"每一个人的心灵有它自己的形式,必须按它的形式去指导他;必须通过它这种形式而不能通过其他的形式去教育,才能使你对他花费的苦心取得成效。"② 自然主义教育得以有效实施的前提在于了解儿童的个性差异和年龄特征,为儿童成长提供具有针对性的指导与帮助。

卢梭主张,自然主义教育主要针对富家子弟提供,穷人是没有必要接受自然主义教育的。原因在于穷人的生活环境接近自然,他们已在自然的环境中接受了自然主义教育。"穷人是不需要受什么教育的,他的环境的教育是强迫的,他不可能受其他的教育;反之,富人从他的环境中所受的教育对他是最不适合的,对他本人和对社会都是不相宜的。"③ 富人生活的城市远离自然环境,不利于富人成长,只有特定的自然主义教育才能使富人顺利成长。

总之,自然主义教育就是一种以归于自然为基本原则、遵循儿童天性、尊

---

① [法] 卢梭:《爱弥儿:论教育》上卷,李平沤译,商务印书馆2017年版,第101页。
② [法] 卢梭:《爱弥儿:论教育》上卷,李平沤译,商务印书馆2017年版,第108页。
③ [法] 卢梭:《爱弥儿:论教育》上卷,李平沤译,商务印书馆2017年版,第36页。

重儿童的个性差异和年龄特征、发挥儿童自由权利的教育，是一种主要面向富家子弟开展的教育。

卢梭在《爱弥儿：论教育》中提出，自然主义教育的最终目的在于培养"自然人"。"自然人"即处于自然状态中的人。所谓自然状态，是指个人之间没有联系，个人在不妨碍他人生存的前提下只关心自我的一种生存状态。处于自然状态中的人，虽鸡犬之声相闻，但老死不相往来，仅靠大自然的恩赐，过着自给自足的田园式生活。处于自然状态中的人，除年龄、体力和健康状况所产生的差异外，不存在任何人为的不平等，没有剥削与被剥削、压迫与被压迫，没有主人与奴隶之分，没有社会地位的高低尊卑之别。处于自然状态中的人自由、独立、平等，其全部欲望都建立在生存需要的基础上。

在卢梭看来，人人独立自由的自然状态虽无限美好，但却对人类的进步构成潜在的危害。人人画地为牢，以邻为壑，缺乏对内心善良的情感体验，因此有必要实现从自然状态向社会状态的过渡。然而，人类的历史证明，人类在从自然状态向社会状态过渡的过程中，伴随着私有制的出现、贫富分化的加剧和不平等的扩大，最终导致作为富人奴役穷人的工具——国家的产生。作为人类进步成果体现的艺术和科学，却成为加速人类堕落的催化剂。自然秩序中的"自然人"演变成阶级社会中的"臣民"，处于被剥削与被压迫的地位。

卢梭的自然主义教育培养的"自然人"与专制国家教育培养的"公民"相对立，但并不与"社会人"完全对立。"自然人"生活在现实社会状态中，是体现出自身价值的"独立自主的人"，也是自由自立、自食其力、自给自足、身心健康的"社会人"。这种"自然人"不是处于自然状态中的野蛮人，不是封建国家的公民或国民，也不是仅仅服务于某一阶级利益的成员或受限于某一职业的人，更不是偏安一隅的孤独的人。卢梭理想中的"自然人"既不依赖家庭出身和社会地位，也不依赖某一种社会职业，而是能够根据社会生活的需要灵活调整，能够迅速掌握所需要的职业技能，可以从事多种职业的人。卢梭对"自然人"做出的描述是："生活，这就是我要教他的技能。从我的门下出去，我承认，他既不是文官，也不是武人，也不是僧侣；他首先是人：一个人应该怎样做人，他就知道怎样做人，他在紧急关头，而且不论对谁，都能尽到做人的本分；命运无法使他改变地位，他始终将处在他的地位上。"①

---

① ［法］卢梭：《爱弥儿：论教育》上卷，李平沤译，商务印书馆 2017 年版，第 15 页。

2. 自然主义教育的根本原则：归于自然

为确保自然主义教育的实施真正体现对儿童天性的尊重与依循，实现培养"自然人"这一教育目标，卢梭在《爱弥儿：论教育》中就自然主义教育的根本原则——"归于自然"做了集中论述。对这一原则可以从以下三个方面加以理解：

（1）何谓自然？自然是西方文化史与思想史领域中的一个重要概念，18世纪欧洲社会所流行的自然神论、自然状态学说、自然权利理论等赋予了自然多种含义。

在卢梭的自然主义教育思想体系中，自然主要是指儿童的天赋人性和天赋权利，即人性中的基本能力和发展倾向。他说："随着我们的感觉愈来愈敏锐，眼界愈来愈开阔，这些倾向就愈来愈明显；但是，由于受到了我们的习惯的遏制，所以它们也就或多或少地因为我们的见解不同而有所变化。在产生这种变化以前，它们就是我所说的我们内在的自然。"① 在卢梭看来，人们借助感觉形成的趋乐避苦、追求幸福和完美的倾向就是人的"内在的自然"和"原始倾向"，即"天性"，具体表现为人的才能和器官的内在发展能力、阶段性和顺序性，是自然主义教育遵循的基础和可资利用的条件。

（2）教育为何要归于自然？卢梭认为，个人天性善良以及个人所接受教育的三个来源（自然的教育、事物的教育、人的教育）之间的关系，决定了教育遵循自然的必要性。卢梭反对基督教所鼓吹的"原罪论"，主张人天性善良，因而教人向善的教育需要以尊重和发扬人的天性为基础，需要顺应儿童的天性。

卢梭认为，教育来源于自然、人和事物三个方面："这种教育，我们或是受之于自然，或是受之于人，或是受之于事物。我们的才能和器官的内在的发展，是自然的教育；别人教我们如何利用这种发展，是人的教育；我们对影响我们的事物获得良好的经验，是事物的教育。"② 其中，自然的教育有赖于个人能力的自然发展和感觉器官的完善，是完全不能由个人决定的，事物的教育只是在有些方面才能由个人决定，只有人的教育才是个人能够真正加以控制的。为实现这三种教育的协调统一，使它们彼此圆满地配合，人的教育和事物的教

---

① ［法］卢梭：《爱弥儿：论教育》上卷，李平沤译，商务印书馆2017年版，第10页。
② ［法］卢梭：《爱弥儿：论教育》上卷，李平沤译，商务印书馆2017年版，第8页。

育就必须配合或服从自然的教育,即教育(有关人的教育和事物的教育)需要归于自然(自然的教育)。

(3)教育如何归于自然?卢梭要求教育归于自然,即要求教育要以发展儿童的"内在自然"或"本性"为中心,要求人的教育和事物的教育都应以实现儿童"内在自然"的发展为目的,在教育实践中做到以下四个方面:

第一,教育目标的确定要建立在正确理解儿童个性与本性的基础上。每个儿童的心灵都有它自己的形式,教育者必须按这一形式去指导儿童,这样对儿童的教育才有成效。教育需要遵循儿童本性的最初的冲动。卢梭强调:"我们把这一点作为不可争辩的原理,即:本性的最初的冲动始终是正确的,因为在人的心灵中根本没有什么生来就有的邪恶,任何邪恶我们都能说出它是怎样和从什么地方进入人心的。"①

第二,教育教学过程要依据儿童的年龄特征和心理状况展开。"要按照你的学生的年龄去对待他。"② 教育必须以儿童为出发点,强调儿童与成人的区别,反对教育中的成人化做法。卢梭提出:"在万物的秩序中,人类有它的地位;在人生的秩序中,童年有它的地位;应当把成人看作成人,把孩子看作孩子。"③要杜绝教育中无视儿童特点的现象,教育应适合儿童的接受能力和发展需要,妥善处理达成教育目标与尊重、体现儿童发展的阶段性和顺序性之间的关系。

第三,教育教学方法的选择要适应儿童身心的自然发展规律。要为儿童的发展提供自然、和谐的环境,尽可能采取直观教学、实物教学、户外教学等教学方式和方法。

第四,教育应从发展儿童最自然的关系开始。"归于自然"的教育原则还要求教育从发展儿童最自然的关系入手,即从父母与儿童的关系入手。父母要亲自养育儿童,母亲要亲自哺育儿童,关心和照料儿童,防止儿童沾染上不良习惯。

3. 自然主义教育的实施

卢梭依据对儿童年龄特征的把握,并遵照"归于自然"原则,将自然主义教育实施分为四个阶段。

---

① [法]卢梭:《爱弥儿:论教育》上卷,李平沤译,商务印书馆2017年版,第105页。
② [法]卢梭:《爱弥儿:论教育》上卷,李平沤译,商务印书馆2017年版,第102页。
③ [法]卢梭:《爱弥儿:论教育》上卷,李平沤译,商务印书馆2017年版,第82页。

（1）幼儿期（0—2岁）的教育。0—2岁幼儿的特征主要表现为：柔弱幼稚，诸事需求助于人；身体柔韧，善于活动，容易接受锻炼；感觉已获初步发展而理性尚未萌芽，完全处于长身体的自然状态。因而，这一阶段的教育任务以身体的保健和养护为主，主要进行体育，以保证幼儿拥有强健的体魄。教育中要充分发挥、利用大自然赋予幼儿的一切力量，让幼儿自由活动、自由发展。"大自然是有增强孩子的身体和使之成长的办法的，我们绝不能违反它的办法。"①卢梭在《爱弥儿：论教育》中提出的幼儿期教育的具体主张包括：将幼儿置于远离城市的乡村自然环境中；饮食清淡简单，追求自然味道；衣着宽松以利于身体活动；保证充足睡眠；积极锻炼身体，让幼儿接受严格的体格锻炼，以抵抗未来"必然要遭受的苦难"。

（2）儿童期（2—12岁）的教育。2—12岁的儿童，身体和语言能力获得明显发展，感觉器官功能也日益完善，言行多受感性支配，缺乏适当的理性力量，处于"理性的睡眠期"。这一阶段教育的主要任务是在继续实施身体养护和训练的基础上，重点实施感官训练和感觉教育。

卢梭认为，源于感觉的感性认识是儿童未来理性发展的基础，要发展理智就应锻炼感官，积累感觉经验。通过实施感觉教育来训练儿童的感觉器官，可以提高儿童的触觉、视觉、听觉、味觉和嗅觉能力。为使儿童获得丰富的感觉经验，卢梭提出儿童在这个阶段要去乡村，在优美的大自然中接受感觉教育，为以后的理性教育奠定基础。

卢梭反对让这一阶段的儿童学习文化知识，反对让他们读书识字。在他看来，这一阶段的儿童，其理性尚处于睡眠期，没有真正的判断和记忆，不适合学习文化知识。对他们而言，周围的事物就是适合他们阅读的一部大书。

鉴于这一阶段的儿童已具备初步的理解能力和是非观念，卢梭主张向他们传授基本的道德观念，开展道德教育；主张利用"自然后果法"纠正他们的错误和不良习惯，达到培养良好道德行为和习惯的目的。自然后果法就是遵循自然法则，不施行人为的干预和强迫，引导儿童在同自然的接触中，体会到自己活动的自然后果的意义，让儿童活动的消极后果对其进行自然的惩戒。"他打坏他所用的家具，你别忙着给他另外的家具，让他感觉到没有家具的不方便。

---

① ［法］卢梭：《爱弥儿：论教育》上卷，李平沤译，商务印书馆2017年版，第93页。

他打破他房间的窗子,你就让他昼夜都受风吹,别怕他受风寒,因为,宁可让他着凉,不可让他发疯。"① 关于"自然后果法",卢梭做出这样的概括:"我们不能为了惩罚孩子而惩罚孩子,应当使他们觉得这些惩罚正是他们不良行为的自然后果。"②

值得提出的是,卢梭明确反对洛克的理性教育,认为运用理性来教育儿童是不可靠的。"用理性去教育孩子,是洛克的一个重要原理;这个原理在今天是最时髦不过了;然而在我看来,它虽然是那样时髦,但远远不能说明它是可靠的……"③ 非但如此,卢梭还认为,人们所有运用理性来教育儿童的做法,都是本末倒置,是误把目的当作手段。因为如果儿童懂得道理的话,就无须接受教育了。

(3)少年期(12—15岁)的教育。这一阶段是儿童一生中体力发展最为快速的时期。经过前一阶段的发展,儿童的感觉能力、是非判断能力和好奇心都有了明显提高与增强。这一阶段教育的主要任务是实施智育和劳动教育。

在智育目的上,卢梭主张智育的目的不在于向儿童传授一大堆知识,而在于培养学习兴趣,使其掌握学习方法、养成良好的学习习惯,提高儿童的思维、判断和认识能力,使其获得正确且清楚的观念。卢梭告诫道:"你要始终记住,我所施行的教育,其精神不是要教孩子以很多的东西,而是要让他头脑中获得完全正确的和清楚的观念。"④

在智育内容上,卢梭反对让儿童学习古典主义知识和该年龄儿童不能理解的人际关系知识,主张学习对儿童生活有用的知识,掌握一种真正的手艺和纯粹的机械技术。

在智育方法上,卢梭主张根据儿童的经验采用实地观察、实物教学、科学实验等方法,指导儿童自己发现学问和知识。

劳动教育的主要任务是让儿童通过劳动学会使用各种劳动工具,掌握相关的劳动技能,达到锻炼身体、发展思维能力的目的,使儿童能够像农夫那样劳作,像哲学家那样思考。

(4)青年期(15—20岁)的教育。这个时期的青年,不仅处于生理上发

---

① [法]卢梭:《爱弥儿:论教育》上卷,李平沤译,商务印书馆2017年版,第119页。
② [法]卢梭:《爱弥儿:论教育》上卷,李平沤译,商务印书馆2017年版,第120页。
③ [法]卢梭:《爱弥儿:论教育》上卷,李平沤译,商务印书馆2017年版,第99页。
④ [法]卢梭:《爱弥儿:论教育》上卷,李平沤译,商务印书馆2017年版,第245页。

生巨变的时期,而且已经在"自然状态"下接受了良好教育,积累了丰富的感觉经验和自然知识,已经形成了与自己有关的道德观念,体力和智力也获得了充分发展。青年期教育的主要任务转为实施道德教育、宗教教育和性教育。

在道德教育方面,卢梭主张,一个有道德的人意味着他能够克服欲望,听从理性和良心的引导。道德教育的目的在于培养青年善良、博爱、怜悯和仁慈的品质,良好的意志和高尚的情怀;也在于培养青年克制情欲,遵照理性和良心指引,爱自己、爱他人、爱人类,履行社会职责,免受外界诱惑,除了自己的理智,不受其他权威控制的能力。

在道德教育方式上,卢梭反对空洞的道德说教,强调道德实践和身体力行。他主张在道德教育实践中激发青年自然萌生的善良感情,注重通过发展理性培养情操,要求通过参与社会活动、学习历史、阅读伟人传记等方式培养青年的道德意识,使青年在道德实践与道德行为中接受道德历练,形成高尚的道德品质和道德情操。

在宗教教育方面,卢梭反对传统的宗教教育,反对向青年灌输各种关于上帝的荒诞宗教观念,也反对强迫青年死记硬背宗教教条和模拟礼拜仪式,主张开展自然宗教教育。自然宗教教育的目的在于使青年养成虔敬上帝的信念,要求青年爱上帝胜于爱一切。

在性教育方面,卢梭反对禁欲主义和纵欲主义两种极端做法,主张顺应自然发展,要求青年做情欲的主人而不是情欲的奴仆;主张顺从自然的发展,认为青年情窦初开是一种自然现象,不可把青年日益增强的欲望视为理性教育的障碍。他认为,性教育的任务在于引导青年更多地投入学习和劳动,养成自爱和克制情欲的习惯,并在择业、交友、阅读和着装方面避免不良影响。同时他也建议,教师应通过适宜的工作和活动来吸引青年的注意,使他们的精力分散于情欲之外。

在女子教育方面,卢梭认为女子处于事实上的智力劣势地位,女子接受教育的目的在于担任贤妻良母,能够承担相夫教子的责任。

正如马克思主义经典作家认为18世纪思想家没有超出他们所处的时代对他们的限制一样,卢梭及其教育思想也明显带有他那个时代的烙印。"理性的国家、卢梭的社会契约在实践中表现为,而且也只能表现为资产阶级的民主共和国。18世纪伟大的思想家们,也同他们的一切先驱者一样,没有能够超出他们自己的时代使他们受到的限制。"① 卢梭将人没有受到教育、文化和文明触动的状态视为一种自然的状态,忽略了人的社会性。表现在教育目的问题上,卢梭主张教育造就自然人,认为公民受政治制约而不能率性发展。实际上,理想的教育绝非置社会于不顾,而任由个人依据本能发展。卢梭在《爱弥儿:论教育》中将家庭视为理想的教育场所,既不同于18世纪国民教育论者的立场,也未能代表未来国民教育发展的主流。卢梭的女子教育观对女子学习权利和学习能力的轻视也是其明显的缺陷。尽管如此,卢梭自然教育思想的价值和意义却是不容忽视的。就某种意义而言,卢梭的自然主义教育思想开创了近代教育思想的新纪元,进一步推动并丰富了近代教育理论的发展进程与内容,为近代儿童观的革新提供了基础,为现代教育的发展指明了方向。

二、裴斯泰洛齐的教育思想

裴斯泰洛齐是近代瑞士享有世界声誉的教育实践家和教育思想家,"他一生致力于具有普遍适用性的教育构想,尤其是探索一种普遍适用于穷人的教育模式"②。

(一) 生平与主要教育活动

裴斯泰洛齐于1746年1月12日出生在瑞士苏黎世,他幼年丧父,由慈母养大成人。他早年在一所拉丁学校接受教育,后进入卡洛林学院学习语言学和哲学。受卢梭启蒙思想的影响,他同情瑞士农民,同情瑞士资产阶级革命,不满于当时民众所处的恶劣的教育状况,秉持教育民主思想和教育救民的坚定信念,并以实际行动实现其教育理想。

拓展阅读
王保星:《穷人教育学:裴斯泰洛齐乡村教育思想诠释》

1768年,裴斯泰洛齐在苏黎世的比尔村购买了一座小庄园,取名为"诺伊霍夫"。他在这里创办示范农场,帮助农民改进生产技术,改善农民生活,但因经营不善而告失败。1774年,他在诺伊霍夫兴办了一所名为"贫儿之家"的孤儿院,先后收容6—18岁的贫儿50余人,向他们传授阅读、写作和计算等知识,开展基本的道德教育,同时组织他们开展生产劳动,学习耕作与纺织等生产技

---

① 《马克思恩格斯文集》第九卷,人民出版社2009年版,第20页。
② [爱尔兰] 弗兰克·M. 弗拉纳根:《最伟大的教育家:从苏格拉底到杜威》,卢立涛、安传达译,华东师范大学出版社2009年版,第108页。

艺，实现教育与生产劳动相结合，取得较大的成功。后因缺乏经济支持，1780年"贫儿之家"被迫停办。

之后，裴斯泰洛齐开始集中思考有关瑞士的社会和教育问题，反思自身的教育实践，集中精力从事著述活动，先后完成了《隐士的黄昏》《林哈德和葛笃德》《关于人类发展的自然进程》等重要著作。

1798 年，瑞士爆发资产阶级革命，新政府邀请裴斯泰洛齐到斯坦茨创办一所孤儿院以解决孤儿的教育问题。裴斯泰洛齐接受了邀请，他创办的斯坦茨孤儿院先后接收了 5—15 岁的儿童 80 余人。他基于对孤儿全身心的爱，努力将斯坦茨孤儿院建成一所充满家庭氛围的教育机构，向孤儿进行"心的教育—手的教育—脑的教育"，开展阅读、写作和计算教学，传授工农业生产技术，培养儿童具备必要的道德品质。裴斯泰洛齐在斯坦茨孤儿院的努力成效显著，但由于战争，1799 年 9 月孤儿院改为医院，他的教育实验被迫终止。

自 1799 年年底开始，裴斯泰洛齐先后承担布格多夫一所市立幼儿学校和布格多夫学校的教学与管理工作。在管理布格多夫学校期间，裴斯泰洛齐有机会对自己的教育设想进行集中实践验证，发表了《葛笃德如何教育她的子女》，清晰阐述了自己的教育主张和教育方法。裴斯泰洛齐在布格多夫学校的教育实验取得了巨大成功，其教育理论也受到国内外教育同仁的广泛关注，前来求教的人络绎不绝。

1805 年，裴斯泰洛齐率部分师生到伊佛东城设立伊佛东学校，下设小学、中学和师范学校，继续开展自己的教育实践革新和教育理论探索事业。此后的 20 年间，裴斯泰洛齐的教育实验的国际声誉越来越高，伊佛东学校因裴斯泰洛齐的教育实验而成为欧洲著名的教育实验中心和"教育圣地"。德国著名教育家赫尔巴特、福禄培尔，哲学家费希特，英国空想社会主义者欧文等人都曾前来学习参观。1825 年，学校出现的种种困难和矛盾导致裴斯泰洛齐停办了伊佛东学校。

1825 年，裴斯泰洛齐回到诺伊霍夫，完成《天鹅之歌》《生活命运》的写作，对自己一生的教育活动做了总结。1827 年 2 月 17 日，裴斯泰洛齐病逝。为纪念裴斯泰洛齐献身教育的一生，瑞士人民在其墓碑上镌刻下如下颂词：诺伊霍夫穷人的救星，斯坦茨孤儿之父，布格多夫国民学校的创办人，伊佛东的人民教育家——毫不利己，专门利人。

(二) 论教育功能与教育目的

1. 教育功能

裴斯泰洛齐生活的时代，瑞士正处于从封建主义农业社会向资本主义工业社会的转变时期。裴斯泰洛齐眼中的瑞士，经济衰败，民众在无尽的苦难和无望的煎熬之中艰难度日。为改变这一社会现状，裴斯泰洛齐将自己的工作重点集中在两个方面：一是教育（从其最完满的意义上说）；二是将一两种新工业（如棉纺）引入农村。①

裴斯泰洛齐主张，教育功能的发挥不能脱离当时瑞士民众生活的现实和教育的实际状况，应改变教育的不平等现象，并对通过教育改变民众生活的可能性抱有充分的信心。

第一，裴斯泰洛齐持有坚定的教育民主化立场，抨击广大民众不能接受相应的教育以及教学实践中的不平等现象。裴斯泰洛齐曾巧设"教学大厦"喻，形象地表达自己的教育民主化立场：大厦的上层最为宽敞明亮，居住的人数却最少，享受最好的阳光和最新鲜的空气；大厦的中层住的人数就多得多，但没有登上顶层的合乎人道的阶梯；大厦的底层则居住着无数的平民百姓，他们在简陋的小屋里，不但不能像住在大厦上层的人那样享受阳光和新鲜空气，还要忍受难以摆脱的阴暗和潮湿，久而久之，他们视线受限，双眼变盲，使他们甚至都不能仰望大厦的上层。②裴斯泰洛齐认为，就整体而言，"穷人的孩子比富人的孩子需要有更为精致的教学方法"③。

第二，裴斯泰洛齐相信，民众有能力运用自己掌握的知识改变自己的命运。"要真正地解决贫困除非我们能更普遍地确信在人身上——因而也在穷人身上——隐藏着种种能力，这些能力对那些知道如何使用它们的人来说是用之不尽的财富。"④

第三，裴斯泰洛齐根据自身对瑞士民众生活实际的考察和对他们教育需求的了解，将民众教育分为普通教育与职业教育："每个人，即便是最低下的人，都应当获得这起码的、最朴素的人类智慧，这便是普通教育的宗旨。通过实践训练，

---

① 《裴斯泰洛齐教育论著选》，夏之莲等译，人民教育出版社2001年版，第503页。
② 《裴斯泰洛齐教育论著选》，夏之莲等译，人民教育出版社2001年版，第75页。
③ 《裴斯泰洛齐教育论著选》，夏之莲等译，人民教育出版社2001年版，第199页。
④ 《裴斯泰洛齐教育论著选》，夏之莲等译，人民教育出版社2001年版，第341页。

使这种智慧有益于特殊的生活环境，则是职业教育的目标。"①他认为，教育的功能在于使世界上的人们能找到具体的工作，人的任何丰功伟绩都离不开教育。

2. 教育目的

裴斯泰洛齐认为，教育的目的在于全面、和谐地发展人的一切天赋力量和才能。他在《林哈德和葛笃德》中以政府部长毕立夫斯基伯爵的名义谈道："为人在世，可贵者在于发展，在于发展各人天赋的内在力量，使其经过锻炼，使人能尽其才，能在社会上达到他应有的地位。这就是教育的最终目的。发展人的内在力量，不得不利用社会与人生相结合的教育办法，从而使其得到人的品德、家庭幸福、工作能力，直到能实现社会上的需要。"②

在裴斯泰洛齐看来，个人天生拥有心、脑和手三种器官，并具备相应的三种基本能力，因而能够在道德力量、智慧力量和身体力量上获得发展。关于教育与这三种力量的关系，他进一步认为："这三种基本力量就其本性而言，是按照各自的发展规律独立进行的。……三种基本力量的这种内在的统一，超过人的各种教育艺术。任何人的教育艺术都无权阻止或破坏这三种基本力量的特性或连接它们的神圣纽带。"③

教育的根本目的在于实现两个层面的理想：在社会层面上，教育为全社会谋求幸福；在个人层面上，教育把每个儿童培养成为掌握实用知识、独立思考、体格强健、道德完善的个人。

关于教育的具体目的，裴斯泰洛齐从个人与上帝、个人与社会、个人与自己三个方面分别进行了说明。

从个人与上帝的关系来看，裴斯泰洛齐认为，心灵充分发展的标志在于个人虔诚地信仰上帝，积极地服务于上帝，这为教育的实施提供了基础。这犹如人们具有善恶感，又犹如人们具有是非感。对上帝的信仰将始终作为人类教育的基础留在人们心灵深处。在裴斯泰洛齐看来，教育的目的，"不外乎是把孩子们培养成虔诚的、敬仰上帝的、明白事理的人"④。

---

① 《裴斯泰洛齐教育论著选》，夏之莲等译，人民教育出版社2001年版，第247页。
② [瑞士] 裴斯泰洛齐：《林哈德和葛笃德》下卷，北京编译社译，人民教育出版社2005年版，第739页。
③ 《裴斯泰洛齐选集》第二卷，[瑞士] 阿图尔·布律迈尔主编，戴行福等译，教育科学出版社1996年版，第328页。
④ 《裴斯泰洛齐选集》第二卷，[瑞士] 阿图尔·布律迈尔主编，戴行福等译，教育科学出版社1996年版，第327页。

从个人与社会的关系来看,裴斯泰洛齐主张教育要传授实用知识,进而造就各类才智得到充分发展的实用人才。裴斯泰洛齐主张实现个人才智与能力发展的社会价值,提出教育要通过发展个人的天赋力量和才能,利用社会与人生相结合的教育方法,使个人取得社会职业的成功,并获得相应的社会地位。

从个人与自己的关系来看,裴斯泰洛齐主张教育要把人培养成为掌握感受幸福的知识和能力的健全的个体。所谓健全的个体,意味着个人要通晓人生要义、关注人类整体利益、心境平和且具有健康的生活情趣。

(三)教育要遵循自然法则

在莱布尼茨唯心主义哲学和卢梭自然主义教育思想的影响下,裴斯泰洛齐认为,每一个人都拥有一些自然所赋予的天赋力量和才能,这些天赋力量和才能都具有渴求发展的倾向。儿童的天赋力量和才能有其自然发展的规律,教育者必须遵循自然法则,深入研究儿童自然发展的顺序和特征,使教育与儿童自然发展相协调。

裴斯泰洛齐认为,人类生活于大自然中,大自然为人类的生存与发展既提供了条件又提出了挑战,因而人类在社会生活与生产实践中有必要处处体现出对自然的永恒法则的尊重,人类的教育活动也须以遵循自然的永恒法则为基本原则。"人类发展的自然进程是不可改变的。在这方面,没有也不可能有两种好的教育方法,只有一种——这就是那种完全建立在自然的永恒法则基础上的教育方法。"①

(四)教育心理学化主张

教育遵循自然法则在教育实践中的具体落实,具体体现为裴斯泰洛齐所提出的"教育心理学化"主张。关于这一主张,裴斯泰洛齐在1800年发表的《方法》中强调:"我正在试图将人类的教学过程心理学化;试图把教学与我的心智的本性、我的周围环境以及我与别人的交往都协调起来。"②

在裴斯泰洛齐看来,教育心理学化是提升教学艺术的根本途径。教育要遵循儿童的自然本性,要符合人类教育的自然规律,就必须重视并利用教学过程中的所有的心理学因素,因而也就需要对一切教学艺术的共同的心理学根源进

---

① 《裴斯泰洛齐教育论著选》,夏之莲等译,人民教育出版社2001年版,第157页。
② 《裴斯泰洛齐教育论著选》,夏之莲等译,人民教育出版社2001年版,第198页。

行深入探讨和了解。"人的所有的教学艺术实质上都是心理的自然机制规律的结果。"①

教育心理学化也是认识人类天性、提升教育科学水平的重要手段。在1818年所做的一次题为《教育的科学》的演讲中，裴斯泰洛齐明确提出："我已确切地得出这样的结论：教育必须提高到科学的水平，教育科学应该起源于并建立在对人类天性最深入的认识的基础上。"②

教育心理学化还有助于把握自然发展的自我能动性，有助于实现教育和发展方法的简化。在《葛笃德如何教育她的子女》中，裴斯泰洛齐借其同事托布勒之口提出："自然在人类发展进程中显示出一种自我能动性，我们如果要帮助自然发展这种自我能动性，就必须把所有教育和发展的方法简化为反映它们内在本质的最简单的形式，以及简化为既符合心理学又和谐的语言教学的形式。"③

教育心理学化的水平既取决于对儿童心理发展的认识水平，又具体取决于对儿童心理能力及其发展顺序的认识水平。裴斯泰洛齐认为儿童的心理能力主要由身体、智力和精神三部分组成，是先天固有的，它们和谐一致地存在于儿童的内心。教育教学应促使儿童固有的内在力量不断发展。他还认为，儿童心理能力的发展是遵循一定顺序的：先是身体外部感觉的发展，继而是身体感官受到外界刺激，形成概念体系后促进儿童的智力发展，接着是儿童个体与他人发生联系，进而萌生情感和道德，实现个体的精神发展。教育教学的任务就在于遵循儿童心理能力的发展顺序，抓住并充分利用儿童心理能力发展的关键时期，逐步实现儿童身体、智力和精神的发展。

教育心理学化的一项重要任务在于科学认识儿童心理发展的个别差异，并加以正确对待。裴斯泰洛齐认为，不同儿童在心理发展的内容与速度上存在差异：在发展内容上存在偏重智力与偏重情感之分，发展速度也有快有慢。教育需要关注儿童心理能力发展中的微妙差异与不平衡，采取有针对性的发展措施，实现儿童各方面能力的均衡与和谐发展。

（五）论要素教育

裴斯泰洛齐要素教育的基本主张是：人类教育活动的开展应从最简单的要

---

① 《裴斯泰洛齐教育论著选》，夏之莲等译，人民教育出版社2001年版，第201页。
② 《裴斯泰洛齐教育论著选》，夏之莲等译，人民教育出版社2001年版，第339页。
③ 《裴斯泰洛齐教育论著选》，夏之莲等译，人民教育出版社2001年版，第61页。

素开始，然后逐步过渡到较为复杂的要素，最终实现个人的和谐发展。人类教育活动这一从简单要素到复杂要素的实施程序，既是人类教育理解并遵循自然法则的结果，同时也是人类认识并分析客观事物成分的结果。作为人类认识对象的客观事物，无论其如何复杂，都由简单的要素构成。因此，人类对客观事物的认识和学习也须遵循由简单到复杂的顺序。

在德育方面，裴斯泰洛齐将"儿童对母亲的爱"作为最简单的要素。个人高尚道德品质的培养始于"儿童对母亲的爱"这一情感的发展和升华。健康自然的亲子关系往往在儿童的心中引发爱戴、信任、感激、快乐等积极情感。随着儿童在成长过程中生活空间的扩大，儿童的此类情感若获得正当的引领和指导，将被推及自己的亲人、同伴和社区成员，并最终形成对人类的信任和对上帝的信仰。裴斯泰洛齐将此过程概述为："我的教学方法的全部精神实质，与萌生宗教和道德的基本情感同出一源。它完全是从存在于母子之间的自然关系开始的，根本上依赖于把从婴儿期开始的教学与这种自然关系联系起来的艺术，并且用循序渐进的艺术把它建筑在好似我们人类依赖于造物主的那样的心理状态之上。"①

在智育方面，裴斯泰洛齐主张智育的目的在于向学生传授知识，同时发展学生的思考、研究和判断等能力。为了更好地完成个人所面临的越来越繁重的知识学习任务，裴斯泰洛齐主张，在教学实践中完成知识的简化和学生智力发展尤为必要。"我的目标是要在人类技能和人类知识的所有科目中打下坚固可靠的基础；我努力于增强儿童对每一种艺术都能给以简化与概括的能力。"② 他认为，任何对象的外部特征的总和，都是由该对象的轮廓和数目组成的，并通过语言被意识掌握，因而，作为人类知识简化结果的"数目""形状""词"就构成了教学的基本要素和基本手段。

在体育方面，裴斯泰洛齐主张，儿童身体的健康成长为其健康情感的养成、知识掌握与智力发展提供了物质基础，同时也是儿童综合实践能力得到发展的重要表现。基于对人类活动的考察和分析，裴斯泰洛齐将"各种关节的活动"作为儿童体育的要素，认为尽管人类身体活动的类型和动作本身的复杂程度各不相同，但任何复杂的肢体活动都包含着最简单的要素，即自然所赋予的

---

① 《裴斯泰洛齐教育论著选》，夏之莲等译，人民教育出版社2001年版，第192页。
② 《裴斯泰洛齐教育论著选》，夏之莲等译，人民教育出版社2001年版，第53页。

关节活动的能力。正是借助各种关节的活动，儿童的体育训练才逐步完成从简单动作到复杂动作的过渡。

裴斯泰洛齐的自然主义教育思想主张教育要遵循自然法则，他将完全建立在自然的永恒法则基础上的教育称为"好的教育"，将偏离自然的永恒法则的教育视为"坏的教育"。裴斯泰洛齐以教育遵循自然为基础，主张教育心理学化和实施要素教育，清晰地展示了自然主义教育对于教育科学化的价值和意义，代表着教育理论发展的基本方向。

小　结

在西方教育思想史上，18世纪教育思想具有承前启后的重要意义。在继承发展文艺复兴、宗教改革以来人类优秀教育思想成果的基础上，为适应18世纪社会经济、政治和文化发展的新形势与新需求，教育思想家提出了丰富多样、具有鲜明时代特征的教育观点和教育主张，对18、19世纪西方各国的教育实践和教育思想产生了重要且深远的影响。

建立公共教育体系，培养合格的公民，是18世纪国民教育思想讨论的重要主题。国民教育思想不仅直接影响了18世纪西方各国的教育实践，而且在很大程度上影响了19、20世纪世界教育的演变。18世纪以来教育思想探索和实践的不断丰富与拓展，与教育的普及和学校的广泛设立密切相关，与教育日益成为重要的国家公共事务的趋势直接相连。卢梭的自然主义教育思想主张造就"自然人"超凡脱俗的理想人格，虽然没有成为18世纪以来有关学校教育思想与实践探索的主流思想，但开创性地宣示了儿童在教育中的地位，不仅推动了教育研究的重心发生转变，而且直接启发了20世纪前期新教育运动与进步教育运动中许多教育家的思考。

就总体趋势而言，18世纪教育思想表现出鲜明的"国家化"和"心理学化"特征。18世纪教育思想"国家化"特征的形成是教育与民族国家建立、民主制度的逐步确立产生内在联系的结果。"国家化"特征全面显现于这一时期国民教育思想家对教育目的、教育内容、教育管理体制与教育实施方式等问题的思考以及所获得的思考结果之中。例如，在教育目的上，康德认为，教育的目的在于改进人性，实现个人和人类由自然向文化的转变，实现个人知识、情感和意志等各类自然禀赋的和谐发展，最终成为真、善、美和谐统一的人。拉夏洛泰则主张，法国国民教育的根本目的在于培养合格的法国国民。

这种旨在造就良好公民的教育无疑是世俗的、公共的。因此，如何构建一种合理的教育制度成为18世纪教育思想的重要内容。杰弗逊认为，美国公共教育是一种免费、平等的教育，应由国家承担教育经费。为此，需要确立教育税收制度，通过设立各种基金支持教育事业的发展。亚当·斯密则主张国家在全国各教区、各地方设立教育儿童的小学，学费收取标准的确定以普通劳动者能够承担为原则。杜尔哥主张设立国家教育的专门管理机构——国民教育委员会，全面领导与管理法国的国民教育事业。拉夏洛泰主张，政府要组建专门机构和专门委员会负责管理并监督国民教育教学用书选择、教学内容选定、教学人员遴选等国民教育事务。

18世纪教育思想的"心理学化"特征则是教育与个人发展建立内在联系的结果。以卢梭和裴斯泰洛齐为代表的自然主义教育思想家，在充分继承教育遵循自然的观念基础上，赋予自然以更加确定和具体的内涵：卢梭以天性论和感觉论为基础，主张教育遵循儿童天性，遵循儿童的个性差异与年龄特征，强调教育归于自然，实施自然教育，以实现"自然人"的培养目标；裴斯泰洛齐认为，教育目的在于全面、和谐地发展人的一切天赋力量和才能，主张教育者遵循自然法则，深入研究儿童自然发展的顺序和特征，使教育与儿童自然发展相协调，实现个人自然要素的发展。这些自然主义教育思想进一步充实和丰富了人类教育思想的成果。

就历史影响和贡献而言，18世纪的教育思想不但直接指导了18世纪人类教育实践活动的开展，而且从思想与实践两个方面展示了日后教育进步的方向，具有较为明确的教育思想史发展意义。具体来说，狄德罗的《俄罗斯大学计划》为叶卡捷琳娜二世提供了全面的教育改革计划，为俄罗斯此后的教育改革提供了理论支持。卢梭在应波兰韦洛斯基伯爵请求所撰写的《论波兰的治国之道及波兰政府的改革方略》中，就理想公民培养与自然教育的关系进行了论证，成为展示卢梭自然主义教育思想域外影响的文本之一。卢梭的著作和自然主义教育思想为康德教育观的形成提供了直接的理论启示，并为德国泛爱主义教育运动的开展提供了直接的理论支持。此外，卢梭的自然主义教育思想还为裴斯泰洛齐、赫尔巴特、福禄培尔、斯宾塞、杜威等教育思想家的教育理论探索和教育实践开展提供了不同程度的引领与启发，并在事实上为20世纪前期新教育运动和进步教育运动的发展提供了重要的思想基础。18世纪的国民教育思想直接为现代民族国家建构国家教育体制、开展国民教育、培育高素质公民、推进教育的普及化和义务化指明了发展方向。

思考题

1. 简述18世纪西方民族主义的基本含义及民族主义教育思想变革的基本历程。
2. 试评析亚当·斯密的国民教育思想。
3. 评述拉夏洛泰国民教育思想的主要内容与历史意义。
4. 试述康德教育思想的主要观点,并加以简要评析。
5. 试评析费希特的国民教育思想。
6. 试述评杰弗逊的公共教育思想。
7. 试述卢梭自然主义教育思想的主要内容及其历史地位。
8. 试分析卢梭的教育"归于自然"原则和裴斯泰洛齐的教育"遵循自然"原则之间的区别与联系。
9. 谈谈你对裴斯泰洛齐要素教育理论基本主张及其教学实践意义的认识。
10. 如何科学理解18世纪教育思想在人类教育思想史上所处的历史地位?
11. 阅读下面两则材料,简要评述卢梭的儿童观。

　　在万物的秩序中,人类有它的地位;在人生的秩序中,童年有它的地位;应当把成人看作成人,把孩子看作孩子。①

　　大自然希望儿童在成人以前就要像儿童的样子。如果我们打乱了这个次序,我们就会造成一些早熟的果实,它们长得既不丰满也不甜美,而且很快就会腐烂;我们将造成一些年纪轻轻的博士和老态龙钟的儿童。儿童是有他特有的看法、想法和感情的;如果想用我们的看法、想法和感情去代替他们的看法、想法和感情,那简直是最愚蠢的事情;我宁愿让一个孩子到十岁的时候长得身高五尺而不愿他有什么判断的能力。事实上,在这种年龄,理性对他有什么用处?它阻碍着体力的发展,儿童是不需要这种

---

① [法]卢梭:《爱弥儿:论教育》上卷,李平沤译,商务印书馆2017年版,第82页。

阻碍的。①

12. 根据以下材料，分析裴斯泰洛齐关于教育心理学化有助于简化教育和教学的主张。

　　这些措施旨在简化整体，完善个别部分，这进一步证实了一个我以前感到模糊不清的信念，即所有那些指望通过传授复杂的术语来发展人类心智的方法，其本身就为达到自己的目的设置了障碍；自然在人类发展进程中显示出一种自我能动性，我们如果要帮助自然发展这种自我能动性，就必须把所有教育和发展的方法简化为反映它们内在本质的最简单的形式，以及简化为既符合心理学又和谐的语言教学的形式。

　　所以我逐渐明白了他把语言学习的过程加以分解的目的，也明白了他为什么要把计算简化为能时刻牢记的原则，即所有的算术仅仅是一种简略的计数方法，而计数也只能是一种简单的方法，这就避免了不厌其烦地进行一加一、加一等于多少的计算；也明白了他为什么要把全部动手能力——甚至还包括清晰地表述实际事物的能力——都建立在画直线、角、矩形和曲线等等能力及早发展的基础之上。②

---

① ［法］卢梭：《爱弥儿：论教育》上卷，李平沤译，商务印书馆2017年版，第101页。
② 《裴斯泰洛齐教育论著选》，夏之莲等译，人民教育出版社2001年版，第61—62页。

第八章 19世纪教育思想

伴随着19世纪西方社会政治、经济和科学文化等领域显著变革的发生，西方国家步入一个新的历史阶段。为满足新的历史阶段对新型人才的需求，以洪堡（1767—1835）、赫尔巴特、斯宾塞、赫胥黎（1825—1895）、圣西门（1760—1825）、傅立叶（1772—1837）和欧文为代表的思想家、教育家与政治家，在继承此前相关教育思想的基础上，结合各自的教育实践，就教育思想的理论基础、教育目的、教育教学原则、课程与教学内容、教学过程、古典人文教育与自然科学教育等问题进行了深入思考，分别形成了19世纪的新人文主义教育思想、主知主义教育思想、科学教育思想和空想社会主义教育思想，进一步丰富了人类教育思想宝库，对19世纪西方国家的教育实践产生了直接或间接的影响。

第一节 19世纪教育思想的社会基础与演变

19世纪西方国家的政治变革主要表现为1848年的欧洲革命、东欧各国的民族解放运动、俄国农奴制改革、法国巴黎公社起义和美国内战等，政治制度革新及其结果为资本主义发展进一步扫清了障碍。经济方面的变化则集中体现为新兴工业部门的涌现，人类社会发展步入以煤炭为主要能源、以蒸汽为主要动力的时代，经济发展和技术进步越来越多地依靠制度化的系统研究与科学理论创新。在自然科学领域，物理学、化学、生物学、心理学等领域的新学说与新成果不断涌现。哲学和社会科学的发展主要体现为德国古典哲学、经济学、统计学，以及新人文主义、功利主义和空想社会主义思想的发展。凡此种种，均为19世纪西方教育思想的发展提供了社会基础与理论基础。在适应并促进19世纪西方国家社会发展的过程中，聚焦古典人文教育与自然科学教育、知识教育与道德教育、资本主义大生产条件下劳工阶层的受教育权与理想的教育制度建设等问题，一些思想家或教育家进行了深入思考，提出各自的教育主张，构成了19世纪西方教育思想的主体。

一、19 世纪的西方社会基础

19 世纪,人类历史实现自近代向现代转变,西方国家的政治、经济、科学与文化均发生了巨大变化,为这一时期教育思想的发生与发展提供了相应的社会土壤。

(一) 政治基础

在政治方面,在美国独立战争以及法国大革命所形成的政治秩序的基础上,19 世纪的西方社会又相继经历了 1848 年的欧洲革命,以及欧洲主要民族国家新兴资产阶级为摧毁封建专制、争取独立解放、建立资产阶级民主统治而展开的政治斗争。在法国,拿破仑试图运用武力维护法国大革命以来的成果,在对内打击王党复辟势力、颁布《拿破仑法典》等措施强化新兴资产阶级政权的同时,对外则以军事扩张的方式向几乎整个欧洲开战,在欧洲广大地区积极推广大革命的原则,试图彻底打破旧秩序,实施彻底革新,但最终并未催生一个新欧洲。值得注意的是,拿破仑的军事行动在进一步削弱欧洲国家封建保守势力的同时,也唤醒了欧洲民族国家人民的民族独立意识。欧洲民族国家纷纷独立,并先后走上近代资本主义国家的发展道路。意大利和德国先后实现统一,老牌资本主义国家英国也通过采取一系列的政治改革措施,进一步完善并强化了资产阶级统治。

1815—1848 年,各种社会政治意识形态成为欧洲各地思想家普遍关注的对象,社会主义、自由主义、保守主义和民族主义都拥有自己的信奉者。民族主义在意大利和德国发展势头强劲,成为支持两地争取民族解放和统一的主要理论力量。

1832 年,英国实施了议会改革。虽然此次改革并未确立民主制度,大多数英国人并未获得选举权,但此次改革和后来的维多利亚女王登基为 19 世纪英国社会的稳定提供了政治保障。在已确立资产阶级政治统治的欧洲国家中,社会的主要矛盾由资产阶级与封建贵族和王权势力之间的矛盾,转化为伴随着工业革命的推进逐步激化的资产阶级与无产阶级的矛盾。

以 1848—1849 年的欧洲革命为分水岭,欧洲各国的民族运动、民主运动,特别是东欧各国的民族解放运动渐次步入高潮,例如俄国的农奴制改革和法国的巴黎公社起义。美国的独立为国内北方资本主义经济的快速发展提供了有力的政治保障,同时也激发了北部资本雇佣劳动制各州同南部反叛的种植园奴隶制各州之间的矛盾,1861 年美国内战爆发。这次战争以北方获胜而结束,美国资本主义工商业经济获得了统一的国内市场而步入快速发展时期。到19世纪末,主要资本主义国家基本完成了向帝国主义阶段的过渡。

(二) 经济基础

在经济方面,19世纪西方经济的发展继续分享工业革命的成就。在18世纪蒸汽机带动棉纺织业发展的基础上,19世纪革命性的技术变革扩展到所有制造业部门,并催生了大量的新兴工业部门和产品。1870年前后,工业革命所依赖的技术创新方式,从此前更多依赖具有创新天分的技术工人和企业家日常的观察与传统技能,逐步转向制度化的系统研究和科学理论创新。这一时期,铁路运输业获得快速发展,远洋运输业的兴旺促使钢铁船身和螺旋桨取代了木船与船帆,世界经济步入煤和蒸汽时代。"纺织机和蒸汽机、铁路和轮船以及煤和钢铁工业为新技术提供了必要基础,而所有这一切源于英国的发明并最早在英国实现了大规模发展。"① 19世纪德国经济的发展,一方面得益于德国处于世界领先水平的中等学校和大学教育,它们为经济发展和技术进步培养了高水平的理论家与高素质的劳动者;另一方面,德国悠久的手工艺人传统为制造业提供了丰富的实践操作技能。到第一次世界大战前夕,德国成为很多工业化学制品的唯一供给地,其电力工业领域的技术创新和效率也处于世界领先地位。

工业革命直接推动了世界经济生产规模的扩大,更多的能源、原料、产品、运输线和人员投入生产过程,手工制造让位于机器生产,生产机器、产品以及工人的标准化水平日益提高,西方世界的物质财富得到极大且迅速的增加。

(三) 科学文化基础

在科学文化方面,19世纪的人类知识,尤其是科学知识的创新对人类社会的发展具有重大意义。在物理学领域,牛顿经典力学进一步发展,物质、能量、时间和空间解释着自然现象;分子、原子和亚原子所组成的物质不灭对应了能量守恒;法拉第发现电磁感应现象,无线电波、红外线、可见光、紫外线、X射线、γ射线被解释为电磁波谱的一部分。在化学领域,开始用分子、原子和电子的相互作用解释化学变化的过程;门捷列夫发现了元素周期律。在

---

① [美] 威廉·麦克尼尔:《世界史:从史前到21世纪全球文明的互动》,施诚、赵婧译,中信出版社2013年版,第381页。

生物学领域，细胞学的诞生为生物学的分类和发展提供了基础；达尔文的生物进化论将有机体视为长期演进的结果，将优胜劣汰、适者生存视为基本法则。

心理学的发展也是19世纪科学发展的主要成就之一。物理学、化学、生物学和生理学的发展为心理学的发展提供了基础，布朗（1778—1820）、詹姆士·穆勒（1773—1836）、约翰·穆勒等在汲取传统心理学理论营养的同时，进一步丰富和发展了联想主义心理学，将提示分为简单提示和关系提示两种：简单提示即联想，联想即主动的联结；关系提示是指在知觉或设想两个对象时，立即察觉到它们之间的关系。他们主张一切心理现象都源于感觉，观念只是感觉的影像和摹本。由于联想主义心理学及生理心理学的发展，实验心理学得以产生，1879年德国生理学家、心理学家冯特（1832—1920）在莱比锡大学创立世界上第一个心理学实验室，这标志着心理学从哲学中脱离而成为一门独立学科。冯特提出，一切心理现象都是由心理元素构成的，心理元素可以通过联想和统觉的方式结合成各种心理复合体，由感觉组成的心理复合体即为观念。他把观念分为两种：一种是记忆（或记忆表象），即非直接起因于外在印象的观念；另一种是知觉，即由外在印象形成的观念。他所谓的联想包括四种基本形式：融合，即把若干心理元素融为一体；同化，即由当前的感觉联想到先前的印象；复合，即不同感觉之间的联想；相继性联想，即记忆的联想。冯特的实验心理学思想为教育科学化和实验教育学的发展提供了直接的心理学支撑。

19世纪前半叶，自然科学家所注重运用的观察、逻辑推理与实验等科学方法，对该时期社会科学的发展产生了直接影响。人们开始尝试运用数学方法解决经济学问题，运用数学和物理学方法解决保险问题与社会学问题。英国统计学家法尔（1807—1883）将社会统计学加以发展，应用于医药与保险统计事务。经济学家开始质疑寻找人类社会经济发展的普遍规律的价值，并开始证明："每一社会都有它自己特殊的经济规律，而且这种规律的表现形态又随着变动不已的环境而异。"①

18世纪末19世纪前半叶，以康德、费希特、谢林、黑格尔和费尔巴哈为代表的德国古典哲学家在继承此前哲学发展成果的基础上，构建起了庞大的客观唯

---

① ［英］W. C. 丹皮尔：《科学史及其与哲学和宗教的关系》下册，李珩译，商务印书馆2009年版，第459页。

心主义体系，创立了唯心主义辩证法。费尔巴哈基于其人本主义立场，在批判宗教神学和黑格尔唯心主义的基础上，尝试厘清思维和存在的关系问题，为德国古典唯心主义向马克思主义哲学的发展提供了"中间环节"。马克思和恩格斯则在批判性地改造德国古典哲学，批判性地吸纳黑格尔哲学的"合理内核"和费尔巴哈哲学"基本内核"的基础上，创立了马克思主义哲学，标志着人类哲学思想革命性变革的发生，代表着人类哲学体系步入一个新的历史阶段。

在汲取上述自然科学和社会科学发展成果理论营养的基础上，在探讨和尝试解决19世纪人类社会教育发展理论问题和实践问题的过程中，以洪堡为代表人物的新人文主义教育思想，以赫尔巴特为代表人物的主知主义教育思想，以斯宾塞和赫胥黎为代表人物的科学教育思想，以圣西门、傅立叶和欧文为代表人物的空想社会主义教育思想，成为该时期人类教育思想进步的具体体现。

二、19世纪教育思想的演变

19世纪，西方社会政治制度、经济生产方式和科学文化的发展，在为教育发展提供社会条件与物质基础的同时，也对教育发展提出了方向、理想、目的以及内容上的新要求，一批对社会发展具有敏感性且具有社会责任感的思想家、教育家与政治家就新的社会环境条件下教育的发展进行了思考，提出了各自的教育思想，构成19世纪教育思想发展的主体。这些思考集中围绕古典人文教育与自然科学教育、知识教育与道德教育、资本主义机器大生产条件下劳工阶层的受教育权与理想的教育制度建设等问题展开。

古典人文教育与自然科学教育的争论主要展现在英国功利主义学派关于知识价值的思考之中，并集中体现为新人文主义教育思想和科学教育思想的形成。新人文主义教育思想较多地继承了古典文化，尤其是古希腊的思想与文化，其实质是以复兴古典文化为名，传播资产阶级民主、自由、平等观念，建设资产阶级文化与价值体系。其间，新人文主义教育思想还吸纳了启蒙主义、理性主义、浪漫主义、古典主义和日耳曼民族主义的思想元素。以新人文主义教育思想为指导，洪堡引领了德国国民教育体系改造与建设运动的开展，创立了柏林大学，并赋予以柏林大学为代表的现代大学学术研究、教学与研究相结合、学术自由等理念，为19世纪科学研究事业的高效开展与社会经济快速发展提供了强有力的教育思想与教育制度保障。

以赫尔巴特为代表人物的主知主义教育思想，较好地继承了联想主义心理学的基本主张，在确定通过教学传授知识这一教育的短期而直接的目的的基础上，提出教育性教学原则，将教学视为实现道德教育这一教育最终目的的手段，建立起基于课程设置、教学方法和教学形式阶段在内的完整的课程与教学理论。以宣传发展赫尔巴特教育思想为主要任务的赫尔巴特学派的主要成员，如齐勒尔（1817—1882）、赖因（1847—1929）、德加莫（1849—1934）等，尽管在教学阶段具体划分上表现出些微差异，但都接受了主知主义教育的基本理论主张。

以斯宾塞和赫胥黎为代表人物的科学教育思想重视发挥科学知识教育的价值。斯宾塞认为，在所有类型的知识中，科学知识最有价值，即所谓"什么知识最有价值，一致的答案就是科学"①。斯宾塞提出以科学知识为主要内容的广泛的学科范围，倡导学校教育由偏重文科教育转向重视科学教育。斯宾塞要求学校必须重视体育，使学校的体育符合现代科学原则，并格外注重儿童身体的自然锻炼。与斯宾塞不同的是，赫胥黎则主张实现古典人文教育与科学教育的结合，开展包括自然科学、人文科学和审美教育在内的新式"自由教育"，认为"古典著作对构成一种提供给我们同代人的自由教育基础是颇为适合的"②。赫胥黎还把一切学科的知识分为两类：科学和艺术。科学不单指自然科学，还包括道德、政治和社会生活理论方面的基础知识，以及历史知识等。学校不仅要让学生获得一般的科学知识，而且要让学生掌握和运用科学的方法。

在资本主义大生产条件下劳工阶层的受教育权与理想的教育制度建设问题上，以空想社会主义者圣西门、傅立叶和欧文为代表人物的一批思想家，在批判资本主义社会城乡对立、劳资对立、分工对立、贫富分化悬殊、阶级差距持续拉大的社会现状的基础上，提出将教育作为消灭阶级对立和贫富差距，实现未来理想社会形式的重要手段。空想社会主义重视发挥教育在建设理想社会中的作用与价值，唤醒了人们对教育与人的全面发展的关注，具有积极的意义。空想社会主义者期待教育促进人的发展，建构美好社会，也提出了教育与劳动相结合的观点，但是，这些期待和观点只是一种理论假设而已。正因为如此，以马克思、恩格斯为代表人物的科学社会主义思想，进一步就资本主义大生产条件下人的异化、教育的片面发展对人的危害、综合技术教育、教育与生产劳

---

① 《斯宾塞教育论著选》，胡毅、王承绪译，人民教育出版社2005年版，第44页。
② [英] 托·亨·赫胥黎：《科学与教育》，单中惠、平波译，人民教育出版社2005年版，第72页。

动相结合等进行了深刻论述。

第二节　新人文主义教育思想

新人文主义教育思想诞生于 18 世纪末 19 世纪初的德国，它在继承文艺复兴时期所形成的人文主义理论要义的基础上，吸纳了启蒙主义、理性主义、浪漫主义、古典主义和日耳曼民族主义的相关理论要素。主要代表人物包括歌德、席勒、费希特和洪堡等，其中洪堡的新人文主义教育思想对德国乃至西方近代的教育改革产生了重要影响。

一、新人文主义教育思想概述

18 世纪末 19 世纪初，在政治层面上，法国大革命所引发的政治动荡不同程度地波及西方主要国家，各国民众的民族意识日渐觉醒和强烈；在文化层面上，继启蒙运动所倡导的理性主义之后，浪漫主义作为一种追求感情和意志发展、强调精神价值作用的文化思潮在欧洲兴起。新人文主义教育思想就是在此社会背景下诞生的。

新人文主义教育思想自诞生之日起便承担着具体的社会任务。当时的德国仍处于封建割据状态，新兴资产阶级的软弱及其对法国大革命所引发的暴力和动荡的震惊，使其不敢也无意开展激烈的政治革命，他们将主要精力转向哲学和文化领域的探索，试图以思想文化领域内的革新实现自己的社会目标。歌德、席勒、费希特和洪堡等人就希腊语言、历史、文学、艺术、哲学和教育等开展了全面研究，希望借助对古希腊文化中有关自然、人、社会观念的探索，继承发扬古希腊人探索真理的意志、高尚的道德情操，运用古典文化，尤其是运用古希腊文化和古希腊精神教育德意志年轻的一代，使其为德意志民族的复兴和国家的统一做好准备。新人文主义运动就是在德国首先开展的一场文化思想领域的变革运动。新人文主义教育思想就是新人文主义精神和追求在教育领域中的具体体现。

从理论渊源上看，新人文主义教育思想直接继承了文艺复兴时期人文主义教育思想，是人文主义教育思想在 19 世纪的延续与发展。人文主义教育歌颂人的尊严，倡导思想解放和个性自由，重视古典文化与古典学科的教育价值，彰显人本主义和古典主义文化价值，崇尚个人价值和个性发展，追求合乎人性的生活方式，所有这些都成为新人文主义教育所继承和追求的主要内容。不过，相对于传统人文主义教育注重古罗马拉丁文化学习而言，新人文主义教育更加重视对古希腊文化的学习与利用，主张利用古希腊文化促进德意志民族文化的发展，提升德意志的民族自由主义精神。

新人文主义教育思想的形成，受到了18世纪以卢梭为代表的自然主义教育思想的较大影响。自然主义教育所强调的教育适应自然、尊重天性、强调友爱、发挥个人潜在能力、追求情感完善等主张，都成为新人文主义教育思想的核心内容。新人文主义者认为，卢梭自然主义教育的理想可以在古希腊的教育中找到完美典型，古希腊文化是实现自然主义教育目的的适宜内容，古希腊人是体现自然主义教育理想的人类形象。

新人文主义教育思想的核心要义，还积极吸纳并体现了德国哲学思想中主观性和情感性的成分，吸收了德国唯心主义哲学注重精神熏陶和情感养成传统的成分。相较于法国机械唯物主义哲学追求理性、强调实践的特色而言，德国哲学强调人类精神活动的价值，主张借助客体的主观化实现主观与客观的统一，表现在教育上，便是实现客观知识与主观情感的有机结合。新人文主义教育思想"一方面以康德的伦理学为基础，结合了席勒的美学教育；另一方面吸收了歌德的理想主义、洪堡的语言哲学等"[①]。

在教育价值取向上，新人文主义教育思想坚持教育非功利性的价值取向，认为早期科学教育与功利主义学派所强调的教育以传授专业知识、提高职业能力为目标，无助于个人和谐人格的培养。席勒认为，职业精神一旦陷入对象单调的圈子，自由的整体必然从职业精神中消失，使精神领域更加贫乏，最终沦为迂腐的局限的牺牲品。新人文主义教育思想的主要代表人物洪堡，将教育理解为一种整体的和谐发展，拒绝任何以追求单一的功利目标而损害个人整体发展的教育行为。

在教育目的上，新人文主义教育思想注重实现人类智力、审美和道德的完美统一，追求的是个人身体与精神、理性与情感、个人主观意愿与社会国家意志的统一和协调；注重实现教育在培育个人精神方面的目标；注重实现人性的自我表现和人格的自我完善。

[①] 徐小洲、赵卫平主编：《外国教育思想通史》第七卷，湖南教育出版社2002年版，第164页。

在教育内容上，新人文主义教育思想重视哲学、语言、历史、数学和自然科学课程的学习，其中尤为重视古典语言课程的学习，认为语言是实现人类文化知识和素养代际传递的基本工具，是民族国家统一的主要标志，是展示民族精神和民族灵魂的窗口。此外，为发挥戏剧、诗歌、文学、美学作品对人的教化和熏陶作用，新人文主义者开展了相关研究。席勒在《审美教育书简》中提出，审美教育是使个人形成人道主义观念、培养人性自由发展的完美的人的重要手段。他认为教育就是要发展人的多种素质，实现人的精神和谐和情感圆满。歌德则在《浮士德》中展示了资本主义文化背景下个性解放和个人自由的发展历程。费希特在《全部知识学的基础》《论学者的使命》《人的使命》等著作中，提出"知识学"（费希特对自己哲学的称谓）以"自我"为出发点，并不研究个别知识的正误，而在于探讨知识的一般发生问题。费希特还在这一体系中论述了自在的人的使命、社会的人的使命和学者的使命等，为教育目的的确定与教学过程的推进提供了根据。

二、洪堡的教育思想

（一）生平与主要教育活动

洪堡是19世纪德国政治家、教育家和语言学家，出身于波茨坦的一个贵族家庭。父亲曾任普鲁士宫廷大臣，母亲深受启蒙思想熏陶。洪堡幼时接受深受启蒙思想影响的教育家、儿童文学家卡姆佩（1746—1818）的教诲，形成了自由和民主的初步信念。

1787年，洪堡进入法兰克福大学修读法律，同时兼习古典文学和康德哲学。1788年，他进入哥廷根大学学习。作为欧洲进步思想的摇篮和圣地，哥廷根大学浓厚的人文主义气息对洪堡产生了极大影响，使他开始认真思考人文主义思想对于德意志民族发展的意义。1789年，洪堡随恩师卡姆佩一道前往法国，亲身体验了当时处于世界政治风暴中心的巴黎的社会生活，对人权、自由、平等等启蒙观念有了进一步的认识。

洪堡于1790年涉足政界，于1802年出任普鲁士驻梵蒂冈代表，先后出访奥地利、英国、西班牙等地，考察各地文化与艺术，并在语言学、法学和考古学领域勤于积累。这一时期，洪堡开始关注并思考普鲁士的教育问题，并于1793年发表《人类教育理论》一文。他在1793年发表的《简论古希腊人》一文中提出，希腊人代表了人性发展最高境界的新人文主义观念。1806年，普法战争中普方战败的现实唤醒了洪堡有关德意志国家和德意志民族的忧患意识，并开始投入为挽救德意志民族危亡而开展的政治、军事、经济和教育的改革事业中。

1809 年，洪堡出任普鲁士内政部文化与公共教育厅厅长一职。为提高普鲁士民众的文化水平和社会责任感，洪堡在其短暂的任期内对普鲁士各级教育实施了全面改革和整顿，注重将新人文主义教育思想落实到各级各类教育改革实践中：在初等教育方面，推广应用裴斯泰洛齐的教育方法，提倡教育与教学的结合、道德训育与能力培养的结合；在中等教育方面，发挥文科中学培养学生个性的功能，废除死记硬背式的机械教学方法，鼓励独立钻研，注重学生能力的提升；在高等教育方面，在费希特、施莱尔马赫（1768—1843）的协助下创立柏林大学，明确大学作为高级学术教育机构的性质，确立大学教育的基本原则，完善了现代大学理念和组织结构。柏林大学的组织方式与办学准则，不是"一致"与"服从"，而是"自由"与"独立"。"教授并不是从事教学、组织考试的国家官员，而是独立的学者。教学工作并不需要遵循既定的程序，而是将教与学的自由作为行动的出发点。教育的宗旨不是向学生灌输百科全书式的知识，而是让他们了解真正的科学文化。"① 洪堡的一系列教育改革措施，极大地提升了普鲁士教育的现代化水平和国际声誉。

1810 年 5 月，退职后的洪堡投身于语言哲学的研究。他认为语言是人类精神力量的主要表现形式，是了解个人、民族和人类的重要工具和手段。他希望借助对不同语言结构的分析，解读人类精神发展过程中的阶段性和差异性。

（二）普通教育观

洪堡新人文主义教育思想的关键词是"普通教育"，其基本含义在于：在普通学校向所有生而自由的人实施全面的教育，使受教育者获得一般知识、形成基本能力、实现人性和谐全面的发展，以将受教育者从社会等级制度中解放出来。普通教育所传授的知识，是所有人必须掌握的某种被普及的知识。

洪堡认为，普通教育与职业教育的区别在于：普通教育致力于实现人自身的强化和协调，关注完整的人的培养，强调教育要把人真正当作人来培养，注重激发人的内在生命潜力，而不是将人的发展局限于某一职业范围；职业教育

---

① ［德］弗里德里希·包尔生：《德国大学与大学学习》，张弛、郗海霞、耿益群译，人民教育出版社 2009 年版，第 53—54 页。

则追求特殊化和片面性,满足于为维持生计服务的教育层次。洪堡反对教育的功利化追求,认为传授手工业、农业与近代自然科学技术,发展学生职业技能的职业学校教育与实科学校教育只是职业训练,不符合旨在实现人性和谐发展的新人文主义教育理想。他认为,教育不应该仅仅为担任社会机构的某一职务做准备,而应该是一种理想主义的教育。

1809年,洪堡在《立陶宛的学校计划》中提出:"凡是生活需要或者个别行业需要的专门教育,必须与普通教育分开来,必须在学生结束普通教育之后让他们去受这种专门的教育。"① 洪堡主张,所有追求特殊化的、片面性的教育都与普通教育背道而驰,只有当教育不再关注特殊的职业,而是致力于造就良好而高尚的、按照其自身状况受到教育的个人和公民时,才可能造就好的手工艺人、商人、军人和经纪人。

首先,普通教育是一种"形式教育"。洪堡主张,真正的教育只能是一种"形式教育",其目的不在于向学生传授具体的知识,而在于借助知识的学习提高学生的潜在能力,在于实现学生掌握一般性知识、具备基本能力和提升性格修养的目的。学校教育不应把教学过程理解为知识的传授与记忆的过程,而应以知识学习为形式,强化并发展学生的思维能力、想象能力、审美能力和创造能力。他认为,德国的高级中学是实施普通教育的合适机构。"高级中学成了洪堡试图实现这种形式教育的场所,这种学校并不是为在(即使在当时已可认清的)始终错综复杂和不断分化的普通世界中实践活动的共同生活作准备,而是要把新的人道主义与它完全非人道主义的环境从根本上断然隔绝开来。"② 1793年,洪堡在《关于古代研究,特别是有关古希腊研究》《简论古希腊人》等著述中提出,学习古希腊文化的目的在于发展历史认知,发挥一种"形式"作用。

其次,普通教育是关注人的个性差异和尊重人性的教育。在洪堡看来,接受教育的人都是作为个体的人,是具有各自个性的人。个性的形成与性别、家庭、阶层、民族和国家特征相关。人的个性是特殊的,人是生而自由的。教育的目的在于为个性的发展提供条件,并将人培养成为具有完满人性的人。古希腊人身上即体现着这种完满的人性,其民族特性的根本表现在于他们对均衡、

---

① 瞿葆奎主编:《教育学文集·联邦德国教育改革》,人民教育出版社1991年版,第4页。
② [德]彼得·贝格拉:《威廉·冯·洪堡传》,袁杰译,商务印书馆1994年版,第74—75页。

和谐关系的不懈追求,在于对完善高尚人格的敬慕,在于对摆脱职业与功利的自由教育的向往。洪堡在《立陶宛的学校计划》中提出,真正的教育在于摆脱狭隘的功利与职业的追求,将教育努力集中于提高学生的思维能力和想象能力。

最后,普通教育是一种统一且平等的教育。洪堡主张,普通教育的实施应该基于人的心灵,面向所有人开展。在接受教育问题上,不分地域、等级、经济地位与社会状况,所有人均须接受统一的普通教育,掌握相同的普通文化知识。"确实存在某种必须普及的知识,且还有某种谁也不能缺少的对信念和个性的培育……如果给他讲授为此所需的课程,则他以后会轻而易举地获得他职业所需的特殊能力,且一直保留着这样一种自由,即从一种职业转到另一行,而这是在生活中经常发生的。"①因此,洪堡要求废除教育的等级制,打破骑士学院和文科中学专为朝臣、王子和各级贵族子弟设立的局面,推行统一且平等的普通教育。

陈洪捷:《什么是洪堡的大学思想?》

(三) 大学教育观

洪堡的大学教育观是构成其新人文主义教育思想的重要内容,同时也是其普通教育观的集中体现。在《论柏林高等学术机构的内部和外部组织》等文献中,洪堡结合柏林大学的创立阐述了自己关于大学教育的认识。

1. 论大学的性质

大学是具有教学与科学研究双重职能的高等教育机构。洪堡认为,大学教育的最终目的是将学生引向纯粹的科学研究之路。洪堡提出:"所谓高等学术机构,乃是民族道德文化荟萃之所,其立身之根本在于探究深邃博大之学术,并使之用于精神和道德的教育。"②

洪堡提出,作为人类文明传承与传播机构的大学,应追求教学活动与科学研究活动的统一。大学的教学活动应运用讲座、课堂讨论和辩论的形式,将学生引入教师的科学研究活动,引导学生观察知识创造的过程,引领学生探索未知的科学领域,指导学生在开展学术研究的过程中领会科学之间的联系和深层

---

① [德]彼得·贝格拉:《威廉·冯·洪堡传》,袁杰译,商务印书馆1994年版,第72—73页。
② [德]威廉·冯·洪堡:《论柏林高等学术机构的内部和外部组织》(节选),陈洪捷译,载陈洪捷:《德国古典大学观及其对中国的影响》,北京大学出版社2006年版,第197—198页。

次的统一性，培养学生探索世界奥秘的好奇心和求取新知的热情。大学教师和学生借助对知识的共同探索，彼此建立密切的联系。科学研究活动是一种纯科学研究，是对哲学的研究，是对纯知识、纯学理的研究，不关注任何知识之外的目标。

作为一种高级教育机构，大学不能摆脱实施普通教育的职责，因而洪堡认为，不能把大学办成职业培训学校或专科学校，不应该把任何功利性的目的加诸大学。大学应该实施基于纯粹科学研究的人性和谐发展的教育。

2. 论大学的自治与独立

作为一所不同于传统大学的新型高等教育机构，柏林大学是享有较高程度自治与独立权力的教育机构。大学的自治与独立意味着摆脱国家政治和经济力量不恰当的干预，保持自己的学术自主和目标追求，避免成为政治和经济的附庸。"所谓高等学术机构，无非是具有闲暇或有志于学术和研究之辈的精神生活，与任何政府机构无关。"①

大学的自治与独立还意味着政府向大学提供支持，并采取措施保证大学的健康发展，大学认清并履行自身所承担的社会责任。在大学如何处理国家长远利益与眼前利益的关系问题上，洪堡主张："政府不可把大学视为文科中学，或是专门学院，也不能把科学院当做国家所属的技术或科学机构来对待。……绝不能要求大学直接地和完全地为国家服务；而应当坚信，只要大学达到了自己的最终目标，它也就实现了，而且是在更高的层次上实现了政府的目标，大学由此所产生的影响远远超过政府的范围，远非政府的种种举措所能企及。"②

3. 论大学的使命

洪堡认为，大学的使命在于追求新颖的知识，引导学生探索科学奥秘，提高学生的思考能力，帮助学生开展具有创新性的科学研究活动，最终实现科学发展的目的。关于科学发展，洪堡提出了五项原则。第一，科学是某种还没有完全得出结论的东西、还没有被完全发现和完全找到的东西，科学结论的获得取决于对真理和知识的永无止境的探求过程，取决于研究、创造性，取决于研

---

① ［德］威廉·冯·洪堡：《论柏林高等学术机构的内部和外部组织》（节选），陈洪捷译，载陈洪捷：《德国古典大学观及其对中国的影响》，北京大学出版社2006年版，第198页。
② ［德］威廉·冯·洪堡：《论柏林高等学术机构的内部和外部组织》（节选），陈洪捷译，载陈洪捷：《德国古典大学观及其对中国的影响》，北京大学出版社2006年版，第200—201页。

究者对于自我行动的不断反思。第二，科学是一个整体，每个专业和学科都是从不同角度对生活现实的反思、对世界的反思、对人的行为准则的反思。第三，科学首先有它的自我目的，至于它的实用性，其重要意义也仅仅是第二位的。对真理进行的自由式的探求，恰恰能获得最有用的实用知识，并能服务于社会。第四，科学与大学存在天然的联系。大学只有通过开展学术研究，才能在对世界真理的探索过程中培养出最优秀人才。大学生要学的不是材料本身，而是对材料的理解。唯有这样，他们才能形成自己独立的判断力和个性，然后他们才能达到自由、技艺、力量的境界。第五，大学的生存条件是宁静与自由，这是大学实现自身价值的根本保障。

为确保大学使命的完成，洪堡认为，有必要在大学营造一种宁静与自由的氛围。研究者只有以一种宁静、淡泊的心态投身于科学研究，通过对学问的反思来摆脱外部因素的干扰，才有可能以一种积极的思维认识未知世界。宁静与自由也是开展创造性的科学研究活动的必要条件。鉴于大学所开展的科学研究活动的特殊性，政府不应对大学实施过多的非学术性干预，应为大学的宁静与自由提供保障，而不是强行将大学的发展纳入服务于国家某种直接的、具体的利益的轨道。

4. 论学术自由

洪堡主张："学术是一个尚未穷尽且永远无法穷尽的问题，当锲而不舍地探索之。"[①] 因而，大学学术生活不应设置禁区，大学教师和学生应享有教学自由和学习自由的权利。不同于中等学校的是，大学学术活动的目标在于帮助学生获得新颖的知识、掌握科学原理、提高思考能力和开展具有创新性的科学研究活动。教师拥有教学自由，意味着教师拥有选择讲授科目的自由、选择研究项目的自由、得出关于真理结论的自由。学生拥有学习自由，意味着学生拥有选修课程的自由、决定课程学习时间的自由、选择课程学习方法的自由、形成自己思想的自由。当然，学生作为初学者，正处于发展自己的独立思考能力、培养学习习惯的时期，其拥有学习自由的程度低于教师，而且学生的学习自由在相当程度上体现在教师的教学自由之中。

为确保学生享有充分的学习自由权利，柏林大学继承运用"习明纳"[②] 这

---

① [德] 威廉·冯·洪堡：《论柏林高等学术机构的内部和外部组织》，陈洪捷译，载陈洪捷：《德国古典大学观及其对中国的影响》，北京大学出版社 2006 年版，第 199 页。
② 习明纳，seminar 一词的音译。

一教学组织形式。作为一种教学组织形式，承袭西方教育传统中讨论式教学理念的"习明纳"，是指在教师的组织与指导下，学生组成研究与学习小组，定期集中研讨高深知识和科学研究问题，锻炼学生的逻辑思维能力和科学研究能力。

洪堡和致力于柏林大学的创办与早期发展事业的费希特、施莱尔马赫等所奉行的大学观念，以及柏林大学所坚守的"大学职责在于致力于高深知识的探索""教学自由""学习自由"等大学理念，在引领德国大学步入繁荣与辉煌发展道路的同时，还对美国、英国、法国及世界其他国家和地区的高等教育发展产生了意义深远的影响。

第三节 主知主义教育思想

主知主义教育思想主张教育应以发展理性为目的，以知识为要素，以知识为本位。在西方教育思想史上，苏格拉底、亚里士多德、西塞罗、昆体良、培根、笛卡儿、夸美纽斯、洛克、康德、费希特、赫尔巴特等在不同的历史时期均提出了各自的主知主义教育主张，其中赫尔巴特构建的主知主义教育思想体系较为完整。主知主义教育思想引导人们探究知识传授与认知发展在教育及教学实践中的地位和作用，对许多国家的教育实践产生了深远影响。

一、主知主义教育思想的演变

作为一种教育思想或流派，主知主义具有深厚而久远的历史渊源。发展教育、传授知识、培养智力一直伴随着人类教育的历史。自古希腊时期开始，关注知识传授与智力发展的关系、提高知识的传授效率就一直是哲学家和教育家研究探讨的教育问题。苏格拉底主张教育的目的在于传授广博而实用的知识，并运用"精神助产术"作为发现知识的有效方法。柏拉图将算术、几何、天文和音乐列入教学科目，注重课程学习与智力训练的结合。亚里士多德将感觉作为知识的来源，认为人的灵魂（意识）正如一块白板，能够接受关于外界事物的知识，而知识是借助感觉进入人的意识的。古罗马时期的教育家在论述雄辩家的培养与教育时，也十分注重知识的作用。西塞罗将具有广博的学识作为雄辩家所应具有的基本条件之一。昆体良认为雄辩家绝不是仅仅掌握一些雄辩技巧的人，主张雄辩家的教育应建立在尽可能广博的普通知识的基础之上，并列出了包括文法、音乐、几何、天文、哲学等在内的教学科目。

近代早期的哲学家和教育家，如培根、笛卡儿、夸美纽斯和洛克等人，分别就知识的价值、知识体系、知识教学的组织形式等进行了研究。培根在《学术的进展》中归纳了人类知识体系，详细论述了知识在社会进步中发挥的作用。在《新工具》中，培根系统论述了科学归纳法，将其视为人类获取知识的有效工具。笛卡儿反对经院哲学和神学，主张理性比感觉更可靠，借助感觉所获得的知识是可以被怀疑的，强调科学的目的在于造福人类，使人成为自然界的主人和统治者。笛卡儿所提出的人人智力平等、理智需要训练才可完善以及知识的智力训练功能，极大地推进了主知主义教育思想的形成。

作为第一位系统阐述主知主义教育思想的教育家，夸美纽斯对知识和知识教育的作用给予了高度评价，认为个人只有接受教育、掌握知识，才能成为一个真正的人，主张实施"泛智教育"，提出"将一切事物教给一切人"的泛智论，追求实现把人类所有知识传授给所有人的教育梦想。为提高知识的传授效率，夸美纽斯还确立了教育必须遵循的基本原则——教育适应自然原则，创立了知识教学的有效组织形式——班级授课制。

洛克也为主知主义教育思想做出了贡献，他有关联想主义心理学的论述为主知主义教育思想提供了必要的理论基础，有关智育与德育、理智发展关系的主张成为主知主义教育的基本教育信条。

18世纪末19世纪初，主知主义教育思想步入成熟时期，在康德、费希特和赫尔巴特等德国哲学家和教育家的努力下，主知主义教育思想体系日益成熟。其中，赫尔巴特教育思想体系的形成，标志着主知主义教育思想体系建构的最终完成。

在继承主知主义教育思想传统的基础上，赫尔巴特有效运用观念心理学的概念与原理，构建起完整的主知主义教育思想体系。赫尔巴特的主知主义教育思想经过赫尔巴特学派的发展和传播，对19世纪末20世纪前期西方国家的教育理论研究与实践发展产生了深刻而全面的影响。

在赫尔巴特之后，主知主义教育思想的主题发生了变化，斯宾塞、赫胥黎将关注的重点聚焦于科学知识的教育价值，认为只有科学知识才是最有助于改善个人生活和促进社会进步的知识类型，主张科学知识教育在智力发展、道德陶冶中发挥着传统的人文学科知识所不具备的作用。不同于斯宾塞的是，赫胥黎在强调科学知识教育价值的同时，也十分重视发挥自由教育（文理兼备的普通教育）的价值。

二、赫尔巴特的教育思想

（一）生平与主要教育活动

赫尔巴特是德国哲学家、心理学家和教育家，早年即受到良好的教育。1797—1799 年，赫尔巴特应聘到瑞士地方行政官施泰格尔家中任家庭教师，积累了一定的教育经验，在此期间结识了裴斯泰洛齐。后来，他先后任教于哥廷根大学和哥尼斯堡大学，并在哥尼斯堡大学任职期间开办了教育研究班和附属学校。赫尔巴特的主要教育著作有《普通教育学》《教育学讲授纲要》等。

（二）教育思想的理论基础

赫尔巴特认为，要使教育学真正成为一门科学，就必须将其建立在伦理学（实践哲学）和心理学（观念心理学）的基础之上。"教育学作为一种科学，是以实践哲学和心理学为基础的。前者说明教育的目的；后者说明教育的途径、手段与障碍。"①

1. 伦理学基础

赫尔巴特所说的伦理学，即实践哲学，基本内容表现为五种道德观念，即内心自由、完善、仁慈、正义和公平。这五种道德观念为赫尔巴特确定教育目的提供了直接的伦理学基础。

所谓"内心自由"，是指一个人在拥有正确认识和理性能力的基础上，自觉地遵循道德规范行事，确保自己的行为符合理性的原则，能够在欲望与理性发生冲突时，确保欲望听从理性的引导。"内心自由"表述的是明智和意志两者之间的一种关系，因而仅仅理解道德原则远远不够，还必须拥有促使道德认识转化为道德行为的意志。"德行是整个教育目的的代名词，它是一种内心自由的观念，将在一个人身上发展成为根深蒂固的现实。"②

所谓"完善"，是指个人能够运用坚定的意志与毅力协调内部矛盾和正确把握判断的尺度，接近和坚持朝向理性所指引的善的方向。"完善的观念就会使我们想到身与心的健康，乃至对两者的评价以及对它们的有意识的栽培。"③

所谓"仁慈"，是指一种"绝对的善"，要求个人意志与他人意志协调一

---

① ［德］赫尔巴特：《教育学讲授纲要》，李其龙译，人民教育出版社 2015 年版，第 3 页。
② ［德］赫尔巴特：《教育学讲授纲要》，李其龙译，人民教育出版社 2015 年版，第 9 页。
③ ［德］赫尔巴特：《教育学讲授纲要》，李其龙译，人民教育出版社 2015 年版，第 9 页。

致，要求无私地为他人谋福利，保证社会安定和个人生活稳定。"仁慈的观念首先提醒教育者应当避开一切会导致恶意的刺激，以免产生危害；但也有必要唤起学生对仁慈的尊重。"①

所谓"正义"，即"守法"观念，要求避免不同意志之间的冲突，放弃"争吵"，共同遵照并利用人们基于协商而制定的协议或规则来解决争议。

所谓"公平"，即善有善报，恶有恶报，这是处理赏罚的指导原则。在实际运用公平观念时，赫尔巴特强调，在"给予学生应有的惩罚以回敬其故意作祟时"②特别应当予以考虑。但他同时强调，在惩罚学生时须严格把握尺度，必须使学生将所受惩罚视为正确的而愿意接受惩罚。

赫尔巴特强调，这五种道德观念构成一个相互联系的整体。前两种道德观念用于调节个人道德行为，后三种道德观念则主要用于规范和调节社会道德行为。

赫尔巴特主知主义教育思想的伦理学基础的重要特征在于强调知识或认识在道德教育中的作用。

2. 心理学基础

在继承英国联想主义心理学基本主张的基础上，赫尔巴特宣称心理学对教育科学的形成发挥了重要作用，并构建起包括自我保存观念、意识阈和统觉、注意和兴趣在内的观念心理学体系，将裴斯泰洛齐所提出的"教育心理学化"提高到一个新的理论高度，为教育学确立了必要的心理学基础。

拓展阅读

贺国庆、刘向荣：《赫尔巴特教育心理学化的理性分析》

（1）自我保存观念。赫尔巴特认为，人的心灵是一种不变的实在，具有观念的力量。"事物的观念就是事物特征的混合体。"③ "每一个观念群是由各种观念的混合体和观念系列及观念系列的联结体组成的。"④ 人在主动或被动地接触外部事物的实践中，获得各种感觉，形成实现自我保存的"观念群"，即自我保存观念。自我保存观念是所有人的心理活动的最简单、最基本的要素，也是人的全部心理活动的基础。人的全部心理活动，可以理解为基于自我保存观念

---

① ［德］赫尔巴特：《教育学讲授纲要》，李其龙译，人民教育出版社2015年版，第10页。
② ［德］赫尔巴特：《教育学讲授纲要》，李其龙译，人民教育出版社2015年版，第10页。
③ ［德］赫尔巴特：《教育学讲授纲要》，李其龙译，人民教育出版社2015年版，第16页。
④ ［德］赫尔巴特：《教育学讲授纲要》，李其龙译，人民教育出版社2015年版，第16页。

衍生而来的各种观念的出现、活动、集聚、分散、增强与减弱。心理学也就成为研究观念的科学，主要研究观念的出现、联合和消失。赫尔巴特把教学实践中所有向学生提供的知识也都称为观念。

（2）意识阈与统觉。在赫尔巴特的观念心理学中，意识阈和统觉是两个重要的概念。意识阈是指一种被抑制的观念进入现实观念所需要跨越的界限。各种观念存在强弱之分：强的观念存在于意识阈之上，对其他观念发挥着支配或激发作用，称为意识；弱的观念沉降于意识阈之下，称为下意识或无意识。意识和下意识或无意识之间的互相转化，构成了学习过程中的许多现象，如遗忘，即一种观念被另一些力量较强的观念排挤出去，抑制在意识阈之下；回忆，即原已被排挤出去的观念受到某些观念的吸引或激发，重新存在于意识阈之上。

统觉曾被莱布尼茨和康德使用，赫尔巴特则赋予它更为具体的心理学意义。赫尔巴特认为，统觉就是新观念被旧观念联合或同化的过程，任何观念的形成都是统觉的结果。借助统觉所形成的观念体系被称为"统觉团"。统觉过程一般表现为：当新的刺激发生时，感觉表象进入意识阈，如果其足够强大，足以吸引或激发意识阈之下与之相似的观念，并与之联合，形成新的观念，排挤此前在意识阈之上居于统治地位的观念，形成"统觉团"；如果其强度较弱，不足以唤醒意识阈之下与之相似的观念，则将被已有观念同化。就观念活动来说，相同或相似的观念容易互相联合而进入意识阈之上。

（3）注意与兴趣。赫尔巴特提出，统觉的发生往往需要具备注意和兴趣这些基本的条件。注意指的是一种观念活动，分随意注意和不随意注意两种。随意注意是有目的的注意，不随意注意则是无目的的注意。

兴趣是学生心理、观念的积极广泛的运动，指学生对所学事物产生具有高度吸引力和高度注意力的内部心理状态，是一种压抑了低级欲望的结果。兴趣也是心理活动的一种伴生物，它意味着主动性，意味着自我活动。教学过程如能激发学生的兴趣，就可以发挥他们的积极性和主动性，减少压抑和强迫。"兴趣就是主动性。兴趣应当是多方面的，因此要求多方面的主动性。但是并不是所有主动性都是我们所希望的，而只有正当的和适当程度的主动性才是我们所希望的，否则对于活泼的儿童我们只需要随他们自己去，而不再需要教育他们，根本不需要管理他们了。"①

---

① ［德］赫尔巴特：《教育学讲授纲要》，李其龙译，人民教育出版社2015年版，第37页。

根据兴趣的心理状态，赫尔巴特将兴趣划分为认识和情感两大类。属于"认识"类的兴趣有三种：第一种是观察、认识自然界及周围环境中个别现象的经验的兴趣，是试图观察和认识事物究竟"是什么"的兴趣；第二种是思考事物"为什么会这样"的思辨兴趣；第三种是对事物进行美丑善恶评价的审美兴趣。属于"情感"类的兴趣也有三种：第一种是"把同情传入别人的感情之中"的同情兴趣（这是对一定范围的人的感情）；第二种是对社会、本民族和全人类产生同情的社会兴趣；第三种是虔信所信奉教派的教义，与上帝结合的宗教兴趣。

赫尔巴特认为，教学工作所要激发的绝不是一种单一的兴趣，而是多方面的兴趣。一方面，他认为单一的兴趣和那种完全缺乏兴趣的教学，都会破坏教学的教育性，不利于培养学生完善的性格和美德；另一方面，他清楚地看到社会分工的复杂性和多面性与培养学生多方面的兴趣之间的关系。赫尔巴特认为，为使学生将来能适应职业选择，发展他们多方面的感受性，教学所激发的应该是一种均衡发展的"多方面的兴趣"。与此同时，他也强调兴趣的强度，主张简单的多方面的兴趣与"平衡的"多方面的兴趣是有区别的：简单的多方面的兴趣只是一种肤浅的即兴发挥，这种兴趣具有很大的局限性，只是对许多事情都浅尝辄止，缺乏必要的深度和持久性；而"平衡的"多方面的兴趣是统一的，其统一性是以统觉团的形成为前提的，是多种观念通过审思汇合而成的，是多方面兴趣的融合。

在兴趣状态中，人可产生专心和审思两种心理活动。专心是指在排除可能分散注意力的其他事物的基础上，注意被聚焦于某一具体事物，以静态的吸收为特征；审思是指新旧观念之间的联系，以动态的思考为特征。专心在前，审思在后，二者交替进行。专心是兴趣的第一层境界，是对单一事物的兴趣，通常表现为注意这一心理状态。"由于观念可以运用其力量做到我们上面所称的专心，因此我们便可以用注意这个词来命名如此被激发起来的心理状态。"[①] 审思是兴趣的第二层境界，审思不再是单一的、静止的兴趣，而是多方面的兴趣的必然要求。兴趣的多样性并不是多种多样的兴趣杂然并陈，而是有一定的次序，赫尔巴特把丰富的审思所产生的最好的次序称为系统。多个专心的联系才组成了审思，从这一意义上说，审思是多种兴趣的汇合。"人必须有无数次这

---

① ［德］赫尔巴特：《普通教育学》，李其龙译，人民教育出版社2015年版，第48页。

种从一种专心活动过渡到另一种专心活动去的变迁，然后才会有丰富的审思活动，才能随心所欲地返回到每一种专心活动中去，才可以称得上是多方面的。"①

赫尔巴特认为，激发学生多方面的兴趣是教学直接的、近期的目的，应贯穿全部的教学实践过程；兴趣既为教学的开展提供了条件，同时也是检验阶段性教学目的是否实现的重要指标。他主张，教学近期的直接目的不是传授知识，而是在传授知识的过程中激发学生多方面的兴趣，凡是不能激发起学生学习的兴趣和积极性的教学，对于学生来说都是负担。教学的直接目的在于培养和激发学生的多方面的兴趣，兴趣就是"主动性"，它既是教学的目的，又是实现这一目的的手段；教学的最终目的是培养道德，但为实现此目的，教学应首先实现激发和培养学生多方面的兴趣。"教学的最终目的虽然存在于德行这个概念之中，但是为了达到这个最终目的，教学必须特别包含较近的目的，这个较近的目的可以表达为'多方面的兴趣'。"②

赫尔巴特的观念心理学以基于感觉所形成的观念作为心理学的核心概念，运用观念运动解释各种心理现象和学习现象，注重发挥注意、兴趣在课程设置和教学实施过程中的作用，为其课程与教学理论提供了直接的心理学基础。

（三）教育目的

赫尔巴特将教育的基本目的分为两种：可能的目的和必要的目的。

可能的目的，又称选择性目的，是指与儿童未来所从事的职业相关的目的，即儿童未来作为成年人本身所要确立的目的。"教育者要为儿童的未来着想。因此，学生将来作为成年人本身所要确立的目的，是教育者当前必须关心的，他必须为使孩子顺利地达到这些目的而事先使其作好心理准备。"③教育为实现可能的目的（即职业目的）的准备应该是多方面的，应该为儿童未来胜任分工越来越细致的职业岗位做好准备，应该依据儿童多方面的兴趣发展其各种能力。

必要的目的是指教育所要达到或实现的最终目的和最高目的，即道德目的。在教育体系中，赫尔巴特赋予道德教育以崇高的地位，认为道德既是个人

---

① ［德］赫尔巴特：《普通教育学》，李其龙译，人民教育出版社2015年版，第43页。
② ［德］赫尔巴特：《教育学讲授纲要》，李其龙译，人民教育出版社2015年版，第33页。
③ ［德］赫尔巴特：《普通教育学》，李其龙译，人民教育出版社2015年版，第29页。

成长的最终目的,也是教育的最高目的,是全部教育教学工作的中心与归宿。在赫尔巴特看来,道德教育的主要目标,在于以五种道德观念为核心,培养儿童明辨是非的能力,并使其具备实践道德行为、克制内心欲望的意志和毅力。在掌握"绝对明确、绝对纯洁的正义与善的观念"①的基础上,培育道德意志,并身体力行,知善行善。"德育绝不是要发展某种外表的行为模式,而是要在学生心灵中培养起明智及其适宜的意志来。"②具体来说,道德教育的目标是,"使绝对明确、绝对纯洁的正义与善的观念成为意志的真正对象,以使性格内在的、真正的成分——个性的核心——按照这些观念来决定性格本身,放弃其他所有的意向"③。

(四)教育性教学原则

为实现以内心自由、完善、仁慈、正义和公平这五种道德观念的培育为核心的道德教育目的,赫尔巴特提出了一项重要的主导性教学原则,即教育性教学原则。赫尔巴特主张,知识和道德之间存在着内在的联系,道德规范意识和道德行为实践都是建立在道德认识的基础上的。因而,道德教育不可能脱离知识教育来实施。"教育学是教育者自身所需要的一门科学,但他们还应当掌握传授知识的科学。而在这里,我得立刻承认,不存在'无教学的教育'这个概念,正如反过来,我不承认有任何'无教育的教学'一样,至少在这本书中如此。"④

教育性教学原则表明,教育,即道德教育,是在教学过程中以教学为手段来完成的。教学是道德教育的基本途径。也就是说,道德教育是目的,教学是实现这一目的的手段。教学中如果没有道德教育,就只是一种没有目的的手段;道德教育如果离开教学,就只是一种缺乏手段的目的。

教育性教学原则要求,教师的教学不能仅着眼于知识传授和技能训练,还应注重学生道德品格的培养。在实施道德教育的过程中,需要确立一个较为直接的、近期的目的,即"多方面的兴趣"。在赫尔巴特看来,多方面的兴趣具有一种道德的力量,多方面的兴趣与道德品格之间存在的关系,使得所有的教育者可以确立这样一种设定:"人们首先应通过扩展了的兴趣来改变个性,必须

---

① [德]赫尔巴特:《普通教育学》,李其龙译,人民教育出版社2015年版,第32页。
② [德]赫尔巴特:《普通教育学》,李其龙译,人民教育出版社2015年版,第31页。
③ [德]赫尔巴特:《普通教育学》,李其龙译,人民教育出版社2015年版,第32—33页。
④ [德]赫尔巴特:《普通教育学》,李其龙译,人民教育出版社2015年版,第6页。

使其接近一般形式，然后才可以设想个性有对普遍适用的道德规律发生应变的可能；同时在对付过去业已变坏了的儿童时，除了应考虑他现存的个性之外，还应着重估量他对新的和较好的思想范围的可接受性与他接受它们的时机，以便当这种估计得出否定的结论时可以要求用严密而持久的管理来代替真正的教育。"①

（五）道德教育

基于将道德品格培养视为教育的最终目的和最高目的，赫尔巴特十分重视道德教育的实施。

除将教学作为实现道德教育的手段加以阐述外，赫尔巴特还赋予"儿童管理"以具体的道德教育功能。赫尔巴特认为，儿童并未带着任何意志来到这个世界，因而依靠其自身是不可能产生任何道德关系的。儿童天生就具有不服从、不守秩序的烈性，这不仅会扰乱成人的安排，而且往往会使儿童自身置于种种危险之中。所以，借助管理对儿童实施道德教育就成为十分必要的事情。儿童管理的目的是多方面的："一是为了避免现在和将来对别人与儿童自己造成危害；二是为了避免不调和斗争本身；三是为了避免社会参与它没有充分权力参与却被迫要参与的那种冲突。"②就道德教育层面而言，儿童管理的目的表现为培养儿童遵守秩序的道德精神和道德意识。在具体管理措施上，赫尔巴特论述了威胁、监督、强制、权威与爱等管理手段，并着重强调，在儿童管理实践中应坚持这样的信条："不应长时间地与孩子过不去！不应故意摆威风！不要神秘的缄默！尤其不要虚伪的友好！无论各种感情活动会发生多少变化，都必须保持坦率、诚恳。"③

在赫尔巴特的教育体系中，与道德教育直接相关的是他有关"训育"的论述，或者说赫尔巴特的"训育"即道德教育。他认为："对青少年的心灵产生直接影响，即有目的地进行的培养，就是训育。"④ 他对"训育"作了这样的表述："它与儿童的管理有共同的特征，它是直接对儿童的心灵发生影响的，它与教学共同的地方在于它们的目的都是培养。"⑤

---

① ［德］赫尔巴特：《普通教育学》，李其龙译，人民教育出版社2015年版，第40页。
② ［德］赫尔巴特：《普通教育学》，李其龙译，人民教育出版社2015年版，第18页。
③ ［德］赫尔巴特：《普通教育学》，李其龙译，人民教育出版社2015年版，第26页。
④ ［德］赫尔巴特：《普通教育学》，李其龙译，人民教育出版社2015年版，第134页。
⑤ ［德］赫尔巴特：《普通教育学》，李其龙译，人民教育出版社2015年版，第134页。

赫尔巴特指出，训育的目的在于形成"性格的道德力量"。具体来说，在儿童道德品格的形成过程中，训育发挥着双重的作用："它一部分是帮助教学，使教学成为可能并去影响一个业已独立的人今后性格的形成；一部分是起这样的作用：通过行动或非行动直接使学生产生或不产生初步的性格。"① 为实现训育的目的，赫尔巴特就训育的作用作了说明："训育应当起维持、决定和调节作用；应当在整体上考虑使心灵能够平静与清晰；应当部分地通过赞许与责备使心灵受到触动；应当及时地提醒它和纠正它的错误。"②

（六）课程与教学理论

1. 课程类型

赫尔巴特将人人所具有的多方面的兴趣作为课程设置的直接依据，并通过相应学科知识的传授和教学，进一步强化学生多方面的兴趣，实现教学的直接目的。

赫尔巴特主张，根据经验的兴趣设置自然（博物）、物理、化学和地理等课程；根据思辨的兴趣设置数学、逻辑、文法、自然哲学等课程；根据审美的兴趣设置文学、音乐、绘画、雕刻等课程；根据同情的兴趣设置外国语（古典语言和现代语）和本国语等课程；根据社会的兴趣设置历史、政治和法律等课程；根据宗教的兴趣设置神学课程。

关于课程设置，赫尔巴特提出，仅仅依据多方面的兴趣设置或编制相应的课程远远不够，还必须遵循并体现课程设置的"相关原则"与"集中原则"，以确保课程教学的逻辑性和系统性。课程设置的"相关原则"要求不同课程的安排应保持内在的关联；而"集中原则"则要求在课程体系中，应以一门课程或科目的学习为中心，其他课程或科目的学习要服务于中心课程或科目的学习。

赫尔巴特以多方面的兴趣为基础，构建起一套涵盖古典人文学科和新兴自然学科的、内容全面、结构严谨的课程体系，既为主知主义教育开展学科课程教学和传授系统知识提供了课程体系支撑，也为现代课程体系的诞生奠定了理论与实践基础。

---

① ［德］赫尔巴特：《普通教育学》，李其龙译，人民教育出版社2015年版，第135页。
② ［德］赫尔巴特：《教育学讲授纲要》，李其龙译，人民教育出版社2015年版，第88页。

2. 教学过程理论

为了确保课程教学的有序、高效实施，赫尔巴特提出了基于教学方法的教学过程理论，即包括单纯提示的教学、分析教学和综合教学的教学过程理论。

基于教学方法的教学过程的具体划分对应一个完整的统觉过程：单纯提示的教学对应统觉中"借助感官刺激获得感觉表象"环节，分析教学对应统觉中"新旧观念的分析"环节，综合教学对应统觉中"新旧观念的联合"环节。

按照统觉理论，统觉的第一个环节，即感官接触外部事物形成感觉表象，感觉表象只有达到一定的强度和频率，才可能引发意识阈之上或意识阈之下的类似观念的活动。与此相对应，单纯提示的教学就是要提高所传授观念（知识）的强度和频率，增强其引发观念的动力。欲增强单纯提示教学的动力，就需要把教学建立在学生已有经验的基础之上，实现对学生已有经验的回忆、模仿、复制和扩充。单纯提示的教学注重通过感官帮助学生首先获得与其经验相类似的新观念，进而为观念的分析做好准备。

分析教学对应统觉中"新旧观念的分析"环节，其任务在于结合已有观念，对经由单纯提示的教学所获得的新观念进行分析，探究新观念与已有观念之间的异同和联系，进而为观念的联合做好准备。

综合教学对应统觉中"新旧观念的联合"环节，其任务在于实现新观念与已有观念的联合，形成新的观念（知识），完成阶段性教学的任务。

3. 教学形式阶段理论

赫尔巴特认为，一个完整的教学过程，就是学生借助教师的提示或讲授，在已有经验的基础上学习新教材、形成新观念的过程。这一过程既包含学生不同形式的心理活动（兴趣），也伴随着学生思维状态的转换。

作为学生心理活动表现的兴趣，为统觉的发生与实现提供了必要条件。兴趣在教学过程中先后经历注意、期待、探求、行动四个阶段。"注意"意味着一种观念处于突出地位，并对其他观念发挥引导作用；"期待"意味着对新近引发的观念活动能够尽快出现一种基于兴趣的盼望；"探求"意味着从兴趣中生发愿望或希望，并以向对象提出要求的形式呈现；"行动"意味着人的感觉器官可以对愿望或希望的要求做出具体的回应。

依据教学方法、儿童观念活动状态，赫尔巴特提出了著名的教学形式阶段理论，即把教学过程划分为明了、联想、系统、方法四个连续的阶段。

第一，明了，即清楚、明确地感知新教材。在这一阶段，学生处于静态的"专心"状态，学生的心理特征表现为"注意"。为学习和掌握新教材，学生必须集中注意力，深入研究学习的材料。教师适于运用单纯提示的教学方法，通过运用直观教具和讲解的方法，对新材料进行明确提示，帮助学生获得清晰的观念，为学生实现观念联合，即学习新知识做好准备。

第二，联想，即学生在已有经验的基础上形成新的知识和经验。在这一阶段，学生处于动态的"专心"状态，学生的心理特征表现为"期待"。在明了阶段被唤起的观念进一步扩大，但观念并未实现联合，新知识和新经验尚未产生。兴趣活动处于新观念产生之前的"期待"阶段。教师适于运用分析教学方法，指导学生实现新旧观念之间的联合。

第三，系统，即组合各种新旧观念，使其进入更大范围的联合，学生获得系统化的知识和经验。在这一阶段，学生处于静态的"审思"状态，学生的心理特征表现为"探求"。教师适于运用综合教学方法，实现新旧观念间联合的系统化，指导学生形成各种概念、定义、原则、规则等系统性的知识和经验。

第四，方法，即通过一定形式的实际练习，进一步巩固和强化新旧观念之间的联合。在这一阶段，学生处于动态的"审思"状态，学生的心理特征表现为"行动"。教师适于运用练习法，指导学生以练习、作业等方式将所领会的教材知识和概念应用于实践，以巩固新掌握的观念。

赫尔巴特的课程与教学理论，是其运用观念心理学建构教学理论的结果。其中，对学生在学习过程中的心理活动状态、观念活动状态、具体的学习任务和教师适于运用的教学方法的分析，有助于教师教授与学生学习较为复杂的原理或法则，有助于训练学生形成推理判断和分析综合的能力。

在西方教育史上，赫尔巴特享有"科学教育学的奠基人"的声誉，他的《普通教育学》也被视为教育史上第一部具有科学体系的教育学著作。赫尔巴特提出教育学的基础是伦理学与心理学，并在伦理学和心理学基础上构建起包括教育性教学原则、教育目的、以"训育"为核心的道德教育理论、课程与教学理论等在内的完整的教育学理论体系，为把教育学提升到一门科学的理论高度做出了重要贡献。赫尔巴特的教育理论吸引了来自美国、英国、日本、澳大利亚、俄罗斯、希腊、苏联和中国的许多学者的注意，并通过赫尔巴特学派的传播对世界许多国家和地区的教育理论与教育实践产生了影响。20世纪初，赫尔巴特的教育理论传入我国，对当时我国的中小学教学实践产生了一定影响。当然，赫尔巴特的教育思想也存在某种程度的局限性。例如，他认为，儿童身上具有一种不守社会秩序、扰乱成人安排的烈性，主张成人在儿童表现出具有真正意志的迹象之前，运用强有力的强制性手段克服儿童的烈性。其教学理论在教学实践中的应用也表现出某种程度的机械主义倾向。

三、赫尔巴特学派

（一）赫尔巴特学派的演变

19世纪前半期，赫尔巴特的主知主义教育思想在德国并未产生较为明显的影响。这一状况到19世纪六七十年代开始发生变化。在德国学者齐勒尔、斯托伊（1815—1885）、赖因，美国学者德加莫、麦克默里兄弟等人的推广下，围绕赫尔巴特教育著作的翻译、出版与传播，以及赫尔巴特教育思想的研讨与推广，发展成为声势浩大的赫尔巴特运动。赫尔巴特运动以西方国家为主，并波及世界其他国家和地区。在赫尔巴特运动中形成了赫尔巴特学派。

1862年，齐勒尔在莱比锡大学效仿赫尔巴特创办教育研究所和实验学校。1865年，齐勒尔发表《教育性教学原理的基础》，系统介绍了赫尔巴特教育思想。1869年，齐勒尔与斯托伊合作，在德国莱比锡成立了"科学教育学协会"，致力于赫尔巴特教育思想的推广与传播工作。

19世纪末，赫尔巴特教育理论的影响开始超越国界。1885年，赖因接替斯托伊主持耶拿大学的教育学讲座，开设教育学高级研究班，创办《耶拿大学教育学研究班通讯》，将耶拿大学发展成为德国赫尔巴特教育思想研究的重镇，吸引了澳大利亚、俄国、墨西哥、智利、日本等国家的学者前往学习。许多学者在学成回国后，成为各自所在国家赫尔巴特教育理论的积极宣传者。美国教育学者德加莫（1849—1934）和麦克默里兄弟在结束学习后，将赫尔巴特教育思想介绍给美国的同行们。德加莫撰写的《教学法纲要》《赫尔巴特和赫尔巴特主义者》和查尔斯·麦克默里（1857—1929）撰写的《一般方法要素》成为当时美国各州师范院校的教科书。1892年，德加莫等人在美国成立"赫尔巴特俱乐部"。该俱乐部在1895年扩大改组为"全美赫尔巴特教育科学研究会"，德加莫任会长，查尔斯·麦克

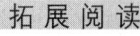

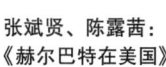

张斌贤、陈露茜：《赫尔巴特在美国》

默里任秘书。"全美赫尔巴特教育科学研究会"组织翻译出版赫尔巴特和赫尔巴特学派学者的教育著作，举办赫尔巴特教育思想研讨会，将赫尔巴特教育思想在美国的宣传和研究推向高潮。1902 年，"全美赫尔巴特教育科学研究会"易名为"全美教育科学研究会"，标志着美国赫尔巴特运动趋于低落。杜威的实用主义教育思想逐步取代了赫尔巴特教育理论在美国教育界的主导地位。

明治维新之后，日本教育界也兴起了赫尔巴特运动。日本学者翻译出版赫尔巴特的教育著作，传播赫尔巴特的主知主义教育思想，尤其是对赫尔巴特的教学形式阶段理论进行了深入研讨。赫尔巴特的教学方法与教学形式阶段理论对日本中小学教育产生了持久的影响。

20 世纪初，赫尔巴特与赫尔巴特学派的教育思想通过日本传入我国，对我国教学理论产生了直接影响。赫尔巴特及赫尔巴特学派关于教学阶段的理论，在一定程度上满足了 20 世纪初我国开办新式学堂、发展新式教育对合格师资的需要，对我国近代师范教育的兴起发挥了积极的作用。

(二) 赫尔巴特学派的教育思想

1. 齐勒尔的教育思想

齐勒尔是德国赫尔巴特学派的主要成员，致力于赫尔巴特教育思想的传播与发展，其主要著作包括《普通教育学概论》《儿童的管理》《教育性教学原理的基础》等。

在教育目的上，齐勒尔将儿童良好道德品格的形成视为教育的最终目的。他主张，"那些没有明显道德影响的课程必须从属于那些有明显道德影响的课程。为了保证学习集中在道德方面，所有的学习必须以思想与目的统一为基础。"[①] 不过，儿童良好道德品格的形成需要以掌握充分的知识为基础。因而，需要发挥教学即知识传授的教育性功能。在教学事务中，课程设置、教学阶段安排和教学方法与手段的选用，都要服务于道德教育目的的实现。

在课程设置与课程实施上，齐勒尔在继承赫尔巴特以学生兴趣作为课程设置依据的思想的基础上，进一步提出"中心统合课程论"思想。齐勒尔主张在课程设置中以历史、文学和宗教作为核心，并辅之以自然科学、数学、地理、技能训练和劳作等课程，构建完整的以养成学生道德品格为目的的课程体系。

---

① [英] 博伊德、金:《西方教育史》，任宝祥、吴元训主译，人民教育出版社 1985 年版，第 385 页。

在课程实施过程中，需要发挥核心课程唤醒学生兴趣、激发学生意志、陶冶学生道德情操的教学功能。

在教学阶段安排上，齐勒尔在接受赫尔巴特教学形式阶段理论的同时提出，为便于在教学实践中推广这一理论，有必要将赫尔巴特教学形式阶段的第一阶段"明了"分解为"分析""综合"两个阶段，即成为包括分析、综合、联想、系统和方法的"五段教学法"。具体来说，分析阶段的任务是教师运用单纯提示的教学方法，引导学生分析所学新教材，为上课做好准备；综合阶段的任务是教师运用讲解方法，引导学生通过思考实现对新教材与新知识的综合；联想阶段的任务是教师运用分析教学方法，指导学生将所学观念与已有观念比较，并试图实现新旧观念之间的联合；系统阶段的任务是教师运用综合教学方法，教导学生将所学观念实现从具体到抽象的转换，获得系统性知识；方法阶段的任务是教师运用练习法，通过布置作业或其他练习方式，引导学生运用知识以解决实际问题。

作为赫尔巴特学派的重要成员，齐勒尔在继承赫尔巴特教育思想的基础上，对其教学形式阶段理论做了创新性的发展，使之更适合教学实践，在一定程度上焕发了赫尔巴特教育思想的实践活力。

2. 赖因的教育思想

作为赫尔巴特学派的重要成员和齐勒尔的学生，赖因在继承赫尔巴特和齐勒尔教育思想的基础上，实现了某种程度的发展。这集中表现为赖因在推广、传播赫尔巴特及赫尔巴特学派其他成员的教育思想的同时，还将注意力放在赫尔巴特教育思想的系统化、科学化和简明化上。著有《系统教育学》《德意志学校教育》《哲学伦理学》等。

关于教育目的，赖因主张教育的最高目的在于将学生培养成为具有坚强的道德意志和善良的道德品格的公民。教师的根本任务不是造就一个大脑中塞满知识或在活动中取得成就的人，而是要把学生培养成一个具有善良的道德品格的人，一个真诚朴素、关爱他人、严于律己且高度自律的人，一个集正直和热情于一身的人。学校教育的全部工作在于通过实施有效的知识传授，发挥教学的教育性功能，为社会造就品德高尚的人。这一教育目的要求教学工作追求实效，精选教学内容和教学方法，科学安排教学进程，切实体现赫尔巴特教育性教学原则的核心要求。

关于课程与教学材料，赖因充分吸收了赫尔巴特有关兴趣与课程设置的主张,并进一步提出在传授系统知识的教学中,需要发挥学生的兴趣在促成知识与情感、意志产生关联的过程中的催化剂作用。为此,需要从学生兴趣、当前社会需要与民族文化传统三个层面设置课程和选择教学材料。

关于教学阶段安排,赖因提出了自己的"五段教学法",即将教学过程分为预备、提示、联合、概括和应用五个彼此连贯的教学阶段。在预备阶段,教师的任务在于为学生创设一种学习新知识的情境,引导学生复习、回忆与新学知识相关的已有观念,激发学生的学习欲望,为新知识学习做好准备。在提示阶段,教师的职责在于向学生展示所要学习的内容,明确学习任务,讲解新教材。在联合阶段,教师和学生的共同任务是在比较新知识与已有知识的基础上,实现二者之间的联合。在概括阶段,教师的任务在于利用前一阶段学生比较新旧知识所得的结果,将新知识从其所属的具体事物中抽象出来,获得概括性的理性知识。在应用阶段,教师则主要指导学生运用所学新知识解决实际问题,检验巩固新习得的知识。

赖因的教育思想,尤其是"五段教学法",为19世纪末20世纪初处于蓬勃发展时期的师范教育提供了一种更为切实的教学实施计划和更为简化的教学模式,获得了广大中小学教师的普遍认可。

3. 德加莫的教育思想

德加莫是美国赫尔巴特学派的主要成员之一。19世纪80年代,他曾在德国耶拿大学教育学高级研究班学习赫尔巴特的教育理论,回国后先后在多所大学执教,讲授教育学和教育哲学,系统介绍德国赫尔巴特和赫尔巴特学派的教育学说。德加莫在美国赫尔巴特运动中发挥了重要作用,曾发起成立全美赫尔巴特协会,并任会长。德加莫的教育思想集中体现在《赫尔巴特和赫尔巴特主义者》《兴趣与教育——兴趣学说及其具体运用》《中等教育原理》等著作中。

在教育目的上,德加莫接受了赫尔巴特的基本观点,主张教育即道德品格养成教育,具体到美国的学校教育,就是把学生培养成为拥有强烈的公民意识、爱国主义品格和优秀民族性格的美国公民。关于教学与道德教育的关系,德加莫在接受教学是教育(道德教育)的手段这一赫尔巴特经典见解的同时,结合美国社会经济发展的需要,强调教育传授系统科学文化知识的意义,认为知识教育不仅是实现道德教育的手段,也应成为学校教育工作的重要目的。

在课程体系建设上，德加莫主张课程体系建设需要集中体现对美国社会需要的满足这一整体要求。他主张在建设"核心课程"，即历史、文学和地理等对学生形成良好品格和爱国意识具有重要作用的课程的同时，要面向学生系统开设数学、物理、化学等旨在传授自然科学知识、发展学生智力的课程，使学生有能力适应未来的社会生活和职业要求。

在教学阶段划分上，德加莫在领悟赫尔巴特教学形式阶段理论精髓的基础上，结合美国中小学教学实践开展的需要，提出了包括预备、提示—综合、比较与联合、系统、应用的"五段教学法"。其中，在预备阶段，教师的任务在于展示新知识，引导学生通过回忆与之有关的已有观念等方式，为学习新知识做好准备。在提示—综合阶段，教师的任务在于通过提示的方式，指导学生努力实现新旧知识之间的融合。比较与联合阶段的任务是在比较归纳的基础上，实现具体事物向抽象概念的转化。系统阶段的任务在于借助概念推理的方式，实现知识学习的系统化。应用阶段则强调对概念、知识或原理的实践运用。

在儿童兴趣上，德加莫认为"兴趣是一种伴随着自我表现观念的情感"①，是对要达到的目的所怀有的价值感，具有动态性。对于现代生活而言，可以依赖儿童兴趣来发挥教育功能，现代学校教育则不然。因为"现代学校教育把许多继承下来的学问储存在人的心智中，但这些学问是脱离生活现实的，因而就不起作用"②。因此，如何寻求现代学校教育脱离生活现实的教学内容传授与儿童兴趣激发之间的关联和沟通，寻求儿童未来职业选择与当下学习兴趣激发之间的关系，就成为需要解决的教学理论和教学实践问题。德加莫提出，为把儿童的直接兴趣转化为永恒的兴趣，教学需要遵循一些基本要求，如教学必须激发儿童对现在尚不感兴趣的科目产生兴趣，教学需要促进儿童天赋的心智能力得到充分自由的发展，教师在教学中需要充分承认儿童心智中天生的好奇心，等等。③

德加莫的教育主张较好地适应了美国教育现实的需要，是赫尔巴特教育思

---

① [德]查尔斯·德加莫:《兴趣与教育——兴趣学说及其具体运用》，诸惠芳译，人民教育出版社2016年版，第14页。
② [德]查尔斯·德加莫:《兴趣与教育——兴趣学说及其具体运用》，诸惠芳译，人民教育出版社2016年版，第41页。
③ [德]查尔斯·德加莫:《兴趣与教育——兴趣学说及其具体运用》，诸惠芳译，人民教育出版社2016年版，第63—66页。

想美国化的具体体现,为美国赫尔巴特学派的形成与发展做出了贡献。

第四节 科学教育思想

19世纪,工业革命的完成推动了自然科学的发展。然而,在大多数西方国家的教育中,古典主义盛行,普遍存在着脱离实际、脱离生活的问题。以英国为例,由于受文化传统的影响,英国的中高等教育长期以来一直为贵族和资产阶级上层所垄断,其主要目的是培养具备"高贵"仪表风度的绅士和文职官吏,古典教育占统治地位。在中等学校中,教学内容主要是阅读、书写和古典人文学科,如希腊语、拉丁语、文法、辩证、修辞等,那些为工商业从业者所必需的自然科学和实用学科却被完全忽视了。在大学教育和社会影响中占有特殊地位的牛津大学和剑桥大学,由于保守势力和国教派的影响,到19世纪中叶,仍保持着古典主义的传统。古典人文学科和神学居于支配地位,自然科学和现代语言、文学不受重视,经院主义气息十分浓重。大学教育只注重传授和训练,排斥自由研究和创造精神,重书本知识,轻实践经验,把大量的人力、财力和时间用在古籍文献的收集、整理和考据上,脱离现实生活。1850年,皇家调查委员会在关于牛津大学的相关调查报告中指出:"正如一般所公认的,牛津大学和国家双方都因缺乏一些献身于科学研究和学术教育的学者,而遭受极大的损失。"① "多数的英国大学生仍停留在他们现在这种对科学教育的基础知识一无所知的状态上。"② 教育的这种状况显然不适应社会发展的客观需要,因而引起了一些有识之士的不满,他们抨击教育中存在的各种弊端,要求提高自然科学在学校课程体系中的地位,加强科学教育,以培养适应时代需要的新型人才。由此,科学教育思想兴起。

科学教育思想有着颇为深厚的历史渊源。早在16、17世纪,培根、夸美纽斯、弥尔顿和洛克等人就倡导自然科学知识的学习。到了18世纪,英国教育家威廉·佩蒂(1737—1805)着眼于下层社会儿童的职业技术和劳动教育,较早

---

① [英]托·亨·赫胥黎:《科学与教育》,单中惠、平波译,人民教育出版社2005年版,第75页。
② [英]托·亨·赫胥黎:《科学与教育》,单中惠、平波译,人民教育出版社2005年版,第147页。

提出了职业技术教育思想,反映了当时人们要求从根本上改造脱离实际、脱离生产的旧教育的强烈愿望。19世纪下半叶,自然科学发展取得了巨大进步,各种发明频繁出现,改变着世界的面貌,也影响了学校教育。在一些西方国家出现了截然相反的两种教育主张:一种是强调科学知识,要求改革学校教育,促进科学教育的实施;另一种是坚持长期统治西方的古典主义教育传统。这两种教育主张展开了激烈的论战,论战涉及大学、中学乃至小学。论战的焦点涉及科学知识与古典文化知识的价值和重要性。在这场论战中,许多具有广博的科学知识和享有社会声誉的学者与名人提出了改革教育、加强科学教育的思想,并提出了实施科学教育的设想。在英国,教育家乔治·考姆(1788—1858)发表了关于国民教育的讲演,主张建立以科学为主要课程的国民教育体系。他还按照自己的主张在爱丁堡创办了一所专门学校,讲授自然科学知识。这一观点也得到了边沁(1748—1832)的支持,他大力支持自然科学教育的发展,同时詹姆士·穆勒曾劝说政府抛弃传统偏见,改变学校古典主义的面貌,扩大学科范围,增设与现实生活有广泛联系的课程。经济学家亚当·斯密指出,让儿童用大量时间去学习拉丁语是毫无意义的,从英国的社会生产来看,需要向儿童讲解使用机械的工艺原理,使他们掌握实用知识。到19世纪中后期,由于斯宾塞和赫胥黎的教育思想的形成,科学教育思想的发展进入一个新的阶段。

一、斯宾塞的教育思想

赫伯特·斯宾塞是英国著名的哲学家、社会学家和教育思想家。他的名著《教育论》是除洛克的《教育漫话》之外读者最多的英国教育著作,曾任美国哈佛大学校长的埃利奥特(1834—1926)称他是一位真正的教育先锋。

斯宾塞出身于一个教师家庭,因幼年身体羸弱,他大部分时间都在家里接受教育和自学。17岁时,由于数学成绩特别优异,斯宾塞接受其父好友的邀请参加筑路工程,充任土木工程技术人员。之后10年的工作生涯为他深入研究和运用其颇有兴趣的数学等自然科学,掌握科学发展的动向,认识科学技术在社会发展和国家富强中的作用提供了机会和条件,这对他后来的教育思想的形成影响甚大。

斯宾塞的主要教育著作是《教育论》。该书是斯宾塞先期发表的四篇教育论文——《什么知识最有价值》《智育》《德育》《体育》的结集,1860年《教育论》在美国面世，1861年在英国出版。《教育论》对世界近代教育有较大影响，出版后不久，即被译成13种文字，对多个国家的教育产生了影响。

（一）什么知识最有价值

《什么知识最有价值》是《教育论》一书的首篇。它提出了教育理论中带有方向性的关键问题，即教育目的问题。斯宾塞认为，教育就是为完满的生活做准备。人生最主要的问题在于如何生活，如何谋求现世的幸福，而这意味着一个人必须能够在各种情况下于生活中的各个方面做出合乎理性和社会准则的行为。教育的目的和主要任务正是教会人们怎样生活，怎样运用自己的一切能力，做到"对己对人最为有益"。他认为，"为我们的完满生活做准备是教育应尽的职责；而评判一门教学科目的唯一合理办法就是看它对这个职责尽到什么程度"①，所以，"我们有责任把完满的生活作为要达到的目的摆在我们面前，而经常把它看清楚，以便我们在培养儿童时能审慎地根据这个目的来选择施教的科目和方法"②。

在《什么知识最有价值》中，斯宾塞主要论述了四个方面的问题。

第一，批判传统的古典主义教育。斯宾塞指出，在当时的英国学校教育中，存在着"装饰主义"传统，以致教育中"装饰"胜过了实用。在古典主义教育传统的影响下，英国学校教育所考虑的不是什么知识具有真正的价值，而是什么知识最能获得称赞、荣誉和尊敬，什么知识最能取得社会地位、获得影响力，怎样表现得最神气。由于古典主义教育传统的习惯势力，学生在学校里所学的内容除读写算外，大部分都同生产活动无关，同生产活动有直接关系的大量知识被完全忽略。为了受到所谓的"绅士教育"，以及获得某种能受人尊敬的社会地位，学生必须死记硬背拉丁文和希腊文。但斯宾塞认为，学生在整个一生中，十有八九用不到拉丁文和希腊文。因为学校教育所追求的是装饰先于实用，所以安排课程内容时很少考虑其是否真正对一个人的心智发展和社会进步有好处。尽管科学知识已是近代社会生活成为可能和继续发展的基础，但是人们并没有注意到这个事实。斯宾塞认为，学校课程中忽视比其他一切都重要的科学知识，如果一直这样下去，近代英国社会就如同在封建时代。总之，崇尚古典主义教育的英国教育制度的根本缺点在于：它为了花朵而忽略了植

---

① 《斯宾塞教育论著选》，胡毅、王承绪译，人民教育出版社2005年版，第11页。
② 《斯宾塞教育论著选》，胡毅、王承绪译，人民教育出版社2005年版，第12页。

物，为了美丽而忘了实质。

第二，第一次明确提出"教育预备说"。斯宾塞指出，怎样生活是我们的主要问题，例如，怎样对待身体，怎样培养心智，怎样处理事务，怎样带好儿女，怎样做好公民，怎样利用自然资源，等等。因此，怎样去过完满生活是我们需要学的大事，也是教育中应当教的大事。总之，斯宾塞认为，教育就是教导一个人怎样生活，获得生活所需要的各种科学知识，为他的完满生活做好准备。最广义地看，学习科学知识就是为完满生活所做的最好准备。

第三，提出科学知识最有价值。斯宾塞指出，在科学教育与古典教育的争论中，首先要解决知识的比较价值问题。在一切教育问题中，这是最为重要的问题。学生的学习时间是有限的，这就更加需要比较知识的价值，从而把有限的学习时间花在最有价值的知识学习上。斯宾塞认为，科学知识最有价值。世界上的一切活动都离不开科学知识，如果缺乏科学知识，在近代社会的许多生产行业中，人们就会有这样或那样的损失，而且有时损失会非常大；科学知识使我们能够熟悉事物的构成，征服自然，使自然顺从人们的需要。就科学知识与艺术的关系来说，艺术活动也离不开科学知识。美学一般以科学原理为根基，而且只有熟悉这些原理，美学才能成其为美学。就科学知识与教育的关系来说，教育同样离不开科学知识。科学知识作为学校的课程内容，对于学生来说，具有最大的价值。在科学知识最有价值的前提下，确定知识的比较价值就是确定哪些知识对我们最有用处。在他看来，知识的比较价值由大到小依次为：关于直接保全自己的知识；关于获得生活必需品养活自己的知识；关于家庭幸福所需要的知识；关于社会福利的知识；关于培养各种艺术爱好的知识。这个次序应该是安排学校课程内容的基础和出发点。

第四，主张制订以科学知识为核心的课程体系。斯宾塞指出，根据人类生活的五种主要活动的重要性，与之相关的教育可以按由高到低的次序排列为：准备直接保全自己的教育；准备间接保全自己的教育；准备做父母的教育；准备做公民的教育；准备生活中各项文化活动的教育。由此出发，斯宾塞制订了一个以科学知识为核心的课程体系。该课程体系决定了课程应该包括五个部分：第一部分是开设生理学、解剖学。这些是阐述生命和健康规律，直接保全自己或维护个人的生命安全与健康，保持精力充沛和具有饱满情绪的知识。第二部分是除读写算外，开设逻辑学、几何学、力学、物理、化学、天文、地质、生物学、社会等课程。这些是与生产活动有直接关系，可以提高生产活动效率和赚取最大利润,从而间接保全自己的知识。第三部分是开设心理学、教育学。这些是为了正当地履行父母的职责,更好地教养子女所需要的知识。第四部分是开设历史。这是作为一个社会公民合理地调节自己的行为和履行社会义务所需要的知识。第五部分是开设了解或欣赏自然、文化、艺术(包括绘画、雕刻、音乐、诗歌)的课程。这些是为了更好地度过闲暇所需要的知识。

(二) 智育

《智育》是《教育论》的第二篇,集中探究了儿童的心智发展规律和教学方法问题。在这一部分中,斯宾塞论证了在了解儿童的心智能力自然发展的次序和活动方式的基础上,如何运用正确的教学原则和教学方法的问题。在这个问题上,斯宾塞主要论述了两个方面。

1. 教学必须适合心智演化的自然过程

斯宾塞认为,适当的课程内容固然非常重要,但是,儿童不一定能够必然地学习和掌握好知识。在传授知识的进程中,儿童的心智不一定能自发地得到充分的发展,教师必须遵循儿童的心智发展规律来选择正确而恰当的教学方法,这样才能产生良好的教学效果。人的心智发展过程,是一个自然的演进、发展过程,"干扰它就会发生损害;我们不能把人为的形式硬加在一个正在发展的心智上;心理学也给我们提出一个供求规律,而我们要不出毛病就必须遵守它"①。因此,为了使儿童更好地学到科学知识,而不对学习产生厌恶之感,教师必须学习和掌握心理学知识,研究儿童心智演化的自然过程,根据儿童心智能力自然发展的次序进行符合自然的教学。

2. 适合儿童心智演化的自然过程的教学法原理

在教学必须适合儿童心智演化的自然过程的前提下,斯宾塞提出了七条教学法原理。

(1) 从简单到复杂。课程和教材的安排,无论是在整体上还是在细节上,都应该从简单到复杂。在教学过程中,教师开始应该少教几门课程,然后逐步增加,最后才让所有课程教学齐头并进。因为每门课程的学习都必须通过一条从简单观念逐渐到复杂观念的道路。

(2) 从粗略到精确。教师很难把精确的观念教给未发展的心灵,即使做到了也没有太大成效。因此,教学必须从粗略的概念开始,逐渐让儿童得到精确

---

① 《斯宾塞教育论著选》,胡毅、王承绪译,人民教育出版社2005年版,第48页。

的完整概念，真正理解高深知识的正确定义。

（3）从具体到抽象。在教学过程中，教师应该从具体的事例开始，通过具体的事例来讲授原理。就实物教学来讲，它不应该限于学校内和教室内的事物，而应该扩大到更大范围的事物，包括田野、树丛、山边、海洋；它不应该在儿童期一结束就停止，而应该继续到青年期。总之，教学应该从具体开始，而以抽象结束。

（4）儿童的教育在方式和内容安排上必须同人类的发展步骤相一致。如果人类在掌握各种知识时有次序，每个儿童就会倾向于按照同一次序去获得这些知识。因此，按照人类心智发展的步骤来引导每个儿童的心智发展是十分重要的。只有研究人类文化中的方法，才能指导教师使用正确的教学方法。

（5）从实验到推理。每种学习都应该从纯粹的实验入门，然后在充分观察和积累大量经验之后再开始推理。因此，在教学过程中，教师应要求儿童先进行实验，再进行推理。

（6）引导儿童自己进行探讨和推论。儿童只有通过自我主动性和第一手的经验与发现，才能较好地掌握科学知识。因此，教师应该尽量多鼓励个人发展，尽量少讲授，尽量多引导儿童去发现。儿童自己获得的任何一种知识，自己解决的任何一个问题，由于是他们自己探讨和推论的，因此会掌握得更彻底。

（7）引导儿童有兴趣地学习。在教学中，教师必须注意引起儿童的兴趣，必须努力运用引人入胜的方式来教授知识，使获得知识成为一件愉快的而不是苦恼的事情。儿童爱好某种知识，就意味着正在发展的心智已经能够消化它；反过来，他们讨厌某种知识，就表明那种知识学习得过早或者按照当前的方式是不能被消化的。如果给儿童硬塞一些他们不感兴趣和不能被消化的知识，就会使他们的能力异常，进而对一切知识产生厌恶。为了使儿童更加主动地获得知识，一切教学都应该激发兴趣。

斯宾塞还强调了两个最重要却容易被忽视的一般原则：一是整个教学过程应该是一个自然教育的过程。这不仅保证儿童所获得的事实与知识的鲜明性和巩固性，而且引导他们不断地组织已获得的知识，有助于培养他们在日后生活中所需要的品格。二是整个教学过程应该是一个愉快的教育过程。这不仅能引发儿童内在的快乐并给他们带来满足，而且能使对儿童的教育在离开学校后继续进行。

(三) 德育

《德育》是《教育论》的第三篇。在该篇中，斯宾塞继承并发展了边沁和穆勒等人的功利主义："一种行为，如果它当时的和日后的整个结果是有益的，就是良好行为；而一种当时的和日后的整个结果是有害的行为就是坏行为。归根结底，人们是从结果的愉快或痛苦来判断行为的好坏。"[1] 斯宾塞认为，无论是议会的决议、政治运动、慈善事业，还是个人的行为，其好坏对错一概由它们所产生的结果是增加人类之痛苦还是增加人类之愉快来决定。由此出发，《德育》集中讨论了德育的目的和原则、德育的方法。

1. 德育的目的与原则

斯宾塞指出，德育的目的应该是养成一个能够自治的人，而不是一个要被别人管理的人。因此，"自然后果"的教育应该作为德育的根本原则。因为真正有教育意义和真正有益健康的后果并不是家长所给予的，而是自然本身所给予的。家长的职责在于使儿童一贯体验到他们行为的真实后果。例如，一个儿童把东西乱扔、乱放，家长或保姆不应该把他丢散的东西收拾好，而应该使他下次得不到自己所丢散的东西。这时候他就会认识到不能乱扔、乱放东西。对于这个儿童来说，这显然是个自然后果。这种惩罚的特点在于它只是儿童的那个行为的不可避免的后果，只是儿童的那个行为所引起的必然反应。但是，对于自然后果，既不要回避它，也不要加重它，更不要用人为后果去代替它。

"自然后果"教育的优点是：第一，由于儿童个人体验到好坏后果，因此他们能够获得关于正确行为和错误行为的理性知识；第二，因为儿童只体验到自己错误行为的痛苦后果，所以他们多少能认识到惩罚的公正；第三，儿童既认识到惩罚的公正，又认识到这样的惩罚是来自事物的规律，而不是来自哪一个人，儿童的情绪波动就会少些，家长也能够相对保持平静；第四，家长和儿童之间避免激怒彼此，而形成一种较愉快和较有力量的亲子关系。

但是，斯宾塞并不赞成卢梭提出的不分儿童年龄采用"自然后果"教育的做法，认为"自然后果"教育的原则不适合幼儿的教育。例如，一名3岁儿童如果拿着剃刀玩，家长就不能让他从自然后果中去学习，因为那个后果可能太严重。

---

[1] 《斯宾塞教育论著选》，胡毅、王承绪译，人民教育出版社2005年版，第92页。

2. 德育的方法

斯宾塞认为，德育的方法主要包括以下几种。第一，要耐心地对待儿童经常表现出来的缺点。当儿童有缺点时，不要先想到发泄怒气，而要和善地对待他们。因为野蛮产生野蛮，仁爱产生仁爱。对待儿童缺乏同情，他们就变得没有同情；对待儿童粗暴，他们就变得粗暴。第二，不要给儿童提出一个善良行为的高标准，也不要急于促成儿童的良好行为。因为和高超的智慧一样，高尚的道德水平也要经过缓慢的成长过程才能达到。希望儿童达到成人的道德水平，显然是不妥当的。第三，要让儿童从经验中去受教育。这样就能够保证儿童的行为得到自然的反应，有助于道德的培养。儿童既不因为温顺而由过分的约束成为温室里的好人，也不因为任性而由过分的约束引起有伤和气的对抗。第四，要少给儿童下命令。只有在其他方式不适用或失败的时候才用命令。但是，一旦真下命令，就要决断并前后一致，而且发布命令后绝不动摇。要尽可能避免对儿童采用高压措施，但在需要专制时就要彻底地实施。第五，要记住正确地进行德育并不是一件简单容易的事情，而是一个复杂的、困难的、艰巨的任务。因此，在德育中，需要钻研、机智、忍耐、自制；既要分析儿童行为的动机，也要分析自己的动机，不断改进教育方法。

（四）体育

《体育》是《教育论》的最后一篇。文章一开始就尖锐地批评了当时英国社会普遍流行的十分重视豢养动物、训练牲畜，却普遍忽视儿童健康和养育的恶劣风气。"一个人要有成就必须首先'成为一个好动物'，而成为一个好动物组成的民族是民族繁荣的第一个条件。不仅战场的胜负常取决于兵士的壮健程度，商场竞争也部分由生产者的身体耐力所决定……现代生活中的竞争是如此尖锐，以致很少有人能够经受负担而不受损伤……因此，在训练儿童的时候，使他们不只在心智方面适合于面临的斗争，也在身体方面经得起那斗争中的过度损耗，就显得特别重要了。"[①] 可见，斯宾塞是从"物竞天择，适者生存"的生物进化论出发来论证体育的重要性的。正是出于对体育的高度重视，斯宾塞大声疾呼："把我们的牛羊从实验室研究所得到的好处分点给我们的孩子，应该是时候了。"[②]

---

① 《斯宾塞教育论著选》，胡毅、王承绪译，人民教育出版社 2005 年版，第 116 页。
② 《斯宾塞教育论著选》，胡毅、王承绪译，人民教育出版社 2005 年版，第 116 页。

斯宾塞认为，对儿童实施体育的总的原则和要求包括两个方面：一方面，要使体育符合生理学的科学原理；另一方面，要使体育遵循自然的指导。据此，他围绕着儿童的饮食营养与衣着、运动与游戏、学习强度等方面提出了一系列建议。

第一，要注意儿童的饮食营养与衣着。为了使儿童既有健全的心智也有强壮的身体，必须改变不重视儿童健康和不进行合理养育的情况。在饮食营养上，应该使儿童养成良好的饮食习惯，不要吃得过多或过少，食物的质量和营养应高于成人又易于消化；饮食也要多样化，要定期变换食物，注意每餐食物的搭配。在衣着上，要求儿童所穿的衣服在任何时候都能有效地保护身体，不至于受凉；绝对不要因为追随衣着打扮上的时髦而损害儿童的身体健康。

第二，要加强体育运动。对于所有儿童来说，体育运动是十分重要的。学校应该有合适的运动场所，并规定户外运动的时间。体育运动可以使儿童加快血液循环、增进身体健康。就儿童体育运动的内容来讲，它包括体操和游戏等。但是，两者相比，游戏比体操有本质上的优越性，因为游戏是一种自然的自发运动。在游戏中，儿童不仅可以感受到乐趣，而且有利于身体发育。

第三，要防止学习负担过重。心智的使用将影响儿童的身体发育，甚至会影响脑本身的健全。许多学校在规定时间内要学完的课程繁多，加上教师为了儿童考出好成绩又拼命施加压力，以致儿童每天用 12～13 小时从事智力劳动，这必然会给儿童的身体带来很大的伤害。因此，斯宾塞指出，身体是心智的基础，发展心智不能以损害身体为代价。当人们在教育中采取一种必然会使受教育者身体受损的办法，这如果不是居心残忍，就是无知得可怜。

二、赫胥黎的教育思想

英国著名的教育家赫胥黎也积极提倡科学教育。赫胥黎出身于英国的一个教师家庭，虽然因为家境贫寒而过早地离开了学校，但他凭借自己的勤奋，自学考进了医学院。1845 年，赫胥黎在伦敦大学获得了医学学位。毕业后，他曾作为随船的外科医生去澳大利亚旅行。也许是因为职业的缘故，赫胥黎酷爱博物学，坚信只有事实才可以作为说明问题的证据。他以生物学、自然史研究以及丰富的教学经验为基础，认为科学教育应成为新教育的重要组成部分，进一步巩固和加强了英国科学教育对古典主义教育的优势地位。赫胥黎的教育思想主要反映在他的《论自由教育》《科学教育》《技术教育》《进化论与伦理学》

等著作中。

赫胥黎在进化论和伦理学的基础上，主张现存社会的生存斗争并非真正为了取得生存资料，而是为了取得享受资料。在这一过程中，"保证获得成功的特质是活力、勤勉、智力、顽强的意志，以及至少足以使一个人能了解其伙伴们的感情所需的同情心"①。在他看来，让财富和权力掌握在具有这些特质的人手里，不管从社会的内部或外部利益去考虑，都是很理想的，而这种争取享受资料的斗争过程，"就是一个有助于造福社会的过程"②。他认为，人作为一种"政治动物"，是教育、指导和智慧使人取得巨大进步的，因此，人们应当互相尊重、互相帮助，而不是互相竞争、互相对抗。

1868年，赫胥黎发表《自由教育，到哪里去找？》，对当时英国初等学校、公学、文法学校忽视科学的问题，提出了严厉的批评。他指出，初等学校给予儿童的十之八九都是他们所不理解的神学教条，此外就是一点肤浅的读写算知识，以及一些行为规范和道德准则。儿童不能获得有关物质世界规律的概念，即自然科学知识，如机械学简单原理或卫生保健常识等。公学和文法学校充斥着古典学科课程，背诵没完没了的文体和语法规则，除了训练机械记忆和翻译能力之外，毫不考虑这些课程对人生有何价值。据此，赫胥黎主张各级各类学校都应进行自由教育，即文理兼备的普通教育，它包括自然科学、人文科学和审美教育等。赫胥黎指出，自由教育就是一切可知事物的教育，它深入一切可知事物的一切领域，以及可供训练的一切官能的领域，赋予人类活动的两个主要方面——科学和艺术以重要意义。

赫胥黎把一切学科的知识归并为两类：科学和艺术。首先，他认为，科学不单指自然科学，还包括道德、政治和社会生活理论方面的基础知识，以及历史知识等。科学教育不应仅限于知识的传授。学校不仅要让学生获得一般的科学知识，而且要让学生掌握和运用科学的方法。赫胥黎非常重视"把科学方法引入各类学校"。他认为，学生在科学方法上受到一定的训练，就可以使自己的心智直接与事实接触，并从直接的自然观察所知道的特殊事物中概括出一般的结论，久而久之，便会养成在实际生活中运用理智的习惯。因此，这样的教

---

① ［英］赫胥黎：《进化论与伦理学》，《进化论与伦理学》翻译组译，科学出版社1971年版，第29页。
② ［英］赫胥黎：《进化论与伦理学》，《进化论与伦理学》翻译组译，科学出版社1971年版，第30页。

育，与死记硬背和强迫纪律的教育相比，确实是自由的、主动的，是适合一切自由人需要的教育，能为个人才智的无限发展开辟广阔的道路。其次，赫胥黎认为，艺术就是可以感知的、能产生激情的、属于审美功能的知识。他指出，世界上不存在"纯粹科学"和"纯粹艺术"，所有知识都是科学和艺术的统一。最后，赫胥黎一方面坚持科学的立场和科学的方法，另一方面又力求调和科学与宗教的对立。他说："真正的科学和真正的宗教是双生姊妹，把一个从另一个分开，一定会使双方死亡。"①

赫胥黎深知科学技术的发展与现代社会竞争的关系，因此他主张从小学到大学，都要加强科学教育，并提出了一系列科学教育的基本方法与原则。首先，科学教育的目的是要训练儿童的各种能力，培养他们观察事物的习惯。赫胥黎指出，学校教育只重视书本知识，轻视实践经验，把大量的人力、财力和时间运用在文献古籍的收集、整理和考据上，与现实生活脱节。学校不仅是传授一般知识的场所，更是培养和训练学生的求实精神和求知能力的场所。其次，科学教育应当是广泛的文理科基础知识教育。赫胥黎指出，要"把全面的、完全的科学文化引入各类学校"，并提醒人们，单纯的科学训练和单纯的文学训练一样，都会损害理智。因此，学校应当注意选择教学的课程，把不可缺少的知识，以适当的比例结合在一起。赫胥黎还主张大学应当文理科相互渗透。他在担任调查苏格兰大学皇家委员会委员时曾提出，把数学和英语作为所有大学生的必修科目；艺术科的学生，除了必试两门现代外语外，必须加试自然科学，攻读文科学位者必须选读几门自然科学课程，攻读科学学位者必须选读几门人文学科的课程。最后，科学教育应该注重观察、实验和实践等。科学是关于事物的知识，一切文字叙述不过是不完全的象征性的描绘而已。如果没有对事实进行实际的观察和实验，则不可能体现科学教育的真实价值，而只能是从形式上或表面上去理解复杂的事实或现象。他提倡多采用直观教学，多做实验。他认为，博物馆、图书馆和实验室，都是开展科学教育所不可或缺的。

三、科学教育思想的历史意义

19世纪五六十年代，英国教育正处在由传统的古典主义教育向现代科学教育转变的十字路口。在这样的历史背景下，斯宾塞与赫胥黎高举科学教育的大

---

① 赵荣昌、张济正主编：《外国教育论著选》，江苏教育出版社1990年版，第322页。

旗，振臂一呼，成为当时倡导科学教育的代表人物，不仅对当时的英国教育，而且对近代世界范围内的科学教育都产生了重大的影响。他们围绕着教育目的、教育任务、课程理论和教育方法等问题，提出了一些独特的见解，内容涉及德育、智育、体育等方面，既适应了时代的需求，又具有重要的现实意义。

第一，批判了英国传统的古典主义教育，大力倡导科学教育，认为教育要为"完满生活作准备"，要培养那些能够运用和掌握科学知识、享受科学技术成果的人。19世纪英国资本主义的高度发展迫切要求学校教育进行革新，自然科学的飞速发展也为实施科学教育提供了必要的保障，因此科学教育代表了当时时代发展的方向。斯宾塞和赫胥黎明确回答了科学知识是最有价值的知识，透彻论述了科学知识对生产实践、社会发展、个人生活所起的重要作用，呼吁学校应该将自然科学作为最主要和最重要的课程。在教育实践中，科学教育思想有力地推动了实科学校的发展，在实科学校与古典中学争取平等地位的斗争中发挥了巨大的作用。同时，它对美国、日本等国家在内的资本主义国家的近代科学教育的发展产生了重要的影响。

第二，斯宾塞和赫胥黎扬弃了"绅士教育"，重视学校教育。斯宾塞提出了一个比洛克的《教育漫话》更为广泛、更为实用、更注重自然科学知识的课程体系，加强了学校教育与社会生活之间的密切联系，具有现实主义的色彩。他们强调，科学课程不仅能够指导人们的现实生活，而且能够训练人们的心智，发展人们的心智潜能。

第三，在教育方法方面，斯宾塞和赫胥黎指出，教师不是转移知识的"搬运工"，儿童也不是科学知识的"储存器"。他们强调自我教育的原则，提倡启发式教学，反对"填鸭式"的灌输，注意使教学适应儿童心理发展规律的要求，认为教育要"顺应自然""合乎自然的进化"，为教学的科学化奠定了基础。

第四，在德育理论方面，斯宾塞和赫胥黎继承了卢梭的思想，提出了以"自然后果"为中心的道德教育原则，割裂了动机与效果的联系，具有典型的功利主义观点。但是，我们并不能完全否定其德育理论，因为他们还主张德育中的自治，主张德育要培养具有内在道德的自主人才。从这个方面来看，斯宾塞所提倡的德育具有积极的意义。

第五，在体育理论方面，斯宾塞和赫胥黎继承了洛克的《教育漫话》中注意儿童身心健康的思想，强调身心健康在个人幸福和成才中的重要作用，在强调人们生活享受和人生幸福对身心健康的依赖性上，具有浓厚的时代特征。

综上所述，科学教育思想的产生，在当时适应了工业革命后资本主义迅速发展的需要，也适应了社会发展和时代进步的客观要求。科学教育思想的演进，经历了培根、弥尔顿、洛克、亚当·斯密、佩蒂、边沁、詹姆士·穆勒、赫胥黎和斯宾塞等人的教育思想。其中斯宾塞作为科学教育的集大成者，提出了许多反映教育客观规律和具有普遍指导意义的观点，将科学引入学校课程，并建立了以科学为主的课程体系，有力地推动了英国及其他西方国家学校课程的改造，对近代科学教育的发展起了巨大的促进作用。

第五节　空想社会主义教育思想

在封建制度解体、资本主义制度形成时期产生的空想社会主义学说，是社会主义思想发展的早期理论形态，是科学社会主义的直接思想来源。1516年，莫尔的《乌托邦》一书出版，这是空想社会主义学说产生的重要起点。19世纪英国思想家欧文论述的空想社会主义学说，使空想社会主义学说发展到了高潮。1848年马克思、恩格斯发表《共产党宣言》，标志着科学社会主义诞生，社会主义从空想发展到科学。

空想社会主义学说产生与发展的300多年，正是资本主义从工场手工业向机器大生产发展的重要时期，机器大生产促进了生产的发展和社会物质财富的繁荣，成为显示资本主义生产力优势的重要时期。生产力发展的景象，影响了空想社会主义者对社会矛盾的分析和判断，限制了他们对社会发展规律的正确把握，使他们不能客观、科学地揭示资本主义制度盛衰的真谛。

空想社会主义学说的核心主旨是深刻批判资本主义社会弊病和矛盾，构想理想社会的性质、形态与实现路径。在批判资本主义社会弊病和描绘未来理想社会蓝图中，空想社会主义者在继承历史上关于人的发展的种种设想的基础上，提出未来理想社会是"人的全面发展"的社会，主张国家承担发展教育的责任，以保障人的受教育权，实行普及教育，倡导教育与生产劳动相结合，形成了较有特色的教育思想。

一、空想社会主义学说发展概况

空想社会主义学说经历了300多年的发展历史，一般分为三个发展阶段：

16—17 世纪资本主义产生和资产阶级形成时期的空想社会主义；18 世纪资产阶级革命时期的空想社会主义；19 世纪工业革命和资产阶级统治时期的空想社会主义。

（一）16—17 世纪的空想社会主义

16—17 世纪的资本主义开始由简单协作生产进入工场手工业生产阶段，资本原始积累加快推进，在英国、德国、意大利等资本主义发展较好的国家开始产生空想社会主义，并逐渐在欧洲传播。这一时期的空想社会主义思想家披着宗教神学的外衣，用乌托邦形式阐述空想社会主义学说，是这一时期空想社会主义学说的重要特征。这一时期空想社会主义的代表人物及其有影响力的成果主要有英国莫尔的《乌托邦》、温斯坦莱（约 1609—约 1660 或 1676）的《自由法》，意大利康帕内拉的《太阳城》，德国闵采尔（约 1490—1525）的"千年天国"革命学说等。

（二）18 世纪的空想社会主义

进入 18 世纪，资本主义工场手工业走向鼎盛时期。18 世纪 60 年代，英国开始向机器大工业生产过渡，极大地促进了欧洲主要国家资本主义经济的快速发展，其结果不仅使资产阶级力量更为强大，而且壮大了无产阶级力量，特别是 1775 年美国独立战争、1789 年法国大革命的爆发，使无产阶级卷入资产阶级革命之中。尽管这一时期无产阶级没有采取独立政治行动，但是它已逐渐成为一支重要的政治力量。这一时期的空想社会主义学说基本上抛弃了宗教神学外衣和文学游记形式，采用法律条文和理论论证来表达自己的理论主张，① 主要代表人物是法国的马布利（1709—1785）、摩莱里（1717—1778）和巴贝夫（1760—1797）等。

（三）19 世纪的空想社会主义

19 世纪初期，资本主义全面进入机器大工业生产的新阶段，资本主义社会的矛盾与阶级对立更加突出和尖锐。法国的圣西门、傅立叶和英国的欧文，是这一时期空想社会主义学说的代表人物。他们吸收 18 世纪启蒙思想家的理论观点，对资本主义开展了比以往更加深刻的批判，对未来社会的构想更加理论化、系统化，使空想社会主义学说的发展达到一个高峰，这三位思想家被称为三大空想社会主义者。

---

① 高放、黄达强主编：《社会主义思想史》上册，中国人民大学出版社 1987 年版，第 97 页。

到了 19 世纪三四十年代，资本主义大工业生产全面确立，工人运动有了新的发展，出现了新的社会主义思潮，恩格斯称之为"一种粗糙的、尚欠修琢的、纯粹出于本能的共产主义"①。主要代表人物是法国的布朗基（1805—1881）、卡贝（1788—1856）、德萨米（1803—1850）和德国的魏特林（1808—1871）等，主要代表作品有卡贝的《伊加利亚旅行记》、德萨米的《公有法典》等。

二、空想社会主义者的主要教育观点

空想社会主义者的主要教育观点可以概括为五个方面。

（一）在批判现实社会基础上谋划理想社会的教育构想

空想社会主义者对未来教育的构想，是和他们对资本主义社会的反思与批判结合在一起的。早期空想社会主义学说的代表人物莫尔批判资本主义社会是"羊吃人"的社会："你们的羊，'一向是那么驯服，那么容易喂饱，据说现在变得很贪婪、很凶蛮，以至于吃人，并把你们的田地、家园和城市踩踏成废墟'"②。莫尔主张要用公有制社会代替这种不公平、不正义、腐败的社会，公有制社会是没有阶级对立、没有剥削和压迫的社会。另一位空想社会主义者康帕内拉的作品《太阳城》对公有制的生活做了展望。《太阳城》所描绘的社会生活是每个公民边劳动边学习，心灵和身体得到健全发展的幸福生活。卡贝在《伊加利亚旅行记》中要求教育为实现共产制度培养公民和工人。

（二）批判传统经院教育，主张理论学习与实际生活相结合

空想社会主义兴起之初，是欧洲社会文艺复兴鼎盛时期。中世纪反人性、脱离现实的愚昧的教育传统，成为空想社会主义者批判的重点。莫尔说乌托邦人只学习古希腊的音乐、逻辑等学科，反对脱离实际的抽象的概念游戏及咬文嚼字的经院教学。

康帕内拉批判中世纪教育只重视对人的"呆板的记忆力"的培养，"不去研究事物的本身，只是去读死书和研究事物的死的标志"③。因此，他主张联系实际开展教育活动，使儿童从幼年起学习、接受各种知识，能根据大自然去了

---

① 《马克思恩格斯文集》第二卷，人民出版社 2009 年版，第 13 页。
② ［英］莫尔：《乌托邦》，戴镏龄译，商务印书馆 2021 年版，第 20 页。
③ ［意］康帕内拉：《太阳城》，陈大维、黎思复、黎廷弼译，商务印书馆 2021 年版，第 14 页。

解事物，成为随机应变的、有才智的人。① 据此，他设计了以下儿童教育方案：两三岁的儿童在老年人的照管下，以游戏的方式学习读、写、算。7岁的儿童会被送到作坊去学艺。8岁的儿童可以学习各门自然科学常识课程，研究比较抽象的科学、数学、医学等内容。学习时采用分组轮流学习的方式，一部分人听讲，另一部分人参加体育锻炼或从事公社工作。学习过程要经常开展激烈的讨论或辩论。

温斯坦莱认为，经院教育只能培养烦琐哲学家，使受教育者糊里糊涂地相信经院教育宣传的教义。他提出通过实验、观察和实践的方式，使受教育者学习真正的科学知识。这种学习要求教育和实际相联系，以了解自然的奥秘，消除偏见和谬误。

（三）阐明教育是国家的责任与倡导普及教育的主张

空想社会主义者主张教育目的是为理想社会培养合格公民，国家要承担发展教育的责任。只有国家承担发展教育的责任，才能保障民众享受平等受教育的机会，才能使社会民众尤其是儿童受到良好的教育，培养他们成为爱国者，成为有理性且能依据真理行事的人。

莫尔在《乌托邦》中强调教育事业应由国家掌管，国家要建立学校和图书馆、博物院等机构。康帕内拉在《太阳城》中也要求国家承担教育公民的责任，因为："大部分的人总是不善于教养后代而使国家濒于灭亡……而只有公社才能做到这一点，个人是无法做到的。"② 为此，康帕内拉给太阳城任命了专管教育职务的职官——"爱"，男女教师都在其指挥下进行抚育儿童、医疗等方面的工作。儿童从出生到2岁，受母亲抚育，断乳后就被送到公共机构进行抚育和教育。

空想社会主义者在强调国家承担发展教育责任的同时，进一步提出国家普及教育的重要性，倡导国家要让每一个儿童都能接受教育，不能使儿童因为性别、出身、经济地位而受到不公平对待。莫尔指出，乌托邦的所有儿童，不分男女，都要接受教育、读书求知。良好的教育就像那匹为摧毁野蛮的特洛伊城而隐藏着武装的希腊人的木马一样厉害，它可以造就一大批"将愚昧无知连根

---

① ［意］康帕内拉：《太阳城》，陈大维、黎思复、黎廷弼译，商务印书馆2021年版，第14页。
② ［意］康帕内拉：《太阳城》，陈大维、黎思复、黎廷弼译，商务印书馆2021年版，第21页。

铲除的人才"①,"乌托邦的全体男女公民均在学校受到义务教育"②。

（四）提出教育平等与人的全面发展的教育目标

在教育平等中促进人的身心全面发展，是空想社会主义者提出的教育目标。莫尔反对中世纪经院教育只为神学服务，对人进行烦琐的抽象智力论证的训练，要求乌托邦学校开设读、写、算、几何、天文学、音乐、辩证法，以及古希腊罗马文学、哲学、历史、植物、医学、自然等课程，特别强调要加强对自然的研究，使乌托邦公民精通一切当代的学问。傅立叶认为，教育是社会性的，男女都有受教育的权利，儿童从小就要受到劳动教育和科学教育，教育目标是实现人的体力和智力的全面发展。欧文主张，公社成员要从小受到良好的教育，要培养他们在智、德、体、行等方面的品质，使他们具有共同目的和共同利益观念，铲除自私自利思想，成为诚实、正直、勤劳、道德高尚的人。

（五）倡导教育与生产劳动相结合的教育方法

空想社会主义者倡导教育与生产劳动相结合的教育方法。在莫尔的乌托邦社会，人人每天参加劳动6小时，这样便于把劳动和学习结合起来。康帕内拉提出劳动光荣的观点，他认为生活在太阳城的人，都要参加军事工作、农业和畜牧业工作，他们每个人都能做这些工作，因为他们认为这些工作是最光荣的。③ 对太阳城的人来说，要接受教育，就必须先学会劳动。如果两者不结合，就会出现一部分人终日参加劳动而没有时间接受教育，影响素质提升，而另一部分人缺乏劳动，精神萎靡不振，过着寄生腐朽的生活。康帕内拉在《太阳城》中用那波利的例子来阐述这个观点。他说这个城市的居民有 10 000～15 000 人在从事劳动，"这些人由于逐日从事力所不及的不间断的工作而精疲力竭，或濒于死亡。至于其余那些游手好闲的人，却因无所事事、悭吝、疾病、淫逸放荡、高利盘剥等等而在危害着自己"④。

以上五个方面简要介绍了空想社会主义者关于教育的主要观点，这些教育观点的形成和发展，是以他们批判社会的立场为前提的，这说明他们是从教育

---

① ［苏］奥西诺夫斯基：《托马斯·莫尔传》，杨家荣、李兴汉译，商务印书馆 1984 年版，第 15 页。
② ［苏］奥西诺夫斯基：《托马斯·莫尔传》，杨家荣、李兴汉译，商务印书馆 1984 年版，第 175 页。
③ ［意］康帕内拉：《太阳城》，陈大维、黎思复、黎廷弼译，商务印书馆 2021 年版，第 32 页。
④ ［意］康帕内拉：《太阳城》，陈大维、黎思复、黎廷弼译，商务印书馆 2021 年版，第 23 页。

和社会发展的相互关系角度分析教育问题的，试图探索教育的社会根源、揭示教育的发展规律。这种研究教育问题的思想方式和责任感包含着进步因素。但是，空想社会主义者对资本主义社会的批判，是从主观愿望出发的，凭借思想家头脑的理性构思，以强烈的道德感描绘理想社会蓝图，没有找到社会发展的规律，没有找到决定社会发展的科学因素和决定社会变革的主体力量。这样，空想社会主义思想家就不能从社会生产发展规律认识人的全面发展的客观性、必然性，也不能准确、客观地理解人的发展是复杂的社会化过程。他们理解的社会发展对教育要求只能是头脑中的想象，教育发展失去现实的社会基础，必然导致教育与社会的分离。

三、19世纪三大空想社会主义者的教育思想

与其他空想社会主义者相比，圣西门、傅立叶和欧文这三位19世纪空想社会主义者的教育思想是较为系统的。他们的教育思想标志着空想社会主义教育思想进入一个较为成熟的阶段。

（一）圣西门的教育思想

圣西门是19世纪初期法国伟大的空想社会主义者，出身于巴黎的一个贵族家庭，自幼接受了良好的教育。他的老师是著名的思想家、百科全书派学者达朗贝尔（1717—1783），受达朗贝尔唯物主义思想的影响，早在学生时代，圣西门就喜欢自然科学和哲学。17岁时，圣西门入伍，1779年作为志愿军远征兵团的一员，参加美国独立战争。对于这次经历，圣西门自豪地说："我可以把自己看做是合众国自由的奠基人之一。"① 不过，圣西门对战争并无兴趣："战争本身并没有引起我的兴趣，而战争的目的却强烈地吸引着我。"② 引起圣西门兴趣的这个战争目的，是美国独立战争之后建立的社会制度，圣西门认为通过研究它，可以"研究人类理性的进程，以便将来为改进人类的文明而努力"③。

1789年秋，回到故乡的圣西门向群众积极宣传平等和自由的革命思想，坚持要求废除贵族和僧侣的一切特权，还组织群众拥护国民议会。但是，圣西门的个人生活并不顺利。随着国王路易十六的倒台，圣西门的家庭面临破产的危

---

① 《圣西门选集》第一卷，王燕生等译，商务印书馆2017年版，第144页。
② 《圣西门选集》第一卷，王燕生等译，商务印书馆2017年版，第148页。
③ 《圣西门选集》第一卷，王燕生等译，商务印书馆2017年版，第149页。

机,他本人于1794年被雅各宾政府关押。这些事件使圣西门的思想和行为发生转折,不再赞同暴力革命。从此,他投入科学研究。1802年,圣西门完成处女作《一个日内瓦居民给当代人的信》。在这部著作中,圣西门阐述了空想社会主义学说。

也正是在这一时期,圣西门彻底破产,困难重重,只好到一家当铺店当缮写员。1805年,他遇到以前的仆人迪亚尔,得到其资助,于1808年发表《十九世纪科学著作导论》。两年后(1810年),迪亚尔去世,圣西门再次陷入困境。即便如此,圣西门仍然顽强地写作,1813年写成《人类科学概论》《论万有引力》两部著作。在这两部著作中,他总结了自然界和人类社会发展规律。1814年,圣西门结识梯叶里(1795—1856),与其合作完成《论欧洲社会的改组》一书。这部著作出版后,圣西门学说受到社会关注,他开始拥有一批信徒,他的物质生活状况也得到改善。1817—1818年,他在《给一个美国人的信》《加强实业的政治力量和增加法国的财富的制宪措施》等著述中提出用"实业制度"改造资本主义社会的构想。1821年至圣西门去世前一个月,他的代表性著作——《论实业体系》《实业家问答》《论文学、哲学和实业》《新基督教》陆续出版,标志着圣西门空想社会主义思想体系的完成。

下面简要说明圣西门教育思想中的基本立场。

1. 教育目的是让人过着幸福的生活

圣西门坚持社会进步的信念,认为好的社会应该"尽可能使社会上的大多数人过着幸福的生活,拥有最多的资料和便利条件来满足自己的日常生活需要"①。圣西门所说的幸福的生活,既包括人的物质生活幸福,又包括人的精神生活丰富。"可以让人们吃得好、住得好和穿得好的国家,再加上可以让人们随意四处旅行,就是一个让人们在物质方面感到十分幸福的国家。"②

圣西门提出了衡量幸福的生活的两大指标:一是要促进人的智力的发展,使人能够欣赏艺术,知道支配自然现象的规律,掌握改造自然的方法;二是要关怀人的精神方面的发展。这样才能最终实现人的物质幸福和精神幸福。要实现幸福的生活,圣西门认为需要两个条件:一是"人们应当控制自己的幻想,降低自己的奢望,使形而上学失去其绝大部分威信。简言之,就是要

---

① 《圣西门选集》第二卷,董果良译,商务印书馆2017年版,第256页。
② 《圣西门选集》第二卷,董果良译,商务印书馆2017年版,第14页。

使实证知识得到足够的发展，使理性获得足够的力量，并叫人们把这种力量更多地用于他们的科学创造和实业活动"①。他认为这个条件在西欧已经具备。二是"要使居民群众，即绝大多数工人有足够的能力在社会中自己处理本身的事情"②。他认为这个条件在西欧，特别是在法国已经具备：农民持有土地且在管理自己的财产方面很有才智，各行各业的工人都在自行支配自己的工资收入。

进而，圣西门提出实现幸福的生活的具体行动策略，它必须要"探索组织社会的方法"③，要"尽可能大力鼓励和保护农业、工业和商业活动""应让具有最强的实证性有益知识的学者去教育青年和人民"④。

2. 教育任务是培养理性的人

圣西门认为理性是促进人类发展的基本动力，推进社会建设要依靠科学知识和实业活动，而不能求诸自己的信仰、祈祷和宗教实践，要消除形而上学的影响，这就要求发展实证知识，让理性获得足够的力量。⑤

因此，圣西门把教育任务确定为培养理性的人。他断定，杰出人物是最具理性能力的人，比如马丁·路德、培根和笛卡儿成为一般科学方面最杰出的三个人，就是因为他们具有理性能力。马丁·路德否定神启而主张把理性作为信仰基础，培根提出建立神启思想在其中不起任何作用的思想体系，笛卡儿试图不求助神启的思想来解释宇宙的结构。⑥ 要完成这样的教育任务，需要"促使学者致力于国民教育工作，让他们通过教学传播关于支配自然现象的规律和可以按照人们的意志改造自然的方法的知识"⑦，从而使社会所有成员的智力得到广泛的发展。要实现这一点，就需要建立起具有新的社会政治制度的国家来推进普及教育。这就要求学者们能"提出关于个人利益怎样能够同公共利益结合的明确观点，并拟出一项使既得的实证知识能尽快地在一切社会阶级和各等级人士当中传播的国民教育计划"⑧。

---

① 《圣西门选集》第二卷，董果良译，商务印书馆2017年版，第11页。
② 《圣西门选集》第二卷，董果良译，商务印书馆2017年版，第12页。
③ 《圣西门选集》第二卷，董果良译，商务印书馆2017年版，第14页。
④ 《圣西门选集》第二卷，董果良译，商务印书馆2017年版，第47页。
⑤ 《圣西门选集》第二卷，董果良译，商务印书馆2017年版，第41页。
⑥ 《圣西门选集》第一卷，王燕生、徐仲年、徐基恩等译，商务印书馆2017年版，第36—37页。
⑦ 《圣西门选集》第二卷，董果良译，商务印书馆2017年版，第14—15页。
⑧ 《圣西门选集》第二卷，董果良译，商务印书馆2017年版，第240页。

3. 教育内容是科学知识

圣西门认为教育要传授科学知识，这是培养理性的人的教育内容。教育塑造人的理性，就是为了使智力能够得到最好的应用，他认为就应该：（1）使人类科学具有实证性质，把它建立在观察的基础之上，并用物理学采用的方法来进行研究；（2）把人类科学列为国民教育的学科，并使它成为主要的学科。①

圣西门指出，国民教育传授科学知识，培养人的理性能力，经历了一个过程。在15世纪，国民教育几乎完全是神学教育；马丁·路德的宗教改革开始，国民学校逐渐学习世俗作家、希腊作家和拉丁作家的作品；这些课程继续扩大，终于排挤了神学；后来数学和物理学成为国民教育的主要课程。他认为，要知道一个人是否受过良好教育，要问他是否长于数学，是否精通物理学、化学、博物学方面的既有知识，一句话，是否精通实证科学和实验科学。②

圣西门强调把科学知识作为教育内容，还因为他看到了科学革命的意义及其与社会政治革命的关系。科学革命意味着人类观察世界的观念改变，这种改变必定导致思维方式的改变，结果就同旧的社会政治组织产生矛盾，导致政治革命，而政治革命又预示着人类理性的重大发展，这种发展必定会对一般科学产生影响，会促成新的科学革命。"历史证明，科学革命和政治革命是交替进行的，一个接着一个，彼此互为因果。"③ 如哥白尼与马丁·路德的宗教改革（革命）、培根和伽利略与英国资产阶级革命、洛克和牛顿与英国光荣革命、百科全书派与法国大革命等。

（二）傅立叶的教育思想

夏尔·傅立叶是19世纪初期法国伟大的空想社会主义者，出身于法国贝桑松的一个富商家庭。傅立叶早年丧父，中学毕业后从事商业，先后到里昂、巴黎、卢昂、马赛等地经办商务，做过店员、推销员、经纪人等底层工作。从事这种底层商务工作，使他有机会接触并体会到资本主义社会的矛盾与危机，他立志要改变现状，把探索与寻找资本主义社会矛盾的解决方案作为毕生努力的事业。

傅立叶的空想社会主义学说，构成他的社会主义方案的重要内容，体现着

---

① 《圣西门选集》第一卷，王燕生、徐仲年、徐基恩等译，商务印书馆2017年版，第82—83页。
② 《圣西门选集》第一卷，王燕生、徐仲年、徐基恩等译，商务印书馆2017年版，第44页。
③ 《圣西门选集》第一卷，王燕生、徐仲年、徐基恩等译，商务印书馆2017年版，第84页。

辩证法的观点和唯物主义的萌芽。1803年，他发表第一篇论文《全世界和谐》，提出不合理的社会要被和谐的社会制度代替的观点。1808年，他发表《关于四种运动和普遍命运的理论》，阐述了他的社会历史观和宇宙观，为建构理想的和谐社会建立了理论基础。1822年，他的著作《论家务和农业协作社》出版，描述了未来社会的经济制度和生活方式。1829年，他发表《经济的新世界或符合本性的协作的行为方式》，这是他经历1825年资本主义第一次经济危机之后发表的重要著作。1837年，他完成了批判资本主义商业的重要论文《论商业》，同年10月10日病逝于巴黎。

傅立叶生活的时代，是资本主义上升时期，资本主义生产快速发展，为社会创造了越来越多的财富，但也是资本主义社会各种危机逐渐暴露的时期。傅立叶将资本主义社会暴露的危机称作"文明社会"的危机。要解决这种危机，建立新的社会，傅立叶的理想是建立和谐社会，为此，他论述了教育对于和谐社会的意义以及和谐社会对发展教育的要求。

1. 批判文明制度存在的危机，提出构建和谐社会的目标

在傅立叶看来，资本主义社会是继原始社会、蒙昧社会、宗法社会、野蛮社会之后的第五个社会发展时期，它的特征是"文明制度"①，然而，文明制度出现了危机，危机产生的根源是"哲学家"低能，这里的哲学家是指非精确科学的作者们，指的是政治学家、道德学家、经济学家等，他们的学说不符合经验，所谓的规律只不过是臆造之物。② 他们提出的以理性为核心政治科学和道德科学，结果把人们引向了迷途，使文明社会堕落到野蛮状态。傅立叶对此是这样描述的："工业主义是我们最新的一种科学幻想。这是一种混乱地进行生产的躁狂症。生产毫无秩序，在按比例给予报酬这个方面，没有任何办法，丝毫不能保障生产者即雇佣劳动者从增加的财富中获得自己应该得到的那一份。"③ 这些问题的出现，说明了工业主义造成生产混乱，是不能保证公平分配的制度，它的存在违反了协作原则，傅立叶认为应该坚决铲除，要建设能够保证公平分配的和谐社会。

傅立叶构想的和谐社会的基层社会组织称为法郎吉，是一种有组织的生产消费协作社。法郎吉源于希腊语"队伍"一词，意思是指整齐的步兵队伍。傅

---

① 《傅立叶选集》第一卷，赵俊欣等译，商务印书馆2017年版，第40页。
② 《傅立叶选集》第一卷，赵俊欣等译，商务印书馆2017年版，第4页。
③ 《傅立叶选集》第一卷，赵俊欣等译，商务印书馆2017年版，第136页。

立叶用这个词作为社会基本单位的名称，是为了表示"和谐制度"中社会生产的有组织性和协调性。他还提出了创建法郎吉的基本要求。

首先，解决建设资金问题。傅立叶提出法郎吉通过投资入股的方式自愿组成。每个入股者将自己的资金交给法郎吉，就成为其中一员。没有资金的人员也可参加法郎吉，可以随着法郎吉财富的增加而在日后成为小股东。

其次，七种劳动构成系统的建设内容。傅立叶认为法郎吉是一个包括家务劳动、农业劳动、工业劳动、商业劳动、教育劳动、科学的研究和应用、艺术的研究和应用等七种劳动在内的协作社，和谐社会是由这七种劳动协调组织起来的完整协作体系，未来的世界就由无数个这样的法郎吉组成。在法郎吉社会，七种劳动有计划、相互协调配合，体现协作发展的特征。

最后，要重视发展教育。教育是和谐社会七种劳动的重要组成。"必须从教育开始，特别是因为教育将是人们首先要加以组织的结构部门，其原因在于儿童所受到的偏见和怀疑的毒害比较小，从而就比他们父辈更能顺从引力。"①只有把儿童教育好，才能把社会教育工作做好，才能巩固和谐社会。这就要需要由政府有计划地组织实施，并要求与其他六种劳动相协调。

2. 傅立叶的情欲引力论

傅立叶看到了现实社会中存在的问题，探索理想社会就成为他毕生努力的目标。如何构建理想社会？傅立叶从牛顿发现万有引力定律中获得启发：一方面，他发现自然世界的存在与变化有其内在的定律，这就是万有引力定律；另一方面，他指出牛顿万有引力定律只适用于物理世界、客观世界，人类社会应该存在着类似万有引力定律的定律，但是，牛顿并没有发现这个定律。傅立叶认为这个定律与人的情欲有关，凡是符合人类自然本性的情欲都是健康的，社会要满足人的健康的情欲，这样的社会是和谐的社会。傅立叶通过分析情欲的来源、类型、动力机制等基本问题，建构情欲引力理论，形成他的社会历史发展观。

傅立叶肯定社会是变化的，认为社会变化中也有"引力"，"引力是人的动力，它是上帝用来推动宇宙和人的工具"②，傅立叶认为这种引力是"情欲引力"，"情欲引力是自然界在思考能力产生以前提供的推动力。这种推动力尽管

---

① 《傅立叶选集》第二卷，赵俊欣等译，商务印书馆2017年版，第2页。
② 《傅立叶选集》第一卷，赵俊欣等译，商务印书馆2017年版，第133页。

受到理性、义务、偏见等的阻碍，仍然是一种持续而顽强的力量"①。人类永恒不变的情欲引力构成社会发展的动力，比如人要追求奢侈，就会表现出对财富和健康的欲望，会驱使人去满足这种欲望。欲望不同，驱使人满足欲望的动力也会不一样。对此，傅立叶还结合情欲的不同动力，概括了由5种感官情欲、4种依恋情欲、3种分配情欲组成的12种根本情欲。正是这些情欲的相互组合产生了不同的动力，引起社会的变化。

（1）情欲的多样性。傅立叶把人的情欲分为12种根本情欲，以及由这些情欲彻底满足而形成的第13种情欲——统一欲（或称协调主义，即追求普遍幸福的高尚情欲）。根本情欲包括：5种感官情欲（味觉、触觉、视觉、听觉、嗅觉），又称"奢侈欲"；4种依恋情欲（友谊、爱情、家庭、名利），又称"小组欲"；3种分配情欲（连锁的、多样化的、调整的），又称"谢利叶欲"。这12种情欲如果能协调发展，就会产生第13种情欲。

（2）情欲引力相互作用的目标是和谐。傅立叶认为人身上的性格、情欲并不是邪恶的，关键问题是促使人的不同情欲的和谐发展。只有人的和谐，才会有社会的和谐。文明社会的问题就是因为文明制度倡导的哲学是同情欲的本能以及上帝意旨互相抵触的②。正是因为这一点，文明制度的人不愿意承认情欲引力理论，也不愿把它作为研究社会的基础。③ 这也是情欲引力论从来没有得到过系统分析的重要原因。④

对于情欲引力论，傅立叶自傲地把它称为他发现的第一种科学。他认为，"情欲引力的规律在各个方面都符合由牛顿和莱布尼茨所阐明的物质引力规律。物质世界和精神世界在运动体系上具有统一性"⑤。问题是如何确保情欲引力正常运行，或者说如何保证人的合理的、健康的情欲。傅立叶认为，要解决这一问题，就要研究什么样的社会能够使情欲引力发挥正常作用。对此，傅立叶用"法郎吉"作为社会基本单位，利用其有组织性和协调性，引导情欲引力发挥作用，引导人们通过劳动创造丰富的财富，以满足人的欲望和需要。很明显，傅立叶把情欲引力论作为建设理想社会的理论依据与前提。

---

① 《傅立叶选集》第一卷，赵俊欣等译，商务印书馆2017年版，第163页。
② 《傅立叶选集》第一卷，赵俊欣等译，商务印书馆2017年版，第63页。
③ 《傅立叶选集》第一卷，赵俊欣等译，商务印书馆2017年版，第68页。
④ 《傅立叶选集》第一卷，赵俊欣等译，商务印书馆2017年版，第69页。
⑤ 《傅立叶选集》第一卷，赵俊欣等译，商务印书馆2017年版，第15页。

不可否认，人类社会历史的发展与进步，与人的需要、劳动密切相关，是人创造了历史，但是，创造历史的人本身就生活在社会历史与现实之中，人不可能是抽象的、观念的、思辨的人。正如马克思和恩格斯在《德意志意识形态》中所说：我们一方面要肯定"社会结构和国家总是从一定的个人的生活过程中产生的"①，另一方面必须指出，"这里所说的个人不是他们自己或别人想象中的那种个人，而是现实中的个人，也就是说，这些个人是从事活动的，进行物质生产的，因而是在一定物质的、不受他们任意支配的界限、前提和条件下活动着的"②。这样，讨论人的思想、观念、需要和欲望的作用，不能离开人生活的现实社会，现实社会的物质生产方式制约着人的思想、观念、需要和欲望。就此来说，傅立叶看到了人的需要、人的情欲在产生人的思想、行为中的作用，但是，不能据此就把它们视为人的行为的决定性因素，更不能把它们视为推动社会进步发展的内在动力。应该说，傅立叶对不合理社会制度、不合理社会现象的批判，对人的情感、意志、价值等因素的重视，都是可取的，但是，他过分夸大了人的主体性、意识性、能动性，这必然使他建构的理想社会走向歧途。

3. 傅立叶的教育观

为了建设和谐社会，傅立叶重视教育的作用，认为教育是和谐社会的有机组成部分，因而，他用情欲引力论为核心的历史观，阐述教育在建设和谐社会中的作用，说明如何更有效地组织和安排教育工作。这些构成傅立叶教育观的基本主张。

（1）政府应有计划地组织实施教育工作。傅立叶指出，教育是政府行为，应由政府有计划地组织实施。这是因为人的情欲是多样的，为满足人的情欲而不致使人的情欲受到压抑，就需要农业、工业、商业、家务、教育、科学、艺术等七种劳动，而和谐社会就是把这七种劳动协调地组织起来的协作社（法郎吉），未来的世界是由无数个这样的协作社（法郎吉）所组成的。在这样的协作社里，协作是最大特点。在傅立叶看来，所谓协作，就是构成未来和谐社会的七种劳动是有计划、相互协调配合的。

进而，傅立叶分析了协作制度的用处。消极的好处是什么也不必做，就能

---

① 《马克思恩格斯文集》第一卷，人民出版社2009年版，第524页。
② 《马克思恩格斯文集》第一卷，人民出版社2009年版，第524页。

比"文明制度"的人在强迫劳动下生产更多的东西。比如协作制度下的厨房和家庭经济的厨房相比，会节省十分之九的燃料和二十分之十九的劳动力，而燃料的节省会带来恢复森林、水源、水土气候的好处。① 其实，这只是协作制度显示其用处的表面形式，究其实质，因为协作制度使人能凭兴趣从事工作，能够诚实、公正地从事工作，导致"产量"的提高。傅立叶说："实际上，如果男子、妇女和儿童，从三岁到老年都由于乐趣而从事工作，如果由于人们的灵巧、情欲、运用力学、行动一致，流通自由、气候恢复、体力增加、人畜寿命延长等因素，生产资料增加到不可估量的程度，那么这些可能性加在一起就会很快使总产量增加到十倍。"② 与"文明制度"相比，协作制度是一种完美的制度，因为"文明制度"只有让少数人享受幸福，"文明制度的工业只能创造幸福的因素，而不能创造幸福"③。

傅立叶指出实现协作的关键是人的情欲的和谐，这也是前提。在傅立叶看来，人的情欲是非常复杂与多样的，如果不能以灵活、多样的方式组织人的情欲，就会遇到困难。如果贫民、工人阶级在协作制度下不能过幸福的生活，他们就会用恶意、盗窃、叛乱等方法来扰乱协作制度。这种制度就达不到目的。因为协作制度的目的在于既要使属于情欲的东西协作化，也要使属于物质的东西协作化，要使多种情欲、性格、嗜好、本能和不平等协调一致。④ 为此他提出协作的计划问题，比如劳动引力、比例分配、人口平衡等⑤。

所以，傅立叶把教育作为七种劳动之一。教育的作用就是调整、引导与平衡人的情欲，要尽早引导儿童的情欲合理发展。"要使每个三岁的儿童不仅发展出一种天赋，而且发展出二十种天赋。他应该从四岁起就能很熟练地参加二十种劳动谢利叶的工作，并且在那里挣得超过他们的生活费的工资。他们在那里轮流锻炼自己的体力和智力，使之都能得到充分发展。"⑥ 做到这一点，政府必须担负管理与发展教育的职责。为此，傅立叶强调教育工作要由政府有计划地组织实施，使教育与其他六种劳动相协调，实现教育促进人的和谐发展的目标。

---

① 《傅立叶选集》第一卷，赵俊欣等译，商务印书馆2017年版，第118页。
② 《傅立叶选集》第一卷，赵俊欣等译，商务印书馆2017年版，第125页。
③ 《傅立叶选集》第一卷，赵俊欣等译，商务印书馆2017年版，第146页。
④ 《傅立叶选集》第一卷，赵俊欣等译，商务印书馆2017年版，第103页。
⑤ 《傅立叶选集》第一卷，赵俊欣等译，商务印书馆2017年版，第104页。
⑥ 《傅立叶选集》第一卷，赵俊欣等译，商务印书馆2017年版，第151页。

（2）提出分阶段组织教育的构想。傅立叶主张实施教育时要利用上帝赋予我们的情欲，要重视儿童在幼年期就已表现出来的天性，"只要对情欲谢利叶加以运用，青年人的一切动力便都是很好的东西"①。教育要符合人的发展特点，要针对从儿童到青年的发展过程，实施不同内容、不同要求的教育。

顺此，傅立叶把教育分成四个阶段和一个幼年的雏形教育：0 到 2 岁的稚龄或婴儿时代，它是教育序曲；2 岁到 4 岁半是幼儿时代的先行教育，是第一阶段教育；4 岁半到 9 岁是幼儿时代中期的初步教育，是第二阶段教育；9 岁到 15 岁半是幼儿时代后期的进一步教育，是第三阶段教育；15 岁半到 20 岁是半儿童半青年时代的最后教育，是第四阶段教育。②

（3）分析人的全面发展教育与个性教育相统一的教育策略。傅立叶指出，在"文明制度"下，人的全面发展是不可能的。"文明制度"满足少数人的利益，它必然要压抑大多数人尤其是普通民众的种种情欲（需要），人们不仅不能满足物质和精神的需要，也不能满足自身与社会结合的需要——没有真正的友谊，没有合理的家庭关系，没有和谐的社会关系。傅立叶认为，"文明制度"下的教育是对儿童才能的压抑与歪曲，它把儿童引导到与其本性相反的方向上，是与本性和良知相抵触的教育。产生这些现象的原因，是"文明社会"不是一个协作的、计划的社会，要做到协作与计划，需要综合考虑资本、劳动和才能，然而，"文明社会"只知道按照资本即投资的多寡来平分，"那就是个算术的问题"③。

傅立叶指出，教育的目的"在于实现体力和智力的全面发展，使人们把全部精力，甚至于娱乐都用在生产劳动上"④。为此，他依据情欲引力论，分析了实现人的全面发展教育的基本要求：9 岁之前，重点是发展身体方面的教育，9 岁之后，要重视精神方面的教育。傅立叶指出，儿童教育首先"力求达到身体机能的全面运用和各种器官的同时发展"⑤，然后才是智力教育。同时，他指出人的情欲需求是有差异的，要尊重情欲的差异，因此，他强调既要重视人的全面发展教育，又要重视个性教育。"在和谐制度下，只力求促进引力，所关心的是

---

① 《傅立叶选集》第二卷，赵俊欣等译，商务印书馆 2017 年版，第 56 页。
② 《傅立叶选集》第二卷，赵俊欣等译，商务印书馆 2017 年版，第 6 页。
③ 《傅立叶选集》第二卷，赵俊欣等译，商务印书馆 2017 年版，第 1 页。
④ 《傅立叶选集》第二卷，赵俊欣等译，商务印书馆 2017 年版，第 2 页。
⑤ 《傅立叶选集》第二卷，赵俊欣等译，商务印书馆 2017 年版，第 40 页。

如何有利于发扬个性，正如'文明制度'所关心的是力图如何压制这种个性一样。"①

傅立叶还阐述了个性教育的基本要求。他说重视个性教育，就是要让儿童享受充分的自由，但是，给儿童自由，不是对儿童的放纵，也不是让儿童胡作非为。基于此，他利用情欲引力论提出了对立与统一的儿童个性教育原则。比如，针对初中生、高中生教育，他提出按照人的本能划分两个对立的教育集团：专门从事与感官或自尊心相抵触的工作的儿童队；专门从事集体奢华事务的小卫队。它们通过不同的途径达到同一个目的：儿童队通过善以达到美，小卫队通过美以达到善。② 这样的教育方法，使儿童享有自由选择加入儿童队或小卫队的机会，由于两者的教育内容是对立的，比如爱好肮脏同爱好文雅态度和安静的作业，因此儿童会在对立中受到教育与启示，获得成长。

（4）阐述与生产劳动结合的教育方法。怎样在日常教育活动中，从儿童个性发展和情欲发展需求组织实施教育活动？对此，傅立叶提出教育要与生产劳动相结合，这是适应儿童发展特点的教育，是适应自然的教育。"我们现在的教育是把科学和劳动分开的，而在协作制度下，科学和劳动永远是结合在一起的。在这里，儿童将同时从事农业、工业、科学和艺术的活动。"③ 当儿童参与农业、工业、科学和艺术等活动时，儿童已经走出了家庭的小圈子，融入社会。广阔的环境有利于满足儿童个性发展的需要，这样就使教育成为适应自然的教育。

傅立叶进一步指出，教育之所以要与生产劳动相结合，是因为社会生产各个环节、社会关系各个组成部分之间是有机组成的，不能把它们割裂开来。实施与生产劳动结合的教育，会让每一个儿童都关心别人的劳动，加强人际联系，改善社会关系。这也是在集体中开展教育，因而可以采用集体教育方法，比如通过小组的运用心机的竞争方法来进行④，通过社会地位的优越性激发其自豪感⑤，如此就能避免"文明制度"教育存在的五大问题：进程的颠倒、行

---

① 《傅立叶选集》第二卷，赵俊欣等译，商务印书馆2017年版，第41页。
② 《傅立叶选集》第二卷，赵俊欣等译，商务印书馆2017年版，第52页。
③ 《傅立叶选集》第二卷，赵俊欣等译，商务印书馆2017年版，第46页。
④ 《傅立叶选集》第二卷，赵俊欣等译，商务印书馆2017年版，第56页。
⑤ 《傅立叶选集》第二卷，赵俊欣等译，商务印书馆2017年版，第57页。

动的简单化、实质的缺陷、形式的缺陷、缺乏物质引力。①

基于教育与生产劳动相结合的认识，傅立叶批评卢梭自然主义教育思想的局限，认为"卢梭曾反对过那种把儿童捆绑起来的监狱，不过，他却没有能根据这种方法，想出有弹性的席垫、安排得当的照料和种种必要的娱乐这套作息制度"②。傅立叶一方面肯定了卢梭提出的自然教育观点，另一方面指出自然教育仅仅看到了儿童的自然属性，没有把握儿童发展规律。重视儿童的劳动，重视教育和生产劳动的结合，是和谐制度教育一个最突出的属性，是符合儿童本性的方法，这就不同于卢梭的自然教育观。

4. 傅立叶教育观的局限性

综合前面对傅立叶教育观的阐释，必须指出其教育观的局限性。

（1）未能科学地揭示社会批判的历史前提。傅立叶把情欲引力作为社会发展规律，把"正作用和反作用、上升波动和下降波动、曲射形式和反射形式、强烈色彩和柔和色彩、离心力和向心力等的对立与平衡"③作为社会批判的理论依据。他所做的工作，只是凭经验做出的直观判断，尽管他想到人类社会发展也如万有引力定律一样，存在着决定社会发展的"引力"，但他把引力归结到个人需要是否得到满足，社会中每个人的情欲是否发生冲突等基于日常生活经验的判断，没能像马克思那样把人的现实社会实践活动作为分析问题的前提，就不可能像马克思那样揭示人类社会发展的普遍规律。

（2）未能客观地把握教育的作用。傅立叶从社会批判视角提出教育的作用，指出教育应由政府组织实施，这样的认识是值得肯定的。傅立叶看到了资本主义社会的问题是压抑人的情欲，这一观点的实质是强调人在社会发展中的地位与作用。的确，社会发展需要发挥人的聪明才智，需要人的智力与体力付出，需要提升人的素质。但是，要发挥人的作用，就会受到自然环境、社会制度等各种条件的约束，这就需要明确怎样创造条件才能人尽其才。正如我们所处的信息时代，促进社会生产力的快速发展，既要通过教育提升人的素质，又要推进社会综合改革，加快发展科学技术，调整与优化产业结构，融入全球市场体系，促进社会关系变革（如观念革新）等。只有这样，才能更好地发挥人在社会发展中的创造作用。也就是说，既要重视发挥教育的作用，又不能无限

---

① 《傅立叶选集》第二卷，赵俊欣等译，商务印书馆2017年版，第67页。
② 《傅立叶选集》第二卷，赵俊欣等译，商务印书馆2017年版，第46—47页。
③ 《傅立叶选集》第二卷，赵俊欣等译，商务印书馆2017年版，第65—66页。

夸大教育的作用，要重视教育作用发挥的社会条件。

（3）未能理性、整体地理解人的发展。傅立叶从情欲引力论，解释人的发展的缘由以及教育促进人的发展的作用。这反映了他重视人的非理性因素，不再把个人看作一个纯粹的理性人，这种认识不同于凸显理性中心地位的近代主流思潮。但傅立叶希望通过教育实现人的情欲释放自如（人的全面发展）的目标，这是不切实际的。因为人生活在现实社会之中，要满足人的情欲，就需要社会的变革与发展，只有创造极为发达的社会生产力，才能为人的发展提供现实基础。

（4）未能准确把握儿童成长的实质。傅立叶从情欲引力理论理解人的问题，因而要求教育遵循儿童情欲发展的需要，认为教育是服务于儿童心灵发展的需要，协作教育把儿童的身体看作心灵的补充和助手。事实上，儿童成长是在社会生活环境中实现的，儿童只有进入社会、了解社会、参与社会，才能认识社会、接受社会，才能从自然人变成社会人。傅立叶虽然重视并主张要对儿童身体感觉的训练，但是，这种训练的目标只是为了在心灵养成这些品德以前使身体习惯于这一切优点，这样，傅立叶只是把身体当作心灵养成的手段，儿童的心灵（情欲）具有最根本的地位，身体与心灵是对立和分离的，因而可以说，这是从身体、心灵和社会分离的思路来理解儿童问题，这也成为傅立叶批判文明制度教育问题的基本思路。

傅立叶运用情欲引力论分析教育的目的、内容、方法等基本问题，存在着理解教育问题的局限性。但是，针对工业革命之后的社会分工越来越精细、社会财富积聚越来越巨大等情况，傅立叶提出教育应让学生更快地适应社会生活，成为真实的社会主体，避免学生出现异化状态，这些依然是当代社会要解决的重大议题。

（三）欧文的教育思想

罗伯特·欧文是18世纪末19世纪初英国著名的空想社会主义者，是英国社会主义运动的重要创始人。

因家庭经济条件不好，欧文上完小学就开始独立谋生。他先在家乡一家呢绒店当学徒，10岁时离开家乡去伦敦，但谋职未成，后到林肯郡斯坦福城一家大染料店当学徒，14岁又回到伦敦在一家大衣料店当店员。1789年，年仅18岁的欧文借了100英镑与他人合办一家小纺织厂，后扩大成一家机器工厂。不久，合伙人离开，欧文开始独立经营工厂。1791年，曼彻斯特一位拥有500名工人的工厂主邀请欧文去当经理。1794年，他卸去了工厂经理职位，加入了当时由伦敦、曼彻斯特三家最老商号组成的查尔顿特威斯特公司，担任经理一职，并成为该公司股东。因经营有方，他在企业界享有很高的声誉。1799年，他以公司名义购买了苏格兰和英格兰交界处的拉纳克的一家拥有2500名工人的大棉纺厂，并将企业改名为新拉纳克棉纺厂，开始全力经营这家企业。

虽然欧文出身贫寒，但是在经营企业的奋斗过程中，他刻苦学习，既接受了早期空想社会主义思想和18世纪启蒙思想，又在管理企业的实践中亲身感受了企业工人的苦难。为此，欧文决定对自己管理的企业进行改革实践，比如修建工人住宅，以改善工人居住条件；开设杂货铺，低价供应工人生活必需品；设立公共食堂，开办医院，创办托儿所、幼儿园、学校等。这些改革实践受到工人的欢迎，既提高了工人开展生产劳动的积极性，也使欧文名声大振，获得慈善家的美誉。

欧文并不满足这些改革实践取得的成效，他要探索这些改革实践的理论依据。1813年前后，欧文撰写的由四篇论文组成的《新社会观》一书出版。1817年，欧文针对失业问题写出《致工业和劳动贫民救济协会委员会报告书》，提出了解决失业和贫困问题的补救办法。1820年，欧文完成《致拉纳克郡报告》。这是一部系统阐述他的合作新村制度的著作，成为欧文空想社会主义思想基本成型的代表作。只是他的这些理论观点不仅没有获得主流社会的认同，而且遭受到冷遇。

为了证实自己理论的正确，欧文于1824年决定到美国去实践自己的理想。但是他在美国的实践没有获得成功。1829年，重返英国后的他发现自己的理论深受英国工人阶级的认同，因此，他积极投入正在发展中的合作社运动和工人运动，并创办理论刊物《危机》来宣传自己的学说。欧文于1836年发表《新道德世界书》，于1839年发表《罗伯特·欧文论婚姻、宗教和私有财产》。1839—1845年，欧文和他的信徒在汉普郡组织开展新和谐公社的共产主义试验，与前几次试验一样，这次试验依然没有取得成功。1849年出版的《人类思想和实践中的革命》阐述了欧文的哲学观点和新拉纳克的试验以及向未来理想社会过渡的措施等。1857—1858年，他的两卷本《自传》出版。1858年11月17日，欧文在故乡去世。

欧文的空想社会主义教育观可概括为以下几个方面：

1. 重视教育在塑造人的性格中的作用

欧文在管理工厂的实践中发现，机器的改良有利于提高工厂的生产效率，收到经济效益。正是这种现象使一些工厂管理者产生错误认识，"人们对于怎样改善木质和金属原料比对于怎样改善人类身心两方面的原料要关心得多"①。欧文提出，人比原料更重要，因此要改善人的身心，这对工厂来说是至关重要的工作。

为此，欧文探讨要改善人的身心的原因与方法，提出了关于人的性格形成的学说等，这些也构成他的教育思想的理论基础。对此，他在《新社会观》这部著作中做了比较系统的论述。在这部著作中，欧文承袭18世纪法国唯物论者关于人是环境和教育的产物的学说，阐述了他在拉纳克改革实践中所遵循的原则。他坚信人的性格不是与生俱来的，"我在研究了过去的历史和现在的世界状况之后，头脑中产生了深刻的信念，认为无论过去、现在和将来，一个人永远是他出生前后所存在的周围环境的产物"②。这就是说，"运用适当的方法可以为任何社会以至整个世界造成任何一种普遍的性格，从最好的到最坏的，从最愚昧的到最有教养的性格；这种方法在很大程度上是由对世事有影响的人支配和控制着的"③。

所以，欧文一再强调"环境决定着人们的语言、宗教、修养、风尚、意识形态和行为性质"④。这样，以往对人的性格的认识，即"每一个人的性格是由他自己形成的"⑤，就有一个致命的错误——否定了人是环境的产物。人是环境的产物，"他一生的每一时刻中所处的环境和他的天生品质使他成为什么样的人，他就是什么样的人"⑥。一个人的感情、信念和行为是他天赋的能力和出生后就对这些能力发生影响的环境的共同产物。

当然，欧文所说的"性格"，是指人的精神品质、情感、信念和行为。同时，欧文也把环境决定人的性格的机制称作一门科学。有了这门科学，就可以把"人类无一例外地全都培养得积极、仁爱而明智"⑦。所以，欧文寄希望于通

---

① 《欧文选集》第一卷，柯象峰、何光来、秦果显译，商务印书馆2017年版，第9页。
② 《欧文选集》第二卷，柯象峰、何光来、秦果显译，商务印书馆2017年版，第84页。
③ 《欧文选集》第一卷，柯象峰、何光来、秦果显译，商务印书馆2017年版，第15页。
④ 《欧文选集》第二卷，柯象峰、何光来、秦果显译，商务印书馆2017年版，第47页。
⑤ 《欧文选集》第一卷，柯象峰、何光来、秦果显译，商务印书馆2017年版，第71页。
⑥ 《欧文选集》第一卷，柯象峰、何光来、秦果显译，商务印书馆2017年版，第347页。
⑦ 《欧文选集》第一卷，柯象峰、何光来、秦果显译，商务印书馆2017年版，第338页。

过学校教育改造人的性格，造就理想的新人。

欧文重视教育对塑造、改造人的性格的积极作用，虽有理论的进步意义，但存在着理论的局限。就进步意义来说，欧文从社会的角度看待人的发展问题，认为人的成长与发展不是由人的遗传因素决定的，或者说不是由人的理性因素决定的，而是与人所处的社会环境、社会制度密不可分的。在欧文看来，工人中出现贫困和无知、道德堕落等问题，不是工人天生就是这样的，而是不合理的社会环境、社会制度造成的。

当然，欧文提出的环境决定理论所隐含的问题是显而易见的。欧文不了解人与环境的辩证关系，把人看作环境的消极产物，同时，他把环境的改变寄托在少数个别人物身上，希望出现"伟大"的"君主""国王"来推进社会变革，保护民众利益，这显然是不现实的。

2. 倡导教育的国家立场

欧文重视环境对人的性格的形成，认为培养国民的性格是每一个国家的最高利益所在，治理得最好的国家必然具有最优良的国家教育制度；① 年轻一代的教育如果规划得好、执行得好，国家往后所做的事情就没有一桩能有重大的危害性了。② 因而，他提出教育是未来社会的基础性工作。"只有男男女女经过教育，在感情、思想和行为上成为有理性的人，没有欺骗或犯罪的动机，而是用纯朴而适当的语言说真话，才能把美好的社会建设起来。"③

为此，欧文提出了一项全体贫民与劳动阶级的教育法案。这一法案中规定了如下内容：（1）建立专管教育的政府部门。它是最重要的政府部门，受命管理这一部门的人应当是德高望重、才具过人的人。（2）建立讲习所。从事教育工作的教师都应当在讲习所里学好教学法和教学内容。（3）遍设讲习所，地点方便，并有足够的规模。（4）给讲习所供应必需的开办费和维持费。（5）订立计划，计划中的教学方式应是最优良的。（6）给各讲习所指派适当的教师。（7）讲习所中关于身心两方面的教材应在实质上有利于个人和国家，这是建立国立讲习所的唯一理由。④

---

① 《欧文选集》第一卷，柯象峰、何光来、秦果显译，商务印书馆2017年版，第81—82页。
② 《欧文选集》第一卷，柯象峰、何光来、秦果显译，商务印书馆2017年版，第93页。
③ 《欧文选集》第二卷，柯象峰、何光来、秦果显译，商务印书馆2017年版，第2页。
④ 《欧文选集》第一卷，柯象峰、何光来、秦果显译，商务印书馆2017年版，第92—93页。

3. 探索与实践人的全面发展教育的改革举措

欧文主张人的全面发展是教育目的，认为教育就是要保证儿童良好性格的养成，促进儿童的全面发展。他于1816年元旦在新拉纳克性格陶冶馆的开幕典礼致辞中指出："要使全体村民的内在和外在性格彻底而全面地得到改进。"① 以此目的指导建立的教育制度，是理性的教育制度，必须以和平与理智的精神为基础。② 这种制度将使人人都能受到这样的教育、过着这样的生活，即每个人都能为他人创造最大的利益。③

欧文强调，实施人的全面发展教育，要重视从童年起就实施正确的教育。然而，当时的儿童已经成为工厂的童工，工厂的环境损害儿童的身心健康，这引起了欧文的批评："他们被禁锢在室内，日复一日地进行漫长而单调的例行劳动；按他们的年龄来说，他们的时间完全应当用来上学读书以及在户外进行健身运动。因此，在他们的一生刚开始时，他们的天性就受到了极大的摧残。他们的智力和体力都被束缚和麻痹了，得不到正常和自然的发展……"④ 欧文呼吁，3岁以上的儿童要去学校读书，在食堂里吃饭并在宿舍里睡觉；在离开学校以前，要获得一切必要而有用的知识。⑤ 同时，欧文指出，要把教育与知识教育区分开来，要重视知识传授与知识学习的智育，但是，教育的目的不是读、写、算的"知识"传授与知识学习。"读书和写字仅仅是传授正确的或错误的知识的手段，我们教儿童读书写字时，如果不同时教他们怎样正确地运用这些手段，它们比较起来就没有什么价值。"⑥

与此相联系，欧文指出，要实施人的全面发展教育，就要明确反对宗教教育。他说："以往所教的一切神学，世界目前所知的一切神学，不但无益，而且有害。"⑦ 他对宗教教育的否定态度，不仅因为宗教传授的内容，而且因为宗教的教学方式不利于学生身心健全发展。所以他认为，要使每个人的生活成为更自觉、更有兴趣、更加高尚快乐的生活，就应该反对向儿童灌输和宣传迷信，

---

① 《欧文选集》第一卷，柯象峰、何光来、秦果显译，商务印书馆2017年版，第109页。
② 《欧文选集》第一卷，柯象峰、何光来、秦果显译，商务印书馆2017年版，第82页。
③ 《欧文选集》第二卷，柯象峰、何光来、秦果显译，商务印书馆2017年版，第4页。
④ 《欧文选集》第一卷，柯象峰、何光来、秦果显译，商务印书馆2017年版，第161页。
⑤ 《欧文选集》第一卷，柯象峰、何光来、秦果显译，商务印书馆2017年版，第188页。
⑥ 《欧文选集》第一卷，柯象峰、何光来、秦果显译，商务印书馆2017年版，第84页。
⑦ 《欧文选集》第二卷，柯象峰、何光来、秦果显译，商务印书馆2017年版，第3页。

反对向儿童宣传超自然的东西和死的恐惧的思想。①

欧文尤其强调,实施人的全面发展教育,应重视教育与生产劳动的结合。他建议对年龄较大的儿童根据体力强弱进行训练,让他们每天用一部分时间帮助种菜并参加工业劳动。② 因此,欧文反对工厂使用童工,反对每天让童工工作10~16个小时,反对让其生活在对健康非常有害的工作环境中。他认为,教育要致力于使人获得幸福。在他设计的教育计划以及推动的教育实践中,儿童要循序渐进地学习园艺、农业、某种手艺或工业生产技能,而且只根据自己的年龄和体力从事劳动。③

欧文认为要取得教育效果,就必须改革教学方式。比如他提出的分级分组教学,就是对教学方式改革的探索与实践。欧文在《新道德世界书》中提出,阶级和社会地位差别是人为造成的,是蒙昧无知、没有经验和缺乏理性的时期构思出来和确定下来的。④ 他主张要改变这个状况,要对社会实行合乎自然和理性的划分,以保证全人类最广泛的利益、全人类的幸福。为此,他以年龄为依据,把从出生到60岁的人群分成8组,不同组别实行不一样的教育。与中小学教育相关的主要是前三组,他对这三组提出的教育计划是:第一组是从出生到5岁的儿童,对他们的教育主要在保育室和幼儿学校进行,让他们接受良好的照料,合乎理性的新式培养和教导。第二组是6—10岁儿童,他们通过亲自熟悉事物和与有经验的人交流获得知识和日常生活技能,并且每天劳动几小时,以获得家务、园艺等方面的实际技能和有用经验。11—15岁儿童为第三组,在这一组的头两年,他们要带领第二组的儿童进行各种劳动和活动;到了后期,儿童每天劳动几小时,并广泛学习各种生产的科技知识,掌握处理比较复杂的重大问题的原则和实践方法。⑤ 欧文认为,这将是成就最大的年龄期。

空想社会主义者精心勾画和设计了未来美好社会,提出了教育促进人的全面发展的论断,这一论断中已经隐含着消灭阶级对立、消灭私有制的强烈愿望,这体现着早期无产阶级对资本主义社会的无情批判,展示了空想社会主义者的理论勇气与革命主张。但是,他们主要从人的自然本性和理性本质的角度

---

① 《欧文选集》第二卷,柯象峰、何光来、秦果显译,商务印书馆2017年版,第10页。
② 《欧文选集》第一卷,柯象峰、何光来、秦果显译,商务印书馆2017年版,第188页。
③ 《欧文选集》第一卷,柯象峰、何光来、秦果显译,商务印书馆2017年版,第233页。
④ 《欧文选集》第二卷,柯象峰、何光来、秦果显译,商务印书馆2017年版,第33页。
⑤ 《欧文选集》第二卷,柯象峰、何光来、秦果显译,商务印书馆2017年版,第35—39页。

批判资本主义"文明制度",把理想社会和人的全面发展的实现寄托于"万能"的教育实践,这只能是一种"空想"。正如恩格斯所指出的:"不成熟的理论,是同不成熟的资本主义生产状况、不成熟的阶级状况相适应的。解决社会问题的办法还隐藏在不发达的经济关系中,所以只有从头脑中产生出来。"①

小　　结

　　如果说18世纪的教育思想关注的教育主题聚焦于民族国家政权巩固过程中的教育世俗化与国民教育问题,同时致力于在教育实践中落实教育遵循自然、归于自然的原则的话,那么,19世纪的教育思想则将探讨的重点转变为如何适应西方资产阶级民主革命和工业革命的持续推进所激发的提高知识传授效率、强化科学知识教育、实现古典文化与科学技术结合、改善资本主义生产条件下民众教育的状况等方面。新人文主义教育、主知主义教育、科学教育和空想社会主义教育就是上述转变在教育思想层面的具体表现。

　　新人文主义教育思想直接继承了文艺复兴时期的人文主义教育思想,并在较大程度上受到了18世纪以卢梭为代表的自然主义教育思想的影响,坚持教育非功利性的价值取向,认为早期科学教育与功利主义学派所强调的教育以传授专业知识、提高职业能力为目标,无助于个人和谐人格的培养,重视实现哲学、语言学、历史、数学和科学等学科的教育价值。

　　作为近代西方重要的教育思想流派,主知主义教育思想强调知识、理智对于个人发展和社会进步的价值,重视知识传授和理智发展在教育教学过程中的地位,提出教育研究需要探讨知识传授的有效手段和方法。主知主义教育思想的集大成者赫尔巴特建构起包括教育目的、教育性教学原则、道德教育、课程类型、教学过程理论与教学形式阶段理论在内的主知主义教育思想体系,为知识的有效传播和教学活动的安排提供了指导性框架。其思想所体现出来的将教育学建立在心理学基础上的主张及其取得的成就,昭示了教育科学未来的发展方向,在教育科学发展方面具有重大的历史意义。

　　科学教育思想的产生较好地适应了工业革命后资本主义迅速发展的需要。

---

① 《马克思恩格斯文集》第三卷,人民出版社2009年版,第528页。

斯宾塞和赫胥黎的科学教育思想，包含许多反映教育客观规律和具有普遍指导意义的论断，主张将科学引入学校课程，并建立了以科学为主的课程体系，有力地推动了英国及其他西方国家学校课程的改造，促进了近代科学教育的发展。

英国与法国的空想社会主义者圣西门、傅立叶和欧文在批判资本主义生产制度及基本矛盾的基础上，着力建构理想的未来社会，提出将教育作为消灭阶级对立、消灭贫富差距、实现未来理想社会形式的重要手段。尽管空想社会主义思想家关于教育的论述在很大程度上带有理想或空想的色彩，但对进一步探讨现代社会教育的改革和发展仍具有一定的启示。

思考题

1. 简述洪堡新人文主义教育思想的主要内容。
2. 评述赫尔巴特的教育性教学原则的基本含义及其教学实践指导意义。
3. 试述兴趣的内涵及其在赫尔巴特课程与教学理论体系中所处的地位。
4. 评析赫尔巴特的教学形式阶段理论及其课堂教学实践价值。
5. 试说明赫尔巴特学派在传播和发展赫尔巴特教育思想方面所发挥的作用。
6. 简述斯宾塞科学教育思想的基本观点。
7. 阅读空想社会主义主要代表人物的论著，分析空想社会主义教育思想的产生缘由及局限。
8. 比较分析圣西门、傅立叶、欧文关于教育与人的全面发展观的异同及其对当前教育理论建设的意义。
9. 阅读下列材料，分析赫尔巴特关于儿童管理的道德教育价值的基本主张。

　　儿童并未带着他们的意志来到世界，是不能产生任何道德关系的，因此父母们便可以（一方面出于自发，另一方面为了适应社会需要）如同驾驭物具一样驾驭儿童。而且父母们很清楚，现在他们可以不征询儿童的意见，任意对待儿童，随着时间的推移逐渐在他们的孩子身上造就出一种意志来。而这种意志，假如要避免那种双方都不愿意容忍的争吵所导致的不调和态度的话，是人们所必须具备的。但是，儿童很久以后才会具备意志，起初儿童并没有形成一种能下决断的真正意志，有的只是一种处处都会表现出来的不服从的烈性。这种烈性就是不守秩序的根源，它扰乱成人的安排，并把儿童未来的人格本身也置于种种危险之中。这种烈性是必须克服的，不然，儿童不守秩序的行为就可能被认为是儿童监护人的过失了。在儿童表现出具有真正意志的迹象之前，其烈性的克服是可以通过强制来实现的，而且为了完全获得成功，这种强制恰恰必须是强有力的，并必须经常重复使用。实践哲学的原理就是要求这样做的。①

10. 阅读下述材料，谈谈你对赫胥黎科学教育价值观的理解。

　　正如我已经指出的，这种科学教育对我们成功地从事大部分主要职业来说，是必不可少的。但是，所提供的这一部分教育必须要保证给予真实的知识和进行实际的训练。假如科学教育被安排为仅仅是啃书本的话，那最好不要去尝试它，而去继续学习以啃书本自居的拉丁文法。

　　假如要寻找科学教育的极大好处的话，那么，主要的是，这样的教育应当是实际的；也就是说，学生的心智应当直接与事实发生联系，他不仅仅是知道一个事情，而且能运用他自己的智慧和才能去看一看这个事物是这样的而不是那样的。科学教育的最大特点，就是使心智直接与事实联系，并且以最完善的归纳方法来训练心智；也就是说，从对自然界的直接观察而获知的一些个别事实中得出结论。由于科学教育具有这样重要的特点，其他任何教育是无法替代它的。②

---

① ［德］赫尔巴特：《普通教育学》，李其龙译，人民教育出版社2015年版，第17页。
② ［英］托·亨·赫胥黎：《科学与教育》，单中惠、平波译，人民教育出版社2005年版，第90页。

第九章 20 世纪前期教育思想

20 世纪前期是一个风云激荡、社会急剧变化的历史时期。受社会变化的影响，西方国家出现了多种不同的教育思想，形成了西方教育思想史上继文艺复兴和启蒙运动之后又一个教育思想兴盛的时期。新教育运动和进步教育运动的相继开展与传播、杜威教育思想的形成和影响的扩大、要素主义和永恒主义对进步教育运动的批评等，成为这个时期西方教育思想的主流，不仅对西方国家的教育变革产生了直接的影响，而且对苏联、中国、日本、印度等国家 20 世纪前期的教育变革也产生了不同程度的影响。

第一节 20 世纪前期教育思想的社会基础与演变

与 18、19 世纪不同，20 世纪前期西方社会的演进具有显著的特点，各种矛盾相互交织，错综复杂，教育和教育思想的发展面临着前所未有的、更为繁难的外部环境。

一、20 世纪前期西方社会与文化

20 世纪前期，先后爆发了两次世界大战，这两次世界大战使人民的生命财产遭受了巨大的损失，同时也使帝国主义国家的力量受到了极大的削弱。特别是俄国无产阶级在 1917 年取得了十月革命的伟大胜利，建立了世界上第一个社会主义国家，形成了资本主义和社会主义两种社会制度并存、共处与竞争的世界格局，不但促进了殖民地、半殖民地民族解放运动的发展，而且促使西方资本主义国家对其政治经济制度进行调整与改革。1929—1933 年，西方资本主义国家爆发了严重的经济危机，不但极大地破坏了各国的经济，而且激化了资本主义国家之间的矛盾。英国、美国等国家试图在资本主义范围内对某些弊端加以改革，以缓和经济危机和社会矛盾，恢复资本主义的稳定和发展。而德国、日本、意大利等国家则走上了对内镇压人民、对外发动野蛮侵略战争的法西斯主义道路。在这种背景下，第二次世界大战爆发了。第二次世界大战后，德国、日本、意大利三个法西斯国家被彻底打垮，曾是世界强国的英国、法国遭

到严重削弱,社会主义力量空前壮大,亚洲、非洲和拉丁美洲一些国家摆脱殖民统治而获得独立,持续三个多世纪的殖民体系土崩瓦解,战后国际新秩序得以建立,和平与发展成为时代的两大主题。

20世纪前期,科学技术出现重大进展。物理学理论从经典物理学进入现代物理学阶段,爱因斯坦(1879—1955)创立的相对论阐述了新的物质观、运动观和时空观,使人类对客观物质世界的认识进入一个新的领域。在生物学和生理学方面,美国的摩尔根(1866—1945)发现了遗传因子"基因",苏联的巴甫洛夫(1849—1936)建立了条件反射学说。化学领域出现了量子化学这一新的学科。理论上的重大突破,对新兴技术的发明应用和工业化的进展起到了无法估量的巨大推动作用。科学技术推动了工业化的快速发展,西方国家进入工业文明时代。工业化不仅是一种经济方式,而且对政治、社会生活方式和教育等都产生了深刻影响。工业社会的一些基本原则也影响到教育观点和教育体制,形成了"制度化教育"模式。"20世纪学校教育体制的主要特征,就是日益完整地反映工业化时代对劳动者的要求。为了着力培养训练能够在机械化、标准化、专业化、程式化、科层化、同步化的现代生产流水线上劳动的角色,遂不断完善学校教育的制度,使'制度化教育'模式日益渗透着工业化社会的一些基本原则。"①"制度化教育"模式促进了工业时代人才培养的要求和教育发展,同时也在一定程度上束缚了人的自主性和个人创造力。

20世纪前期,在经济发展的同时,西方国家在资本主义所能容许的范围内,采取了若干改善人民生活的措施,并努力使资产阶级民主制度趋于完善。在此形势下,为了适应工业化发展对提高劳动者文化素质的需要,为了维护和发展资本主义制度,西方国家对教育的发展给予了较大关注。一些社会人士和教育工作者不仅对教育与社会的关系问题展开讨论,而且进行了大量有关教育革新的实践和实验,促进了新的教育思想的形成、传播与实践。同时,心理学的发展既促进了教育学的科学化进程,也为人们讨论教育问题提供了某些依据。20世纪初期的儿童研究运动首次对在校学生的个别差异进行了测定和研究,确立了儿童之间存在差异;确立了儿童是复杂而多面的人,儿童行为的一切不同方面是彼此相关的;确立了从儿童到成人所经历的既相对独立又彼此连续的系列阶段。这些为教育工作者更多、更好地了解儿童提供了帮助。比内-

---

① 吴式颖、诸惠芳主编:《外国教育思想通史》第九卷,湖南教育出版社2002年版,第7页。

西蒙智力量表引发了人们对智力研究的兴趣，引起了许多教育家和心理学家对教育工作的新思考。蒙台梭利（1870—1952）和皮亚杰（1896—1980）等人就是沿着智力研究的路线，对儿童的心理和教育提出了新看法。同时期，桑代克（1874—1949）、拉伊（1862—1926）、梅伊曼（1862—1915）等人的研究提出了一系列有助于学习和教学效率的原理与原则。

二、20 世纪前期教育思想的演变

面对工业化和社会的急剧变革以及资本主义危机，教育家和社会人士对教育如何变革形成了不同的意见与派别。欧洲新教育运动和美国进步教育运动强调要根据社会发展改革传统教育，建立符合工业社会需要的现代教育体系。有人继续强调传统教育的优势，主张通过所谓"新传统教育"来解决教育危机，这就是被称为新传统派教育思想或保守主义教育思想的要素主义和永恒主义教育思想。也有人立足于强化教育改造社会的功能，提出所谓"改造主义"的教育理论，期望通过教育来改造社会、摆脱资本主义社会的困境，这就是改造主义教育思想。

19 世纪后期、20 世纪前期西方的教育革新运动主要包括欧洲新教育运动

拓展阅读

李立国：《进步主义教育运动与新教育运动的比较研究》

和美国进步教育运动。二者皆以反对传统教育为己任，把儿童作为教育的中心，强调教育与社会生活的联系，重视课程的改革，主张以科学和生活代替古典知识在学校中的主导地位，重视儿童的自由、兴趣、主动性、经验及活动在教育教学过程中的作用，提倡个别化的教学方式等。两者之间虽存在着许多共同点，但由于发生的背景、发展的过程及对改革的着眼点不同，因此又表现出诸多不同点。进步教育运动试图通过对传统教育的全面清算，建立一种全新的、符合现代工业社会要求的教育制度。它对传统的批判是彻底的，在教育改革中占主导地位的是激进的批判和全面的指责，力图通过对西方教育传统的深刻反思，在现代工业社会的基础上，以新的理论为指导，以教育社会发展为核心，建立以儿童为中心，以促进社会进步为目的的新的教育秩序。新教育运动对西方教育传统的"反叛"没有进步教育运动那么激烈，而是试图在总结近代教育发展的基础上加以创新。如果说进步教育运动是激进的、全面的教育改革，那么新教育运动则是较为温和的，是在继承基础上的创新与改良。

在教育与社会生活的关系上，进步教育家强调教育与社会的联系，以便在促进儿童发展的基础上带动社会的进步；而新教育家虽然也对传统教育中理论脱离实际、教育脱离生活的弊端进行了抨击，但他们强调的是改革教育以促进学生的发展，强调对教育和教学内容等进行改革，主张把培养完美发展、具有理想品格的人作为教育的最高目的。在教育培养目的上，进步教育家强调培养民主社会的公民；新教育家特别是早期的新教育家则强调培养未来社会的统治者，这一点仍与传统教育相同。在教育内容与课程设置上，进步教育家提倡以经验式的主动作业取代传统书本式教材的统治地位；而新教育家则强调教育内容必须与现代社会的发展相联系，主张以知识课程为主体，开设广泛的、为现代社会所需要的手工、劳动课程，其目的并不在于让学生获得谋生的技能和手段，而主要在于使学生通过手工和体力劳动，获得全面发展。与进步教育不同的是，新教育主张的手工、劳动课程并不是作为学术课程出现的，而是作为其他教育的补充，在整个课程结构中不占有重要的地位。

改造主义教育思想是进步教育思想分化的产物。改造主义教育思想在20世纪三四十年代的代表人物是拉格（1886—1960）和康茨（1889—1974）。改造主义者充分挖掘杜威教育思想中强调社会功能的一面，批评儿童中心论者忽视社会形势的变化，认为进步主义教育运动的弱点是不够重视社会问题，主张教育应当致力于社会的改造，为建立新的社会秩序做出贡献。改造主义教育思想在20世纪50年代获得进一步发展并且成为一种独立的教育流派，其主要代表人物是布拉梅尔德（1904—1987）。他将改造主义称为"危机时代的哲学"，认为教育的改造是社会改造的前提条件。他提倡以行为科学为基础改造课程和教学过程，要求教师劝导学生参加社会改造活动。

在西方教育思想发展的历史进程中，要素主义、永恒主义教育思想都是作为进步教育思想和新教育思想的批判者与对立面出现的，它们被合称为新传统派教育思想或保守主义教育思想。要素主义教育思想兴起于20世纪30年代末，在五六十年代得到大力发展，并一度成为美国占统治地位的教育思想。要素主义教育思想在20世纪三四十年代的代表人物是巴格莱（1874—1946），五六十年代的代表人物是科南特（1893—1978）、贝斯特（1908—1994）和里科弗（1900—1986）。他们对进步教育和杜威的实用主义教育思想进行批评与指责，认为进步教育应对美国教育落后于苏联教育负直接责任。要素主义者为20世纪60年代美国中小学的教育改革提供了理论武器，对欧洲主要资本主义国家和 20 世纪六七十年代苏联的教育改革也产生了一定的影响。永恒主义教育思想产生于 20 世纪 30 年代后期，其代表人物是美国教育家赫钦斯（1899—1977）、阿德勒（1902—2001），英国教育家利文斯通（1880—1960），法国教育家阿兰（1868—1951）等。永恒主义者强调发展人的理性，培养具有理性的人；主张加强"理智"训练；提倡学习经典名著，掌握具有永恒价值的知识；提倡通才教育，反对狭隘的职业教育。

以欧洲新教育和美国进步教育的所谓"现代教育"派为一方与以"新传统教育"派为另一方所进行的理论论战，基本上构成了 20 世纪前期西方资本主义世界教育思想发展的主旋律，并延续到 20 世纪后期。

第二节 新教育运动

所谓新教育运动（或称新学校运动），是指 19 世纪后期到 20 世纪前期在欧洲一些国家相继展开的，旨在改造传统学校和建立新型学校的教育革新运动。

一、新教育运动的沿革

新教育运动从产生、发展到衰落的几十年历史，可分为三个主要阶段：从 19 世纪末到第一次世界大战前，是新教育运动的产生阶段；从第一次世界大战结束到第二次世界大战前，是新教育运动的发展和兴盛阶段；第二次世界大战后，新教育运动逐步走向衰落。

1889 年，英国教育家雷迪（1858—1932）在英格兰德比郡创办阿博茨霍尔姆学校，这被当作新教育运动的开端，雷迪因此被誉为"新教育之父"。

由于阿博茨霍尔姆学校在课程设置、教学组织和教学方法等方面具有一些新的特点，因此，该校建立后不久，即引起了一些教育家的注意和仿效。1893 年，英国教育家巴德利（1865—1967）按照阿博茨霍尔姆学校的样式，在英国南部的苏塞克斯郡建立了贝达尔斯学校。1898 年，受雷迪学校的启发，德国教育家利茨（1868—1919）在德国开办了"乡村寄宿学校"，法国社会学家德摩林（1852—1907）在法国开办了罗歇斯学校。此后，新教育运动在欧洲各国广泛开展，相继产生了各种形式的新学校。1899 年，瑞士教育家费列尔（1879—1966）创办了克拉里塞格学校。1906 年，德国教育家维内肯（1875—1964）等人创办了威克尔斯多夫学校。1907年，比利时教育家德可乐利（1871—1932）在布鲁塞尔创办了"隐修学校"。同年，意大利教育家蒙台梭利在罗马创办了第一所幼儿之家（或称蒙台梭利学校）。到1913年，欧洲各国的新学校共有100多所。

这些新学校的共同特点是：学校采用寄宿制；校址设在城郊，具有良好的校园环境和设备条件；实行多方面的教育，促进学生多方面均衡发展；重视儿童的兴趣、自由、个人经验和主动性在教育工作中的作用；强调体育活动、体力劳动、手工劳动等各种形式的活动；注重现代科学和知识的教育；重视学校工作的合理计划和管理；等等。除此之外，以培养新一代社会领导者为教育宗旨，也是新学校的共同之处。

第一次世界大战结束后，新教育运动进入一个新的发展时期。随着新学校在各国的广泛设立和新教育运动的迅速发展，各国新学校之间客观上产生了交流和联系的需要。1899年，费列尔在瑞士日内瓦创建了"国际新学校局"，作为新学校之间交流资料的机构。1921年，在法国加来市召开的新教育工作者年会上，由费列尔等人发起，成立了新教育联谊会。这次年会决定创办三种刊物——《新时代》《为了新纪元》《发展壮大的时代》，作为新教育运动的思想阵地；决定每两年举行一次国际会议。新教育联谊会成立后，陆续在欧洲大部分国家、亚洲一部分国家建立了分会。

1922年，新教育联谊会发表章程，阐明了新教育运动的七项原则：（1）一切教育的根本目的是使儿童在自己的人生中寻求和实现至高无上的精神，无论其他教育家提出何种观点，教育的目标应该是保持和增进儿童内在的精神力量。（2）教育应该尊重儿童的个性，而只有解放儿童内在的精神力量，才能发展个性。（3）各种学习和所有为了生活的训练都应给予儿童的天赋兴趣以自由的施展——这些兴趣是在他们的内心中被自发地唤醒的，是在各种手工的、智力的、审美的、社会的和其他的活动中表现出来的。（4）儿童在每一年龄都有特殊的性质，因此儿童需要在教师的协助下组织个人和团体的纪律训练。这种纪律训练旨在培养个人责任感和社会责任感。（5）自私的竞争应该从教育中消失，而代之以合作，用合作来教育儿童投身社会服务。（6）要进行共同的教育和教学，让男女儿童合作以产生有益的影响。（7）使儿童成为不仅能对邻里、祖国和人类承担责任的合格公民，而且能意识到自己个人尊严的人。[①]

[①] 吴明海：《欧洲新教育运动的历史研究》，教育科学出版社2008年版，第39页。

1929年开始的资本主义世界的经济危机,使新教育运动的发展方向发生了明显的变化。1932年,新教育联谊会修订了章程。修订后的章程虽然仍重视发展儿童的能力、兴趣和自由,但强调社会意识和社会责任感的培养;主张通过教育对社会进行改造;要求让儿童理解社会生活和经济生活的复杂性;重视发展儿童的首创性和责任感;号召教师帮助儿童适应社会生活和要求,促进社会成员之间的合作;强调引导儿童重视本民族的遗产,培养儿童成为本国和世界的良好公民。

1942年,新教育联谊会发表著名的《儿童宪章》,强调儿童不论性别、种族、国籍、宗教信仰和社会地位,都应具有如下基本的和最低限度的权利:(1)儿童的人格是神圣的,儿童的需要必须是任何良好教育制度的基础;(2)儿童享有适当的衣食住的权利应被认为是国家财政的首要开支;(3)所有儿童要有接触本国知识与智慧宝藏的平等机会;(4)所有儿童都有全时间就学的机会;(5)应对全体儿童进行宗教教育。[①]

第一次世界大战后新教育运动发展的一个特点是,新教育的理论得到了进一步发展。第一次世界大战前已经形成的德国教育家凯兴斯泰纳(1854—1932)的"公民教育"和"劳动学校"的理论、德国教育家梅伊曼和拉伊的实验教育学、法国心理学家比内(1857—1911)和西蒙(1873—1961)的智力量表、瑞典教育家爱伦·凯(1849—1926)的自由教育理论以及蒙台梭利的幼儿教育方法等,在这个时期继续发挥着不同程度的作用。与此同时,又产生了英国思想家怀特海(1861—1947)、沛西·能(1870—1944)、罗素和尼尔(1883—1973)的教育思想,从而使新教育运动的理论更为丰富。

第二次世界大战结束后,新教育运动逐渐衰落。尽管如此,该运动存续期间所进行的实验和形成的教育思想,对欧洲、亚洲、北美洲等地的教育产生了广泛的影响,新教育运动的实验和教育思想已经成为世界教育理论中的重要成分。在当代世界教育的一些重大变革中,仍然可以看到新教育运动影响的痕迹。

二、新教育运动中的教育改革实验

在新教育运动中,先后成立了一些新教育学校,进行了一批重要的教育改

[①] 吴明海:《欧洲新教育运动的历史研究》,教育科学出版社2008年版,第48—49页。

革实验。这些实验不仅提供了一种明显不同于传统学校的学校模式,而且为新教育的思想和理论的形成创造了直接前提。在新教育运动的教育实验中,雷迪、利茨、德可乐利等人的实验比较有代表性。这些实验不仅反映了不同国家新学校之间的差异,而且展现了新教育运动思想倾向的不同。

(一) 阿博茨霍尔姆学校

雷迪创办阿博茨霍尔姆学校的基本目的是,提供一种适应现代社会要求的全面教育,以培养新型的社会精英。他认为:"我们特别需要造就一个领导阶级。我们能通过明智的和有生气的教育来造就它。"① 为了实现这个教育目的,雷迪在学校环境、教学内容、课程设置等方面采取了一系列新的措施。

阿博茨霍尔姆学校建于城郊,采用寄宿制,校园占地 50 多万平方米,设有农场、牧场、果园、手工工场、运动场,作为学生学习知识和劳动的基地。学生学习和生活的安排也是该校的特色。在阿博茨霍尔姆学校,学生每天的生活分为三个部分:上午主要进行知识学习活动,下午主要进行体育活动和户外活动,晚上则进行娱乐和艺术活动。

为了实现全面教育的目的,学校的课程包括五个主要部分。第一,体育和手工劳动。雷迪把体育和手工劳动看作学校生活的主要元素。学生在进行军事训练和各项体育活动的同时,参加农业生产劳动和手工劳动。第二,艺术课程。这方面的课程包括传统艺术、现代艺术。学生通过学习艺术课程,培养对音乐的鉴赏力和歌唱、表演的技能。第三,不同于古典课程的文学和智力方面的课程。其中包括英语、法语、德语、物理、化学、生物学、历史和地理等科目。第四,社会教育。鼓励学生从事各种形式的社交活动。第五,道德和宗教教育。雷迪强调不同课程之间的相互联系,以促使学生的知识与技能的协调发展。他还强调学习与生活、活动之间的联系。②

雷迪为学校生活、教学活动和学生活动制订了三项基本原则:合作、和谐和领导。他强调在师生之间、学生之间、学校与社区之间,建立真诚的信赖关系。为此,学校的教学和学生活动要以小组为单位,学生都有参加小组活动的机会。同时,学生也要参加社区的娱乐活动和社交活动。

1889—1899 年是阿博茨霍尔姆学校的鼎盛时期。招生人数从最初的 16 人

---

① 赵祥麟主编:《外国现代教育史》,华东师范大学出版社 1987 年版,第 63 页。
② [澳] W. F. 康内尔:《二十世纪世界教育史》,张法琨等译,人民教育出版社 1990 年版,第 264—265 页。

增加到 1899 年的 61 人。但从 1900 年起，学校逐步衰落，到 1927 年雷迪离开学校时，仅剩下两名学生。贝姆罗斯继任校长后，阿博茨霍尔姆学校恢复生机。到 1937 年，在校生人数达到 105 人。1969 年，由于第一次招收女生，因此学生人数达到 200 多人。

（二）乡村寄宿学校

继 1898 年开办埃尔森堡乡村寄宿学校之后，利茨先后于 1901 年和 1904 年创办了两所乡村寄宿学校。这三所学校虽然在招收对象和课程设置等方面存在不同，但在办学模式、教学组织、培养目标等方面却是一致的。

利茨的乡村寄宿学校都设立在远离城市、风景优美的乡村，学校周围有森林、溪流、高山、牧场、农场，其目的是使学生能受到自然环境的熏陶。学校附设农场、手工工场、运动场、花园，作为学生学习、劳动和锻炼身体的场所。

利茨强调学校应当具有良好的家庭气氛。在乡村寄宿学校中，教师与学生共同生活，以便更经常地接触和了解学生，成为学生的"保护者"。在学校的生活和活动中，教师常与学生平等地讨论问题，他们既不强制学生服从，也不训斥和责难学生，而是通过自己的言行来引导、帮助和激励学生。

与雷迪一样，利茨强调对学生进行全面的教育，尤其注重培养学生的探索精神和行动能力。他认为，乡村寄宿学校所要培养的不仅是"智者"，还是探索者和行动者。为此，乡村寄宿学校制订了包括体育、劳动教育、知识教育、艺术教育和社会教育在内的广泛的课程计划。在体育方面，学生主要进行体操、散步、游戏、各项竞技、爬山等活动。在劳动教育方面，因为利茨尤其强调农业生产技能，所以学生主要学习果树、蔬菜和花卉的栽培，动物饲养以及木工、金工等技术。在知识教育方面，学生主要学习德语、法语、英语、历史、地理、数学等科目。在艺术教育方面，学生不仅要学习绘画、音乐、雕塑、歌唱等艺术门类的知识，而且要进行艺术的创作和表演，目的在于培养审美修养和情操。社会教育则包括道德教育和宗教教育。

与阿博茨霍尔姆学校一样，乡村寄宿学校对学生每天的学习、生活和活动也做了具体的安排。利茨这样安排埃尔森堡学校学生每天的时间：约 5 个小时的学习，5 个小时的体力劳动、体育活动和手工制作，10 个小时的睡眠，4 个小时的进餐、洗澡和娱乐。上述活动的具体安排与阿博茨霍尔姆学校大体上是一致的：上午主要进行知识学习，下午主要进行劳动、体育活动和艺术活动，晚上主要进行娱乐和交往活动。

利茨的乡村寄宿学校的又一个特点是，根据不同年龄学生的心理特点，实行分级办学。利茨创办的3所乡村寄宿学校分别招收不同年龄的学生：伊尔森堡学校招收8—12岁的儿童（以游戏作为教育活动的核心），比贝尔斯泰学校招收12—16岁的男生（以科学教育和艺术教育为主），豪宾达学校招收16—20岁的男生（以手工劳动和农业劳动为主）。①

利茨的乡村寄宿学校创办后，在德国产生了重要的影响。在它们的影响下，德国先后创办了以其为样板的6所新学校。新教育运动在德国从此真正兴盛起来。

（三）隐修学校

德可乐利的隐修学校（又称"德可乐利学校"或"生活学校"）创建于1907年。据记载，学校的环境非常优美，到处都有可供学生观赏的动物。隐修学校在初创时，只招收4—15岁的学生，且学生人数较少。后来，学生人数逐渐增多。20世纪20年代，学生人数增加到250～300人，招生的年龄范围也扩大到18岁。隐修学校由此成为从幼儿园直到中学的完整的儿童教育机构。

隐修学校以发展儿童的发现精神、个人经验、解决实际问题的能力以及从事各项活动的能力为宗旨。为此，学校在一系列方面进行了重要的改革。第一，隐修学校并不是传统意义上的教育和教学机构，而是一个实验室、一个工场。学校附设活动室、实验室和车间，儿童可以从事各种活动和作业。这些实际活动和作业可以使儿童的学习与日常生活紧密结合起来。第二，学校每天的教育活动由三个部分组成：早晨，按照德可乐利创制的"视觉意象法"进行读、写、算教学；随后，进行以兴趣为中心的课程教学活动；接着，学生从事他们所喜爱的劳动或学习外语。第三，以儿童的兴趣为中心设置课程。隐修学校的课程主要包括三类：（1）多方面兴趣中心的课程。这类课程主要为小学一、二年级开设，包括与儿童日常生活密切相关的各种具体知识。（2）单一兴趣中心的课程。这类课程主要为小学三、四年级开设，它是指以某个单一兴趣（如饮食、开矿等）为中心设置的课程。（3）儿童自主组织的课程。从四年级开始，儿童可根据自己的认识或心理过程设置学习某

---

① 赵祥麟主编：《外国现代教育史》，华东师范大学出版社1987年版，第66页。

个具体知识的程序。

三、新教育运动中的重要理论

在新教育运动中，不仅产生了一系列新学校，而且涌现出了一大批教育思想家。他们的思想和理论直接指导着新学校的教育改革实验，直接推动了新教育运动的发展。

（一）对旧教育的批判

新教育家所谓的旧教育，主要是指近代以来逐步形成的教育制度和教育理论。对旧教育各方面的批评、责难，是新教育家共同的思想出发点。正是在对旧教育的批判中，产生了与之截然对立的新教育的思想和理论。

新教育家反对旧教育把智力与人的其他方面的能力割裂开来，尤其反对把智力与情感、态度等非智力因素割裂开来，反对片面强调智力发展。他们认为，人是一个生物有机体，人的智力、情感、态度乃至道德、身体都是相互依存与相互联系的。因而，他们强调开展广泛的、多方面的教育，以促进学生各种能力的全面发展。新教育家还认为，在人的身上，存在着比智力更为重要的因素，智力发展不是这些因素发展的原因，而是一种结果。尼尔指出，旧教育只重视理智的发展，而忽略了情感的培养。在他看来，与理智相比，情感更为重要。这是因为，理智属于意识范畴，而情感则属于下意识领域，是人格的主要承受者和表现者，是最有生气的。情感一旦获得自由，理智才会更好地看顾自己。假如只发展头脑而压制情感，生活便会失去活力，变得无价值和丑陋。①

新教育家反对旧教育片面重视知识的传授，反对把知识和技能当作教育、教学活动的核心。凯兴斯泰纳把传统学校称为"读书学校"，指责传统学校的基本使命是让学生死记知识，认为这种教育从根本上违背了教育和学校的宗旨。怀特海指出，在传统学校中，教师单纯地教，学生单纯地学，完全忽略了知识的运用，因而，传统学校所教授的只是"死的知识"，只会使学生的智力变得迟钝，根本不能达到发展思维的目的。传统学校之所以墨守成规、充满学究气，正是因为它们从根本上受到了"死的知识"的毒害。

新教育家对传统学校的教学内容和课程设置提出了尖锐的责难。他们认为，传统学校的教学内容严重脱离实际、脱离儿童的现实生活。在他们看来，

---

① 赵祥麟主编：《外国教育家评传》第三卷，上海教育出版社1992年版，第401页。

传统学校课程体系中占主导地位的古典人文学科和为形式训练开设的科目（如拉丁语、数学等），与现代社会发展的需要格格不入，也与儿童日常的生活无关。因此，应当从根本上革新课程，使之与科学、工业高度发展的现代社会和儿童的生活紧密联系。

新教育家认为，传统学校的教学内容和课程设置违背儿童的心理需要。德可乐利指出，传统学校的教学内容和课程设置存在以下六个方面的弊端：（1）教学内容没有或很少与儿童的各种活动相联系；（2）教材很少与儿童的兴趣和身心发展相联系；（3）教学科目的划分并未考虑儿童的思维特点；（4）许多学科的教材内容的难度超出了儿童记忆和理解的范围；（5）过于注重口头传授的科目；（6）忽视发挥儿童的创造性、自主性。①

新教育家还批评传统学校只注重书本知识的传授而忽视实际技能的训练。雷迪认为，传统学校是一个"人工造成"的场所，学校只传授书本知识，而忽视实际的知识和技能。他指出："理论是不够的，同时必须有实际。理论与实际这两个元素应同存在学校里……否则儿童将来必至走进一个于他极为新奇的世界，他就会在这里失掉他的一切应付本领……因此，我们要训练儿童能力、智力和体力，以及手工的技巧与敏捷。"②

在新教育家看来，传统学校中的班级授课制、教学大纲、教师权威等，都是旧教育僵化的象征。他们认为，传统学校的这些制度化、定型化的组织与方法，起着压抑学生个性、阻碍学生健康发展、强制学生服从等消极作用。英国教育家霍尔姆斯（1850—1936）在《教育的今天和明天》中，对西方传统学校制度进行了尖锐的抨击。他指出：在传统学校，教师的目标在于断送学生的天性，消除学生自然的生活方式，使学生失去自由活动的余地，抑制学生的全部自然冲动，使学生的活力归于沉寂，使学生全身心都处于一种持久而痛苦的紧张状态……盲目的、被动的、刻板的和无知的顺从，是整个西方教育制度借以建立的基础。③

（二）论新教育的目的

大多数新教育家主张将人的自我发展、个性和人格的健全作为新教育的基

---

① ［比］德可乐利：《比利时德可乐利的新教育法》，崔载阳译，中华书局1932年版，第14—15页。
② ［美］柯布：《新教育的原则及实际》，崔载阳译，中华书局1933年版，第54页。
③ ［澳］W. F. 康内尔：《二十世纪世界教育史》，张法琨等译，人民教育出版社1990年版，第248页。

本目的。蒙台梭利指出：我们的教育目的，一般地说是双重的，即生物的和社会的。从生物学角度来讲，我们希望帮助个人自然地发展；从社会学角度来讲，我们的目的是使个体对环境做好准备。① 尽管她同时强调教育的两方面目的，但从她的基本思想来看，重心是在"生物学"方面（或个人方面）。蒙台梭利把个人的发展作为社会进步的杠杆。她认为，社会改造的基本前提是教育的改造。这是因为，只有通过改造教育，才能培养"能理解和驾驭我们当代文明的人"，才能改善人性，从而建立理想的社会。

怀特海明确指出，学生是充满活力的，教育的目的就是刺激和指导他们的自我发展。沛西·能则认为，教育的目的是使学生的个性得到最充分、最可能的发展。为了实现这个目的，教育的首要工作是发展学生的自我表现能力。他指出，之所以把个性发展当作教育的目的，是因为"人类社会除了在一个个男男女女的自由活动之中，并通过这些自由活动以外，再没有其他什么善了，教育实践必须按照这个真理来计划。这个观点并不否认或低估一个人对他的同胞的责任，因为个人的生命只能按自己的本性去发展，而它的本性既真是社会性的，又真是'自尊'性的。这个观点也不否认传统和纪律的价值，或排除宗教的影响。但是它的确否认任何超人的实体的存在，否认单独的生命本身不过是一个无关重要的分子。这个观点坚持每个人的无限价值，坚持每个人对自己命运的终极责任，并且接受这个主张所包含的一切实际的结论"②。

罗素认为，教育的目的在于通过引导和改善人的本性，培养具有良好品质的人，从而建立一个理想的社会。但罗素更强调人本身的发展，他明确指出：儿童应该被看作目的，而不是手段。③ 这也就是说，教育的根本目的在于培养理想的人，使人得到完满的发展。至于社会的改造和理想社会的建立，其目的也是人的幸福和发展。罗素把儿童当作教育目的的思想还表现为他强调儿童本能、冲动和个性的发展，认为这些应当被看作实现教育目的的原因和前提。例如，他认为，通常所重视的公民培养的目标，只有在儿童自身完满发展的基础上才能真正实现。

---

① Maria Montessori, *The Montessori Method*, New York: Schocken Books Inc., 1964, p.215.
② ［英］沛西·能:《教育原理》，王承绪、赵端瑛译，人民教育出版社 2005 年版，第 10—11 页。
③ Bertrand Russell, *On Education: Especially in Early Childhood*, London: George Allen & Unwin Ltd., 1926, p.46.

尽管罗素等新教育家把教育目的的重心放在个人方面，但他们没有因此走向极端。事实上，这些新教育家都是从个人与社会相互联系的角度来考察个人发展这一教育目的的。更为重要的是，在1929年资本主义世界经济危机爆发后，大多数新教育家逐渐把注意的重点转向教育目的的社会方面，更为强调社会合作、人际联系。这种变化集中反映在新教育联谊会修订后的章程中。

如果说近代教育家通常主要从哲学与道德的角度考察个性、人格和自我发展，那么，新教育家更注重从生物学、心理学的角度出发，为理想的人格确定基本的品质。爱伦·凯、蒙台梭利所强调的自由，德可乐利所注重的兴趣，沛西·能所重视的自我表现，等等，都是以生物学或心理学为基础提出的。这种做法虽然容易导致人和教育的生物化，但在当时进一步丰富了人们对教育的认识。

（三）论新学校的教育内容

新教育家都反对近代教育中盛行的形式训练，反对为心智训练设置课程。例如，怀特海认为，形式训练是所有引进教育理论的概念中最致命、最错误、最危险的一个。与此相联系，新教育家一致强调新学校的教育内容必须与现代社会的实际相联系。他们要求在新学校中为学生开设广泛的、现代社会所需要的科学和知识课程，其中主要包括现代语言（本国语和外国语）、数学、物理、化学、生物、地理、历史、社会科学等等。与此同时，他们强调对学生进行道德教育、宗教教育、艺术教育、审美教育、体育、性教育等。

新教育家通常都强调手工、劳动的教学。在近代，一些教育家曾先后论述过劳动教育的问题。他们或是把手工、劳动作为闲暇时间的一种消遣（如洛克），或是把劳动作为谋生的手段（如卢梭），但相对忽视劳动的教育意义。而新教育家非常强调手工、劳动的教育意义。在他们看来，在工业化、机械化的时代，进行手工、劳动教育的目的并不是让学生获得谋生的技能和手段，而主要是使学生通过手工、劳动，获得全面的发展。在所有新学校中，几乎都开设了各种手工、劳动课程，这些课程既是学术性课程的补充、其他各项教育的补充，又是发展学生能力（特别是实践能力）的重要途径。

（四）论教育与教学的基本原则

教育和教学的基本原则是新教育家普遍重视的问题，他们对此提出的主张也是新教育家思想中具有显著特点和较大影响的方面。

1. 充分尊重儿童的自由

新教育家所强调的第一项教育和教学的基本原则是，充分尊重儿童的自由。把自由当作教育中的核心概念，是新教育家思想的一大特点。爱伦·凯严厉批评了传统学校中教师对儿童的过多干预和限制，认为这种做法是滑稽可笑的、毫无意义的。她主张，教育者应当允许儿童按照自己的意志和思想从事各种活动（包括学习和劳动），并努力创造一种有利的环境，使儿童能够自由活动。儿童的自由活动是其健康发展所必不可少的重要条件。

蒙台梭利进一步阐发了关于儿童自由的见解。她认为，在儿童身上，存在着一种强烈的、天赋的内在潜力，它规定和制约着儿童的成长与发展。这种内在潜力的不断展现，构成了儿童的发展。她指出："无论是物种还是个体，发展的起因都存在于自身之中。儿童并不会由于养育、由于呼吸、由于被置于适宜的温度之下而生长。他的生长是由于内在生命潜力的发展，使生命力呈现出来，他的生命力就是按照遗传确定的生物学的规律发展起来的。"① 儿童的生命力是通过自发冲动表现出来的，这种自发冲动的外在形式就是自由活动。由于这个原因，在儿童的发展和对儿童的教育中，自由活动就具有至关重要的作用。蒙台梭利主张，教育者应当为儿童创造自由活动的环境，使儿童根据自己的内在需要从事各种活动、选择各项作业。只有在自由的活动中，儿童才能真正体验到自己的力量，从而获得不断发展的强大动力。

与其他新教育家相比，在儿童自由的问题上，尼尔持一种更为激进的见解。他认为，以往的教育是一种"以禁止为能事"的教育，这种教育是建立在"成人关于儿童应当是怎样的人和儿童应当如何学习的看法上的"②，它用课程、课桌限制儿童的自由，使儿童盲从权威、唯命是从。针对这种现象，尼尔强调应当"还儿童以自由"。他主张，教育应以培养具有自由意志的人格为目的，使儿童能够充分发挥自己的才能。为了实现这个目的，教育者应当"撇开权威，随儿童自己去，禁止对他们作威作福，不要教他们，不要对他们说教，不要提高他们的道德水平"，总之，"不要强使他们做任何事"③。尼尔认为，

---

① Maria Montessori, *The Montessori Method*, New York: Schocken Books Inc., 1964, p.105.
② Alexander S. Neill, *Summerhill: A Radical Approach to Child Rearing*, New York: Hart Publishing Company Inc., 1960, p.4.
③ Alexander S. Neill, *Summerhill: A Radical Approach to Child Rearing*, New York: Hart Publishing Company Inc., 1960, p.297.

儿童只有在真正自由的气氛下才会感到幸福，才能真正得到发展。因此，真正适合儿童的教育只能是自由教育。在这种教育中，儿童会通过自我教育，逐步形成自由意志，形成健全的人格。

应当指出的是，虽然新教育家都强调把儿童的自由作为教育和教学的基本原则，但他们并未因此把自由绝对化。事实上，几乎每一位新教育家在强调自由的同时，又都在强调纪律的重要性。更为重要的是，与近代教育家不同，新教育家通常是在自由与纪律相互联系的基础上探讨自由问题的。蒙台梭利指出，儿童的自由与纪律并不是完全对立的，真正的自由不是随心所欲、恣意妄为，真正的纪律也不是通过命令、说教或任何寻常的维持秩序的手段而获得的。她认为，自由与纪律是相互联系的，是同一事物不可分割的部分——就像一枚硬币的两面。她指出，真正的自由是有一定界限的，儿童的自由应以集体利益为限度，以通常认为的良好教养为行为规范；真正的纪律必然来自儿童的自由活动。她曾对儿童的自由活动进行划分，认为只有身心协调一致的活动才是真正的自由活动（这种活动被称为工作）。她说："真正的纪律是通过工作第一次显现出来的。到了某一时刻，儿童对一项工作有了强烈的兴趣，我们从他脸上的表情和长时间全神贯注于一项活动就可以看出：这个儿童已走上了纪律之路。"① 正因如此，蒙台梭利明确指出，纪律必须通过自由而来。即使如尼尔那样对自由持激进观点的新教育家，也没有简单地排斥纪律。尼尔把自由划分为两种，一种是社会意义上的自由，另一种是属于个人的自由。他指出，后一种自由是每个人都平等享有的，但前一种自由却是任何人都不（也不应）享有的。这是因为，前一种自由涉及他人的权利，而后一种自由只与个人有关。尼尔所倡导的只是后一种自由，他认为，自由不等于放任。因此，他强调儿童自我调节和自律能力的培养。

2. 重视儿童的兴趣

新教育家所强调的第二项教育和教学的基本原则是，重视儿童的兴趣。怀特海认为，无论是在儿童的发展中，还是在儿童的教育中，兴趣都具有至关重要的作用。他指出：没有兴趣，就不会有进步。快乐是唤起活生生的有机体去适应自然发展的天然方式……痛苦无疑只是唤起有机体活动的一个次要手段，

---

① Maria Montessori, *The Montessori Method*, New York: Schocken Books, Inc., 1964, p. 350.

仅仅在快乐减退的时候才出现。快乐是生命冲动正常而健康的刺激力量。① 他强调，教师进课堂要做的第一件事，就是要使班级的学生乐于留在那里。

德可乐利论述了兴趣及其在教育中的意义。他的思想的一个突出特点是，从生物学和心理学的角度出发，把儿童的需要和兴趣相联系。他指出，儿童有四种基本需要：（1）营养的需要；（2）保护自己不受自然力伤害的需要；（3）自卫的需要；（4）工作及活动的需要。与这四种需要相对应，儿童有四种兴趣：（1）对食物的兴趣；（2）对寻求保护自己的基本要素的兴趣；（3）对防备敌人的兴趣；（4）对个人或团体工作（活动）的兴趣。

德可乐利认为，在儿童的心理活动中，兴趣具有非常重要的作用。他说："兴趣是一个水闸，用它开启注意的水库，并使注意有了方向。它也是一种刺激，脑力依赖它而冲出。"② 以此为基础，德可乐利认为，儿童的兴趣是通过对社会和自然环境的认识而满足的。既然如此，旨在促进儿童认识的教育和教学活动，就必须以儿童的兴趣为中心，从儿童的兴趣出发设置课程，组织教学。

3. 重视儿童自身的主动活动

新教育家所强调的第三项教育和教学的基本原则是，重视儿童自身的主动活动。与强调儿童的自由和兴趣相联系，新教育家普遍反对让儿童处于静听的状态或被动地接受知识，而主张使儿童主动地活动，在活动中主动地学习知识。蒙台梭利强调："活动，活动，我请你把这个思想当做关键和指南：作为关键，它给你揭示了儿童发展的秘密；作为指南，它给你指出了应该遵循的道路。"③ 她进一步认为，活动之所以重要，是因为活动可以满足儿童的内在需要，从而推动儿童的正常发展。与此相联系，蒙台梭利具体分析了活动对儿童成长和发展所具有的作用。她指出，活动有助于儿童肌肉的协调和控制，有助于培养儿童的独立性和意志。

沛西·能也认为，在对儿童的教育中，活动具有特殊的意义。他指出："教育的真正目的是积极的、在于鼓舞自由的活动，而不是消极的、在于限制或抑制这种活动。"④ 只有通过活动，才能充分、全面地展现儿童的个性。因此，学校的主要任务不在于传授知识，而在于通过活动训练儿童。即使是知识的教

---

① Alfred N. Whitehead, *The Aims of Education*, New York: Free Press, 1929, p.42.
② 杨汉麟主编:《外国教育实验史》，人民教育出版社2005年版，第490页。
③ 杨汉麟:《外国幼儿教育史》，人民教育出版社2011年版，第415页。
④ [英]沛西·能:《教育原理》，王承绪、赵端瑛译，人民教育出版社2005年版，第255页。

学，也必须以活动为基本方法进行。在沛西·能看来，课程的一切内容都要通过活动来进行教学。

怀特海把活动进一步理解为对知识的实际运用和发展、创新。他批评传统学校存在的单纯传授知识的弊端，主张把运用知识当作教育和教学的核心。他指出，为了教育的成功，必须永远使学生接触到的知识有一种新鲜感，这些知识要么本身就是新的，要么在新时代、新情况下的运用上有所创新。

从新教育家的思想和实践来看，强调活动的教育作用是一个基本的共同点。他们所理解的"活动"，既受到卢梭等近代教育家思想的影响，又有所创新。新教育家所理解的活动，既包括外在的、身体的活动（如体育、游戏、手工、劳动），也包括内在的、智力的活动。他们主要把活动作为一种教育和教学的手段，当作实现教育目的的重要途径。在这方面，新教育家的一个突出贡献是把活动的作用从单纯地掌握知识和发展能力扩展到发展儿童全部人格。他们通常都强调活动的计划性，要求合理安排儿童的各种形式的活动。所有这一切，使新教育家关于活动的见解具有了新的意义。

4. 重视儿童个人经验的作用

新教育家所强调的第四项教育和教学的基本原则是，重视儿童个人的经验在教育和教学中的作用，因而要求教育与儿童的实际生活相联系。爱伦·凯主张，应当使儿童在实际生活中经受磨炼、接受教育，以便让他们获得与日常生活相一致的经验。她说，应该让儿童时时刻刻与人生的实际经验相接触；玫瑰花要让他们玩，刺可不要摘去。她进一步认为，凡是可以让儿童自己去体验、经历的事物，一定要让他们亲自去体验，成人既不要去阻止，也不要设法用间接的事物去替代。这种直接的经验，可以使儿童体验生活的法则，从而受到真正的教育。

蒙台梭利同样强调儿童个人经验的作用。出于这种考虑，在她的"儿童之家"中，实际生活技能的练习占有非常重要的地位。她认为，让儿童在现实生活中，掌握实际生活的技能，不仅有助于训练儿童的机体，而且有益于培养他们独立的人格。

（五）论教学的组织形式与方法

从总体上看，新教育家关于教学的组织形式与方法的见解，与近代教育家的认识存在着很大的差异。如果说近代教育家通常把教学的组织形式与方法当作儿童获得知识和发展理性的手段，那么，新教育家则更多地把它们看作儿童多方面发展的重要条件。

1. 教学组织形式

在教学组织形式上,新教育家虽然没有一概排斥班级授课制,但他们更重视个别化或个性化的教学方式。蒙台梭利认为,儿童之间存在着显著的个性差异,这就决定了儿童具有不同的内在需要。因而,在教学工作中,教师应采用"个别作业"的形式,使每一个儿童能够根据自己的需要和作业速度,自由选择作业、确定作业的完成进度。

德可乐利主张实行分组教学。他认为,应当根据儿童的生理年龄和心理年龄,对儿童进行分组,每组人数为20~25人。他虽然多少接受了传统的班级授课制的形式,但强调教室不应只是学习和教学的场所,还应成为儿童活动和交流的地方。

尼尔则首创了"个别课"。它虽然不是通常意义上的教学组织形式,但它所渗透的思想反映了尼尔对教育和教学组织的认识。受弗洛伊德(1856—1939)等精神分析心理学家的影响,尼尔尝试用心理分析、心理诊断的方法进行教育工作,创制了个别课。个别课的基本目的是消除儿童心中所有因道德和恐惧而来的情结以解放儿童,加速儿童对自由的适应。个别课旨在通过教师与儿童之间个别的、完全平等的谈话,对儿童的内心产生积极的影响。

2. 教学方法

新教育家继承并发展了近代教育家关于教学方法,特别是直观教学的主张。他们运用实验心理学的研究成果,进一步丰富了直观教学法。这尤其反映在蒙台梭利关于感官教育的见解中。

蒙台梭利强调对儿童进行感官训练。她认为,感觉是人与环境接触的唯一途径,是观察力的组成部分。不仅如此,感觉还是各种高级心理能力(分析、比较、判断)的基础,是"智力发展的第一步"[1]。为了进行感官教育,蒙台梭利进一步划分了感觉。例如,把触觉具体分为对冷热的感知,对轻重的感知,对厚薄、大小的感知等等。在此基础上,她设计了各种教具,儿童通过操作教具,达到训练感官的目的。

与裴斯泰洛齐和赫尔巴特等近代教育家一样,蒙台梭利并不把感官训练作为教育和教学的目的。她认为,观察虽然重要,但必须进一步上升到智力的训

---

[1] Maria Montessori, *The Montessori Method*, New York: Schocken Books Inc., 1964, p. 216.

练。这种把感觉与智力相联系的主张，在德可乐利的教学法中得到了进一步的阐述。

根据心理学的研究成果，德可乐利提出了教学的三个步骤：（1）从兴趣引发感觉经验；（2）通过联想形成和发展观念；（3）用具体或抽象的表达方式进行实验和解释。这三个步骤可简化为：观察、联想和表达。

德可乐利的教学步骤（特别是前两个步骤）与赫尔巴特的教学形式阶段理论有一些相似之处，如强调直观的基础作用，强调感觉经验与一般概念的联系，等等。但是，如果进一步分析便可以看到，二者之间存在基本的差异。首先，根据德可乐利的观点，在教学过程的各个阶段，儿童都发挥着主动、主导的作用，教师的工作具有引导性、辅助性。而在赫尔巴特的教学形式阶段理论中，教师居于主导地位。其次，赫尔巴特虽然强调知识的运用，但这种运用主要是通过作业来进行的，其目的是巩固知识。而德可乐利所强调的是儿童通过自己的活动表达、应用知识，达到发展创造性的目的。这种差异不仅存在于德可乐利和赫尔巴特的思想中，而且广泛地存在于新教育家与近代教育家的主张中。事实上，重视活动在教学中的作用，强调儿童的表现，是新教育家思想的一个基本特点。

从20世纪初开始，新教育运动中出现的教育思想和教育实验先后在欧洲不同国家广泛传播，并逐步对欧洲、亚洲、北美洲等地的教育改革产生了不同程度的影响，成为20世纪世界教育的重要遗产。

与欧洲近代教育思想相比，新教育运动具有以下显著的特征：第一，教育思想理论基础的来源更加复杂和多样。19世纪后期在欧洲相继出现的生物进化论、实证主义哲学、唯意志论哲学等都对新教育家的教育思想产生了深刻的影响。第二，从资产阶级的价值观出发，新教育家通常将儿童个人和个性的发展置于教育的中心，更多地强调儿童个体的多方面发展。第三，注重精英教育。这也是新教育运动的一个基本特征。尽管凯兴斯泰纳和蒙台梭利等人或关注公民教育或关注残疾人教育，但就总体而言，新教育运动更重视社会未来领导者的培养。

第三节　进步教育运动

进步教育运动或进步主义教育运动是19世纪后期20世纪前期在美国出现

的教育革新运动，旨在运用新的教育学、心理学理论推进美国学校教育的全面改革，以适应工业化和城市化所产生的新的社会需要。该运动始于19世纪七八十年代，20世纪20年代因进步教育协会的建立而成型，到30年代趋于鼎盛。但因协会内部的思想冲突，从30年代后期开始，进步教育运动逐渐分裂，并最终于50年代解体。

一、进步教育运动的演变

进步教育运动经历了四个主要阶段：发生阶段（1883—1918）、成型阶段（1919—1929）、转变阶段（1930—1943）、衰落阶段（1944—1957）。

（一）发生阶段

1875—1880年，弗朗西斯·帕克（1837—1902）任马萨诸塞州昆西市公立学校督学。在任期间，他从"儿童必须是教育经验的中心"这一指导思想出发，对公立学校的课程与教学进行了一系列改革，并产生了较为广泛的影响。这通常被认为是进步教育运动的开端。

从19世纪90年代后期开始，以一批新的教育实验的出现为标志，进步教育运动开始在更大范围内展开。这个时期较为重要的进步教育家及其进行的学校实验包括杜威的杜威学校（1896年）、库克（1864—1953）的帕克学校（1901年）、梅里亚姆（1872—1960）的密苏里大学初等学校（1904年）、约翰逊（1864—1936）的有机教育学校（1907年）、沃特（1874—1938）的格雷学校实验（1908年）、史密斯（1876—1968）的公园学校（1912年）、普拉特（1867—1954）的城乡学校（1913年）、诺姆伯格（1890—1983）的华尔登学校（1915年）、弗莱克斯纳（1866—1959）的"师范学院林肯学校"（1917年）等等。

进步教育运动在早期阶段主要关注的是初等教育的改革，尤其强调儿童多方面的发展、儿童的自由和兴趣、儿童主动性的培养等等，具有明显的"儿童中心"倾向。

（二）成型阶段

1919年4月4日，在约翰逊、时任美国海军学院英语教师的柯布等人的积极倡导下，进步教育促进会在美国首都华盛顿成立，1920年改为进步教育协会，并邀请曾任哈佛大学校长的埃利奥特（1834—1926）为名誉会长。

进步教育协会在1920年制定的章程所确定的目标是：（1）宣传进步教育

的原则;(2) 通过教育公众,引导公共教育走向进步主义;(3) 为外部人士和教师提供服务。① 这种对组织目标的构想在协会于同年颁布的"进步教育七项原则"中得到了充分的体现。

"进步教育七项原则"的主要内容包括:(1) 自然发展的自由。(2) 兴趣是一切作业的动机。(3) 教师是指导者,而不是监工。(4) 对儿童发展的科学研究。(5) 对影响儿童身体发展的一切因素给予更多的注意。(6) 学校与家庭合作,以满足儿童生活的需要。(7) 进步主义学校是教育运动的领导。

进步教育协会成立后,先后开展了各种形式的活动,其中最重要的活动是年会。在创建时期,年会是进步教育协会发挥交流平台作用最为有效的途径。1920—1929 年,协会先后召开了多次年会。进步教育协会开展的另一项重要活动是举办暑期学院,主要目的是在中小学教师中普及、传播进步教育的原理和新的教育方法与手段。通过以上活动,进步教育协会的影响不断扩大,一个重要标志是会员人数的增加:到 1929 年,会员人数从最初的 85 人增加到 6 469 人。与此同时,协会加强自身的组织建设,设立执行委员会等机构,并于 1924 年创办会刊《进步教育》。由于进步教育协会的成立,进步教育从一种广泛的教育革新思潮转变为一种运动。

(三) 转变阶段

在进步教育运动的历史上,1930—1943 年是一个充满矛盾的发展阶段。一方面,进步教育协会的活动日益丰富,社会影响不断扩大,进步教育协会作为全国性组织的地位进一步确定,并成为美国教育界的"权势集团"。② 另一方面,从 1930 年开始,进步教育协会内部一直处于不同思想主张的争论与冲突之中,它的基本原则和发展方向也因此摇摆不定。

进步教育运动影响不断扩大的重要标志是这个时期进步教育协会的会员人数不断增加:会员人数从 1930 年的 7 400 人增加到 1938 年的 10 440 人。在会员人数不断增加的同时,进步教育协会所开展的工作日益丰富。除了原有的年会和暑期学院等活动,进步教育协会在这个阶段所开展的主要工作是与美国全国教育协会、洛克菲勒基金会、卡内基基金会等具有重要影响力的机构建立较

---

① Patricia A. Graham, *Progressive Education from Arcady to Academe: A History of the Progressive Education Association, 1919—1955*, New York: Teachers College Press, 1967, pp. 27-28.
② Patricia A. Graham, *Progressive Education from Arcady to Academe: A History of the Progressive Education Association, 1919—1955*, New York: Teachers College Press, 1967, p. 58.

为密切的联系,并在卡内基基金会和普通教育委员会的资助下,于1933年开始开展了著名的"八年研究"。

从1933年开始,通过与部分大学协商,进步教育协会成立的"八年研究"指导委员会从全美自愿参加实验的200所中学中挑选了30所(共1475对学生),作为中学教学改革的实验基地。在部分大学同意放弃入学考试的前提下,参加实验的30所中学自行决定教学计划、教学大纲、课程设置和教学程序。实验的目的是,在没有大学入学压力的情况下,对中学教育进行改革。"八年研究"的结果表明,实验组学生在大学中的学业成绩等方面的表现与对照组没有差别或好于对照组,在获得非学术性荣誉方面的表现好于对照组。①

对进步教育运动而言,"八年研究"的重要意义是,从原有分散的、小型的教育实验转向全国集中的、大型的研究,从原有对私立学校教育的关注转向对公立学校教育改革的重视。这种转变直接扩大了进步教育在美国社会的影响。1938年10月31日出版的《时代》周刊在封面上刊登了进步教育协会会长雷德弗的照片,并以"进步主义者的进步"等字样题图。这本杂志的封面上还刊印了雷德弗的一段话:"我们不再是一个造反集团……20年前,进步教育主要是一种私立学校的事务。现在……它基本上是公立学校事务的大本营。"

在进步教育运动迅速扩大其影响的同时,进步教育协会却陷入冲突。从1929年起,美国陷入前所未有的史称"大萧条"的经济危机。这场经济危机不仅对美国经济和社会生活产生了巨大的冲击,也深刻影响了人们的思想观念,一种强调稳定与合作、恢复传统价值观念的思潮迅速兴起。在这种背景下,1932年年初,在进步教育协会的年会上,康茨发表了题为《进步教育敢于进步吗?》的著名演讲。在演讲中,康茨指出,进步教育运动存在着一个严重的缺陷,即只看到教育对于促进个人发展的作用,而忽略了教育与社会的相关,因而缺乏明确的方向和目标。他进一步指出,进步教育运动由于缺乏明确的社会目标,因此支持了极端个人主义,而这种个人主义却只有利于中上阶层。②

康茨的演讲引起了巨大的反响,也产生了广泛的争论。其结果是,在进步教育运动内部形成了两个阵营:一是以刊物《进步教育》为阵地,继续坚持

---

① 瞿葆奎主编:《教育学文集·美国教育改革》,人民教育出版社1990年版,第56—60页。
② George S. Counts, *Dare the School Build a New Social Order?*, New York: The John Day Company, 1932, p. 4.

"儿童中心论"的阵营;二是以刊物《社会边疆》为阵地,强调教育应努力培养社会意识和合作精神的阵营,其主要成员有杜威、克伯屈(1871—1965)和康茨等人。双方各执一端、互不相让、争论不休,由此直接导致了进步教育协会的分裂,并最终造成运动的衰落。

(四) 衰落阶段

从20世纪40年代初开始,在进步教育协会的领导成员中,已经出现了对进步教育协会继续存在的必要性的悲观和怀疑情绪。有人主张应当解散协会,重新建立新的组织;有人认为应为协会注入新的活力;还有人则希望依靠一个更强大的组织来抵御对进步教育运动的批评。第三种观点最后占了上风,1944年,进步教育协会更名为美国教育联谊会,作为新教育联谊会的美国分会。

但更名未能改变进步教育协会衰微的命运。由于会员人数的锐减,进步教育协会的影响力骤然下降,因此难以获得外界的经费支持。这种局面所导致的直接结果是协会的财务状况日益恶化,而糟糕的财务状况又进一步限制了协会的活动开展。从20世纪40年代初开始,包括年会和暑期学院在内的进步教育协会原有的一些重要的常规性工作逐渐中断,各专门委员会也因完成了预定的任务而自然解散。除了《进步教育》杂志继续刊行和协会理事会不定期召开小型会议外,进步教育协会事实上已经只剩下一个空壳。1955年,进步教育协会解散。协会解散后,由于俄亥俄大学的资助,《进步教育》杂志继续刊行。1957年,因资助取消,《进步教育》杂志停刊。

二、进步教育运动中的重要教育实验与教育思想

进步教育运动在演变过程中,先后开展了一系列教育实验,形成了较为丰富的教育思想。虽然这些教育实验与教育思想之间存在较大的差异,但它们都强调运用现代科学和心理学的研究成果,重视儿童在教育中的地位以及儿童的多方面发展,注重学校与社会的有机联系。

(一) 帕克的教育实践与教育思想

作为进步教育运动之父,帕克受到了欧洲教育家,特别是卢梭、裴斯泰洛齐、赫尔巴特和福禄培尔的深刻影响。1875年,帕克在担任马萨诸塞州昆西市公立学校督学期间,对学校的课程与教学进行了多方面的重大革新。在课程上,除原有的科目之外,加强了地理、绘画、体育、手工等科目的教学。在各科教学中,帕克废止了原有的教学模式,采用了更为"自然的"方法。例如,

在语文教学中，放弃了原有的从背字母表到学习单词、句子的方法，而采用从简单的词语或句子开始学习的方法；在算术教学中，改变了过去从规则和公式开始学习的方法，而采用通过实物开始学习算术的方法。在教学内容上，抛弃了原有的教科书，代之以杂志、报纸和师生自己设计的材料。在教学组织上，采用小组的形式。在教学方法上，强调以学生的兴趣为基础，运用活动、旅行和观察等方法。帕克在昆西市公立学校所推行的一系列课程与教学改革，在19世纪80年代的美国教育界引起了广泛的关注，被誉为"昆西方法"或"昆西制度"。

1883—1899年，帕克担任库克师范学校校长，致力于以新的思想和方法培养教师，创办实习学校是其工作的重要组成部分。这所学校后来被认为是第一所真正意义上的进步学校。[1]

在库克师范学校任职期间，帕克把教育改革从教学范畴扩展到学校工作的许多方面，主要包括：第一，为了发展儿童的想象力和自我表现能力，增设绘画、音乐、戏剧等艺术科目；第二，增设体育和自然研究；第三，在阅读、写作的教学中，用儿童自编的活页教材代替教科书；第四，在教学方法上，从单纯强调直观转变为直观与实验并重；第五，采用"晨会"的教育组织形式，以加强儿童之间的交流、促进其社会意识的发展；第六，在办学的指导思想上，既坚持昆西市公立学校的儿童中心倾向，又强调社会的责任。[2] 这些在帕克的《关于教育的谈话》《关于教学的谈话》等著作中得到了明确的表述。

帕克教育思想的一个基本问题是对儿童及其在教育中地位的认识。他指出："一切问题中的问题，并且确实是永恒的问题是，什么是受教育者？什么是儿童？……这是世界的中心问题。""我们应该研究儿童，通过他的活动及活动倾向来研究。"[3] 他认为，教师的责任就在于发现并且遵循儿童自然倾向的规律，提供各种条件，使这些倾向得到全面的发展，使儿童潜在的可能性得以实现。从这方面看，帕克的教育思想是进步教育运动中儿童中心倾向的一个重要来源。

---

[1] Harold Rugg, *Foundations for American Education*, New York: World Book Co., 1947, p. 536.
[2] Merle Curti, *Social Ideas of American Educators*, New York: Charles Scribner's Sons., 1935, pp. 379−381.
[3] Francis W. Parker, *Talks on Pedagogics: An Outline on Theory of Concentration*, New York: E. L. Kellogg & Co., 1894, pp. 3−4.

与此同时，帕克也强调："学校的社会因素是所有因素中最为重要的，它比学科、比教学方法、比教师本人都更为重要。"① 所谓学校的社会因素，是指学校应当成为促进民主制度的巨大力量。为此，学校应当努力成为一个民主社会的雏形。在这种理想的学校中，教师运用的教育方法是民主的，学校的一切既能照顾个别差异，又能满足全体儿童的需要，进行一种使儿童的心灵得到自由的教育。由此可见，在强调儿童重要性的同时，帕克并没有走向极端。

（二）杜威学校

1894年，杜威任芝加哥大学哲学、心理学和教育系主任。1896年，杜威创办了"大学初等学校"，1902年更名为"芝加哥大学实验学校"，一般称"杜威学校"。1895年，杜威为学校起草了《大学附属小学的组织计划》，对学校的宗旨、教育和教学组织、课程、教材和教学方法进行了全面的规划。事实上，学校以后的实际运作基本上是在《大学附属小学的组织计划》所设定的框架中进行的。

杜威学校先后存在了8年（1896—1904）。这8年中，学校的实验经历了两个阶段。1896—1898年为第一阶段，主要目的是通过"尝试错误"，探索学校工作的合理方案。1899—1903年为第二阶段，在这个阶段中，各种实验都取得了重要的进展，学校的规模也逐步扩大：学生人数从最初的16人增至140人，教师人数则从3人增至23人（另有10名由研究生兼任的助教）。1903年秋，杜威学校并入由杜威任院长的芝加哥大学教育学院。1904年，因杜威辞职，实验终止。

1. 实验学校的宗旨

在《大学附属小学的组织计划》等一系列文章中，杜威指出，实验学校既不是"实习学校"，也不是"模范学校"，它的基本特征在于它是一个实验场所（如同物理、化学实验室一样），而实验的目的则是检验一些以哲学和心理学为依据而提出的假设。这些假设包括：第一，如何使儿童的家庭生活与学校教育更密切地联系起来；第二，如何使儿童在学校中学到的知识与他们的经验相互联系；第三，如何激发儿童学习知识和技能的动机、兴趣；第四，如何使教材和儿童的活动相联系；第五，如何处理发展个性与社会合作的关系；等等。

---

① Francis W. Parker, *Talks on Pedagogics: An Outline on Theory of Concentration*, New York: E. L. Kellogg & Co., 1894, pp. 420-421.

2. 实验学校的教育和教学组织

1898 年，杜威第一次具体阐发了他的儿童发展观，并以此作为实验学校教育和教学组织的理论依据。杜威指出，儿童发展经历三个相互联系的阶段，每个阶段的特点不同，教育和教学的组织也应有所不同。"第一阶段从 4 岁到 8 岁或 8 岁半。在这个时期，学校生活和家庭邻间的生活的联系当然特别密切。儿童大体上从事直接的社会的外向活动，忙于做事和说话。相对地很少努力进行理智的阐述，有意识的思考，或掌握专门的方法。"[①] 8 岁到 10 岁为第二阶段，教育的"重点放在获得读、写、操作、算等的能力，这不是为了这些能力本身，而是作为更为直接的经验形式的必要的帮助和附属品……这是获得有关规律的知识和工作技术的特殊时期"[②]。第三阶段持续到 13 岁，儿童把已经获得的技能"应用于明确的研究和思考方面的问题，进而认识到概括的重要性和必要性"[③]。这一阶段也是儿童开始系统学习专门学科的时期。

以上述见解为依据，实验学校的教育和教学工作分为三个阶段（前两个阶段各包括一个过渡阶段），学生按年龄分成 11 个班级。第一阶段包括一班（4 岁）、二班（5 岁）、三班（6 岁），过渡阶段包括四班（7 岁）、五班（8 岁）。第二阶段包括六班（9 岁）、七班（10 岁），过渡阶段包括八班（11 岁）、九班（12 岁）。第三阶段包括十班（13 岁）、十一班（14—15 岁）。[④] 学校为每个阶段、每个班级创设了不同的活动环境、安排了不同的教学方法，以适应不同年龄儿童的兴趣和需要。

3. 实验学校的课程

与学校的教育和教学组织一样，实验学校的课程也是以杜威的儿童观为依据。根据杜威的观点，"儿童自己的本能和能力为一切教育提供了素材，并指出了起点"[⑤]，要确定学校的课程，就必须研究儿童的本能或冲动及其外在的表

---

① [美]凯瑟琳·坎普·梅休等：《杜威学校》，王承绪等译，教育科学出版社 2007 年版，第 41 页。
② [美]凯瑟琳·坎普·梅休等：《杜威学校》，王承绪等译，教育科学出版社 2007 年版，第 41 页。
③ [美]凯瑟琳·坎普·梅休等：《杜威学校》，王承绪等译，教育科学出版社 2007 年版，第 41 页。
④ [美]凯瑟琳·坎普·梅休等：《杜威学校》，王承绪等译，教育科学出版社 2007 年版，第 42—43 页。
⑤ [美]杜威：《学校与社会·明日之学校》，赵祥麟、任钟印、吴志宏译，人民教育出版社 2005 年版，第 3—4 页。

现形式——活动。

实验学校的课程有三种：第一种是与现有事务或职业相关的课程，如木工、金工、缝纫、烹饪等科目；第二种是与社会生活相关的课程，如历史、地理等科目；第三种是与智力活动相关的课程，如阅读、书写、算术等科目。1901年，杜威在总结实验学校课程设置的原因时，做了这样的解释："从这三种学科的内容，我们可以看到一种动向，即离开了个人和社会的直接兴趣，采取了间接的和遥远的形式。第一种学科内容不仅为儿童提供同一种类的、他们在日常生活中所直接从事的活动，而且为儿童提供某些他们在每天的生活环境中早已完全熟悉的社会职业方式。第二种学科内容仍是社会性的，但为儿童提供的是共同生活的背景，而不是共同生活的直接现实。第三种学科内容的社会性，与其说是体现在它本身或任何更直接的联想和交往中，还不如说是体现在它最终的动机和效果（主张文明社会的学术连续性）中。"①

4. 实验学校的教育与教学方法

根据杜威的理解，教育与教学方法在本质上就是如何提供、处理和组织教材。实验学校所采用的最基本的教育与教学方法便是活动，而活动的具体表现形式则是作业。

所谓"作业"，是指"复演社会生活中进行的某种工作或与之平行的活动方式"②。例如，儿童用亚麻、棉花和羊毛等原料，经过纺织，最后制作成衣服这个作业，便"复演"了纺织工业的发展史。杜威认为，作业具有多方面的优越性：它使学校有可能与生活建立联系，使经验的智力方面和实践方面之间保持平衡，为感官训练和思维训练提供理想的机会，激发儿童的"完全健康的、永久的、真正具有教育意义的"兴趣。③

（三）格雷学校实验

格雷市位于芝加哥市的东南方向，属印第安纳州，原为一片沙地。1906年，美国钢铁公司在此处投资建厂，于是有了格雷市。由于工业的推

---

① ［美］劳伦斯·阿瑟·克雷明：《学校的变革》，单中惠、马晓斌译，山东教育出版社2009年版，第125页。
② ［美］杜威：《学校与社会·明日之学校》，赵祥麟、任钟印、吴志宏译，人民教育出版社2005年版，第91页。
③ ［美］杜威：《学校与社会·明日之学校》，赵祥麟、任钟印、吴志宏译，人民教育出版社2005年版，第31、91、92、93页。

动,格雷市迅速发展起来。到 1910 年,格雷市已成为一座拥有 12 000 户居民(其中大部分是移民出身的工人)、2 家银行、2 所学校、6 家旅店、10 座教堂的新兴城市。

1908 年,威廉·沃特被格雷市教育委员会任命为督学。沃特曾在芝加哥大学学习,是杜威的弟子。任格雷市督学后,沃特进一步系统化自己的教育主张,并结合当地实际,在实践中加以全面运用。沃特最先关注的是格雷学校的效率。在向该市教育委员会作的第一次报告中,沃特对格雷学校中存在的一些现象感到忧虑。他注意到,学生每年在校学习的时间仅为 180 天,一天仅有 5 个小时。他认为,这种状况一方面使学生更有可能接受来自社区和家庭的不良影响,另一方面使学校的硬件设施经常处于闲置状态,造成了极大的浪费。为此,沃特主张延长并最大限度地利用学生的在校时间,他认为这应当成为学校的主要事务。与此同时,他主张向公众开放学校,以提高学校硬件设施的使用效率。

在具体实施中,格雷市利用公立学校的硬件设施,办起了各种形式的成人教育(如夜校、周末特别班、暑期学校等),其目的是提高市民的素质,把城市建成一个能不断向学生施加有益影响的机构。在学校内部,一方面延长了学生一天的在校时间;另一方面,为了节省开支和提高学校硬件设施的使用效率,采用了所谓"分团学制"的办法,即在一所学校中多招收一倍学生。学生被分为两部分:一部分学生的在校时间为从上午 8 点到下午 3 点,另一部分学生的在校时间为上午 9 点到下午 4 点。两部分学生轮流到教室上课,不上课的时间则到学校的其他场所从事各种职业活动。

延长学生的在校时间只是一种手段,目的是使学生有更多的时间去从事一些有益的活动,从而获得多方面发展的机会。为此,学校设有健身房、游泳池、操场、网球场,配备了各种运动器材,并设专门的体育导师。体育训练不仅是学校的正规课程的重要组成部分,而且是学生自由活动的重要内容。除体育活动外,格雷学校的活动还包括游戏、艺术活动、社会活动、手工劳动等等。为了进行这些不同形式的活动,学校设有车间、实验室、礼堂、餐厅等。此外,学校还广泛地利用城市的公共设施,如图书馆、教堂、工厂等开展教学活动。

格雷学校的课程主要采用印第安纳州的学校课程,但在一些重要方面做了不同程度的改变。首先,较大地扩展了课程范围,增加了大量的职业课程,如烹饪、木工、电工、金属加工、簿记、模具制作、缝纫等等。这不仅是为了使格雷市众多工人子弟掌握一项职业技能以保证就业,更重要的是为了促进学生身体的发育和智力的发展。其次,优化了传统课程的教学方式。例如,在英语教学中,把语法、拼字、阅读、写作和说话结合起来,并与团体活动相联系。又如,把历史和地理结合在一起进行教学。

在学校内部改革中,格雷学校的教学计划是很有特色的。一是教学计划的灵活性。在格雷学校,教学计划通常每两周调整一次,以适应学生在不同时间的特殊需要。二是教学计划的个性化。在格雷学校,不同学生可以有所侧重地学习某些科目而减少学习其他科目的时间,甚至不学某个科目。三是结合"分团学制"的特点,在同一时间里,对不同部分、不同小组的学生设计不同的教学计划。

在教学组织方面,格雷学校的做法也颇具新意。学校虽然像传统学校那样进行分班,但性质完全不同。在格雷学校,学生不是按年龄或年级进行分班,而是以所学科目及该科目的学习成绩进行分班。一般分为"快班""普通班""慢班"三种类型。出于这个原因,格雷学校并没有固定的班级,一个学生可能同时在英语的"快班"、自然的"普通班"、体育的"慢班"学习。所以,格雷学校也没有统一的毕业时间。

1915年,格雷学校被报道后引起美国各界人士对它的广泛关注。一时间,沃特和格雷学校成了人们关注的焦点,既有人称颂,也有人责难。① 不论怎样,格雷学校实验很快在美国的一些城市得到推广。1915—1929年,卡拉马佐、芝加哥等200多个城市(涉及41个州)不同程度地接受了"分团学制"。与此同时,美国分团学制研究会成立了。

(四)道尔顿制

1907年,帕克赫斯特(1887—1973)从威斯康星州立师范学院毕业,并先后任教于小学、中学和师范学校。在其教育思想的形成过程中,帕克赫斯特受到蒙台梭利的重要影响,同时受到心理学家斯威夫特的著作《心理的发展》启发。正是在这本著作中,她了解到了"教育实验室"这个概念。

1920年2月,帕克赫斯特应邀到马萨诸塞州道尔顿市道尔顿中学推行其

---

① [美]劳伦斯·阿瑟·克雷明:《学校的变革》,单中惠、马晓斌译,山东教育出版社2009年版,第138—142页。

"教育实验室计划"。之后，该计划即以"道尔顿实验室计划"或"道尔顿制"而闻名。1922年，帕克赫斯特又以《道尔顿制教育》为名，出版了她的主要教育著作。

帕克赫斯特指出，由于美国社会的巨大变化，教育所面临的问题和所承担的职责都发生了重要的改变。她认为，在工业化和城市化的时代条件下，美国教育应当最大限度地满足儿童自我发展的需要。[①] 但当时的学校教育和教学体制无助于这项职责的完成，由此产生了一系列矛盾和问题，道尔顿制正是解决这些矛盾和问题的一种积极尝试。

帕克赫斯特为实施道尔顿制确定了三项原则：（1）自由原则。帕克赫斯特指出，道尔顿制是解放儿童能力的一种手段，因为它刺激了儿童的自然欲望和兴趣，使儿童在学习中按自己的方法、根据自己的能力和进度自由地学习。但自由既不是放任，也不意味着放弃纪律。她认为，一个随心所欲的儿童，并不是自由的，相反，他更易成为恶习、自私的奴隶。[②]（2）合作或团体生活的相互作用原则。帕克赫斯特指出，在旧教育制度下，儿童只与书本为伴，与人群很少发生广泛的联系，因而容易形成反社会倾向。实行道尔顿制，将使学校教育充分反映社会生活的经验，使儿童通过各种形式的合作或团体生活加强交流和联系，从而培养儿童作为社会成员所应具备的品质。[③]（3）心理学原则或个性原则。帕克赫斯特认为，当时教育的一个突出问题是过于注重课程而忽视儿童。她指出，课程虽然重要，但毕竟只是实现目的的手段。教育中首先应当关心的是儿童和儿童的自然力量。要真正了解儿童，就应帮助和激励儿童充分表现自然力量，并使儿童通过自己的努力和计划掌握知识、获得发展。道尔顿制的核心就是学生应当根据自己的进度取得进步，因此，每一个学生都应被允许按照他自己认为的最好的方式来学习。[④]

实施道尔顿制有四个基本要素：作业、工作合同、实验室和图表。

作业，是指学生必须学习的知识内容。帕克赫斯特强调，作业应充分考虑每一个学生的特殊需要和爱好。为此，作业分成三种程度——最低限

---

① Helen Parkhurst, *Education on the Dalton Plan*, London: G. Bell and Sons Ltd., 1924, p. 3.
② Helen Parkhurst, *Education on the Dalton Plan*, London: G. Bell and Sons Ltd., 1924, p. 15.
③ Helen Parkhurst, *Education on the Dalton Plan*, London: G. Bell and Sons Ltd., 1924, pp. 16-18.
④ Helen Parkhurst, *Education on the Dalton Plan*, London: G. Bell and Sons Ltd., 1924, p. 30.

度的作业（只包括一学年最基础的知识）、中等限度的作业和最高限度的作业，分别适用于天资不同的学生。作业通常以一个月为时间单位，其主要内容包括：本月作业导言，简要说明本月所学科目的主要内容；每周学习内容的主题、问题；所要进行的书面作业、记忆作业；讨论会或讲授课；参考书目等。①

工作合同，是指学生以合同形式认领学习任务。根据作业要求，学生明确本周乃至本月每门科目的学习内容、学习要求。在此基础上，学生可按照自己的能力和兴趣，自由支配时间，自主确定学习的进度。

实验室，即学生学习的场所。与原有的教室不同，道尔顿制的实验室的功能是综合的：既是教室、自修室，也是图书馆、实验室和会议室。它们的最大特点是按学科划分。实验室的设备包括图书、标本、实验仪器、桌椅和黑板。不同年级的学生均可自由出入实验室。每一学科的实验室配备1~2名教师作为学科专家指导学生。

图表，用于记录学生完成指定作业的情况。图表有三种：一是各科教师的"实验室图表"，记录每一个学生在某一学科上所取得的进步；二是"学生合同表"，由学生记录自己在各科指定作业中的学习进度，使用这种图表的目的是使学生懂得时间的价值，增强时间管理能力；三是"年级或班级图表"，记录全年级或全班学生用于完成各学科指定作业的时间。

道尔顿制是一种温和的、渐进的改革，因而得到了广泛的传播。帕克赫斯特认为：旧学校代表了文化，现代学校代表了经验，道尔顿制则是一条协调这两种目的的途径。②

从20世纪20年代开始，由于杜威、克伯屈、帕克赫斯特等人的出国讲学和大批外国留美学生的宣传，进步教育运动对欧洲、亚洲、南美洲等地的多个国家产生了广泛的影响，成为20世纪最具影响力的教育运动。与此同时，进步教育运动也备受争议。迄今为止，关于进步教育运动的定义、思想基础以及历史贡献，学术界仍众说纷纭，莫衷一是。出现这种现象的一个重要原因是，与新教育运动相比，进步教育运动的理论基础更加多样，实验取向更加繁杂，所包含的内容更为复杂，以至于难以采用简化的方法

---

① Helen Parkhurst, *Education on the Dalton Plan*, London: G. Bell and Sons Ltd., 1924, pp. 54-55.

② Helen Parkhurst, *Education on the Dalton Plan*, London: G. Bell and Sons Ltd., 1924, p. 15.

加以准确地界定。

第四节 杜威的教育思想

杜威1859年出生于美国新英格兰地区的佛蒙特州，从佛蒙特大学毕业后，曾当过三年中学教师。此后，他在约翰·霍普金斯大学取得哲学博士学位。博士毕业后，他一直在大学的哲学系和教育系任教。在芝加哥大学任教期间，杜威与妻子一起创办并管理杜威学校。1905年后，杜威一直在哥伦比亚大学任教，并到日本、中国、土耳其、墨西哥和苏联等国讲学。从哥伦比亚大学退休后，杜威积极参与旨在改良资本主义的社会政治活动，而且他笔耕不辍，在晚年发表了许多著名的哲学和教育著作。

杜威早年从事心理学研究，深受威廉·詹姆斯（1842—1910）的机能主义心理学影响。他开办的实验学校取得很大成功，并著有《我的教育信条》《学校与社会》《我们怎样思维》《民主主义与教育》《经验与教育》《人的问题》等教育思想名著。中年的杜威逐渐专注于哲学研究，成为美国古典实用主义哲学的集大成者。他的哲学代表作是《经验与自然》《确定性的寻求》《艺术即经验》《逻辑：探究的理论》《评价理论》等。杜威还完成了《公众及其问题》《自由与文化》等影响较大的社会政治理论著作。

拓展阅读

涂诗万：《理智的诚实：杜威的人格精神》

杜威的教育思想是一个严密的体系，致力于阐明教育的本质、目的、课程与教学。它不仅深刻影响了美国教育，而且产生了广泛的国际影响。

一、教育的本质

通过"教育即生活""教育即生长""教育即经验持续不断的改组与改造"三个命题，杜威系统论述了他关于教育的本质的主张。

（一）教育即生活

杜威认为，教育不仅仅是生活的准备，教育就是生活本身。它有两层含义。

第一，教育不能脱离儿童的生活和当时的社会生活。这是针对当时西方教育脱离社会生活和儿童的经验与兴趣的问题提出来的。一方面，当时的学校教育普遍以教材为中心，严重忽视学生的兴趣和当下经验；另一方面，当时的教育内容偏重古典文科教育，脱离了现代科学和现代工业革命日新月异发展的实际。当时流行的教育制度和精神仍然具有浓厚的封建专制性，脱离了19世纪以来民主制度和民主价值越来越深入人心的实际。针对这种现状，杜威提出，"教育过程有两个方面：一个是心理学的，一个是社会学的。它们是平列并重的，哪一方面也不能偏废"①。从心理学方面看，教育必须重视儿童个体的经验和兴趣。这不仅意味着教育方法应利用学生的经验和兴趣，更意味着儿童期自有儿童期本身的价值：它不只是成年期的预备，儿童期的学习生活本身应是充满意义的、丰富多彩的。从社会学方面看，一方面，学校应与外部社会保持积极的沟通，与时俱进；另一方面，应把学校本身建成可以自由而全面地参与、交往与合作的生活共同体。杜威说："青少年在连续的和进步的社会生活中所必须具有的态度和倾向的发展，不能通过信念、情感和知识的直接传授发生，它要通过环境的中介发生。"②

第二，教育要改进生活。教育既要与生活密切结合，又不能消极地适应现有的生活，必须改进生活。改进的方向是科学和民主。杜威所说的科学主要指科学的精神和方法，即不迷信、不盲信，保持开放的心智，采用试验的态度和方法。关于民主，杜威明确指出，现代生活意味着民主，民主意味着解放智慧，使它能独立地起作用，即解放心灵，使它作为个人的工具而做自己的工作。③ 杜威民主观的特色是将民主从单纯的政治民主扩展为社会民主，而且将科学方法纳入民主方法，强调民主应成为现代人的生活方式。因此，"教育即生活"意味着，现代教育本质上是民主主义的教育。

（二）教育即生长

1904年以后，杜威的实用主义哲学基本形成，他对"教育即生活"提出了更深入的阐释："因为生长是生活的特征，所以教育就是不断生长。"④ "生长"是一个借自达尔文生物进化论的隐喻性概念。达尔文生物进化论认为，大自然

---

① 《杜威全集·早期著作（1882—1898）》第五卷（1895—1898），杨小微、罗德红等译，华东师范大学出版社2010年版，第64页。
② ［美］约翰·杜威：《民主主义与教育》，王承绪译，人民教育出版社2001年版，第28页。
③ John Dewey, "Democracy in Education," in John Dewey, *The Middle Works of John Dewey, 1899—1924*, Carbondale: Southern Illinois University Press, 1977, p. 229, vol. 3.
④ ［美］约翰·杜威：《民主主义与教育》，王承绪译，人民教育出版社2001年版，第61页。

中繁多的物种是进化而来的。这一发现颠覆了人们的世界观、人生观和价值观:此前永恒是完善的标志,此后变化成为真理的指针;此前人与自然之间存在不可克服的梗阻,此后自然主义与人文主义豁然贯通;此前人们追求绝对的起源和终极的真理,此后人们关注多样与异质之物及具体而实际的人的问题,致力于持续不断的发展和完善;此前传统的超自然观大行其道,此后源自发生学立场的自然主义的实验方法星火燎原。这意味着,每个人都有无限的生长潜能,生长是多维度的、丰富的、无止境的。

在教育实践方面,"教育即生长"要求教师不能迁就和纵容学生,不能把儿童期理想化,"不要把生活和一切表面的行动和兴趣混为一谈"①,要不断拓展学生的视野,培养他们的品德,发展他们的知识和能力,使每一名教师、每一位学生都能不断遇到更好的自己。同时,通过个体持续不断的"生长",促使社会生活不断改良和"生长"。因此,杜威指出:"学校教育的价值,它的标准,就看它创造继续生长的愿望到什么程度,看它为实现这种愿望提供方法到什么程度。"②

(三)教育即经验不断的改组与改造

在达尔文生物进化论的启发下,杜威形成了以经验为核心概念的实用主义哲学。从哲学方面看,"生长的理想归结为这样的观点,即教育是经验的继续不断的改组和改造……这样我们就得到一个教育的专门定义:教育就是经验的改造或改组。这种改造或改组,既能增加经验的意义,又能提高指导后来经验进程的能力。"③ 杜威的经验概念不同于以往哲学家的经验概念,他的"经验"是内含实验精神和实验方法的实用主义"经验",因此"经验即实验"④。经验的改造包含个人和社会两个维度:在个人方面,经验的改造意味着个人不断开拓意义的新领域;在社会方面,"进步的社会力图塑造青年人的经验,使他们不重演流行的习惯,而是养成更好的习惯,使将来的成人社会比现在进步"⑤。这就要求学校要积极参与改良社会,使社会不断变得更公正、更人道、更民主,使生活变得更美好。文化是经验的个人和社会两个维度的综合,杜威晚年

---

① [美]约翰·杜威:《民主主义与教育》,王承绪译,人民教育出版社2001年版,第60页。
② [美]约翰·杜威:《民主主义与教育》,王承绪译,人民教育出版社2001年版,第62页。
③ [美]约翰·杜威:《民主主义与教育》,王承绪译,人民教育出版社2001年版,第86、87页。
④ [美]约翰·杜威:《民主主义与教育》,王承绪译,人民教育出版社2001年版,第289页。
⑤ [美]约翰·杜威:《民主主义与教育》,王承绪译,人民教育出版社2001年版,第89页。

倾向于用"文化"一词来取代"经验",① 因此,"教育即经验不断的改组与改造"又可表述为:教育就是文化的改造或改组。这种改造或改组,既能增加文化的意义,又能提高指导后来文化进程的能力。

"教育即生活""教育即生长""教育即经验持续不断的改组与改造"这三个命题的含义本质上是相同的,是一体的三面。它们意味着,现代教育是以民主精神和实验方法为指导的一个不断解放与创造的社会过程。

二、教育的目的

杜威曾阐述过一种"教育无目的"的观点。他说:"生活就是发展;不断发展,不断生长,就是生活。用教育的术语来说,就是:(1)教育的过程,在它自身以外没有目的;它就是它自己的目的。(2)教育的过程是一个不断改组、不断改造和不断转化的过程。"② 然而,严格来说,这是杜威的教育本质论,不是教育目的论,因为教育目的论必须在教育与人、社会、国家之间的关系中论述。"教育无目的"强调的是教育过程不能有外在的、专制的目的,即强调现代教育从本质上是反专制的。事实上,不论是在早期著作《我的教育信条》、中期著作《民主主义与教育》及在中国的演讲中,还是在晚期著作《人的问题》中,杜威都明确提出,教育是有目的的,并且反复论述他关于教育目的的理想。杜威认为,知识教学的目的和道德教育的目的不是二元分裂的,而是同一个教育目的。概括来说,杜威的教育目的论包含三层含义。

(一) 培养以民主为生活方式的现代人

杜威继承了康德"人是目的"的启蒙思想,终身没有动摇。青年时代,杜威强调:自由是一种道德理想,它意味着个性是最高的和唯一的法则,每个人都是自身的绝对目的。③ 中年时期,杜威在中国讲学时指出,民主"所根据的原理就是每个人都是目的……每个人的生活都有意义、都有价值。受教育就是要解放他的心理,不使埋没在卑鄙龌龊的生活当中,而教他欣赏世界上最高尚的事物。这样的生活,就有意义、有价值。所以每个人都是个目的"④。晚年以

---

① 《杜威全集·晚期著作(1925—1953)》第一卷(1925),傅统先、郑国玉、刘华初译,华东师范大学出版社2015年版,第302页。
② [美]约翰·杜威:《民主主义与教育》,王承绪译,人民教育出版社2001年版,第58页。
③ John Dewey, "The Ethics of Democracy," in John Dewey, *The Early Works of John Dewey*, *1882—1898*, Carbondale: Southern Illinois University Press, 1969, p. 245, vol. 1.
④ 《杜威在华教育讲演》,单中惠、王凤玉编,教育科学出版社2007年版,第142页。

后，杜威说："对于现代生活中的个人主义……它是解放，是自由意志的成熟；它是在打破一切枷锁和限制中、在肯定每一个人本身就是目的的陈述中表现出来的一种勇敢的独立性。"①

康德的"人是目的"中的"人"指的是任何一个个体的人，②杜威同样强调的是"每一个人"。这是现代民主发展的表现和结果。正是在这一背景下，杜威强调，现代教育应培养以民主为生活方式的现代人。这种现代人至少有如下三个特征：人格独立，既珍视自己的无上价值，也尊重他人的尊严；具有批判性思维能力和创造能力；具备负责任的精神和社会合作的能力。杜威期待着终有一天，"教师变得足够勇敢，摆脱束缚，进而坚决主张教育意味着培养明辨是非的头脑，培养不自欺也不受他人愚弄的头脑"，"教师将教导学生养成不急于做出判断、保持怀疑的态度，培养用证据说话、依靠观察而非情感、讨论而非偏见、探究而非墨守成规地文饰的习惯"。③如此，学校就会成为人类文明的前哨。他终身都在反复强调，学校教育应该培养首创精神、创造力、独立判断能力、科学地思考的能力和为了共同目的进行社会合作的能力④。总之，现代学校应培养探究者而非信徒⑤，教育的目的是为现代民主社会培养良好公民⑥。

（二）教育要促进民主社会的不断完善

杜威曾在"教育即生活"的基础上提出"学校即社会"的命题。这个命题的中心旨趣是强调学校要改良社会。在《我的教育信条》中，杜威旗帜鲜明地指出："我相信，教育是社会进步及社会改革的基本方法。"⑦"我相信，教师不

---

① 《杜威全集·晚期著作（1925—1953）》第一卷（1925），傅统先、郑国玉、刘华初译，华东师范大学出版社2015年版，第142页。
② 康德说："实践命令将是如下所述：你要这样行动，把不论是你的人格中的人性，还是任何其他人的人格中的人性，任何时候都同时用做目的，而绝不只是用做手段。"参见：[德]康德：《道德形而上学奠基》，杨云飞译，人民出版社2013年版，第64页。
③ John Dewey, "Education as Politics," in John Dewey, *The Middle Works of John Dewey, 1899—1924*, Carbondale: Southern Illinois University Press, 1983, pp. 333-334, vol. 13.
④ John Dewey, "Report and Recommendation upon Turkish Education," in John Dewey, *The Middle Works of John Dewey, 1899—1924*, Carbondale: Southern Illinois University Press, 1983, p. 275, vol. 15.
⑤ [美]约翰·杜威：《民主主义与教育》，王承绪译，人民教育出版社2001年版，第357页。
⑥ 《杜威在华教育讲演》，单中惠、王凤玉编，教育科学出版社2007年版，第22页。
⑦ [美]约翰·杜威：《我的教育信条：杜威论教育》，彭正梅译，上海人民出版社2017年版，第10页。

仅仅是在培养个体，同时还在培养正确的社会生活。""我相信，每个教师都应该认识到自己职业的尊严；教师是社会的公仆，被专门从人群中选出来担负维持正当的社会秩序并确保社会健康发展的使命。"① 这些是杜威终身都坚持的观点。古代教育重在维持既有的社会秩序，现代教育则以促进社会进步为旨归。现代教育的观点与杜威的实用主义哲学是一致的，因为实用主义哲学追求意义的实际效果，它的哲学态度是："对教条主义和虚假二分法的反感，对纯粹先验的哲学方式的自然主义厌恶，一种着眼于未来而不是过去的倾向，一种对语言的社会层面和探究的兴趣，以及一种认真对待进化的愿望。"② 可以看出，实用主义是一种面向未来的改良主义哲学。

杜威的社会理想是自由民主社会，而且是不断改造，不断变得更公正、更人道、更民主的自由民主社会。这种民主社会以杜威的新个人主义思想为基础。杜威的新个人主义思想经历了两个阶段的发展。第一个阶段是20世纪20年代中期之前，此时期杜威的新个人主义思想有两个对立面：一是专制主义，它否定个人的尊严和权利；二是19世纪以来西方个人主义向极端个人主义发展的危险。二者都撕裂社会，激发阶级对抗，妨碍社会整体的公平正义的实现。面对前者，新个人主义坚守个人主义的内核；面对后者，新个人主义提倡全面和自由的交往与合作。1916年，杜威提出的民主生活方式的两个标准集中体现了这一阶段的新个人主义思想。这两个标准是：群体内成员有意识地参与的利益有多少？和其他团体的相互作用，充分和自由到什么程度？③ 换言之，新个人主义的民主社会的两个要素是：一方面，个人之间有着数量更大和种类更多的共同利益，社会各阶层能共享发展的成果；另一方面，社会各阶层、各群体之间能更自由、更全面地交往和合作，从而相互影响，取长补短，不断调整社会习惯，使社会更公正、更人道、更民主。第二个阶段是欧洲法西斯主义和极权主义在20世纪二三十年代兴起之后，此时期杜威的新个人主义思想一方面继续强调更自由、更全面地交往与合作，另一方面更强调个人相对于社会的本源性。杜威在这一阶段反复强调他对经验的信仰以及对个体是其中心和目

---

① ［美］约翰·杜威：《我的教育信条：杜威论教育》，彭正梅译，上海人民出版社2017年版，第11页。
② 孙咏：《美国实用主义：演变及其当代走向——苏珊·哈克教授访谈录》，《广东社会科学》2014年第2期，第62—74页。
③ ［美］约翰·杜威：《民主主义与教育》，王承绪译，人民教育出版社2001年版，第93页。

的的信念一直没有改变，只是在不同时期侧重点有一些变化。"现在比以前更愿意强调，个体是联合生活的性质和发展的最终的决定性因素。"① "珍视自己和他人的自由权的个体，在思想上和行动上都具有民主风范的个体，是民主制度存在和持续唯一的与最后的保障。"②

在杜威看来，教育的目的就是要促进新个人主义民主社会不断完善。他指出，引导教育走向维护民主社会制度的道路，是一项艰巨的任务。"我们应严肃地、积极地、大力地利用民主学校和学校中的民主方法，应在自由精神中教育国家的青少年去参与一个自由社会……使学校成为自由的个人明智地参与自由社会的更完善的工具。"③ 与此目的相对应，杜威认为，教师不但应做学问的领袖和学生的领袖，而且应做社会的领袖。杜威指出，教师的职业精神不仅意味着教师应全身心地投入对教育问题的持续研究中，而且意味着教师应当在公众意见的形成中承担起引导者或指导者的责任。④ 他认为，在改善社会健康与文化这一真正根本和重要的工作中，在将自由、正义和幸福传遍整个社会的工作中，教师比社会中任何其他的阶层都更加是社会工作者。⑤

从新个人主义思想中可以看出，促进民主社会的不断完善，与促进个人的自由发展，培养以民主为生活方式的现代人是不矛盾的，而且，从根本上说，民主社会不断完善的最终动力来自个人的自由发展。

（三）教育的社会目的与国家目的之间的张力关系

杜威指出，近代以来，民族国家的兴起是一件影响深远的大事，现代教育也深受其影响。民族振兴和国家富强成为理所当然的教育目的，普及教育的工作势如破竹，爱国主义教育深入人心。这都是古代教育不曾有的事情。但是，杜威提醒人们，民族国家有两面性：既具有解放性和开放性，同时也具有压制

---

① John Dewey, "I Believe," in John Dewey, *The Later Works of John Dewey*, *1925—1953*, Carbondale: Southern Illinois University Press, 1988, p. 91, vol. 14.
② John Dewey, "I Believe," in John Dewey, *The Later Works of John Dewey*, *1925—1953*, Carbondale: Southern Illinois University Press, 1988, p. 92, vol. 14.
③ John Dewey, "Democracy and Education in the World of Today," in John Dewey, *The Later Works of John Dewey*, *1925—1953*, Carbondale: Southern Illinois University Press, 1988, p. 297, vol. 13.
④ 《杜威全集·中期著作（1899—1924）》第七卷（1912—1914），刘娟译，华东师范大学出版社 2012 年版，第 81—82 页。
⑤ 《杜威全集·中期著作（1899—1924）》第十五卷（1923—1924），汪堂家等译，华东师范大学出版社 2012 年版，第 130—131 页。

性和封闭性。一方面,民族国家的形成打破了宗法观念和地方主义,"扩大了社会统一感,加深了公民感并形成了公共精神";另一方面,"对其他民族的排斥、怀疑、恐惧、嫉妒甚至怨恨"也逐渐增长。① 因而,民族国家既有促进教育民主化的贡献,也可能"借了教育的力去养成国民服从政府的个性","这种实在是奴隶教育,虽说是普及,但它的宗旨是很坏的"。② 在杜威所处的时代,许多国家利用教育培养国民无条件地服从国家的奴性,煽动民族仇恨,破坏人类和平与团结,两次世界大战就是触目惊心的例证。杜威指出:"在欧洲,尤其在大陆各国,这个注重为人类福利和进步而教育的新思想,成为国家利益的俘虏,被用来进行社会目的非常狭隘而且具有排他性的事业。把教育的社会目的和教育的国家目的等同起来,结果使社会目的的意义非常模糊。"③ 杜威认为,"国家"的核心是政府组织,"社会"指不受政府权力干涉的公共空间和私人空间。教育既具有国家目的,也不可缺少社会目的,教育要为国育"才",更根本的是,教育要为社会育"人"。

三、课程与教学

杜威的课程论与教学观是以其实用主义经验论为基础的,同时,杜威也将课程与教学视为实现其理想的教育目的的主要工具。

(一) 经验论与课程观

在杜威的思想中,知识是从属于经验的。杜威的实用主义经验论有两个特征:一是强调自然与人文之间存在内在的连续性;二是经验以现代科学的实验方法和实验精神为范式。以这种经验论为核心的知识具有三个特点。第一,知识是实验性的。知识和真理不是万世一系的,而是"不断生长"的。因此,作为知识权威代表的教师在教学过程并不享有绝对权威,他们只是"平等者中的首席"。第二,知识是工具。知识是解决问题的工具,通过知识,人们可以摆脱"不确定状态"或"困惑状态",进而建立有序整合的信念。知识还是创新的工具,"假使不利用我们已有的观念和知识,我们就不能获得新的东西"④。

---

① 《杜威全集·晚期著作(1925—1953)》第七卷(1932),魏洪钟、蔡文菁译,华东师范大学出版社2015年版,第284页。
② 《杜威在华教育讲演》,单中惠、王凤玉编,教育科学出版社2007年版,第98页。
③ [美] 约翰·杜威:《民主主义与教育》,王承绪译,人民教育出版社2001年版,第107—108页。
④ [美] 约翰·杜威:《经验与自然》,傅统先译,商务印书馆2017年版,第1页。

作为工具的知识产生于经验,服务于经验,使经验不断丰富、不断扩展。"我们并非反对用语言文字表达的信息……但是,如果所沟通的知识不能组织到学生已有的经验中去,这种知识就变成纯粹言词,即纯粹感觉刺激,没有什么意义。"① 这种工具主义知识论的教育学意义在于:不要将知识目的化,知识不是教育的目的,人的不断发展才是目的;不要将知识神圣化,既然是工具,那么它本身就不会是永恒的,必须不断修正和创新,真正的知识总是创造性的、期待性的和面向未来的。第三,科学知识与人文知识是相通的。杜威在论述科学知识时说:"知识具有人文主义的性质,不是因为它是关于过去人类的产物,而是因为它在解放人类智力和人类同情心方面作出了贡献。任何能达到这种结果的教材都是人文主义的,任何不能达到这种结果的教材就连教育意义也没有。"② 科学知识和人文知识不是二元分裂的,它们是统一的、连续的,统一的中介是杜威定义的"人文主义的性质",即"解放人类智力和人类同情心"。

在这种经验论的基础上,杜威阐述了他的课程观。

首先,课程不能脱离学生的实际和社会进步的实际。"一个课程计划必须考虑课程能适应现在社会生活的需要;选材时必须以改进我们的共同生活为目的,使将来比过去更美好。"③

其次,课程要具有民主性和通识教育性质。杜威指出,"维持民主主义社会尤其要依靠用广泛的人类的标准来编制学校的课程",如果采取双轨制,"对于群众的教育,根据狭隘的功利的目的,而对于少数人的高等教育,则按照特别有教养的阶级的传统,那么,民主主义是不能兴旺的",因此,"教育首先必须是人类的,只是随后才是专业的……教材须与人类的共同利益有联系才是人类化的教材"。④

再次,主动作业、历史和地理、系统的科学知识在课程中具有重要地位。主动作业包括游戏和社会工作,将它们引入学校课程,是19世纪末20世纪初的新教育运动对现代教育的贡献。杜威的独特之处是认为民主社会的教育应将游戏和社会工作统一起来。他认为,历史和地理不但是扩大个人经验的两大课

---

① [美]约翰·杜威:《民主主义与教育》,王承绪译,人民教育出版社2001年版,第205页。
② [美]约翰·杜威:《民主主义与教育》,王承绪译,人民教育出版社2001年版,第247页。
③ [美]约翰·杜威:《民主主义与教育》,王承绪译,人民教育出版社2001年版,第209页。
④ [美]约翰·杜威:《民主主义与教育》,王承绪译,人民教育出版社2001年版,第209页。

程资源，而且能丰富和拓展师生的社会同情心，因而还是道德教育课程的建设性资源。关于系统的科学知识，杜威指出："从逻辑方面和教育方面来看，科学乃是认识的完善过程，是认识的最后阶段。"① 但与斯宾塞相比，杜威更强调科学的方法，即现代实验方法。他说："一个人愈强调组织作为科学的标志，他就愈要承认方法在科学的定义中居于首位。"② 因此，他非常赞同把科学解释为探索和试验的方法③，也更加强调"科学标志着人的思想从致力于因袭习惯的目的中解放出来，有系统地追求新的目的"④。

最后，要重视开发系统的、深入的教材。杜威认为，手工训练、学校园艺和短程旅游等课程"可以用来提示需要解决的典型问题，为了解决这种问题，就要靠个人的反省活动和实验的方法，要靠获取明确的知识体系，以便日后获得更为专门的科学知识"⑤。他在晚年系统地批判了"许多比较新的学校对教材的组织几乎不予重视或毫不理解"的现象，认为"进步学校最薄弱的一点是关于知识性教材的选择和组织"⑥。

(二)"做中学"与探究式教学

在教学方法方面，杜威强调"做中学"。在杜威的思想中，"做中学"不仅指探究式教学，而且是一种以其民主思想为内核的社会理论。⑦ 杜威认为学生有四种基本的兴趣，即对谈话或交流的兴趣、对探究或发现的兴趣、对制作或建造的兴趣，以及对艺术表达的兴趣。⑧ 这四种兴趣都可归结为广义的探究兴趣。教育活动应利用学生这种探究的兴趣，在兴趣中探究，并且为了探究的兴趣而开展。这是杜威教育思想的基本观点之一。

探究的前提和基础之一是人格独立。要进行探究，就要先意识到个人尊严和人格独立。这是现代社会的奠基性意识，没有它，现代社会不会诞生，现代

---

① [美]约翰·杜威：《民主主义与教育》，王承绪译，人民教育出版社2001年版，第236页。
② [美]约翰·杜威：《民主主义与教育》，王承绪译，人民教育出版社2001年版，第208页。
③ [美]约翰·杜威：《民主主义与教育》，王承绪译，人民教育出版社2001年版，第207页。
④ [美]约翰·杜威：《民主主义与教育》，王承绪译，人民教育出版社2001年版，第240页。
⑤ [美]约翰·杜威：《我们怎样思维·经验与教育》，姜文闵译，人民教育出版社2005年版，第178页。
⑥ [美]约翰·杜威：《我们怎样思维·经验与教育》，姜文闵译，人民教育出版社2005年版，第246、288页。
⑦ 涂诗万、朱凯：《作为社会理论的"做中学"——深化杜威研究的一个新尝试》，《华东师范大学学报（教育科学版）》，2023年第6期，第14—25页。
⑧ 《杜威全集·中期著作（1899—1924）》第一卷（1899—1901），刘时工、白玉国译，华东师范大学出版社2012年版，第24页。

教育不会出现。现代社会是民主社会,"归根到底,民主主义的问题是个人尊严与价值的道德问题"①。

探究的前提和基础之二是教育本身的自由。杜威认为,自由在教育本身的发展中具有根本的重要性②,没有自由就没有教育。他认为,心智自由、思想自由、探究自由、讨论自由就是教育,没有这些自由,就没有教育,没有真正的教育;攻击学术自由就是攻击教育本身,就是攻击教育实现其目的的可能性。杜威进一步指出了教育与训练的区别:教育离不开训练,但教育不是训练,教育的对象是人,而单纯训练的对象是牲畜。教师是教育工作者,不是驯兽师。民主时代作为个体的人强烈意识到自己拥有自由意志和人权,而牲畜却不具备这些条件。因此,人的教育必然是自由的教育,否则就不能称为教育,只能称为训练。具体来说,教育本身的自由就是"教师和学生在教与学方面的自由",杜威说这是民主社会的教育绝对需要的自由,没有它,就不会有真正的探究教育,就不能造就"智慧的公民"。③

探究的具体方法体现在反省思维的五个要素中。杜威指出,不要认为研究是科学家和研究生的特权,一切思维都是探究的过程。他把以现代科学实验方法为范式的思维称为反省思维。反省思维的五个阶段是:行动遇到阻碍,产生种种相互冲突的观念暗示,进入怀疑、困惑状态;冷静下来,理性地分析和推测,使问题明确起来;审慎并周密地调查、探究和分析,提出正式的解决问题的假设;推理规划,使假设更加精确;行动检验。④ 这五个阶段不是严格的时间线性步骤,杜威更多的时候把它们称为反省思维的五个要素或五个特征。杜威强调,反省思维就是有教育意义的经验的方法,教学法的要素和反省思维的要素是相同的。因此,探究式教学也有类似的五个要素:第一,学生要有一个真实的经验的情境——要有一个对活动本身感兴趣的连续的活动;第二,在这个情境内部产生一个真实的问题,作为思维的刺激物;第三,学生要占有知识资料,进行必要的观察,应对这个问题;第四,学生必须有条不紊地运用他们所想出的解决问题的方法;第五,学生要有机会和需要通过应用检验他们的观

---

① [美]约翰·杜威:《人的问题》,傅统先、邱椿译,上海人民出版社2014年版,第34页。
② John Dewey, "Freedom in Worker's Education," in John Dewey, *The Later Works of John Dewey, 1925—1953*, Carbondale: Southern Illinois University Press, 1984, p. 333, vol. 5.
③ [美]约翰·杜威:《人的问题》,傅统先、邱椿译,上海人民出版社2014年版,第62页。
④ [美]约翰·杜威:《民主主义与教育》,王承绪译,人民教育出版社2001年版,第165页。

念，明确这些观念的意义，并且自己验证它们是否有效。① 杜威强调，他并不是要求每堂课或每个知识点的教学都必须机械地按照这五个要素进行，而是主张好的教学应体现反省思维的要素。实质上他是在强调现代教学应时时处处发展学生的质疑精神和敏锐的问题意识，要尽可能多地让学生以各种形式参与，要培养学生审慎地、周密地反思的能力与习惯，要养成学生广泛地搜集资料、细致地观察和不畏艰难地探索的能力与习惯，要鼓励学生的创新精神，培养学生创造性地提出假设的能力，要培养学生关心社会的精神和用证据说话的实践兴趣。探究式教学的核心是以理性引导教育，以现代科学的实验精神促进教育活动深入发展。

另外，杜威特别强调民主的合作探究。首先，他要求教师不能处于探究过程之外做外部监督者或独裁者，他们必须从事探究。杜威在中国演讲时指出："以上所讲的创造、发明、活动诸精神，教师先要自己练习，然后才可以教学生……现在做教师的人，假若认为紧要、决意去做，用自己思想、能力去创造、发明、活动，使抽象的变为具体的，也不难办到。"② 多年以后，杜威仍然持相同的观点："给学生留下最持久的印象的教师，能够唤起学生新的理智兴趣，把自己对知识或艺术的热情传导给学生，使学生有探究的渴望，找到本身的动力……教师本身必须有真正的理智活动兴趣，必须热爱知识，这样，于无意中就会使其教学充满生机。"③ 其次，杜威主张教师用民主的方法领导学生探究，而不是用专横的方法压制学生。"教师会用各种方法来让孩子们发挥其主动性，而不是把所有责任和主动性都控制在自己手里。老师鼓励学生相互提出问题，鼓励他们大声说出反对的意见并纠正别人，鼓励他们面对问题要自己去整理头绪。"④ "如果教师确实是称职的，而非仅仅是主人或'权威'，他应该充分了解自己的学生，了解他们的需要、经验、技能和知识程度等等，能够（不是发号施令般地提出

---

① ［美］约翰·杜威：《民主主义与教育》，王承绪译，人民教育出版社2001年版，第179页。
② 《杜威在华教育讲演》，单中惠、王凤玉编，教育科学出版社2007年版，第219页。
③ ［美］约翰·杜威：《我们怎样思维·经验与教育》，姜文闵译，人民教育出版社2005年版，第215页。
④ 《杜威全集·中期著作（1899—1924）》第八卷（1915），何克勇译，华东师范大学出版社2012年版，第207页。

目标和计划）就做什么与他们进行讨论……"① 最后，杜威认为，学生与教师一起在共同参与的探究活动中形成具有真正的社会精神的团体，如此，学校的纪律就能成为自由的、自觉的纪律，同时也能从道德上培养负责任的公民。因此，民主的合作探究，既是知识教学的上佳途径，同时也是学校道德教育的有效方式。

四、杜威教育思想的评价与影响

杜威的教育本质论、教育目的论、课程与教学论共同体现了他的教育思想的两个核心特征：在知识与行动的关系方面强调实验精神；在个人与社会的关系方面强调新个人主义。前者集中体现了实用主义哲学的影响，后者则主要体现了民主思想的影响。不过，在杜威的教育思想中，实用主义和民主是统一的，也就是说，实验精神中也有民主的影子，新个人主义中同时暗含着实用主义的底蕴。

吴俊升认为，在教育史上，杜威继承了一种长远的教育改革运动，这种运动起自文艺复兴时期，从蒙田，经过卢梭、裴斯泰洛齐、福禄培尔，直到"新教育运动"，是一脉相承的。"对于这一现代化、人道化和具有解放作用的教育运动，给予一个比较完整、严密的教育哲学的体系的，便是杜威。"② 总之，一方面，杜威的教育思想继承与发扬了文艺复兴以来进步教育家对理性、自由和个性的尊崇，对创造的重视，给予教育、教育者和学习者以新的尊严和地位；另一方面，它创造性地将现代科学的实验精神和新个人主义理念融入教育的内核，为认识现代社会条件下教育的本质提供了重要的启发。

杜威的"境遇"是非常奇特的。一方面，20世纪前期，杜威有为数不少的追随者和信徒，他们都对现代教育的建构做出了重要贡献。杜威的民主主义教育思想在美国中小学广为传播，深入人心。另一方面，杜威的教育思想中的经验自然主义特征，与作为美国主流价值观根基的传统基督教信仰是对立的，因而杜威的教育思想也引起了许多美国人的反感，20世纪中期在美国兴起了一股批判杜威教育思想的热潮。但是，20世纪后期，人们又重新认识到了杜威教育

---

① 《杜威全集·晚期著作（1925—1953）》第二卷（1925—1927），张奇峰、王巧贞译，华东师范大学出版社2015年版，第46页。
② 涂诗万主编：《〈民主主义与教育〉：百年传播与当代审视》，教育科学出版社2016年版，第18页。

思想的重要价值。

杜威的教育思想产生了世界性的影响。1919—1921 年，杜威携夫人在中国旅行讲学，传播他的教育思想和民主思想。他的思想，通过胡适、郭秉文、蒋梦麟、陶行知、陈鹤琴、孟宪承和吴俊升等著名思想家和教育家的传播或研究，丰富了中国教育界的认识。杜威的教育思想对十月革命后的苏联教育曾产生了少许影响。在 20 世纪前期，杜威的教育思想在南美洲的一些地区和日本、土耳其等国家产生了重要影响。而在英、法、德等欧洲主要国家，20 世纪中叶前，杜威的教育思想并没有引起广泛重视，直到 20 世纪 60 年代以后，才逐渐产生了较大的影响。

第五节　要素主义教育思想

要素主义、永恒主义教育思想是作为进步教育思想的对立面和批判者而出现的，它们被合称为新传统派教育思想或保守主义教育思想。所谓保守主义教育思想，并不代表迂腐与落后，而是指与进步教育相对立，主张继承西方传统教育理论的教育思想，其主要观点有以下方面：一是坚持教育的目的是把自古希腊、古罗马、中世纪以来形成的西方传统与核心价值理念传授给年轻一代，捍卫西方传统价值理念。二是坚持用传统教育理念来教育学生，强调基础课程和智力训练，强调纪律，强调教师在教育过程中的作用。三是要素主义教育强调应把人类文化遗产中的"共同要素"作为教育的核心，提倡按学科知识教学，进行严格的智力训练；永恒主义教育则强调学习经典名著，使学生掌握具有永恒价值的知识，提倡自由教育。

要素主义，也被翻译为本质主义、精粹主义，它承认世界的变革，但强调人类文化中的共同"要素"对于变化中的世界的价值，认为学校应该传授给学生社会所必需的"共同知识""共同价值"，主张让学生"接受指导、接受教育"，以掌握人类文化中基本的、永恒的知识与技能。要素主义教育思想发轫于 20 世纪 30 年代的美国，到五六十年代达到高潮，并一度成为占统治地位的教育思想。1955 年美国进步教育协会的解散和 1956 年要素主义者倡导基础教育协会的成立，标志着进步教育运动的衰落和要素主义教育思想的崛起。1958 年，美国颁布的《国防教育法》吸收了要素主义教育思想的一些观点。在 20 世纪 50 年代到 70 年代的美国教育改革中，还可以看到要素主义教育思想的影响。

一、巴格莱的教育思想

威廉·钱德勒·巴格莱是要素主义教育思想的代表人物。巴格莱毕业于密歇根州立大学，1898年在威斯康星大学获得理学硕士学位，1900年获得康奈尔大学心理学和教育学博士学位，1917—1940年任哥伦比亚大学师范学院教授。1938年，他参与组织了要素主义者促进美国教育委员会，亲自撰写并发表了《要素主义者促进美国教育的纲领》，阐述了要素主义教育的基本主张，这标志着要素主义教育思想的正式形成。1939年，巴格莱创办了《学校与社会》杂志，刊登要素主义教育方面的文章。巴格莱的教育著作有《教育过程》《教育的价值》《教育与新人》等。1934年出版的《教育与新人》是他众多著作中最具代表性的一部，它站在谋求人类进步和社会变革的角度，分析和探讨了美国教育存在的问题，提出了一些有价值的建议。

（一）论教育的本质

巴格莱认为，教育的本质就是传授人类种族遗传下来的共同要素。这种共同要素包括人类社会的共同思想、共同理解、共同准则及共同精神等，它是人类文明的精华，是人类社会得以存在、繁衍和发展的重要前提。无论人类的历史多么悠久，各民族的文化差异如何巨大，就整个人类社会文明而言，总存在着各民族都能接受和欣赏的共同文化经验，这种共同要素远比个人独立积累的经验重要，因为其经受了历史的检验和各民族的尝试。能够把人类的过去、现在与未来联系起来，使人类的共同要素永久传递下去的活动就是教育，也是人类教育的核心内容——使学习者掌握必需的和基础的知识、技能和态度。这些观点在西方具有悠久的历史，早在文艺复兴时期的人文主义运动中已有类似观点，夸美纽斯、洛克、裴斯泰洛齐、赫尔巴特等人也持有类似观点。巴格莱认为："在最广泛的意义上讲，教育则是传递这些知识的过程，或者说教育是传递人类积累的知识中具有永久不朽价值的那部分的过程。"① 巴格莱认为，通过学习人类的共同要素可以实现教育的最高目的，即促进人的心智训练。当然，他所说的人类共同要素实际上是指西方的文化传统和价值观念。

基于教育应该传授人类文化发展过程中形成的共同要素的理念，巴格莱对

---

① [美]巴格莱：《教育与新人》，袁桂林译，人民教育出版社2005年版，第37页。

进步教育运动提倡的活动教学、设计教学、儿童中心、经验中心等提出了强烈批判。他指出,进步教育的活动教学、活动课程,常常"把活动本身当做自足的目的,而不问通过这种活动能否学到什么东西"①,这些教学方式只是在活动中获得一些零碎、肤浅的知识,无法按照内容本身的逻辑关系、因果关系和前后顺序进行严格而系统的教育。他认为,这种在学校中否定系统书本知识传授的做法,是一个潜在的、可悲的、非常危险的陷阱,它"削弱基础知识,夸大浅薄的东西,贬低顺序性和系统性,而且还加重了较低级学校的弱点和缺乏效能"②,最终的结果必然会导致教育质量的下降,这在美国已经得到印证。他认为,一些教育家过于提倡活动教学和设计教学,使"美国学校教育降低了教师的教学功能"③,把教师的活动"低估成了背景陪衬活动"④。巴格莱提出,教育就是要从人类文化的宝贵遗产中挑选出最具永久价值的知识和经验,设计稳定而系统的课程,教材内容要按照学科逻辑循序渐进地编排,以通过这些系统、精密、要求严格的课程加强对学生的心智训练。

巴格莱提出,心智训练的过程,也是学生受到严格训练和刻苦学习的过程,因此,教师在教育教学过程中应占据主导地位,负责实施系统的学习计划。巴格莱批驳了进步教育指责教师发挥作用就是压抑学生民主、自由的观点,认为教师在教育教学过程中居于主导地位是人类经过漫长的历史逐渐认识到的,是教育发展的进步体现和必然要求。教师在教学过程中,应当以系统讲授为主要方法,严厉管束学生,通过系统训练使学生养成刻苦学习和遵守纪律的习惯。心智训练和学习共同要素时不能只凭学生的兴趣与爱好来指导,学校应制订严格的考核标准和必要的规章制度,加强纪律要求。要素主义者针对美国教育的状况,提出应对学生的学业成绩进行严格的考核,以此作为升级、留级的标准。

巴格莱认为,教师掌握着学科的逻辑体系,了解教育过程,掌握着教育的主动权,担负着对学生进行指导和教育的责任。他把教师的功能具体分为六种:在设计教学和活动教学过程中的指导功能;口头讲授使学生卓有成效地掌握对话的功能;鼓励学生有生活热情和加深对生活意义的理解的功能;发现和

---

① 王承绪、赵祥麟编译:《西方现代教育论著选》,人民教育出版社2001年版,第156页。
② 王承绪、赵祥麟编译:《西方现代教育论著选》,人民教育出版社2001年版,第160页。
③ [美]巴格莱:《教育与新人》,袁桂林译,人民教育出版社2005年版,第137页。
④ [美]巴格莱:《教育与新人》,袁桂林译,人民教育出版社2005年版,第138页。

培养学生特别"天赋"与特定能力的功能；用人格来影响学生的功能；培植学生热情的人生态度的功能。① 他认为教学是一种艺术而非技术，教育过程需要教师对人类遗产中的知识、技能、观念及道德规范准则等进行鉴别，并且教师的工作需要情感的投入。为此，巴格莱提出要加强美国的师范教育，选择和培养高水平的教师。

（二）论要素主义的教育信条

巴格莱分析了进步教育和要素主义教育的冲突症结，提出了要素主义的教育信条。他指出，要素主义教育和进步教育所代表的两种对立的理论流派之间的冲突由来已久。长期以来，在漫长的教育历史中，始终贯穿着两种对立的理论，存在着教育理论问题的争论，这些问题可以以对应概括的方式将它们表述为：努力与兴趣、纪律与自由、种族经验与个体经验、教师主导与学生主动、学科与活动、学科逻辑与心理逻辑、长期目标与近期目标等。巴格莱认为，这类对立的假设容易误导大家，因为这些假定的矛盾的任何一个方面都代表了教育过程的某种因素，都具有相对的合理性。

进步教育与要素主义教育的主要差别在于各自都相对强调对立矛盾的一个方面，都在试图解决二元矛盾并使它们保持一致。例如，在努力与兴趣的矛盾中，进步教育者主要强调兴趣对于学习的重要性，并认为努力产生并存在于解决问题的兴趣或实现某种目的的兴趣中；要素主义者相信，兴趣是学习的驱动力量，但是，兴趣不仅指具有愉悦性和吸引力的初始兴趣，而且指产生于学习努力中形成的高级的和长期的兴趣。在种族经验与个体经验的问题上，巴格莱认为，应给予每一代人掌握人类文化遗产的机会，要达到这一目的，就需要对年轻一代进行严格的管理。对于教师主导还是学生主动，要素主义者认为，成人指导、管理和监督未成年人并帮助他们顺利进入社会是人类固有的特性。在学科与活动的问题上，巴格莱认为，人类社会长期形成的种族经验，特别是组织化的经验和组织化的文化，即共同要素，是教育的核心内容。个体经验只是实现目的的手段，而不是教育目的本身。对于学科逻辑与心理逻辑，巴格莱指出，需要照顾儿童的心理发展水平，儿童最初一段时间需要进行简单和具体的问题学习，这是正确的。但是，在进步教育者中有一种倾向，即否定正式的、有组织的、抽象的学习，不鼓励那些有能力的儿童努力学习精确的和严谨的学

---

① ［美］巴格莱：《教育与新人》，袁桂林译，人民教育出版社2005年版，第139—142页。

科，这是不可取的。巴格莱指出，进步教育运动日益强调兴趣、自由、个人经验、学生主动、活动、心理逻辑、近期目标等，蔑视甚至谴责努力、纪律、种族经验、教师主导、学科、学科逻辑、长期目标等，已经给美国教育造成了严重后果，必须予以摒弃，使教育理论成为强有力的、生气勃勃的、积极的理论，而不是无能的、软弱的和含糊的理论。① 巴格莱把自己理解的要素主义者的教育信条概括为：教学中既要经常引导并保持学生学习的兴趣，又要引导学生付出双倍的努力；未成年人的成长需要成年人的教育和指导；发展学生的自律意识是学习成功的重要条件；必须让未成年人努力并系统掌握经过精选的学科知识。

要素主义教育思想是20世纪美国教育发展史上一种重要的教育思潮，巴格莱在其中起了至关重要的作用，被视为要素主义最杰出的代言人和最出色的领袖。巴格莱的教育思想反映了20世纪30年代美国教育思想试图从偏重儿童中心与适应生活转向着重传授基础知识与基本技能，对美国20世纪五六十年代的教育改革产生了一定的影响。

二、科南特的教育思想

詹姆斯·布莱恩特·科南特是美国教育家、科学家和外交家，毕业于哈佛大学。1933—1953年任哈佛大学校长，离任后一直是该大学的名誉校长，后任驻德大使和美国教育协会政策委员会成员等职。科南特是第二次世界大战后要素主义教育思想的代表人物，在他所关注的中等教育改革和师范教育改革中，虽然主张兼顾学术性文理科目与职业科目或教育科目，但他总是强调普通教育的重要性，强调学术性文理科目的基础知识和智力训练，这也是他所认为的中等教育的"新重点"和师范教育的"新方向"。与巴格莱相比，科南特的贡献在于对教育政策的探讨与影响，因此他是一位教育改革家和教育实践者。他把要素主义教育思想应用于美国教育实践中，在美国教育界影响较大，被称为"20世纪中叶最有影响的美国教育家"，对20世纪五六十年代美国公共教育产生了重大影响。②

（一）论中等教育改革

与20世纪30年代所面临的美国国内、国际形势相比，第二次世界大战后，

---

① ［美］巴格莱：《教育与新人》，袁桂林译，人民教育出版社2005年版，第184页。
② 按照教育思想形成的时间，对科南特的讨论应在第十章。为避免重复，提前至本章讨论。

美国发生了翻天覆地的变化。一方面，科技发展和经济繁荣带来了现代化大工业的发展与生产技术的专门化，另一方面，意识形态的对立导致以美国、苏联为代表的两大阵营造成了"分裂的世界"。1957年，苏联第一颗人造地球卫星发射成功，两大阵营的军事科技竞争达到了白热化程度，美国意识到了自己科学技术领先地位的动摇和教育改革的失败。科南特的教育思想也因此深深地打上了时代烙印，他从事教育研究和推动教育改革的出发点，就是要在新的历史条件下使美国教育发展行进在正确的道路上，在"一个分裂的世界"筑起"知识的堡垒"，捍卫美国"自由国家的公认的领袖"地位。与此同时，教育改革与教育政策也要适应国内的需要。美国当时的人口膨胀和社会流动，不仅要求扩大教育规模，而且激化了教育上的种族矛盾、凸显了大城市贫民区的教育问题。科南特认为，要改善贫民区的学校教育，认真对待处境不利的青年人的教育与就业问题，就需要重视美国公共教育的传统，认为"多受一些教育乃是实现美国人机会平等和地位平等的手段"①。在这样的背景下，科南特从1957年起转而研究美国中等教育和师范教育。

在卡内基教育基金会的资助下，科南特从1957年起，对美国26个州的103所中学进行了两年多的调查研究，形成的调查报告《今日美国中学》于1959年出版。该报告分析了美国中等教育制度发展的历程、特点和存在的问题，提出了改进公共中等教育的21条建议。科南特认为，美国中等教育存在着文理科目教学质量低下、有才华的青年学生的潜能没有被开发出来等问题，但美国中等教育的基本类型无须彻底改变。该报告提出的主要改革建议是发展规模较大的综合中学，因为小规模的中学限于条件较难开设高深科目，而大规模的综合中学规模大、师资多，容易购买现代化教学设备，便于开设新学科，有利于提高教学质量。他提出，综合中学应具备三项职能：第一，为所有的未来公民提供普通教育；第二，为准备就业的学生开设良好的选修课程，使他们学到谋生技能；第三，为准备升学的学生开设专门的高级文理课程。②

科南特建议对学生按不同科目的学习能力进行分组教学。他建议的分组方法"不是把某个学生在所有课程上都放到一个特定的组里"，而是"某个学生学英语时可能在最高的能力组里，而在学习历史或9年级代数时就可能在中等

---

① 《科南特教育论著选》第2版，陈友松主译，人民教育出版社2017年版，第6—7页。
② 《科南特教育论著选》第2版，陈友松主译，人民教育出版社2017年版，第10页。

的一组"①。他重视对有才能的学生的教育，建议鉴别出约占全国学生3%的天赋高的学生，采取特殊措施加以培养，如配备专门的教师，编成特殊班级进行教学，在中学高年级学习大学先修课程，开设免费的暑期班等。同时，科南特提出要对阅读能力十分欠缺的学生进行特殊照顾。有些9年级学生的阅读能力只达到6年级或以下水平，应由专门的教师负责他们的英语和社会研究等必修课的教学。在重视数学与自然科学课程的同时，科南特也十分重视语言与阅读，提出了发展阅读能力的课程计划：加强阅读教学，帮助学生获得从精读、细读到略读各种材料的技能；提高阅读速度；提高对读物的理解能力；注重英语作文练习，英语作文时间应占英语学习时间的一半左右，学生每周应作文一次。他还重视外语教学，认为"所谓'掌握'，实际是指有能力阅读这种语言的书刊。如果学一门现代外语，还应具有用这种语言同该国居民进行流利而准确的交谈的能力"②，"教学中，先增长学生有关会话的知识，再发展有关阅读的能力，重点不要放在语法上"③。

(二) 论师范教育改革

第二次世界大战之后，美国以培养教师为单一目标的师范院校日益萎缩。1960年只有55所师范院校，师资的培养工作主要由大学或文理学院进行。教师的培养直接关系到中小学教育的质量，师范教育的这种改革转向引发了许多教育问题与争议。科南特从1961年起，对美国人口最为稠密的22个州的77所培养师资的高等院校进行了为期两年的调查研究，形成的研究报告《美国师范教育》于1963年出版。④

科南特提出，师范教育应该加强面向未来教师培养的普通教育，即广博的文理科目和学术性训练，包括文学、历史、政治学、数学、自然科学、地理、艺术和音乐。文理学术性课程约占总学时的50%，各专业课程的学时数约占37%，教育专业训练的学时数约为13%。科南特起初对于教育科目是抱有偏见的，但他担任哈佛大学校长后不久就改变了自己的看法，提出文理学院的教授与教育学院的教授应该加强合作，认识到师范教育课程既要有文理科普通教育的基础，又要有各科专业教育的专深学习，还要有教育学知识和教学训练。他

---

① 《科南特教育论著选》第2版，陈友松主译，人民教育出版社2017年版，第68页。
② 《科南特教育论著选》第2版，陈友松主译，人民教育出版社2017年版，第84页。
③ 《科南特教育论著选》第2版，陈友松主译，人民教育出版社2017年版，第87页。
④ 《科南特教育论著选》第2版，陈友松主译，人民教育出版社2017年版，第7页。

建议应该从中学毕业生中选择成绩在前35%的人为未来的中小学教师，并进行五年的师范教育。他还建议文理学院毕业生取得学士学位后，再继续学习一年的教育科目并进行教学实习，毕业合格则授予教育硕士学位。

科南特认为，教学实习是培养师资最重要的环节，主张将教学实习作为教师训练的重点。他指出，指导教学实习的教育学老师，应具有许多实践经验，地位类似于医学院的临床教授。这种实习指导教师不必持有博士学位，在研究方面不一定有所建树，但他们应是优秀的中小学教师和大学教师，他们必须经常回到中小学任教，在师范学院的工作可以是兼职的也可以是专职的。实习指导教师应当不断积累并更新他们的课堂教学经验，应当密切接触各门教育科学，特别是教育心理学的新动向。科南特关于教师实习的观点有一定价值，但忽视了教师职业与医生职业的不同。教育工作与医疗工作的性质不同，教师的培养、培训与实习具有自身特质，不可能照搬临床医学的做法与经验。

科南特的教育思想对20世纪后半叶的美国教育理论和实践改革都产生了一定影响。1961年，美国教育协会政策委员会通过的《美国教育的中心目标》声明，把智力训练作为中学教育的重点。20世纪五六十年代美国教育界大力推行"天才教育"和"新三艺"（数学、自然科学和外语），改革中等教育和师范教育课程，都与科南特的积极推动有着直接的关系。

要素主义教育思想把学校与教育的基本职能视为保存和传递人类文化的共同要素。在教育目的上，强调理智训练和智力发展；在教育内容上，主张开设以学科为中心的系统科目的学习，要求学生掌握基础知识和基本技能；在师生关系上，强调教师的主导作用与支配地位。要素主义者反对迎合学生兴趣和需要，主张系统知识的学习和传授，强调学习内容的逻辑性、连贯性和顺序性，反对任凭学生兴趣进行的所谓"做中学"，要求学校以基本技能和基础知识的学习为中心。

第六节　改造主义教育思想

改造主义是从进步教育中分化出来的一个教育思想派别。改造主义教育思想在20世纪三四十年代的主要代表人物是拉格和康茨，但在当时还没有成为一个独立的思想派别。到了50年代，经过布拉梅尔德等人的努力，改造主义成为当时具有一定影响力的独立的教育思想流派，对美国教育产生了重要影响。改造主义的思想基础主要来自实用主义，尤其是杜威的教育思想。正因为改造主义与进步教育有共同的理论基础，所以改造主义才认为进步教育是自己的"亲密盟友"。但这两个"盟友"之间存在思想分歧。改造主义最核心的教育思想是社会需要进行持续不断的改造与变化，并且社会改造的实现离不开教育，教育在社会改造中发挥着不可替代的重要作用。虽然进步教育主张持续不断的变化，并通过不断地解决个人和社会的问题来促进社会进步，但在改造主义者看来，进步教育事实上是帮助人"适应"社会而不是"改变"社会。改造主义者认为，教育固然需要帮助人们适应社会，但更重要的是直接促进社会持续不断的改造。

一、拉格的教育思想

哈罗德·拉格是美国社会改造主义教育思想的代表人物，社会科课程的主要创始人，他出身于美国马萨诸塞州的一个木匠家庭。据拉格本人回忆，其家庭背景本质上是保守和传统的。1908年，他在达特茅斯学院获得学士学位，1909年在该学院的泰勒土木工程学院获得硕士学位。此后，他曾短暂工作于密苏里太平洋铁路公司，也在大学教过土木工程课程。1911—1915年，拉格在伊利诺伊大学师从巴格莱进行教育研究，以《学校课业中心智训练的实验测定》一文获得博士学位。之后，他前往芝加哥大学，在查尔斯·贾德的影响下开始从事教育统计和管理领域的研究和教学，以《适用于教育的统计方法》一书成为学界新星。

1917年，拉格受邀在美国军队人员分类委员会任职，参与了第一次大规模的成人智力和能力倾向测试。在此期间，拉格开始对当时一些社会批评家的工作感兴趣，其知识兴趣从工程和统计转向社会科学，并于1920年到哥伦比亚大学教师学院任教直至退休。

拉格在哥伦比亚大学从教伊始便投入当时刚刚兴起的社会科课程理论研究，并在林肯实验学校进行了社会科课程实验和教科书编写。由他主编并于1929—1940年相继出版的14册《人与变革中的社会》系列教科书，在第二次世界大战期间曾引起广泛争议。他在20世纪20年代与苏梅格合著的《儿童中心学校》被教育史学家克雷明（1925—1990）视为"20年代典型的进步教育著作"。从 30 年代开始,拉格与康茨等人一道成为当时兴起的社会改造主义教育思想的代表性人物,他参与创办《社会边疆》杂志,并在后期担任编辑。《美国文化与教育》《伟大技术:社会混乱与公众意愿》《美国生活与学校课程》三本著作集中反映了他的社会改造主义思想。1947 年,拉格的《美国教育的基础》一书出版,对当时正在消退的进步教育思潮进行了整体性解读。

在 1929—1933 年的"大萧条"期间,拉格的关注点开始从学校课程改革转移到社会秩序改造。在《美国文化与教育》一书中,拉格力求对当时"贪婪的社会"形成更深刻的理解。他认为,美国社会"充满各种物欲,都倾向通过积累比其他人更多的财富和权力来获取个人成就",对物质利益的获取占据了美国"大众心灵",剥削、贪婪、盲从主导着他们;与此同时,财富分配的不公平造成了大量工人失业、流离失所、饥寒交迫。①

拉格对当时出现的工业社会弊端的批判与他所使用的"文化堕距"理论相关。他认为,工业时代所带来的变革需要新的思想、价值和制度模式来适应不断变化的技术水平,但新生活模式的构建会被"文化堕距"拖累。科学重大突破引发技术进步和生产力提升,这就需要对社会制度进行调整。然而社会制度的变化一向缓慢,人们仍会遵从已经过时的思想、价值,这就使得社会治理越发没有效率。其结果就是,在经济实力本可以向所有人提供安全境况的条件下,社会却陷入混乱。因此,随着生产力发展和技术变革,关于社会改造和共识形成就显得尤为必要。教育的目的就是消除这种"文化堕距",使每一个成人和每一名孩童都对社会变革达成广泛认同。

为了形成新的美国文化,美国人民需要克服由工业主义和自由放任经济理论相结合形成的"剥削传统"。拉格承认这种"剥削传统"曾经带来了大量的财富和物质利益,但与之相伴的贪婪却使得竞争不受约束,并带来周期性经济危机。与"剥削传统"相对应,拉格鼓舞人们去发现和重建"团结传统",后者可追溯到拉尔夫·爱默生(1803—1882)和沃特·惠特曼(1819—1892)有关个人与社会生活关系的"有机"观点。在团结传统的构建中,艺术家扮演了重要角色。大量年轻且富有创造力的艺术家开始不断涌现,包括诗人、画家、

---

① Harold O. Rugg, *Culture and Education in America*, New York: Harcourt, Brace and Company, 1931, p. 4.

戏剧家以及社会和文学批判家，他们正在重新发现这些起初由爱默生和惠特曼申明的概念。① 在拉格看来，公众普遍崇敬创建工业文明的科学，使得人们忽视了艺术以及对完满、融合个性的培育。在某种意义上，拉格也指责当时的实用主义者过于强调实验探究和问题解决，认为他们对感觉、欣赏和沉思不甚注意。对拉格而言，美国实用主义者的伟大先驱对科学和"认识的实验方法"确实做出了杰出贡献，但没有阐明新的（社会）联合目标。② 拉格认为，教育的目的必须超越工具主义范畴，这是因为工具主义存在四个方面的缺陷：（1）过于强调"准备"；（2）对教育的情感性、创造性和艺术性等侧面强调不多；（3）强调要适应可能过于讲究服从性的社会群体；（4）不太强调个人的"快乐"个性的发展。

为此，拉格呼吁从社会和社会改造的视角考察教育目的。他希望将大规模社会和经济计划与能够培育"团结性"和创造力的新教育结合起来。他的社会改造计划分为四个步骤。

第一，全面描述美国社会，对存在的问题进行一系列界定和框架分析。拉格认为，对社会的描述都源于那些著名思想家的作品，但这些思想家关于知识前沿的个人探究应该融入对当前社会秩序基本特征和问题的总体性描述的轮廓中。

第二，在形成对社会的整体性描述后，要对包括儿童和成人在内的所有公民进行教育。儿童可以通过使用教科书或者其他资源接受正式的学校教育，成人则以文化讨论组的形式实施教育。所有的社会团体组织，包括政府、工业、商业以及其他的社会机构，将探究改造社会的各种备选建议。所有这些都将成为由学校督学和一个顾问团队领导的"学校中心社群"的一部分进行组织协调。

第三，对社会描述和分析的目的是要形成有关个体与集体生活的理论。除了实用主义所惯用的理性和实验的概念外，拉格的个人生活理论还包括想象力、沉思、欣赏和感觉的概念。如拉格所言，"融合"的个体应该将科学、艺术、智识和想象力融为一体，结合实用主义和艺术性概念，对我们社会的描述

---

① Harold O. Rugg, *Culture and Education in America*, New York: Harcourt, Brace and Company, 1931, p. 164.
② Harold O. Rugg, *Culture and Education in America*, New York: Harcourt, Brace and Company, 1931, p. 141.

将形成有力的基础。①

第四，创造一种新的集体生活。一个"融合"文化目标的达成需要融合性个体的发展。这些融合性个体的互动将会带来"一个关于社会良善的最好秩序……它几近于社会净化，能在相当程度上免受由自我保护的冲动所支配的伪善的影响……反社会的伪善性竞争将让位于真正的社会合作"②。

在《伟大技术：社会混乱与公众意愿》一书中，拉格整合描述了三个重要环节：（1）设计。通过技术人员、政治科学家、经济学家、哲学家、心理学家和艺术家的相互合作来设计计划经济体制。（2）达成共识。培育一个富有见识的智识分子少数派群体，形成有利的公共舆论氛围。（3）民主控制下的技术性运作。技术专家经民选代表授权后来设计和管理经济体制，依据消费者需求经营基础工业和常规生产。

拉格的教育学术经历无疑映射了20世纪上半叶美国进步教育思想复杂流变的特征，自其第一次世界大战后学术志趣转向以来，社会中心的教育视角一以贯之。他所直面的问题是工业时代技术和生产力增长同相应的社会制度、思想理论脱节的问题，要力图解决的是工业时代个人与社会的融合问题，为此他大力批判当时自由放任资本主义过度竞争所形成的"剥削传统"。不同于他所批判的"剥削传统"的现代工业社会形态，拉格设想的美国新文化展现了关于现代社会、个体及教育的一种新的可能图景。在他所设想的美国新文化中，个体兼具理性和艺术性，富有情感和创造力，融合性的社会由这些个体有机联合组成。为改造美国社会旧传统，他主张在充分认识美国社会问题的基础上，通过以社会科为代表的学校教育或者各种讨论形式的社会组织教育儿童和成人，培育少数派智识分子（主要是艺术家和技术专家）领导社会改造。不过，由于过于强调少数派智识分子在社会改造中的作用，拉格的技术专家治国论并没有很好地解决美国公民如何"同意"的民主问题，其通过教育来改造社会秩序的美好愿望显得过于理想化。因为这种社会制度设计带有集体所有制倾向，拉格的社会改造主义也常常被认为带有共产主义色彩，受到当时美国保守爱国主义和工商利益团体的攻击。尽管如此，拉格关于工业时代中个人与社会融合，教

---

① Harold O. Rugg, *Culture and Education in America*, New York: Harcourt, Brace and Company, 1931, p. 211.
② Harold O. Rugg, *Culture and Education in America*, New York: Harcourt, Brace and Company, 1931, p. 255.

育的艺术性、创造力培养以及教育社会学批判等视角依然是当代教育思想反思的重要源泉之一。

二、康茨的教育思想

乔治·康茨是美国教育理论家，改造主义教育的积极倡导者。1929年，康茨的著作《中等教育和工业主义》问世，集中体现了他的改造主义教育思想。在书中，他批评美国的教育改革从来没有真正面对工业文明社会的现实，只是做了一些修补工作和表面文章，认为学校要真正接触社会底层和社会生活。1932年，康茨在进步教育协会的年会上发表了题为《进步教育敢于进步吗？》的著名演讲，以反复提问的方式，使用"敢于"一词，向进步教育发难。他既肯定了进步教育运动的成就，又激烈批判了进步教育运动为中上阶层所控制，对社会变革不闻不问。康茨提出，教育要与生机勃勃的社会生活相结合，教师要在学校与社会之间架起桥梁，学校要敢于建立一个新的社会秩序。这个演讲和1932年康茨的另外两个演讲被合并为一个册子，以《学校敢于建设一个新的社会秩序吗？》为题出版，成为20世纪30年代改造主义教育家的宣言。

关于教育与学校的功能，康茨认为，教育不是一个独立运转的过程，有什么样的社会就有什么样的教育。教育与政治、经济制度一样，是人类文化或文明的一个组成部分。学校是一个社会机构，反映一定的社会价值、信仰和知识等，并反过来对它们进行改造。学校在单纯反映社会时，就如同一面镜子；而学校在进行社会改造时，就不再只是单纯地反映社会现实，而是能动地去解决社会问题，致力于建立一个新的社会秩序。在美国经济出现危机和社会变革交替之际，学校应勇于面对挑战，投身于伟大的社会改造之中。康茨批评进步主义教育过分注重学生的个人需要、自由、兴趣及活动，而没有考虑到社会变革的需要。他提出，学校应该致力于社会的改造而非个人的发展，因为教育的价值和目标是来自社会的。在他看来，除非有某种"好的"社会，否则就不可能有"好的"个人。

关于课程，康茨认为，当时迫切需要让学生认识到社会发展中发挥作用的各种政治力量、经济力量和社会力量，教学要与解决社会问题结合起来，教学内容应该突出民主政治、科学与技术。在康茨看来，学校的课程应该包括各种社会问题，如城市问题、犯罪问题、环境与污染问题、贫困与种族歧视问题等；学生对这些问题要有批判的意识，要把这些问题联系成为一个整体；以这些问题为切入点，通过分析和探讨，培养学生关心社会发展的积极态度和解决社会具体问题的能力。

康茨高度评价了教师在社会发展中的作用。他主张，教师应做社会前进的引领者，而不是当社会的尾巴；教师应当成为学校与社会之间的桥梁；教师有责任思考人类社会未来发展的方向，有义务向学生阐明社会的发展前景，并鼓励学生为实现这种前景而学习与奋斗。他指出，作为引领者，教师应在相互冲突的目标和价值中做出选择，成为政策的制定者；教育家不仅要关心学校事务，而且要在有争议的政治、经济和道德等问题上做出重要的选择，这是每个教育家必须面对的。

与实用主义教育和进步教育不同的是，改造主义教育更加强调教育是"社会改造"的工具。它产生于20世纪30年代美国社会亟待变革的时代，而它又呼唤变革的到来，能迎合大众对改造社会的渴望和要求。但是，改造主义教育思想对教育问题的论述并不全面，也不够深刻。同时，它提出的教育目的比较空泛，往往非教育能力所及。由于其自身的缺陷，尤其是没有提出切实可行的具体措施，它在实践中的影响并不像改造主义者自己所认为的那样重要。

三、布拉梅尔德的教育思想

西奥多·布拉梅尔德是美国教育理论家，是改造主义教育思想的主要代表。布拉梅尔德毕业于美国芝加哥大学，先后在长岛大学、明尼苏达大学、纽约大学和波士顿大学等任教。布拉梅尔德于1947—1953年担任美国教育联谊会的副主席，于1947—1948年担任美国哲学学会主席。

20世纪30年代，布拉梅尔德亲身经历了改造主义与进步主义的那场大辩论，当时他还只是一个旁观者，虽然也发表了一些看法，但影响不大。到20世纪四五十年代，他的改造主义思想日趋成熟，发表了一系列教育著作，如《危机时代的各派教育哲学》《教育哲学的模式》《转向改造的教育哲学》《急需一个改造的教育哲学》等，为这一时期的改造主义教育提供了坚实的理论基础，也标志着改造主义教育思想发展的高峰。

第二次世界大战期间，人们的注意力被吸引到了国际问题上，国内问题暂时处于次要地位，人们不再像从前那样迫切要求社会改革。一些教育家开始感到教育的当务之急是维持社会秩序而不是改造社会。这便是20世纪40年代改造主义教育沉寂的主要原因。1957年,苏联成功发射了世界上第一颗人造地球卫星,美国面临着危机与挑战。国际竞争加剧,社会主义和资本主义两大阵营之间的意识形态斗争也日趋严重,形成了冷战格局。面对这样一个危机四伏的社会,教育又一次首当其冲,人们指责美国教育过分照顾儿童个人的自由和兴趣,忽视了学校纪律和系统知识的传授,结果导致教育质量下降,于是纷纷呼吁改革教育、重振美国雄风。

面对各种教育问题争议,布拉梅尔德认为,简单地在各派哲学之间进行非此即彼的选择是错误的,采用拼凑的办法形成一种新的教育理论也是不对的。"必须考虑一个根本不同的处理问题的方法"①,以构建一种新的教育思想体系。他认为,改造主义教育思想是具备时代基础与理论基础的。一是因为时代的需要。当时,与美国资本主义相对立的苏联共产主义开始崛起,美国作为世界第一强国的霸主地位受到威胁。对此,"任何教育制度,要是不及时地优先考虑这些事件,提供一切可能的机会诊断它们产生的原因,并考虑年轻一代怎样可以应付它们,这样的教育制度,就是逃避它最迫切的职责"②。改造主义教育正是在这样一个危机时代产生的一种"危机哲学",一种适应时代需要的教育思想。二是因为行为科学中出现的革命。布拉梅尔德认为,"这个革命已经正在唤起那些熟悉它的人们,认识到人类现在正在接近建设一个富裕、健康和人道的世界文明的机会"③。"这一个革命要求教育重新考察它整个传统结构,并考虑:(1)编排教材的新方法,(2)组织教学过程与学习过程的新途径,和(3)确定学校和社会的目的的新方法。"④ 在他看来,美国所需要的那种教育(即改造主义教育)必须根据这两个前提来推行。

20世纪30年代的改造主义主张教育要致力于社会的改造,为建立一个没有危机的国家而奋斗。然而,对于所谓以民主理想为基础的"新"社会的情况究竟是怎样的,以及如何通过教育来建立这种新的社会秩序等,改造主义者并没有清楚的认识,所以在教育目的的论述上显得比较含糊。对此论述得比较完整、系统的是布拉梅尔德。他认为,衡量任何教育理论适当与否的标准,最终要看该理论是否适合它所处的时代。过去人们认为,教育的主要

---

① 王承绪、赵祥麟编译:《西方现代教育论著选》,人民教育出版社2001年版,第75页。
② 王承绪、赵祥麟编译:《西方现代教育论著选》,人民教育出版社2001年版,第77页。
③ 王承绪、赵祥麟编译:《西方现代教育论著选》,人民教育出版社2001年版,第76页。
④ 王承绪、赵祥麟编译:《西方现代教育论著选》,人民教育出版社2001年版,第77页。

目的是使年轻人虔诚地接受传统的文化,这种关于教育目的的看法显然已经过时了。布拉梅尔德认为,教育发挥着两种作用。一方面,根据人类学家的观点,任何一种文化都不可能得之于遗传,也就是说,任何文化都是后天获得的。因此,教育必须承担传递一定文化的任务。另一方面,在向年轻一代传递一定文化模式的同时,我们也在对文化加以修改,使之发生逐渐的,有时甚至是相当突然的变化。所以,教育还必须承担纠正、改进和变更文化的职责。改造主义认为,把教育看作主要是进行文化传递,使年轻一代适应现存的文化的思想是错误的,因为年轻一代生活的条件不同于他们父辈生活的条件,如果教育旨在使年轻一代适应现实而不是关心变化,社会就不可能得到进步与发展。

布拉梅尔德把改造主义称为一种危机时代的哲学,面对危机四伏的社会,教育的目的就是要改造社会。这种改造不是指采取什么政治行动,而是指人类心灵上的一场革命,是通过教育使社会成员承担起建设社会新秩序和理想社会的义务。这是当时情形下教育最迫切的任务。与此任务相关,布拉梅尔德提出了改造主义的重要概念——社会一致。在他看来,为了消除危机、建设社会新秩序、实现理想社会的目标,教育要消除分歧,培养人们的群体意识和集体心理,形成人们共同的思想、信念、习惯等,使之在口头上和行动上达到一致,最终实现一个民主、富裕的理想社会。

布拉梅尔德认为,民主的目的只有通过"社会一致"的民主过程才能获得。学校教育的过程应该变为民主实践的过程,其特点是从学生的经验开始,通过各种学习达到"一致"的意见,而这种"一致"的意见是以未来的目标为定向的。

布拉梅尔德批评当时中小学和学院的课程大体是一个不相连贯的教材的大杂烩,各门学科(包括语文、数学、社会科学、自然科学等)的教材之间很少或根本没有联系,每门学科往往又划分为若干不相连贯的单元。

1957年,布拉梅尔德在《新时代的教育》一文中设想建立一种新型初级学院,招收17—20岁的青年。他还为此设计了包括政治、经济、科学、艺术、教育、人际关系等内容的四年课程计划。这套课程计划以社会改造为中心,对每一学年都提出了不同的要求。第一年,引起动机,确定学习与努力方向。第二年,研究科学和艺术领域里的有关问题。第三年,研究教育与人际关系方面的问题。第四年,掌握实现理想社会所需要的必备的技巧和策略，并对已学过的知识进行总结，形成综合观点。布拉梅尔德认为，尽管每一学年的学习重点与内容有所侧重，但所有课程都围绕中心——我们需要哪一种世界？怎么建设这种世界？——组织学习政治的、经济的、科学的、艺术的、教育的、人际关系的以及其他方面的知识。每一门学科都应以相关的社会问题为核心整合起来，与社会改造的任务紧密相连。学生在学习时要利用各种资料来源，包括书本、社会经验、与专家的个人接触等。布拉梅尔德的这套课程计划是以社会问题为中心、以社会改造为目的的改造主义的具体运用。

与实用主义和进步主义不同的是，以布拉梅尔德为代表的改造主义更加强调教育是"社会改造"的工具，而不是教育自身的变革与适应社会。他们忠实于实用主义哲学和进步教育的原则，但在一些基本问题的认识上强调为进步主义所忽略的观点，明确提出要将社会改造作为教育的主要目的。可以说，改造主义是实用主义和进步主义在新时期的延续。

第七节　永恒主义教育思想

永恒主义是产生于20世纪30年代的教育思想，是美国保守主义教育思潮的重要分支。面对当时西方的政治、经济危机，永恒主义者认为，危机的根源是人的精神和理智的危机，拯救的办法是批判实用主义教育理论，重塑以心智训练为目的的教育。永恒主义者强调理性是人将自己从其他动物中区分出来的本质所在，因而教育的目的是培养人们运用理智、发展理性的能力，教育并不是生活本身而是对生活的准备。

一、赫钦斯的教育思想

罗伯特·赫钦斯是永恒主义教育思想的主要代表，早年就读于耶鲁大学，曾任耶鲁大学法学院院长。他于1930—1951年担任芝加哥大学校长。在任校长期间，他推动芝加哥大学的全方位改革，推动大学机构重组，捍卫学术自由，积极引进名著课程，在当时实用主义盛行的美国高等教育界引起了极大的震动。他的思想对20世纪60年代美国恢复基础教育运动和高等教育改革都产生了一定的影响。

赫钦斯认为，教育的目的是促进人的理智的训练与发展。在他看来，宇宙是有秩序、有意义的，变化多端的事物背后都贯穿着决定宇宙秩序的根本原则或规律，支配事物变化的法则是永恒不变、普遍适用的。人作为自然界的一员，也要受到永恒法——自然律的支配，这是"人成其为人"的规律，是人的本性的展开和实现的过程，这一过程是人的理性、道德和精神力量的充分实现。现代社会危机的根源在于现代人的精神、理智的破产与危机。解决的方法是进行全方位的道德的、理智的和精神的革命，要重建理性大厦。实现人的理性、道德和精神力量最充分的发展，归根到底要靠正确的教育，亦即理智的训练与发展。"培养理智方面优点的教育是最有用的教育，不管学生将来过思辨的生活或行为的生活。"① "要正确地理解教育，就应将它理解为智力的培养。智力的培养在任何社会对任何人都同样是件好事。"②

赫钦斯认为，实现人的理智的训练与发展的教育是自由教育。他对自由教育的价值有着充分的信心，认为无论是谁，无论是普通公民，还是专家学者，都应该接受植根于人的理性的、以促进理性发展为目的的自由教育，这样才能使自己成为一个真正的人。自由教育是使人的本性得到充分发展的教育，是以培养理智为中心的教育，是最具有价值的教育，是最适合现代工业社会甚至未来世界形态的教育。

赫钦斯主张自由教育应该通过学习经典著作来实现。经典著作是适合任何时代、任何人的永恒学习科目，具有四个基本特点：（1）蕴藏着人类的共同要素；（2）能帮助学生形成共同观念，从而有助于人际的思想沟通和相互联系；（3）集历代名人思想之精华；（4）是学生进一步学习高深知识以及认识世界的基础。有关经典著作的课程和教材对克服当时以科学主义、实用主义为基础的美国教育尤为重要。

赫钦斯认为，自由教育应该是每个人终身都应该接受的教育。在现代社会变革日益加剧的情况下，教育面向未来的唯一可行的方法就是通过持续不断的自由教育，发挥人的理智力量，在变化剧烈的现实社会中以不变应万变。只有通过终身自由教育，才能使人的心智得到锻炼，理解力得以提高，才能使人更

---

① ［美］罗伯特·M.赫钦斯：《美国高等教育》，汪利兵译，浙江教育出版社 2001 年版，第 37 页。

② ［美］罗伯特·M.赫钦斯：《美国高等教育》，汪利兵译，浙江教育出版社 2001 年版，第 39 页。

好地理解工作与生活的目的、过程与意义，才能建设真正美好的民主社会。赫钦斯在1965年曾提出"学习化社会"的概念。学习化社会是赫钦斯心目中的新型社会形态。在学习化社会中，工厂与学校学习可交替进行，社会建立各个成人教育中心，让学习者在此研讨那些最重要的理论和实践问题，从哲学最基本的问题到当今最为急迫的社会问题。建立成人教育中心的目标，不在于改变社会成员的社会地位或谋求职业，而是像古代雅典人那样谋求全体公民优良才能的最充分发展。赫钦斯所讲的学习化社会与现在的学习型社会有着很大区别：赫钦斯的立足点是将教育作为改造社会的手段，提高人的道德修养与理智训练，而非促进学历提升与科学知识的传播；而现在的学习型社会是经济发展、科技进步的结果，是以促进人的全面发展和学习能力提高、职业发展与精神富足为目的的教育体系的全方位完善。

什么是大学呢？赫钦斯认为，大学是指导人类进步的智慧灯塔，而不是如实反映社会需求的镜子，大学教育应真诚地追求知识，致力于知识的进步。他激烈地批判了当时的美国高等教育。一是大学教育职业化倾向，学生读书与教师治学并不是对真理的追求，而是为就业做准备，大学变成了职业教育机构。二是专业主义困境。大学的系科与专业学院没有共同的参照系，把致力于追求真理的人相互隔离开来，导致教师只关注某一特定的内容而忽视理智内容。三是反理智主义。大学所关心的问题是毕业生能否找到工作，学习是为职业做准备，大学教授受到青睐"并不是由于他们智力方面的能力，而是由于他们实际经验的长度、广度和深度"[①]。美国高等教育机构一味满足适应社会的需求，从事鱼龙混杂、以谋生为目的的专业训练工作，忘记了自己的真正职能，大学沦为社会服务站，课程杂乱无章，致使大学的精神和大学教育的目的远离传统。

赫钦斯作为永恒主义教育思想的重要代表人物，倡导自由教育思想，反对大学教育过分专业化和职业化，强调学生的理性发展和心智训练，强调学习名著的价值，这些思想至今仍有一定的启迪意义。

二、阿德勒的教育思想

阿德勒是美国哲学家、教育家，早年就读于哥伦比亚大学，获得哲学博士

---

① ［美］罗伯特·M.赫钦斯：《美国高等教育》，汪利兵译，浙江教育出版社2001年版，第24页。

学位。早在 20 世纪 20 年代，阿德勒就结识了以后成为他密友的赫钦斯。两人的教育思想极为一致，以至于阿德勒在阐述自己的教育观点时常常使用"赫钦斯和我认为"的句式。1930 年，阿德勒应赫钦斯的邀请，前往芝加哥大学任教，协助赫钦斯对芝加哥大学进行改革。1937 年，阿德勒与赫钦斯等人领导了马里兰州安纳波利斯圣约翰学院的改革。在大学和学院改革期间，他们共同推动了以西方经典著作为教学内容的名著课程。为推进西方名著学习计划在社会范围的实现，阿德勒与赫钦斯共同发起成立了西方名著基金会，该基金会在 20 世纪 60 年代初发展成美国最大的成人教育机构之一。1952 年，阿德勒创办了芝加哥哲学研究所并任所长，此后继续在美国各地参与校外成人名著研讨班的组织工作。1944—1952 年，阿德勒与赫钦斯一起共同主编了在西方社会颇具影响的《西方名著丛书》。1977 年，阿德勒与范多伦合编了《西方思想宝库》。

阿德勒确信教育的根本目的在于理性的培养与理智的训练。他认为，人具有知性与德性两个方面：基本的知性包括理解力、知识与智慧，基本的德性包括勇气、坚毅、克己、公正和审慎。教育就是培养人的精神和道德发展的能力，帮助人们获得良好生活所必需的理智和道德美德。以人的理智和道德发展为目的的教育是完成"人"成长的过程，这一目的是永恒的和普遍的，在任何时间、任何地点、对于任何人都相同。在他看来，经典名著就是超越时空限制的最佳学习材料。名著中蕴含着对人类基本问题与原理的积极探索，这些探索所得出的结论是人类思想的重大成就。"名著正好构成了那么一套阅读材料，它们是公认的西方人迄今为止所积累的洞察力、理解力和智慧的宝库；它们公认地提出人文科学和自然科学的思想、问题、原则和主题，构成了我们现在的文化；它们是公认的很难一次读懂的书籍，任何尝试阅读这些著作的人都会发现只有反复阅读才有收获——事实上，如果他想学到名著里的东西，他必须这么做。"①

阿德勒认为，学习名著不仅是学校的事情，而且贯穿人的一生，是"成人的自由教育"。"名著运动的目标是普及成人的自由教育——使它像学校教育之于儿童和年轻人那样平常，并尽可能扩展到所有公民。"② 曾经有人提出与芝加

---

① ［美］罗伯特·M. 赫钦斯：《美国高等教育》，汪利兵译，浙江教育出版社 2001 年版，第 165 页。出自本书的附录二《名著：过去与现在》，阿德勒撰写。后同。
② ［美］罗伯特·M. 赫钦斯：《美国高等教育》，汪利兵译，浙江教育出版社 2001 年版，第 155 页。

哥大学改革计划不同的方案——在四年的课程中只选读20~25本名著，将古代到现代的名著作为整体进行学习。但阿德勒坚持认为，对任何问题的深入理解都应该建立在广泛阅读的基础之上。在开始的六年里选择的名著书目，使初学者逐步开启学习之门，这仅仅是一个开始，阅读名著应该贯穿人的一生。

阿德勒认为，名著学习是研讨式的，教师的职责不是讲授，不是灌输，不是说什么是对的、什么是真实的，不是将自己对书的意见或解释强加于人，而是通过提出问题、指导讨论、维持讨论的话题、验证答案，使学生及教师自己有更多的机会提高阅读能力，获得理解力和智慧。因此，教师不是传统意义上的教师，而是"负责人"——自愿承担起帮助他们的同伴做他们认为值得做的事情的责任。名著需要反复阅读，需要耐心与毅力。名著虽然专业性不强，却对人类产生了重大影响。"名著的难度不是来自不良的写作或构思，而是来自对人类面临的最困难的问题作出了最简单明了的阐述，正因为如此，它们为我们提供了获得理解力和智慧的机会。"①

永恒主义者倡导实施全面的自由教育，是对西方传统自由教育思想的超越和发展，反映了现代教育发展的要求。永恒主义者提出要认真思考教育和学校的真正职能是什么，强调理智训练的价值，反对教育和学校只是强调对学生与生活的适应；强调大学教育要保持自身在学术和社会发展中引导人类发展的灯塔作用。这些对于当代大学的价值迷失具有一定的警示作用。但是，它过分强调理智训练与名著阅读，反对职业能力培养和专业教育，又是与现代教育发展趋势相对立的。

小　　结

20世纪前期，教育的外部环境发生了持续不断的剧烈变化，因而促使教育思想家和关注教育事业的社会人士深入思考现代教育的发展与变革之路，形成了不同于以往各个历史时期的、异常丰富的教育思想。不同的教育思想家从各自的角度出发，以不同的知识体系为理论基础，对近代以来形成的教育制度和

---

① ［美］罗伯特·M.赫钦斯：《美国高等教育》，汪利兵译，浙江教育出版社2001年版，第170页。

教育价值观进行了全面、深入的审查，促使人们对教育传统进行深刻的反思。与此同时，这一时期的教育思想家力图提出符合现代社会条件的教育观、儿童观、学校观、课程观和教学观。尽管这些思想都存在着种种局限性，但标志着西方教育思想的发展到达了一个新的阶段。这一时期的教育思想家所提出的一系列教育主张、思想和理论对20世纪后期西方国家的教育仍然发挥着不可忽视的作用。事实上，当代世界教育界所熟知的大量教育概念和术语，许多是来自这个时期，尤其是来自新教育运动和进步教育运动，来自杜威的教育思想。

在这个时期，教育思想家不仅从理论上阐明了对现代教育的理解，而且努力把这些理解运用到具体的教育实践中。他们创办了大量的新型学校，开展了大量的教育实验，提供了探索现代社会条件下教育全面改革的多种模式。这些新型学校和教育实验的意义并不在于它们是否或多大程度上证明了教育思想家所提出的思想，也不在于它们存在了多长时间，培养了多少学生，而在于它们是新的尝试，是一系列的探索，它们的成功与失败对后人的价值是同样重要的。

从发展的角度来看，这个时期各种教育思想的意义主要在于，它们逐步改变了人们的教育价值观念，改变了人们原有的对儿童、学校、教师、教学、课程等教育基本问题的认识，从而引发了对教育整体认识的改变，并相应形成了一系列新的思想观念。从这个意义上可以说，这个时期为构造现代教育的认识体系和评价体系做出了重要的、建设性的工作。

思考题

1. 新教育运动著名实验的异同是什么？
2. 新教育运动基本理论的核心是什么？
3. 杜威教育思想中民主与实用主义哲学有何关系？
4. 简述科南特的中等教育改革与师范教育改革理论。
5. 简述改造主义教育思想的基本主张。
6. 进步教育与"新传统教育"争论的焦点问题是什么？
7. 简述赫钦斯的教育思想。
8. 根据以下文字，分析杜威关于教育功能与性质的主张。

   我认为一切教育都是通过个人参与人类的社会意识而进行的。这个过程几乎是在出生时就在无意识中开始了。它不断地发展个人的能力、熏染他的意识、形成他的习惯、锻炼他的思想，并激发他的感情和情绪。由于这种不知不觉的教育，个人便渐渐分享人类曾经积累下来的智慧和道德的财富。他就成为一个固有文化资本的继承者。世界上最形式的、最专门的教育确是不能离开这个普遍的过程。教育只能按照某种特定的方向，把这个过程组织起来或者区分出来。

我认为唯一的真正教育是通过对于儿童能力的刺激而来的，这种刺激是儿童自己感觉到的社会情景的各种要求所引起的。这些要求刺激他，使他以集体的一个成员去行动，使他从自己行动和感情的原有的狭隘范围里显现出来；而且使他从自己所属的集体利益来设想自己。通过别人对他自己的各种活动所作的反应，他便知道这些活动用社会语言来说是什么意义。这些活动所具有的价值又反映到社会语言中去。例如，儿童由于别人对他的呀呀的声音的反应，便渐渐明白那呀呀的声音是什么意思，这种呀呀的声音又渐渐变化为音节清晰的语言，于是儿童就被引导到现在用语言总结起来的统一的丰富的观念和情绪中去。①

---

① 《杜威教育文集》第 1 卷，吕达、刘立德、邹海燕主编，赵祥麟等译，人民教育出版社 2008 年版，第 5 页。

第十章　20世纪后期教育思想

自 20 世纪四五十年代以来，西方国家的教育发展面临着复杂多变的社会和文化环境。在经济迅速发展、知识不断更新、以信息技术革命为重要内容的科学技术革命日益推进的同时，西方国家也面临着各种矛盾与冲突。一方面是人的本体价值面临危机。第二次世界大战的痛苦记忆、冷战造成的不安全感、片面强调科技力量导致的对人的尊严与价值的漠视、人与人之间关系的冷漠与敌对导致的精神危机，使人的价值与地位问题日益突出。另一方面是人和社会的可持续发展，以及人与自然的关系被提上议事日程。20 世纪后期，由于科学技术和经济的大发展，自然资源被过度地开发和利用，自然环境不断恶化。在这种形势下，西方知识界和教育界深刻反思了自启蒙运动以来形成的思想传统，逐渐形成了以科学主义取向和人文主义取向为代表的教育思想。

第一节　20世纪后期教育思想的社会基础与演变

第二次世界大战后，生产力的发展与科学技术的革新，进一步促进了教育的变革。自 20 世纪 60 年代以来，自由主义的蔓延呼吁教育要有更多的人文关怀与人本主义情怀，使得现当代的教育思想向着更加多元的方向发展。

一、20世纪后期西方国家的经济与社会

第二次世界大战后，世界政治的两极格局形成，以美国为首的资本主义阵营和以苏联为首的社会主义阵营的对峙与冲突日渐凸显。与此同时，亚洲、非洲和拉丁美洲的民族解放独立运动风起云涌，出现了一个由新兴民族国家组成的第三世界。第二次世界大战后，尽管美苏之间的对峙持续了约半个世纪，局部战争也时有发生，但没有再发生世界性战争。20 世纪 60 年代以后，随着西方各国和日本经济的恢复与发展，资本主义阵营出现了分化。至 20 世纪 80 年代，美国、欧洲和日本成为资本主义阵营中的三大巨头。自 20 世纪 50 年代中期起，社会主义阵营也出现了新的矛盾和斗争，特别是 20 世纪 80 年代后期由于西方国家的和平演变以及东欧社会主义国家改革指导思想的失误，东欧各国

社会政治经济制度发生改变。1991年苏联的解体使第二次世界大战后形成的以美苏对峙为特征的世界格局彻底瓦解，世界多极化和经济全球化的发展趋势进一步加强。

在世界政治领域发生轰轰烈烈变革的同时，科学技术领域也进行了一场革命，即始于20世纪四五十年代的第三次技术革命，也称新技术革命。新技术革命以原子能的利用、电子计算机的发明和空间技术的发展为主要标志，是一场世界性的、全方位的科技革命，其规模与影响远远超过以往的蒸汽革命和电力革命，它将人类带入了一个科学技术的新时代。新技术革命推动了微电子、激光、光导纤维、海洋工程、宇宙航行、生物技术、机器人、新材料、新能源等新兴工业技术的蓬勃发展。

到20世纪后期，科学技术的进步成为提高生产力和整体经济增长的源泉。由于科学技术的迅速发展和其向生产力转化的速度日益加快，世界各国的有识之士越来越认识到经济发展以及一个国家的综合国力在很大程度上取决于科技进步。特别是进入20世纪70年代后，以信息产业为中心的"后工业社会"更是初显身姿，现代科技向社会生活各领域广泛渗透，带动社会变革，同时科学技术由潜在生产力转化为直接生产力的周期明显缩短，促使科学、技术、生产、教育结合为一体，教育与社会变革联系紧密。

二、20世纪后期西方国家的思想与文化

第二次世界大战后，新技术革命的进展不仅带来了物质世界的现代化，而且推动了新的社会思想文化的形成。为了适应科学技术的飞速发展，西方国家开始重新认识与理解观念和思维方式、行为方式、生活方式的现代化。首先是观念和思维方式的现代化。在观念方面主张要重视价值观念、法制观念、信息观念和人才观念，在思维方式方面重视系统性、精确性、敏捷性、创造性和预测性，并以此与传统思维方式相区别。其次是行为方式的现代化。现代人在社会实践活动中所采取的形式、方法和程序，应普遍具有自主性、创造性、高效性，能体现竞争与协作的精神，要将参与竞争、迎接挑战、争取合作三者协调起来。最后是生活方式的现代化。科学技术的发展要求人们有更高的道德水平和更加文明的生活方式，要在物质生活日益丰富的前提下，实现更加充实的精神生活，用新的道德标准来对待现代生活。

观念和思维方式的现代化、行为方式的现代化和生活方式的现代化，都共

同呼吁人的现代化。而如何实现人的现代化、如何成为一个健全的人，在第二次世界大战后的西方世界是存在思想认识上的分歧的。

一方面，第二次世界大战后，世界上出现了分别以美国和苏联为首的两大阵营，国际局势进入以经济实力、科技水平竞争和意识形态对抗为主的"冷战"时期。1957年，苏联第一颗人造地球卫星发射成功后，美国朝野极为震惊，深感自己在科技竞争中落后于苏联，改革教育的呼声日益高涨。为此，美国颁布了《国防教育法》，增拨大量教育经费加强普通学校的数学、自然科学和外语的教学；设立国防研究奖学金，鼓励研究生参加科研项目；大力加强"天才教育"。后来《国防教育法》几经修订，其目的也是应付来自日本、德国等在科技贸易以及苏联在空间技术、战略武器等方面的新挑战。可以说，在20世纪50年代，科学尤其是自然科学对社会生活的全面渗透，不仅使得科学技术突飞猛进，经济发展保持持续增长的势头，而且使得西方世界的生活水平普遍提高，发展和改革成为世界性潮流。

另一方面，虽然这一时期资本主义社会科学技术和国民经济得到迅速发展，但失业、犯罪、吸毒等社会问题仍然十分严重。这使得强调精神生活价值的存在主义哲学和对精神生活进行经验描述的现象学方法论逐渐在西方学术界流行。这些观点认为，要解决人类社会的根本问题，关键在于达成对人内在价值的认识和理解，进而才有可能实现真正的幸福。此外，20世纪五六十年代的国际军备竞赛、核战争威胁给人们的心理造成了很大压力，这一时期美国社会出现的反主流文化运动、青年对现实生活的不满、对教育改革的呼吁，也促使社会各界对人的尊严和社会问题有所重视。因此，人文主义成了这一时期时代精神的必然产物，是对高技术社会使个性和人性泯灭的一种反叛。

因此，基于对科学技术的向往以及由此带来的对人与物相互关系的反思，科学主义和人文主义成了第二次世界大战后西方国家思想文化变迁的两大主要趋势。

三、20世纪后期西方教育思想的演变

第二次世界大战后的政治格局、科技发展以及与之相关的社会经济、文化、生活方式等方面的变化，深刻地影响了世界各国的教育。这些变化不但推动了各国教育事业的空前发展和教育改革的进程加快，而且促使各种新的教育思想或思潮竞相涌现。

第二次世界大战后，许多国家都面临着教育重建问题，不论是受战争破坏的国家，还是战后取得民族独立和解放的国家，都在国家重建过程中对旧的教育制度进行了积极的改造。大多数国家从根本上抛弃了战前的教育结构，认为战前的教育太拘泥于书本知识，战后的教育应更注重公民、社会和道德方面的功能。

为了在与苏联的争霸中取得优势地位，实现国际格局与军备竞赛的胜利，美国首先掀起了教育改革运动。此次改革运动以课程改革为核心，目的在于提高教育质量、为综合国力的提升培养优秀的科技人才。这一改革运动很快在世界许多国家产生了强烈反响，并发展成为20世纪60年代世界性的教育改革运动。

然而，在这种繁荣的背后潜伏着危机，教材难度的普遍加大导致学生负担过重，挫伤了部分学生的学习积极性和信心，受到了社会舆论的谴责。强调学科的抽象逻辑与理论结构，忽视知识内容与日常经验的衔接，导致教育与社会生活脱节。"教育内容和教育方法几乎在全世界都受到指责。教育内容受到批评，因为它不符合个人的需要，因为它阻碍了科学进步和社会发展，或者因为它和当前的问题脱了节。教育方法受到批评，因为它们忽视了教育过程的复杂性，不是通过科学研究进行学习，也没有充分地对思想和态度的训练作出指导。"① 20世纪五六十年代的经验证明，在许多国家（无论是发达国家还是发展中国家），各类教育机构在现有体制中尽管数量上有所增长，质量上也有所提高，但仅仅依靠数量和质量的变化仍然不能满足各类居民与不同年龄群体的需要。1972年，联合国教科文组织国际教育发展委员会发表了题为《学会生存——教育世界的今天和明天》的报告，明确提出了终身教育和构建学习化社会的新主张。这标志着第二次世界大战后西方世界的教育改革进入了一个新阶段。

从20世纪80年代初开始，西方各国先后开展了新一轮的教育改革。这次改革更加直接地将教育改革与国家安全、国际竞争联系起来，呼吁进行覆盖教育领域方方面面的整体性变革，不仅要解决学校内部的教育观念、教育制度、教学程序、师资培养等一系列问题，还要更好地实现教育与国家、教育与社会、

---

① 联合国教科文组织国际教育发展委员会编著：《学会生存——教育世界的今天和明天》，华东师范大学比较教育研究所译，职工教育出版社1989年版，第97—98页。

教育与西方文明的互动。美国在 1983 年公布的《国家处在危险之中：教育改革势在必行》报告中声称："教育基础目前受到日益增长的庸庸碌碌的潮流的腐蚀，它威胁着整个国家和人民的未来。上一代还难以想象的情况开始出现了——其他国家正在赶超我们教育上的成就。"① 该报告认为，要想维持和增强美国在世界市场中的竞争力，就必须致力于改革教育制度。随后，法国、英国、德国等许多国家也纷纷对本国的教育制度进行了大刀阔斧的改革。

拓展阅读

《国家处于危险之中：教育改革势在必行》简介

20 世纪中后期，教育思想或思潮的演变与上述教育改革实践以及新时代对教育的要求密切相关。在当时的社会背景下，教育领域面临着诸多挑战和需求，心理学的发展及其在教育上的广泛应用，催生了行为主义、新行为主义、结构主义和人本主义等教育流派。

以 20 世纪 50 年代以前的早期行为主义为例，当时教育界对儿童的心理和行为特征的研究方法存在不足，教育实践缺乏科学依据。以华生（1878—1958）为代表的早期行为主义者应用专门的心理测量来研究分析儿童的心理和行为特征，并将学校视为行为主义主张的实验园地。这种基于实证研究的方法为教育提供了新的视角，由此产生的教育理论与实践对不少国家和地区的教育思想产生了很大影响。

新行为主义教育思想产生的背景是，随着教育实践的发展，人们对教学手段和教育程序的科学性、技术性有了更高要求。新行为主义教育思想以新行为主义心理学为基础，探讨学习理论和教学方法等问题，推行程序教学和教学机器，试图解决传统教学中缺乏科学方法指导的问题，是教学手段和教育程序科学化、技术化的一次重要尝试。

结构主义教育思想的出现是为了应对当时教育过程不够重视学科结构和儿童认知能力培养等问题。它以认知心理学为理论基础，探讨教育过程和学科结构，强调认知能力培养，提倡发现法和儿童早期教育。这一思想适应了现代社会发展和变革对人才培养的需求，不仅成为 20 世纪 60 年代美国课程改革运动的指导思想，而且对欧洲乃至世界其他国家的课程改革产生了较大影响。

人本主义教育思想则是在西方社会日益重视人的价值和尊严的背景下产生

---

① 吕达、周满生主编：《当代外国教育改革著名文献·美国卷》第 1 册，人民教育出版社 2004 年版，第 1 页。

的。它在继承西方人文主义传统的基础上，运用人本主义心理学的相关成果，针对当时教育过于注重知识传授而忽视学生个性和心理健康发展的问题，主张教育应培养心理健康、自我实现和富有创造性的人，对当代美国公共教育理论与实践产生了广泛影响。

在20世纪中后期西方教育思想中，也有一些教育流派是将某种哲学观点应用于教育领域而产生的。例如，存在主义教育以存在主义哲学为理论基础，强调个人的自我实现，重视品格教育，主张个人的自由选择，对20世纪60年代西方国家的青年教育产生了较大影响。

在20世纪中后期，人力资本理论和终身教育思想同样值得关注。人力资本理论着重研究教育与经济增长的关系，认为教育具有提高生产力和培养经济发展所需人才的功能，在一定程度上揭示了现代教育和经济发展关系的某些规律，从而使经济理论发生了重大进展，也给教育领域带来了深刻变化。终身教育思想的出现标志着世界性教育改革迈入了一片崭新的教育天地：强调终身学习，重视教育的整体性，提倡学习化社会。这些教育思想对当今世界教育发展产生了深刻影响。

第二节　科学主义取向的教育思想

科学主义取向的教育思想代表着第二次世界大战后自然科学技术的飞速发展对教育领域的全面渗透。它认为：只有自然科学才是真正的科学。自然科学代表着世界观的权威，是唯一正确的知识，也代表着人类对自身以及外部世界理解的最高成就。因此，只有在以自然科学为知识权威的世界观和方法论的指导下的知识拓展，才是有价值和有意义的，要将自然科学的方法论引入包括哲学、历史、文学、法学、经济学等在内的一些人文学科和社会科学的范畴，用于改变这些知识领域的非科学形态。人从本质上说也成了一种"客观"的"存在"，要使用科学的实验法来研究客体化的"人"才是科学的、有效的、正确的方法。具体来说，在教育领域，科学主义取向在第二次世界大战后主要体现在行为主义、结构主义和人力资本理论等教育思想中。

一、华生、斯金纳与行为主义

行为主义是现代心理学的主要流派之一，包括早期行为主义和新行为主义。

(一) 华生与早期行为主义

早期行为主义要从华生的理论说起。1878 年，约翰·华生出生于美国南卡罗来纳州格林维尔市，父亲是小农场主，母亲是虔诚的浸信会信徒。1903 年，华生毕业于芝加哥大学，获博士学位，求学期间曾师从杜威、詹姆斯·安吉尔（1869—1949）等大师。1913 年，华生在美国《心理学评论》杂志上发表了题为《行为主义者心目中的心理学》的论文，宣告了行为主义心理学的出现。华生的行为主义心理学是对传统心理学的反叛，他高举行为主义的大旗，锐意革新，开始了轰轰烈烈的心理学第一次大革命。

在华生眼中，心理学是一门研究行为的自然科学，是纯粹客观的，是可重复、可检验的。行为主义心理学的对象是有机体的行为，包括在"刺激"和"反应"过程中形成的一系列动作与观念的生成与整合。在这一过程中，可观察到的"行为"是一切的出发点。他在《行为主义》一书中指出："行为主义者对人类所作所为的兴趣要比旁观者对人类的兴趣更浓——如同物理科学家意欲控制和操纵其他自然现象一样，行为主义者希冀控制人类的反应。行为心理学的事业是去预测和控制人类的活动。为了做到这一点，它必须搜集由实验方法得出的科学数据。"①

华生的行为主义心理学的出发点是可观察的事实，即适应行为而非意识内容。在华生看来，行为是一种可观察到的机体反应，其本质是人和动物对外界环境的适应，"刺激-反应"是有机体所有行为的共同要素。"刺激"是引起有机体反应的外界环境或身体组织内引起机体反应的各种变化；"反应"则是由特定刺激作用于有机体而引起的内隐或外显的机体变化，如肌肉收缩或腺体分泌；"行为"就是由这些简单的机体生理反应组合而成的一套复杂反应系统，如各种简单的肌肉、骨骼活动协调而成的机体行为。引起反应的刺激可以是简单的，如各种感官的适当刺激；也可以是较为复杂的情境，如社会生活中引起个体行为的刺激。华生根据反应能否被直接观察和是否为后天习得的这两个标准，将人类的反应分为四类：外显的习惯反应、内隐的习惯反应、外显的遗传反应、内隐的遗传反应。华生认为这种区分很重要，因为行为主义就是要发现后天习得的过程与方式，以掌握其形成的规律，实现

---

① [美] 约翰·布鲁德斯·华生：《行为主义》，李维译，浙江教育出版社 1998 年版，第 12 页。

控制及预测行为的目的。

在华生看来，心理学作为一门行为科学，必须研究能够用刺激-反应来表达的客观行为。在这里，各种心理现象只是行为的组成因素或方面，可以用客观的刺激-反应来分析和说明。他把思维看作默语，认为思想是全身肌肉特别是喉头肌肉的内隐活动，在本质上与其他身体活动没有区别，只是难以观察或更为复杂罢了。情绪不外乎是身体对特定刺激发生的反应，是内隐行为的一种形式。无论是身体活动还是心理活动，如果加以分析，最后都可以还原为肌肉收缩或腺体分泌，即反应。华生把复杂的反应称为动作，认为一个动作就是一组反应。许多连续进行的反应连起来就形成了复杂的连锁反射，再经过多次重复就能不依赖外界刺激而进行活动，形成习惯。思维活动和动作技能都是习惯，而习惯就是反应系统。人格是一切动作的总和，是各种习惯系统的最后产物。

在研究方法上，华生摒弃内省法，认为内省的真假无法确定，因为一个人只能对自己进行内省观察，绝不能对他人进行内省观察。华生从经验的、哲学的和实用的三个方面批判了内省法。首先，从经验上看，内省法无法界定它试图回答的问题，甚至无法回答意识心理学中最基本的问题，如究竟有多少种感觉，它们有哪些属性等。其次，从哲学上看，内省法排斥自然科学的方法，因此它不是一种科学的方法。最后，从实用上看，内省法在社会领域无助于解决人们现实生活中所面临的各种问题。因此，华生希望只研究有形的东西，认为在有机体内所发生的事情，因为无法通过观察予以证实，所以无法研究。

华生主张采用客观的观察法、条件反射法、言语报告法和测验法。观察法可分为两类：一类是无帮助的观察，即通常所说的自然观察；另一类是借助仪器的观察，即通常所说的实验法。条件反射法是最能体现行为主义心理学理论特色的研究方法。通过条件反射法，人们可以由刺激预知反应，也可由反应得知刺激为何物。言语报告法是一种专门研究正常人行为的方式，它是通过被试者报告其体内变化实现的。但华生所说的言语报告法并不等同于通常所说的内省法。华生反对传统心理学将测验法视为实用心理学的一种方法，他认为测验的结果应作为行为的样本而不是对心理品质的度量，测验的目的并非度量智力或人格，而是度量被试对测验的刺激情境所做出的反应。测验法的一个很大缺陷在于它往往依赖人们的言语行为，不适用于没有言语能力或言语能力有缺陷的人，因此华生主张设计和运用一种不需要语言的外显的行为测验。他认为以客观方法代替主观内省法是一种历史的进步，这种进步表现在心理学研究可以获得更为可靠的结果，而且不同的科学家可以相互验证、交流经验与结论，这有利于心理学的发展。

华生的早期行为主义在20世纪20年代风行一时，深刻地影响了心理学的进程。行为主义就像一股巨浪席卷了美国。"到1930年的时候，华生可以骄傲地宣称，行为主义已经如此重要，以至于没有任何大学可以不讲授行为主义。"① 华生最主要的贡献是他拥护一门完全客观的行为科学，在使心理学客观化方面发挥了巨大影响作用。他大大推进了实验法的发展，使心理学在客观实验方法上走向了成熟和精致。虽然华生没有实现其雄心勃勃的计划，但行为主义的基本观点在现代心理学中仍然是一股强大而积极的力量。

需要指出的是，华生的行为主义矫枉过正。否定意识，贬低大脑和神经系统的地位，片面强调环境和教育而忽视人的主观能动性等，使他的心理学理论陷入困境，因而遭到许多心理学家的批评。桑代克明确指出："过分热情的行为主义者除了强调肌肉和腺体的作用外，不允许人性有任何反应，这样做实际上是在赛马中下错了赌注。"②

面对各种各样的批评，行为主义阵营内部出现了一批改造和发展行为主义的人物，他们先后提出自己的理论体系，以求摆脱这种困境。如霍尔特（1873—1946）认为，意识包含于行为之中，行为就是意识，研究行为就是研究意识；行为是整体的、有目的的，任何反应动作都是完成某种目标的整体行为，而不是简单的刺激-反应联结。拉什利（1890—1958）不同意华生关于反射是点对点的简单联结，以及复杂行为是由许多简单反射组合而成的观点，他根据动物实验的结果提出了大脑皮质功能的整体说和等势说，为华生行为主义的客观方法提供实验支持。梅耶（1873—1967）认为，心理学家不必否定心灵和意识的存在，也不必贬低大脑和神经系统在人的行为活动中的作用；心理学家不仅要重视可观察的资料，还要思考发生于大脑某处而不可观察到的活动。

总之，早期行为主义者大多是从机械唯物论的观点出发，使人们对心理学的研究对象与研究方法等方面的看法发生了根本性转变，早期行为主义在方法

---

① ［美］杜·舒尔兹、西德尼·埃伦·舒尔兹：《现代心理学史》，叶浩生译，江苏教育出版社2005年版，第251—252页。
② ［美］爱德华·L.桑代克：《人类的学习》，李月甫译，浙江教育出版社1998年版，第97页。

论方面的影响广泛而深远。

(二) 斯金纳与新行为主义

在反思华生早期行为主义所存在的主要问题的基础上，新行为主义者开始在不同程度上修正和发展早期行为主义，形成了各具特色的理论体系。新行为主义中具有代表性的是斯金纳（1904—1990）的操作行为主义。新行为主义者既保留了早期行为主义以行为而不是意识作为心理学的研究对象这一根本特征，又不像华生等人那样忽视对有机体内部条件的研究。这是新行为主义者的共同特征。

斯金纳是美国激进的新行为主义者、当代著名心理学家，也是行为矫正技术的创始人之一。他出身于美国宾夕法尼亚州的一个律师家庭，从小就善于手工制作。成为行为主义心理学家后，他发明并完善了许多动物实验的装置。斯金纳在1922年进入汉密尔顿学院读书时，并未打算成为一名心理学家，而是专修英文。他毕业后从事写作，却建树寥寥，于是攻读生物学。在转攻生物学的过程中，他接触到华生和巴甫洛夫（1849—1936）的研究，开始对人类和动物的行为感兴趣。之后，他进入哈佛大学攻读心理学，并于1931年获哲学博士学位，接着留校从事研究工作。1936—1944年，斯金纳在明尼苏达大学任讲师和副教授，1945年任印第安纳大学心理系教授和系主任，1948年返回哈佛大学任心理学教授，直到1974年退休。在这期间，他于1958年获美国心理学会授予的杰出科学贡献奖；1968年获美国政府颁发的最高科学奖——国家科学奖；1971年获美国心理学基金会颁发的金质奖章。他用自己设计的"斯金纳箱"研究动物行为，进而提出行为的操作性条件反射理论，并把这一理论广泛应用于对人类行为的控制和预测方面。

斯金纳关心的是描述行为而不是解释行为，他只研究能够观察的行为，认为心理学的任务是描述实验者控制的刺激条件和有机体反应，并建立它们之间的函数关系。斯金纳通过大量观察、实验研究以及对结果的分析，发展了华生关于行为是刺激-反应联结的观点。他认为华生由已知刺激预测反应或由已知反应推测刺激是不够的，也是不符合行为实际的，因为这只是一种单一的刺激-反应关系。当有机体面对许多刺激时会做出多种反应，即使面对其中的一种刺激，也可能做出多方面的反应，并伴随多种可能的反射。斯金纳在实验研究中设计并使用了著名的"斯金纳箱"，在理论上提出了"操作性条件作用"的概念，发展了一种行为的"强化列联"（或称强化相倚）

思想，认为在环境和行为的因果关系中，刺激、反应和强化是顺序发生的基本列联。

斯金纳将有机体的行为分为两类：应答性行为和操作性行为。应答性行为是一种不自发行为，是有机体对环境的被迫反应；操作性行为是一种自发行为，是有机体对环境的主动适应，只要强化物紧随其后出现，就会提高操作性行为的发生频率，形成强化列联。人类的大多数行为，如游泳、读书、写字、回答问题等，都是操作性行为。斯金纳认为，虽然应答性行为和操作性行为形成的条件和过程不同，但它们都是后天习得的，由条件反射形成。操作性条件反射的特点是依赖事后的强化刺激，操作性条件反射就是以情境刺激（S）为自变量，以有机体的后继行为强度（R）为因变量的一种函数关系：$R=f(S)$。斯金纳认为，行为并不是一个刺激与一个反应之间的单一函数关系，其他条件（用 A 表示）也会影响反应的强度，这是自变量与因变量之外的第三变量，因而上述公式就成为：$R=f(S \cdot A)$。斯金纳反对将 A 看作如赫尔、托尔曼所称的内驱力、中间变量等观点，而将它看作对有机体的一种或一组操作，行为就是直接观察和操作的结果，内驱力、中间变量则是心灵的表现，可以不予考虑。

强化和强化列联是斯金纳的新行为主义的核心概念。在斯金纳看来，强化是习得性行为的重要因素，可分为定时强化和定比强化两种。强化物是指使反应发生概率增加或维持某种反应水平的任何刺激，一般分为积极强化物和消极强化物两类。所谓强化列联，是指由刺激、反应和强化构成的序列。斯金纳认为，在一个强化列联中，如果在一个操作性行为和反应之后出现一个强化刺激，操作性行为再发生的强度就会增加。

斯金纳非常重视将其行为原理广泛应用于社会实践中，如教学、言语行为、心理治疗、社会控制等。斯金纳一直认为人与机器是类似的，他的这种机械的、分析的、决定论的自然科学取向得到了他有关条件反射实验研究结果的支持，也使得许多行为主义心理学家相信，在确定了环境条件之后，应用积极强化策略，就可以指导、矫正和塑造人的行为。[①] 斯金纳认为，学生的学习行为应该得到及时和足量的强化，否则学习效果会受到影响。他对当时流行的班级教学制很不满意，于是他开始按照操作强化原理设计了能帮助教师为每个学

---

① ［美］杜·舒尔兹、西德尼·埃伦·舒尔兹：《现代心理学史》，叶浩生译，江苏教育出版社2005年版，第284—285页。

生安排程序学习的教学机器。这种教学机器在20世纪五六十年代得到了广泛使用，并影响到世界各国。

在斯金纳的推动下，20世纪50年代末60年代初，美国学校掀起了程序教学的热潮，随后欧洲各国和日本、苏联也开始流行。斯金纳的新行为理论被广泛应用于行为治疗和行为矫正中，使得其理论的生命力延续至今。斯金纳有一群忠实和热心的追随者，他的两位学生雷诺兹和特雷斯沿着他的研究轨迹进行了一系列卓有成效的实验研究，提出了行为对比效应和无错误分辨学习理论，为斯金纳学派的发展做出了贡献。但斯金纳坚持极端客观的行为主义立场，竭力反对研究有机体的内部心理过程，片面强调以操作强化原理解释语言、思维、情绪、人格、爱好等现象，抹杀动物学习和人类学习的本质区别，这不免有过分简单化、片面化的嫌疑。总之，斯金纳的理论体系给我们留下了许多有待探讨的课题。

由第二代行为主义者对早期行为主义修正而形成的新行为主义，在20世纪30年代至50年代美国心理学界占据主导地位。但到了60年代初期，行为主义心理学的实证主义哲学基础、严格的环境决定论以及人类与动物不分的观点遭到越来越多的批判，许多心理学家开始放弃行为主义立场而研究人的内部心理过程，这表明新行为主义已陷入困境与危机。随着认知心理学的迅速崛起，被新行为主义拒绝的心理学概念，如意识、思维、记忆、表象等，再次成为心理学的研究对象。在这种情况下，一部分新行为主义者主张采取更"温和"的态度，在坚持行为主义基本立场的前提下，大胆引进认知心理学的研究成果，试图在行为主义和认知心理学之间开辟一条独特的、折中的道路。这样，行为主义的第三代——新的新行为主义便产生了。新的新行为主义代表有班杜拉（1925—2021）的社会学习理论或观察学习理论、罗特（1916—2014）的社会行为学习理论和米契尔（1930— ）的认知社会学习理论等。这些理论的共同特征是既坚持行为主义的立场又吸收认知心理学的研究成果，大胆使用以往被传统行为主义摒弃和拒绝的心理学概念；探索认知、思维、意象在行为调节中的作用；强调行为和认知的结合；强调自我调节的作用；强调心理过程的积极与主动性；坚持客观主义的态度；等等。

20世纪70年代后，认知心理学与人本主义心理学成为西方心理学发展的主流，行为主义似乎已经销声匿迹了。"在当代心理学，特别是在应用心理学中发挥重要作用的行为主义已经不是华生1913年的行为主义宣言至斯金纳逝世之前这段时间之间的那种行为主义了……它的建立者所设想的那种行为主义不存在了,但是行为主义的精神仍然存在。"①

二、皮亚杰、布鲁纳与结构主义

结构主义是 20 世纪五六十年代以后在西方广为流行的一种哲学思潮。严格说来,结构主义并不是一个统一的哲学流派,而是一种较为系统的方法论。在结构主义方法论的影响下,产生了结构主义教育思想。结构主义教育思想强调儿童认知结构的研究及认知能力的发展,注重教授各门学科的基本结构,提倡发现学习和早期教育等。结构主义教育思想的主要代表人物是瑞士心理学家皮亚杰和美国心理学家布鲁纳(1915—2016)。

结构主义教育思想的理论基础是结构主义哲学。结构主义哲学出现于 20 世纪 50 年代的法国,60 年代后迅速流行于西方各主要国家。结构主义哲学具有不同于其他西方哲学流派的特点,它不是一个由持有共同哲学观点的专业哲学家组成的哲学流派,而是一类哲学的观点和方法,是一些社会科学家和人文科学家所共同持有的某种观点和方法,总称结构主义的观点和方法。

结构主义的观点和方法源于语言学。瑞士语言学家索绪尔(1857—1913)等人认为,语言不是一些词或声音的机械拼凑,而是一个记号系统,具有内在的稳定结构。一个词只有严格地按照一定的句法结构与其他词相互联系,构成一定的记号系统才能确定其意义。因而语言学的研究对象不是个别、孤立的词,而是词或词的意义的相互关系,即它们的内在结构。对于语言的任何成分,不能分散地、孤立地加以考察,而必须从其整体性结构中,从其与其他成分的相互关系中去考察。索绪尔的结构主义语言学为结构主义提供了方法论,因而他被视为结构主义的先驱者。结构主义的创始人是法国人类学家列维-斯特劳斯(1908—2009),他最先把结构主义语言学方法论应用于社会现象及人类学的研究中。他认为一切社会活动和社会生活中都深藏着一种内在的、支配表面现象的结构,而社会科学和人文科学的任务就是寻找这种内在结构。列维-斯特劳斯着重研究了原始土著部落的亲属关系和神话传说,竭力在这些亲属关系和神话传说的表面现象中寻找它们的内在结构。

---

① [美] 杜·舒尔兹、西德尼·埃伦·舒尔兹:《现代心理学史》,叶浩生译,江苏教育出版社 2005 年版,第 296 页。

结构主义哲学的核心概念是"结构"。皮亚杰在《结构主义》一书中对"结构"所下的定义最具代表性：结构就是由具有整体性的若干转换规律组成的一个有自身调整性质的图式体系。① 皮亚杰认为结构具有以下三个特征：(1) 整体性，即结构是按一定组合规则构成的整体；(2) 转换性，即结构中的各部分可按照一定的规则互相替换，但并不改变结构本身；(3) 自身调整性，即组成结构的各成分都互相制约、互为条件而不受任何外部因素的影响。② 结构主义哲学在方法论上强调整体性的研究，反对孤立的、局部的研究；强调认识事物内部的结构，反对单纯地研究外部现象；强调静态（共时态）的研究，忽视或反对历史（历时态）的研究；强调结构不以人的意志为转移的客观作用，忽视或否定人的主观能动作用。一般说来，结构主义者都是先验主义者，他们认为一切由人类行为构成的社会现象表面看来似乎杂乱无章，其实蕴含着一定的结构，这种结构支配并决定一切社会现象的性质和变化。在他们看来，人的心灵构造能力是第一性的，社会生活的内在结构或秩序是第二性的，这显然颠倒了物质与意识的根本关系，走上了唯心主义先验论的道路。

20世纪30年代，皮亚杰将结构主义观点和方法引入心理学研究领域，创立了发生认识论。发生认识论主要研究认识发展的"过程"和"结构"，目的是弄清人类认识的历史，寻找认识的社会根源，也称"过程-结构哲学"。第二次世界大战后，皮亚杰的发生认识论传入美国，受到美国心理学界的高度评价，并在美国的课程改革中得以推广。

（一）皮亚杰的儿童认知发展理论

皮亚杰是当代著名的心理学家、教育学家，日内瓦学派（即皮亚杰学派）的创始人。他曾担任国际心理学会主席、联合国教科文组织国际教育局局长、发生认识论国际研究中心主任。皮亚杰领导研究了作为知识形成基础的心理结构（即认知结构），探讨了知识发展过程中新知识形成的机制。他的研究不仅揭示了儿童认知结构发展的规律，而且阐明了教育和教学工作的许多新原则与方法。

皮亚杰认为，儿童智力发展的任何水平都有其相应的认知结构，儿童正是通过这一内部结构与外部环境相互作用来认识客观世界的。智力在本质上是一

---

① ［瑞士］皮亚杰：《结构主义》，倪连生、王琳译，商务印书馆1984年版，前言第2页。
② ［瑞士］皮亚杰：《结构主义》，倪连生、王琳译，商务印书馆1984年版，第3—11页。

种思维结构，是主体对客体的协调作用。就其外部功能看，智力活动的目的在于取得与客体的适应。"智力开始是实践性质的或感觉运动性质的，然后逐渐内化成为严格意义上的思维，并且也认识到智力活动乃是一个连续建构的过程。"① 儿童正是在这种适应过程中，不断地形成新的认知结构，从而促使智力由低级不断地向高级发展。

在皮亚杰的认知发展理论中，"图式"是一个核心概念。所谓图式，是指动作的结构或组织，这些动作在同样或类似的环境中由于重复而引起迁移或概括。他认为儿童的最早认知结构是一种遗传性的认知图式，由一些本能动作构成，如吸吮图式、抓握图式等。随着儿童的成长，这些低级的图式在适应环境过程中变得更丰富、更抽象，智力也由低级向高级发展。皮亚杰借用生物学的同化和顺应来解释图式的发展变化。同化是把新的感知、动作或概念整合到主体已有的图式或行为模式之中，引起图式的量变。同化可以在物质水平、行为水平和思维水平上进行，但它只能从量上丰富和改变已有图式，不能从质上革新和改变已有图式。图式的质变依赖主体与客体交流时的顺应。顺应是指主体受到外界刺激而引起的已有图式或结构的调整和重构。顺应会引起图式的质变，因而具有创新意义。

皮亚杰认为，儿童认知结构的发展既具有连续性，又具有阶段性。他通过大量的实验研究，结合数理逻辑学，把儿童从出生到青年期的智力发展划分为四个阶段：（1）感觉运动阶段（从出生到2岁），也称前语言阶段。这时儿童的智力是一种纯实践性的智力，以知觉和运动为工具，既不能再现，也不能思维，但已构成了行为的图式，为以后建立运算结构和概念结构奠定了基础。这一阶段语言还未出现，儿童主要通过感觉运动图式与外界相互作用并取得平衡。（2）前运算阶段（从2岁到7岁）。这时儿童的符号和语言机能开始形成，"感觉运动智力表明运算的开端，因为位移群本身是一个以可逆性为特征的整体结构，并且存在一种以永久客体的图式为形式的不变的或守恒的图式"②。但在这个阶段还未达到内化的过程，这些图式仅仅由身体的连续动作构成，还没有同时发生的表象。（3）具体运算阶段（从7岁到12岁）。这时儿童可以根据具体事物进行初步的逻辑思维，即通过可逆性使运

---

① 《皮亚杰教育论著选》，卢濬选译，人民教育出版社2015年版，第49页。
② 《皮亚杰教育论著选》，卢濬选译，人民教育出版社2015年版，第5页。

算图式达到守恒，并能正确把握逻辑概念的内涵和外延。这一阶段的运算比较零散，还不能较好地形成一个整体，相当于学龄初期的小学阶段。（4）形式运算阶段（从12岁到15岁），也称命题运算阶段。这时儿童的思维发展非常迅速，已接近成人水平。他们可以在头脑中把形式和内容分开，并根据假设和条件进行逻辑推理，即达到了形式思维水平，相当于学龄中期的初中阶段。

皮亚杰的认知发展理论提供了一个关于儿童智力发展的一般模式，其中包含着许多重要的教育思想。皮亚杰指出，一门科学的教育理论必须建立在儿童心理学或社会心理学的基础之上，否则就不能真正产生新的方法。"教育就是使个人适应周围的社会环境。但是，新方法利用儿童期固有的倾向以及心理发展必然具有的自发活动，力图促进这种适应……所以，只从它的方法及其应用方面是不能理解新教育的，除非至少从四个方面注意细致分析它的原理并且检查这些原理在心理学上的价值：儿童期的意义、儿童思维的结构和发展的规律以及幼儿社会生活的机制。"①

皮亚杰认为，既然儿童的智力发展具有阶段性，那么教育应按儿童智力发展的阶段性特征来组织。"教师试图加速学生的发展，这只是浪费时间和精力。问题只在于发现符合每个阶段的知识并用有关阶段的心理结构所能同化的方式教给学生。"② 他主张在教学中采用自我发现法，认为只有自我发现的东西，儿童才能积极地加以同化，从而留下深刻的印象。从发生认识论出发，皮亚杰十分重视儿童智力和道德的发展，认为教育的根本目的在于形成儿童的智力和道德推理能力，以使儿童在智力方面能达到连贯性和客观性，在道德方面达到相互性。他说："儿童的智力和道德结构和我们的并不一样；结果，新的教育方法努力按照儿童的心理结构及其发展的各个阶段，用可以为不同年龄的儿童所能同化的形式，把教材教给儿童。"③ 皮亚杰认为，儿童是通过自己的活动来建构认知结构的，活动是连接主、客体的桥梁，是认知发展最直接的源泉。因此，活动教学法是儿童教育的重要原则。皮亚杰十分强调在学校教育中儿童之间的相互作用，他认为儿童的发展正是从自我中心化趋向于社会化。同伴间的相互交流和相互理解对儿童人格的形成有重要作用。

---

① 《皮亚杰教育论著选》，卢濬选译，人民教育出版社2015年版，第43页。
② 《皮亚杰教育论著选》，卢濬选译，人民教育出版社2015年版，第56页。
③ 《皮亚杰教育论著选》，卢濬选译，人民教育出版社2015年版，第44页。

皮亚杰在儿童认知结构方面所做的开拓性工作以及在此基础上提出的一些教育思想，不仅奠定了结构主义教育理论的基础，为结构主义教育运动提供了心理学依据和方向，而且对世界各国的教育改革产生了重要影响。当时一些国家盛行的活动教育、开放教育、视听教育，以及个别课程制度的改革、新的教育技术运用等，都与皮亚杰的认知结构学说有着千丝万缕的联系。尤其是在教育学界和心理学界，皮亚杰的观点被人们广泛地引用，如有研究者查阅了美国从20世纪50年代到60年代有关儿童发展方面的杂志和教科书中，皮亚杰的理论观点引用率最高①。皮亚杰的发生认识论开辟了人类认知研究的新视角，其理论被誉为所有认知发展理论中最有见解和解释力的，并成为欧美等国进行学校教育和教学改革的重要理论依据。20世纪80年代中后期"新皮亚杰学派"的形成，标志着皮亚杰的理论发展到了一个新阶段。

（二）布鲁纳的结构主义教育思想

布鲁纳是美国著名心理学家，结构主义教育流派的主要代表人物，被誉为杜威之后对美国教育影响最大的人。1959年，布鲁纳在马萨诸塞州的伍兹霍尔主持召开了讨论怎样改进中小学数理学科教学的会议。1960年，他综合各位专家的意见撰写的《教育过程》出版，该书系统地阐述了他的结构主义教育思想，是美国结构主义教育理论的代表作，也是20世纪60年代美国课程改革运动的纲领性著作。

布鲁纳的结构主义教育思想建立在其认知发展阶段理论的基础之上。布鲁纳深受皮亚杰发生认识论的影响，他关于儿童认知发展的研究与皮亚杰一脉相承，认为儿童的认知发展具有连续性和阶段性。他将儿童的认知发展划分为三个阶段：(1) 动作式再现表象阶段。儿童主要通过动作来组织、再现外界事物的特征。在这一阶段，儿童的注意是不稳定的、单一的，很少有反省思维的参与。由于缺乏可逆性的概念，儿童只能理解 $A = B$、$B = C$，却不能得出 $A = C$。(2) 肖像式再现表象阶段。儿童开始具有一种表象系统，可以用图像表示概念，不用动作示意也能在头脑中进行想象和逻辑推理，其思维可以逆转。(3) 符号式再现表象阶段。儿童能够借助语言、符号来理解事物，已具备形成概念并用语言表达概念的能力。布鲁纳认为，上述三个阶段在儿童生活中依次出现，代表儿童认知发展的三种不同水平；儿童的认知发展并不受年龄的绝对

---

① 张爱卿：《现代教育心理学》，安徽人民出版社2001年版，第65页。

限制，教育和环境在很大程度上会影响儿童的认知发展。

布鲁纳的结构主义教育思想可概括为以下方面。

1. 知识观与学科基本结构

布鲁纳认为知识是有结构的，它是人们对于客观事物构造的一种主观模式。合理的知识使一个人的认知结构与客观事物相符，并能很好地认识客观事物。布鲁纳提出了最佳知识结构的三种组织原则：再现的适应性原则，指知识结构的呈现方式必须与不同年龄学生的学习模式相适应；再现的经济性原则，即知识结构的合理简约；再现的有效性原则，指经过简约的知识结构具有发展的价值，有利于学生的学习迁移。

布鲁纳指出，任何观念、问题或知识都可以用很简单的形式表达出来，以便任何一个学习者都能理解。他强调课程设计和教材编写必须以"学科的基本结构"为中心。"不论我们选教什么学科，务必使学生理解该学科的基本结构。"[①] 所谓"学科的基本结构"，是指某门学科的基本概念、定义、原理和原则。学生掌握了每门学科的基本结构，不仅可以简单、明了地把握学习内容，而且可以发挥迁移力，对有关联的未知事物迅速地做出判断。掌握学科基本结构也包括培养对待学习和调查研究、对待推测和预感、对待独立解决难题的可能性的态度。布鲁纳主张课程设计和教材编写应由各学科领域有远见卓识的专家、学者、教育家与有经验的教师共同参与完成。他说："必须使各学科的最优秀的人才参与到课程设计的工作中来……在设计课程时，只有使用我们最优秀的人士，才能把学识和智慧的果实带给刚开始学习的学生。"[②] 教材本身除了学科的基本结构外，还应包括对这些概念的探究程序和方法，目的在于帮助学生更确切地掌握知识结构。

2. 早期教育

布鲁纳提出一个大胆的假设："任何学科都能够用在智育上，有效地教给任何发展阶段的任何儿童。"[③] 他研究了儿童智力发展的过程，认为儿童在每个发展阶段都有自己观察世界和解释世界的独特方式，给任何特定年龄儿童教授某门学科的任务，就是按照儿童观察事物的方式去表现那门学科的结构。"任何观念都能够用学龄儿童的思想方式正确地和有效地阐述出来；而且这些初次阐

---

① 《布鲁纳教育论著选》，邵瑞珍、张渭城等译，人民教育出版社2018年版，第27页。
② 《布鲁纳教育论著选》，邵瑞珍、张渭城等译，人民教育出版社2018年版，第32页。
③ 《布鲁纳教育论著选》，邵瑞珍、张渭城等译，人民教育出版社2018年版，第42页。

述过的观念,由于这种早期学习,在日后学起来会比较容易,也比较有效和精确。"① 例如,教小学一年级学生掌握初步的微积分知识是可以的,此时学过的微积分知识将是以后系统学习微积分知识的重要基础,因此高级的科学命题只要是它的初步形式,就可以教给幼小的学习者。为了证明其假设的可行性,在伍兹霍尔会议期间,布鲁纳参加了一堂示范教学,在这堂课上,五年级儿童很快掌握了函数论的中心思想。

布鲁纳对课程编制进行了深入研究,提出了螺旋式课程编制的理论。他认为,课程设计和教材编写应遵循每门学科的基本概念或原理的连续性,注重教材心理化,依据儿童认知发展的程序和特征,对教材进行螺旋式的编排,使"一门课程在它的教学进程中,应反复地回到这些基本观念,以这些观念为基础,直至学生掌握了与这些观念相适应的完全新式的体系为止"②。这种编制方式不仅使早期学习得以实现,而且使早期学习具有预见性和指向性,会对以后高深理论的学习产生深远影响。

3. 发现法

在教学方法上,布鲁纳倡导发现法。曾经从事自然科学和数学课程工作的各方面人士,也都极力主张在提出一个学科的基本结构时,保留一些令人感兴趣的观念,引导学生自己去发现它们。发现学习就是让学生利用教师所提供的材料,亲自去发现应得出的结论或规律,像数学家那样思考数学,像史学家那样思考历史,使获得知识的过程体现出来。布鲁纳认为发现法有几大益处:发挥智慧潜力、增强内在动机、培养学习技巧、有助于保持记忆。但一个人不可能只凭发现法学习,发现法并不排斥讲授法、问答法、讨论法以及各种形式的练习。布鲁纳还根据伊利诺伊大学的中小学数学委员会和哈佛大学认知研究中心进行的一些教学实验指出,发现法并不限于像数学和物理学一样高度形式化的学科,也适用于社会学科。

布鲁纳的结构主义教育思想成为 20 世纪 60 年代美国课程改革运动的指导思想,并成为世界各国课程改革运动的共同趋势。在西方其他国家,课程改革运动几乎与美国同时开始,发展中国家一般在四五年以后开始仿效。布鲁纳的《教育过程》一书问世后轰动一时,被西方教育界部分人士誉为"划时代的著

---

① 《布鲁纳教育论著选》,邵瑞珍、张渭城等译,人民教育出版社 2018 年版,第 42 页。
② 《布鲁纳教育论著选》,邵瑞珍、张渭城等译,人民教育出版社 2018 年版,第 28 页。

作",并被译为俄文、德文、法文、意大利文、日文等20多种文字。然而,以布鲁纳等人的教育思想为指导的学科结构运动并没有取得应有的效果。它过分强调学科的独立性和完整性,主要由各门学科专家编写的教材往往忽视学生发展的实际,新编教材的学术性太强,内容过于深奥,缺少趣味性,导致不少学生学业失败。同时,教师也难以胜任教学。20世纪60年代后期,"学科结构运动"开始走下坡路,教育改革的方向转向"恢复基础",加强读、写、算基本技能的培养。20世纪70年代人文主义课程取代了结构主义课程而成为美国课程理论的主流。

三、舒尔茨与人力资本理论

人力资本理论曾是现代西方最具影响力的资本主义经济学理论之一,并对教育产生了深刻的影响,它形成于20世纪60年代。以美国西奥多·威廉·舒尔茨(1902—1998)为代表的一些西方经济学家以促进经济为直接目的,开始讨论教育与经济增长的关系。这些经济主义理论很快被西方许多国家接受,并迅速发展为一种世界性的教育思潮。其中,最有影响和最具代表性的就是人力资本理论。从本质上看,人力资本理论与马克思主义基本原理背道而驰,代表着晚期资本主义文化逻辑中对"人"的异化和物化,它将学校视为生产工具,将教师和学生视为生产线的产品,将教育的目的在一定程度上矮化为直接促进经济发展,代表着资本主义文化理论的衰败与腐朽。

美国是现代人力资本理论的发源地,早在1935年,经济学家沃尔什发表了《人力资本观》一文,首次采用"费用""效益"等概念分析不同教育程度的教育费用和毕业后因能力提高而收入增加的关系,得出各级教育的收益率。沃尔什的研究方法对后来人力资本理论的研究具有指导意义。在有关人力资本与经济增长的研究中,最有影响的代表人物是舒尔茨。自20世纪50年代中期起,舒尔茨以农业经济学为基础开始人力资本理论的研究。1959年发表题为《人力投资——一个经济学家的观点》的论文;1960年在美国经济学年会上发表题为《人力资本投资》的演说,对人力资本观点进行了系统的阐述,震惊了西方学术界,被认为是人力资本理论体系形成的重要标志。此后,舒尔茨又发表了大量有关人力资本理论的研究成果。这些成果初步构建了人力资本理论体系的基本框架,为教育经济主义思潮的形成提供了理论依据。

舒尔茨是美国著名经济学家,芝加哥经济学派成员,因在经济发展方面做出了开创性研究获得1979年诺贝尔经济学奖。他指出了何谓人力资本，其经济属性是什么，以及它为何对解释经济增长至关重要。人们需要有益的技能和知识，却不完全知道技能和知识是一种资本。这种资本从实质来说是一种计划投资的产物；这种投资在西方社会按照一种比传统的（非人力）投资大得多的速度增长，而且这种增长恰好是该经济体系最为突出的特点。人们已经广泛地注意到跟土地、工时及物质再生产资本的增加相比较，国民收入的增加速度更快。人力资本投资可能是解释这种差别的主要因素。他指出，当代劳动生产力迅速提高正是人力资本投资不断增加的结果，欧洲许多国家和日本人口质量的提高对经济增长起了明显的作用。

那么，什么是人力资本投资？舒尔茨指出："学校教育对消费的贡献可以区分为以下两个部分：为当前服务的消费，为将来作贡献的消费。而后者则成为一种投资。学校教育的生产价值就在于把投资直接用于培养将来的生产能力和谋生能力上。""只要学校教育能增加将来的生产能力和收入，那么所做的贡献就成为已经测得的经济增长的源泉。"①

舒尔茨认为，在上述人力资本投资中最重要的是教育投资，教育不仅对社会文化的发展有着重要的贡献，而且已经成为社会经济增长的核心动力。教育投资具有两重性，即消费性和生产性。教育投资本身就是一种消费活动，它的用途具有明显的消费性，对人的整个消费活动有重要影响。教育投资的生产性在于它能够开发人的潜力，增长人的才干，包括文化知识、技能以及良好的素质，从而提高劳动者质量，促进劳动生产力和经济增长，同时也能增加个人未来的收入。无论是国家投资教育还是个人投资教育，其目的都是追求经济方面的收益。"学校教育和知识进步都是经济增长的主要源泉。很显然，学校教育和知识进步都不是自然资源，而主要是靠人力形成的。这就是说，这二者都需要资本储存和投资。"②

舒尔茨对教育投资的效益进行了测算，这种测算及其结果不仅成为20世纪60年代教育经济化思潮风靡世界的重要支柱，而且是舒尔茨人力资本理论的实证依据。这一理论很快成为许多国家制定教育发展政策的理论依据。

---

① ［美］西奥多·W. 舒尔茨：《教育的经济价值》，曹延亭译，吉林人民出版社1982年版，第60、61页。
② ［美］西奥多·W. 舒尔茨：《教育的经济价值》，曹延亭译，吉林人民出版社1982年版，第73页。

教育经济主义思潮在许多方面揭示了教育与经济关系的客观规律，但也存在致命的不足，并在实践中产生了一些负面影响。例如，它在强调教育的经济意义时，却发展为"经济至上"论，从而对教育的整体社会功能缺乏全面认识，甚至将教育的经济功能与教育的政治功能、文化功能对立起来。随着教育经济主义思潮的日益高涨，它受到的质疑和批评也越来越多。有学者指出，在20世纪60年代初期，教育对提高人的生产力的投资价值几乎未受怀疑；但到60年代末，人力资本理论作为一种可行的发展策略的基础则遭到了质疑……到70年代初，把教育看作发展的一种灵丹妙药的信念已经进入了怀疑论时代。[1]

第三节　人文主义取向的教育思想

人文主义取向的教育思想是20世纪五六十年代在西方兴起的一类教育思潮的集合。它在继承文艺复兴时期所形成的人文主义以及18、19世纪的新人文主义教育思想的基础上，崇尚心智潜力的自由运用和个性和谐发展的教育理想，弘扬理性，肯定人的价值和尊严。同时，它把追求"人的存在"作为核心内容，并以动态的观点发展了"存在"概念，把"人的存在"看成人的潜能得以实现的一种能动过程，认为教育的目的就是促使人的潜能实现。具体而言，人文主义取向的教育思想包含了存在主义教育、终身教育与现代人文主义教育等重要的教育思想。

一、存在主义教育思想

存在主义教育思想是一种以存在主义哲学为基础的教育思想，在20世纪50年代形成于美国，60年代广泛流行于一些西方国家，70年代后逐渐走向衰落。存在主义教育以"人的存在"为研究对象，强调个体的自我实现及个性自由发展，注重品格教育，提倡学生"自由选择"道德标准，主张采用对话式的个别教学等。存在主义教育的主要代表人物有法国哲学家让-保罗·萨特

---

[1] Ingemar Fagerlind and Lawrence J. Saha, *Education and National Development: A Comparative Perspective*, Oxford: Pergamon Press, 1983, pp. 45-46.

(1905—1980)、德国哲学家雅斯贝尔斯（1883—1969）和奥地利哲学家马丁·布贝尔（1878—1965）等。

存在主义产生于20世纪20年代的德国，第二次世界大战期间传入法国，60年代传入美国和西方其他国家，成为一种影响较大的哲学思潮。存在主义的产生是西方资本主义危机在意识形态上的反映。第一次世界大战给欧洲带来了严重的物质破坏和精神创伤，尤其是作为战败国的德国，大量割地赔款，丧失了海外殖民地，人们陷入忧虑、烦恼、恐惧和绝望之中。存在主义就是这种悲观主义情绪的反映。第二次世界大战后，资本主义社会还未从战争恐慌中解脱出来，又面临着核战危机、能源危机、生态危机、人口危机等新的社会危机，以及道德风尚日趋败坏、文化艺术日益堕落、青少年犯罪率不断上升等精神危机。在这种情况下，强调个人生存的存在主义便应运而生。

存在主义哲学是存在主义教育的理论基础，从某种意义上说，存在主义教育是从存在主义哲学中引申出来的。存在主义哲学的主要代表人物是德国哲学家海德格尔（1889—1976）和雅斯贝尔斯、法国哲学家萨特。1927年，海德格尔的《存在与时间》一书出版，被认为是存在主义产生的重要标志。海德格尔认为哲学本体论的基本问题是"存在"问题："存在"与"存在者"不同，"存在"优先于"存在者"，然而以往的哲学家所关心和讨论的却是"存在者"而不是"存在"这个更为根本的东西。真正的"存在"是"人的存在"或"自我存在"。

雅斯贝尔斯也认为哲学的根本问题是"存在"问题。他认为只有人的存在才是真正的"存在"，真正的哲学是研究人的具体存在，这种存在是指人的非理性的内心情绪体验，如烦恼、恐惧、不怕死亡等，是人存在的基本内容。在他看来，一个人只有感受死亡，才能懂得存在的意义，并积极主动地创造自己。人的存在是人自己创造的，人的存在就是人的生活，即个别的、不可替代的个人是一切价值的源泉。他并不强调人应该成为什么样的人，而是强调人应该成为他自己，生活得有特色。其哲学的全部宗旨就是让人们在生活中发现自己，并成为自己。自由等于人的全部存在，"人就是自由"，如果只把人看作原则上可以认识的自然，就放弃了人道主义，认为人只是繁多物种中的一种。由于强调个人自由的决定作用，雅斯贝尔斯把生存和自由看作两个可以相互替换的概念，并把生存当作整个哲学的前提，这是其存在哲学最本质的内容。

萨特是第二次世界大战前后影响最大的存在主义者，他的《存在与虚无》一书于1943年出版，他用文学的形式宣传存在主义哲学，使得存在主义的影响迅速扩大，并渗透到各种意识形态和生活方式中。萨特认为，哲学的目的应是研究"人的生存问题"，哲学要关心人，研究人的个体存在，为人的存在找到坚实的根基。因此，他将其存在主义哲学称为"人学"，即关于人的生活、人性、价值和命运的学说。他认为，存在主义"是一种使人生成为可能的学说；这种学说还肯定任何真理和任何行动既包含客观环境，又包含人的主观性在内"①。他高度强调人的主观能动性，认为人首先是一种单纯的主观性的存在，人的本质则是后来由这种主观性自行制造出来的。因此他提出了一个著名的命题："存在先于本质。"萨特自称其存在主义是一种人道主义，他从人的"存在"出发去理解人的价值和尊严，认为人的本质是自我选择决定的。

随着存在主义哲学的产生和广泛传播，这种哲学思想逐渐影响到文学、艺术、社会学、宗教、教育等意识形态领域和社会生活的各个方面。存在主义对教育的影响最早出现在欧洲。如早在1872年，尼采在《论德国教育制度的未来》一文中就从培养"超人"（即天才）的角度提出改革德国教育的建议，从而表达了他的存在主义教育思想。1921年，英国教育家尼尔创办的夏山学校以其激进的办学思想引起了人们的注意。第一次世界大战爆发后，一些存在主义哲学家在致力于探讨社会问题的同时，也都不同程度地涉及教育问题，并发表了教育论著，其中就包括布贝尔的《品格教育》《我与你》等。

布贝尔认为，教育的主要目的不在于传授知识，而在于引导人们去充实人生的精神，形成个人的统一的品格，建立人们相互之间生机盎然的相遇关系。名副其实的教育在本质上就是品格教育。要进行品格教育，就必须对品格的概念加以仔细考察。所谓品格就是介于这个人的为人与他的一连串行动和态度之间的纽带。② 现代社会中并不存在真正的绝对价值和统一的道德准则，那种抽象的绝对价值和道德准则只会把人变成奴役的工具。因此，一个品格高尚的人既不能被视为具有一系列准则，也不能被视为具有一系列习惯，他的行动是出于他的整个品质。人的品格是在各种环境因素影响下形成的，这些因素包括自然和社会环境，其中教育的作用最为重要，因为教育者是有意识、有目的地将

---

① [法]让-保罗·萨特：《存在主义是一种人道主义》，周煦良、汤永宽译，上海译文出版社2012年版，第4页。
② 王承绪、赵祥麟编译：《西方现代教育论著选》，人民教育出版社2001年版，第325页。

各种影响因素加以选择和组织的能动力量。品格教育的重要条件是取得学生的信任，信任是品格以及整个人的教育领域中唯一可接近学生的途径。但信任并不意味着无条件的协调一致，师生之间也可能产生冲突，对于冲突，教师只能在一种健康和谐的气氛中加以解决，这样冲突也会具有教育价值。人格是在人与人的关系中形成的，人类从其本性来说就是人的对话，一个人如果不与人类、创造物和造物主交流，就不能实现自我。

存在主义认为，人与外部世界有两种性质截然不同的关系：一种是客观的关系，即"我与它"的关系。在这种关系中，个人以纯粹客观的方式看待外部事物，把它看作为了自己的目的而加以利用和操纵的物。另一种是主观的关系，即"我与你"的关系。在这种关系中，每个人都具有他自己内在的意义世界，如果忽视或否认这个主观的实在，人就不能在痛苦中自拔。如果我们把人与人之间"我与你"的关系当作人与物之间"我与它"的关系对待，人性就将毁灭。在"我与你"的关系中，除了相互之间的认可和爱之外，不掺杂任何目的，也不存在任何利用和被利用、控制和被控制的问题。"我与你"两者都是主体，双方互相同情、互相信任、互相理解。布贝尔把这种"我与你"的关系称为真正的"对话"关系，是"我与你"之间活生生的精神上的相遇关系，它揭示了人生的意义。

存在主义将"对话"应用到教学上，认为教学也应该是一种"对话"。传统教学的严重弊端是教师侧重传授知识，忽视教学关系中的主体——学生，从而造成知识专制。这种知识专制使学校制度成为现代社会加强异化的一个有力因素。对话教学反对课堂上的知识专制，要求教师把知识"提供"给学生，而不是传授给学生。"提供"意味着教师必须非常熟悉自己所教的科目，能把教学内容变成自己内在经验的一部分。教师只有向学生提供自己深刻领会的东西，才能使学生接受或受到感染。师生之间的讨论或谈话是对话教学的最好形式，对话意味着"共享"，教学也应该成为师生之间在课堂上对知识、情感与期望的一种共享。对话的先决条件是确定双方之间的合理距离，教学艺术表现在双方距离的灵活性上，即既保持师生双方的合理距离，又通过努力实现双方的亲密关系来促进对话。在对话中，师生各自以独立的人格和平等的身份与对方产生联系，师生之间的交流对实现教育目的至关重要。

存在主义教育思想是资本主义社会危机的产物，也是一种典型的人道主义教育。当人们的精神受到种种压迫而无法掌握自己的命运时，存在主义教育自然而然地具有一种特有的吸引力。作为一种教育思想，存在主义教育提出了一些不同于传统教育和实用主义教育的观点，其中不乏积极的因素，如主张教育目标是发展人的自我意识，培养人具有自由地、合理地做出自我选择的能力，以及发展自我责任感；注重人文学科的学习；提倡个别的、民主的和对话式的教学等。

然而，存在主义教育思想没有形成一套较为完整的理论体系，也没有进行系统和独立的教育实践，其教育理论本身也较为偏激，是一种极端个人主义的教育思想。因此以存在主义为基础的学校和教育制度实际上不可能存在。有人指出，这种以"高度个人主义的哲学"为基础的教育理论，只能对看不到生活的意义和感受到工业技术制度压迫的人才具有吸引力。甚至还有人说："从六十年代到现在，存在主义的影响在人们心目中只是各种革新计划及各种停留在文字上的资料。"[①] 这意味着存在主义教育在教育实践中的影响极为有限。正因为如此，存在主义教育在20世纪70年代后便逐渐衰落。

二、朗格朗与终身教育思想

自20世纪以来，科学技术日新月异，电子科学、材料科学、信息科学、生物工程、海洋工程、激光技术和空间技术等重大技术取得突破。这些突破对社会经济结构产生了深刻影响，传统产业不断升级转型，新兴产业如雨后春笋般涌现，对劳动者的知识和技能要求不断提高。同时，社会生活方式也发生了深刻变革，人们的生活节奏加快，信息传播迅速，人际交往和社会互动更加频繁、复杂，这就要求人们具备更强的适应能力和综合素养。此外，人们对自身的认识也在改变，越来越强调个体的发展和自我实现。再加上严峻的人口问题，如人口老龄化加剧、劳动力结构改变，以及社会政治的变革，如民主意识的增强、社会公平的追求等，这些都对教育提出了新的要求。原有的教育模式已无法满足社会和个人发展需求，一次性的学校教育难以使人们在快速变化的社会中持续适应和发展。因此，在20世纪60年代，终身教育作为一种能够适应这些变化、满足社会和个人发展需求的教育思想应运而生。1965年12月，联合国教科文组织在法国巴黎召开了"第三届促进成人教育国际委员会"，法国成人教育家朗格朗（1910—2003）在会上做了以《终身教育》为题的学术报告，引起与会者的极大反响。在这个学术报告的基础上，朗格朗的著作《终身

---

① 陈友松主编：《当代西方教育哲学》，教育科学出版社1982年版，第234页。

教育引论》于 1970 年出版，这标志着终身教育思想的兴起。该书出版后，被译成 20 多种文字，在国际上产生了广泛的影响，被公认为终身教育思想的代表作。之后，终身教育得到了联合国教科文组织的大力推行和各国学者的积极提倡，在世界范围内迅速发展，并逐步成为一种重要的教育发展和改革行动。

"终身教育是一系列很具体的思想、实验和成就，换言之，是完全意义上的教育，它包括了教育的所有各个方面，各项内容，从一个人出生的那一刻起一直到生命终结时为止的不间断的发展，包括了教育各发展阶段各个关头之间的有机联系。"① 首先，终身教育是指人从出生到死亡延续一生的教育，教育并不限于青少年阶段，而应贯穿人的一生，并且人一生的教育是相互联系、相互作用的。其次，教育并不限于在学校中进行，应该使学校以外的社会机构也承担教育的功能，把教育扩展到社会整体中，并寻求各种教育形式的综合统一。简言之，终身教育是指持续一生的教育过程，也指正规教育和非正规教育的总和，还意味着社会应为受教育者提供各种可供选择的教育机会。

终身教育的终极目标在于"实现更美好的生活"，或者是"从中吸取一切有益的东西，使人过一种更和谐、更充实、符合生命真谛的生活"。② 具体来讲，朗格朗认为，终身教育的目标主要有以下两个方面：一是培养新人。终身教育不仅能够使人适应各种变化，特别是适应经济和职业方面的变化，而且能够培养人的丰富个性，促进人的全面发展，使人能充实、幸福地生活。二是实现教育民主化。教育民主化的核心是教育机会均等。朗格朗主张，学校教育的重点一定要放在为民主而教育人这一点上，终身教育是实现真正平等教育的手段。

发展终身教育战略的一般性原则包括：要保证教育的连续性以防止知识过时；使教育计划和方法适应每个社会的具体要求和创新目标；在各个教育阶段都要努力培养新人，使之能适应充满进步、变化和改革的生活；大规模地调动和利用各种训练手段和信息，这种训练和信息超出了对教育的传统定义和组织形式上的限制；在各种形式的行动（技术的、政治的、工业的、商业的行动等）和教育的目标之间建立密切的联系。③ 朗格朗认为，在以上这些原则的基

---

① ［法］保尔·朗格朗：《终身教育引论》，周南照、陈树清译，中国对外翻译出版公司 1985 年版，第 15—16 页。
② ［法］保尔·朗格朗：《终身教育引论》，周南照、陈树清译，中国对外翻译出版公司 1985 年版，第 17、31 页。
③ ［法］保尔·朗格朗：《终身教育引论》，周南照、陈树清译，中国对外翻译出版公司 1985 年版，第 65 页。

础上，各个国家可以根据自己的条件建立适合本国国情的终身教育模式。但是，建立终身教育的模式必须遵循一个总原则：使教育成为生活的工具，成为使人成功地履行生活职责的工具。从上述原则出发，朗格朗提出了改进学校教育、成人教育和扫盲教育的建议。

自20世纪60年代以来，终身教育思想作为一种最有影响的教育思想已被不同社会制度的国家普遍接受；不同学派的教育家都把它作为现代教育学的重要主题进行探讨；联合国教科文组织更是把它作为教育领域活动的指导原则，并组织了一系列国际会议和地区会议，发表了一系列重要的研究报告；很多国家已把它作为教育改革的总政策，并在教育结构、教育内容和方法、教育管理、师资培训等方面进行了一系列革新与实验。

终身教育思想本身也经历了一个不断发展、丰富和完善的过程。其中，联合国教科文组织国际教育发展委员会提交的报告《学会生存——教育世界的今天和明天》，联合国教科文组织国际21世纪教育委员会在三年研究的基础上提交的报告《教育——财富蕴藏其中》等重要文献，以及"学习化社会""终身学习"等概念的提出，对发展终身教育思想的影响尤为显著。

学习化社会是在终身教育概念的基础上形成和发展起来的。它是由赫钦斯在1968年发表的《学习化社会》中首次提出的。赫钦斯认为，教育的根本目的不是国家的繁荣，而是个人能力的最大发展和人格的日臻完美。为此，必须对人的价值观和学习观进行变革，这一变革的目标就是创建"学习化社会"。学习化社会不光是对所有成年男女随时提供定制的成人教育，而且是以学习和完善人为目的，所有的制度指向于该目的的实现而成功地完成了其价值的转换的社会，即整个社会要从"学校化社会"变为"学习化社会"，构成社会的所有部门都要提供学习资源、参与教育活动；所有社会成员都要充分发挥学校以外的教育制度和机构的教育能力，自觉地进行学习。

1972年，由联合国教科文组织国际教育发展委员会主席埃德加·富尔（1908—1988）执笔的报告《学会生存——教育世界的今天和明天》，进一步确认了"学习化社会"的概念。富尔认为，社会的教育功能正在由传统的教学向自学转变，要实现培养"完人"的目标，必须促成学习化社会的形成，而一个所有部门都参与教育工作的社会，一个把教育放在最优先地位的社会，一个人们自觉

拓展阅读

《学会生存——教育世界的今天和明天》（节选）

主动地学习的社会，就是"学习化社会"。学习化社会的提出，反映了信息化社会的特征和由此而带来的人们自觉学习的需要。

1996年，时任国际21世纪教育委员会主席的雅克·德洛尔（1925—2023）向联合国教科文组织提交了题为《教育——财富蕴藏其中》的报告。在报告中，德洛尔阐述了构建"学习社会"的必要性，认为"学习社会"建立在获得知识、更新知识和应用知识这三个基础上，而这也是教育过程应强调的三个方面；强调"学习社会"必须"把终身教育放在社会的中心位置上"①。他提出，应重新思考和扩大终身教育这一观点的内涵，并建议终身教育应"建立在四个支柱的基础上：学会认知、学会做事、学会共同生活、学会生存"②。他强调，终身教育的价值不仅仅在于大力发展职业继续培训、帮助个人更新知识与晋升，它更应"有助于每个人在迅速变革的社会中掌握自己的命运，对其生命的各个阶段重新进行安排"③。总之，德洛尔的报告更多的是强调从宏观方面对教育进行统合，强调政治当局的作用及教育的国际合作问题，以创造一个适合学习、发展的社会。

1997年7月，第五届世界成人教育大会在德国汉堡召开，其主题是"成人学习：通向21世纪的键钮"。大会的目标是进一步明确成人学习的重要性，并以终身学习的观点来提高国际社会对成人继续教育的关心。会议通过的两份纲领性文件《汉堡宣言》《为了成人学习的未来》明确提出：为了构筑起一个面向21世纪的学习社会，必须建立终身学习体系，必须把正规教育和非正规教育的功能和效果紧密结合起来。终身学习的内涵至少包括以下三个方面：学习是贯穿人的一生的自觉行动和主动诉求；社会要确保社会成员适时参与学习的条件与机会；社会的一切组织和机关都是学习的场所。与终身教育、学习化社会的最大区别是，终身学习高扬学习者的主体性、自觉性，强调学习的终身性，使学习成为人的一种生活。联合国教科文组织肯定了终身教育是一种基本人权，同时强调要重新构建以学习者为中心的教育制度。

终身教育思想自20世纪60年代中期兴起后，在教育领域引起了一场广泛

---

① 联合国教科文组织国际21世纪教育委员会编著：《教育——财富蕴藏其中》，联合国教科文组织总部中文科译，教育科学出版社1996年版，第8页。
② 联合国教科文组织国际21世纪教育委员会编著：《教育——财富蕴藏其中》，联合国教科文组织总部中文科译，教育科学出版社1996年版，第87页。
③ 国家教育发展研究中心编著：《2001年中国教育绿皮书：中国教育政策年度分析报告》，教育科学出版社2001年版，第168页。

而深刻的革命。终身教育已成为建立一个学习化社会的象征，它的发展预示着社会结构将朝着有利于个性发展的方向变化。终身教育模式的确立有助于冲破传统学校的僵化体制，学校将成为整个社会服务的教育和文化中心，而不再是与现实生活隔绝、只供一部分人使用的封闭区域。总之，根据终身教育思想，从学校毕业将不再被看作教育的终结，而是新教育的开始，终身教育将有助于社会为每一个人的受教育权利提供终身保障。

三、马斯洛、罗杰斯与现代人文主义教育思想

现代人文主义教育思想以人本主义心理学为理论基础，是人本主义心理学在教育领域中的直接应用。人本主义心理学是一个以充分发展人性和培养完整的人为使命的重要心理学流派，它与行为主义心理学和精神分析学派一起共同构成了现代西方心理学的"三股势力"。人本主义心理学家马斯洛（1908—1970）、罗杰斯（1902—1987）等是现代人文主义教育思想的主要代表人物，他们的思想体系虽然并不完全相同、论述的角度也各有侧重，但他们对如何培养"完整的人"以及促进人的潜能发展等共同关心的教育问题都有精辟的论述。

（一）马斯洛的"自我实现"教育思想

马斯洛是美国心理学家、教育家，人本主义心理学的创始人。一方面，马斯洛对行为主义者大多基于动物研究、无视人类行为与动物行为之间的本质区别持怀疑态度。他说："用动物来进行研究一开始就注定要忽视只有人类才有的那些能力，如殉道、自我牺牲、羞辱、爱情、幽默、艺术、美、良心、负疚、爱国、理想、诗情、哲学、音乐和科学。"[①] 另一方面，马斯洛对弗洛伊德仅围绕神经症和精神疾病患者进行研究持严厉的批评态度。他认为：一个人如果不理解精神健康，也就无法理解精神病态；弗洛伊德和霍布斯、叔本华（1788—1860）等人不但对诸如幸福、欢乐、满意、满足、风趣、游戏、健康、喜悦与入迷等这些人类行为的积极方面视而不见，而且忽视了仁慈、慷慨、友谊等秉性，他们把科学研究的重点放在人的缺陷上，而很少考虑人的力量和潜力。

虽然马斯洛不赞同行为主义心理学和精神分析学派的理论，但他发现他们

[①] ［美］弗兰克·G. 戈布尔：《第三思潮——马斯洛心理学》，吕明、陈红雯译，上海译文出版社2001年版，第16页。

的研究方法还是有用的。如行为主义的条件反射就是一种学习的形式,而弗洛伊德的自由联想法也是一种交流思想的方式。他说:"我认为机械论的科学(它在心理学上表现为行为主义)并非谬误,只是太狭隘,不能成为一个普遍的综合性的哲学。"①"弗洛伊德对人的描述显然是不恰当的。他剔除了人的理想、可以实现的希望以及他身上所具有的上帝般的品质……他为我们提供了心理的病态的那一半,而我们现在则必须把健康的另一半补上去。"② 马斯洛认为,一种综合性的行为理论必须既包括行为内在的、固有的决定因素,又包括外在的、环境的决定因素。因此,行为主义者和精神分析者的观点必须结合起来,仅仅研究人的客观行为是不够的,还必须研究人的主观意识,如感情、欲望、需求和理想,从而理解人的行为。

传统心理学通常认为动机是以生理驱力为出发点的,马斯洛认为驱力只说明了人的需要的一个特征,即体内平衡失调。但需要还有另一个特征,即一种需要满足后就不再有支配动机的力量了,这时会出现新的需要。马斯洛依据这一原则提出了他的需要层次理论和动机发展理论。在他看来,各种基本需要并不是杂乱无章的,而是以一种有层次的和发展的方式、以一种强度和先后的秩序彼此联系起来的。他把人的基本需要划分为五种,从低层到高层依次排列为:生理需要、安全需要、归属与爱的需要、尊重需要、自我实现的需要。在以上五种基本需要中,自我实现的需要处于动机发展的最高层次,它的产生有赖于前面几种需要的满足,各种基本需要都能得到满足的人,将会有最充分、最旺盛的创造力。

马斯洛将自我实现看作完美人性的实现,"完美的人性"主要是指人的友爱、合作、求知、审美、创造等特性或潜能。他认为,从总体上说,自我实现可以被定义为不断实现潜能、智能和天资,定义为完成天职或称之为天数、命运或禀性,定义为更充分地认识、承认个人的内在天性,定义为个人内部不断趋向统一、整合或协同动作的过程。③ 马斯洛把自我实现者的特征描述为:能认清现实并保持与现实的良好关系,能接受自然、他人和自己,思想言行比较

---

① [美] 弗兰克·G. 戈布尔:《第三思潮——马斯洛心理学》,吕明、陈红雯译,上海译文出版社 2001 年版,第 17 页。
② [美] 弗兰克·G. 戈布尔:《第三思潮——马斯洛心理学》,吕明、陈红雯译,上海译文出版社 2001 年版,第 17—18 页。
③ [美] A. H. 马斯洛:《存在心理学探索》,李文湉译,云南人民出版社 1987 年版,第 21 页。

自然、坦率和纯真，持有以问题为中心的态度，有独处和独立的需要，自主而不依赖环境，能以新奇的眼光欣赏生活，有神秘的或"高峰体验"，富有创造性，等等。1967年，马斯洛在《自我实现及其超越》一文中提出了趋向自我实现的八条途径：（1）自我实现意味着充分地、活跃地、无我地体验生活，全神贯注，忘怀一切。（2）自我实现是一个连续进行的过程。（3）"要倾听内在冲动的呼唤"，即让自己的天性、潜能自发地显现出来。（4）当怀疑时，要诚实地说出来而不要隐瞒，遇到问题要有反躬自问的责任心。（5）能从小处做起，要培养自己的志趣和爱好，要有勇气不怕这怕那，懂得自己的命运和使命，据此来采取正确的行动。（6）自我实现不只是一种结局状态，而是在任何时刻、在任何程度上实现个人潜能的过程。（7）高峰体验是自我实现的短暂时刻，应设置条件让高峰体验更有可能出现，从而更清楚地认识自己、发现自己、实现自己。（8）要识别自己的防御心理，并有勇气放弃这种防御。可以说，自我实现就是这样的成长过程，它是许多次微小进步的点滴积累。

马斯洛关于趋向自我实现的理论中，创造性和高峰体验是两个重要概念。他认为创造性强调的是人格而非成就，成就只是人格投射出来的"副产品"。随着自我实现者的人格品质，如大胆、勇敢、自由、自发性、明晰、整合、自我认可等的成熟或表现，自我实现的创造性会像副产品一样产生出来，散发或投射到整个生活中而不仅仅是某些成就上。从创造性发挥的过程来看，可以区分出三种不同的创造性，即原初创造性、次级创造性和整合创造性。马斯洛认为，就自我实现者的创造性来说，主要是来自原初过程和次级过程的融合，而不是来自镇压和控制被禁止的冲动与希望。因此，自我实现的创造性在本质上是一种整合创造性。伟大的艺术、哲学、科学产品的出现，正是来自整合创造性。

高峰体验是自我实现者的重要特征。马斯洛发现几乎所有自我实现者都经常谈起他们经历过的一种神秘体验：他们沉浸在一片纯净而完善的幸福之中，摆脱了一切怀疑、恐惧、压抑、紧张和怯懦。他们声称在这种体验中感到自己窥见了终极的真理、事物的本质和生活的奥秘，原来遮掩知识的帷幕好像被一下子拉开了，仿佛出现了奇迹，达到了至善至美。高峰体验是普遍存在的，它是全人类的共同感受，但自我实现者经历高峰体验的频率要比普通人更多，程度也要更深。自我实现不是一种终止的状态，而是一个连续不断的发展过程，趋向自我实现的每一步都有可能出现高峰体验，它似乎是一种引导，引导人达到更完美的自我实现。

马斯洛的自我实现教育思想是以自我实现心理学的基本原理为前提的。马斯洛对当时的美国教育大失所望,他毫不留情地说:"我们的传统教育似乎已病入膏肓了。"他指责教育心理学只关注年级、学历、成绩和文凭这些手段,而不关心智慧、理解力和判断力这些目的。他把教育分为外在教育和内在教育,认为当时的美国教育是以外在教育为特征的,视学生为机器或动物,不考虑学生的需要和内在的价值选择,剥夺学生主动学习、自我选择的自由,从而使教育成为一种不把人当作人的机械过程。这种外在教育严重阻碍了学生人格的健全发展。"第三思潮心理学理论要求有一种新的教育。这种教育将更强调人的潜力之发展,尤其是那种成为一个真正的人的潜力;强调理解自己和他人并与他人很好相处;强调满足人的基本需要;强调向自我实现的发展。这种教育将帮助'人尽其所能成为最好的人'。"[①] 马斯洛把这种以人的发展为中心的教育称为内在教育。这就意味着教育目标不只是获得知识或发展技能,从根本上说,它是人的潜能的充分实现或人格的健全发展。

马斯洛指出,自我实现作为教育的终极目标并不是一蹴而就的,它要经过一系列子目标的实现才能达到。一方面,教育应引导学生发现其自我同一性并知晓自己的使命,即认识自己普遍的种族本性和独特的个人本性,据此确定自己的真实愿望和特征,并以一种生活方式使它们表现出来。另一方面,教育应帮助学生在自我认识的基础上做出合乎人性的价值选择,树立正确的价值观。首先,教育应让学生敢于正视高峰体验的快乐,并积极创造条件诱发高峰体验。其次,教育应引导学生正视自己的基本需要,并尽可能使之得到满足。再次,教育应帮助学生形成一系列恰当的价值观,用以指导自己的选择,从而变得更坚强、更健康、更能掌握自己的命运和对自己的生活承担责任。只有充分实现全部潜能或人性全部价值的人,才能成为自由的、健康的、无畏的人,才能在社会中充分发挥作用。最后,教育应关心学生的自律能力、自发性和创造性这三方面的协调发展。

此外,马斯洛发现自我实现者往往是最有创造性的人。他从整体论或系统论的观点出发,认为应该让每一门课程都有助于培养具有创造性的新人,使他

---

① [美] 弗兰克·G. 戈布尔:《第三思潮——马斯洛心理学》,吕明、陈红雯译,上海译文出版社 2001 年版,第 76 页。

们在生活的各方面都能更有创造性。他指出，创造性教育不应该只注重那些具有社会价值的艺术或科学成果，而应该注意那种即席创造、灵活恰当有效地应对任何突然呈现在此时此地的情境的能力。这是现实中所有处于动荡中的社会政治、经济制度所迫切需要的，也是教育为了适应未来社会所面临的最迫切挑战。

（二）罗杰斯的"以学生为中心"教育思想

罗杰斯是美国心理学家，他在心理治疗实践中首倡来访者中心疗法，提出了人格的自我理论，并把这一理论推广到教育改革和其他领域，对美国乃至西方国家的教育理论与实践产生了重大影响。

罗杰斯的人格结构是建立在"自我"之上的。所谓"自我"，包括个人自我和理想自我两个方面：个人自我指的是个体独特的思想价值观以及对人、对物的态度；理想自我是个体最愿意具有的自我概念。所谓人格健康发展的标志就是个人自我与理想自我达成和谐一致。一个人对自己的整体理解、对自己同外部世界和他人关系的理解，是自我意识的完整表现，最终使个人指向一个目标、一种个人的理想，从而使个人的所作所为具有一定的方向性，进而实现个人的独立性、自我指导、自我依赖、自我支配、自我创造等等。

来访者中心疗法是罗杰斯首创的一种心理治疗方法，最初称非指导性疗法。罗杰斯认为，来访者常常有一种被歪曲的、消极的自我概念，如要使其恢复心理健康，就必须改变这种自我概念。心理治疗的目的在于帮助来访者建立一种更好的自我概念。这种治疗方法的基本做法是邀请来访者讨论他们愿意讨论的任何问题，这与弗洛伊德的自由联想法相似。在治疗过程中，不为来访者解释过去被压抑于潜意识中的经验与欲望，也不对来访者的自我报告加以赞许或批评，只是帮助来访者澄清思路，使来访者逐步克服其个人自我与理想自我之间的不协调，达到自我治疗的效果。来访者中心疗法并不企求解决来访者的任何问题，而在于提高来访者的自信心以及把来访者人格的各个方面调整为他们自己能理解并能改善的一个整体。这种疗法有以下几个特征：（1）治疗目的在于实现来访者潜在的自我。（2）治疗者与来访者保持一种和睦的、可信任的和移情性理解的关系。（3）治疗者应尊重来访者，来访者自己对自己的行为负责，可以自主做出各种决定。（4）治疗过程是一个不断反复的过程。（5）治疗的结果是来访者变得自我理解、自我指导和自我信任，从存在主义的观点看，来访者逐渐变成了真正的人。

罗杰斯试着将来访者中心疗法应用到教育领域，提出了"以学生为中心"的教育思想。罗杰斯根据对未来社会的认识，强烈呼吁必须根本改变教育目标，以适应社会变革的需要。教育应该培养人格充分发挥作用的人，即"完整的人"。所谓"完整的人"，实际上是指躯体、心智、情感、精神、心灵力量融为一体的人，他们既用情感的方式也用认知的方式行事。

罗杰斯认为，"以学生为中心"的基本特征可被描述为"意义学习"。这种学习不只是一种对事实的积累，而是对个体的行为、对他将来选择活动的过程、对他的态度和个性都发生影响的学习；这是一种弥散性学习，它不只是一种知识的增长，还能渗透到个体存在的每一个部分。[①] 促进意义学习的关键是教师和学生关系的某些态度或品质。为了促进学生人格的充分发展，教师必须具备四个方面的态度或品质：(1) 充分信任学生能够发展自己的潜能。(2) 以真诚的态度对待学生，教师本人应表里一致。(3) 尊重学生的个人经验，重视他们的感情和意见。(4) 深入理解学生的内心世界，设身处地地为学生着想。罗杰斯相信，只要教师具备以上态度或品质，就能使学生产生一种学习的安全感和自信心，免除学生各种精神上的威胁和挫折，就能使他们自然地表现出自我实现的学习动机。

"以学生为中心"的教学也是一种"非指导性教学"。这种方法是"以学生为中心"思想的精髓，是"以学生为中心"思想的一种具体化。非指导性教学不仅是一种方法的选择，也是一种哲学观和价值观的选择，即学生有权利选择自己的生活目标，即使这些目标与教师的目标有分歧。首先，非指导性教学有四个基本特征：(1) 依赖学生成长、健康和适应的内驱力，帮助学生正常地成长和发展，扫除有碍于成长和发展的各种障碍。(2) 更多地强调情感因素而不是理智因素。(3) 更多地强调此时此刻的情境，而不是学生的过去。(4) 强调作为一种生长经验的"治疗关系"。其次，非指导性教学遵循如下基本原则：(1) 在非指导性教学情境中，教师或被认为是权威人物的人首先要有自我安全感，在与他人的关系中也是如此。(2) 教师、学生、家长和社会人士应共同承担对学习过程的责任，共同确定课程计划、管理方式、资金积累以及政策制定等。(3) 由教师提供学习资源，这种资源来自教师的为人、经验、书籍和其他

---

① Carl R. Rogers, *On Becoming a Person: A Therapist's View of Psychotherapy*, New York: Mariner Books, 1961, p. 280.

材料，或者来自社会活动。鼓励学生把个人的知识和经验纳入学习资源。（4）由学生单独或者与他人协商制订自己的学习计划，选择自己的学习方向，并对选择的后果承担责任。（5）在教学中创设一种真实的、关心的和理解性倾听的学习氛围。（6）非指导性教学的重点是形成不断持续的学习过程，学习内容位居第二位。（7）自我训练（即自律）是实现学习目标所必需的，可以取代外部约束，学生应将自我训练看作个人的责任。（8）自我评价是非指导性教学的最佳评价方式，其他学生和教师的关心与反馈也会影响学生本人的自我评价。（9）在这种促进成长的气氛中，学习会更加深入，学习效率也更高，会对学生的生活和行为产生广泛影响。

在"以学生为中心"的教育思想中，罗杰斯特别强调教学心理气氛的作用。他认为，教学心理气氛决定人的"自我"能否被挖掘、发展和完善，决定人的先天潜能能否最大限度地得以实现，决定人的创造能力、应变能力能否最有效地形成，它决定教学工作的成败。"构成这种气氛的条件不是知识、智力训练和某些学派的思想方向或技术。这些条件是感情或态度；如果要使这些感情或态度发挥作用，那么咨询人员就必须体验到它们，而且病人也要觉察到它们……"① 强调教学心理气氛是罗杰斯"以学生为中心"教育思想的基本特征。

现代人文主义教育思想围绕着人的"自我实现"这一教育目标进行论述，宣称要将教育彻底地置于人性的充分发展和培养"完整的人"的价值取向上，试图通过教育发挥人的潜能和价值。人本主义心理学家从一开始就关注学校课程问题，认为学习的起因、信念、意图等是最值得教育者关注的；而学生的自我实现是课程的核心，因此课程要关注学生个体，而非教材。现代人文主义教育思想在20世纪七八十年代成为美国教育改革的重要理念，"融合课程""意识课程""自我导向课程"是当时流行于美国的几种典型的人文主义课程形态。

现代人文主义教育思想作为20世纪中叶以来对世界教育产生重要影响的一种教育思想，既震撼着传统的教育殿堂，同时也给人们带来了新的思考、新的力量和新的希望，使人们认识和理解教育的视角发生了大转折。然而，由于现代人文主义教育思想立足人性的发展，过分强调个人价值观和"自我实现"，

---

① ［美］罗伯特·梅逊:《西方当代教育理论》，陆有铨译，文化教育出版社1984年版，第235页。这里的"咨询人员"指教师，"病人"指学生。

简单地把个体潜能的实现与个体的社会价值等同起来，无视社会环境和学校教育对个体发展的重要影响，因此遭到人们的猛烈批评。人们指责这种教育思想是反理智的、浪漫主义的、浅薄的，而且不切合工业社会的实际。

小　结

自 20 世纪 50 年代以来，世界各地教育改革的浪潮此起彼伏，有关教育改革的理论也层出不穷、流派众多。这些理论不仅指向了教育目标、教育作用、教育制度、教育内容和教育方法等教育自身的各个方面，而且指向了包括科技进步、经济发展等社会各个领域与教育的关系。由此，教育改革理论也具有新的时代特征，出现了科学主义和人文主义两大趋势。

但从根本上说，无论是科学主义还是人文主义，都是第二次世界大战后西方教育改革理论面向所处的社会结构和社会系统，以及所产生种种社会矛盾与问题进行的完善与微调。其基本论调与西方社会的主流意识形态没有根本冲突，其目的也不是通过教育来改造社会、建立一种与社会对立的新教育，而是使教育能更好地适应社会发展的需要，使社会结构和功能更加均衡。因此，第二次世界大战之后，西方教育改革大都表现为渐进性的和改良性的，而非突变性的和革命性的。虽然自 20 世纪 60 年代开始，也有人提出较为激进的教育改革理论，但在实践中，这些理论始终没能成为主要的理论指导。

思考题

1. 评述早期行为主义与新行为主义的主要代表人物的基本观点。
2. 请谈谈皮亚杰儿童认知发展理论的内涵及其历史意义。
3. 试析舒尔茨的人力资本理论对教育的影响。
4. 根据历史唯物主义的基本原理，分析存在主义教育产生的背景及其影响。
5. 请思考终身教育思想的基本内容及其当代价值。
6. 评述罗杰斯的"以学生为中心"教育思想。
7. 试结合第二次世界大战后西方教育思想的变迁，分析以下文字所包含的教育主张。

　　派迪亚（paideia），希腊语，原意为城邦理想成员的教育和养育。20世纪80年代，美国教育家阿德勒和一群自称为派迪亚团体（Paideia Group）的教育家先后出版了《派迪亚方案》与《派迪亚问题及可能性》以及《派迪亚计划》三本书，来讨论学校教育机会的不平等、教育的功利化倾向等教育改革问题。这些书详细阐明了他们的教育改革方案，如教育目标是培养学生掌握谋生的技能，使学生成为合格的公民以及终身学习者；课程目标是要求学生学习重要观点、基本技能以及有意义的事实；学习活动主要包括以讨论班的形式、用苏格拉底的问答法来学习原始文献、演讲稿、故事、艺术、数学等，用辅导课来锻炼学生的基本技能（听说读写、分析运算以及解决问题的能力）等。他们的改革方案引起了美国公众的广泛关注。1985年，阿德勒倡导成立了派迪亚协会来设计并推广该计划。①

---

① 张斌贤主编：《外国教育史》第2版，教育科学出版社2015年版，第412页。略有改动。

阅读文献

- ［德］马克思、恩格斯：《德意志意识形态》，《马克思恩格斯文集》第一卷，人民出版社 2009 年版。

- ［德］马克思：《路易·波拿巴的雾月十八日》，《马克思恩格斯文集》第二卷，人民出版社 2009 年版。

- ［德］恩格斯：《社会主义从空想到科学的发展》，《马克思恩格斯文集》第三卷，人民出版社 2009 年版。

- ［德］恩格斯：《布鲁诺·鲍威尔和原始基督教》，《马克思恩格斯文集》第三卷，人民出版社 2009 年版。

- 习近平：《高举中国特色社会主义伟大旗帜 为全面建设社会主义现代化国家而团结奋斗——在中国共产党第二十次全国代表大会上的报告》，人民出版社 2022 年版。

- 吴元训选编：《中世纪教育文选》，人民教育出版社 1989 年版。

- 华东师范大学教育系、浙江大学教育系选编：《西方古代教育论著选》，人民教育出版社 2001 年版。

- 吴式颖、任钟印主编：《外国教育思想通史》全 10 册，北京师范大学出版社 2017 年版。

- ［美］西奥多·W. 舒尔茨：《教育的经济价值》，曹延亭译，吉林人民出版社 1982 年版。

- ［英］培根：《新工具》，许宝骙译，商务印书馆 1984 年版。

- ［法］保尔·朗格朗：《终身教育引论》，周南照、陈树清译，中国对外翻译出版公司 1985 年版。

- ［古罗马］昆体良：《昆体良教育论著选》，任钟印选译，人民教育出版社 1989 年版。

- ［德］拉伊：《实验教育学》，沈剑平、瞿葆奎译，人民教育出版社 1996 年版。

- ［美］约翰·布鲁德斯·华生：《行为主义》，李维译，浙江教育出版社1998年版。

- ［瑞士］裴斯泰洛齐：《裴斯泰洛齐教育论著选》，夏之莲等译，人民教育出版社2001年版。

- ［美］约翰·杜威：《民主主义与教育》，王承绪译，人民教育出版社2001年版。

- ［意］蒙台梭利：《蒙台梭利幼儿教育科学方法》，任代文主译校，人民教育出版社2001年版。

- ［美］罗伯特·M.赫钦斯：《美国高等教育》，汪利兵译，浙江教育出版社2001年版。

- ［德］伊曼努尔·康德：《论教育学》，赵鹏、何兆武译，上海人民出版社2005年版。

- ［英］斯宾塞：《斯宾塞教育论著选》，胡毅、王承绪译，人民教育出版社2005年版。

- ［英］托·亨·赫胥黎：《科学与教育》，单中惠、平波译，人民教育出版社2005年版。

- ［美］巴格莱：《教育与新人》，袁桂林译，人民教育出版社2005年版。

- ［捷］夸美纽斯：《大教学论·教学法解析》，任钟印译，人民教育出版社2006年版。

- ［英］约翰·洛克：《教育漫话》，杨汉麟译，人民教育出版社2006年版。

- ［美］亚伯拉罕·马斯洛：《动机与人格》第3版，许金声等译，中国人民大学出版社2012年版。

- ［法］拉伯雷：《巨人传》，成钰亭译，上海译文出版社2013年版。

- ［德］赫尔巴特：《普通教育学》，李其龙译，人民教育出版社2015年版。

- ［古希腊］柏拉图：《理想国》，郭斌和、张竹明译，商务印书馆2017年版。

- ［古希腊］亚里士多德：《政治学》，吴寿彭译，商务印书馆2017年版。

- [古罗马] 奥古斯丁:《忏悔录》,周士良译,商务印书馆 2017 年版。

- [法] 卢梭:《爱弥儿:论教育》上、下卷,李平沤译,商务印书馆 2017 年版。

- [美] 科南特:《科南特教育论著选》第 2 版,陈友松主译,人民教育出版社 2017 年版。

- [美] 布鲁纳:《布鲁纳教育论著选》,邵瑞珍、张渭城等译,人民教育出版社 2018 年版。

- [法] 蒙田:《蒙田随笔全集》上、中、下册,马振骋译,人民文学出版社 2021 年版。

- [古罗马] 西塞罗:《国家篇 法律篇》,沈书平、苏力译,商务印书馆 2022 年版。

人名译名对照表

[法]	阿伯拉尔,皮埃尔	Pierre Abélard
[意]	阿奎那,托马斯	Thomas Aquinas
[法]	爱尔维修,克洛德-阿德里安	Claude-Adrien Helvétius
[意]	安瑟伦	Anselm
[古罗马]	奥古斯丁,奥勒留	Aurelius Augustinus
[英]	奥卡姆	Ockham
[英]	巴德利,约翰·赫顿	John Haden Badley
[美]	巴格莱,威廉	William Chandler Bagley
[德]	巴泽多,约翰·伯恩哈德	Johann Bernhard Basedow
[古希腊]	柏拉图	Plato
[美]	班杜拉,阿尔伯特	Albert Bandura
[法]	比内,阿尔弗雷德	Alfred Binet
[意]	彼特拉克,弗朗切斯科	Francesco Petrarca
[古希腊]	毕达哥拉斯	Pythagoras
[英]	边沁,杰里米	Jeremy Bentham
[奥]	布贝尔,马丁	Martin Buber
[美]	布拉梅尔德,西奥多	Theodore Brameld
[美]	布鲁纳,杰罗姆·西摩	Jerome Seymour Bruner
[英]	达尔文,伊拉斯谟	Erasmus Darwin
[德]	大阿尔伯特	Albertus Magnus
[古罗马]	大加图	Marcus Porcius Cato Censorius
[古罗马]	德尔图良	Tertullianus
[美]	德加莫,查尔斯	Charles DeGarmo
[比]	德可乐利,奥维德	Ovide Decroly
[法]	德洛尔,雅克	Jacques Delors
[古希腊]	德谟克里特	Democritus
[法]	狄德罗,德尼	Denis Diderot
[法]	笛卡儿,勒内	René Descartes

[法]	杜尔哥,安·罗伯特·雅克	Anne Robert Jacques Turgot
[美]	杜威,约翰	John Dewey
[德]	费尔巴哈,路德维希·安德列斯	Ludwig Andreas Feuerbach
[瑞士]	费列尔,阿道夫	Adolphe Ferrier
[德]	费希特,约翰·戈特利布	Johann Gottlieb Fichte
[德]	冯特,威廉	Wilhelm Wundt
[意]	弗吉里奥,彼得·保罗	Pietro Paolo Vergerio
[德]	弗兰克,奥古斯特·赫尔曼	August Hermann Francke
[法]	伏尔泰	Voltaire
[德]	福禄培尔,弗里德里希·威廉·奥古斯特	Friedrich Wilhelm August Froebel
[法]	傅立叶,夏尔	Charles Fourier
[法]	富尔,埃德加	Edgar Faure
[古希腊]	高尔吉亚	Gorgias
[德]	歌德,约翰·沃尔夫冈·冯	Johann Wolfgang von Goethe
[意]	格里诺	Guarino da Verona
[英]	葛德文,威廉	William Godwin
[英]	哈特利布,塞缪尔	Samuel Hartlib
[德]	海德格尔,马丁	Martin Heidegger
[古希腊]	荷马	Homēros
[德]	赫尔巴特,约翰·弗里德里希	Johann Friedrich Herbart
[美]	赫钦斯,罗伯特·梅纳德	Robert Maynard Hutchins
[古希腊]	赫西奥德	Hesiodos
[英]	赫胥黎,托马斯·亨利	Thomas Henry Huxley
[德]	黑格尔,格奥尔格·威廉·弗里德里希	Georg Wilhelm Friedrich Hegel
[德]	洪堡,卡尔·威廉·冯	Karl Wilhelm von Humboldt
[捷]	胡斯,扬	Jan Hus
[美]	华生,约翰·布罗德斯	John Broadus Watson
[英]	怀特海,艾尔弗雷德·诺思	Alfred North Whitehead
[英]	霍布斯,托马斯	Thomas Hobbes

[英]	霍尔姆斯，埃德蒙	Edmond Holmes
[法]	加尔文，约翰	John Calvin
[德]	开普勒，约翰尼斯	Johannes Kepler
[瑞典]	凯，爱伦	Ellen Key
[德]	凯兴斯泰纳，乔治	Georg Kerschensteiner
[美]	康茨，乔治·西尔维斯特	George Sylvester Counts
[德]	康德，伊曼努尔	Immanuel Kant
[意]	康帕内拉，托马索	Tommaso Campanella
[英]	考姆，乔治	George Combe
[美]	科南特，詹姆士·布莱恩特	James Bryant Conant
[捷]	夸美纽斯，约翰·阿莫斯	Johann Amos Comenius
[古罗马]	昆体良，马库斯·法比尤斯	Marcus Fabius Quintilianus
[法]	拉伯雷，弗朗索瓦	François Rabelais
[美]	拉格，哈罗德·奥德韦	Harold Ordway Rugg
[美]	拉什利，卡尔·斯宾塞	Karl Spencer Lashley
[德]	拉特克，沃尔夫冈	Wolfgang Ratke
[法]	拉夏洛泰，路易·勒内	Louis René La Chalotais
[德]	拉伊，威廉·奥古斯特	Wilhelm August Lay
[德]	莱布尼茨，戈特弗里德·威廉	Gottfried Wilhelm Leibniz
[德]	莱辛，戈特霍尔德·埃弗拉伊姆	Gotthold Ephraim Lessing
[德]	赖因，威廉	Wilhelm Rein
[法]	朗格朗，保尔	Paul Lengrand
[英]	雷迪，塞西尔	Cecil Reddie
[法]	雷佩尔提，路易斯-米歇尔	Louis-Michel Lepeletier
[德]	利茨，赫尔曼	Hermann Lietz
[英]	利文斯通，理查德	Richard Livingstone
[法]	列维-斯特劳斯，克洛德	Claude Levi-Strauss
[古罗马]	卢克莱修，提图斯·卡鲁斯	Titus Lucretius Carus
[法]	卢梭，让-雅克	Jean-Jacques Rousseau
[德]	路德，马丁	Martin Luther
[美]	罗杰斯，卡尔·兰塞姆	Carl Ransom Rogers
[英]	罗素，伯特兰	Bertrand Russell

[英]	洛克,约翰	John Locke
[法]	洛色林	Roscelin
[英]	马尔萨斯,托马斯·罗伯特	Thomas Robert Malthus
[美]	马斯洛,亚伯拉罕·哈罗德	Abraham Harold Maslow
[美]	麦克默里,查尔斯·亚历山大	Charles Alexander McMurry
[美]	麦克默里,弗兰克·莫顿	Frank Morton McMurry
[美]	梅耶,马克斯·弗雷德里克	Max Frederich Meyer
[意]	蒙台梭利,玛丽亚	Maria Montessori
[法]	蒙田,米歇尔·埃康·德	Michel Eyquem de Montaigne
[法]	孟德斯鸠	Montesquieu
[英]	弥尔顿,约翰	John Milton
[英]	莫尔,托马斯	Tomas More
[英]	穆勒(密尔),约翰·斯图尔特	John Stuart Mill
[英]	穆勒(密尔),詹姆士·斯图尔特	James Stuart Mill
[英]	能,托马斯·沛西	Thomas Percy Nunn
[英]	尼尔,亚历山大·萨瑟兰	Alexander Sutherland Neill
[英]	欧文,罗伯特	Robert Owen
[美]	帕克,弗朗西斯·韦兰	Francis Wayland Parker
[英]	培根,弗兰西斯	Francis Bacon
[瑞士]	裴斯泰洛齐,约翰·亨利希	Johann Heinrich Pestalozzi
[英]	佩蒂,威廉	William Petty
[英]	配第,威廉	William Petty
[瑞士]	皮亚杰,让	Jean Piaget
[英]	普里斯特利,约瑟夫	Joseph Priestley
[古罗马]	普鲁塔克	Plutarch
[古希腊]	普罗狄科	Prodicus
[古希腊]	普罗泰戈拉	Protagoras
[德]	齐勒尔,图伊斯昆	Tuiskon Ziller
[法]	萨特,让-保罗	Jean-Paul Sartre
[古罗马]	塞涅卡,卢修斯·安纳尔斯	Lucius Annaeus Seneca
[美]	桑代克,爱德华·李	Edward Lee Thorndike
[法]	圣西门,亨利·德	Henri de Saint-Simon

[德]	叔本华,亚瑟	Arthur Schopenhauer
[美]	舒尔茨,西奥多·威廉	Theodore William Schults
[荷]	斯宾诺莎,巴鲁赫	Baruch Spinoza
[英]	斯宾塞,赫伯特	Herbert Spencer
[美]	斯金纳,伯尔赫斯·弗雷德里克	Burrhus Frederic Skinner
[英]	斯密,亚当	Adam Smith
[德]	斯托伊,卡尔·福尔克马尔	Karl Volkmar Stoy
[古希腊]	苏格拉底	Socrates
[瑞士]	索绪尔,弗迪南·德	Ferdinand de Saussure
[法]	塔列兰	Charles Maurice de Talleyrand-Périgord
[古罗马]	托勒密,克劳迪厄斯	Claudius Ptolemaeus
[德]	托马修斯,克里斯蒂安	Christian Thomasius
[英]	威克里夫,约翰	John Wycliffe
[美]	韦伯斯特,诺亚	Noah Webster
[意]	维多里诺	Vittorino da Feltre
[古罗马]	维吉尔(普布留斯·维吉留斯·马罗)	Publius Vergilius Maro
[德]	维内肯,古斯塔夫·阿道夫	Gustav Adolf Wyneken
[德]	沃尔夫,克里斯蒂安	Christian Wolff
[英]	伍德沃德,威廉·哈里森	William Harrison Woodward
[古罗马]	西塞罗,马尔库斯·图留斯	Marcus Tullius Cicero
[德]	席勒,约翰·克利斯托夫·弗里德里希·冯	Johann Christoph Friedrich von Schiller
[法]	香浦的威廉	William of Champeaux
[英]	休谟,大卫	David Hume
[德]	雅斯贝尔斯,卡尔	Karl Jaspers
[古希腊]	亚里士多德	Aristotle
[荷]	伊拉斯谟,德西迪里厄斯	Desiderius Erasmus
[古希腊]	伊壁鸠鲁	Epicurus
[古希腊]	伊索克拉底	Isocratēs
[古罗马]	哲罗姆	Jerome

后 记

《西方教育思想史》是马克思主义理论研究和建设工程重点教材，由教育部组织编写，经国家教材委员会审核通过。在编写过程中，得到了国家教材委员会高校哲学社会科学（马工程）专家委员会、思想政治审议专家委员会以及教育部原马工程重点教材审议委员会的指导。同时，广泛听取了高校教师和学生的意见建议。

本教材2021年出版，由张斌贤主持编写，贺国庆任副主编。绪论，第九章第二节、第三节，张斌贤撰写；第一章，第九章第一节、第五节、第七节，李立国撰写；第二章，孙益撰写；第三章，第五章，王晨撰写；第四章，贺国庆、檀慧玲撰写；第六章，李子江撰写；第七章，第八章第一节、第二节、第三节，王保星撰写；第八章第四节，第十章，陈露茜撰写；第八章第五节，舒志定撰写；第九章第四节，涂诗万撰写；第九章第六节，郑菲遐撰写。

为及时、深入贯彻党的理论创新成果和党的代表大会精神，扎实推动习近平新时代中国特色社会主义思想进教材、进课堂、进头脑，充分反映马克思主义中国化时代化最新成果、中国特色社会主义丰富实践和本学科领域最新进展，党的二十大召开后，教育部组建了修订组，组织了集中修订，形成了本教材第二版。

第二版由张斌贤主持修订工作，贺国庆、李立国、孙益、王晨、檀慧玲、李子江、王保星、陈露茜、舒志定、涂诗万、郑菲遐参加了具体的修订工作。

2025年7月

郑重声明

高等教育出版社依法对本书享有专有出版权。任何未经许可的复制、销售行为均违反《中华人民共和国著作权法》，其行为人将承担相应的民事责任和行政责任；构成犯罪的，将被依法追究刑事责任。为了维护市场秩序，保护读者的合法权益，避免读者误用盗版书造成不良后果，我社将配合行政执法部门和司法机关对违法犯罪的单位和个人进行严厉打击。社会各界人士如发现上述侵权行为，希望及时举报，我社将奖励举报有功人员。

反盗版举报电话　（010）58581999　58582371
反盗版举报邮箱　dd@hep.com.cn
通信地址　　　　北京市西城区德外大街4号
　　　　　　　　高等教育出版社知识产权与法律事务部
邮政编码　　　　100120

读者意见反馈

为收集对教材的意见建议，进一步完善教材编写并做好服务工作，读者可将对本教材的意见建议通过如下渠道反馈至我社。

咨询电话　　400-810-0598
读者服务邮箱　gjdzfwb@pub.hep.cn
通信地址　　　北京市朝阳区惠新东街4号富盛大厦1座
　　　　　　　高等教育出版社总编辑办公室
邮政编码　　　100029

防伪查询说明

用户购书后刮开封底防伪涂层，使用手机微信等软件扫描二维码，会跳转至防伪查询网页，获得所购图书详细信息。

防伪客服电话　（010）58582300